해커스 LEET

이재빈
언어이해 심화

해커스로스쿨

이재빈

이력
- 서울대학교 경제학부 졸업
- (현) 해커스로스쿨 언어이해 교수
- (전) 예섬학원 고등수학 강사
- 2022학년도 LEET 언어이해 백분위 99.1
- 대산대학문학상 수상
- 한국수학올림피아드 전국대회 수상

저서
- 해커스 LEET 이재빈 언어이해 기초(2023)
- 해커스 LEET 이재빈 언어이해 기본(2023)
- 해커스 LEET 이재빈 언어이해 심화(2023)
- 해커스 LEET 이재빈 언어이해 기출문제+해설집(2023)

언어이해의 독해 전략 학습을 위한 필수 심화서!

LEET 언어이해는 2019년을 기점으로 70분 30문항 시스템으로 새롭게 정비되면서 난도가 급격히 상승하였으며, 그 이전까지 35문항 형식이던 시절과는 궤를 달리하는 시험이 되었습니다. 특히 2021년과 2022년은 역대 가장 높은 난도로 문제가 출제되었고 앞으로도 LEET 언어이해의 난도는 지속적으로 상승할 것으로 보입니다. 이에 따라 『해커스 LEET 이재빈 언어이해 심화』는 LEET 언어이해 지문 중 오답률이 높은 패턴과 제재를 선별하여 구성하였습니다. 『해커스 LEET 이재빈 언어이해 기본』이 고밀도의 정보를 처리하는 능력을 평가하는 지문들을 다루었다면, 『해커스 LEET 이재빈 언어이해 심화』는 추론적 사고 능력과 계량적 분석 능력을 평가하는 지문들을 다루고 있습니다. 또한 그러한 지문들을 패턴과 제재라는 두 개의 카테고리로 분류하여, 그에 따른 독해 전략과 문제풀이 스킬을 제시합니다. 이러한 특성을 활용하여 다음과 같이 학습하시기를 권유드립니다.

첫째, 독해 전략을 활용하여 나의 지문 이해를 메타-분석하는 데 초점을 맞추고 공부하세요.
본 교재는 단순히 문제와 해설만을 수록한 교재가 아닙니다. 매 챕터의 서두에서 패턴 및 제재의 특성과 그에 근거한 출제 경향을 분석하고, 그에 따른 공부 방법을 제시합니다. 또한 지문의 구조부터 어느 곳에 밑줄을 그어야 하는지까지 상세한 분석을 수록하였으므로, 이를 통해서 자신의 지문 이해와 저자의 지문 이해를 비교해볼 수 있습니다. 이 점을 적극적으로 활용하시기를 바랍니다.

둘째, 연습문제는 문제당 7분의 시간을 재고 푼 뒤, 빠르게 답을 확인한 후, 지문을 완벽하게 이해하는 데 도전해보세요.
본 교재는 연습문제와 실전문제로 구성되어 있습니다. 연습문제는 LEET 언어이해 기출 지문 중에서도 시험의 특성을 가장 잘 보여주며 완성도가 빼어난 지문만을 선별하였습니다. 따라서 문제를 푼 이후에도 지문의 패턴 및 제재에 대한 학습을 바탕으로 자신의 지문 이해를 다시 메타적으로 분석하는 훈련이 반드시 병행되어야 합니다. 연습문제를 통해서 당장 맞고 틀리고의 결과가 가져다주는 일희일비에 매몰되기보다는 지문을 빠르고 정확하고 효율적으로 독해하는 능력을 갈고 닦는 밑바탕을 다지기를 바랍니다.

셋째, 실전문제는 연습문제에서 학습한 독해 전략을 적용하여 풀이하세요.
연습문제와 실전문제는 지문 특성이 대응되도록 구성하였습니다. 따라서 연습문제를 충실히 학습하였다면 실전문제를 풀면서 익숙한 기시감이 느껴지실 것입니다. 그 기시감이야 말로 우리의 언어이해 점수를 상승시켜줄 수 있는 인지적 틀로 작용할 것입니다. 과거에 본인이 지니고 있었던 독해 방식이나 문제 풀이 습관을 과감히 떨쳐버리고, 연습문제에서 학습한 독해 전략이 실전문제 풀이에 어떻게 활용될 수 있는지를 손수 확인해보시기 바랍니다.

이와 같은 세 가지 사항을 바탕으로 『해커스 LEET 이재빈 언어이해 심화』가 여러분들의 LEET 언어이해 실력을 한 단계 도약시켜줄 가장 소중한 동반자가 되기를 간절히 기원합니다. 저는 앞으로도 끊임없는 연구와 수험생 못지않은 학습을 바탕으로 더 완벽한 LEET 언어이해 연구를 향해 정진해 나가겠습니다.

이재빈

목차

PART 1   패턴별 기출문제

PART 2 제재별 기출문제

정답 및 해설 [책 속의 책]

언어이해 고득점을 위한 이 책의 활용법

① 최신 출제 경향을 파악하여 시험을 전략적으로 대비한다.

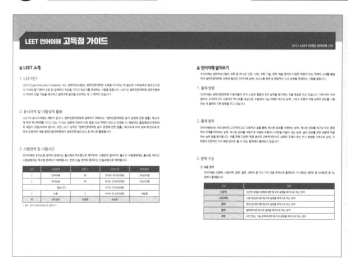

LEET 언어이해의 최신 출제 경향을 반영한 고득점 가이드

최신 기출문제를 포함한 역대 기출문제의 출제 경향을 학습하여 언어이해에 대한 이해를 높이고 효과적으로 LEET 언어이해를 대비할 수 있습니다.

② 단계별 독해 전략을 학습하여 독해력을 향상시킨다.

지문 완벽 이해를 위한 독해 전략 학습

LEET 언어이해 지문에 특화된 단계별 독해 전략을 학습하여 문제풀이의 기본이 되는 독해력을 향상시킬 수 있습니다. 이를 통해 어떤 지문이라도 문제풀이에 필요한 내용을 정확하게 파악할 수 있습니다.

③ 실전문제를 풀면서 실전 감각을 극대화한다.

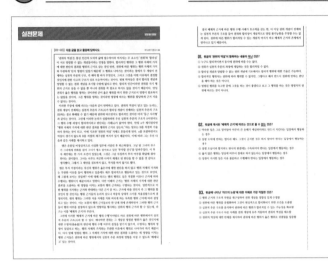

독해 전략을 적용하여 실전처럼 풀어보는 실전문제

패턴 및 제재별 실전문제를 권장 풀이 시간에 따라 풀면서 문제풀이 능력과 시간 관리 능력을 기를 수 있습니다.

④ 상세한 해설로 완벽하게 정리한다.

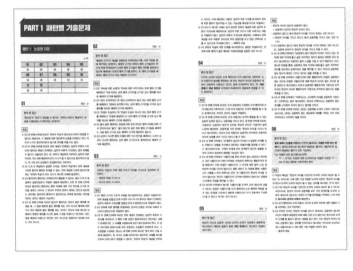

문제 접근법을 제시하는 지문 분석과 선택지 해설

• 지문 분석 및 접근법으로 기출문제의 출제 의도와 효과적인 풀이법을 명확하게 파악할 수 있습니다.
• 모든 선택지에 상세하고 이해하기 쉽게 정답 및 오답의 이유가 제시되어 있어 꼼꼼히 학습할 수 있습니다.

기간별 맞춤 학습 플랜

자신의 학습 기간에 맞는 학습 플랜을 선택하여 계획을 수립하고, 그 날에 해당하는 분량을 공부합니다.

3주 완성 | 학습 플랜

독해 전략과 실전문제를 하루에 한 챕터씩 학습한 후, 전체 복습하며 마무리합니다.

	___월___일	___월___일	___월___일	___월___일	___월___일
1주 차	PART 1 패턴 1	PART 1 패턴 2	PART 1 패턴 3	PART 1 패턴 4	PART 2 제재 1
	___월___일	___월___일	___월___일	___월___일	___월___일
2주 차	PART 2 제재 2	PART 2 제재 3	PART 2 제재 4	PART 2 제재 5	PART 2 제재 6
	___월___일	___월___일	___월___일	___월___일	___월___일
3주 차	PART 1 복습	PART 1 복습	PART 2 복습	PART 2 복습	전체 복습

6주 완성 학습 플랜

독해 전략과 실전문제를 이틀 동안 한 챕터씩 학습한 후 두 챕터별로 묶어서 복습하여 독해 전략을 확실하게 숙지하고, 전체 복습하며 마무리합니다.

	___월___일	___월___일	___월___일	___월___일	___월___일
1주 차	PART 1 패턴 1	PART 1 패턴 1 실전문제	PART 1 패턴 2	PART 1 패턴 2 실전문제	PART 1 패턴 1~2 복습
	___월___일	___월___일	___월___일	___월___일	___월___일
2주 차	PART 1 패턴 3	PART 1 패턴 3 실전문제	PART 1 패턴 4	PART 1 패턴 4 실전문제	PART 1 패턴 3~4 복습
	___월___일	___월___일	___월___일	___월___일	___월___일
3주 차	PART 2 제재 1	PART 2 제재 1 실전문제	PART 2 제재 2	PART 2 제재 2 실전문제	PART 2 제재 1~2 복습
	___월___일	___월___일	___월___일	___월___일	___월___일
4주 차	PART 2 제재 3	PART 2 제재 3 실전문제	PART 2 제재 4	PART 2 제재 4 실전문제	PART 2 제재 3~4 복습
	___월___일	___월___일	___월___일	___월___일	___월___일
5주 차	PART 2 제재 5	PART 2 제재 5 실전문제	PART 2 제재 6	PART 2 제재 6 실전문제	PART 2 제재 5~6 복습
	___월___일	___월___일	___월___일	___월___일	___월___일
6주 차	PART 1 복습	PART 1 복습	PART 2 복습	PART 2 복습	전체 복습

LEET 언어이해 고득점 가이드

■ LEET 소개

1. LEET란?

LEET(Legal Education Eligibility Test, 법학적성시험)는 법학전문대학원 교육을 이수하는 데 필요한 수학능력과 법조인으로서 지녀야 할 기본적 소양 및 잠재적인 적성을 가지고 있는지를 측정하는 시험을 말합니다. LEET는 법학전문대학원 입학전형에서 적격자 선발 기능을 제고하고 법학교육 발전을 도모하는 데 그 목적이 있습니다.

2. 응시자격 및 시험성적 활용

LEET의 응시자격에는 제한이 없으나, 법학전문대학원에 입학하기 위해서는 『법학전문대학원 설치·운영에 관한 법률』 제22조에 따라 학사학위를 가지고 있는 자 또는 법령에 의하여 이와 동등 이상 학력이 있다고 인정된 자, 해당년도 졸업예정자(학위취득 예정자 포함)이어야 합니다. 또한 LEET 성적은 『법학전문대학원 설치·운영에 관한 법률』 제23조에 따라 당해 학년도에 한하여 유효하며 개별 법학전문대학원에서 입학전형 필수요소 중 하나로 활용됩니다.

3. 시험영역 및 시험시간

언어이해와 추리논증 영역의 문제지는 홀수형과 짝수형으로 제작되며, 수험번호 끝자리가 홀수인 수험생에게는 홀수형, 짝수인 수험생에게는 짝수형 문제지가 배부됩니다. 한편 논술 영역의 문제지는 단일유형으로 제작됩니다.

교시	시험영역	문항 수	시험시간	문제형태
1	언어이해	30	09:00~10:10(70분)	5지선다형
2	추리논증	40	10:45~12:50(125분)	5지선다형
	점심시간		12:50~13:50(60분)	
3	논술	2	14:00~15:50(110분)	서답형
계	3개 영역	72문항	305분	

※ 출처: 법학전문대학원협의회 홈페이지

■ 언어이해 알아보기

언어이해는 법학적성시험의 과목 중 하나로 인문, 사회, 과학·기술, 문학·예술 분야의 다양한 학문적 또는 학제적 소재를 활용하여 법학전문대학원 교육에 필요한 언어이해 능력, 의사소통 능력 및 종합적인 사고 능력을 측정하는 시험을 말합니다.

1. 출제 방향

언어이해는 법학전문대학원 지원자들의 언어 소양과 통합적 언어 능력을 평가하는 것을 목표로 하고 있습니다. 이에 따라 여러 분야의 고차적이고도 다층적인 텍스트를 대상으로 수험생의 사실 이해와 재구성 능력, 그리고 추론과 적용 능력의 정도를 시험하는 데 출제의 기본 방향을 두고 있습니다.

2. 출제 범위

언어이해에서는 여러 분야의 고차적이고도 다층적인 글을 통해, 제시된 정보를 이해하는 능력, 제시된 정보를 재구성 또는 종합하여 주제를 파악하는 능력, 제시된 정보를 바탕으로 적절한 추론이나 비판을 이끌어 내는 능력, 글의 정보를 관련 상황에 적용하는 능력 등을 평가합니다. 이를 위해 다양한 학문 분야의 근본적이면서도 심화된 주제나 최신 연구 동향을 기본으로 삼되, 각 학문의 전문적인 지식 배경 없이도 풀 수 있는 범위에서 출제되고 있습니다.

3. 문제 구성

① 내용 영역

언어이해는 인문학, 사회과학, 법학, 철학, 과학의 총 다섯 가지 내용 영역으로 출제되며, 각 세트당 3문제, 총 10세트로 총 30문제가 출제됩니다.

구분	내용
인문학	· 인간의 본질과 문화에 대한 탐구와 설명을 목적으로 하는 영역
사회과학	· 사회 현상에 대한 탐구와 설명을 목적으로 하는 영역
법학	· 법과 윤리에 대한 탐구와 설명을 목적으로 하는 영역
철학	· 철학에 대한 탐구와 설명을 목적으로 하는 영역
과학	· 자연 현상, 기술 공학에 대한 탐구와 설명을 목적으로 하는 영역

LEET 언어이해 고득점 가이드

② 인지 활동 유형

언어이해는 인지 활동 유형에 따라 독해 능력을 균형 있게 평가하도록 출제됩니다. 언어이해에서 주로 출제되는 인지 활동 유형의 종류와 특징은 다음과 같습니다.

인지 활동 유형	내용
주제, 요지, 구조 파악	· 지문 전체 또는 부분의 주제, 중심 생각과 요지를 파악할 수 있는지 묻는 유형
의도, 관점, 입장 파악	· 글쓴이 또는 지문에 소개된 인물이 가진 의도, 관점, 입장, 태도를 파악할 수 있는지 묻는 유형
정보의 확인과 재구성	· 지문에 나타난 정보 및 정보의 관계를 정확히 파악하여 다른 표현으로 재구성할 수 있는지 묻는 유형
정보의 추론과 해석	· 지문에 제시된 정보를 바탕으로 새로운 정보를 추론할 수 있는지 묻는 유형
정보의 평가와 적용	· 지문에 제시된 논증이나 설명의 타당성을 평가하거나 지문에 소개된 원리를 새로운 사례나 상황에 적용할 수 있는지 묻는 유형

■ 최신 출제 경향

1. 난이도

LEET 언어이해는 법학전문대학원 입학에 필요한 언어적 적성을 평가한다는 시험의 목적상 여러 전공의 석사 논문을 수월하게 읽고 이해할 수 있는 능력을 요구하기 때문에 내용을 파악하는 데 상당한 시간을 소요하도록 지문과 문제가 구성됩니다. 특히 2019학년도부터 풀이 시간 70분, 30문제(총 10개 지문) 체제로 개편됨에 따라 난이도는 이전에 비해 매우 어려워졌고, 2021학년도와 2022학년도 시험에서는 전체 30문제 중 절반에 해당하는 15문제를 기준으로 평균 점수가 형성될 정도의 어려운 난이도로 출제되었습니다.

2. 제재

최근 LEET 언어이해는 난이도와 일정한 비중을 정하여 다양한 제재가 출제되고 있습니다. LEET 언어이해에서 자주 출제되는 제재를 학문 영역, 세부 제재, 출제 비중, 난이도에 따라 분류하면 다음과 같습니다.

학문 영역	세부 제재	출제 비중	난이도
인문학	역사학, 문학	2지문 출제	하~중
사회과학	경제학, 정치학	2지문 출제	중~상
법학	법철학, 법제사학	2지문 출제	중~상
철학	근대철학, 현대철학	2지문 출제	하~중
과학	물리학, 생명과학, 데이터과학	2지문 출제	상

■ 대비 전략

① **독해 전략을 적용하는 연습을 통해 지문에 대한 친숙도를 높여야 합니다.**

시험 성적을 좌우하는 것은 타고난 독해력보다는 그 시험 지문의 구성적 특성에 대한 친숙도가 훨씬 더 높은 상관관계를 갖습니다. 따라서 패턴 및 제재에 대한 단계별 독해 전략으로 지문을 완벽히 이해하는 연습을 통해 지문에 대한 친숙도를 높여야 안정적인 독해력을 쌓을 수 있습니다.

② **유사한 제재의 기출문제를 충분히 분석하여 오답률을 낮추어야 합니다.**

기출문제에 대한 분석을 소홀히 하면 동일한 제재를 변형한 문제를 틀리는 실수를 반복할 수 있습니다. 이를 방지하기 위해 자신이 풀이한 기출문제뿐만 아니라 유사한 제재의 기출문제도 충분히 분석해야 합니다. 『해커스 LEET 이재빈 언어이해 심화』의 연습문제와 실전문제는 유사한 제재의 지문을 분석하도록 구성되어 있습니다. 따라서 연습문제의 지문과 실전문제의 지문을 충분히 분석하여 소화한다면 오답률을 낮출 수 있습니다.

③ **난이도가 쉬운 지문을 빠르고 정확하게 해결하는 연습을 해야 합니다.**

LEET 언어이해는 난이도가 매우 어렵게 출제되기 때문에 만점을 목표로 하기 어렵습니다. 또한 LEET 시험은 원점수를 기준으로 표준점수를 산정하는 상대평가이기 때문에 다른 수험생보다 많은 문제를 맞히는 것이 더욱 중요합니다. 따라서 고득점을 위해서는 쉬운 지문은 모두 맞힌다는 전략으로 빠르고 정확하게 해결하여 점수를 확보함과 동시에, 어려운 제재의 지문을 해결할 시간을 확보해야 합니다.

합격을 꿈꾼다면, 해커스로스쿨
lawschool.Hackers.com

PART 1
패턴별 기출문제

패턴 1 논증형 지문

1 패턴 소개

LEET는 법학적성시험입니다. 법학은 명확한 논증을 통해 자신의 주장을 증명해 나가고, 그 증명에 대한 예상되는 반박을 제시하고, 다시 그 반박을 재반박하는 논증적 사고력을 요구합니다. 또한 상대가 제시한 논증에 대해서 논리적 결함을 찾아 논박하는 능력도 요구합니다. 따라서 위와 같은 능력을 평가하기 위해 빈번히 출제되는 지문의 패턴이 바로 **논증형 지문**입니다. 논증형 지문에서는 **논증의 구성 요소를 확인하는 문제, 논증의 반박 및 재반박 문제, 논증의 결함을 확인하는 문제**가 출제됩니다.

논증형 지문은 논증에 해당하는 부분을 매우 꼼꼼하게 읽어야 합니다. 조금 시간이 걸리더라도 논증의 구조를 세밀하게 파악하는 독해법이 필요합니다. 왜냐하면 그 논증의 세밀한 부분에 집중되어 문제가 출제되기 때문입니다. 마치 수학의 증명 문제처럼 명제들이 논리적으로 어떻게 연결되어 있는지, 그 연결 과정을 통해 어떠한 주장에 도달하는지를 엄밀하게 파악하는 것이 핵심입니다. 따라서 읽어나가는 문장들을 **소전제, 대전제, 소결론, 대결론**으로 구분하여 파악해야 합니다.

또한, 지문을 비판적으로 독해하는 훈련도 필요합니다. 지문에서 어떠한 주장이나, 주장에 대한 재반박에 내재되어 있는 논리적 결함을 찾아낼 수 있어야 합니다. 그런데, 이러한 논리적 결함은 애매모호하게 서술되었거나 혹은 아예 서술되지 않은 숨겨진 전제에 존재하는 경우가 많습니다. **따라서 이러한 숨겨진 전제까지 읽어내는 것이 논리적 독해의 핵심입니다.**

지문 자체가 통째로 논증의 성격을 갖는 논증형 지문이 아니더라도, 대부분의 LEET 지문은 부분적으로 논증형 단락이 섞여 있습니다. 따라서 우리가 LEET를 준비하는 동안 논증을 세밀하게 분해해 보는 훈련을 수행함으로써, 논증이라는 사고방식 자체에 익숙해져야 합니다. 고등학교 때 수학 시험을 준비하면서 주관식 증명 문제를 대비해 보았던 경험이 다들 있을 거라고 생각합니다. 그때와 유사한 방법론으로 라디오를 분해하였다가 다시 조립한다는 생각으로 연습한다면 논증형 지문에 대해 자신감이 붙을 것입니다.

② 대표 기출문제

출제시기	소재 및 문제 번호
2023학년도	판사의 진술 의무(홀수형 01~03번)
	도덕적 고려 대상의 범위(홀수형 04~06번)
2022학년도	로봇은 도덕공동체의 일원이 될 수 있는가?(홀수형 25~27번)
2019학년도	동물감정론과 동물권리론(홀수형 13~15번)
2018학년도	반출생주의의 철학적 논증(홀수형 22~25번)
2017학년도	'카르네아데스의 널' 케이스에 대한 형법 적용(홀수형 01~03번)
2014학년도	음악의 예술적 재현 가능성(홀수형 14~16번)
2012학년도	상위선 개념에 근거한 도덕 철학(홀수형 12~14번)
2010학년도	권위의 역설(홀수형 22~24번)
2009학년도	체계 이론의 관점에서 본 예술의 가치(홀수형 29~31번)

③ 독해 전략

STEP 1 | 전제와 결론을 구분하며 읽는다.

✓ 지문을 읽고, 어떠한 논증 단계를 거치면서 결론에 도달하는지를 집중해서 체크한다.
✓ 전제와 결론을 구분하여 이해하는 데 집중한다.

▼

STEP 2 | 각 문단에 제시된 주장들이 어떠한 관계를 가지고 있는지 파악한다.

✓ 논증형 지문은 어떠한 주장과 함께 그 주장에 대한 반박과 재반박이 빈번히 출제된다.
✓ '주장-반박-재반박'의 구조로 이루어진 글이 많으므로 각 주장의 문단들이 어떠한 관계를 지니고 있는지를 파악한다.

▼

STEP 3 | 지문의 문단과 연결된 문제가 무엇인지 빠르게 스캔한다.

✓ 논증형 지문은 각 문단과 문제 하나가 연결되는 식으로 출제되는 경우가 많다. 문제를 풀이할 때 이 문제가 어느 문단에 연결된 문제인지를 파악한 후, 문단과 문제를 눈으로 빠르게 스캔하며 문제를 풀이한다.

이 문제는 반드시 출제된다!
- 논증의 구성요소 확인 문제
- 논증의 반박-재반박 문제
- 논증의 결함 확인 문제

4 문제에 적용해보기

독해 전략을 적용하여 연습문제를 풀이해 봅시다.

📋 **지문 요약 연습**
연습문제를 풀이하면서 지문의 각
문단을 요약해 보세요.

연습문제 1

[01~04] 다음 글을 읽고 물음에 답하시오.   18 LEET 문22~25

결혼을 하면 자연스럽게 아이를 낳지만, 아이들은 이 세상에 태어남으로써 해를 입을 수도 있다. 원하지 않는 병에 걸릴 수도 있고 험한 세상에서 살아가는 고통을 겪을 수도 있다. 이렇게 출산은 한 인간 존재에게 본인의 동의를 얻지 않은 부담을 지운다. 다른 인간을 존재하게 하여 위험에 처하게 만들 때는 충분한 이유를 가져야 할 도덕적 책임이 있다. 출산이 윤리적인가 하는 문제에 대해, 아이를 낳으면 아이를 기르는 즐거움과 아이가 행복하게 살 것이라는 기대가 있어 아이를 낳아야 한다고 주장하는 사람도 있고, 반면에 아이를 기르는 것은 괴로운 일이며 아이가 이 세상을 행복하게 살 것 같지 않다는 생각으로 아이를 낳지 말아야 한다고 주장하는 사람도 있다. 그러나 이것은 개인의 주관적인 판단에 따른 것이니 이런 근거를 가지고 아이를 낳는 것과 낳지 않는 것 중 어느 한쪽이 더 낫다고 주장할 수는 없다. 철학자 베나타는 이렇게 경험에 의거하는 방법 대신에 쾌락과 고통이 대칭적이지 않다는 논리적 분석을 이용하여, 태어나지 않는 것이 더 낫다고 주장하는 논증을 제시한다.

베나타의 주장은 다음과 같은 생각에 근거한다. 어떤 사람의 인생에 좋은 일이 있을 경우는 그렇지 않은 인생보다 풍요로워지긴 하겠지만, 만일 존재하지 않는 경우라도 존재하지 않는다고 해서 잃을 것은 하나도 없을 것이다. 무엇인가를 잃을 누군가가 애초에 없기 때문이다. 그러나 그 사람은 존재하게 됨으로써 존재하지 않았더라면 일어나지 않았을 심각한 피해로 고통을 받는다. 이 주장에 반대하고 싶은 사람이라면, 부유하고 특권을 누리는 사람들의 혜택은 그들이 겪게 될 해악을 능가할 것이라는 점을 들 것이다. 그러나 베나타의 반론은 선의 부재와 악의 부재 사이에 비대칭이 있다는 주장에 의존하고 있다. 고통 같은 나쁜 것의 부재는 곧 선이다. 그런 선을 실제로 즐길 수 있는 사람이 있을 수 없더라도 어쨌든 그렇다. 반면에 쾌락 같은 좋은 것의 부재는 그 좋은 것을 잃을 누군가가 있을 때에만 나쁘다. 이것은 존재하지 않음으로써 나쁜 것을 피하는 것은 존재함에 비해 진짜 혜택인 반면, 존재하지 않음으로써 좋은 것들이 없어지는 것은 손실이 결코 아니라는 뜻이다. 존재의 쾌락은 아무리 커도 고통을 능가하지 못한다. 베나타의 이런 논증은 아래 〈표〉가 보여 주듯 시나리오 A보다 시나리오 B가 낫다고 말한다. 결국 이 세상에 존재하지 않는 것이 훨씬 더 낫다.

〈표〉

시나리오 A: X가 존재한다	시나리오 B: X가 존재하지 않는다
(1) 고통이 있음 (나쁘다)	(2) 고통이 없음 (좋다)
(3) 쾌락이 있음 (좋다)	(4) 쾌락이 없음 (나쁘지 않다)

베나타의 주장을 반박하려면 선의 부재와 악의 부재 사이에 비대칭이 있다는 주장을 비판해야 한다. ㉠첫 번째 비판을 위해 천만 명이 사는 어떤 나라를 상상해 보자. 그중 오백만 명이 끊임없는 고통에 시달리고 있고, 다른 오백만 명은 행복을 누리고 있다. 이를 본 천사가 신에게 오백만 명의 고통이 지나치게 가혹하다고 조치를 취해 달라고 간청한다. 신도 이에 동의하여 시간을 거꾸로 돌려 불행했던 오백만 명이 고통에 시달리지 않도록 다시 창조했다. 하지만 베나타의 논리에 따르면 신은 시간을 거꾸로 돌려 천만 명이 사는 나라를 아예 존재하지 않게 할 수도 있다. 그러나 신이 천만 명을 아예 존재하지 않게 하는 식으로 천사의 간청을 받아들이면 천사뿐만 아니라 대부분의 사람들은 공포에 질릴 것이다. 이 사고 실험은 베나타의 주장과 달리 선의 부재가 나쁘지 않은 것이 아니라 나쁠 수 있다는 점을 보여 준다. 생명들을 빼앗는 것은 고통을 제거하기 위한 대가로는 지나치게 크다.

첫 번째 비판은 나쁜 일의 부재나 좋은 일의 부재는 그 부재를 경험할 주체가 없는 상황에서조차도 긍정적이거나 부정적인 가치를 지닐 수 있다는 베나타의 전제를 받아들였지만, ⓒ두 번째 비판은 그 전제를 비판한다. 평가의 용어들은 간접적으로라도 사람을 언급함으로써만 의미를 지닌다. 그렇다면 좋은 것과 나쁜 것의 부재가 그 부재를 경험할 주체와는 관계없이 의미를 지닌다고 말하는 것은 무의미하고 바람직하지도 않다. 베나타의 이론에서는 '악의 부재'라는 표현이 주체를 절대로 가질 수 없다. 비존재의 맥락에서는 나쁜 것을 피할 개인이 있을 수 없기 때문이다.

만일 베나타의 주장이 옳다면 출산은 절대로 선이 될 수 없으며 출산에 관한 도덕적 성찰은 반드시 출산의 포기로 이어져야 한다. 그리고 우리는 이 세상에 태어나게 해 준 부모에게 감사할 필요가 없게 된다. 따라서 그 주장의 정당성은 비판적으로 논의되어야 한다.

논증의 구성 요소 확인

01. 베나타의 생각과 일치하지 <u>않는</u> 것은?

① 누군가에게 해를 끼치는 행위에는 윤리적 책임을 물을 수 있다.
② 아이를 기르는 즐거움은 출산을 정당화하는 근거가 되지 못한다.
③ 태어나지 않는 것보다 태어나는 것이 더 나은 이유가 있어야 한다.
④ 고통보다 행복이 더 많을 것 같은 사람도 태어나게 해서는 안 된다.
⑤ 좋은 것들의 부재는 그 부재를 경험할 사람이 없는 상황에서 조차도 악이 될 수 있다.

논증의 반박 및 재반박

02. 베나타가 ⊙에 대해 할 수 있는 재반박으로 가장 적절한 것은?

① 전적으로 고통에 시달리는 사람도, 전적으로 행복을 누리는 사람도 없다.
② 쾌락으로 가득 찬 삶인지 고통에 시달리는 삶인지 구분할 객관적인 방법이 없다.
③ 삶을 지속할 가치가 있는지 묻는 것은 삶을 시작할 가치가 있는지 묻는 것과 다르다.
④ 경험할 개인이 존재하지 않는 까닭에 부재하게 된 쾌락은 이미 존재하는 인간의 사람에 부재하는 쾌락을 능가한다.
⑤ 어떤 사람이 다른 잠재적 인간에게 존재에 따를 위험을 안겨주는 문제와 어떤 사람이 그런 위험을 스스로 안는가 하는 문제는 동일한 문제가 아니다.

논증의 반박 및 재반박

03. ⓒ이 <표>에 대해 생각하는 것으로 가장 적절한 것은?

① (2)와 (4) 모두 좋다고 생각한다.

② (2)와 (4) 모두 좋지도 않고 나쁘지도 않다고 생각한다.

③ (2)는 좋지만 (4)는 좋기도 하고 나쁘기도 하다고 생각한다.

④ (2)는 좋지만 (4)는 좋지도 않고 나쁘지도 않다고 생각한다.

⑤ (2)는 좋기도 하고 나쁘기도 하다고 생각하지만 (4)는 나쁘다고 생각한다.

★ 선생님 TIP

Upgrade된 사고 실험 - 계량적 사고
이 문제의 핵심 포인트는 네 번째 문단의 '사고 실험'을 정량적으로 업그레이드한 새로운 사고 실험을 제시한 상황입니다. 즉, 지문에서 주어진 '사고 실험 1'과 <보기>의 '사고 실험 2'의 차이가 어디에서 발생하는지를 답안을 고르는 근거로 삼으면 정답을 쉽게 찾아낼 수 있습니다.

더 알아보기

사고 실험
사고 실험이란 현실에서 발생하기는 불가능하지만, 상대방의 주장을 논박하기 위하여 가상의 상황을 설정한 후, 그 가상의 상황에서 상대방의 주장이 적용되지 않는다거나 반박이 되는 사례가 나타남을 보여주는 것을 말합니다. 대표적인 사고 실험의 사례는 철학자 존 설이 인공지능에 대한 튜링 테스트의 타당성을 반박하기 위해 설정한 '중국어 방'의 사고 실험이 있습니다. 이 지문에서 베나타의 주장에 대한 첫 번째 반박에서 사용한 방법론이 바로 사고 실험입니다.

논증의 결함 확인

04. <보기>와 같은 주장의 근거로 가장 적절한 것은?

> ─────────〈 보 기 〉─────────
>
> 다음 두 세계를 상상해 보자. 세계 1에는 갑과 을 단 두 사람만 존재하는데, 갑은 일생 동안 엄청난 고통을 겪고 쾌락은 조금만 경험한다. 반대로 을은 고통을 약간만 겪고 쾌락은 엄청나게 많이 경험한다. 그러나 세계 2에는 갑과 을 모두 존재하지 않는데, 그들의 고통이 없다는 것은 좋은 반면, 그들의 쾌락이 없다는 것은 나쁘지 않다. 베나타에 따르면 세계 2가 갑에게만 아니라 을에게도 언제나 분명히 더 좋다. 그러나 나는 적어도 을에게는 세계 1이 훨씬 더 좋다고 생각한다.

① 나쁜 것이라면 그것이 아무리 작아도 언제나 좋은 것을 능가할 수 있기 때문이다.

② 쾌락은 단순히 고통을 상쇄하는 것이 아니라 고통을 훨씬 능가할 수 있기 때문이다.

③ 고통의 없음은 좋기는 해도 매우 좋지는 않지만 쾌락의 없음은 매우 좋기 때문이다.

④ 인간은 고통이 쾌락에 의해 상쇄되지 않아 고통이 쾌락을 능가하는 시점이 있기 때문이다.

⑤ 고통의 없음은 매우 좋지만 쾌락의 없음은 나쁘기는 해도 매우 나쁜 것은 아니기 때문이다.

🏛 가이드 & 정답 확인하기

가이드에 따라 지문과 문제를 분석하고 정답을 확인해 봅시다.

STEP 1 전제와 결론을 구분하며 읽는다.

[첫 번째 문단] 반출생주의에 대한 경험적 논증

> 결혼을 하면 자연스럽게 아이를 낳지만, 아이들은 이 세상에 태어남으로써 해를 입을 수도 있다. 원하지 않는 병에 걸릴 수도 있고 험한 세상에서 살아가는 고통을 겪을 수도 있다. 이렇게 출산은 한 인간 존재에게 본인의 동의를 얻지 않은 부담을 지운다. 다른 인간을 존재하게 하여 위험에 처하게 만들 때는 충분한 이유를 가져야 할 도덕적 책임이 있다. 출산이 윤리적인가 하는 문제에 대해, 아이를 낳으면 아이를 기르는 즐거움과 아이가 행복하게 살 것이라는 기대가 있어 아이를 낳아야 한다고 주장하는 사람도 있고, 반면에 아이를 기르는 것은 괴로운 일이며 아이가 이 세상을 행복하게 살 것 같지 않다는 생각으로 아이를 낳지 말아야 한다고 주장하는 사람도 있다. 그러나 이것은 개인의 주관적인 판단에 따른 것이니 이런 근거를 가지고 아이를 낳는 것과 낳지 않는 것 중 어느 한쪽이 더 낫다고 주장할 수는 없다. 철학자 베나타는 이렇게 경험에 의거하는 방법 대신에 쾌락과 고통이 대칭적이지 않다는 논리적 분석을 이용하여, 태어나지 않는 것이 더 낫다고 주장하는 논증을 제시한다.

- 전제 a: 결혼과 출산에 의해 이 세상에 태어난 아이들은 살면서 고통을 경험할 가능성이 있다.
- 전제 b: 타인에게 동의 없이 고통을 가하는 행위는 비윤리적이다.
- 결론 c: 따라서 출산은 비윤리적이다.

$$전제\ a → 전제\ b → 결론\ c$$

- 결론 c에 대한 반박: 태어난 아이가 고통을 겪기보다는 행복하게 살 가능성도 있다.
- 결론 c에 대한 재반박: 위 반박의 타당성은 개개인의 경험에 의존하므로 일반화된 주장으로 도출되기 어렵다.

따라서 경험에 의존하지 않는 반출생주의 논증법이 필요하며, 이러한 논증법이 베나타의 주장입니다. 베나타의 주장은 두 번째 문단과도 연결됩니다.

[두 번째 문단] 베나타의 반출생주의 논증법 소개: 사고 실험 1

> 베나타의 주장은 다음과 같은 생각에 근거한다. 어떤 사람의 인생에 좋은 일이 있을 경우는 그렇지 않은 인생보다 풍요로워지긴 하겠지만, 만일 존재하지 않는 경우라도 존재하지 않는다고 해서 잃을 것은 하나도 없을 것이다. 무엇인가를 잃을 누군가가 애초에 없기 때문이다. 그러나 그 사람은 존재하게 됨으로써 존재하지 않았더라면 일어나지 않았을 심각한 피해로 고통을 받는다. 이 주장에 반대하고 싶은 사람이라면, 부유하고 특권을 누리는 사람들의 혜택은 그들이 겪게 될 해악을 능가할 것이라는 점을 들 것이다. 그러나 베나타의 반론은 선의 부재와 악의 부재 사이에 비대칭이 있다는 주장에 의존하고 있다. 고통 같은 나쁜 것의 부재는 곧 선이다. 그런 선을 실제로 즐길 수 있는 사람이 있을 수 없더라도 어쨌든 그렇다. 반면에 쾌락 같은 좋은 것의 부재는 그 좋은 것을 잃을 누군가가 있을 때에만 나쁘다. 이것은 존재하지 않음으로써 나쁜 것을 피하는 것은 존재함에 비해 진짜 혜택인 반면, 존재하지 않음으로써 좋은 것들이 없어지는 것은 손실이 결코 아니라는 뜻이다. 존재의 쾌락은 아무리 커도 고통을 능가하지 못한다. 베나타의 이런 논증은 아래 〈표〉가 보여 주듯 시나리오 A보다 시나리오 B가 낫다고 말한다. 결국 이 세상에 존재하지 않는 것이 훨씬 더 낫다.
>
> 〈표〉
>
> | 시나리오 A:
X가 존재한다 | 시나리오 B:
X가 존재하지 않는다 |
> |---|---|
> | (1) 고통이 있음
(나쁘다) | (2) 고통이 없음
(좋다) |
> | (3) 쾌락이 있음
(좋다) | (4) 쾌락이 없음
(나쁘지 않다) |

- 대전제 a: (숨겨진 전제) 존재할 주체가 없는 상황에서도 쾌락의 부재와 고통의 부재에 대한 윤리적 평가가 가능하다.
- 대전제 b: 쾌락의 부재는 악이 아니지만, 고통의 부재는 그 자체로 선이다. (선의 부재와 악의 부재의 비대칭성)
- 결론 c: 따라서 어떠한 경우에도 존재하지 않는 것이 존재하는 것보다 낫다.

첫 번째 문단과 두 번째 문단에서 제시된 베나타의 반출생주의 논증을 바탕으로 01번 문제를 풀이하면 다음과 같습니다.

① 첫 번째 문단의 전제 b에 해당하므로 적절하다.
② 첫 번째 문단에서 베네타는 개개인마다 다른 삶의 경험으로는 출생이 정당화될 수 없다고 주장하며, 반출생주의 일반화된 논증을 전개하고 있다. 따라서 베네타에 따르면 아이를 기르는 것이 즐거운 경우라 할지라도 출생은 정당화될 수 없다.
③ 첫 번째 문단에서 베네타는 태어나는 것은 무조건적으로 선이 아니라, 태어나는 것이 더 정당하다고 일반화된 논증으로 입증되어야 한다고 전제하였으므로 ③은 적절하다.
④ 베네타의 논증에 따르면, 살면서 고통보다 행복이 더 많다고 하더라도, 태어나지 않았을 경우에 비교하면 이조차도 윤리적으로 나쁜 상황에 해당하므로 태어나지 않는 것이 더 정당하다.
⑤ 나쁜 것의 부재는 선이지만, 좋은 것의 부재는 악이 아니라는 것이 두 번째 문단의 대전제 b에 해당하고, ⑤는 대전제 b와 상반된 내용을 담고 있으므로 적절하지 않다. 즉, 좋은 것들의 부재는 악이 아니지만, 나쁜 것들의 부재는 선이라는 가정을 베네타는 전제하고 있는데, ⑤는 이를 반대로 서술하였다.

[정답] ⑤

[세 번째 문단] 사고 실험을 통한 베나타의 주장 반박 (1)

베나타의 주장을 반박하려면 선의 부재와 악의 부재 사이에 비대칭이 있다는 주장을 비판해야 한다. ㉠첫 번째 비판을 위해 천만 명이 사는 어떤 나라를 상상해 보자. 그중 오백만 명이 끊임없는 고통에 시달리고 있고, 다른 오백만 명은 행복을 누리고 있다. 이를 본 천사가 신에게 오백만 명의 고통이 지나치게 가혹하다고 조치를 취해 달라고 간청한다. 신도 이에 동의하여 시간을 거꾸로 돌려 불행했던 오백만 명이 고통에 시달리지 않도록 다시 창조했다. 하지만 베나타의 논리에 따르면 신은 시간을 거꾸로 돌려 천만 명이 사는 나라를 아예 존재하지 않게 할 수도 있다. 그러나 신이 천만 명을 아예 존재하지 않게 하는 식으로 천사의 간청을 받아들이면 천사뿐만 아니라 대부분의 사람들은 공포에 질릴 것이다. 이 사고 실험은 베나타의 주장과 달리 선의 부재가 나쁘지 않은 것이 아니라 나쁠 수 있다는 점을 보여 준다. 생명들을 빼앗는 것은 고통을 제거하기 위한 대가로는 지나치게 크다.

세 번째 문단에서 제시된 베나타의 주장을 첫 번째로 비판하는 내용을 정리하면 다음과 같습니다.

첫 번째 비판에 따르면 고통에 시달리지 않는 삶과 존재하지 않음의 두 가지 선택지 중에서 사람들은 전자를 택할 것입니다. '존재하지 않음'보다 '고통에 시달리지 않는 삶'이 더 선호되는 이유는 '존재하지 않음'으로 야기되는 '쾌락의 부재'가 분명히 존재하기 때문에, 사람들이 후자를 기피하는 것입니다.

따라서 첫 번째 비판은 선의 부재와 악의 부재가 비대칭적이라는 베나타의 전제는 타당하지 않으며, 반출생주의의 결론도 타당하지 않다는 것입니다.

STEP 3 지문의 문단과 연결된 문제가 무엇인지 빠르게 스캔한다.

02번 문제는 세 번째 문단과만 관련되어 있으므로 굳이 네 번째 문단을 다 읽고 풀기보다는, 세 번째 문단까지 읽고 02번 문제를 해결한 후 다시 지문으로 돌아가는 것이 효율적인 문제 풀이 전략이 될 수 있습니다. 02번 문제를 풀이하면 다음과 같습니다.

① 베나타의 주장은 경험적 근거에 의존하지 않으므로 ①은 베나타의 주장에서 도출될만한 주장에 해당하지 않는다.

② 베나타의 주장 역시 마찬가지로 고통과 행복을 명확히 파악할 수 있는 상황을 가정하여 전개되고 있으므로 ②는 베나타가 제기할 재반박에 해당하지 않는다.

③ 두 번째 문단에서 베나타는 '쾌락 같은 좋은 것의 부재는 그 좋은 것을 잃을 누군가가 있을 때만 나쁘다.'고 전제한다. 이에 따라 첫 번째 반박의 사고 실험에서 이미 삶을 통해 좋은 것을 누리던 사람들이 좋은 것을 잃게 되는 상황은 그것을 누리던 주체가 이미 존재하던 상황이므로 악에 해당한다. 반면, 태어나지 않음으로 좋은 것을 잃게 되는 상황은 주체가 없는 상황이므로 악에 해당하지 않는다. 따라서 사고 실험의 결과는 오히려 베나타의 주장에 부합한다.

베나타의 주장은 삶을 새로 시작하는 출산이라는 행위가 반윤리적이라는 주장이지, 현재 삶을 살고 있는 시점에서 삶을 이어나가는 것이 반윤리적이므로 모든 인간들이 자살을 해야 한다는 주장이 아니다. 그럼에도 첫 번째 비판은 베나타의 논리를 따라가면 모든 사람들은 스스로가 사라져야 한다는 선택지를 골라야 하는데, 사고 실험의 결과에 따르면 그렇지 않다는 결론이 도출되므로 베나타의 주장이 타당하지 않다는 논리를 전개하고 있다. 즉, 첫 번째 비판의 사고 실험은 베나타가 주장하는 바가 아닌 다른 명제(삶에서 고통이 사라지는 것보다 삶을 그만두는 편이 낫다.)를 비판하는 '허수아비 공격'에 해당하는 논리 오류를 범한 것이다. 따라서 베나타는 이러한 논리적 오류를 재반박의 대상으로 삼을 것이다.

④ 베나타에 따르면 '경험할 개인이 존재하지 않는 까닭에 부재하게 된 쾌락'은 악이 아니지만, '이미 존재하는 인간의 삶에 부재하는 쾌락'은 악에 해당한다.

⑤ ⑤는 주어진 사고 실험에 대한 논리적 비판에는 해당하기 때문에 고르기 쉬운 선택지이다. 만약 '자살을 정당화하는 입장'을 반박하기 위한 사고 실험이었고, '자살을 정당화하는 입장'에서의 반박이라고 가정하면, ⑤는 타당한 정답이 될 수 있다. 즉, 신이라는 타자에 의해 사느냐 죽느냐가 결정되는 사고 실험과 개인이 스스로 사느냐 죽느냐를 결정하는 상황은 동일하지 않다는 것이므로 이는 논리적으로 타당한 재반박에는 해당한다. 그러나 이는 베나타의 반출생주의 주장과는 관련이 없는 내용이므로 적절하지 않다. → **매력적 오답**

[정답] ③

[네 번째 문단] 사고 실험을 통해 베나타의 주장 반박 (2)

> 첫 번째 비판은 나쁜 일의 부재나 좋은 일의 부재는 그 부재를 경험할 주체가 없는 상황에서조차도 긍정적이거나 부정적인 가치를 지닐 수 있다는 베나타의 전제를 받아들였지만, ⓛ두 번째 비판은 그 전제를 비판한다. 평가의 용어들은 간접적으로라도 사람을 언급함으로써만 의미를 지닌다. 그렇다면 좋은 것과 나쁜 것의 부재가 그 부재를 경험할 주체와는 관계없이 의미를 지닌다고 말하는 것은 무의미하고 바람직하지도 않다. 베나타의 이론에서는 '악의 부재'라는 표현이 주체를 절대로 가질 수 없다. 비존재의 맥락에서는 나쁜 것을 피할 개인이 있을 수 없기 때문이다.

베나타의 논증은 경험할 주체가 없는 상황에서도 쾌락의 부재나 고통의 부재가 야기할 결과에 대하여 논할 수 있음을 전제하고 있습니다. 그러나 경험할 주체가 없는 상황에서의 '선의 부재' 혹은 '악의 부재'가 어떤 의미를 갖는지 논하는 것은 의미가 없음을 알 수 있습니다.

마찬가지로 03번 문제는 네 번째 문단과만 관련되어 있으므로 지문을 끝까지 다 읽고 풀기보다는, 네 번째 문단까지 읽고 03번 문제를 해결한 후 다시 지문으로 돌아가는 것이 효율적입니다.

03번 문제를 풀이하면 다음과 같습니다.

(2)와 (4)는 모두 경험할 주체인 X가 존재하지 않는 상황에 해당하는데, ⓛ은 경험할 주체가 존재하지 않는 상황에서 좋고 나쁨고를 논하는 것이 무의미하다고 하였으므로 좋지도 않고 나쁘지도 않다고 생각할 것이다.

이를 집합과 명제를 통해 명확하게 이해해 보자. '무의미하다'는 것은 '집합과 명제'에서 공집합에 대응된다. 또한, '좋지도 않고 나쁘지도 않다.'는 명제 역시 공집합에 대응된다. 좋은 것(G)과 나쁜 것(B)을 집합으로 나타내면 다음과 같다.

$$G \cup B = U(\text{전체집합})$$

이때 좋지도 않고 나쁘지도 않은 것은 집합으로 나타내면 다음과 같다.

$$G^c \cap B^c = (G \cup B)^c = U^c = \varnothing$$

즉, '무의미하다'라는 ⓛ의 대답과 ②는 공통적으로 공집합에 대응되며, 동일한 명제에 해당한다.

[정답] ②

마지막으로 04번 문제를 풀이하면 다음과 같습니다.

─〈보 기〉─

다음 두 세계를 상상해 보자. 세계 1에는 갑과 을 단 두 사람만 존재하는데, 갑은 일생 동안 엄청난 고통을 겪고 쾌락은 조금만 경험한다. 반대로 을은 고통을 약간만 겪고 쾌락은 엄청나게 많이 경험한다. 그러나 세계 2에는 갑과 을 모두 존재하지 않는데, 그들의 고통이 없다는 것은 좋은 반면, 그들의 쾌락이 없다는 것은 나쁘지 않다. 베나타에 따르면 세계 2가 갑에게만 아니라 을에게도 언제나 분명히 더 좋다. 그러나 나는 적어도 을에게는 세계 1이 훨씬 더 좋다고 생각한다.

베나타가 반출생주의를 정당화하기 위해 고안한 '사고 실험 1'은 고통과 쾌락이 '있다' 또는 '없다'로만 정의되는 흑백 논리의 세계관이다. 베나타와 달리, 〈보기〉의 '사고 실험 2'는 쾌락과 고통에 정량적인 개념을 도입하여 쾌락의 양과 고통의 양을 고려할 수 있다고 전제하고 있다. 따라서 을의 입장에서는 존재하지 않을 때의 쾌락의 부재는 양적으로 많은 반면에, 존재하지 않을 때의 고통의 부재는 양적으로 적으므로 을에게는 존재하는 편이 선이 된다는 것이다. 이러한 논리에는 쾌락과 고통의 관계가 '있다/없다'의 조합으로 서로를 상쇄하는 것이 아니라, 양적으로 쾌락이 압도적인 경우에는 고통의 존재를 능가할 수 있음을 전제하는 것이므로 ②가 〈보기〉의 주장에 가장 적합한 근거가 된다.

이처럼 〈보기〉의 주장은 베나타의 주장에서 숨겨진 전제인 양적 개념을 전제하지 않는 쾌락과 고통 개념을 논리적 결함으로 간주하여 베나타의 주장을 반박하고 있다. 베나타의 '사고 실험 1'에서는 세계 2(시나리오 B: 존재하지 않는다)가 갑과 을 모두에게 좋으므로 갑과 을 모두 태어나지 않는 것이 정당화된다. 그러나 쾌락과 고통이 정량적이라면, 태어났을 때 쾌락의 양이 고통의 양에 비해 훨씬 더 많은 을의 경우는 많은 양의 쾌락이 적은 양의 고통을 양적으로 압도하며 상쇄하게 되므로 세계 1(시나리오 A: 존재한다)이 선한 결과를 낳는다. 따라서 ②는 을이 반출생주의를 거부하고 태어나는 것을 선택하는 논리적 근거가 되며, 지문에서 '존재의 쾌락은 아무리 커도 고통을 능가하지 못한다.'는 베나타의 주장에 대한 반박이 된다.

이를 지문과 유사한 방식으로 표로 나타내면 다음과 같다.

세계 1: 갑이 존재한다	세계 2: 갑이 존재하지 않는다
(1) 고통이 많음 (많이 나쁘다)	(2) 사라진 고통이 많음 (많이 좋다)
(3) 쾌락이 적음 (약간 좋다)	(4) 사라진 쾌락이 적음 (나쁘지 않다)

→ 갑은 세계 2를 택할 것이다. 즉, 갑은 태어나지 않는 편이 정당하다.

세계 1: 을이 존재한다	세계 2: 을이 존재하지 않는다
(1) 고통이 적음 (약간 나쁘다)	(2) 고통이 없음 (약간 좋다)
(3) 쾌락이 많음 (많이 좋다)	(4) 쾌락이 없음 (나쁘지 않다)

→ 을은 세계 1을 택할 것이다. 즉, 을은 태어나는 편이 정당하다. 따라서 쾌락이 고통보다 많은 사람이라도 태어나지 않는 편이 더 정당하다는 베나타의 주장은 반박된다.

[정답] ②

[05~07] 다음 글을 읽고 물음에 답하시오.

09 LEET 문29~31

오늘날 우리는 온갖 행위들이 '예술'로 인정되는 경우를 자주 본다. 그리고 이 경우 대상의 순수한 예술적 가치 이외의 다른 가치들은 논외로 하는 것이 일반적이다. 즉 예술만의 고유하고 독자적인 존립을 인정하고 타 영역의 간섭을 원칙적으로 거부하는 인식이 보편화되어 있는 것이다. 이러한 인식을 대변하는 대표적 예술론의 하나가 바로 체계 이론 미학이다. 루만에 의해 개척된 체계 이론은 사회 각 영역이 고유한 자립성을 확보하면서 하나의 '체계'로 분리 독립되는 과정을 분석하는데, 이 이론을 미학에 적용하여 예술을 독자적 체계로 기술하려는 이들은 헤겔의 미학을 자신들의 주장을 정당화하는 중요한 단서로 활용하곤 한다.

흥미로운 것은 그들이 예술에 대한 호의적인 결론을 도출하려고 끌어들인 헤겔의 예술론이 본래는 오히려 예술에 대한 부정적 결론, 즉 '예술의 종언' 명제로 요약된다는 점이다. 따라서 이 명제가 어떻게 예술 옹호론을 위한 실마리로 전용될 수 있는지를 따져 볼 필요가 있다.

헤겔 미학의 핵심은 두 가지이다. 첫째, 그는 예술을 '이념의 감성적 현현(顯現)', 즉 절대적 진리의 구체적 형상화로 규정한다. 그는 지고의 가치인 진리를 예술의 내용으로 규정함으로써 예술을 종교, 철학과 함께 인간 정신의 최고 영역에 포함시킨다. 이는 예술이 헛된 가상이거나 감성적 도취 또는 광기의 산물이어서 정신의 최고 목표인 진리 매개가 절대 불가능하다는 플라톤의 판정으로부터 예술을 방어할 수 있는 매력적인 논변일 수 있다. 둘째, 그럼에도 헤겔의 최종적인 미학적 결론은 오히려 이와 모순되는 것처럼 보인다. 그는 "우리에게 예술은 더 이상 진리가 실존하는 최고의 방식이 아니다.…… 물론 우리는 예술이 더 융성하고 완전하게 되기를 바랄 수 있다. 그러나 예술의 형식은 더 이상 정신의 최고 욕구가 아니다."라고 말한다.

중요한 것은 이 두 주장이 묘한 인과관계에 있다는 것이다. 즉 이 둘을 하나로 묶으면 ㉠'예술은 진리 매개가 그것의 과제이기 때문에 종말을 맞는다'가 된다. 다분히 역설적으로 보이는 이러한 예술관을 이해하기 위한 열쇠는 헤겔이 예술의 내용과 형식으로 각각 설정한 '진리'와 '감성'의 상관관계에 있다. 객관적 관념론자인 그는 진리란 '우주의 근본 구조로서의 순수하고 완전한 논리', 즉 '이념'이므로, 그것을 참되게 매개하는 정신의 형식은 바로 그 순수 논리에 대응하는 '순수한 이성적 사유'라고 생각한다. 따라서 그 본질상 감성을 형식으로 하는 예술이 이념을 매개할 수 있는 가능성은 인간 정신의 작동 방식이 근본적으로 감성적이어서 아직 이성적 사유 능력이 제대로 발휘될 수 없었던 먼 과거의 역사적 유년기에 국한되며, 예술이 담당했던 과제가 근대에는 철학으로 이관되었다고 한다. 더욱이 헤겔은 이러한 발전의 방향이 영원히 불가역적이라고 여긴다.

체계 이론가들은 바로 헤겔의 결론인 '더 이상 기대할 수 없는, 예술의 진리 매개 가능성'에서 역전을 위한 힌트를 얻는다. 즉 헤겔이 예술의 종언을 선언하는 바로 그 지점에서 이들은 예술의 진정한 실존 근거를 찾거니와, 예술을 진리 영역으로부터 '퇴출'시킨 헤겔의 전략은 이들에게는 오히려 오래도록 그것을 짓눌러 왔던 중책으로부터 예술을 '해방'시키는 것을 뜻한다. 그 때문에 근대 이후에 존속하는 예술은 헤겔에게는 '무의미한 잔여물'인 반면, 이들에게는 '비로소 예술이 된 예술'이다. 모든 외적 연관들이 차단됨으로써, 즉 일체의 예술 외적 요구로부터 자유로운 자족적 체계로 분리 독립됨으로써, 무엇을 어떻게 표현할 것인가의 선택권은 전적으로 예술에게 주어지며, 이에 따라 예술은 예전에는 상상도 할 수 없던 많은 것을 내용과 형식으로 삼을 수 있게 된다.

그런데 체계 이론의 이러한 예술 해방 전략에는 석연찮은 점이 남아 있다. 왜냐하면 ⓐ일부 예술가와 예술 애호가들은 예술의 고유한 자립성을 인정하면서도 여전히 진리와 예술의 긍정적 연관을 매력 있게 정당화하는 담론을 미학에서 기대하기 때문이다. 따라서 이들에게 ⓑ체계 이론 미학은 '절반의 성공'에 불과한 것으로 평가된다. 이렇게 평가되는 원인은 체계 이론 미학이 헤겔 미학을 전거로 삼으면서 그 원래의 핵심 주제를 방기(放棄)한 데 있다. 따라서 예술계의 중요한 요구를 충족하는 좀 더 의미 있는 예술론이 되려면 체계 이론 미학은 진리와 연관된 예술의 가치를 묻는 물음에 대해서도 긍정적 답변을 줄 수 있는 이론으로 성숙해져야 한다.

논증의 구성 요소 확인

05. ⊙에 대한 설명으로 가장 적절한 것은?

① 예술이 진리 매개라는 목적을 달성하고자 하더라도 정신의 작동 방식이 감성적 단계를 넘어선 시대에는 그 실현 가능성이 없다.

② 예술의 본질은 순수한 심미적 가치의 구현이지만, 진리 매개라는 이질적 목적이 개입함으로써 예술의 자율성이 훼손된다.

③ 예술이 진리 매개를 그것의 유일한 과제로 삼음으로써 주제의 다양화가 원천적으로 불가능하게 된다.

④ 예술이 진리 매개를 추구하여 매우 난해한 행위로 변함으로써 대중과의 소통이 불가능해진다.

⑤ 예술이 진리 매개를 지나치게 지향함으로써 양식적 쇠퇴라는 부정적 결과를 초래한다.

논증의 결함 확인

06. ⓐ가 ⓑ를 평가한 것으로 가장 적절한 것은?

① 고전적인 학설을 활용했지만, 그것의 핵심적 논점에서 벗어났다.

② 체계적인 이론을 정립했지만, 그것의 현실적 실용화는 미흡했다.

③ 유의미한 주제를 제시했지만, 그것의 대중적 공론화가 어려웠다.

④ 흥미로운 현상을 발견했지만, 그것의 인과적 규명에는 실패했다.

⑤ 매력적인 가설을 수립했지만, 그것의 경험적 검증에는 실패했다.

★ 선생님 TIP

다섯 번째 문단에서 전개된 논증의 논리적 결함을 정확히 파악한다면 매우 쉽게 풀 수 있는 문제입니다.

논증의 구성 요소 확인

07. <보기>의 주장에 대한 '헤겔'의 평가로 가장 적절한 것은?

─────〈보 기〉─────

　근대에 새로이 출현한 장르인 오페라는 기존의 모든 예술적 요소를 하나의 장르로 통합한 것으로, 고대 그리스의 비극에 견줄 수 있을 만큼 완전성을 갖춘 종합 예술이다. 오페라의 이러한 통합성은 그 근본 원리 면에서 다음 시대에 이루어질 영화와 뮤지컬의 탄생을 예고한다.

① 오페라의 양식적 장대함은 고대 그리스 비극의 현대적 재현이다.

② 오페라가 절대적 진리를 담으려면 종합적 기법의 완성도를 더 높여야 한다.

③ 오페라의 완성도 높은 양식이 예술의 본래적 가치의 구현을 의미하지는 않는다.

④ 오페라의 통합적 성격은 오히려 예술에 더 이상의 양식적 발전이 불가능함을 보여 준다.

⑤ 오페라가 가치 있는 장르가 되려면 앞으로 화려한 양식 속에 이성적 사유를 담아내야 한다.

더 알아보기

현현

'현현'이란 어떠한 추상적인 가치 체계가 구체적인 형상이나 사물로 나타나는 상황을 의미합니다. 따라서 이 지문에서 '예술은 이념의 감성적 현현이다.'라는 문장은 추상적인 이념이 구체적인 형태로 구현된 것이 예술이라는 의미를 담고 있습니다.

지문에서 현현의 의미만 정확하게 파악하고 있어도 예술에 대한 헤겔의 관점을 포착하는 데 매우 큰 도움이 됩니다. 다른 예문을 통해 단어의 의미를 보충하여 이해해 보기로 합니다.

[예시 1] 한국에 만연한 위계서열적 사회 구조는 일상에서 타인을 호칭하는 방식에서 그대로 현현된다.

[예시 2] 주기율표는 인간에 의하여 자의적으로 구성된 것이 아니라 우주를 구성하는 영원불멸한 자연의 질서가 현현한 것이다.

📖 가이드 & 정답 확인하기

가이드에 따라 지문과 문제를 분석하고 정답을 확인해 봅시다.

STEP 1 전제와 결론을 구분하며 읽는다.

[첫 번째 문단&두 번째 문단] 예술은 고유하고 독립적인 가치를 지닌다.

> 오늘날 우리는 온갖 행위들이 '예술'로 인정되는 경우를 자주 본다. 그리고 이 경우 대상의 순수한 예술적 가치 이외의 다른 가치들은 논외로 하는 것이 일반적이다. 즉 예술만의 고유하고 독자적인 존립을 인정하고 타 영역의 간섭을 원칙적으로 거부하는 인식이 보편화되어 있는 것이다. 이러한 인식을 대변하는 대표적 예술론의 하나가 바로 체계 이론 미학이다. 루만에 의해 개척된 체계 이론은 사회 각 영역이 고유한 자립성을 확보하면서 하나의 '체계'로 분리 독립되는 과정을 분석하는데, 이 이론을 미학에 적용하여 예술을 독자적 체계로 기술하려는 이들은 헤겔의 미학을 자신들의 주장을 정당화하는 중요한 단서로 활용하곤 한다.
>
> 흥미로운 것은 그들이 예술에 대한 호의적인 결론을 도출하려고 끌어들인 헤겔의 예술론이 본래는 오히려 예술에 대한 부정적 결론, 즉 '예술의 종언' 명제로 요약된다는 점이다. 따라서 이 명제가 어떻게 예술 옹호론을 위한 실마리로 전용될 수 있는지를 따져 볼 필요가 있다.

논증형 지문은 증명의 대상으로 삼고자 하는 목표가 되는 지문이며, 목표 명제가 글의 서두에 제시되고, 그 목표를 증명해 가는 과정이 드러나는 지문입니다. 그리고 그 증명 대상이 되는 명제는 상식적으로는 선뜻 그 명제가 참이라는 것을 받아들이기 어려운 내용들이 주된 출제의 대상이 됩니다. 이 지문의 경우에는 루만의 이론이 헤겔의 예술론을 근거로 삼아 예술의 고유한 독립된 체계를 지닌다는 결론을 증명할 것이라는 점을 도입부에서 제시합니다.

[세 번째 문단] 헤겔의 예술론에 대한 소개

> 헤겔 미학의 핵심은 두 가지이다. 첫째, 그는 예술을 '이념의 감성적 현현(顯現)', 즉 절대적 진리의 구체적 형상화로 규정한다. 그는 지고의 가치인 진리를 예술의 내용으로 규정함으로써 예술을 종교, 철학과 함께 인간 정신의 최고 영역에 포함시킨다. 이는 예술이 헛된 가상이거나 감성적 도취 또는 광기의 산물이어서 정신의 최고 목표인 진리 매개가 절대 불가능하다는 플라톤의 판정으로부터 예술을 방어할 수 있는 매력적인 논변일 수 있다. 둘째, 그럼에도 헤겔의 최종적인 미학적 결론은 오히려 이와 모순되는 것처럼 보인다. 그는 "우리에게 예술은 더 이상 진리가 실존하는 최고의 방식이 아니다.⋯ ⋯ 물론 우리는 예술이 더 융성하고 완전하게 되기를 바랄 수 있다. 그러나 예술의 형식은 더 이상 정신의 최고 욕구가 아니다."라고 말한다.

- 전제 a: 예술은 절대적 진리인 이데올로기를 구체적으로 형상화한 것이다.
- 결론 a: 따라서 예술은 종교, 철학과 함께 인간의 정신 영역의 최고 수준이라는 동일한 범주에 포함된다.
- 결론 b: 예술이 감성이나 광기의 산물이어서 이성적 진리 매개가 불가능하다는 플라톤의 주장은 반박된다.
- 결론 c: 그럼에도 예술은 진리가 존재할 수 있는 가장 높은 수준의 형식적 양태는 되지 못한다.
  - → 역설적 결론

[네 번째 문단] 헤겔의 예술론의 역설적 결론에 대한 소개

> 중요한 것은 이 두 주장이 묘한 인과관계에 있다는 것이다. 즉 이 둘을 하나로 묶으면 ⊙'예술은 진리 매개가 그것의 과제이기 때문에 종말을 맞는다'가 된다. 다분히 역설적으로 보이는 이러한 예술관을 이해하기 위한 열쇠는 헤겔이 예술의 내용과 형식으로 각각 설정한 '진리'와 '감성'의 상관관계에 있다. 객관적 관념론자인 그는 진리란 '우주의 근본 구조로서의 순수하고 완전한 논리', 즉 '이념'이므로, 그것을 참되게 매개하는 정신의 형식은 바로 그 순수 논리에 대응하는 '순수한 이성적 사유'라고 생각한다. 따라서 그 본질상 감성을 형식으로 하는 예술이 이념을 매개할 수 있는 가능성은 인간 정신의 작동 방식이 근본적으로 감성적이어서 아직 이성적 사유 능력이 제대로 발휘될 수 없었던 먼 과거의 역사적 유년기에 국한되며, 예술이 담당했던 과제가 근대에는 철학으로 이관되었다고 한다. 더욱이 헤겔은 이러한 발전의 방향이 영원히 불가역적이라고 여긴다.

- 주장: 예술은 진리 매개를 목적으로 하므로 그 존재 의의를 상실하고 종말을 맞게 된다.
- 전제 a: 예술은 진리 매개를 목적으로 한다.
- 전제 b: 예술의 표현 방식은 감정의 영역에 속한다.
- 전제 c: 궁극적 진리란 순수한 이성적 논리의 형태로 존재한다.
- 전제 d: 근대는 감성적 사유가 사라지고 이성적 사유가 지배적인 사회가 되었다.
- 결론: 근대 사회에서 예술은 그 존재 의의가 없다.

STEP 3 지문의 문단과 연결된 문제가 무엇인지 빠르게 스캔한다.

지문의 전체 사실을 묻고 있는 05번 문제를 먼저 풀이하면 다음과 같습니다.

① 예술의 본질이 진리를 담아내는 것이므로 근대에 예술은 존재 가치를 잃는다는 헤겔의 역설적 예술종말론을 정확히 요약한 정답에 해당하므로 적절하다.
② 예술의 본질은 심미적 가치 구현이 아니라, 진리 매개이므로 전제에서 오류가 발생했음을 알 수 있다. 따라서 적절하지 않다.
③, ④, ⑤ 예술이 진리 매개를 과제로 삼는다는 전제는 적절하지만, 그 전제로부터 도달한 결론이 헤겔의 결론과 일치하지 않거나 논리적 관련성이 없다.

[정답] ①

네 번째 문단에서 헤겔의 예술론이 제시되고 있으므로 헤겔의 입장에서 〈보기〉의 주장을 평가하는 07번 문제를 먼저 풀이하면 다음과 같습니다.

선택지 중에서 ⑤를 자칫 오독하면 예술이 이성적 사유를 담아내야 한다는 당위적 주장을 내포하고 있는 것으로 읽히며, 이에 따라 예술의 목적이 이성적 진리를 매개하는 것이라는 헤겔의 입장과 동일하다고 착각하기 쉽다. 그러나 헤겔의 주장은 예술은 그 본질상 감성을 표현의 수단으로 삼기 때문에, 진리가 감성의 영역에서 유추되었던 고대 그리스 시절에만 진리 매개의 기능을 수행할 수 있었다고 주장한다. 따라서 헤겔의 시각에서 볼 때, 고대 그리스 비극은 진리 매개의 기능을 수행할 수 있다.

그러나 근대에 와서 인간의 사유가 감성에서 이성으로 발전하였고, 근대에는 예술이 존재할 이유가 없다는 것이 헤겔의 주장이다. 이에 따라 헤겔은 오페라의 예술적 완성도와 무관하게 근대의 오페라는 이성적 사유를 담아내는 것이 원천적으로 불가능하다고 주장할 것이다.

따라서 아무리 오페라가 양식적으로 훌륭하다고 하더라도, 예술의 본래적 가치인 진리 매개를 도달할 수 없다고 보는 ③이 헤겔의 예술종말론을 정확히 담아낸 정답 선택지에 해당한다. 이처럼 논증형 문제에서 올바른 선택지를 선별하기 위해서는 논증 과정을 매우 세밀하고 정확하게 포착하는 것이 가장 중요하다.

[정답] ③

나머지 다섯 번째 문단과 여섯 번째 문단을 분석해 봅시다.

[다섯 번째 문단] 헤겔의 예술론을 통한 예술의 존재론적 가치를 정당화하는 논증

> 체계 이론가들은 바로 헤겔의 결론인 '더 이상 기대할 수 없는, 예술의 진리 매개 가능성'에서 역전을 위한 힌트를 얻는다. 즉 헤겔이 예술의 종언을 선언하는 바로 그 지점에서 이들은 예술의 진정한 실존 근거를 찾거니와, 예술을 진리 영역으로부터 '퇴출'시킨 헤겔의 전략은 이들에게는 오히려 오래도록 그것을 짓눌러 왔던 중책으로부터 예술을 '해방'시키는 것을 뜻한다. 그 때문에 근대 이후에 존속하는 예술은 헤겔에게는 '무의미한 잔여물'인 반면, 이들에게는 '비로소 예술이 된 예술'이다. 모든 외적 연관들이 차단됨으로써, 즉 일체의 예술 외적 요구로부터 자유로운 자족적 체계로 분리 독립됨으로써, 무엇을 어떻게 표현할 것인가의 선택권은 전적으로 예술에게 주어지며, 이에 따라 예술은 예전에는 상상도 할 수 없던 많은 것을 내용과 형식으로 삼을 수 있게 된다.

헤겔에 따르면 근대 이후 예술은 더 이상 진리 매개의 과제를 수행할 능력이 없습니다. 이에 따라 예술은 더 이상 진리 매개라는 목적성에 국한될 필요 없이, 진리와 무관한 모든 가치들을 표현할 수 있습니다. 따라서 예술의 종말로 귀결되는 헤겔의 철학은 오히려 예술의 독립적인 존재론적 가치를 담보하는 근거가 됩니다.

[여섯 번째 문단] 체계 이론의 예술 정당화 논증의 한계점

> 그런데 체계 이론의 이러한 예술 해방 전략에는 석연찮은 점이 남아 있다. 왜냐하면 ⓐ일부 예술가와 예술 애호가들은 예술의 고유한 자립성을 인정하면서도 여전히 진리와 예술의 긍정적 연관을 매력 있게 정당화하는 담론을 미학에서 기대하기 때문이다. 따라서 이들에게 ⓑ체계 이론 미학은 '절반의 성공'에 불과한 것으로 평가된다. 이렇게 평가되는 원인은 체계 이론 미학이 헤겔 미학을 전거로 삼으면서 그 원래의 핵심 주제를 방기(放棄)한 데 있다. 따라서 예술계의 중요한 요구를 충족하는 좀 더 의미 있는 예술론이 되려면 체계 이론 미학은 진리와 연관된 예술의 가치를 묻는 물음에 대해서도 긍정적 답변을 줄 수 있는 이론으로 성숙해져야 한다.

예술이 여전히 진리와 어떠한 방식으로든 연관을 맺어야 한다고 여기는 시각에서는 체계 이론의 예술 정당화 논증이 한계를 지닌다고 평가할 것임을 알 수 있습니다.

체계 이론과 관련된 06번 문제를 풀이하면 다음과 같습니다.

체계 이론은 헤겔의 예술론을 다음과 같이 사용한다.

> • 전제 a: 헤겔에 따르면 근대 이후의 예술은 더 이상 진리 매개의 기능을 수행하지 못한다.
> • 전제 b: 그런데 예술은 진리와 관련이 없다고 하더라도 얼마든지 다양한 방식으로 존재할 수 있다.
> • 결론: 따라서 예술이 진리를 매개하지 않는다고 하더라도 예술의 존재론적 가치가 손상되는 것은 아니다.

그러나 이러한 논증은 헤겔의 예술론에서 진리 매개의 목적성을 띄지 않는 예술은 가치가 없다고 가정한 부분을 간과하고 있다. 즉, 헤겔은 진리 매개의 가능성이 없는 예술의 가치가 철학에 비해 부족하다는 점을 전제하고 있는데, 체계 이론은 진리 매개의 가능성이 없는 것과 예술의 가치는 무관하다고 주장하므로 헤겔의 논증에서 가장 중요한 전제를 삭제한 것이다.

즉, 헤겔의 예술론은 '더 이상 예술은 진리 매개의 기능을 수행할 수 없다.'고 주장하는데, 이를 체계 이론은 '더 이상 예술은 진리 매개의 기능을 수행할 필요가 없다.'라는 명제로 왜곡시켜서 자신의 이론의 논증 근거로 사용한 것이다.

따라서 ⓐ가 ⓑ를 평가한 것으로 가장 적절한 것은 '고전적인 학설을 활용했지만, 그것의 핵심적 논점에서 벗어났다.'이다.

[정답] ①

연습문제 3

[08~10] 다음 글을 읽고 물음에 답하시오.

22 LEET 문25~27

알파고가 인간 바둑 최고수를 꺾은 사건은 자연 세계에서 인간의 특권적 지위를 문제 삼고, 윤리학의 인간 중심적 전통에 도전한다. 우리는 이제 인간과 같은 또는 더 뛰어난 지능을 지닌 인공 지능도 도덕적 고려의 대상으로 인정해야 하느냐는 물음에 직면하는 것이다. 이 물음에 선뜻 동의하지 못하는 사람들은 인간성의 핵심을 지적인 능력이 아니라 기쁨과 슬픔, 공포와 동정심 등의 감정적인 부분에서 찾으려 한다. 예컨대 알파고는 경쟁에서 이겨도 승리를 기뻐하지 못하며, 우리도 알파고를 축하하며 함께 축배를 들 수 없다. 인간의 특정 작업이 인공 지능을 갖춘 로봇에 의해 대체되더라도 인간의 감정을 읽고 인간과 상호작용하는 작업은 대체되지 못하리라는 것이다.

하지만 최근에는 감정을 가진 로봇, 곧 인공 감정을 제작하려는 열망이 뜨겁다. 인간의 돌봄과 치료 과정을 돕는 로봇은 사용자의 세밀한 필요에 더 잘 부응할 것이다. 사람들은 인간과 정서적 교감을 하는 로봇을 점점 가족 구성원처럼 여기게 될지도 모른다. 그러면 로봇은 인간과 같은 감정을 가지고 인간과 상호작용하는 존재가 될 것인가? 로봇을 도덕 공동체에 받아들여야 하는가? 이 물음에 답하려면 인간에게 감정의 핵심적인 역할은 무엇인지 생각해 보아야 한다. 인공 지능의 연구도 그렇지만, 인공 감정의 연구도 인간의 감정을 닮은 기계를 만들려는 시도이면서 동시에 감정 과정에 대한 계산 모형을 통해 인간의 감정을 더 깊이 이해하는 과정이기도 하다.

감정은 인지 과정과는 달리 적은 양의 정보로도 개체의 생존과 항상성 유지를 가능하게 해 주는 역할을 한다. 또 무엇을 추구하고 회피할지 판단하도록 하는 동기의 역할을 한다. 한편 우리는 사회적 상호작용에서 서로의 신체 반응이나 표정을 통해 미묘한 감정을 읽어내고 그에 적절히 반응하며, 그런 정서적 교감을 통해 공동체를 유지한다.

그러나 로봇이 정말로 이러한 감정 경험을 하는지 판단하기는 쉽지 않다. 철학자들은 인공 지능이 인간과 똑같은 인지적 과제를 수행했다고 하더라도 그것은 의미를 이해하지 못하기 때문에 진정한 지능이 아니라고 주장했다. 인공 감정에 대해서도 마찬가지로, 감정을 입력 자극에 대한 적절한 출력을 내놓는 행동들의 패턴이 아니라 내적인 감정 경험으로 이해한다면 인공 감정이 곧 인간의 감정이라고 말할 수 없다. 인간만 보더라도 행동의 동등성은 심성 상태의 동등성을 함축하지 않기 때문에, 동일한 행동을 하는 두 사람이 서로 다른 감정을 느낄 수 있고 그 역도 가능하다. 로봇의 경우에는 행동의 동등성이 곧 심성 상태의 존재성조차도 함축하지 않는다.

로봇이 감정을 가지기 위해서는 감정을 인식하고 표현하는 데 그쳐서는 안 되고 내적인 감정을 생성할 수 있어야 한다. 그러나 거기에는 현실적으로 상당히 어려운 전제 조건이 만족되어야 한다. 첫째, 감정을 가진 개체는 기본적인 충동이나 욕구를 가진다고 전제된다. 목마름, 배고픔, 피로감 등의 본능이나 성취욕, 탐구욕 등이 없다면 감정도 없다. 둘째, 인간과 사회적으로 상호작용하기 위해 인간이 가지는 것과 같은 감정을 가지려면, 로봇은 최소한 고등 동물 이상의 일반 지능을 가지고, 생명체들처럼 복잡하고 예측 불가능한 환경에 적응할 수 있어야 한다. 그런데 복잡한 환경에 적응하여 행위할 수 있는 일반 지능을 가진 인공 지능에 도달하는 길은 아직 멀다. 현재 인공 지능이 제한적인 영역에서 주어진 과제를 얼마나 효율적으로 산출하는지 이외의 문제들은 부차적인 것으로 치부되고 있기 때문이다. 그렇다면 ㉠진정한 감정이 없는 로봇을 도덕 공동체에 받아들일 이유는 없다.

08. 윗글에 대한 이해로 적절하지 <u>않은</u> 것은?

① 인공 지능과 인공 감정을 연구하면 인간의 지능과 감정까지 더 잘 알게 된다.

② 인공 지능에서 행동이 하는 역할은 인공 감정에서 내적인 감정 경험이 맡는다.

③ 인공 지능에 회의적인 철학자는 의미의 이해가 지능의 본질적 요소라고 생각한다.

④ 인간성의 핵심이 로봇에게도 있다면 로봇을 도덕적 고려의 대상으로 인정해야 한다.

⑤ 인공 감정은 현실적으로 만들기가 어렵고 만들어도 인간과 같은지 판단하기가 어렵다.

09. 윗글을 바탕으로 <보기>의 상황에 대해 추론한 것으로 적절하지 <u>않은</u> 것은?

―〈보 기〉―

로봇 A가 바둑에서 최고수를 꺾고 우승한 뒤 기뻐하는 모습을 보고 인간 B가 함께 기쁨을 표현했다.

① A에게 누군가를 이기려는 본능이 있다면 A의 기쁨이 진정한 감정일 가능성이 있겠군.

② A의 기쁨이 적절한 입력 자극과 출력에 의한 것이라면 A의 기쁨은 진정한 감정이라고 말할 수 있겠군.

③ A가 바둑 이외의 다양한 영역에서도 인간처럼 업무를 잘 수행한다면 A의 기쁨이 진정한 감정일 가능성이 있겠군.

④ A나 B 모두 기쁘지 않으면서도 겉으로는 기뻐하는 행동을 보일 수 있겠군.

⑤ B가 A의 기쁨을 알게 된 것은 A의 신체 반응이나 표정 때문이겠군.

10. ㉠에 대해 문제를 제기한 것으로 가장 적절한 것은?

① 로봇이 감정에 휩싸인다면 복잡하고 예측 불가능한 환경에 잘 적응할 수 없지 않을까?

② 인간처럼 감정을 인식하고 표현하는 인공 감정 연구는 이미 상당한 수준에 올라 있지 않을까?

③ 인공 지능도 인간의 감정을 이해하고 배려한다면 인공 지능이 도덕적 고려를 할 수 있지 않을까?

④ 도덕 공동체에 있으면 내적 감정을 갖겠지만, 내적 감정을 갖는다고 해서 꼭 도덕 공동체에 포함해야 할까?

⑤ 비행기와 새의 비행 방식이 다르듯, 로봇은 인간과 다른 방식으로 감정의 핵심 역할을 수행할 수 있지 않을까?

더 알아보기

인공지능 소재 출제 경향
인공지능에 대한 철학적 논쟁은 앞으로도 LEET 언어이해에서 매우 빈번히 출제될 것으로 예상됩니다. 최신 시사·이슈를 반영한 소재일 뿐만 아니라 정교한 철학적 논증을 전개하기에 적합하며, 장차 4차 혁명이 초래할 기술 변화에 걸맞게 법제도를 개편해야 하는데, 이러한 시대적 전환기에 능숙하게 적응할 수 있는 인재를 선발하기에 최적인 소재이기 때문입니다.

★ **선생님 TIP**

재반박 문제 = 논리적 결함 찾기 문제
문제를 제기하거나 반박을 제기해 보라는 문제는 지문에서 주어진 논증에 논리적 결함이 있는 부분을 찾으라는 물음과 동일합니다. 네 번째 문단의 논증에 논리적 결함이 있으니 잘 찾아보시길 바랍니다.

🏛 가이드 & 정답 확인하기

가이드에 따라 지문과 문제를 분석하고 정답을 확인해 봅시다.

STEP 1 전제와 결론을 구분하며 읽는다.

[첫 번째 문단] 감정이 결여된 인공 지능은 도덕적 고려의 대상이 되지 못한다.

> 알파고가 인간 바둑 최고수를 꺾은 사건은 자연 세계에서 인간의 특권적 지위를 문제 삼고, 윤리학의 인간 중심적 전통에 도전한다. 우리는 이제 인간과 같은 또는 더 뛰어난 지능을 지닌 인공 지능도 도덕적 고려의 대상으로 인정해야 하느냐는 물음에 직면하는 것이다. 이 물음에 선뜻 동의하지 못하는 사람들은 인간성의 핵심을 지적인 능력이 아니라 기쁨과 슬픔, 공포와 동정심 등의 감정적인 부분에서 찾으려 한다. 예컨대 알파고는 경쟁에서 이겨도 승리를 기뻐하지 못하며, 우리도 알파고를 축하하며 함께 축배를 들 수 없다. 인간의 특정 작업이 인공 지능을 갖춘 로봇에 의해 대체되더라도 인간의 감정을 읽고 인간과 상호작용하는 작업은 대체되지 못하리라는 것이다.

- 전제 a: 어떤 존재든 인간성을 내포하면, 도덕적 고려의 대상이 되어야 한다.
- 전제 b: 인간성의 핵심은 높은 지적 능력이 아니라 감정적인 요소에서 기인한다.
- 전제 c: 알파고가 바둑에서는 승리하여도 승리에 기뻐하지는 못하는 것처럼, 인공 지능은 감정을 느끼지 못한다.
- 결론: 따라서 인공 지능은 도덕적 고려의 대상이 되지 못한다.

STEP 2 각 문단에 제시된 주장들이 어떠한 관계를 가지고 있는지 파악한다.

[두 번째 문단] 인공 감정의 개념과 그 개념이 야기할 윤리적 논쟁에 대한 소개

> 하지만 최근에는 감정을 가진 로봇, 곧 인공 감정을 제작하려는 열망이 뜨겁다. 인간의 돌봄과 치료 과정을 돕는 로봇은 사용자의 세밀한 필요에 더 잘 부응할 것이다. 사람들은 인간과 정서적 교감을 하는 로봇을 점점 가족 구성원처럼 여기게 될지도 모른다. 그러면 로봇은 인간과 같은 감정을 가지고 인간과 상호작용하는 존재가 될 것인가? 로봇을 도덕 공동체에 받아들여야 하는가? 이 물음에 답하려면 인간에게 감정의 핵심적인 역할은 무엇인지 생각해 보아야 한다. 인공 지능의 연구도 그렇지만, 인공 감정의 연구도 인간의 감정을 닮은 기계를 만들려는 시도이면서 동시에 감정 과정에 대한 계산 모형을 통해 인간의 감정을 더 깊이 이해하는 과정이기도 하다.

인공 감정의 개념은 첫 번째 문단에서 전개된 논증의 반례에 해당합니다. 즉, 첫 번째 문단의 논증에서 전제 b에 반례를 제시함으로써 결론을 부정하는 전략입니다. 인공 감정이 부여된 인공 지능은, 인간과 동일한 감정을 느낄 수 있으므로 도덕 공동체에 포함될 가능성이 있다는 내용을 통해 새로운 문제를 제기하고 있음을 알 수 있습니다.

[세 번째 문단] 감정의 기능적 특성을 통한 감정 경험의 서술

> 감정은 인지 과정과는 달리 적은 양의 정보로도 개체의 생존과 항상성 유지를 가능하게 해 주는 역할을 한다. 또 무엇을 추구하고 회피할지 판단하도록 하는 동기의 역할을 한다. 한편 우리는 사회적 상호작용에서 서로의 신체 반응이나 표정을 통해 미묘한 감정을 읽어내고 그에 적절히 반응하며, 그런 정서적 교감을 통해 공동체를 유지한다.

[네 번째 문단] 인공 감정이 실제로 감정 경험을 하는지 확인하는 것은 어렵다.

그러나 로봇이 정말로 이러한 감정 경험을 하는지 판단하기는 쉽지 않다. 철학자들은 인공 지능이 인간과 똑같은 인지적 과제를 수행했다고 하더라도 그것은 의미를 이해하지 못하기 때문에 진정한 지능이 아니라고 주장했다. 인공 감정에 대해서도 마찬가지로, 감정을 입력 자극에 대한 적절한 출력을 내놓는 행동들의 패턴이 아니라 내적인 감정 경험으로 이해한다면 인공 감정이 곧 인간의 감정이라고 말할 수 없다. 인간만 보더라도 행동의 동등성은 심성 상태의 동등성을 함축하지 않기 때문에, 동일한 행동을 하는 두 사람이 서로 다른 감정을 느낄 수 있고 그 역도 가능하다. 로봇의 경우에는 행동의 동등성이 곧 심성 상태의 존재성조차도 함축하지 않는다.

- 전제 a: 인간이든 로봇이든, 행동의 동등성은 심성의 동등성을 의미하지 않는다.
- 전제 b: 따라서 로봇과 인간의 감정 표출이 동일하다고 해도, 내적 감정이 동일한 것은 아니다.
- 결론: 로봇이 감정 표현을 송출한다고 해도 내적 감정이 존재하는지 확인할 수 없다.

[다섯 번째 문단] 인공 감정을 실제로 현실에서 구현하기란 기술적으로 어렵다.

로봇이 감정을 가지기 위해서는 감정을 인식하고 표현하는 데 그쳐서는 안 되고 내적인 감정을 생성할 수 있어야 한다. 그러나 거기에는 현실적으로 상당히 어려운 전제 조건이 만족되어야 한다. 첫째, 감정을 가진 개체는 기본적인 충동이나 욕구를 가진다고 전제된다. 목마름, 배고픔, 피로감 등의 본능이나 성취욕, 탐구욕 등이 없다면 감정도 없다. 둘째, 인간과 사회적으로 상호작용하기 위해 인간이 가지는 것과 같은 감정을 가지려면, 로봇은 최소한 고등 동물 이상의 일반 지능을 가지고, 생명체들처럼 복잡하고 예측 불가능한 환경에 적응할 수 있어야 한다. 그런데 복잡한 환경에 적응하여 행위할 수 있는 일반 지능을 가진 인공 지능에 도달하는 길은 아직 멀다. 현재 인공 지능이 제한적인 영역에서 주어진 과제를 얼마나 효율적으로 산출하는지 이외의 문제들은 부차적인 것으로 치부되고 있기 때문이다. 그렇다면 ㉠진정한 감정이 없는 로봇을 도덕 공동체에 받아들일 이유는 없다.

- 전제 a: 충동적 욕망이 존재해야, 내적인 감정이 존재한다.
- 전제 b: 예측 불가능한 복잡한 환경에 적응할 수 있는 고지능이 존재해야, 내적인 감정이 존재한다.
- 전제 c: (전제 a, 전제 b에 대한 대우 명제를 살펴보았을 때) 현재 존재하는 로봇에서는 충동적 욕망이나, 고지능이 구현되지 않았다.
- 결론: 아직까지 인공 감정은 기술적으로 구현되지 않았다.

★ 선생님 TIP

대유를 통한 글의 전개

'인공 감정'이라는 생소한 개념을 설명하기 위해, '인공 지능'이라는 친숙한 개념에 대유하여 설명을 전개하는 방식을 사용하고 있습니다. 이러한 전개 방식을 빠르게 캐치하여 대응되는 요소를 연결한다면, 문제를 쉽게 해결할 수 있습니다.

[인공 지능]　[인공 감정]

인지적 과제　입력 자극
　↓　　　　↓
　　　　　　　　　인간과
문제 의미에　내적인 감정 → 동일하
대한 이해　　　　　　지 않음
　↓　　　　↓
문제 해결　외부 감정 → 인간과
　　　　　　출력　　　동일

STEP 3 지문의 문단과 연결된 문제가 무엇인지 빠르게 스캔한다.

지문 전체 내용의 일치 여부를 판단하는 08번 문제부터 풀이하면 다음과 같습니다.

① 두 번째 문단에 따르면 인공 지능의 연구와 마찬가지로 인공 감정의 연구도 인간의 감정을 닮은 기계를 만들려는 시도이면서 동시에 감정 과정에 대한 계산 모형을 통해 인간의 감정을 더 깊이 이해하는 과정이기도 하다.

② 인공 지능이 문제를 해결하는 행동은 인공 감정이 외부로 감정을 출력하는 행동에 해당하므로 적절하지 않다.

③ 인공 지능에 회의적인 철학자는 인공 지능이 문제를 해결한다고 해도, 그 문제의 의미를 이해하지 못한 채로 해결하는 것이므로 인간과 동등하다고 볼 수 없다고 간주한다. 따라서 적절하다.

④ '로봇은 인간성이 없으므로, 로봇은 도덕적 고려의 대상이 아니다.'라는 명제에는 '어떤 존재든지 인간성이 있다면, 도덕적 고려의 대상이 되어야 한다.'라는 전제 조건(전제 a)이 생략되어 있는 것이므로 적절하다.

⑤ 네 번째 문단과 다섯 번째 문단의 주제를 함축한 내용이므로 적절하다.

[정답] ②

이후 논증의 구성 요소를 확인하는 09번 문제를 풀이하면 다음과 같습니다.

① 다섯 번째 문단은 내적 감정이 존재할 수 있는 전제 두 가지를 제시한다. 누군가를 이기려는 본능은 그중 전제 a에 해당하고, 두 가지 전제 중 하나가 충족되었으므로 내적 감정이 존재할 가능성이 존재한다고 추론할 수 있다.

② 인공 감정이 외부 자극에 의해 적절한 감정을 외부에 표출한다고 해도, 내적 감정이 존재하는지는 확인할 수 없다. 따라서 진정한 감정이라고 추론할 수 없다.

③ 다섯 번째 문단은 내적 감정이 존재할 수 있는 전제 두 가지를 제시한다. 예측 불가능한 복잡한 환경에 적응하는 능력은 그중 전제 b에 해당하고, 두 가지 전제 중 하나가 충족되었으므로 내적 감정이 존재할 가능성이 존재한다고 추론할 수 있다. (①과 ③은 서로 짝을 이루고 있다.)

④ 네 번째 문단의 전제 a에 따르면 '인간이든 로봇이든, 행동의 동등성은 심성의 동등성을 의미하지 않는다.'고 하였으므로 A와 B의 내적 감정은 표출되는 감정과 다를 수 있다.

⑤ 외부에 표출된 감정 표현을 통해 상대의 내적 감정을 추론할 수 있다.

[정답] ②

10번 문제는 '논증의 결함'을 발견하여 가장 논리적으로 적합한 재반박을 고르는 문제입니다. 네 번째 문단에서 논증의 결함이 드러나고 있으므로 이를 바탕으로 10번 문제를 풀이하면 다음과 같습니다.

네 번째 문단에서 드러난 논증의 결함을 확인하기 위해 ⑤를 먼저 검토한다. 네 번째 문단의 논증을 확인해 보면 다음과 같은 전제를 확인할 수 있다.

> 전제 a: 인간이든 로봇이든, 행동의 동등성은 심성의 동등성을 의미하지 않는다.

그런데 우리는 전제 a를 근거로 '따라서 어떤 사람은 감정이 없다.'고 주장하지 않는다. 그 이유는 어떤 사람이 내적 감정이 일반적인 사람들과 동일하지 않다고 해도 그 사람이 감정이 없는 것은 아니기 때문이다. 로봇의 내적 감정이 인간과 동일하지 않다고 하더라도, 인간과 다른 형태의 내적 감정이 존재할 수 있기 때문에 로봇이 내적 감정이 없다고는 말할 수 없다. 따라서 정답은 ⑤이다.

이후 오답이 되는 선택지 ①~④를 분석하면 다음과 같다.

① 다섯 번째 문단의 전제 b는 다음과 같다.

> • 전제 b: 예측 불가능한 복잡한 환경에 적응할 수 있는 고지능이 존재해야, 내적인 감정이 존재한다.
>   – 조건 P: 어떤 존재에게 예측 불가능한 환경에 적응할 수 있는 고지능이 존재한다.
>   – 결론 Q: 그 존재는 내적인 감정을 지닌다.

①은 'Q → P'를 주장하므로 'P → Q'에 대한 반박이 될 수 없다.

② 다섯 번째 문단에 따르면 아무리 로봇 기술이 발전하였다고 해도, 인공 감정이 존재한다면 나타났을 기술적 현상들이 관찰되지 않기 때문에 인공 감정은 아직 개발되지 않았다는 논증을 통해 ②의 추론을 완벽하게 반박하고 있다.

③ 첫 번째 문단에는 다음과 같은 명제가 제시된다.

> "어떤 존재에게 감정이 존재한다면, 그 존재는 도덕적 고려의 대상이 되어야 한다."
>   – 조건 P: 어떤 존재에게 감정이 존재한다.
>   – 결론 Q: 그 존재는 도덕적 고려의 대상이 되어야 한다.
> → 'P → Q'이고, 이에 대한 논리적으로 적합한 반박은 'P → Not Q'이 된다.

그런데 ③은 다음과 같은 명제를 함축한다.

> "어떤 존재에게 감정이 존재한다면, 그 존재는 도덕적 고려를 할 수 있을 것이다."

'도덕적 고려의 대상이 되는 것'과 '도덕적 고려를 하는 것'은 별개의 명제이다.

따라서 ③은 'P → T'를 주장하므로 'P → Q'에 대한 반박이 될 수 없다.

④ 지문에서 '내적 감정을 가지면 도덕 공동체에 포함되어야 한다.'라고 결론을 내린 논증은 첫 번째 문단에 제시되어 있다.

> "어떤 존재가 내적 감정을 갖으면, 그 존재는 인간성을 갖는다."
> "인간성을 갖으면, 그 존재는 도덕적 고려의 대상이 되어야 한다."
> "도덕적 고려의 대상이라면, 도덕 공동체에 포함되어야 한다."

따라서 ④처럼 '내적 감정을 갖는다고 해도, 도덕 공동체에 포함될 필요가 없다.'라고 주장하려면 중간 과정의 논증에 대한 반박 명제가 필요하다. 이러한 반박 명제가 함께 제시되지 않았으므로 ④는 논리적으로 적합한 반박이 될 수 없다.

[정답] ⑤

[01~03] 다음 글을 읽고 물음에 답하시오.

10 LEET 문22~24

'권위의 역설'은 통상 인간의 도덕적 삶에 필수적이라 여겨지는 두 요소인 '권위'와 '합리성'이 서로 양립할 수 없는 개념들이라는 언명을 말한다. 합리적인 행위란 그 행위 자체의 가치에 대한 판단의 결과를 행위의 근거로 삼는 것인 반면, 권위에 따른 행위는 행위 자체의 가치와 무관하게 '단지 명령이 있었기 때문에' 그 행위로 나아가는 것이라는 점에서 두 개념이 전제하는 실천적 추론의 구조, 즉 해야 할 바가 무엇인지, 그리고 그것을 어떤 이유에서 결정할 것인지에 관한 사고의 구조가 상호 모순적이라는 것이다. 몇몇 학자들은 결국 합리성 개념과 양립할 수 없는 권위 개념을 포기할 수밖에 없다고 한다. 합리적 인간이라면 권위를 자기 행위의 근거로 삼을 수 없을 뿐 아니라 권위를 꼭 필요로 하지도 않을 것이기 때문이다. 만일 권위가 옳은 행위를 명하는 것이라면 굳이 옳은 행위를 하기 위한 근거로서 명령이 필요하지는 않았을 것이며, 그른 행위를 명하는 것이라면 명령에 따르는 행위를 합당하게 근거 지을 수 없다는 것이다.

이러한 주장에 대해 라즈는 다음과 같이 반박하고 있다. 권위의 역설이 담고 있는 논리는, 권위 개념이 전제하는 실천적 추론의 구조(A)가 합리성 개념이 전제하는 실천적 추론의 구조(B)와는 결코 화해될 수 없기 때문에 권위에 따르면서도 합리적인 것이란 마치 '둥근 사각형'과 같다는 것이다. 그런데 이러한 논리가 성립하려면 우선 실천적 추론의 구조가 A이면서도 그 행위 수행 과정이 합리적이라고 판단되는 사례(π)가 없어야 한다. 만일 π가 제시된다면 "행위 자체의 가치에 대한 판단 결과를 행위의 근거로 삼는다."라는 말로는 B를 적절히 기술하지 못하는 것이 되고, 이에 기초한 '권위의 역설' 자체도 흔들리게 된다. π를 포괄하면서도 역설이 생기지 않도록 B를 적절히 재구성할 여지가 있기 때문이다. 이에 따라 그는 우선 다음과 같은 사례를 제시하고 있다.

앤은 온종일 비정상적으로 극심한 업무에 시달린 후 퇴근하였다. 그날 밤 그녀의 친구가 그녀에게 전화를 걸어 그녀가 평소 알아보고 있던 '투자할 건수'를 알려주었다. 이 투자 제안에는 한 가지 조건이 있었는데, 그것은 그날 자정까지 투자 여부를 확답해 줘야 한다는 것이었다. 그녀는 너무도 피곤한 나머지 제대로 된 판단을 할 수 없을 것 같다고 생각했다. 그래서 그 제안을 검토하지 않고, 투자를 하지 않기로 했다.

앤은 투자 거절이라는 자신의 행위가 옳은지에 대한 판단을 하지 않고 행위 자체의 가치와는 무관한 이유를 들어 행위하고 있음에도 매우 합리적으로 행동하고 있는 것으로 보인다. 왜 그렇게 보이는 것일까? 이에 대해 라즈는 앤의 행위도 실은 적절한 이유나 근거에 따라 수행되는 행위이기 때문이라고 말한다. 다만 이때의 근거는 '행위 자체의 가치에 대한 판단 결과'를 도출하는 데 영향을 미치는 보통의 행위 근거와는 구별되는 것이다. 일반적으로 어떤 행위를 지지하는 근거와 반대하는 다른 근거 중 어느 근거에 따를 것인지 즉 그 행위를 할 것인지 말 것인지는 행위 근거들의 논리적 강도나 비중의 상대적 크기를 저울질함으로써 결정되지만, 앤의 행위는 그러한 저울 자체를 치워 버리게 하는 독특한 행위 근거에 따라 결정되고 있는 것이다. 이는 보통의 행위 근거들보다 한 단계 위에 존재하면서 그러한 행위 근거들이 행위 여부를 결정하지 않도록 영향력을 행사하는 상위의 행위 근거라 할 수 있는데, 라즈는 이를 '배제적 근거'라 부른다.

그런데 이러한 '배제적 근거에 따른 행위 수행'이야말로 바로 권위에 따른 행위에서의 실천적 추론의 구조(A)라 할 수 있다. 왜냐하면 권위는 그 개념상 명령된 행위가 옳은 것인지에 대한 수명자(受命者)의 판단에 행위 수행 여부의 결정을 맡기지 않으며, 수명자는 행위의 명령이 있었다고 하는, 행위 자체의 가치와는 무관한 이유에서 행위로 나아가야 하기 때문이다. 다시 말해 명령된 행위 그 자체의 가치에 대한 판단 결과를 도출하는 데 영향을 미치는 행위 근거들은 권위에 따른 행위에서의 실천적 추론 과정에 영향을 미칠 수 없도록 '배제되고' 있는 것이다.

결국 배제적 근거에 따른 행위 수행 사례가 호소력을 갖는 한, 더 이상 권위 개념이 전제하는 실천적 추론의 구조를 들어 권위와 합리성이 개념적으로 양립 불가능함을 주장할 수는 없게 된다. 권위에 따른 행위가 합리적일 수 있는 개념적 여지가 바로 배제적 근거의 존재에서 생겨나고 있기 때문이다.

01. 윗글의 '권위의 역설'이 함축하는 내용이 <u>아닌</u> 것은?

① 누구도 합리적이면서 동시에 권위에 따를 수는 없다.

② 권위가 실천적 추론의 과정에 개입하는 것은 합리적일 수 없다.

③ 합리성 개념과 양립할 수 없는 권위 개념에 기초해서도 합리적 행위에 대한 기술은 가능하다.

④ 합리적인 행위자는 권위에 따라 행위할 수 없지만, 그렇다고 해서 반드시 권위에 반하는 판단을 해야 하는 것은 아니다.

⑤ 명령된 행위를 숙고한 끝에 그것을 하는 것이 좋겠다고 보고 그 행위를 하는 것은 명령자의 권위에 따르는 것이 아니다.

02. 윗글에 제시된 '배제적 근거'에 따르는 것으로 볼 수 <u>없는</u> 것은?

① 약속한 일은 그로 말미암아 아무리 큰 손해가 예상되더라도 반드시 지킨다는 입장에서 행동하는 경우

② 설령 도덕에 반하는 법이라 해도 그것이 금지한 것은 하지 말아야 한다는 입장에서 행동하는 경우

③ 설령 오심이라 할지라도 판사의 판결에는 구속되어야 한다는 입장에서 행동하는 경우

④ 옳지 않은 행위는 양심에 비추어 절대로 하지 않는다는 입장에서 행동하는 경우

⑤ 상관이 지시한 일은 이유 불문하고 수행해야 한다는 입장에서 행동하는 경우

03. 윗글에 나타난 '라즈의 논증'에 대한 이해로 가장 적절한 것은?

① 행위 근거의 구조적 차원을 재구성하여 권위 개념을 정합성 있게 수정함

② 권위에 따른 행위를 유형화하여 그것이 현실적으로 합리화되기 위한 조건을 도출함

③ 실천적 추론 구조를 분석하여 권위에 따른 행위가 합리적일 수 있는 가능성을 확보함

④ 실천적 추론 구조가 다른 사례를 권위 개념에 유추 적용하여 권위의 역설을 해소함

⑤ 권위의 역설에 대한 반례를 제시하여 권위에 따른 행위가 옳은 행위로 귀결됨을 입증함

　도덕 공동체의 구성원은 도덕적 고려의 대상이 되는 존재로서 도덕 행위자와 도덕 피동자로 구분된다. 도덕 행위자는 도덕 행위와 주체로서 자신의 행위에 따른 결과에 대해 책임질 수 있는 존재이다. 반면에 도덕 피동자는 영유아처럼 이성이나 자의식 등이 없기에 도덕적 행동을 할 수 없는 존재이다. 그럼에도 영유아는 도덕적 고려의 대상이라는 것이 우리의 상식인데, 영유아라고 해도 쾌락이나 고통을 느끼는 감응력이 있기 때문이다. 쾌락이나 고통을 느끼기에 그것을 좇거나 피하려고 한다는 도덕적 이익을 가지고 있으므로 도덕적 고려의 대상이 되어야 한다는 것이다.

　싱어나 커루더스를 비롯한 많은 철학자들은 이러한 이유로 감응력을 도덕적 고려의 기준으로 삼는다. 싱어는 영유아뿐만 아니라 동물도 감응력이 있으므로 동물도 도덕 공동체에 포함해야 한다고 주장한다. 반면에 커루더스는 고차원적 의식을 감응력의 기준으로 보아 동물을 도덕 공동체에서 제외하는데, 이 주장을 따르게 되면 영유아도 도덕적 고려의 대상에서 제외되고 만다. 영유아는 언젠가 그런 의식이 나타날 것이므로 잠재적 구성원이라고 주장할 수도 있다. 그러나 문제는 그런 잠재성이 없는 지속적이고 비가역적인 식물인간의 경우이다. 식물인간은 고차원적 의식은 물론이고 감응력도 없다고 생각되는데 그렇다면 도덕적 공동체에서 제외되어야 하는가?

　식물인간을 흔히 의식이 없는 상태라고 판단하는 것은 식물인간이 어떤 자극에도 반응하지 못한다는 행동주의적 관찰 때문이다. 이런 관찰은 식물인간이 그 자극에 대한 질적 느낌, 곧 현상적 의식을 가지지 않는다고 결론 내린다. 어떤 사람이 현상적 의식이 없는 경우 그는 감응력이 없을 것이다. 그런데 거꾸로 감응력이 없다고 해서 꼭 현상적 의식을 가지지 못하는 것은 아니다. 즉, 현상적 의식과 감응력의 개념은 일치하지 않는다. 외부 자극에 좋고 싫은 적극적인 의미가 없어도 어떠한 감각 정보가 접수된다는 수동적인 질적 느낌을 가질 수 있기 때문이다. 반면 감응력은 수동적인 측면을 넘어서 그런 정보를 바라거나 피하고 싶다는 능동적인 측면을 포함한다. 이것은 자신이 어떻게 취급받는지에 신경 쓸 수 있다는 뜻이므로, 감응력을 도덕적 고려의 기준으로 삼는 철학자들은 여기에 도덕적 고려를 해야 한다고 생각하는 것이다. 행동주의적 기준으로 포착되지 않는 심적 상태는 도덕적 고려의 대상으로 여기지 않는 것이다.

　그렇다면 감응력이 없고 현상적 의식만 있는 식물인간은 도덕적 고려의 대상이 아닐까? 도덕적 고려는 어떤 존재가 가지고 있는 도덕적 속성으로 결정되는 것이 아니라, 도덕적 행위자가 그 존재와 맺는 구체적 관계에 의해 결정된다는 주장도 있다. 다양한 존재들은 일상에서 상호작용하는데, 도덕 공동체의 가입 여부는 그러한 관계에 따라 정해진다는 것이다. 그러나 이런 관계론적 접근은 우리와 더 밀접한 관계를 갖는 인종이나 성별을 우선해서 대우하는 차별주의를 옹호할 수 있다. 그리고 똑같은 식물인간이 구체적 관계의 여부에 따라 도덕 공동체에 속하기도 하고 속하지 않기도 하는 문제도 생긴다. 결국 식물인간을 도덕적으로 고려하려면 식물인간에게서 도덕적으로 의미 있는 속성을 찾아야 한다.

　감응력이 전혀 없이 오직 현상적 의식의 수동적 측면만을 가진 사람, 즉 '감응력 마비자'를 상상해 보자. 그는 현상적 의식을 가지고 있기는 하지만 못에 발을 찔렸을 때 괴로워하거나 비명을 지르지는 않는다. 그러나 안전한 상황에서 걸을 때와는 달리 발에 무언가가 발생했다는 정보는 접수할 것이다. 이런 상태는 얼핏 도덕적 고려의 대상이 되기에 무언가 부족해 보인다. 하지만 감응력 마비자는 사실상 감응력이 있는 인간의 일상생활의 모습을 보여 준다. 예컨대 컴퓨터 자판을 오래 사용한 사람은 어느 자판에 어느 글자가 있는지를 보지 않고도 문서를 작성할 수 있다. 이 사람은 특별한 능동적인 주의력이 필요한 의식적 상태는 아니지만, 외부의 자극에 대한 정보가 최소한 접수되는 정도의 수동적인 의식적 상태에 있다고 해야 할 것이다. 정도가 미약하다는 이유만으로 그 상태를 도덕적으로 고려할 수 없다는 주장은 설득력이 부족하다. ㉠이와 마찬가지로 식물인간이 고통은 느끼지 못하지만 여전히 주관적 의식 상태를 가질 수 있다면, 이는 도덕 공동체에 받아들일 수 있는 여지가 있다는 것을 보여준다.

04. 윗글에 대한 이해로 적절하지 <u>않은</u> 것은?

① 도덕적 행위를 할 수 없는 존재도 도덕 공동체에 들어올 수 있다.

② 도덕 피동자는 능동적인 주의력은 없지만 수동적인 의식적 상태는 있다.

③ 관계론적 접근에서는 동물이 도덕적 고려의 대상이 아닐 수도 있다.

④ 식물인간이 고통을 느끼지 못한다고 판단하는 것은 자극에 반응이 없기 때문이다.

⑤ 식물인간이 도덕 공동체의 구성원이 되어도 스스로 책임질 수 있는 존재는 아니다.

05. 현상적 의식 과 감응력 에 대해 추론한 것으로 가장 적절한 것은?

① '감응력 마비자'는 현상적 의식을 가지고 있지 못하다.

② 감응력은 정보 접수적 측면은 없지만 능동적 측면은 있다.

③ 현상적 의식과 달리 감응력은 행동주의적 기준으로 포착되지 않는다.

④ 커루더스는 현상적 의식이 있지만 감응력이 없는 존재를 고차원적 의식이 없다고 생각한다.

⑤ 싱어는 감응력 없이 현상적 의식의 상태에 있는 대상에게 위해를 가하는 것을 비윤리적이라고 주장할 것이다.

06. ㉠에 대한 비판으로 가장 적절한 것은?

① 감응력이 있는 현상적 의식을 가진 존재만을 도덕적으로 고려하면 고통과 쾌락을 덜 느끼는 사람을 차별하게 되지 않을까?

② 도덕 피동자가 책임질 수 있는 도덕적 행동을 할 수 없더라도 도덕 행위자는 도덕 피동자에게 도덕적 의무를 져야 하는 것 아닐까?

③ 외부의 자극에 대한 수동적인 의식적 상태는 자신이 어떻게 취급받는지에 신경 쓰지 않는다는 뜻인데 여기에 도덕적 고려를 할 필요가 있을까?

④ 식물인간의 도덕적 고려 여부는 식물인간이 누구와 어떤 관계를 맺느냐가 아니라 어떤 도덕적 속성을 가지고 있느냐를 보고 판단해야 하지 않을까?

⑤ 일상에서 특별한 능동적인 주의력이 필요한 의식 상태라고 하는 것도 알고 보면 외부 자극에 대한 정보가 최소한 접수되는 정도의 의식적 상태가 아닐까?

동물은 쾌락, 고통 등을 느낄 수 있는 만큼 그들도 윤리적으로 대우해야 한다는 주장이 ㉠동물감정론이다. 한편 ㉡동물권리론에 따르면 동물도 생명권, 고통받지 않을 권리 등을 지닌 존재인 만큼 그들도 윤리적으로 대우해야 한다. 하지만 동물도 윤리적 대상으로 고려해야 한다는 두 이론을 극단적으로 전개하면 새로운 윤리적 문제가 발생한다. ㉢포식에 관련한 비판은 그러한 문제를 지적하는 대표적인 입장이다.

인간은 동물을 음식, 의류 등으로 이용해 왔지만, 인간만이 동물에게 고통을 주며 권리를 침해한 것은 아니다. 야생의 포식 동물 또한 피식 동물을 잔인하게 잡아먹는다. 피식 동물이 느끼는 고통은 도살에서 동물이 느끼는 고통보다 훨씬 클 수도 있다. 동물의 권리에 대한 침해 문제 또한 마찬가지로 설명할 수 있다. 인간의 육식이나 실험 등이 고통 유발이나 권리 침해 때문에 그르다면, 야생 동물의 포식이 피식 동물의 고통을 유발하거나 그 권리를 침해하는 것 또한 그르다고 해야 할 것이다. 그른 것은 바로잡아야 한다는 점에서 인간의 육식 등은 막아야 하는 것일 수 있다. 그렇다 해도 동물의 포식까지 막아야 한다고 하는 것은 터무니없다. 예컨대 사자가 얼룩말을 잡아먹지 못하도록 일일이 막는 것은 우선 우리의 능력을 벗어난다. 설령 가능해도 그렇게 하는 것은 자연 질서를 깨뜨리므로 올바르지 않다. 동물감정론과 동물권리론이 야생 동물의 포식을 방지해야 한다는 과도한 의무까지 함축할 수 있다는 점만으로도 그 이론을 비판할 충분한 이유가 된다.

동물감정론은 윤리 결과주의에 근거한다. 이것은 행동의 올바름과 그름 등은 행동의 결과에 의거하여 평가되어야 한다는 입장이다. 전형적 윤리 결과주의인 공리주의에 따르면 행동의 효용, 곧 행동이 쾌락을 극대화하는지의 여부가 그 평가에서 가장 주요한 기준이 된다. 이때 효용은 발생할 것으로 기대되는 고통의 총량을 차감한 쾌락의 총량에 의해 계산한다. 동물감정론이 포식 방지와 같은 의무를 부과한다는 지적에 대한 공리주의자의 응답은 다음과 같다. 포식 동물의 제거 등을 통해 피식 동물을 보호함으로써 얻을 수 있는 쾌락의 총량보다 이러한 생태계의 변화를 통해 유발될 고통의 총량이 훨씬 클 것이다. 따라서 동물을 이유 없이 죽이거나 학대하지 않는 것으로 인간이 해야 할 바를 다한 것이며 동물의 행동까지 규제해야 할 의무는 없다.

하지만 공리주의를 동원한 동물감정론은 포식 방지가 인간의 의무가 될 수 없음을 증명하는 데 성공하지 못한다. 기술 발전 등으로 인해 포식에 대한 인간의 개입이 더욱 수월해지고, 그로 인해 기대할 수 있는 쾌락의 총량이 고통의 총량보다 실제 더 커질 수 있기 때문이다. 쾌락 총량의 극대화를 기치로 내건 동물감정론에서의 효용 계산으로 포식 방지의 의무가 산출될 수도 있다.

한편 동물권리론은 행동의 평가가 '의무의 수행' 등 행동 그 자체의 성격에 의거해야 한다는 윤리 비결과주의를 근거로 내세운다. 전형적 윤리 비결과주의인 의무론에 따르면 행위의 도덕성은 행위자의 의무가 적절히 수행되었는지의 여부에 따라 결정된다. 동물권리론이 포식 방지와 같은 의무를 부과한다는 지적에 대한 의무론자의 응답은 다음과 같다. 도덕 행위자는 자신의 행동을 조절하고 설명할 수 있는 능력을 지닌 반면, 포식 동물과 같은 도덕 수동자는 그런 능력이 결여된 존재이다. 의무를 지니려면 그렇게 할 수 있는 능력을 지녀야 한다. 도덕 수동자는 도덕에 맞춰 자신의 행동을 조절할 수 없으므로 그런 의무를 지니지 않는 것이다. 인간의 육식에서나 동물의 포식에서도 동물의 권리가 침해된 것이기는 마찬가지다. 그러나 동물은 자신의 행동을 조절할 능력을 갖지 않기에 다른 동물을 잡아먹지 않을 의무도 없다. 결국 사자가 얼룩말을 잡아 포식하는 것을 막을 인간의 의무 또한 없다는 것이다.

하지만 의무론을 동원한 동물권리론은 포식에 관련한 비판을 오해했다는 문제점 을 갖는다. 포식 방지에 대한 비판의 핵심은 사자가 사슴을 잡아먹는다고 할 때 우리가 그것을 그만두게 할 의무가 있는지의 문제이지, 사자가 그만 두어야 할 의무가 있는지의 여부는 아니기 때문이다. 그저 재미로 고양이를 괴롭히는 아이는 도덕 수동자이니 그 행동을 멈춰야 할 의무가 없다고 하더라도 과연 그 부모 또한 이를 막을 의무가 없다고 하겠는가?

07. ㉠~㉢에 대한 설명으로 가장 적절한 것은?

① ㉠에서는 동물의 포식 때문에 생겨나는 야생의 고통은 효용 계산에서 무시해도 된다고 본다.

② ㉡에서는 인간이 동물에 대해 의무가 있는지를 판단할 때 인간의 도덕 행위자 여부를 고려해야 한다고 본다.

③ ㉢에서는 인간의 육식은 그르지만 야생 동물의 포식은 그르지 않다고 본다.

④ ㉠과 ㉡에서는 모두 동물에게 포식 금지의 의무가 있다고 본다.

⑤ ㉠과 ㉢에서는 모두 포식을 방지하는 행동이 그른 까닭을 생명 공동체의 안정성 파괴에서 찾는다.

08. 윗글을 바탕으로 추론할 때, 적절한 것만을 <보기>에서 있는 대로 고른 것은?

───────〈 보 기 〉───────

ㄱ. 공리주의에 따르면, 포식 동물의 제거로 늘어날 쾌락의 총량이 고통의 총량보다 커지면 포식 동물을 제거해야 할 것이다.

ㄴ. 공리주의에 따르면, 동물에 대한 윤리적 대우의 범위는 야생에 개입할 수 있는 인간의 기술 발전 수준에 반비례할 것이다.

ㄷ. 의무론에 따르면, 인간에게 피식 동물을 구출할 수 있는 능력이 있다면 인간은 반드시 그렇게 할 의무가 있을 것이다.

ㄹ. 의무론에 따르면, 동물을 대하는 인간 행동의 올바름, 그름 등은 결과가 아닌 행동 그 자체의 성질에서 찾을 수 있을 것이다.

① ㄱ, ㄴ   ② ㄱ, ㄹ   ③ ㄴ, ㄷ

④ ㄱ, ㄷ, ㄹ   ⑤ ㄴ, ㄷ, ㄹ

09. 문제점 의 내용으로 가장 적절한 것은?

① 도덕 수동자에게는 책임이 없다는 사실로부터 도덕 행위자에게도 도덕 수동자의 행동에 대한 책임이 없다고 단정했다.

② 어린 아이가 도덕 수동자라는 사실로부터 어린 아이에게는 도덕적 책임을 물을 수 없다고 단정했다.

③ 포식 동물도 어린 아이와 마찬가지로 행동 조절 능력을 결여한 도덕 수동자라는 점을 간과했다.

④ 야생에서의 권리 침해가 인간 세계에서의 그것에 비해 더욱 잔인하다는 점을 간과했다.

⑤ 피식 동물도 인간과 마찬가지로 쾌락과 고통을 느끼는 능력이 있다는 점을 간과했다.

인격체는 인간이나 유인원과 같은 동물처럼 자기의식을 지닌 합리적 존재인데, 이들은 자율적 판단 능력을 가지고 있고 자신의 삶이 미래에도 지속될 것을 인식할 수 있다. 반면에 그러한 인격적 특성을 지니고 있지 않은 물고기와 같은 동물은 비인격체로서 자기의식이 없으며 단지 고통과 쾌락을 느낄 수 있는 감각적 능력만을 갖고 있다. 그렇다면 인격체를 죽이는 것이 비인격체를 죽이는 것보다 더 심각한 문제가 되는 이유는 무엇인가?

사람을 죽이는 행위를 나쁘다고 간주하는 이유들 중의 하나는 그것이 살해당하는 사람에게 고통을 주기 때문이다. 그런데 그 사람에게 전혀 고통을 주지 않고 그 사람을 죽이는 경우라고 해도 이를 나쁘다고 볼 수 있는 근거는 무엇인가? '고전적 공리주의'는 어떤 행위가 불러일으키는 쾌락과 고통의 양을 기준으로 그 행위에 대해 가치 평가를 내린다. 이 관점을 따를 경우에 그러한 살인은 그 사람에게 고통을 주지도 않고 고통과 쾌락을 느낄 주체 자체를 아예 없애기 때문에 이를 나쁘다고 볼 근거는 없다. 따라서 피살자가 겪게 되는 고통의 증가라는 '직접적 이유'를 내세워 그러한 형태의 살인을 비판하기는 어렵다. 고전적 공리주의의 관점에서는 피살자가 아니라 다른 사람들이 겪게 되는 고통의 증가라는 '간접적 이유'를 내세워 인격체에 대한 살생을 나쁘다고 비판할 수 있다. 살인 사건이 주변 사람들에게 알려지면 이를 알게 된 사람들은 비인격체와는 달리 자신도 언젠가 살해를 당할 수 있다는 불안과 공포를 느끼게 되고 이로 인해 고통이 증가하는 결과가 발생하므로 살인이 나쁘다는 것이다.

이에 비해 '선호 공리주의'는 인격체의 특성과 관련하여 그러한 살인을 나쁘다고 보는 직접적 이유를 제시한다. 이 관점은 어떤 행위에 의해 영향을 받는 선호들의 충족이나 좌절을 기준으로 그 행위에 대해 가치 평가를 내린다. 따라서 고통 없이 죽이는 경우라고 해도 계속 살기를 원하는 사람을 죽이는 것은 살려고 하는 선호를 좌절시켰다는 점에서 나쁜 것으로 볼 수 있다. 특히 인격체는 비인격체에 비해 대단히 미래 지향적이다. 그러므로 인격체를 죽이는 행위는 단지 하나의 선호를 좌절시키는 것이 아니라 그가 미래에 하려고 했던 여러 일들까지 좌절시키는 것이므로 비인격체를 죽이는 행위보다 더 나쁘다.

'자율성론'은 공리주의와는 다른 방식으로 이 문제에 접근하여 살인을 나쁘다고 비판하는 직접적 이유를 제시한다. 이 입장은 어떤 행위가 자율성을 침해하는지 그렇지 않은지를 기준으로 그 행위에 대해 가치 평가를 내린다. 인격체는 비인격체와는 달리 여러 가능성을 고려하면서 스스로 선택하고, 그 선택에 따라 행동하는 능력을 지닌 자율적 존재이며, 그러한 인격체의 자율성은 존중되어야 한다. 인격체는 삶과 죽음의 의미를 파악하여 그 중 하나를 스스로 선택할 수 있다. 이러한 선택은 가장 근본적인 선택인데, 죽지 않기를 선택한 사람을 죽이는 행위는 가장 심각한 자율성의 침해가 된다. 이와 관련하여 공리주의는 자율성의 존중 그 자체를 독립적인 가치나 근본적인 도덕 원칙으로 받아들이지는 않지만 자율성의 존중이 대체로 더 좋은 결과를 가져온다는 점에서 통상적으로 그것을 옹호할 가능성이 높다.

인격체의 살생과 관련된 이러한 논변들은 인간뿐만 아니라 유인원과 같은 동물에게도 적용되어야 한다. 다만 고전적 공리주의의 논변은 유인원과 같은 동물에게 적용하는 데 조금 어려움이 있을 수도 있다. 왜냐하면 인간에 비해 그런 동물은 멀리서 발생한 동료의 살생에 대해 알기 어렵기 때문이다. 여러 실험과 관찰을 통해 확인할 수 있듯이 침팬지와 같은 유인원은 자기의식을 지닌 합리적 존재로서 선호와 자율성을 지니고 있다. 따라서 이러한 인격적 특성을 지닌 존재를 단지 종이 다르다고 해서 차별적으로 대하는 것은 옳지 않으며, 그런 존재를 죽이는 것은 인간을 죽이는 것과 마찬가지로 나쁜 일이다. 인격체로서의 인간이 특별한 생명의 가치를 가진다면 인격체인 유인원과 같은 동물도 그러한 특별한 생명의 가치를 인정받아야 한다.

10. **윗글의 내용과 부합하지 <u>않는</u> 것은?**

① 자율성의 존재 여부는 인간과 동물을 구분하는 중요한 기준이다.

② 모든 동물이 인간과 같은 정도의 미래 지향성을 갖는 것은 아니다.

③ 죽음과 관련하여 모든 동물의 생명이 같은 가치를 가지는 것은 아니다.

④ 자기 존재에 대한 의식은 인격체와 비인격체를 구분하는 중요한 기준이다.

⑤ 인격적 특성을 가진 동물의 생명은 인간의 생명과 비교하여 차별되어서는 안 된다.

11. **윗글에서 추론한 것으로 적절하지 <u>않은</u> 것은?**

① 어떠한 선호도 가지지 않는 존재를 죽이는 행위가 다른 존재에게 아무런 영향도 주지 않는다면, 선호 공리주의는 그 행위를 나쁘다고 비판하기 어렵다.

② 아무도 모르게 고통을 주지 않고 살인을 하는 경우라면 고전적 공리주의는 '간접적 이유'를 근거로 이를 비판하기 어렵다.

③ 아무런 고통을 느낄 수 없는 존재를 죽이는 행위에 대해 고전적 공리주의는 '직접적 이유'를 근거로 비판하기 어렵다.

④ 인격체 살생에 대한 찬반 문제에서 공리주의와 자율성론은 상반되는 입장을 취할 가능성이 높다.

⑤ 자율성론에서는 불치병에 걸린 환자가 죽기를 원하는 경우에 안락사가 허용될 수 있다.

12. **<보기>의 갑과 을의 행위에 대한 아래의 평가 중 적절한 것만을 있는 대로 고른 것은?**

─────〈 보 기 〉─────

○ 갑은 미래에 대한 다양한 기대, 삶의 욕망 등을 갖고 행복하게 살던 고릴라를 약물을 사용하여 고통 없이 죽였다. 이 죽음은 다른 고릴라들에게 커다란 슬픔과 죽음의 공포를 주었으며, 그 이외의 영향은 없다.

○ 을은 눈앞에 있는 먹이를 먹으려는 욕구만을 지닌 채 별 어려움 없이 살아가던 물고기를 고통을 주는 도구를 사용하여 죽였으며, 그 죽음에 의해 영향을 받는 존재는 없다.

ㄱ. 고전적 공리주의는 갑의 행위는 나쁘지만 을의 행위는 나쁘지 않다고 본다.

ㄴ. 선호 공리주의는 갑의 행위가 을의 행위에 비해 더 나쁘다고 본다.

ㄷ. 자율성론은 갑의 행위와 을의 행위가 모두 나쁘다고 본다.

① ㄱ   ② ㄴ   ③ ㄱ, ㄴ

④ ㄱ, ㄷ   ⑤ ㄴ, ㄷ

정답 및 해설 p.2

패턴 2 추론형 지문

1 패턴 소개

논리적 사고의 핵심적 기능 중 하나는 우리가 아직 정확히 알지 못하는 미지의 세계, 공백의 영역에 대하여 추론을 하는 것입니다. LEET 언어이해에서 고난도로 자주 등장하는 지문은 아직 명확히 밝혀지지 않은 대상 혹은 가상의 대상에 대하여 가설을 제기하고 그 가설을 확인할 수 있는 방법론을 제기하는 패턴의 글입니다. 여러 가설들과 그 가설들을 논리적으로 강화하고 약화하는 입장을 확인하는 사고를 요구합니다.

우선 가설의 핵심은 어떠한 현상을 발생시키는 독립 변수가 a라고 간주하거나, 어떠한 현상을 발생시키는 시스템이 A라고 주장하는 식으로 제시됩니다. 그리고 그 가설을 강화하는 사례가 제시되거나 그 가설을 검정할 수 있는 실험의 방식이 제시됩니다. 그리고 그 사례 혹은 실험의 결과에 따라 가설이 사실이라는 점이 확인되었다는 식으로 글이 마무리되기도 하고, 그 가설을 확인할 수 있는 실험을 아예 독립된 문제로 출제하기도 합니다. 또한 가설과 경쟁관계에 있는 또 다른 가설을 등장시키기도 합니다. 그렇다면 두 가설 중에 어떠한 가설이 타당한지에 대한 판단을 내려야 하는데, 그러한 판단의 결과를 지문에서 생략해 버리고 판단의 결과를 읽는 이가 스스로의 힘으로 추론해 보도록 유도합니다. 따라서 추론형 지문은 지문에서 **생략된 결론**을 읽어내는 것이 독해의 핵심입니다.

추론형 지문의 문제 중에는 반드시 **논리퀴즈형 문제**가 출제됩니다. 이 문제는 가설이 타당할 경우에 발생하는 상황과, 가설이 타당하지 않을 경우에 발생하는 상황을 논리적으로 추론해 보는 문제입니다. 이때 이 문제는 지문과 독립적으로 따로 분리해 두어도 성립한다는 성격을 가지며 **추리논증의 문제와 상당히 유사**합니다. 언어이해의 능력과 추리논증의 능력을 동시에 요구한다는 특징 때문에 추론형 지문은 LEET 언어이해에서 가장 고난도에 속하는 패턴의 지문이라고 생각합니다. 또한 추론형 지문에서는 사실 확인 문제의 출제 비중이 낮은 편이며 설령 사실 확인 문제가 출제된다고 하더라도 지문을 더블 체크해서 세부적 내용을 확인하는 식으로 풀어야 하는 문제라기보다는, 지문의 핵심적인 논지를 이해하였다면 더블 체크 없이도 빠르게 풀 수 있는 문제가 대부분입니다.

가설이 성립하였다거나 성립하지 않았다거나 하는 이분법적 사고의 판단을 넘어서서 가설이 설명하는 부분이 어느 영역이고 설명하지 못하는 영역이 어느 정도이며, 그러한 가설의 설명 영역이 실험의 결과에서 어떻게 검정이 되며, 그러한 설명의 영역이 어떠한 결과를 낳을 것이라고 예측되는지까지 포괄적으로 추론할 수 있는 사고 능력을 연습하고 숙달하여야 합니다. 그러한 노력을 경주한다면 추론형 지문은 충분히 뛰어넘을 수 있는 장애물에 해당한다고 생각합니다.

2 대표 기출문제

출제시기	소재 및 문제 번호
2023학년도	나이의 정치적 효과(홀수형 13~15번)
2020학년도	시간여행(홀수형 19~21번)
2019학년도	뒤집힌 감각질 사고 실험(홀수형 19~21번)
2013학년도	유사성 기반 접근에 대한 립스의 실험(홀수형 28~29번)
2010학년도	화학은 물리학으로 환원되는가?(홀수형 27~29번)
2009학년도	한반도 내 대륙충돌대 존재에 관한 가설(홀수형 20~22번)
2009학년도 예비시험	베이즈주의 이론(홀수형 38~40번)

3 독해 전략

STEP 1 | 가설이 제기되기 이전까지 누적되었던 배경 논의를 이해한다.

✔ 논문에서 초록(Abstract)에 해당하는 단락으로 가설이 제기되기 이전까지 누적되었던 이론적 배경이 제시된다. 따라서 이를 습득하여 어떠한 배경하에서 가설이 제기되었는지를 이해해야 한다.

▼

STEP 2 | 가설을 확인한다.

✔ 지문의 가장 핵심이 되는 가설이 제시될 것이다. 또한 가설은 이를 검증할 수 있는 데이터나 실험과 함께 제시될 것이므로 이와 연관 지어서 이해하는 것이 가장 중요하다. 가설을 이해하지 못한다면 추론형 지문을 독파할 수 없다.

▼

STEP 3 | 가설이 설명할 수 있는 영역을 확인한다.

✔ 가설이 그대로 인정되고 글이 마무리되는 경우도 있으나, 많은 지문에서 가설은 부분적인 설명력을 갖게 되는데, 가설이 설명할 수 있는 영역과 설명할 수 없는 영역을 명확하게 구분하여 이해하는 것이 무엇보다 중요하다.

▼

STEP 4 | 생략된 결론을 추론한다.

✔ 추론형 지문은 논리 전개 과정과 결부된 모든 내용이 지문에 담긴 것이 아니라 일부분을 생략하고 그 생략한 부분을 추론하는 내용이 문제로 출제된다. 특히 지문에서 제기된 논의를 통해 논리적으로 도출되는 결론을 생략하고 제시하지 않을 수 있으므로 생략된 결론을 반드시 추론하여 체크해야 한다.

이 문제는 반드시 출제된다!
• 논리 퀴즈 문제
• 가설의 설명 영역 문제

4 문제에 적용해보기

독해 전략을 적용하여 연습문제를 풀이해 봅시다.

지문 요약 연습

연습문제를 풀이하면서 지문의 각 문단을 요약해 보세요.

연습문제 1

[01~03] 다음 글을 읽고 물음에 답하시오.

19 LEET 문19~21

심신 문제는 정신과 물질의 관계에 대해 묻는 오래된 철학적 문제이다. 정신 상태와 물질 상태는 별개의 것이라고 주장하는 이원론이 오랫동안 널리 받아들여졌으나, 신경 과학이 발달한 현대에는 그 둘은 동일하다는 동일론이 더 많은 지지를 받고 있다. 그러나 똑같은 정신 상태라고 하더라도 사람마다 그 물질 상태가 다를 수 있고, 인간과 정신 상태는 같지만 물질 상태는 다른 로봇이 등장한다면 동일론에서는 그것을 설명할 수 없다는 문제가 생긴다. 그래서 어떤 입력이 들어올 때 어떤 출력을 내보낸다는 기능적·인과적 역할로써 정신을 정의하는 기능론이 각광을 받게 되었다. 기능론에서는 정신이 물질에 의해 구현되므로 그 둘이 별개의 것은 아니라고 주장한다는 점에서 이원론과 다르면서도, 정신의 인과적 역할이 뇌의 신경 세포에서든 로봇의 실리콘 칩에서든 어떤 물질에서도 구현될 수 있음을 보여 준다는 점에서 동일론의 문제점을 해결할 수 있기 때문이다.

그래도 정신 상태에는 물질 상태와 다른 무엇인가가 있다고 생각하는 이원론에서는 '나'가 어떤 주관적인 경험을 할 때 다른 사람에게 그 경험을 보여줄 수는 없지만 나는 분명히 경험하는 그 느낌에 주목한다. 잘 익은 토마토를 봤을 때의 빨간색의 느낌, 시디신 자두를 먹었을 때의 신 느낌, 꼬집힐 때의 아픈 느낌이 그런 예이다. 이런 질적이고 주관적인 감각 경험, 곧 현상적인 감각 경험을 철학자들은 '감각질'이라고 부른다. 이 감각질이 뒤집혔다고 가정하는 사고 실험을 통해 기능론에 대한 비판이 제기된다. 나에게 빨강으로 보이는 것이 어떤 사람에게는 초록으로 보이고 나에게 초록으로 보이는 것이 그에게는 빨강으로 보인다는 사고 실험이 그것이다. 다만 각자에게 느껴지는 감각질이 뒤집혀 있을 뿐이고 경험을 할 때 겉으로 드러난 행동과 하는 말은 똑같다. 예컨대 그 사람은 신호등이 있는 건널목에서 똑같이 초록 불일 때 건너고 빨간 불일 때는 멈추며, 초록 불을 보고 똑같이 "초록 불이네."라고 말한다. 그러나 그는 자신의 감각질이 뒤집혀 있는지 전혀 모른다. 감각질은 순전히 사적이며 다른 사람의 감각질과 같은지를 확인할 수 있는 방법이 없기 때문이다. 그렇다면 나와 어떤 사람의 정신 상태는 현상적으로 다르지만 기능적으로는 같으므로, 현상적 감각 경험은 배제하고 기능적·인과적 역할만으로 정신 상태를 설명하는 기능론은 잘못된 이론이라는 논박이 가능하다.

㉠뒤집힌 감각질 사고 실험에 의한 기능론 논박이 성공하려면 감각질이 뒤집힌 사람이 그렇지 않은 사람과 색 경험이 현상적으로는 다르지만 기능적으로 다르지 않다는 조건이 성립해야 한다. 두 경험이 기능적으로 다르지 않다면 두 사람의 색 경험 공간이 대칭적이어야 한다. 다시 말해서 색들이 가지는 관계들의 구조는 동일한 패턴을 가져야 하는 것이다. 예를 들어 나의 빨간색 경험과 노란색 경험 사이의 관계를 보여 주는 특성들이 다른 사람의 빨간색 경험(사실은 초록색 경험)과 노란색 경험 사이의 관계를 보여 주는 특성들과 동일해야 한다. 그래야 두 사람이 현상적으로 다른 경험을 하더라도 기능적으로 동일하기에 감각질이 뒤집혔다는 것이 탐지 불가능하다. 그러나 색을 경험한다는 것은 색 외적인 속성들, 예컨대 따뜻함과 생동감 따위와도 복잡하게 관련되어 있는데, 그것 때문에 색 경험 공간이 비대칭적이게 된다. ㉡빨강-초록의 감각질이 뒤집힌 사람은 익지 않은 초록색 토마토가 빨간색으로 보일 것인데, 이 경우 그가 초록이 가지는 생동감 대신 빨강이 가지는 따뜻함을 지각할 것이기 때문에 감각질이 뒤집히지 않은 사람과 다른 행동을 보일 것이다.

뒤집힌 감각질 사고 실험은 색 경험 공간이 대칭적이어야 성공하지만, 앞에서 제시한 문제점을 안고 있어서 비판 을 받기도 한다. 그런 까닭에 이 사고 실험에 의한 기능론 논박은 성공하지 못한다고 평가할 수 있다.

★ 선생님 TIP

사고 실험이란?

'사고 실험'이란 현실에서 발생하기는 불가능하지만, 상대방의 주장을 논박하기 위하여 가상의 상황을 설정한 후, 그 가상의 상황에서 상대방의 주장이 적용되지 않는다거나 반박이 되는 사례가 나타남을 보여주는 것입니다. 대표적인 '사고 실험'의 사례는 철학자 존 설이 인공지능에 대한 튜링 테스트의 타당성을 반박하기 위해 설정한 '중국어 방'의 사고 실험이 있습니다.

사실 확인

01. 윗글의 내용과 일치하는 것은?

① 동일론에서는 물질 상태가 같으면 정신 상태도 같다는 것을 설명할 수 없다.

② 이원론에서는 어떤 사람의 행동과 말을 통해서 그 사람의 감각질이 어떠한지 확인한다.

③ 기능론에서는 인간과 로봇이 물질 상태는 달라도 정신 상태는 같을 수 있음을 설명할 수 있다.

④ 뒤집힌 감각질 사고 실험은 기능론으로는 정신의 인과적 측면을 설명할 수 없다는 것을 보여주려고 한다.

⑤ 이원론과 기능론은 정신 상태를 갖는 존재의 물질 상태를 인정하지 않는다는 점에서 일치한다.

가설의 설명 영역

02. 비판 의 내용으로 가장 적절한 것은?

① 색 경험 공간은 대칭적이어서, 감각질이 뒤집힌 사람이 그렇지 않은 사람과 현상적으로 동등하고 기능적으로 다를 경우는 발생할 수 없다.

② 색 경험 공간은 비대칭적이어서, 감각질이 뒤집힌 사람이 그렇지 않은 사람과 현상적으로 다르고 기능적으로 동등할 경우는 발생할 수 없다.

③ 감각질이 뒤집히지 않은 사람은 입력이 같으면 출력도 같으므로, 그의 감각질이 뒤집히지 않았다는 사실은 탐지할 수 없다.

④ 감각질이 뒤집힌 사람은 입력이 같아도 출력이 다르므로, 그의 감각질이 뒤집혔다는 사실은 탐지할 수 없다.

⑤ 정신 상태의 현상적 감각 경험을 배제할 수 없으므로, 기능적 역할만으로 정신 상태를 설명할 수 없다.

논리 퀴즈

03. 윗글과 <보기>를 바탕으로 ㉠과 ㉡을 설명할 때, 적절하지 않은 것은?

─〈보 기〉─

빨강과 초록의 감각질이 뒤집힌 사람이 따뜻한 물로 손을 씻으러 세면대로 갔다. 세면대에는 따뜻한 물이 나오는 꼭지는 빨간색으로, 차가운 물이 나오는 꼭지는 파란색으로 되어 있었다.

① ㉠이 성공한다는 측은 ㉡에게는 빨간색 꼭지가 초록색으로 보인다고 설명하겠군.

② ㉠이 성공한다는 측은 ㉡이 빨간색 꼭지를 보고 "이게 빨간색이구나."라고 말한다고 설명하겠군.

③ ㉠이 실패한다는 측은 ㉡이 빨간색 꼭지를 보고 따뜻함을 지각하지 못할 것이라고 설명하겠군.

④ ㉠이 성공한다는 측과 실패한다는 측 모두 ㉡이 빨간색 꼭지를 틀지 않을 것이라고 설명하겠군.

⑤ ㉠이 성공한다는 측과 실패한다는 측 모두 ㉡이 빨간색 꼭지와 파란색 꼭지를 구별할 수 있다고 설명하겠군.

가이드에 따라 지문과 문제를 분석하고 정답을 확인해 봅시다.

STEP 1 가설이 제기되기 이전까지 누적되었던 배경 논의를 이해한다.

[첫 번째 문단] 심신 문제에 대한 선행 가설(이원론, 동일론, 기능론)에 대한 소개

心신 문제는 정신과 물질의 관계에 대해 묻는 오래된 철학적 문제이다. 정신 상태와 물질 상태는 별개의 것이라고 주장하는 이원론이 오랫동안 널리 받아들여졌으나, 신경 과학이 발달한 현대에는 그 둘은 동일하다는 동일론이 더 많은 지지를 받고 있다. 그러나 똑같은 정신 상태라고 하더라도 사람마다 그 물질 상태가 다를 수 있고, 인간과 정신 상태는 같지만 물질 상태는 다른 로봇이 등장한다면 동일론에서는 그것을 설명할 수 없다는 문제가 생긴다. 그래서 어떤 입력이 들어올 때 어떤 출력을 내보낸다는 기능적·인과적 역할로써 정신을 정의하는 기능론이 각광을 받게 되었다. 기능론에서는 정신이 물질에 의해 구현되므로 그 둘이 별개의 것은 아니라고 주장한다는 점에서 이원론과 다르면서도, 정신의 인과적 역할이 뇌의 신경 세포에서든 로봇의 실리콘 칩에서든 어떤 물질에서도 구현될 수 있음을 보여 준다는 점에서 동일론의 문제점을 해결할 수 있기 때문이다.

〈심신 문제에 대한 가설의 변화: 이원론 → 동일론 → 기능론〉

ⅰ) 기능론 ↔ 이원론: 정신은 물질에 의해서 구별되므로 정신과 물질은 별개가 아니다.

ⅱ) 기능론 ↔ 동일론: 상이한 물질 상태로 동일한 정신 상태가 구현되는 현상을 설명할 수 있다.
(기능론은 설명하지만, 동일론은 설명하지 못하는 영역이 존재한다.)

STEP 2 가설을 확인한다.

[두 번째 문단] '뒤집힌 감각질 사고 실험'에 의한 이원론의 기능론에 대한 반박

그래도 정신 상태에는 물질 상태와 다른 무엇인가가 있다고 생각하는 이원론에서는 '나'가 어떤 주관적인 경험을 할 때 다른 사람에게 그 경험을 보여줄 수는 없지만 나는 분명히 경험하는 그 느낌에 주목한다. 잘 익은 토마토를 봤을 때의 빨간색의 느낌, 시디신 자두를 먹었을 때의 신 느낌, 꼬집힐 때의 아픈 느낌이 그런 예이다. 이런 질적이고 주관적인 감각 경험, 곧 현상적인 감각 경험을 철학자들은 '감각질'이라고 부른다. 이 감각질이 뒤집혔다고 가정하는 사고 실험을 통해 기능론에 대한 비판이 제기된다. 나에게 빨강으로 보이는 것이 어떤 사람에게는 초록으로 보이고 나에게 초록으로 보이는 것이 그에게는 빨강으로 보인다는 사고 실험이 그것이다. 다만 각자에게 느껴지는 감각질이 뒤집혀 있을 뿐이고 경험을 할 때 겉으로 드러난 행동과 하는 말은 똑같다. 예컨대 그 사람은 신호등이 있는 건널목에서 똑같이 초록 불일 때 건너고 빨간 불일 때는 멈추며, 초록 불을 보고 똑같이 "초록 불이네."라고 말한다. 그러나 그는 자신의 감각질이 뒤집혀 있는지 전혀 모른다. 감각질은 순전히 사적이며 다른 사람의 감각질과 같은지를 확인할 수 있는 방법이 없기 때문이다. 그렇다면 나와 어떤 사람의 정신 상태는 현상적으로 다르지만 기능적으로는 같으므로, 현상적 감각 경험은 배제하고 기능적·인과적 역할만으로 정신 상태를 설명하는 기능론은 잘못된 이론이라는 논박이 가능하다.

구분	현상적인 감각 경험(감각질)	기능적인 감각 경험
정신/물질 분류	정신의 영역	물질의 영역
이원론의 설명	동일하지 않다.	
기능론의 설명	동일하다.	

STEP 3 가설이 설명할 수 있는 영역을 확인한다.

[세 번째 문단] '뒤집힌 감각질 사고 실험'을 통한 기능론의 이원론에 대한 재반박

> ㉠뒤집힌 감각질 사고 실험에 의한 기능론 논박이 성공하려면 감각질이 뒤집힌 사람이 그렇지 않은 사람과 색 경험이 현상적으로는 다르지만 기능적으로 다르지 않다는 조건이 성립해야 한다. 두 경험이 기능적으로 다르지 않다면 두 사람의 색 경험 공간이 대칭적이어야 한다. 다시 말해서 색들이 가지는 관계들의 구조는 동일한 패턴을 가져야 하는 것이다. 예를 들어 나의 빨간색 경험과 노란색 경험 사이의 관계를 보여 주는 특성들이 다른 사람의 빨간색 경험(사실은 초록색 경험)과 노란색 경험 사이의 관계를 보여 주는 특성들과 동일해야 한다. 그래야 두 사람이 현상적으로 다른 경험을 하더라도 기능적으로 동일하기에 감각질이 뒤집혔다는 것이 탐지 불가능하다. 그러나 색을 경험한다는 것은 색 외적인 속성들, 예컨대 따뜻함과 생동감 따위와도 복잡하게 관련되어 있는데, 그것 때문에 색 경험 공간이 비대칭적이게 된다. ㉡빨강-초록의 감각질이 뒤집힌 사람은 익지 않은 초록색 토마토가 빨간색으로 보일 것인데, 이 경우 그가 초록이 가지는 생동감 대신 빨강이 가지는 따뜻함을 지각할 것이기 때문에 감각질이 뒤집히지 않은 사람과 다른 행동을 보일 것이다.

〈뒤집힌 감각질 사고 실험〉

ⅰ) 만약 이원론이 타당하다면

　　빨강과 초록의 감각질이 뒤집힌 사람은 빨간색이 초록색으로 보이고 초록색이 빨간색으로 보이는 것(**현상적인 감각 경험**) 이외에 모든 색과 관련된 인지의 영역(**기능적인 감각 경험**)이 동일해야 합니다. 이원론에 따르면 **현상적인 감각 경험**과 **기능적인 감각 경험**이 별개의 영역이기 때문입니다.

ⅱ) 만약 기능론이 타당하다면

　　빨강과 초록의 감각질이 뒤집힌 사람은 빨간색이 초록색으로 보이고 초록색이 빨간색으로 보이는 것(**현상적인 감각 경험**) 이외에도 ⓐ일반인과 상이하게 감각하는 인지의 영역(**기능적인 감각 경험**)이 존재해야 합니다. 기능론에 따르면 **현상적인 감각 경험**과 **기능적인 감각 경험**이 별개의 영역이 아니기 때문에, **현상적인 감각 경험**이 상이한 사람은 **기능적인 감각 경험**도 상이할 것이기 때문입니다.

　　→ ⓐ의 존재 가능성: 감각질이 뒤집힌 사람의 색 경험 공간이 비대칭적일 가능성

STEP 4 생략된 결론을 추론한다.

[네 번째 문단] '뒤집힌 감각질 사고 실험'에 대해 기능론의 설명이 이원론의 설명에 비해 더 적합할 가능성이 높다. (숨겨진 결론)

> 뒤집힌 감각질 사고 실험은 색 경험 공간이 대칭적이어야 성공하지만, 앞에서 제시한 문제점을 안고 있어서 비판을 받기도 한다. 그런 까닭에 이 사고 실험에 의한 기능론 논박은 성공하지 못한다고 평가할 수 있다.

• 감각질이 뒤집힌 사람의 색 경험 공간이 비대칭적일 가능성이 높음을 알 수 있습니다.

　→ 숨겨진 결론: 기능론의 설명이 이원론에 비해 더 타당할 가능성이 높다.

01번 문제를 풀이하면 다음과 같습니다.

① 동일론은 물질 상태와 정신 상태가 일대일 대응으로 동일하다는 주장이다. 따라서 물질 상태가 같으면 정신 상태가 같다는 것을 충분히 설명할 수 있다. 동일론이 설명하지 못하는 것은 물질 상태가 다르면서 정신 상태가 같은 경우이다.

② 이원론에서는 다른 사람에게는 보여줄 수는 없지만 나만이 감각하는 고유의 주관적인 인지 영역이 존재한다고 주장하며 이를 '감각질'이라고 정의한다. 따라서 이원론에서 어떤 사람의 행동과 말을 통해서 그 사람의 감각질을 확인할 수 있다고 보는 것이 아니다.

③ 동일론과 달리, 기능론은 물질 상태가 다르면서 정신 상태가 같은 경우를 설명할 수 있다. 따라서 로봇과 인간이 물질 상태는 다르더라도 정신적 기능이 동일하다면 정신 상태가 동일하다고 간주하는 것이 기능론의 입장에 해당한다.

④ 뒤집힌 감각질 사고 실험은 물질 상태와 구별되는 정신 고유의 영역이 있다는 것을 주장하기 위함이다. 즉 이원론의 입장에서 제기된 뒤집힌 감각질 사고 실험이 반박하고자 하는 명제는 '기능적·인과적 역할만으로 정신 상태를 전부 설명한다'는 기능론의 입장이지, '기능론으로 정신의 인과적 측면을 설명할 수 있다'는 명제를 반박하고자 함이 아니다. → **매력적 오답**

⑤ 이원론과 달리, 동일론과 기능론은 모두 정신 상태를 갖는 존재의 물질 상태를 인정한다. 동일론과 기능론의 차이는 정신 상태가 전부 물질로 환원되느냐 여부에 대하여 입장이 갈리는 것이다.

[정답] ③

02번 문제를 풀이하면 다음과 같습니다.

[비판]은 '뒤집힌 감각질 사고 실험'에 의거한 이원론의 주장에 대한 기능론의 비판이다. 기능론에 따르면 정신의 영역인 감각질이 뒤집혔다면, 기능적으로도 달라진 부분이 발생해야 한다. 색 경험 공간이 비대칭으로 나타난다면 이는 기능적으로도 달라진 부분이 발생한 것이므로 기능론의 비판에 대한 타당성을 입증해줄 것이다.

① 이원론에 따르면 색 경험 공간은 대칭적이어야 하고, 기능론에 따르면 색 경험 공간은 비대칭적이어야 한다. 따라서 ①은 이원론의 입장에 해당한다.

② 색 경험 공간이 비대칭적이라는 것의 의미는 현상적으로 다르고 기능적으로 동등한 경우가 발생할 수 없다는 의미이므로 뒤집힌 감각질 사고 실험을 통해 현상적으로 다르고 기능적으로 동등한 경우를 제시할 수 있다는 이원론의 입장을 기능론의 입장에 의거하여 비판하는 내용에 해당한다. → **절대적 정답**

③ 기능론에 따르면 감각질이 뒤집히지 않은 사람의 경우 정신의 모든 기능이 동일하게 수행될 것이므로 기능을 통해서 감각질이 뒤집히지 않았다는 사실을 확인할 수 있다.

④ 감각질이 뒤집힌 사람이 감각질이 뒤집혔다는 사실을 확인할 수 없다는 주장은 이원론에 부합한다. 기능론에 따르면 감각질이 뒤집힌 사람은 주관적 감각 이외의 정신의 기능적인 측면에서도 상이한 기능이 발휘되므로 감각질이 뒤집혔다는 사실을 확인할 수 있을 것이다.

⑤ 이원론의 입장에 해당한다.

[정답] ②

03번 문제를 풀이하면 다음과 같습니다.

ⅰ) ㉠이 성공한다는 측: 이원론의 입장 → 색 감각질이 뒤집히되, 색 경험은 대칭성을 유지한다.

ⅱ) ㉠이 실패한다는 측: 기능론의 입장 → 색 감각질이 뒤집히되, 색 경험은 비대칭성을 유지한다.

①, ⑤ ㉠이 성공한다는 측이든 성공하지 않는다는 측이든 ㉡의 색 감각질이 뒤집힌 경우에 대한 전제를 받아들인다는 가정하에서 논쟁을 벌이는 것이다. 따라서 ㉡에게 빨간색 꼭지가 초록색으로 보인다는 가정은 받아들여진다.

② ㉠이 성공한다는 측은 이원론의 관점에서 현상적인 기능으로 드러나지 않는 주관적인 감각적 정신의 영역이 독립적으로 존재한다고 주장하며 이를 '감각질'이라고 명명하였다. 따라서 ㉡은 빨간색 꼭지가 자신에게 초록색으로 보인다는 사실을 인지할 수 없으므로 빨간색 꼭지를 보고 "이게 빨간색이구나"라고 생각할 것이다.

③ ㉠이 실패한다는 측은 기능론의 관점에서 색 감각질이 뒤집힌다면 색 경험이 비대칭적일 것이라고 주장한다. 즉, ㉡은 빨간색 꼭지를 보고 빨간색이 내포하는 따뜻한 감정을 지각하지 못할 것이다.

④ ⅰ) ㉠이 성공한다는 측은 이원론의 감정에서 색 감각질이 뒤집혔어도 색 경험은 대칭적일 것이라고 주장한다. 즉, 빨간색 꼭지를 초록색으로 인지한다고 하더라도 따뜻한 물을 틀기 위해 빨간색 꼭지를 돌리는 색 경험에 의거한 기능을 수행하는 데 아무런 문제가 없을 것이라고 보는 것이다. 따라서 ㉠이 성공한다는 측에 따르면 ㉡은 따뜻한 물을 틀기 위해 빨간색 꼭지를 틀 것이다.

ⅱ) ㉠이 실패한다는 측은 기능론의 관점에서 색 감각질이 뒤집힌다면 색 경험이 비대칭적일 것이라고 주장한다. 즉, ㉡은 빨간색 꼭지를 보고 빨간색이 내포하는 따뜻한 감정을 지각하지 못할 것이므로 따뜻한 물을 틀기 위해 빨간색 꼭지를 돌리는 색 경험에 의거한 기능을 수행하는 데 문제를 빚을 것이다. 따라서 ㉠이 실패한다는 측에 따르면 ㉡은 따뜻한 물을 틀기 위해 빨간색 꼭지를 틀지 않을 것이다.

[정답] ④

[04~06] 다음 글을 읽고 물음에 답하시오.

20 LEET 문19~21

세상은 변화를 겪는다. 사람이 그렇게 여기는 이유는 시간이 흐른다고 생각하기 때문이다. 그런데 4차원주의자는 시간이 흐르지 않는다고 주장한다. 시간이 흐르지 않는다면, 과거, 현재, 미래는 똑같이 존재할 것이다. 이러한 견해를 가진 사람을 ㉠영원주의자라고 한다. 시간의 흐름 여부에 대한 인식의 차이는 과거, 현재, 미래에 대한 개념 혹은 표상의 차이를 가져온다. 영원주의자들에게 매 순간은 시간의 퍼즐을 이루는 하나의 조각처럼 이미 주어져 있다. 영원주의자에게 시제는 특별한 의미를 가지지 않으며, 과거, 현재, 미래 사이에는 앞 또는 뒤라는 관계만이 존재한다. 현재는 과거의 뒤이고 동시에 미래의 앞일 뿐이다. 영원주의 세계에서 한 사람은 각 시간 단계를 가지는데, 그 사람이 없던 수염을 기르면 이는 시간의 흐름에 따른 변화가 아니다. 외모의 차이는 단지 그 사람의 서로 다른 단계 사이의 차이일 뿐이다. 반면에 3차원주의자는 시간이 흐른다는 견해를 내세운다. 시간이 흐른다면, 과거, 현재, 미래 시제는 모두 다른 의미나 표상을 지닌다. 이러한 생각을 지니는 이들 중에 오직 현재만이 존재한다고 보는 사람이 바로 현재주의자이다. 그들에게는 이미 지나간 과거와 아직 도래하지 않은 미래는 존재하지 않으므로, 지금 주어진 현재만이 존재한다.

시간여행은 시간에 관한 견해가 첨예하게 대립하는 주제이다. 현재주의자에 따르면, 현재에서 과거, 미래의 특정 시점을 찾아가는 것은 영원주의자의 생각처럼 시간 퍼즐의 여러 조각 중 하나를 찾아가는 것이 아니다. ㉡현재주의자 중에 다수는 시간여행이 불가능하다고 주장한다. 누군가가 시간여행을 하려면 과거나 미래로 이동할 수 있어야 하지만, 이미 흘러간 과거와 아직 오지 않은 미래는 실재하지 않는다. 이를 도착지 비존재의 문제라고 할 수 있다.

현재주의자 중에도 시간여행이 가능하다고 보는 사람이 있다. 과거로의 시간여행을 시작하는 현재 시점 T_n에서 과거의 특정 시점 T_{n-1}은 실재가 아니다. 그러나 시간여행자가 T_{n-1}에 도착할 때 그 시점은 그에게 현재가 되어 존재하지 않을까? 하지만 이는 과거를 마치 현재인 양 여기게 하는 속임수라고 보는 사람도 있다. 과거 시점 T_{n-1}에 도착한다면, 과거는 이제 현재가 된다. 그러나 시간여행의 가능성을 따질 때 우리가 관심을 가지는 현재는 애초에 출발하는 시점인 T_n이지 과거의 도착지인 T_{n-1}이 아니다. 만일 T_{n-1}이 현재가 된다는 것이 중요하다면, T_{n-1}에 도착한 사람에게 T_n은 이제 미래가 된다는 것 역시 중요하다. 그런데 현재주의자는 미래의 비존재를 주장하므로, T_{n-1}에 도착한 시간여행자는 존재하지 않는 미래에서 출발하여 현재에 도착한 셈이다. 이것이 바로 출발지 비존재의 문제이다. 결국 3차원주의 세계에서 시간여행이 가능하다는 점을 보여주려면 출발지 비존재의 문제를 해소해야 한다.

시간여행의 가능성을 믿는 3차원주의자는 '출발지 비존재'를 '출발지 미결정'으로 보게 되면 문제가 해소된다고 주장할 수 있다. 시간여행자가 과거 T_{n-1}에 도착하는 순간, 그는 실재하지 않는 미래로부터 현재로 이동한 것이 아니라 미결정된 미래로부터 현재로 이동한 것이 된다. 그렇다고 하더라도 출발지 비존재의 문제와 마찬가지로, 미래는 아직 존재하지 않기에 전혀 결정되지 않았으며 아직 결정되지 않은 것이 다른 어떤 것의 원인이 될 수 없으므로 시간여행은 여전히 불가능하다는 비판에 직면할 수 있다. 그러나 T_{n-1}에 도착하는 사건의 원인이 T_n에서의 출발이라는 점을 고려한다면, T_{n-1}에 도착하는 순간 미래 사건이 되는 시간여행은 도착 시점에서 이미 결정된 사건으로 여겨질 수 있다. 즉 미래는 계속 미결정된 것이 아니라, 시간여행 여부에 따라 미결정되었다고도 할 수 있고 결정되었다고도 할 수 있다. 이에 ㉢조건부 결정론자는 출발지 미결정의 문제가 해소되어 시간여행에 걸림돌이 없다고 주장한다. 그러나 시간여행이 3차원주의와 양립할 수 없음을 고수하는 이들은 출발지 비존재의 문제를 출발지 미결정의 문제로 대체하여 이를 해소하는 전략을 받아들이지 않을 것이다.

04. ㉠~㉢에 관한 설명으로 가장 적절한 것은?

① ㉠과 ㉡은 모두 미래가 이미 결정되어 있는 시간이라고 본다.

② ㉠과 ㉡은 모두 시간여행에서 과거에 도착하는 순간 출발지는 더 이상 존재하지 않는다고 본다.

③ ㉠과 ㉢은 모두 과거로 출발하는 시간여행이 가능하다고 본다.

④ ㉡과 달리 ㉢은 시제가 특별한 의미를 가지지 않는다고 본다.

⑤ ㉢과 달리 ㉡은 시간여행에 필요한 도착지가 존재한다고 본다.

05. 윗글에서 추론한 내용으로 적절하지 <u>않은</u> 것은?

① 3차원주의자 중에는 과거를 거슬러 올라갈 수 없는 시간으로 여기는 사람이 있을 것이다.

② 현재주의자는 누군가의 외모가 변한 것을 보면 이는 시간이 흘렀기 때문이라고 생각할 것이다.

③ 4차원주의자는 도래하지 않은 시간으로부터 이미 지나간 시간으로 시간의 흐름을 거슬러 올라갈 수 있다고 생각할 것이다.

④ 시간여행이 가능하다고 믿는 3차원주의자는 출발지 미결정의 문제가 해결되면 출발지 비존재의 문제가 해소된다고 생각할 것이다.

⑤ 시간여행의 가능성을 부인하는 3차원주의자는 우리가 미래에 도착하는 순간 도착지가 생겨난다는 주장에 대해, 그 경우에도 출발지 비존재의 문제가 남아 있다고 비판할 것이다.

06. 윗글을 바탕으로 <보기>를 설명할 때, 적절하지 <u>않은</u> 것은?

─── 〈보 기〉 ───

밴드 결성 전, 존 레논은 자신이 유명한 가수가 될 것이라는 예언을 듣는다. 자신의 미래가 궁금해진 레논은 마침 타임머신 실험 소식을 듣고 10년 후의 미래로 가고자 자원하였다. 10년 후, 그의 밴드는 유명해지고 데뷔 이전 머리가 짧았던 그는 긴 머리를 가지게 된다. 만일 10년 후로의 시간여행이 가능하다면, 미래를 방문한 무명의 레논은 장발의 록 스타인 자신을 직접 보게 될 것이다. 그러나 이는 '동일한 것은 서로 구별될 수 없다.'라는 ⓐ원리에 위배된다. 즉 '동일한 사람이 무명이면서 동시에 스타이다.'라는 ⓑ논리적 모순이 발생하는 것이다. 이 문제가 해소되지 않으면 레논은 10년 후로 시간여행을 할 수 없다.

① 시간여행의 도착지가 존재하지 않는다는 논리에 따를 경우, ⓐ에 위배되는 사건은 아예 일어나지 않겠군.

② 레논의 서로 다른 단계 중에 현재 단계가 뒤의 단계를 방문할 수 있다고 가정하면, 영원주의자에게 ⓑ는 문제가 되지 않겠군.

③ 조건부 결정론자의 논리에 따를 경우, 레논이 미래에 도착하면 자신의 10년 후 모습을 직접 보기 이전이라도 도착 순간에 이미 출발지 비존재의 문제가 해소되겠군.

④ 미래에 도착하는 시점의 레논과 미래에 있던 레논이 동일한 외모를 가질 수 있다고 가정하면, 현재주의자는 ⓐ에 위배되는 일이 발생하지 않았다고 주장할 수 있겠군.

⑤ 두 사람이 만나는 시간은 제3의 관찰자가 볼 때는 동시인 것처럼 보이지만 각자의 시간 흐름에서는 동시가 아니라고 가정하면, 현재주의자 중에는 ⓑ가 해소될 수 있다고 보는 사람도 있겠군.

🏛 가이드 & 정답 확인하기

가이드에 따라 지문과 문제를 분석하고 정답을 확인해 봅시다.

STEP 1 가설이 제기되기 이전까지 누적되었던 배경 논의를 이해한다.

[첫 번째 문단] 4차원주의자와 3차원주의자의 상이한 시간관념에 대한 소개

세상은 변화를 겪는다. 사람이 그렇게 여기는 이유는 시간이 흐른다고 생각하기 때문이다. 그런데 4차원주의자는 시간이 흐르지 않는다고 주장한다. 시간이 흐르지 않는다면, 과거, 현재, 미래는 똑같이 존재할 것이다. 이러한 견해를 가진 사람을 ㉠영원주의자라고 한다. 시간의 흐름 여부에 대한 인식의 차이는 과거, 현재, 미래에 대한 개념 혹은 표상의 차이를 가져온다. 영원주의자들에게 매 순간은 시간의 퍼즐을 이루는 하나의 조각처럼 이미 주어져 있다. 영원주의자에게 시제는 특별한 의미를 가지지 않으며, 과거, 현재, 미래 사이에는 앞 또는 뒤라는 관계만이 존재한다. 현재는 과거의 뒤이고 동시에 미래의 앞일뿐이다. 영원주의 세계에서 한 사람은 각 시간 단계를 가지는데, 그 사람이 없던 수염을 기르면 이는 시간의 흐름에 따른 변화가 아니다. 외모의 차이는 단지 그 사람의 서로 다른 단계 사이의 차이일 뿐이다. 반면에 3차원주의자는 시간이 흐른다는 견해를 내세운다. 시간이 흐른다면, 과거, 현재, 미래 시제는 모두 다른 의미나 표상을 지닌다. 이러한 생각을 지니는 이들 중에 오직 현재만이 존재한다고 보는 사람이 바로 현재주의자이다. 그들에게는 이미 지나간 과거와 아직 도래하지 않은 미래는 존재하지 않으므로, 지금 주어진 현재만이 존재한다.

[두 번째 문단] 시간여행에 대한 현재주의자와 영원주의자의 대립되는 견해

시간여행은 시간에 관한 견해가 첨예하게 대립하는 주제이다. 현재주의자에 따르면, 현재에서 과거, 미래의 특정 시점을 찾아가는 것은 영원주의자의 생각처럼 시간 퍼즐의 여러 조각 중 하나를 찾아가는 것이 아니다. ㉡현재주의자 중에 다수는 시간여행이 불가능하다고 주장한다. 누군가가 시간여행을 하려면 과거나 미래로 이동할 수 있어야 하지만, 이미 흘러간 과거와 아직 오지 않은 미래는 실재하지 않는다. 이를 ㉢도착지 비존재의 문제라고 할 수 있다.

ⅰ) 4차원주의자 - 영원주의자: 시간은 흐르지 않고 시제는 특별한 의미를 지니지 않는다.

　　　　　　　　　　　　　과거, 현재, 미래는 모두 실재한다.

　　　　　　　　　　　　　→ 따라서 시간여행은 가능하다. (지문에서 생략된 결론)

ⅱ) 3차원주의자 - 현재주의자: 시간은 흐르고 따라서 시제는 특별한 의미를 지닌다.

　　　　　　　　　　　　　현재만이 존재하고 과거와 미래는 존재하지 않는다.

　　　　　　　　　　　　　→ 따라서 시간여행은 불가능하다. (지문에 제시된 결론)

STEP 2 가설을 확인한다.

[세 번째 문단] 시간여행을 간 시점을 현재로 간주한다면(첫 번째 가설) '도착지 비존재의 문제'는 해소되나, '출발지 비존재의 문제'가 발생한다.

현재주의자 중에도 시간여행이 가능하다고 보는 사람이 있다. 과거로의 시간여행을 시작하는 현재 시점 T_n에서 과거의 특정 시점 T_{n-1}은 실재가 아니다. 그러나 시간여행자가 T_{n-1}에 도착할 때 그 시점은 그에게 현재가 되어 존재하지 않을까? 하지만 이는 과거를 마치 현재인 양 여기게 하는 속임수라고 보는 사람도 있다. 과거 시점 T_{n-1}에 도착한다면, 과거는 이제 현재가 된다. 그러나 시간여행의 가능성을 따질 때 우리가 관심을 가지는 현재는 애초에 출발하는 시점인 T_n이지 과거의 도착인 T_{n-1}이 아니다. 만일 T_{n-1}이 현재가 된다는 것이 중요하다면, T_{n-1}에 도착한 사람에게 T_n은 이제 미래가 된다는 것 역시 중요하다. 그런데 현재주의자는 미래의 비존재를 주장하므로, T_{n-1}에 도착한 시간여행자는 존재하지 않는 미래에서 출발하여 현재에 도착한 셈이다. 이것이 바로 출발지 비존재의 문제이다. 결국 3차원주의 세계에서 시간여행이 가능하다는 점을 보여주려면 출발지 비존재의 문제를 해소해야 한다.

STEP 3 가설이 설명할 수 있는 영역을 확인한다.

[네 번째 문단] '출발지 비존재'를 '출발지 미결정'으로 보면, 조건부 결정론에 의해 문제가 해소되어 3차원주의자의 세계에서도 시간여행이 가능해진다.

시간여행의 가능성을 믿는 3차원주의자는 '출발지 비존재'를 '출발지 미결정'으로 보게 되면 문제가 해소된다고 주장할 수 있다. 시간여행자가 과거 T_{n-1}에 도착하는 순간, 그는 실재하지 않는 미래로부터 현재로 이동한 것이 아니라 미결정된 미래로부터 현재로 이동한 것이 된다. 그렇다고 하더라도 출발지 비존재의 문제와 마찬가지로, 미래는 아직 존재하지 않기에 전혀 결정되지 않았으며 아직 결정되지 않은 것이 다른 어떤 것의 원인이 될 수 없으므로 시간여행은 여전히 불가능하다는 비판에 직면할 수 있다. 그러나 T_{n-1}에 도착하는 사건의 원인이 T_n에서의 출발이라는 점을 고려한다면, T_{n-1}에 도착하는 순간 미래 사건이 되는 시간여행은 도착 시점에서 이미 결정된 사건으로 여겨질 수 있다. 즉 미래는 계속 미결정된 것이 아니라, 시간여행 여부에 따라 미결정되었다고도 할 수 있고 결정되었다고도 할 수 있다. 이에 ⓒ조건부 결정론자는 출발지 미결정의 문제가 해소되어 시간여행에 걸림돌이 없다고 주장한다. 그러나 시간여행이 3차원주의와 양립할 수 없음을 고수하는 이들은 출발지 비존재의 문제를 출발지 미결정의 문제로 대체하여 이를 해소하는 전략을 받아들이지 않을 것이다.

04번 문제를 풀이하면 다음과 같습니다.

㉠ 영원주의자, ㉡ 현재주의자 중에 다수(시간여행이 불가능하다는 입장)

구분	4차원주의자	3차원주의자	
	㉠ 영원주의자	㉡ 현재주의자 중에 다수	㉢ 조건부 결정론자
시간여행에 대한 관점	가능	불가능	가능

① ㉠의 입장에서 미래는 이미 고정되어 있는 실재이므로 미래가 이미 결정되어 있는 시간에 해당한다. 반면에 ㉡은 3차원주의자에 해당하므로 미래는 존재하지 않으며 따라서 결정되어 있지 않다. ㉢이 '조건부 결정론자'라는 의미는 과거로 시간여행을 하였을 때 도착하는 순간에 현재가 되는 미래가 결정되었다는 입장이지, 시간여행이라는 변수가 개입되지 않은 상황에서의 일반론적인 논의에서는 ㉢도 미래는 결정되지 않았다고 볼 것이다.

② ㉠의 입장에서는 현재의 내가 어느 시점에 존재하느냐에 관련 없이 출발지는 독립된 시간 조각으로서 영원히 존재한다. 반면에 ㉡의 입장에서는 과거로 시간여행을 하는 순간 '출발지 미존재'의 문제가 발생한다.

③ ㉠은 영원주의자의 관점에서 시간여행이 가능하다고 볼 것이고, ㉢은 '조건부 결정론'에 따라 현재주의자의 관점에서도 시간여행이 가능하다고 볼 것이므로 ③의 서술은 타당하다.

④ ㉡과 ㉢은 모두 현재주의자이므로 시제가 특별한 의미를 지닌다는 점에 대해서는 모두 동의할 것이다.

⑤ ㉡은 시간여행에 따른 '도착지 미존재'의 문제가 해소되지 않았다는 관점이고, ㉢은 시간여행에 따른 '도착지 미존재'의 문제가 해소되었다는 전제하에서 제기된 입장이다.

[정답] ③

05번 문제를 풀이하면 다음과 같습니다.

① 3차원주의자 중 현재주의자의 대부분은 '도착지 미존재'의 문제가 해결되지 않았다고 간주하므로 과거를 거슬러 올라가는 시간여행은 불가능하다고 볼 것이다.

② 현재주의자는 시간이 흐른다고 간주하므로 누군가의 외모가 변한 것은 시간이 흘렀기 때문이라고 간주할 것이다.

③ 4차원주의자는 시간의 흐름이라는 개념 자체를 받아들이지 않기 때문에 시간여행이란 도래하지 않은 시간으로부터 이미 지나간 시간으로의 이동이 아니라, 미래라는 시점에 존재하는 시간 조각으로부터 과거라는 시점에 존재하는 시간 조각으로의 이동 개념으로 시간여행을 받아들인다. 따라서 ③에서 서술된 시간관념은 4차원주의자가 제기할 수 있는 시간관념에 해당하지 않으므로 ③의 설명은 타당하지 않다.

④ 시간여행이 가능하다고 믿는 3차원주의자는 '출발지 미존재'의 문제가 '출발지 미결정'의 문제라면, 시간여행이 가능해진다고 주장한다. 즉, 이는 '출발지 미결정'의 문제가 해소되면 '출발지 미존재'의 문제도 해소된다는 의미와 같다.

⑤ 시간여행이 불가능하다고 보는 3차원주의자의 입장에서는 미래에 도착하는 순간에 미래가 현재가 되기 때문에 '도착지 미존재'의 문제가 해결된다고 하더라도, 우리가 출발한 현재가 과거가 되고 과거는 존재하지 않는 것이므로 '출발지 미존재'의 문제가 발생한다고 본다. 따라서 시간여행은 불가능하다고 비판할 것이다.

[정답] ③

06번 문제를 풀이하면 다음과 같습니다.

① 시간여행의 도착지가 존재하지 않는다는 논리에 따르면 시간여행이 이루어질 수 없으므로 ⓐ에 위배되는 사건은 애초에 발생하는 것이 불가능하다.

② 영원주의자의 관점에 따르면 10년 전 무명이고 단발인 존 레논도 존재하고, 10년 후 유명하고 장발인 존 레논도 존재하고 있다. 따라서 둘은 이미 각자의 시간 조각에서 존재하는 두 명의 상이한 인물이므로 시간여행을 통해 둘이 마주한다고 해도 ⓑ의 논리적 모순은 발생하지 않는다. 왜냐하면 영원주의자의 관점에서 둘은 애초에 상이한 인물이기 때문에 동일성이 주장될 수 없기 때문이다.

③ 조건부 결정론자에 따르면 시간여행을 통해 미래에 도착하는 바로 그 순간에 출발하였던 현재 시점은 순간 과거 사건이 되고 결정된 사건이 된다. 이에 따라 출발지는 결정되어 존재하므로 '출발지 미결정', 즉 '출발지 미존재'의 문제가 해결되었다. 따라서 10년 후의 존 레논을 보기 이전에 이미 '출발지 미존재'의 문제는 해결된 것이다.

④ 외모가 동일하다고 하더라도 10년 전의 존 레논은 '유명하지 않다.'라는 속성을 지니고 있고, 10년 후의 존 레논은 '유명하다.'라는 속성을 지니고 있기 때문에 여전히 '동일한 사람이 무명이면서 동시에 스타이다.'라는 문제가 발생하므로 ⓐ는 여전히 위배되는 것이다.

⑤ 조건부 결정론자의 논리에 따라서 시간여행의 문제가 해결된 경우의 설명이 ⑤에 해당한다.

[정답] ④

연습문제 3

[07~09] 다음 글을 읽고 물음에 답하시오.

10 LEET 문27~29

　화학과 물리학은 어떤 관계에 있고, 양자의 관계는 두 학문의 발전에 어떤 영향을 미치나? 두 학문은 오랫동안 따로따로 발달했지만 100년 전쯤부터 급속히 서로 가까워졌다. 첫 접촉 지점은 분광 스펙트럼이었다. 스펙트럼 분석법은 1870년대부터 화학자들에게 유용한 도구였다. 미량의 시료만 있어도 분광 스펙트럼에 나타나는 색 띠들의 패턴이 거기 어떤 물질들이 포함되어 있는지 어김없이 알려주었기 때문이다. 그러나 왜 그런 색 띠들이 나타나고 그 패턴이 원소마다 고유한지 화학자들은 설명하지 못했다. 그런데 원자의 구조와 씨름하던 물리학자들이 이 선들이 원자 안의 전자들이 방출하는 전자기파에 의한 것임을 알아냈고, 원소마다 고유한 전자 배치가 스펙트럼의 고유한 패턴의 근거라는 설명을 제공해 주었다. 1913년 물리학자 보어는 원자 이론을 토대로 수소 원자의 스펙트럼을 거의 정확히 설명해 냈다. 그의 이론은 수소 이외에 다른 원소의 스펙트럼에 대해서는 눈감아 줄 수 없는 오차를 낳았지만, 그런 이유로 인해 폐기된 것이 아니라 오히려 더 많은 원소들의 스펙트럼을 설명할 수 있는 세련된 이론의 형성을 촉발하여 현대 물리학의 중심 이론인 양자역학의 발달에 초석이 되었다.

　이처럼 한 분야가 필요로 하는 이론이나 방법론을 다른 분야가 제공할 때 두 분야 간에는 일종의 비대칭적 의존 관계가 형성되는데, 화학과 물리학 사이에는 광범위하게 이런 의존의 관계가 있는 것처럼 보인다. 이 때문에 적지 않은 이들이 화학은 물리학으로 환원 가능하다고 주장한다. 전자의 설명력을 후자로 흡수 통합시킬 수 있다는 얘기다. 이런 주장이 정당화되려면 화학적 문제가 요구하는 설명과 예측을 물리학이 빠짐없이 제공할 수 있어야 할 것이다.

　최근 화학에는 양자화학이라는 분야가 발달해 화학적 현상을 현대 물리학의 핵심 이론인 양자역학의 기반으로 환원시켜 다루는 프로그램을 실행하고 있다. 양자화학은 양자역학의 도구인 슈뢰딩거 방정식을 써서 분자 내 전자들의 정밀한 배치 구조를 계산한다. 양자화학에서 '순이론적 방법'은 주어진 계(system)에 대한 슈뢰딩거 방정식을 세우고 그 해를 구한 뒤에 그것을 화학적 문제에 적용하려 한다. 예컨대 수소 원자의 경우 슈뢰딩거 방정식 $\hat{H}\Psi = E\Psi$는 다음과 같은 형태를 띤다.

$$\left(-\frac{\hbar^2}{2m}\nabla^2 - \frac{Ze^2}{r} \right)\Psi = E\Psi$$

다른 경우에도 그 계의 퍼텐셜 에너지를 고려하여 슈뢰딩거 방정식을 세우고 그 방정식을 풀어 파동함수 Ψ를 구하면 그것을 가지고 과학자는 계의 상태에 대한 여러 가지 계산을 해낼 수 있다.

　그러나 슈뢰딩거 방정식을 풀어 해를 구할 수 있는 것은 기껏해야 원자핵과 전자 한 개로 구성된 수소 원자의 경우뿐이다. 헬륨 원자나 수소 분자까지 포함해서 화학자들이 관심을 갖는 사실상 모든 경우에 슈뢰딩거 방정식의 정확한 해는 구할 수 없다. 이런 경우 해의 근사적 형태를 구하지만, 아주 비슷한 것이라도 '진짜 그것'은 아니다. 환원의 장애물은 이뿐만이 아니다. 수소 원자의 경우라도 외부 자기장의 영향이 있으면 정확한 해를 구할 수 없다. 이 때문에 양자화학에서는 근사와 보정의 기법을 적극 활용하는 '보정된 방법'이 많이 쓰인다. 이러한 근사의 기법은 양자역학의 수학적 기법의 발달에도 영향을 미쳤다. '보정된 방법'에서는 실험에서 옳다고 판명된 해를 문제 상황의 이론적 접근에 활용한다. 파동함수 Ψ가 취할 수 있는 여러 형태 가운데 하나를 택할 때나 근사의 세부 방식을 정할 때, 화학자들은 이미 확보된 경험적 자료의 관점에서 가장 그럴 듯한 것을 택한다. 또 그러한 시도 끝에 얻은 화학 실험의 결과는 다시 이론 쪽에 투입되어 처음에 놓았던 이론적 가정을 수정하는 데 쓰인다. 화학자들은 이 과정을 반복하면서 출발점에 놓을 이론을 수정해간다. 이는 환원하는 이론이 환원될 대상인 화학의 방식으로 산출된 자료에 의지할 수밖에 없음을 뜻하고, 이로써 ㉠ 양자화학에서 의도된 환원은 성립하지 않는다는 사실이 다시 한 번 드러난다.

그러나 분광 스펙트럼과 원자 이론의 관계에서와 마찬가지로 이 경우에도 현재의 환원 가능성만이 의미 있는 것은 아니다. 오히려 불완전한 환원을 완성하려고 애쓰는 과정에서 환원의 토대가 되는 이론과 그것으로부터 설명을 제공받는 이론이 모두 발전의 계기를 얻는다. 분야 간의 환원 가능성을 둘러싼 토론은 현재 상태에서 환원이 성공하는가의 여부가 아니라 두 분야의 발전 방향을 지시한다는 역동성의 관점에서 중요하다.

사실 확인

07. '양자화학'에 대한 윗글의 서술과 부합하지 <u>않는</u> 것은?

① '보정된 방법'에서도 양자역학의 이론적 도구가 활용된다.

② '순이론적 방법'은 '보정된 방법'보다 적용 가능한 범위가 좁다.

③ 양자화학의 방법론은 물리학과 화학의 비대칭적 의존 관계를 보여 준다.

④ 화학 실험의 정밀한 결과 없이는 이론적 예측의 정확도도 높이기 어렵다.

⑤ 슈뢰딩거 방정식을 써서 계의 퍼텐셜 에너지를 파악하려면 파동함수를 알아야 한다.

논리 퀴즈

08. ㉠의 주장을 약화시키는 진술만을 <보기>에서 있는 대로 고른 것은?

─〈보 기〉─

ㄱ. 이론으로 실험 결과를 설명했다고 하려면 이론이 실험 결과를 반영하여 조정된 것이어서는 안 된다.

ㄴ. 슈뢰딩거 방정식의 해의 근삿값은 그것의 참값에 못지않은 정확한 설명과 예측을 가능케 한다.

ㄷ. 동일한 외부 자기장의 영향이 있을 경우, 둘 이상의 원자로 이루어진 분자보다 수소 원자에서 해의 근삿값 구하기가 더 쉽다.

① ㄱ   ② ㄴ   ③ ㄷ

④ ㄱ, ㄴ   ⑤ ㄴ, ㄷ

09. 윗글에 나타난 '양자화학에서 물리학과 화학의 관계'에 대응시켜 DNA 연구에서 화학과 생물학의 관계를 파악할 때 가장 적절한 것은?

① 현재로서는 유기체의 생활상 같은 거시적 차원을 화학적 탐구 대상인 DNA의 수준으로 환원시켜 설명할 수 없는 것이 사실이지만, 환경 역시 분자로 구성된 체계일 뿐이므로 생물학은 결국 DNA 연구를 통해 화학으로 환원될 것이다.

② DNA 연구는 생명 현상 전부를 설명하지는 못하지만 광범위한 현상에 대해 DNA 기반의 일관성 있는 설명을 가능케 하는 한편, DNA 수준의 복잡한 분자 구조를 분석하는 화학적 기법의 발달을 촉진하고 있다.

③ 이제는 유전학에서 발달생물학에 이르기까지 생명과학의 전 영역이 DNA의 분자적 구조라는 기반 위에서 설명 가능하게 되었다. 생물학의 탐구에서 화학적 방법론은 필수 불가결의 요소라고 보아야 한다.

④ 유기체의 생활상은 다양한 환경적 요인에 의해 좌우되기 때문에 DNA 구조를 화학적으로 아무리 면밀히 분석해도 충분히 설명할 수가 없다. 화학적 탐구로는 생명 현상을 포괄적으로 설명할 수 없다.

⑤ DNA 연구는 불완전하게나마 생명 현상을 화학적인 수준에서 일관성 있게 설명할 수 있는 틀을 만들어 냈으며, 장차 학문 융합을 통해 생물학과 화학을 대체할 수 있는 새 분야를 탄생시킬 것이다.

가이드에 따라 지문과 문제를 분석하고 정답을 확인해 봅시다.

STEP 1 가설이 제기되기 이전까지 누적되었던 배경 논의를 이해한다.

[첫 번째 문단] 화학이 설명하지 못하였던 분광 스펙트럼에 대해 물리학이 설명을 제공하게 되었다.

화학과 물리학은 어떤 관계에 있고, 양자의 관계는 두 학문의 발전에 어떤 영향을 미치나? 두 학문은 오랫동안 따로따로 발달했지만 100년 전쯤부터 급속히 서로 가까워졌다. 첫 접촉 지점은 분광 스펙트럼이었다. 스펙트럼 분석법은 1870년대부터 화학자들에게 유용한 도구였다. 미량의 시료만 있어도 분광 스펙트럼에 나타나는 색 띠들의 패턴이 거기 어떤 물질들이 포함되어 있는지 어김없이 알려주었기 때문이다. 그러나 왜 그런 색 띠들이 나타나고 그 패턴이 원소마다 고유한지 화학자들은 설명하지 못했다. 그런데 원자의 구조와 씨름하던 물리학자들이 이 선들이 원자 안의 전자들이 방출하는 전자기파에 의한 것임을 알아냈고, 원소마다 고유한 전자 배치가 스펙트럼의 고유한 패턴의 근거라는 설명을 제공해 주었다. 1913년 물리학자 보어는 원자 이론을 토대로 수소 원자의 스펙트럼을 거의 정확히 설명해 냈다. 그의 이론은 수소 이외에 다른 원소의 스펙트럼에 대해서는 눈감아 줄 수 없는 오차를 낳았지만, 그런 이유로 인해 폐기된 것이 아니라 오히려 더 많은 원소들의 스펙트럼을 설명할 수 있는 세련된 이론의 형성을 촉발하여 현대 물리학의 중심 이론인 양자역학의 발달에 초석이 되었다.

STEP 2 가설을 확인한다.

[두 번째 문단] 화학이 물리학으로 환원 가능한가에 대한 의문이 제기되었다. (가설 제기)

이처럼 한 분야가 필요로 하는 이론이나 방법론을 다른 분야가 제공할 때 두 분야 간에는 일종의 비대칭적 의존 관계가 형성되는데, 화학과 물리학 사이에는 광범위하게 이런 의존의 관계가 있는 것처럼 보인다. 이 때문에 적지 않은 이들이 화학은 물리학으로 환원 가능하다고 주장한다. 전자의 설명력을 후자로 흡수 통합시킬 수 있다는 얘기다. 이런 주장이 정당화되려면 화학적 문제가 요구하는 설명과 예측을 물리학이 빠짐없이 제공할 수 있어야 할 것이다.

⟨가설 제기: 화학은 물리학으로 환원가능한가?(= 화학은 물리학의 일부분으로 완전히 포섭되는가?)⟩

ⅰ) 화학적 문제가 요구하는 설명과 예측을 물리학이 전부 제공한다면, 화학은 물리학으로 환원된다.

   (= 화학은 더 이상 독립된 학문 분과가 아닌 물리학의 일부분이 된다.)

ⅱ) 화학적 문제가 요구하는 설명과 예측 중에 물리학이 제공하지 못하는 영역이 있다면, 화학은 물리학으로 환원되지 않는다.

   (= 화학은 여전히 물리학과 별개로 존립하는 독립된 학문 분과로 남는다.)

[세 번째 문단] 화학적 현상을 물리학으로 환원하는 구체적인 방법론의 제시

최근 화학에는 양자화학이라는 분야가 발달해 화학적 현상을 현대 물리학의 핵심 이론인 양자역학의 기반으로 환원시켜 다루는 프로그램을 실행하고 있다. 양자화학은 양자역학의 도구인 슈뢰딩거 방정식을 써서 분자 내 전자들의 정밀한 배치 구조를 계산한다. 양자화학에서 '순이론적 방법'은 주어진 계(system)에 대한 슈뢰딩거 방정식을 세우고 그 해를 구한 뒤에 그것을 화학적 문제에 적용하려 한다. 예컨대 수소 원자의 경우 슈뢰딩거 방정식 $\hat{H}\Psi = E\Psi$는 다음과 같은 형태를 띤다.

$$\left(-\frac{\hbar^2}{2m}\nabla^2 - \frac{Ze^2}{r} \right)\Psi = E\Psi$$

다른 경우에도 그 계의 퍼텐셜 에너지를 고려하여 슈뢰딩거 방정식을 세우고 그 방정식을 풀어 파동함수 Ψ를 구하면 그것을 가지고 과학자는 계의 상태에 대한 여러 가지 계산을 해낼 수 있다.

• 슈뢰딩거 방정식을 통해 해를 구하면 분자 내 전자들의 정밀한 배치 구조를 계산할 수 있습니다.
  → 숨겨진 결론: 모든 화학 분자들에 대해 슈뢰딩거 방정식을 적용할 수 있다면, 화학은 전부 물리학으로 환원 가능하다.

STEP 3 가설이 설명할 수 있는 영역을 확인한다.

[네 번째 문단] 화학은 완전히 물리학으로 환원되지 않는다. (가설의 설명 영역의 한계)

그러나 슈뢰딩거 방정식을 풀어 해를 구할 수 있는 것은 기껏해야 원자핵과 전자 한 개로 구성된 수소 원자의 경우뿐이다. 헬륨 원자나 수소 분자까지 포함해서 화학자들이 관심을 갖는 사실상 모든 경우에 슈뢰딩거 방정식의 정확한 해는 구할 수 없다. 이런 경우 해의 근사적 형태를 구하지만, 아주 비슷한 것이라도 '진짜 그것'은 아니다. 환원의 장애물은 이뿐만이 아니다. 수소 원자의 경우라도 외부 자기장의 영향이 있으면 정확한 해를 구할 수 없다. 이 때문에 양자화학에서는 근사와 보정의 기법을 적극 활용하는 '보정된 방법'이 많이 쓰인다. 이러한 근사의 기법은 양자역학의 수학적 기법의 발달에도 영향을 미쳤다. '보정된 방법'에서는 실험에서 옳다고 판명된 해를 문제 상황의 이론적 접근에 활용한다. 파동함수 Ψ가 취할 수 있는 여러 형태 가운데 하나를 택할 때나 근사의 세부 방식을 정할 때, 화학자들은 이미 확보된 경험적 자료의 관점에서 가장 그럴 듯한 것을 택한다. 또 그러한 시도 끝에 얻은 화학 실험의 결과는 다시 이론 쪽에 투입되어 처음에 놓았던 이론적 가정을 수정하는 데 쓰인다. 화학자들은 이 과정을 반복하면서 출발점에 놓을 이론을 수정해간다. 이는 환원하는 이론이 환원될 대상인 화학의 방식으로 산출된 자료에 의지할 수밖에 없음을 뜻하고, 이로써 ㉠양자화학에서 의도된 환원은 성립하지 않는다는 사실이 다시 한 번 드러난다.

i) 슈뢰딩거 방정식으로 해를 구할 수 있는 것은 수소 원자뿐이며, 수소 원자의 경우에도 외부 자기장의 영향이 있으면 정확한 해를 구할 수 없다.
ii) 화학의 방식으로 산출된 자료가 물리학의 양자역학의 수학적 기법을 정교화 했다.
  → 결론: 화학은 물리학으로 완전히 환원되지 않는다.

[다섯 번째 문단] 비록 불완전한 환원이지만 이를 탐구하는 과정에서 두 학문이 모두 진보하였다.

> 그러나 분광 스펙트럼과 원자 이론의 관계에서와 마찬가지로 이 경우에도 현재의 환원 가능성만이 의미 있는 것은 아니다. 오히려 불완전한 환원을 완성하려고 애쓰는 과정에서 환원의 토대가 되는 이론과 그것으로부터 설명을 제공받는 이론이 모두 발전의 계기를 얻는다. 분야 간의 환원 가능성을 둘러싼 토론은 현재 상태에서 환원이 성공하는가의 여부가 아니라 두 분야의 발전 방향을 지시한다는 역동성의 관점에서 중요하다.

07번 문제를 풀이하면 다음과 같습니다.

① '보정된 방법'이란 화학적 실험을 통하여 파동함수 Ψ의 값을 보정한 뒤, 그 보정한 파동함수의 값을 통하여 이론적으로 도출된 슈뢰딩거 방정식을 수정해가는 과정이다. 따라서 '보정된 방법'에서도 이론적으로 슈뢰딩거 방정식이 도출되는 과정이 선행되어야 하므로 '보정된 방법'에서도 양자역학의 이론적 도구가 활용된다는 서술은 타당하다.

② '순이론적 방법'은 수소 원자가 외부 자기장의 영향을 받지 않을 때에 한하여 온전히 성립할 수 있다. 반면에 '보정된 방법'은 다양한 화학 물질에 대하여 전부 적용이 가능하므로 '순이론적 방법'이 '보정된 방법'보다 적용 가능한 범위가 좁다는 설명은 타당하다.

③ 양자화학의 방법론은 물질의 화학적 구성 성분을 슈뢰딩거 방정식을 풀어 계의 상태를 계산한다는 물리학의 방법론을 통해 알아낼 수 있다는 것을 의미한다. 즉, 화학의 문제를 물리학의 방법으로 해결한다는 것으로 이는 화학은 물리학에 의존하지만, 물리학은 화학에 의존하지 않는 학적 관계를 의미하므로 양자화학의 방법론은 물리학과 화학의 비대칭적 의존 관계를 보여주는 것이다. 세 번째 문단에서 제시되었듯이 양자화학의 개념은 '화학적 현상을 현대 물리학의 핵심 이론인 양자역학의 기반으로 환원시켜 다루는 프로그램'이므로 '순이론적 방법'만을 포괄하는 것이다. 따라서 양자화학의 개념에 '보정된 방법'이 포함된다고 착각하여 물리학이 화학에 의존하는 경우도 있어 ③이 타당하지 않다고 오해하기 쉬우므로 주의해야 한다.
   → **매력적 오답**

④ '보정된 방법'에 따르면 화학 실험에서 구해진 결과값이 슈뢰딩거 방정식이 정밀해지도록 보정하므로 화학 실험의 정밀한 결과 없이는 이론적 예측의 정확도도 높이기 어렵다.

⑤ 세 번째 문단에서 '계의 퍼텐셜 에너지를 고려하여 슈뢰딩거 방정식을 세우고 그 방정식을 풀어 파동함수 Ψ를 구한다.'라고 서술되었으므로 '퍼텐셜 에너지'는 내재적 변수가 아니라 외재적 변수에 해당한다. 즉, 퍼텐셜 에너지를 입력하여 파동함수 Ψ를 산출하는 것인데 ⑤는 파동함수를 입력하여 퍼텐셜 에너지를 산출한다고 했으므로 타당하지 않다.

[정답] ⑤

08번 문제를 풀이하면 다음과 같습니다.

㉠은 '화학은 물리학으로 환원되지 않는다.'는 입장에 해당한다. 따라서 ㉠의 주장을 약화시키는 진술은 '화학은 물리학으로 환원된다.'는 입장이어야 하고, 이는 양자화학에서 '순이론적 방법'이 성립한다는 주장을 강화하는 입장이어야 한다.

ㄱ. 화학이 물리학으로 환원된다고 말하려면 화학과 물리학의 관계가 비대칭적이어야 한다. 즉, 물리학이 화학에 의해서 설명에 도움을 받으면 안 된다. 그러나 지문의 내용에 따르면 화학적 실험의 결과를 통해 물리학의 이론에서 도출된 슈뢰딩거 방정식이 보정을 받으므로 물리학의 설명 또한 화학에 의해 도움을 받는다. ㄱ에 따르면 이론이 실험 결과를 반영하여 조정된 것이라면 이론으로 실험 결과를 설명했다고 말할 수 없으므로 이는 ㉠의 입장을 강화하는 명제에 해당한다.

ㄴ. 슈뢰딩거 방정식의 이론적 방법으로 도출된 해가 정확한 값이 아니라 근삿값에 해당되기 때문에 화학적 실험을 통해 보정을 받는 것이다. 만약 슈뢰딩거 방정식의 근삿값이 참값 못지 않게 정확하면 정확할수록 화학적 실험을 통해 보정을 받을 여지가 감소하고, 이는 '보정된 방법'이 적용되는 영역이 감소한다는 것을 의미하며, 화학이 물리학으로 환원되는 여지가 증가한다는 것을 의미한다. 따라서 ㄴ의 서술은 ㉠의 입장을 약화시킨다.

ㄷ. 슈뢰딩거 방정식의 이론적 도출에만 의존한 '순이론적 방법'의 한계는 수소 원자에 한해서만 설명력을 갖는다는 것이다. 따라서 수소 원자 이외에 다른 화학 분자에도 설명력을 갖는다는 명제가 제시된다면 ㉠의 입장은 약화될 것이다. 그러나 ㄷ의 서술은 여전히 수소 원자에서 해의 근삿값이 다른 화학 분자에 비해 더 구하기가 쉽다는 내용이므로 ㉠의 입장을 약화시키지 못한다.

[정답] ②

09번 문제를 풀이하면 다음과 같습니다.

양자화학에서 물리학과 화학의 관계는 다음과 같이 정리될 수 있다.
ⅰ) 화학은 물리학으로 일정 부분 환원되지만 완전히 환원되지는 않는다.
ⅱ) 화학도 물리학의 이론을 정교화 하는 데 도움을 제공한다.

따라서 '물리학'을 '화학'으로, '화학'을 '생물학'으로 치환하면 다음과 같은 서술이 성립해야 한다.
ⅰ) 생물학은 화학으로 일정 부분 환원되지만 완전히 환원되지는 않는다.
ⅱ) 생물학도 화학의 이론을 정교화 하는 데 도움을 제공한다.

②의 서술에서 DNA 연구는 생명 현상을 전부 설명하지는 못하지만 일정 부분 설명한다고 제시되었고(ⅰ), 또한 DNA 연구가 화학적 기법의 발달을 촉진한다고 제시되었으므로(ⅱ), ⅰ)과 ⅱ)의 조건을 모두 충족시키는 정답에 해당한다. → **절대적 정답**

①, ③ 생물학이 완전히 화학으로 환원된다는 입장에 해당한다.
④, ⑤ ⅰ)은 제시되었으나 ⅱ)가 제시되지 않았다.

[정답] ②

[01~02] 다음 글을 읽고 물음에 답하시오.

13 LEET 문28~29

　사람들은 새로운 사물을 보고 그것이 무엇인지 어떻게 파악하는가? 이는 그 사물이 어떤 범주에 속하는지 찾아내는 범주 판단에 관한 질문이다. 범주 판단 과정을 설명하는 이론으로 유사성 기반 접근과 설명 기반 접근이 제안되었다.

　유사성 기반 접근은 새로운 대상의 범주 판단이 기억에 저장된 심적 표상과 그 대상과의 지각적 유사성에 근거한다고 가정한다. 유사성 기반 접근은 범주 판단에 사용되는 심적 표상을 기준으로 원형 모형과 본보기 모형으로 다시 구분된다. 원형 모형에서는 해당 범주에 속하는 사례들이 갖는 속성들의 평균으로 구성된 추상적 집합체인 단일한 원형이 사용되며, 본보기 모형에서는 구체적 사례가 그대로 기억된 심적 표상인 본보기들이 사용된다. 범주 판단에서 전형적인 사례가 비전형적인 사례보다 빨리 판단되는 전형성 효과는 원형 모형과 잘 부합한다. 반면에 전형성이 맥락에 따라 달라지는 현상은 많은 수의 본보기를 사용하는 본보기 모형이 더 잘 설명한다. 하지만 유사성 기반 접근은 여러 지각적 속성 중 어떤 속성을 범주 판단에 사용할지의 기준을 제시하지 못하는 한계가 있다. 한편 설명 기반 접근은 사람들이 범주에 관한 암묵적 이론이나 규칙 또는 인과적 관계를 바탕으로 사례들을 어떤 설명적 구조에 연결시킨다고 본다. 설명 기반 접근은 범주 판단이 단순히 기억 속의 표상과 사례를 비교하는 데 그치는 것이 아니라 사례들을 하나의 범주로 묶을 수 있는 기저 본질을 기준으로 삼아 이루어진다고 주장한다.

　유사성 기반 접근이 옳다면 특정 범주와 사례 간의 지각적 유사성을 비교하는 유사성 판단과 이를 바탕으로 한 범주 판단이 일치해야 하지만, 설명 기반 접근이 옳다면 유사성 판단과 범주 판단이 일치해야 할 이유는 없다. 물론 현실적으로는 대개 기저 본질에 따라 지각적 속성들이 결정되기 때문에 유사성 판단과 범주 판단이 같은 과정인 것처럼 보이는 경우가 많다.

　설명 기반 접근을 지지했던 립스는 유사성 판단과 범주 판단이 같은 과정이 아니라는 가설을 입증하려고 가상 동물의 변형에 대한 글을 소재로 한 실험을 했다. 이 실험에서 피험자들은 가상 동물이 외형의 변형을 겪는 내용의 글을 읽은 뒤 그 동물이 어떤 범주와 얼마나 유사한지(유사성 판단) 또 어떤 범주에 속하는지(범주 판단)를 판단하도록 요구받았다.

　실험에 쓰인 글은 두 부분으로 만들어졌는데, 첫째 부분은 피험자들이 묘사된 가상 동물을 새의 범주에 속한다고 쉽게 판단할 수 있도록 만들어졌고, 둘째 부분은 가상 동물이 특정한 이유 때문에 외형적으로 곤충과 유사하게 되었다는 내용으로 만들어졌다. 특히 둘째 부분을 만들 때에는 가상 동물의 외형 변화가 일어나는 것을 우연한 환경적 조건 때문인 경우와 올챙이에서 개구리로 변하는 것처럼 자연적인 성숙에 따른 경우로 구분하여 두 종류의 글을 만들었다. 이에 따라 전자의 경우를 제시한 〈글 A〉는 "솔프라는 동물은 두 다리와 깃털이 있는 날개가 있었다. …… 그러나 솔프는 화학 폐기물에 노출되어 여섯 개의 다리와 투명한 막 형태로 된 날개를 갖게 되었지만 이후 원래의 솔프와 같은 형태의 새끼를 낳았다."라는 식으로 서술되었고, 후자의 경우를 제시한 〈글 B〉는 "둔은 어릴 때 솔프라고 불리는데 솔프는 두 다리와 깃털이 있는 날개가 있었다. …… 몇 달 지나 솔프는 둔이 되었는데 둔은 여섯 개의 다리와 투명한 막 형태로 된 날개를 갖게 되었다."라는 식으로 서술되었다.

　여기에 립스는 또 하나의 조건을 추가하였다. 피험자들을 각각의 글에서 첫째 부분만 읽는 통제 집단과 두 부분을 모두 읽는 실험 집단으로 나눈 것이다. 결과적으로 네 개의 집단으로 나뉜 피험자들은 글을 읽은 후 "솔프는 새와 곤충 중 어느 것과 유사한가?"와 "솔프는 새와 곤충 중 어디에 포함되는가?"라는 질문에 새 10점, 곤충 1점으로 하는 척도에서 한 지점을 택하는 방식으로 답하였다.

그 결과, 〈글 A〉를 읽은 통제 집단과 〈글 B〉를 읽은 통제 집단은 모두 유사성 판단과 범주 판단에서 각각 평균 9.5점을 부여했다. 그리고 〈글 A〉를 읽은 실험 집단은 유사성 판단에서 평균 3.8점, 범주 판단에서 평균 6.5점을 부여했다. 그러나 〈글 B〉를 읽은 실험 집단은 유사성 판단에서 평균 7.6점, 범주 판단에서 평균 5.2점을 부여했다. 이러한 실험 결과는 범주 판단은 외형의 변화보다 기저 본질의 변화에 더 큰 영향을 받지만 유사성 판단은 기저 본질의 변화보다 외형의 변화에 더 큰 영향을 받는다는 것을 알려 준다.

01. 윗글의 주요 개념을 이해한 것으로 적절하지 않은 것은?

① 환자를 진단할 때 숙련된 의사는 과거의 유사한 구체적 사례를 활용하여 진단한다. 이는 본보기 모형을 지지하는 예이다.

② 어린이는 얼굴을 가리고 검은 옷을 입은 사람을 겉모습만 보고 도둑으로 판단한다. 이는 유사성 기반 접근을 지지하는 예이다.

③ 사람이 취미로 키울 수 있다는 속성을 기준으로 햄스터와 이구아나는 애완동물이라는 범주에 포함된다. 이는 원형 모형을 지지하는 예이다.

④ 일반적으로 아침 식사라고 하면 밥이 전형적인 사례이지만 설날에는 떡국이 더 전형적인 사례이다. 이는 범주의 전형성이 맥락에 따라 바뀔 수 있음을 보여 주는 예이다.

⑤ 오리의 털이 붉게 변한 경우보다 발에서 물갈퀴 모양이 없어진 경우에 오리로 판단하기가 더 어려운데 이는 발 모양이 헤엄치기라는 기저 본질과 연결되기 때문이다. 이는 설명 기반 접근을 지지하는 예이다.

02. 립스의 실험에 대한 서술로 적절하지 않은 것은?

① 일상적 범주 판단이 지각적 유사성에만 기초하는 것인지 알아보려고 설계되었다.

② 통제 집단은 가상 동물이 새와 유사하며 새의 구성원인 것으로 판단하도록 설계되었다.

③ 가상 동물의 외형이 환경 조건에 의해 변한 경우는 기저 본질이 변한 것으로 판단하게 하기 위해 설계되었다.

④ 〈글 B〉를 읽은 통제 집단과 실험 집단에서 유사성 판단의 결과가 다르다는 것은 기저 본질에 대한 지식이 유사성 판단에 영향을 주었다고 해석될 수 있다.

⑤ 실험 집단에서 유사성 판단과 범주 판단의 결과에 차이가 있다는 것은 실험자가 세운 가설을 지지하는 것으로 해석될 수 있다.

　나이의 정치적 효과를 분석하는 데 있어 가장 중요한 쟁점은 생애주기 효과(A), 기간 효과(P), 코호트 효과(C)를 구분하는 것이다. APC 효과의 관점에서 보면, 개인이 특정 시점에 갖는 정치 성향은 그가 속한 코호트, 조사 시점의 정치 사회 환경, 그리고 나이가 들며 변화해 가는 생애주기 효과에 의해 종합적으로 구성된다.

　우선 생애주기 효과는 "나이가 들수록 보수화된다."는 가설에 기반한다. 생애주기 효과가 말하는 보수화에는 비단 정치적 보수화뿐만 아니라 인지적 경직성과 권위주의적 성향의 증가도 포함된다. 트루엣은 약 30,000명의 버지니아 주민들을 대상으로 생애주기별 보수주의 점수를 측정하면서 50세 이후에는 보수화 성향이 지속되는 것을 확인하였다. 그에 따르면 성별, 거주지별, 교육 수준별로 약간의 차이는 있지만 20~30대에는 낮은 보수주의 점수가 안정적으로 이어지는 반면, 30~40대를 거치면서 이 점수가 급격히 높아지며, 50세 이후부터 생애주기의 끝까지 높은 보수주의 점수가 유지된다.

　다음으로 기간 효과는 특정 조사 시점의 영향을 받아 나타나는 차이를 의미한다. 즉, 특정 시점에 발생한 역사적 사건이나 급격한 사회변동이 전 연령 집단의 사고방식이나 인식에 포괄적, 보편적 영향을 미치는 효과이다. 특정 시기의 사회화 과정이나 일부 세대에서 나타나는 효과가 아니라, 1987년 민주화나 1997년 IMF 구제금융 사례처럼 전 세대가 공유하는 경험에 따른 태도 변화를 지칭한다.

　그리고 코호트 효과는 정치사회화가 주로 이루어지는 청년기에 유권자들이 특정한 역사적 경험을 공유하면서 유사한 정치적 성향을 형성하고 그 독특성이 해당 연령 집단을 중심으로 이후에도 유지되는 현상을 의미한다. 이렇게 형성된 정치 세대, 즉 코호트란 유사한 정치적 태도를 보이고 이념 성향을 공유하는 연령 집단을 의미한다. 정치사회화 과정에서 형성된 정치적 세대 의식은 나이가 들면서 완고성이 증가하여 큰 변화 없이 지속되게 된다. 이는 중장년기보다 성년 초기 시점이 사회 변화나 역사적 사건들로부터 영향을 받기 더 쉽다는 사실을 전제로 한다. 예컨대, 영국에서 2차 세계대전 이후 노동당 지지 성향이 강한 진보적 코호트가 등장하였다면 1980년대에는 대처 총리 집권기의 영향을 받아 보수적 코호트가 형성되었다는 연구들이 존재한다. 한편 국내 선행 연구에 따르면, 한국전쟁 직후 등장한 소위 전후 세대는 여타 코호트 집단에 비해 권위주의적 성향과 보수적 정치 성향이 더 강하다고 알려져 있으며, 한국 민주화 운동의 대명사라 할 수 있는 86세대나 탈권위를 유행시켰던 X세대의 경우 나이가 들어서도 보수화되는 경향이 상대적으로 완만한 것으로 나타났다.

　이 세 효과는 개념적으로는 쉽게 구분되지만, 경험적으로는 이들을 구별하기 어렵다. 세 개념 자체가 밀접하게 연관되어 있고, 독립적으로 개별 효과를 측정할 지표 역시 충분히 갖고 있지 않기 때문이다. 이러한 근본적 제약 속에서 나이 관련 변수들이 만들어내는 합성 효과를 구별하는 것이 지금까지 사회과학적 세대 연구의 핵심 과제였고 이를 해결하기 위한 다양한 연구 방법들이 고안되었다. APC의 합성 효과를 구분해 개별 효과를 비교하기 위해서는 동일 코호트의 시간 흐름에 따른 태도 차이를 측정하는 종단면 디자인, 동일 시점에서 정치 세대 간의 태도 차이를 측정하는 횡단면 디자인, 다른 시점의 동일 연령대 집단의 태도 차이를 측정하는 시차 연구 디자인의 조합이 필요하다.

　일반적으로 연령 집단은 조사 당시 나이, 기간 효과는 조사 연도, 코호트는 출생 연도와 같은 변수들로 측정된다. 그러나 연구의 난관은 우리가 혼재된 나이 효과를 구별하는 데 있어 식별 문제에 직면하게 된다는 것이다. 즉, 셋 중 두 정보로부터 다른 항의 값이 자동 도출되므로, 3개의 미지수(효괏값)와 3개의 정보(변수)가 있는 듯 보이지만, 실제로는 정보 하나가 부족한 셈이 된다. 위의 연구 디자인을 적용하여 APC 효과를 통제된 하나의 개별 효과와 나머지 두 개가 이루는 합성 효과로 나누어 파악할 수는 있지만, 3개의 개별 효괏값으로 명확하게 구분해 내기 어렵다. 이러한 한계가 나이와 정치 성향의 관계에 대한 경험적 연구를 오랜 기간 가로막아 왔다. 기술적으로 완전한 극복 방안은 없으며, 불완전하나마 여러 가지 수단을 통해 이 관계를 엿볼 수 있었을 뿐이다. 대부분 추정 모형에 일정한 제약을 가해서 문제를 피해 갔다. 부가정보를 이용해 세 효과 중 하나를 제외하거나, 아니면 한 효과가 고정되도록 설정하여 개입을 통제하는 방식으로 이 문제에서 벗어날 수 있다. 그 밖에도 세 변수 중 하나를 다른 대리변수로 대체하는 방법도 있다. 하지만 이러한 방법 모두 임기응변일 뿐이고, 매우 특수한 조건에서만 활용 가능해 주의가 필요하다.

03. 윗글의 내용과 일치하지 <u>않는</u> 것은?

① 조사 시기와 조사 당시 연령을 알면 코호트 집단을 특정할 수 있다.

② 트루엣의 연구에 따르면 생애주기 효과는 개인의 사회경제적 배경과는 무관하다.

③ 식별 문제의 해결을 위한 방편으로 추정 모형에 제약 조건을 적용하기도 한다.

④ 문제 해결을 위해 세 변수 중 하나를 다른 대리변수로 대체하는 방법을 사용하기도 한다.

⑤ 나이와 정치 성향과의 관계 연구에서 APC의 개별 효과를 각각 구분해 내는 방법은 아직 없다.

04. 윗글을 바탕으로 추론한 것으로 적절한 것만을 <보기>에서 있는 대로 고른 것은?

─〈보 기〉─

ㄱ. 한국 유권자들을 대상으로 2022년 7월 24일에 정치의식 조사를 실시한다면, X세대의 권위주의 성향 점수가 한국 전후 세대보다 평균적으로 낮게 나올 것이다.

ㄴ. 1980년대에 50대였던 영국 전후 세대와 비교해 2010년대에 같은 50대가 된 대처 세대가 평균적으로 더 진보적 정치 성향을 드러내는 조사 결과가 존재한다면, 기간 효과가 주요하게 작용했다고 판단해 볼 수 있다.

ㄷ. 영국의 대처 세대가 30대 때였던 1990년도 조사에서보다 50대가 되어서인 2010년 조사에서 이념적으로 덜 보수적이라는 결과가 나왔다면, 2010년 조사 당시 영국의 다른 정치 코호트들 또한 진보적 분위기의 시대적 영향을 받았을 수 있다.

① ㄱ   ② ㄷ   ③ ㄱ, ㄴ

④ ㄴ, ㄷ   ⑤ ㄱ, ㄴ, ㄷ

05. 윗글을 바탕으로 <보기>의 내용을 이해한 것으로 가장 적절한 것은?

─〈보 기〉─

아래 그림은 나이의 정치적 효과를 측정하기 위한 연구 디자인을 도식화한 것이다. 조사는 t1, t2의 시점에 이루어졌다. A(t1)와 B(t1)는 각각 t1 기준 청년 코호트와 중년 코호트를 나타내며, 시간이 경과한 t2에는 각각 중년기와 노년기에 이르게 된다.

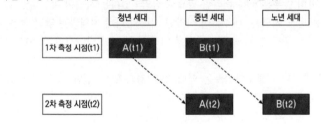

① A(t1)와 A(t2)의 차이는 코호트를 고정한 채 도출해 낸, 기간 효과와 코호트 효과의 합성 효과이다.

② A(t1)와 B(t1)의 차이는 동일 시간대의 다른 코호트 간 차이를 측정하는 종단면적 연구 디자인을 적용하여 알 수 있다.

③ A(t2)와 B(t2)의 차이는 조사 시점을 고정하여 얻은 코호트 간 차이로서 생애주기 효과의 개입이 통제되고 있다.

④ B(t1)와 A(t2)의 차이는 다른 시점의 동일 연령대 집단의 태도 차이를 비교하는 시차 연구 디자인을 적용하여 알 수 있지만, 기간 효과와 코호트 효과를 구분하기 어렵다.

⑤ B(t1)와 B(t2)의 차이는 동일 연령대 집단의 태도 차이를 측정하는 시차 연구 디자인을 적용하여 알 수 있다.

　판 구조 이론이 도입된 이후 국내외 지질학자들은 한반도가 어디에서 이동해 왔는지, 그리고 한반도가 원래부터 한 조각이었는지 아니었는지에 대한 의문을 제기하여 왔다. 1980년대에 이르러 중국 남부와 북부가 서로 다른 판이었으며 이들이 서로 충돌하여 하나가 되었다는 사실이 확인되었다. 그러자 남중국 판과 북중국 판 간의 충돌대인 다비-수루 벨트가 한반도까지 연결되어 있을 가능성이 제기되었다. 한반도 형성 과정에 대한 이러한 궁금증을 해결하는 데에는 수년 전 충청남도 홍성 지역에서 발견된 에클로자이트라는 암석이 큰 역할을 하고 있다.

　대륙의 충돌 과정에서 만들어지는 특수한 변성암인 에클로자이트의 지질학적 의미는 히말라야 조산대의 형성 과정을 통하여 이해할 수 있다. 히말라야 조산대는 5천만 년 전부터 시작된 아시아 대륙(아시아 판)과 인도 대륙(인도 판)의 충돌에 의해 형성된 대륙 충돌대이다. 두 대륙의 충돌 이전에 그 사이에 존재했던 넓은 해양 밑의 해양 지각이 아시아 대륙 밑으로 밀려 들어가는 섭입(攝入)이 일어났다. 이때 섭입된 해양 지각 내의 현무암질 화성암이 지하 깊은 곳에 도달했을 때 높은 압력에 의해 에클로자이트로 변성되었다. 해양 지각의 섭입이 계속 진행됨에 따라 두 대륙 사이의 해양은 점점 좁아져 마침내 두 대륙이 충돌하였다. 이때 발생한 강력한 압축력에 의해 아시아 대륙의 충돌 부분이 습곡이 되어 히말라야 산맥이 만들어지기 시작하였으며 해양 지각 일부가 산 위로 밀려 올라갔다. 또한 인도 대륙의 앞부분이 아시아 대륙 밑으로 밀려 들어가면서 히말라야 산맥을 더 높이 밀어 올렸다. 그 이후 두 대륙 충돌 전에 이미 섭입된 인도 대륙에 연결된 해양 지각이 추처럼 작용하면서 인도 대륙을 지하 깊은 곳으로 끌고 들어갔다. 그 결과 대륙 지각 내에 있던 현무암질 화성암도 높은 압력을 받아 에클로자이트로 변성되었다.

　히말라야 충돌대 형성 시 지하로 끌려 들어가던 인도 대륙 지각이 지하 120km 지점의 맨틀 깊이에 도달했을 때 주변의 맨틀보다 밀도가 낮은 대륙 지각은 부력이 커져서 위로 올라가려는 힘을 갖게 되었다. 그렇지만 해양 지각은 섭입 시 형성된 고밀도 광물에 의해 밀도가 높아져 계속 가라앉으려고 했으므로 결국 대륙 지각은 해양 지각과 끊어져 지표로 빠르게 상승하여 노출되었다. 이때 일부 맨틀도 대륙 지각에 붙어 함께 상승하여 지표에 노출되었다. 그리하여 히말라야 충돌대에는 해양 지각, 에클로자이트, 맨틀 물질들이 분포하게 되었다. 이런 방식으로 에클로자이트가 모든 대륙 충돌대에서 나타난다.

　남중국 판과 북중국 판 사이의 다비-수루 벨트에서도 2억 2천만~2억 3천만 년 전(트라이아스기 중기)에 형성된 에클로자이트가 발견되었다. 이는 남중국 판과 북중국 판이 충돌하였고 충돌 이전에 두 대륙 사이에 해양이 있었음을 의미한다. 지질학적 증거에 따르면 이 두 대륙은 4~5억 년 전 곤드와나 초대륙의 일부로서 적도 근처에 위치해 있었는데 곤드와나로부터 각각 분리되어 서로 다른 속도로 북쪽으로 이동하다가 현 위치에서 충돌하였다. 그리고 충돌 시 남중국 판의 앞부분이 북중국 판 밑으로 섭입되었다는 사실이 확인되었다. 충돌대의 동쪽 부분인 산둥 반도 지역은, 대부분이 산악인 서쪽의 다비 지역과는 달리 높은 산맥이 나타나지 않는데, 이는 충돌 후 발생한 인장력에 의해 높은 산이 낮아졌기 때문인 것으로 추정된다.

　홍성 지역에서 발견된 에클로자이트는 연대 측정 결과 2억 3천만 년 전에 형성된 것임이 밝혀졌다. 이는 다비-수루 벨트의 에클로자이트와 동일한 연대의 것이다. 국내외의 많은 학자들은 이 증거가 중국의 충돌대가 한반도로 연결되었다는 사실을 지시하는 것으로 받아들이고 있다. 홍성 지역은 산둥 반도와 마찬가지로 높은 산맥 지역은 아니지만 에클로자이트와 함께 맨틀 물질도 발견되어 이러한 주장에 힘을 실어 주고 있다. 추가적으로 오대산 지역에서 판의 충돌이 2억 5천만 년 전(페름기 말기)에 일어났다는 증거가 발견되었는데, 이는 ㉠홍성 지역과 오대산 지역을 연결하는 대륙 충돌대가 한반도 내에 존재할 가능성을 제시하고 있다. 이러한 사실은 동북아시아 지질 구조를 이해하는 데 한반도의 지질 해석이 매우 중요함을 시사한다.

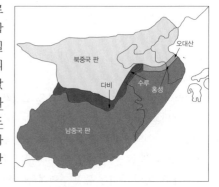

06. 에클로자이트에 대한 윗글의 설명과 일치하지 <u>않는</u> 것은?

① 높은 압력을 받아 형성된다.

② 산둥 반도와 홍성 지역에서 모두 발견된다.

③ 현무암질 화성암이 변성되어 생성된 것이다.

④ 대륙 충돌이 일어난 후에야 만들어지기 시작한다.

⑤ 대륙 충돌 전 대륙들 사이에 해양이 존재했음을 보여 준다.

07. 윗글을 읽고 <보기>를 바탕으로 추론한 내용으로 적절하지 <u>않은</u> 것은?

─〈보 기〉─

판 경계의 세 가지 유형

1. 발산 경계: 이 경계에서는 맨틀에서 올라온 마그마가 굳어서 생성된 지각이 기존 지각을 양옆으로 밀어낸다.
   예) 대서양 바다 밑의 대양저 산맥

2. 수렴 경계: 이 경계에서는 해양판 섭입이나 대륙 충돌에 의해 해양 지각이 맨틀로 들어가 소멸된다.
   예) 1) 섭입형: 일본 동해안, 안데스 산맥 지역
      2) 충돌형: 알프스, 히말라야, 우랄 조산대

3. 유지 경계: 이 경계에서는 새로운 지각이 생성되거나 소멸됨 없이 판 경계면을 따라 두 판이 수평 이동한다.
   예) 캘리포니아의 산안드레아스 단층

① 산안드레아스 단층 지역에서는 에클로자이트가 형성되지 않는다.

② 안데스 산맥 지역에서는 에클로자이트가 형성되지 않는다.

③ 히말라야 조산대에는 해양 생물 화석이 나타난다.

④ 알프스 조산대에는 맨틀 물질이 나타난다.

⑤ 우랄 조산대에는 습곡이 나타난다.

08. ㉠이 사실일 경우 추정할 수 있는 내용으로 보기 <u>어려운</u> 것은?

① 대륙판들의 충돌이 한반도 동쪽에서부터 일어났을 것이다.

② 한반도는 원래 적도 부근에 존재했던 대륙의 일부였을 것이다.

③ 충돌 시 한반도 북부 지역의 일부가 한반도 남부 지역의 밑으로 섭입되었을 것이다.

④ 홍성-오대산 충돌대를 중심으로 북부 지역과 남부 지역 사이에는 해양이 있었을 것이다.

⑤ 홍성-오대산 충돌대를 따라 존재했을 높은 산맥은 대륙 충돌 후 발생한 인장력에 의해 낮아졌을 것이다.

　　20세기 초 허블은 은하들의 스펙트럼을 분석한 결과, 에너지가 낮은 긴 파장 쪽으로 분광 선들이 이동되는 적색 이동 현상을 발견하였다. 이로부터 그는 먼 은하일수록 더 빨리 멀어 져 가고 있다는 결론을 얻었다. 아인슈타인의 일반 상대성 이론과 더불어 이 결과는 우주 진 화를 설명하는 표준 대폭발 이론의 형성에 중요한 영감을 주었다.

　　표준 대폭발 이론에서는 은하들 사이의 거리가 멀어지는 현상을 은하들의 고유한 운동 때 문이라기보다는 우주 공간 자체가 팽창하기 때문이라고 설명한다. 또한 이 이론에 따르면 초 기의 '뜨거운 대폭발' 이후 우주의 팽창에 따른 냉각 과정에서 별과 은하 등의 재료가 되는 정상적인 물질이 모두 생성되었고, 현재 관측되는 절대 온도 2.7도의 우주 배경 복사(宇宙背 景輻射)를 만드는 빛이 방출되었다고 한다.

[가]
　　그러나 표준 대폭발 이론에도 몇 가지 약점이 있다. 예를 들면 우주 배경 복사가 관측 방향에 관계없이 아주 작은 오차 범위 내에서 같은 값을 보이는 등방성(等方性)을 설명하 지는 못한다. 정보가 두 지점 사이를 이동하는 가장 빠른 속도는 광속이므로, 한 지점으 로부터 빛이 도달할 수 있는 최대 거리인 '지평선 거리'보다 먼 지점과의 접촉은 불가능 하게 된다. 그런데 우주에서 반대 방향에 있는 두 영역은 방출될 당시 서로 지평선 너머 에 있어 어떤 상호 작용도 불가능했음에도 불구하고 우주 배경 복사의 온도는 거의 일치 한다.

　　표준 대폭발 이론은 또한 우주의 평균 밀도가 우주의 팽창을 언젠가는 멈추게 할 정도의 중 력을 만들어 내는 밀도인 임계 밀도(臨界密度)에 가까운 이유도 설명하지 못한다. 우주의 모 양과 운명은 모든 것을 서로 멀어지게 하는 우주의 팽창과 중력과의 차이에 따라 결정된다. 그러므로 우주는 평균 밀도가 임계 밀도와 같으면 가까스로 팽창을 계속하는 평탄 우주가 되 고, 임계 밀도보다 작으면 영원히 팽창을 계속하는 열린 우주가 되며, 임계 밀도보다 크면 어 느 시점에 팽창을 멈추고 수축하게 되는 닫힌 우주가 된다.

　　표준 대폭발 이론의 이런 문제점은 급팽창 이론이 제시되면서 해결되었다. 1980년대 구스 는 우주가 탄생하고 10^{-35}초가 지나 극히 짧은 시간 동안 10^{50}배 정도로 급격히 팽창했다는 이론을 제시하였다. 이에 따르면 우주의 모든 영역들은 탄생 직후에는 지평선 거리 안에 가 까이 있어서 상호 정보 교환으로 같은 온도가 되는 시간적 여유가 있었으며, 이후 공간의 급 팽창으로 지평선 거리를 넘어섰다는 것이다. 또한 이렇게 우주가 엄청난 크기로 급팽창했다 면, 우주는 부분적으로 거의 평평하게 보이게 되어 우주의 평균 밀도는 임계 밀도 값을 갖게 된다는 것이다.

　　그런데 실제 관측 결과, 우주의 운명을 결정하는 데에 중요한 요소인 우주의 질량이 우주의 평균 밀도에 관한 이론적인 예측치에 크게 미치지 못한다는 사실이 드러났다. 우주에서 관측 되는 천체들을 포함한 정상적인 물질의 질량은 임계 밀도에 도달하기 위해 필요한 질량의 수 퍼센트에도 미치지 못한다는 것이다. 이는 대부분의 질량이 눈에 보이지 않는 암흑 물질로 이루어져 있음을 의미하는데, 중성미자, 약간의 질량을 가진 가상적인 입자 등이 그 후보로 거론되나 아직 확인된 것은 없다.

　　암흑 물질의 실체에 대한 논란이 계속되던 중인 1998년에 수십억 광년 떨어진 은하에 있는 초신성의 관측으로부터 우주의 팽창속도가 한때 생각되었던 것만큼 느리지 않고 오히려 가 속되고 있다는 사실이 발견되었다. 팽창이 가속되고 있다는 것은 미지의 에너지가 별도로 있 어 서로를 끊임없이 밀어내지 않는 한 설명하기가 어렵다. 결국 암흑 에너지라 불리는 이 에 너지가 우주 밀도의 70여 퍼센트를, 암흑 물질은 20여 퍼센트를 차지하고 있는 것으로 추측 되고 있다.

　　현재까지의 우주에 대한 이해가 옳다면, 미래에 우리가 볼 수 있는 밤하늘에는 어떤 변화 가 일어나게 될 것인가? 최근에 미국의 한 연구팀은 암흑 에너지에 의해 지배되는 우주의 변 화를 컴퓨터 시뮬레이션으로 예측한 바 있다. 이에 따르면, 우주 나이가 지금의 두 배가 되 면 우리 은하는 강한 인력에 끌려 이웃 은하인 안드로메다 은하 등과 합해져 밤하늘에 보이 는 별의 수가 약 두 배가 된다. 그렇지만 먼 은하들은 점점 더 멀어져서 우리 시야에서 사라 질 것이고 결과적으로 관측자는 자신을 둘러싼 우주의 일부만 볼 수 있게 되어, 우리 은하단 은 거대한 우주 공간의 작은 '섬 우주'로 남게 될지도 모른다.

09. 윗글로 미루어 볼 때 올바르지 <u>않은</u> 진술은?

① 암흑 에너지와 암흑 물질은 서로 반대되는 힘으로 우주 팽창에 작용한다.

② 우주의 모양과 운명은 임계 밀도의 변화를 측정함으로써 예측할 수 있다.

③ 우주의 미래에 대한 컴퓨터 시뮬레이션 초기값에는 우주 평균 밀도가 포함된다.

④ 급팽창 이론은 우주 전체의 암흑 물질 밀도를 추정할 수 있는 근거를 제시하였다.

⑤ 평탄 우주는 표준 대폭발 이론을 지지하지는 않지만 급팽창 이론과는 양립 가능하다.

10. <보기>는 전체 우주에서 암흑 에너지에 의해 일어나는 변화를 추론한 것이다. 타당한 것을 모두 고르면?

─────〈보 기〉─────

ㄱ. 우주 배경 복사의 관측 온도가 가속적으로 감소한다.
ㄴ. 우주 평균 밀도가 임계 밀도를 넘어 가속적으로 증가한다.
ㄷ. 우주 안의 정상적인 물질의 총질량이 가속적으로 증가한다.

① ㄱ   ② ㄷ   ③ ㄱ, ㄴ

④ ㄱ, ㄷ   ⑤ ㄴ, ㄷ

11. <보기>는 우주 배경 복사가 발견된 상황을 기술한 것이다. [가]와 <보기>를 함께 고려할 때 올바른 진술은?

─────〈보 기〉─────

1960년대 중반, 벨 연구소의 펜지아스와 윌슨은 극초단파 안테나를 이용하여 무선 통신에 방해가 되는 전파 잡음의 발생원을 찾아내기 위한 연구를 수행하였다. 그 결과 이 잡음이 안테나의 지향 방향과 관계가 없음을 발견하였다. 안테나를 태양 방향이나 은하수 방향으로 맞추었을 때에도 잡음의 강도는 변하지 않았는데, 이는 잡음을 일으키는 전파 신호가 태양이나 은하수에서 방출된 것이 아님을 시사하는 것이었다. 이 전파 신호는 곧 표준 대폭발 이론을 연구하고 있던 디키 등에 의해 표준 대폭발 이론이 예측하였던 극초단파 복사임이 알려졌다. 이것은 말하자면 우주 초기에 일어났던 대폭발의 잔열이었던 것이다.

① 우주 배경 복사가 등방적이라는 사실은 표준 대폭발 이론으로 예측된 것이었으나, 극초단파 복사가 우주 배경 복사로 받아들여진 것은 급팽창 이론이 등방성을 설명한 이후의 일이다.

② 우주 배경 복사는 펜지아스와 윌슨이 발견할 당시에 등방적이라는 사실까지는 알려지지 않았지만, 후에 그 등방성이 밝혀짐에 따라 표준 대폭발 이론의 지지 증거에서 반대 증거로 역전되었다.

③ 표준 대폭발 이론을 입증하는 증거로 등장한 우주 배경 복사가 표준 대폭발 이론의 미해결 문제로 바뀌었던 것은, 후에 이 복사가 지평선 거리를 넘어서 상호 작용하고 있다는 사실이 추가로 발견되었기 때문이다.

④ 디키 등은 극초단파 복사가 전 우주에 골고루 퍼져 있는 대폭발의 잔열이므로 지평선 거리와 무관하게 등방성이 관측된다고 하였으나, 구스는 지평선 거리 너머의 등방성을 부인함으로써 급팽창 이론을 제시하였다.

⑤ 극초단파 복사는 등방성 때문에 우주 배경 복사로 확인되어 표준 대폭발 이론의 증거로 간주되었으나, 표준 대폭발 이론은 우주 배경 복사가 전 우주에서 왜 등방적인지를 설명할 수 없었기 때문에 불완전한 이론이 되었다.

정답 및 해설 p.6

패턴 3 그래프형 지문

1 패턴 소개

LEET 언어이해가 대한민국에서 여태까지 존재하였던 모든 언어이해 시험 중에 가장 고난도 언어 시험이라는 증거는 그래프를 통하여 이해하는 고난도의 지문이 등장한다는 점입니다. 과거 MEET/DEET 시험은 주로 이과생을 대상으로 한 시험이었음에도 지문의 평균적인 난도가 현저히 낮은 편이어서 지문에 그래프가 등장하지는 않았고, PSAT 언어논리 시험에서도 마찬가지입니다. 그래프가 등장한다는 것은 LEET 언어이해가 현상에 대한 고차원적이고 다층적인 차원에 대한 이해까지를 요구한다는 것을 의미하고 이 시험의 수준이 얼마나 높은 것인지를 단적으로 제시하는 것입니다. 또한 이러한 그래프형 지문은 2019년 이후 LEET 언어이해 시험의 난도가 비약적으로 상승함에 따라 출제하는 비중이 증가하고 있는 추세입니다.

그래프형 지문에서는 **그래프 해석 문제**가 출제됩니다. 따라서 지문의 안이든 밖이든 그래프가 등장하는 순간 그래프를 해석하는 문제가 반드시 출제된다고 생각해야 합니다. 그렇다고 그래프를 두려워할 필요는 없습니다. 그래프를 통해서 이해할 수 있는 내용을 말로 풀어서 이해시키기란 상당히 어렵습니다. 즉, 지문을 독해하는 과정에서 이미 그래프를 적극적으로 활용하여야 한다는 의미입니다. 따라서 그래프가 나오면 그 그래프를 지문 내용의 이해를 가속화하는 발판으로 사용해야 합니다. 그래프가 지문 내부에 등장하든 지문 외부에 등장하든 그래프가 문제에 출제되었다는 사실은 그래프에 대한 이해 없이는 지문을 절대로 이해할 수 없다는 의미입니다. 즉, 지문의 특정 내용은 그래프와 반드시 일대일로 대응되어 있습니다.

그래프를 분석할 때는 다음 사항에 주목하여야 합니다. 첫째, **대칭성**, 둘째, **주기성**, 셋째, **연속성**, 넷째, **변화율**입니다. LEET 언어이해는 수학 문제가 아니기 때문에 그래프의 수치적인 부분까지 계산할 필요는 없으나 그래프의 형태가 함의하는 언어적인 의미를 해석해 낼 수 있어야 합니다. 그리고 그 언어적인 의미는 이 네 가지 특성과 관련된 경우가 많기 때문에, 항상 네 가지 특성을 염두에 두고 그래프를 분석해 내는 것이 필요합니다.

2019년 이후로 그래프가 지문 내부 혹은 외부에 등장하는 문제가 최소 하나의 지문씩 출제되고 있습니다. 그래프형 지문에 자신감이 붙는다면 다른 학생들이 어려워하는 관문을 하나 통과한 것이기 때문에 LEET 언어이해를 공부하는 입장에서 큰 무기가 되리라고 생각합니다.

② 대표 기출문제

출제시기	소재 및 문제 번호
2023학년도	제도가능곡선 모델(홀수형 19~21번)
2022학년도	시간 지연 보상에 따른 망막의 메커니즘(홀수형 10~12번)
	K-민즈 클러스터링(홀수형 16~18번)
2021학년도	경제성장에 관한 다양한 학술적 관점(홀수형 22~24번)
2017학년도	세페이드 변광성의 밝기를 이용한 은하 관측(홀수형 18~20번)
2016학년도	발생 단계에서 형태발생물질의 비대칭적 이동(홀수형 14~16번)
2014학년도	상전이 이론을 적용한 캠벨과 오머로드의 범죄율 이론(홀수형 04~07번)
2012학년도	유권자의 합리적 선택 이론(홀수형 09~11번)
2011학년도	국가의 채무 상환에 대한 다양한 가설(홀수형 04~05번)
	원격탐사학과 지구 복사 에너지(홀수형 33~35번)

③ 독해 전략

STEP 1 | 그래프 등장 이전에 설정되는 핵심적인 개념을 파악한다.

✔ 그래프가 등장하기 이전에 배경이 되는 개념을 세팅해 놓아야 글을 전개할 수 있으므로 그래프가 곧바로 등장하지는 않을 것이다. 그래프를 통해 지문을 설명한다는 것은 지문의 내용이 다층적이고 고차원적이라는 의미이며, 이는 여러 개의 변수로 현상을 설명한다는 것이다. 따라서 여러 개의 개념이 등장할 것이므로 '대칭으로 읽기' 전략을 활용하여 대립항 관계로 정확하게 포착해야 한다.

▼

STEP 2 | 그래프가 설명할 수 있는 가설을 확인한다.

✔ 그래프가 주어진다는 것은 그래프를 통해서 어떠한 주장이나 가설을 검증할 수 있다는 의미이다. 그래프를 통해서 지지되는 주장과 반박되는 주장이 무엇인지를 파악한 후 그래프에 대한 해석을 해야 한다.

▼

STEP 3 | 그래프와 연결되는 내용은 그래프를 통해서 이해한다.

✔ 지문의 내부에 그래프가 등장할 수도 있고, 지문의 외부에 배치된 문제에 그래프가 등장할 수도 있다. 어떠한 경우이든 그래프가 지문의 내용과 일대일로 대응되는 부분이 있는데, 이 부분은 그래프 없이 언어만으로 이해하기가 어렵다. 따라서 처음 독해 단계에서부터 주어진 그래프를 적극적으로 활용하는 독해 전략이 필요하다.

이 문제는 반드시 출제된다!

- **그래프 해석 문제**: 지문의 안이든 밖이든 그래프가 등장하는 순간, 그래프를 해석하는 문제는 반드시 출제된다고 생각해야 한다.

4 문제에 적용해보기

독해 전략을 적용하여 연습문제를 풀이해 봅시다.

📋 **지문 요약 연습**

연습문제를 풀이하면서 지문의 각 문단을 요약해 보세요.

연습문제 1

[01~03] 다음 글을 읽고 물음에 답하시오.   17 LEET 문18~20

우주의 크기는 인류의 오랜 관심사였다. 천문학자들은 이를 알아내기 위하여 먼 별들의 거리를 측정하려고 하였다. 18세기 후반에 허셜은 별의 '고유 밝기'가 같다고 가정한 뒤, 지구에서 관측되는 '겉보기 밝기'가 거리의 제곱에 비례하여 어두워진다는 사실을 이용하여 별들의 거리를 대략적으로 측정하였다. 그 결과 별들이 우주 공간에 균질하게 분포하는 것이 아니라, 전체적으로 납작한 원반 모양이지만 가운데가 위아래로 볼록한 형태를 이루며 모여 있음을 알게 되었다. 이 경우, 원반의 내부에 위치한 지구에서 사방을 바라본다면 원반의 납작한 면과 나란한 방향으로는 별이 많이 관찰되고 납작한 면과 수직인 방향으로는 별이 적게 관찰될 것인데, 이는 밤하늘에 보이는 '은하수'의 특징과 일치한다. 이에 착안하여 천문학자들은 지구가 포함된 천체들의 집합을 '은하'라고 부르게 되었다. 별들이 모여 있음을 알게 된 이후에는 그 너머가 빈 공간인지 아니면 또 다른 천체가 존재하는 공간인지 의문을 갖게 되었으며, '성운'에 대한 관심도 커졌다.

성운은 망원경으로 보았을 때, 뚜렷한 작은 점으로 보이는 별과는 다르게 얼룩처럼 번져 보인다. 성운이 우리 은하 내에 존재하는 먼지와 기체들이고 별과 그 주위의 행성이 생성되는 초기 모습인지, 아니면 우리 은하처럼 수많은 별들이 모인 또 다른 은하인지는 오랜 논쟁거리였다. 앞의 가설을 주장한 학자들은 성운이 은하의 납작한 면 바깥에서는 많이 관찰되지만 정작 그 면의 안에서는 거의 관찰되지 않는다는 사실을 근거로 내세웠다. 그들에 따르면, 성운이란 별이 형성되는 초기의 모습이므로 이미 별들의 형성이 완료되어 많은 별들이 존재하는 은하의 납작한 면 안에서는 성운이 거의 관찰되지 않는다. 반면에 이들과 반대되는 가설을 주장한 학자들은 원반 모양의 우리 은하를 멀리서 비스듬한 방향으로 보면 타원형이 되는데, 많은 성운들도 타원 모양을 띠고 있으므로 우리 은하처럼 독립적인 은하일 것이라고 생각하였다. 그들에 따르면, 성운이 우주 전체에 고루 퍼져 있음에도 우리 은하의 납작한 면 안에서 거의 관찰되지 않는 이유는 납작한 면 안의 수많은 별과 먼지, 기체들에 의해 약한 성운의 빛이 가려졌기 때문이다.

두 가설 중 어느 것이 맞는지는 지구와 성운 사이의 거리를 측정하면 알 수 있다. 이 거리를 측정하는 방법은 밝기가 변하는 별인 변광성의 연구로부터 나왔다. 주기적으로 밝기가 변하는 변광성 중에는 쌍성이 있는데, 밝기가 다른 두 별이 서로의 주위를 도는 쌍성은 지구에서 볼 때 두 별이 서로를 가리지 않는 시기, 밝은 별이 어두운 별 뒤로 가는 시기, 어두운 별이 밝은 별 뒤로 가는 시기마다 각각 관측되는 밝기에 차이가 생긴다. 이 경우에 별의 밝기는 시간에 따라 대칭적으로 변화한다. 한편, 또 다른 특성을 지닌 변광성도 존재하는데, 이 변광성의 밝기는 시간에 따라 비대칭적으로 변화한다. 이와 같은 비대칭적 밝기 변화는 두 별이 서로를 가리는 경우와 다른 것으로, 별의 중력과 복사압 사이의 불균형으로 인하여 별이 팽창과 수축을 반복할 때 방출되는 에너지가 주기적으로 변화하며 발생한다. 이러한 변광성을 세페이드 변광성이라고 부른다.

1910년대에 마젤란 성운에서 25개의 세페이드 변광성이 발견되었다. 이들은 최대 밝기가 밝을수록 밝기의 변화 주기가 더 길고, 둘 사이에는 수학적 관계가 있음이 알려졌다. 이러한 관계가 모든 세페이드 변광성에 대해 유효하다면, 하나의 세페이드 변광성의 거리를 알 때 다른 세페이드 변광성의 거리는 그 밝기 변화 주기로부터 고유 밝기를 밝혀내어 이를 겉보기 밝기와 비교함으로써 알 수 있다. 이를 바탕으로 ㉠어떤 성운에 속한 변광성을 찾아 거리를 알아냄으로써 그 성운의 거리도 알 수 있게 되었는데, 1920년대에 허블은 안드로메다 성운에 속한 세페이드 변광성을 찾아내어 그 거리를 계산한 결과 지구와 안드로메다 성운 사이의 거리가 우리 은하 지름의 열 배에 이른다고 밝혔다. 이로부터 성운이 우리 은하 바깥에 존재하는 독립된 은하임이 분명해지고, 우주의 범위가 우리 은하 밖으로 확장되었다.

사실 확인
01. 윗글에서 알 수 있는 사실로 적절하지 <u>않은</u> 것은?

① 성운은 우주 전체에 고루 퍼져 분포한다.

② 안드로메다 성운은 별 주위에 행성이 생성되는 초기의 모습이다.

③ 밤하늘을 관찰할 때 은하수 안보다 밖에서 성운이 더 많이 관찰된다.

④ 밤하늘에 은하수가 관찰되는 이유는 우리 은하가 원반 모양이기 때문이다.

⑤ 타원 모양의 성운은 성운이 독립된 은하라는 가설을 뒷받침하는 증거이다.

사실 확인
02. ㉠과 같이 우리 은하 밖의 어떤 성운과 지구 사이의 거리를 알아내는 데 이용되는 사실만을 <보기>에서 있는 대로 고른 것은?

─〈보 기〉─

ㄱ. 성운의 모양이 원반 형태이다.

ㄴ. 별의 겉보기 밝기는 거리가 멀수록 어둡다.

ㄷ. 밝기가 시간에 따라 대칭적으로 변하는 변광성이 성운 안에 존재한다.

① ㄱ   ② ㄴ   ③ ㄷ

④ ㄱ, ㄴ   ⑤ ㄴ, ㄷ

그래프 해석
03. 두 변광성 A와 B의 시간에 따른 밝기 변화를 관측하여 <보기>와 같은 결과를 얻었다. 이에 대한 설명으로 가장 적절한 것은?

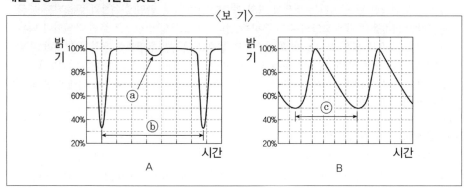

① A는 세페이드 변광성이다.

② B는 크기와 밝기가 비슷한 두 별로 이루어져 있다.

③ ⓐ는 밝은 별이 어두운 별을 가리고 있는 시기이다.

④ ⓑ를 측정하여 A의 거리를 알 수 있다.

⑤ ⓒ를 알아야만 B의 최대 겉보기 밝기를 알 수 있다.

가이드에 따라 지문과 문제를 분석하고 정답을 확인해 봅시다.

STEP 1 그래프 등장 이전에 설정되는 핵심적인 개념을 파악한다.

[첫 번째 문단] 별의 밝기를 이용하여 은하의 모양과 크기를 확인할 수 있었다.

> 우주의 크기는 인류의 오랜 관심사였다. 천문학자들은 이를 알아내기 위하여 먼 별들의 거리를 측정하려고 하였다. 18세기 후반에 허셜은 별의 '고유 밝기'가 같다고 가정한 뒤, 지구에서 관측되는 '겉보기 밝기'가 거리의 제곱에 비례하여 어두워진다는 사실을 이용하여 별들의 거리를 대략적으로 측정하였다. 그 결과 별들이 우주 공간에 균질하게 분포하는 것이 아니라, 전체적으로 납작한 원반 모양이지만 가운데가 위아래로 볼록한 형태를 이루며 모여 있음을 알게 되었다. 이 경우, 원반의 내부에 위치한 지구에서 사방을 바라본다면 원반의 납작한 면과 나란한 방향으로는 별이 많이 관찰되고 납작한 면과 수직인 방향으로는 별이 적게 관찰될 것인데, 이는 밤하늘에 보이는 '은하수'의 특징과 일치한다. 이에 착안하여 천문학자들은 지구가 포함된 천체들의 집합을 '은하'라고 부르게 되었다. 별들이 모여 있음을 알게 된 이후에는 그 너머가 빈 공간인지 아니면 또 다른 천체가 존재하는 공간인지 의문을 갖게 되었으며, '성운'에 대한 관심도 커졌다.

ⅰ) 고유 밝기: 별이 지니는 절대적 밝기 ↔ 겉보기 밝기: 지구인의 눈에 보이는 별의 상대적 밝기

ⅱ) '고유 밝기'와 '겉보기 밝기'의 차이를 통하여 별과의 거리를 측정할 수 있고, 이를 통해 별들이 모여 있는 형태와 크기를 확인하여 원반 모양의 별의 집합을 '은하'라고 부르게 되었음을 알 수 있습니다.

    → 추가적인 의문점: 은하 너머의 공간은 무엇인가?, '성운'의 존재는 무엇인가?

STEP 2 그래프가 설명할 수 있는 가설을 확인한다.

[두 번째 문단] 성운에 대한 상반된 두 가지 가설

> 성운은 망원경으로 보았을 때, 뚜렷한 작은 점으로 보이는 별과는 다르게 얼룩처럼 번져 보인다. 성운이 우리 은하 내에 존재하는 먼지와 기체들이고 별과 그 주위의 행성이 생성되는 초기 모습인지, 아니면 우리 은하처럼 수많은 별들이 모인 또 다른 은하인지는 오랜 논쟁거리였다. 앞의 가설을 주장한 학자들은 성운이 은하의 납작한 면 바깥에서는 많이 관찰되지만 정작 그 면의 안에서는 거의 관찰되지 않는다는 사실을 근거로 내세웠다. 그들에 따르면, 성운이란 별이 형성되는 초기의 모습이므로 이미 별들의 형성이 완료되어 많은 별들이 존재하는 은하의 납작한 면 안에서는 성운이 거의 관찰되지 않는다. 반면에 이들과 반대되는 가설을 주장한 학자들은 원반 모양의 우리 은하를 멀리서 비스듬한 방향으로 보면 타원형이 되는데, 많은 성운들도 타원 모양을 띠고 있으므로 우리 은하처럼 독립적인 은하일 것이라고 생각하였다. 그들에 따르면, 성운이 우주 전체에 고루 퍼져 있음에도 우리 은하의 납작한 면 안에서 거의 관찰되지 않는 이유는 납작한 면 안의 수많은 별과 먼지, 기체들에 의해 약한 성운의 빛이 가려졌기 때문이다.

ⅰ) 성운에 대한 첫 번째 가설
- 주장: 성운은 별이 형성되는 초기의 모습이다.
- 근거: 성운은 은하의 납작한 면 바깥에서 주로 관찰되는 반면, 그 면의 안에서는 거의 관찰되지 않는다.

ⅱ) 성운에 대한 두 번째 가설
- 주장: 성운은 우리 은하처럼 독립적인 은하이다.
- 근거: 많은 성운들이 우리 은하처럼 타원형의 형태를 띄고 있다.

→ 지문 외부에 그래프가 등장하므로 두 가지 가설 중 어느 가설이 타당한지를 그래프를 통해서 확인할 것임을 예측하면서 독해할 수 있습니다.

STEP 3 그래프와 연결되는 내용은 그래프를 통해서 이해한다.

[세 번째 문단] 변광성을 통해 성운에 대한 가설을 검증할 수 있는데, 변광성에는 쌍성과 세페이드 변광성 두 가지 종류가 있다.

두 가설 중 어느 것이 맞는지는 지구와 성운 사이의 거리를 측정하면 알 수 있다. 이 거리를 측정하는 방법은 밝기가 변하는 별인 변광성의 연구로부터 나왔다. 주기적으로 밝기가 변하는 변광성 중에는 쌍성이 있는데, 밝기가 다른 두 별이 서로의 주위를 도는 쌍성은 지구에서 볼 때 두 별이 서로를 가리지 않는 시기, 밝은 별이 어두운 별 뒤로 가는 시기, 어두운 별이 밝은 별 뒤로 가는 시기마다 각각 관측되는 밝기에 차이가 생긴다. 이 경우에 별의 밝기는 시간에 따라 대칭적으로 변화한다. 한편, 또 다른 특성을 지닌 변광성도 존재하는데, 이 변광성의 밝기는 시간에 따라 비대칭적으로 변화한다. 이와 같은 비대칭적 밝기 변화는 두 별이 서로를 가리는 경우와 다른 것으로, 별의 중력과 복사압 사이의 불균형으로 인하여 별이 팽창과 수축을 반복할 때 방출되는 에너지가 주기적으로 변화하며 발생한다. 이러한 변광성을 세페이드 변광성이라고 부른다.

〈변광성의 종류〉
ⅰ) 쌍성: 별의 밝기가 시간에 따라 **대칭적**으로 변화한다.
ⅱ) 세페이드 변광성: 별의 밝기가 시간에 따라 **비대칭적**으로 변화한다.

[네 번째 문단] 세페이드 변광성의 수학적 특성을 이용하여 성운과의 거리를 계산하였고, 이를 통해 성운에 대한 두 번째 가설이 타당하다는 것이 입증되었다.

1910년대에 마젤란 성운에서 25개의 세페이드 변광성이 발견되었다. 이들은 최대 밝기가 밝을수록 밝기의 변화 주기가 더 길고, 둘 사이에는 수학적 관계가 있음이 알려졌다. 이러한 관계가 모든 세페이드 변광성에 대해 유효하다면, 하나의 세페이드 변광성의 거리를 알 때 다른 세페이드 변광성의 거리는 그 밝기 변화 주기로부터 고유 밝기를 밝혀내어 이를 겉보기 밝기와 비교함으로써 알 수 있다. 이를 바탕으로 ㉠어떤 성운에 속한 변광성을 찾아 거리를 알아냄으로써 그 성운의 거리도 알 수 있게 되었는데, 1920년대에 허블은 안드로메다 성운에 속한 세페이드 변광성을 찾아내어 그 거리를 계산한 결과 지구와 안드로메다 성운 사이의 거리가 우리 은하 지름의 열 배에 이른다고 밝혔다. 이로부터 성운이 우리 은하 바깥에 존재하는 독립된 은하임이 분명해지고, 우주의 범위가 우리 은하 밖으로 확장되었다.

〈세페이드 변광성의 수학적 관계〉
'최대 밝기'가 밝을수록 **'변화 주기'**가 더 길다.
→ **'변화 주기'**로부터 세페이드 변광성의 **'고유 밝기'**를 밝혀낸 뒤, 이를 **'겉보기 밝기'**와 비교
→ 세페이드 변광성이 지구로부터 떨어진 거리를 계산
→ 세페이드 변광성을 포함하는 성운이 지구로부터 떨어진 거리를 계산
→ 성운에 대한 두 번째 가설(성운은 은하이다)이 타당하다는 결론이 도출되었음

01번 문제를 풀이하면 다음과 같습니다.

① 성운에 대한 첫 번째 가설은 성운이 우리 은하의 특정 부분에 집중되어 관찰된다는 점에 주목하는 반면, 성운에 대한 두 번째 가설은 성운이 우리 은하와 같은 독립된 은하일 것이므로 우주 전체에 고루 퍼져 있을 것이며, 성운이 우리 은하의 특정 부분에 집중되어 관찰되는 것은 일종의 시각적 착시일 것이라고 주장하였다. 글 전체의 논증 과정을 거쳐서 성운에 대한 두 번째 가설이 타당하다는 점이 확인되었으므로 성운이 우주 전체에 고루 퍼져 분포한다는 점은 사실에 해당한다. 첫 번째 가설에 따른 해석이 언급된 부분을 근거로 ①의 설명이 타당하다고 오해할 수 있으므로 주의하도록 한다. → **매력적 오답**

② 마지막 문단에서 언급된 안드로메다 성운은 세페이드 변광성을 내포하는 성운으로, 글에서 제시된 방법을 통해 성운에 대한 두 번째 가설인 '성운은 은하이다'가 타당하다는 것을 검증하는 근거가 된 성운에 해당한다. '성운은 별 주위에 행성이 생성되는 초기의 모습이다'라는 주장은 성운에 대한 첫 번째 가설에 해당하고, 이는 타당하지 않다는 결론이 제시되었으므로 ②의 설명은 타당하지 않다.

③ 두 번째 문단에 따르면 은하수 안보다 밖에서 성운이 더 많이 관찰된다는 사실은 성운에 대한 첫 번째 가설의 근거가 되었다. 첫 번째 가설이 반박되었다고 하더라도 첫 번째 가설에 대한 관찰적 근거가 타당하지 않은 것은 아니기 때문에 ③의 타당성에는 문제가 없다.

④ 은하수의 특징은 우리 은하의 형태적 특징에서 비롯된다는 점이 첫 번째 문단에서 제시되었으므로 ④는 타당한 설명에 해당한다.

⑤ 두 번째 문단에 따르면 우리 은하의 모양은 비스듬히 바라보면 타원 모양이고, 성운도 타원 모양이므로 성운이 우리 은하와 마찬가지로 독립된 은하일 것이라는 두 번째 가설이 도출되었다.

[정답] ②

02번 문제를 풀이하면 다음과 같습니다.

마지막 문단에 제시된 세페이드 변광성과 지구로부터의 거리를 구하는 수학적 과정을 정확히 이해하였다면 어렵지 않게 해결할 수 있는 문제에 해당한다.

ㄱ. 성운이 원반 모양의 형태라는 것은 성운이 우리 은하와 같은 독립된 은하라는 가설이 설정되는 과정에서 사용된 것이지, 세페이드 변광성의 수학적 특성을 이용하여 가설을 검증하는 과정에서 사용된 사실이 아니다. → **매력적 오답**

ㄴ. 세페이드 변광성의 최대 밝기와 밝기의 변화 주기 사이의 비례적 관계가 존재한다는 점을 이용하여 세페이드 변광성의 고유 밝기를 계산하였고, 고유 밝기와 겉보기 밝기 사이의 관계를 통하여 세페이드 변광성과 지구 사이의 거리를 계산한 것이다. 따라서 별의 겉보기 밝기는 거리가 멀수록 어두운 관계에 있다는 사실을 이용하여야 고유 밝기와 겉보기 밝기의 차이를 통해 지구로부터의 거리를 계산해낼 수 있으므로 ㄴ은 ㉠의 과정에 필요한 사실에 해당한다.

ㄷ. 밝기가 시간에 따라 대칭적으로 변하는 변광성은 '쌍성'에 해당한다. ㉠의 과정에 이용된 변광성은 '쌍성'이 아니라 '세페이드 변광성'이므로 ㄷ은 ㉠의 과정과 관련이 없다.

[정답] ②

03번 문제를 풀이하면 다음과 같습니다.

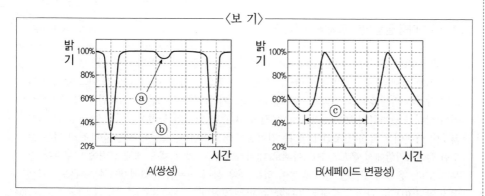

<보 기>

A(쌍성)

B(세페이드 변광성)

① A는 시간에 따른 별의 밝기가 대칭적이므로 쌍성에 해당한다.
② B는 시간에 따른 별의 밝기가 비대칭적이므로 세페이드 변광성에 해당한다.
③ 세 번째 문단에 따르면 A(쌍성)의 움직임에는 세 가지 단계가 존재한다.
  ⅰ) a_1: 두 별이 서로를 가리지 않는 시기
  ⅱ) a_2: 밝은 별이 어두운 별 뒤로 가는 시기
  ⅲ) a_3: 어두운 별이 밝은 별 뒤로 가는 시기
  이때 두 별이 합쳐서 만들어내는 쌍성의 밝기의 세기는 다음과 같다.
  $a_1 > a_3 > a_2$
  따라서 A에 대한 그래프에서 ⓐ는 밝기의 세기가 두 번째인 단계, 즉 '어두운 별이 밝은 별 뒤로 가는 시기'에 해당한다. 따라서 ③의 설명은 타당하다.
④ 별의 밝기의 주기와 별의 밝기의 최대 세기 사이의 비례적인 관계가 성립하는 것은 'A(쌍성)'가 아니라 'B(세페이드 변광성)'이다. A의 그래프는 주기성을 띄지 않으므로 ⓑ는 밝기의 주기라고 해석될 수 없다.
⑤ ⓒ는 B(세페이드 변광성)의 주기에 해당한다. ⓒ를 파악하여 알 수 있는 것은 B의 '겉보기 밝기'가 아니라 B의 '고유 밝기'이고, B의 '겉보기 밝기'는 지구로부터 관측되는 상대적인 밝기를 의미하므로 세페이드 변광성의 수학적 특성이 아닌 지구에서의 관측 결과를 통해 알아낼 수 있다.

[정답] ③

연습문제 2

[04~07] 다음 글을 읽고 물음에 답하시오.

14 LEET 문4~7

상전이(相轉移)는 아주 많은 수의 입자로 구성된 물리계에서 흔하게 나타나는 현상이다. 물 같은 액체 상태의 물질에 열을 가하면, 그 물질은 밀도가 천천히 감소하다가 어느 단계에 이르면 갑자기 기체 상태로 변하기 시작하면서 밀도가 급격히 감소한다. 이처럼 특정 조건에서 계의 상태가 급격하게 변하는 현상이 상전이이다. 1기압하의 물이 0℃에서 얼고 100℃에서 끓듯이 상전이는 특정한 조건에서, 즉 전이점에서 일어난다. 그런데 불순물이 전혀 없는 순수한 물은 1기압에서 온도가 0℃ 아래로 내려가도 얼지 않고 계속 액체 상태에 머무르는 경우가 있다. 응결핵 구실을 할 불순물이 없는 경우 물이 어는점 아래에서도 어느 온도까지는 얼지 않고 이른바 과냉각 상태로 존재할 수 있는 것이다.

더 흥미로운 것은 어는점보다 훨씬 높은 온도에서까지 고체 상태가 유지되는 경우다. 우뭇가사리를 끓여서 만든 우무는 실제로 어는점과 녹는점이 뚜렷이 다르다. 액체 상태의 우무는 1기압에서 온도가 대략 40℃ 이하로 내려가면 응고하기 시작하는 반면, 고체 상태의 우무는 80℃가 되어야 녹는다. 우무 같은 물질의 이런 성질을 '이력 특성'이라고 부른다. 직전에 어떤 상태에 있었는가 하는 '이력'이 현재 상태에 영향을 준다는 의미에서 붙인 이름이다. 어는점과 녹는점이 사실상 똑같이 0℃인 물의 경우는 이에 해당하지 않지만, 많은 물질의 상전이 현상에서 이력 특성이 나타난다.

경제학자인 캠벨과 오머로드는 물리학 이론인 상전이 이론을 적용하여 범죄율의 변화 같은 사회 현상을 설명하는 모형을 제시했다. 이 모형은 일종의 유비적 사고를 보여 준다. 그런데 사회가 수많은 개체들과 그것들 간의 상호 작용으로 구성된 계라는 점에서 수많은 입자들과 그것들 간의 상호 작용으로 구성된 물질계와 유사한 구조를 지녔음을 고려한다면, 그것은 임의적인 유비가 아니라 의미 있는 결론을 낳을 만한 시도이다.

두 경제학자는 물질의 상태가 일반적으로 온도와 압력에 의해 영향을 받듯이 한 사회의 범죄율이 대개 그 사회의 궁핍의 정도와 범죄 제재의 강도라는 두 요소에 의해 좌우된다고 가정한다. 재산도 직장도 없는 빈곤한 구성원의 비율이 높을수록 범죄율이 높아지는 반면, 사회가 범죄를 엄중하게 제재할수록 범죄율이 낮아진다는 것이다. 그런데 여러 연구 조사에 따르면 사회적, 경제적 궁핍의 정도가 완화되거나 범죄에 대한 제재가 강화된다고 해서 그 사회의 범죄율이 곧장 감소하지는 않는다. 캠벨과 오머로드는 이와 같은 사실을 설명하기 위해, 물질이 고체, 액체, 기체 같은 특정한 상태에 있을 수 있는 것처럼 사회도 높은 범죄율 상태와 낮은 범죄율 상태에 있을 수 있다고 가정한다.

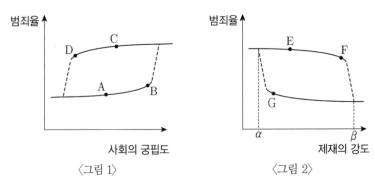

〈그림 1〉　　　　〈그림 2〉

〈그림 1〉과 〈그림 2〉에서 각각 아래쪽의 실선은 낮은 범죄율 상태를 나타내고 위쪽의 실선은 높은 범죄율 상태를 나타낸다. 예를 들어 〈그림 1〉에서 사회가 점 A에 해당하는 상태에 있다면 이 사회는 낮은 범죄율 상태에 있는 것이고, 이 경우 사회의 궁핍도가 어느 정도 더 커져도 범죄율은 별로 증가하지 않는다. 하지만 궁핍이 더 심해져 B 지점에 이르면 궁핍이 조금만 더 심화되어도 범죄율의 급격한 상승, 즉 그림의 점선 부분에 해당하는 상전이가 일어나게 된다. 또 사회가 C처럼 높은 범죄율 상태에 있을 경우 궁핍의 정도가 완화되어도 범죄율은 완만하게 감소할 뿐이지만, D 지점에 도달해 있는 경우 궁핍의 정도가 조금만 줄어도 범죄율이 급격히 감소하는 또 한 번의 상전이가 일어나게 된다. 이와 같은 범죄율의 변화는 이력 특성을 보여준다. 다시 말해, 사회의 궁핍도에 대한 정보만으로는 범죄율을 추정할

수 없고, 그것이 직전에 높은 범죄율 상태였는지 낮은 범죄율 상태였는지에 대한 정보가 필요하다.

중요한 것은 이들이 제시한 모형이 실제 통계 자료에 나타난 사회 현상을 잘 설명해 준다는 점이다. 이는 한 사회의 범죄 제재 강도와 범죄율의 상관관계에 대해서도 마찬가지다. 사회의 궁핍도를 비롯한 다른 조건이 동일한 상황에서, 범죄에 대한 사회적 제재의 강도가 변하는 경우 범죄율은 〈그림 2〉와 같은 형태로 이력 특성을 포함한 상전이의 패턴을 나타낸다.

사실 확인

04. 윗글의 견해가 아닌 것은?

① 한 사회의 특성은 특정 조건에서는 다른 조건에서와 달리 급격하게 변화한다.

② 물리적 현상을 설명하는 이론을 응용하여 사회 현상을 설명하는 것이 가능하다.

③ 유비적 사고의 타당성은 유비를 통해 연결되는 두 대상의 구조가 서로 유사할 때 강화된다.

④ 한 계의 상태가 어떤 조건에서 급격한 변화를 나타낼 것인지는 계를 구성하는 요소의 종류와 무관하게 결정된다.

⑤ 하나의 계가 드러내는 특성은 현재 그것을 제약하는 변수들만으로 결정되지 않고 그것이 지나온 역사적 경로에 의해서 좌우될 때가 많다.

사실 확인

05. 윗글에서 알 수 있는 것만을 <보기>에서 있는 대로 고른 것은?

─────〈보 기〉─────

ㄱ. 상전이에서 이력 특성이 나타나지 않는 물질이 과냉각 상태의 액체로 존재할 수 있다.

ㄴ. 이력 특성을 갖는 물질은 온도와 압력을 알아도 그 물질의 상태를 알 수 없는 경우가 있다.

ㄷ. 불순물이 전혀 포함되지 않은 순수한 물에서는 온도 변화에 따른 상전이 현상이 일어나지 않는다.

① ㄴ   ② ㄷ   ③ ㄱ, ㄴ

④ ㄱ, ㄷ   ⑤ ㄱ, ㄴ, ㄷ

06. <그림 2>에 대한 분석으로 옳지 <u>않은</u> 것은?

① E 상태에서 범죄에 대한 제재가 어느 정도 강화되더라도 범죄율의 변화는 미미할 것이다.

② F 상태에서 범죄에 대한 제재를 조금 더 강화하면 범죄율은 급감할 것이다.

③ G 상태에서 범죄에 대한 제재가 조금 더 약해질 경우 범죄율이 급증할 소지가 있다.

④ α는 높은 범죄율 사회를 낮은 범죄율 사회로 변화시킬 수 있는 제재의 강도에 해당한다.

⑤ 범죄에 β보다 더 강한 제재가 가해지는 사회에서 범죄율은 낮은 상태를 유지할 것이다.

07. <보기>의 ⓐ를 반박할 근거 자료로 가장 적절한 것은?

〈 보 기 〉

A: 캠벨과 오머로드의 모형으로 범죄율의 변화를 설명할 수 있다고 해서 다른 사회 현상도 비슷한 방식으로 설명되리라고 생각할 이유는 없어. 예를 들어 출산율만 해도 범죄율과는 전혀 다른 문제지.

B: 아니, 출산율의 변화도 이 모형으로 설명할 수 있어. 자녀 양육 수당이나 다자녀 세금 감면 같은 경제적 유인이 출산율을 증가시키는 반면, 교육비 부담 같은 경제적 압박의 심화는 출산율을 감소시키지. 중요한 것은, ⓐ출산율의 이런 변화에서도 이력 특성이 나타난다는 점이야.

① 실제로 어느 고출산율 사회에서 정부가 육아 지원을 30%나 축소했음에도 불구하고 출산율의 변화는 미미하였다.

② 저출산율 사회를 탈피하게 하는 육아 지원의 규모가 고출산율 사회에서 저출산율 사회로 이행하는 시점의 육아 지원 규모와 일치하였다.

③ 정부의 육아 보조금 같은 긍정적 요인보다 양육비와 교육비의 증가 같은 부담 요인이 출산율에 훨씬 더 뚜렷한 영향을 미치는 것으로 드러났다.

④ 자녀 양육 수당의 증액은 출산율 변화에 눈에 띄는 영향을 미쳤던 데 반하여 다자녀 세금 감면 혜택의 강화는 출산율에 거의 영향을 미치지 않았다.

⑤ 자녀 교육에 드는 비용의 증대가 출산율의 급격한 변화를 야기한 것으로 나타났지만 그러한 변화를 야기한 교육비 수준은 명확한 금액으로 제시하기 어려웠다.

가이드에 따라 지문과 문제를 분석하고 정답을 확인해 봅시다.

STEP 1 그래프 등장 이전에 설정되는 핵심적인 개념을 파악한다.

[첫 번째 문단] 물질의 상태 변화 과정에서 나타나는 '상전이 현상'의 개념 소개

상전이(相轉移)는 아주 많은 수의 입자로 구성된 물리계에서 흔하게 나타나는 현상이다. 물 같은 액체 상태의 물질에 열을 가하면, 그 물질은 밀도가 천천히 감소하다가 어느 단계에 이르면 갑자기 기체 상태로 변하기 시작하면서 밀도가 급격히 감소한다. 이처럼 특정 조건에서 계의 상태가 급격하게 변하는 현상이 상전이이다. 1기압하의 물이 0℃에서 얼고 100℃에서 끓듯이 상전이는 특정한 조건에서, 즉 전이점에서 일어난다. 그런데 불순물이 전혀 없는 순수한 물은 1기압에서 온도가 0℃ 아래로 내려가도 얼지 않고 계속 액체 상태에 머무르는 경우가 있다. 응결핵 구실을 할 불순물이 없는 경우 물이 어는점 아래에서도 어느 온도까지는 얼지 않고 이른바 과냉각 상태로 존재할 수 있는 것이다.

[두 번째 문단] 고체에서 액체로 되는 온도와 액체에서 고체로 되는 온도가 일치하지 않는 '이력 상태'의 개념 소개

더 흥미로운 것은 어는점보다 훨씬 높은 온도에서까지 고체 상태가 유지되는 경우다. 우뭇가사리를 끓여서 만든 우무는 실제로 어는점과 녹는점이 뚜렷이 다르다. 액체 상태의 우무는 1기압에서 온도가 대략 40℃ 이하로 내려가면 응고하기 시작하는 반면, 고체 상태의 우무는 80℃가 되어야 녹는다. 우무 같은 물질의 이런 성질을 이력 특성이라고 부른다. 직전에 어떤 상태에 있었는가 하는 '이력'이 현재 상태에 영향을 준다는 의미에서 붙인 이름이다. 어는점과 녹는점이 사실상 똑같이 0℃인 물의 경우는 이에 해당하지 않지만, 많은 물질의 상전이 현상에서 이력 특성이 나타난다.

STEP 2 그래프가 설명할 수 있는 가설을 확인한다.

[세 번째 문단] 물리학의 상전이 이론은 범죄율의 변화에 대한 설명에 적용될 수 있다.

경제학자인 캠벨과 오머로드는 물리학 이론인 상전이 이론을 적용하여 범죄율의 변화 같은 사회 현상을 설명하는 모형을 제시했다. 이 모형은 일종의 유비적 사고를 보여 준다. 그런데 사회가 수많은 개체들과 그것들 간의 상호 작용으로 구성된 계라는 점에서 수많은 입자들과 그것들 간의 상호 작용으로 구성된 물질계와 유사한 구조를 지녔음을 고려한다면, 그것은 임의적인 유비가 아니라 의미 있는 결론을 낳을 만한 시도이다.

[네 번째 문단] 범죄율에 영향을 미치는 요소가 범죄율에 영향을 미치는 방식에서 '상전이'와 '이력 현상'의 특성이 나타난다.

> 두 경제학자는 물질의 상태가 일반적으로 온도와 압력에 의해 영향을 받듯이 한 사회의 범죄율이 대개 그 사회의 궁핍의 정도와 범죄 제재의 강도라는 두 요소에 의해 좌우된다고 가정한다. 재산도 직장도 없는 빈곤한 구성원의 비율이 높을수록 범죄율이 높아지는 반면, 사회가 범죄를 엄중하게 제재할수록 범죄율이 낮아진다는 것이다. 그런데 여러 연구 조사에 따르면 사회적, 경제적 궁핍의 정도가 완화되거나 범죄에 대한 제재가 강화된다고 해서 그 사회의 범죄율이 곧장 감소하지는 않는다. 캠벨과 오머로드는 이와 같은 사실을 설명하기 위해, 물질이 고체, 액체, 기체 같은 특정한 상태에 있을 수 있는 것처럼 사회도 높은 범죄율 상태와 낮은 범죄율 상태에 있을 수 있다고 가정한다.

ⅰ) 가설 제시: 물리학의 상전이 현상이 범죄율에도 적용될 것이다.
ⅱ) 가설의 구체적 내용: 범죄율이 낮은 상태에서 높은 상태로 전이하는 시점과 범죄율이 높은 상태에서 낮은 상태로 전이하는 시점은 일치하지 않을 것이다.
→ 그래프를 통해 가설의 구체적 내용을 검증하는 내용이 이어질 것임을 예측할 수 있습니다.

STEP 3 그래프와 연결되는 내용은 그래프를 통해서 이해한다.

[다섯 번째 문단] 범죄율의 변화가 이력 특성을 지님을 <그림 1>의 그래프를 통해 확인할 수 있다.

> <그림 1>과 <그림 2>에서 각각 아래쪽의 실선은 낮은 범죄율 상태를 나타내고 위쪽의 실선은 높은 범죄율 상태를 나타낸다. 예를 들어 <그림 1>에서 사회가 점 A에 해당하는 상태에 있다면 이 사회는 낮은 범죄율 상태에 있는 것이고, 이 경우 사회의 궁핍도가 어느 정도 더 커져도 범죄율은 별로 증가하지 않는다. 하지만 궁핍이 더 심해져 B 지점에 이르면 궁핍이 조금만 더 심화되어도 범죄율의 급격한 상승, 즉 그림의 점선 부분에 해당하는 상전이가 일어나게 된다. 또 사회가 C처럼 높은 범죄율 상태에 있을 경우 궁핍의 정도가 완화되어도 범죄율은 완만하게 감소할 뿐이지만, D 지점에 도달해 있는 경우 궁핍의 정도가 조금만 줄어도 범죄율이 급격히 감소하는 또 한 번의 상전이가 일어나게 된다. 이와 같은 범죄율의 변화는 이력 특성을 보여준다. 다시 말해, 사회의 궁핍도에 대한 정보만으로는 범죄율을 추정할 수 없고, 그것이 직전에 높은 범죄율 상태였는지 낮은 범죄율 상태였는지에 대한 정보가 필요하다.

★ 선생님 TIP
다섯 번째 문단과 여섯 번째 문단의 내용은 언어적으로 이해하는 것보다 그래프와 연관 지어 이해하는 것이 훨씬 더 이해가 빠르기 때문에 그래프를 적극적으로 활용하여 독해해야 합니다.

[여섯 번째 문단] 범죄율의 변화가 이력 특성을 지님을 <그림 2>의 그래프를 통해 확인할 수 있다.

> 중요한 것은 이들이 제시한 모형이 실제 통계 자료에 나타난 사회 현상을 잘 설명해 준다는 점이다. 이는 한 사회의 범죄 제재 강도와 범죄율의 상관관계에 대해서도 마찬가지이다. 사회의 궁핍도를 비롯한 다른 조건이 동일한 상황에서, 범죄에 대한 사회적 제재의 강도가 변하는 경우 범죄율은 <그림 2>와 같은 형태로 이력 특성을 포함한 상전이의 패턴을 나타낸다.

04번 문제를 풀이하면 다음과 같습니다.

① 시간의 변화에 따른 범죄율의 변화율이 특정 시점에서 급격히 변한다는 상전이 이론을 범죄율 변화에 적용한 것이 논지의 핵심이므로 ①의 설명은 타당하다.

② 물리적 현상에 대한 이론을 사회 현상에 대한 설명에 적용할 수 있다는 가정하에 글의 논지가 전개되고 있으며, 이는 세 번째 문단에서 명시되어 있다.

③ 세 번째 문단에 따르면, 유비적 사고는 유비의 대상이 되는 두 대상의 구조가 서로 유사하다면 설득력을 지니게 된다고 서술되었다.

④ 물질의 상전이 현상에는 '온도'와 '압력'이라는 두 요소가 영향을 준다. 따라서 온도에 따른 급격한 변화가 발생하는 지점이 정해지는 데는 압력이라는 요소가 영향을 미친다. 따라서 한 계의 상태가 어떤 조건에서 급격하게 변화를 나타낼 것인지는 계를 구성하는 다른 요소의 값에 의해서 좌우된다.

⑤ '이력 특성'의 개념의 핵심은 상태가 변하는 지점은 그 지점에 도달하기까지의 과거 이력에 의해 상이하다는 것이다. 따라서 이를 사회 현상의 변화에 적용해보면, 계가 드러나는 특성은 계를 제약하는 변수들뿐만 아니라 과거에 그 계의 이력이 어떠했는지라는 역사적 경로에 의해서 영향을 받는다고 해석할 수 있다.

[정답] ④

05번 문제를 풀이하면 다음과 같습니다.

ㄱ. 물은 상전이에서 이력 특성이 나타나지 않는 물질에 해당하지만, 과냉각 상태의 액체로 존재할 수 있으므로 ㄱ은 타당한 서술에 해당한다.

ㄴ. 이력 특성을 갖는 물질은 동일한 온도와 압력의 조건하에서도 과거의 이력에 따라 물질의 상태가 상이할 수 있다. 따라서 온도와 압력을 알아도 그 물질의 상태를 알 수 없는 경우가 있다.

ㄷ. 상전이 현상은 계의 상태가 급격하게 변하는 현상이고 일반적인 물에서 발생할 수 있다는 점이 첫 번째 문단에서 명시되었으므로 ㄷ의 서술은 타당하지 않다.

[정답] ③

06번 문제를 풀이하면 다음과 같습니다.

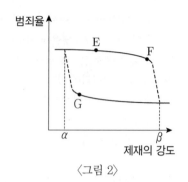

〈그림 2〉

① E는 제재의 강도가 변함에 따라 범죄율의 변화가 미미한 구간에 놓여있으므로 제재가 강화되더라도 범죄율의 변화가 미미할 것이다.

② F는 제재의 강도가 조금만 더 증가하면 범죄율이 급속도로 감소하는 경계점에 놓여있으므로 제재를 조금 더 강화하면 범죄율은 급감할 것이다.

③ G는 제재의 강도가 조금만 더 감소하면 범죄율이 급속도로 증가하는 경계점에 놓여있으므로 제재를 조금 더 약화하면 범죄율은 급증할 것이다.

④ 높은 범죄율 사회는 〈그림 2〉에서 윗부분에 위치한 그래프에 해당하며, 이 그래프에서 α에 해당하는 제재가 가해진다고 해도 범죄율의 변화는 미미하다. 따라서 ④는 타당하지 않다.

⑤ β보다 더 강한 제재가 가해지는 구간에서는 낮은 범죄율 사회에 해당하는 그래프만 존재하고 그 사회에서는 제재의 강도 변화에 따른 범죄율의 변화가 미미하다. 따라서 β보다 더 강한 제재가 가해진다면 범죄율은 낮은 상태로 유지될 것이라고 추론할 수 있다.

[정답] ④

07번 문제를 풀이하면 다음과 같습니다.

〈보기〉에서 ⓐ는 상전이 현상이 범죄율 변화뿐만 아니라 출산율 변화에서도 나타날 것이라고 주장하고 있으므로 ⓐ를 반박하는 입장은 상전이 현상과 상이한 현상이 출산율에서 나타난다고 주장하는 내용의 선택지가 되어야 한다.

① 상전이 이론에 따라 고출산율 사회에 머물러 있는 경우에는 육아 지원의 변화에 따른 출산율 변화가 미미한 구간이 있을 것이므로 ①은 ⓐ를 강화하는 내용에 해당한다.

② 만약 ⓐ의 주장처럼 출산율 변화에도 상전이 현상이 나타난다면 '이력 특성'에 따라 고출산율 사회에서 저출산율 사회로 변화하는 기점과 저출산율 사회에서 고출산율 사회로 변화하는 기점이 일치하지 않아야 한다. 그런데 ②는 육아 지원의 규모라는 변수에 대하여 저출산율 사회를 탈피하는 기점과 고출산율 사회에서 벗어나는 기점이 일치하였다는 내용이므로 이는 육아 지원의 규모에 따른 출산율 변화에서 '이력 특성'이 나타나지 않았다는 의미와 동일하다. 따라서 ②의 내용은 ⓐ를 반박하는 것으로 적절하다. → **절대적 정답**

③ 긍정적 요인과 부정적 요인이 미치는 효과가 상이한 지점이 존재한다는 것은 변수에 따른 출산율의 변화율이 일정하지 않음을 의미하므로 이는 ⓐ를 강화하는 내용에 해당한다.

④ '자녀 양육 수당의 증액'과 '다자녀 세금 감면 혜택의 강화'는 모두 출산율 변화에 긍정적 요인으로 작용하는데, 긍정적 요인으로 작용하는 사회적 변수가 상이한 효과를 낳았다는 점은 ⓐ와는 관련이 없는 내용이다.

⑤ 상전이 현상이 적용된다면, 이력 특성에 의하여 변화가 일어나는 정확한 지점을 추산하기가 어려우므로 ⑤는 ⓐ를 강화하는 내용에 해당한다.

[정답] ②

[08~10] 다음 글을 읽고 물음에 답하시오.

개체의 생존을 위해서는 움직이는 물체의 시각 정보를 효율적으로 처리하는 것이 중요하다. 예를 들어 숲 속을 걸을 때 특별한 주의를 기울이지 않았음에도 복잡한 형태의 나무들 사이에서 작은 동물의 움직임을 재빨리 알아챌 수 있다. 나무는 움직이지 않으므로 시간차를 두고 획득한 두 이미지의 차이를 통해 그 움직임을 간단히 알아챌 수 있을 것 같지만, 실제로는 가만히 한곳을 응시하더라도 안구가 끊임없이 움직이고 있어 망막에 맺히는 이미지 전체가 시간에 따라 변하므로 더 정교한 정보 처리가 필요하다. 최근 미세전극이 일정한 간격으로 촘촘히 배열된 마이크로칩을 이용하여 망막에서 발생하는 전기적 신호를 실시간으로 관찰할 수 있게 되면서 이러한 고차원 시각 정보 처리가 뇌에서 전적으로 이루어지는 것이 아니라 망막에서 시작된다는 증거들이 발견되었다.

망막은 어떻게 전체 이미지가 흔들리는 속에서 작은 동물의 움직임에 대한 정보를 골라내는 것일까? 망막에는 빛에 반응하는 광수용체세포와 일정한 영역에 분포한 여러 광수용체세포에 연결되어 최종 신호를 출력하는 신경절세포가 존재한다. 신경절세포 가운데 특정 종류는 각 세포가 감지하는 부분이 이미지 전체의 이동 경로와 같은 경로를 따라 움직일 때는 전기적 신호를 발생하지 않고 다른 경로를 따라 움직일 때만 신호를 발생한다. 안구의 움직임에 의한 상의 떨림은 망막 위에서 전체 이미지가 같은 방향으로 움직이는 변화를 만드는데, 작은 동물의 상은 이와는 이동 경로가 다르므로 그 부분에 분포한 특정 종류의 신경절세포만이 신호를 발생하게 되어 작은 움직임도 잘 볼 수 있게 된다.

망막의 또 다른 신호 처리의 예로 움직이는 테니스공을 치는 경우를 생각해 보자. 충분한 밝기의 빛이 도달하더라도 망막에서 시각 정보가 처리되는 데 수십 분의 1초가 걸린다. 강하게 친 테니스공은 이 시간 동안 약 2m를 이동할 수 있어서 라켓을 벗어나기에 충분한데도 어떻게 그 공을 정확히 쳐 낼 수 있을까?

이를 알아보기 위해 연구자들은 ㉠마이크로칩 위에 올려진 도롱뇽의 망막에 막대 모양의 상을 맺히게 하고 상의 밝기와 이동속도 등을 변화시켜가며 망막에서 발생하는 신호를 측정하였다. 폭이 0.13mm인 막대 모양의 상을 1/60초 동안만 맺히게 한 후에 상 아래에 위치한 하나의 신경절세포에서 출력되는 신호를 측정한 실험의 경우, 광수용체에서 전기 신호가 발생하고 여러 신경세포를 거치는 과정에서 시간 지연이 일어나므로, 상이 맺힌 순간부터 약 1/20초 후에 신경절세포에서 신호가 발생하기 시작하여 약 1/20초 동안 지속되었다. 상을 일정한 속도로 움직이며 상의 이동 경로에 위치한 여러 신경절세포에서 발생하는 신호를 측정한 실험의 경우, 실제 상이 도달한 위치보다 더 앞에 위치한 신경절세포에서 신호가 발생하기 시작하여 상의 앞쪽 경계와 같은 위치 혹은 이보다 앞선 위치에서 신호가 최대가 되었다.

개별 신경절세포의 시간 지연에도 불구하고 상의 앞쪽 경계에서 최대가 되는 모양의 신호를 만들기 위해서는 특별한 기제가 필요하다. 첫째는 신경절세포 반응의 시간 의존성이다. 즉, 밝기가 변화한 직후 신경절세포의 출력 신호가 최대가 되고 이후 점차 작아진다. 둘째, 신경절세포 신호증폭률의 동적 조절이다. 즉, 물체가 이동할 때 신경절세포는 물체의 이동 방향으로 가장 먼저 자극되는 광수용체의 신호를 크게 증폭하여 받아들이고 곧바로 증폭률을 떨어뜨려 신호의 세기를 줄여버린다. 상의 이동 경로에 위치한 신경절세포들에서 각각 이러한 기제에 따라 발생한 신호들이 합쳐져서 만들어지는 출력 신호는, 그 형태가 상의 앞쪽 경계면 혹은 그보다 앞선 지점에 대응하는 위치에서 그 세기가 최대가 되는 비대칭적인 모양이 된다.

물체와 주변의 밝기 차이가 작거나 속력이 너무 커서 증폭률의 변화가 물체의 이동 속력에 맞추어 재빨리 이루어지지 못하면, 이러한 기제가 잘 작동하지 못하여 시간 지연에 대한 보상이 잘 이루어지지 않는다. 어두울수록, 그리고 테니스공이 빠르게 움직일수록 정확하게 맞히기 어려운 이유도 이와 관련이 있다.

08. 윗글의 내용과 일치하는 것은?

① 신경절세포는 광수용체에서 발생한 전기적 신호를 원래 세기대로 출력한다.

② 한곳을 가만히 응시할 때는 망막에 형성된 이미지의 떨림이 발생하지 않는다.

③ 정지한 물체의 상에 대해 전기적 신호를 출력하지 않는 신경절세포가 존재한다.

④ 마이크로칩은 망막에 도달한 빛을 전기적 신호로 변환시켜 관찰 가능하게 만든다.

⑤ 빛의 밝기가 일정할 때 하나의 신경절세포에서 발생하는 신호의 세기는 일정하다.

09. <보기>의 실험에 대한 설명으로 적절한 것만을 있는 대로 고른 것은?

〈보 기〉

다음 그림은 ㉠의 실험에서 어느 순간 망막에 형성된 빛의 밝기 분포와 신경절세포의 출력 신호를 위치에 따라 나타낸 것이다. 그래프 a, b, c는 각각 서로 다른 조건에서 측정한 결과로서, b와 c는 속력이 같고 상과 주변의 밝기 차가 다르고, a는 속력이 다르다. a, b, c 모두 상의 이동 방향은 같다.

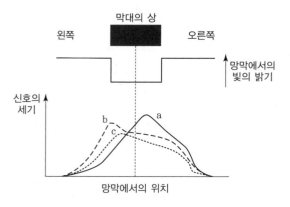

ㄱ. 상은 오른쪽에서 왼쪽으로 이동하고 있다.

ㄴ. 상의 속력은 a가 b보다 크다.

ㄷ. 상과 주변의 밝기 차는 b가 c보다 작다.

① ㄱ   ② ㄴ   ③ ㄷ

④ ㄱ, ㄴ   ⑤ ㄴ, ㄷ

10. 윗글을 바탕으로 '도롱뇽이 파리를 응시하는 상황'을 이해한 것으로 가장 적절한 것은?

① 날아가는 파리가 속력을 줄이면 상이 맺힌 위치의 개별 신경절세포에서의 시간 지연이 감소한다.

② 아래위로 천천히 움직이는 물체 위에 앉아 있는 도롱뇽은 수평으로 날아가는 파리의 움직임을 알아채지 못한다.

③ 배경이 밝고 파리의 색이 어두울수록 상의 위치와 신경절세포의 출력 신호가 최대가 되는 위치 사이의 오차가 크다.

④ 망막에 맺힌 날아가는 파리의 상에서 머리 부분에서 발생하는 신호의 증폭률은 몸통 부분에서 발생하는 신호의 증폭률보다 작다.

⑤ 도롱뇽이 눈을 깜박일 때, 정지한 파리의 상이 1/60초 동안 사라지면 파리의 상이 있던 위치의 신경절세포에서는 1/60초보다 오래 신호가 지속된다.

📖 가이드 & 정답 확인하기

가이드에 따라 지문과 문제를 분석하고 정답을 확인해 봅시다.

STEP 1 그래프 등장 이전에 설정되는 핵심적인 개념을 파악한다.

[첫 번째 문단] 고차원 시각 정보의 처리는 뇌 이전에 망막에서 시작된다.

> 개체의 생존을 위해서는 움직이는 물체의 시각 정보를 효율적으로 처리하는 것이 중요하다. 예를 들어 숲 속을 걸을 때 특별한 주의를 기울이지 않았음에도 복잡한 형태의 나무들 사이에서 작은 동물의 움직임을 재빨리 알아챌 수 있다. 나무는 움직이지 않으므로 시간차를 두고 획득한 두 이미지의 차이를 통해 그 움직임을 간단히 알아챌 수 있을 것 같지만, 실제로는 가만히 한곳을 응시하더라도 안구가 끊임없이 움직이고 있어 망막에 맺히는 이미지 전체가 시간에 따라 변하므로 더 정교한 정보 처리가 필요하다. 최근 미세전극이 일정한 간격으로 촘촘히 배열된 마이크로칩을 이용하여 망막에서 발생하는 전기적 신호를 실시간으로 관찰할 수 있게 되면서 이러한 고차원 시각 정보 처리가 뇌에서 전적으로 이루어지는 것이 아니라 망막에서 시작된다는 증거들이 발견되었다.

STEP 2 그래프가 설명할 수 있는 가설을 확인한다.

[두 번째 문단] 이미지 전체의 이동 경로와 같은 경로로 움직이느냐에 따른 차이를 신경절세포가 감지함으로써 망막은 작은 움직임도 빠르게 감지한다. (망막의 인지 메커니즘에 대한 소개)

> 망막은 어떻게 전체 이미지가 흔들리는 속에서 작은 동물의 움직임에 대한 정보를 골라내는 것일까? 망막에는 빛에 반응하는 광수용체세포와 일정한 영역에 분포한 여러 광수용체세포에 연결되어 최종 신호를 출력하는 신경절세포가 존재한다. 신경절세포 가운데 특정 종류는 각 세포가 감지하는 부분이 이미지 전체의 이동 경로와 같은 경로를 따라 움직일 때는 전기적 신호를 발생하지 않고 다른 경로를 따라 움직일 때만 신호를 발생한다. 안구의 움직임에 의한 상의 떨림은 망막 위에서 전체 이미지가 같은 방향으로 움직이는 변화를 만드는데, 작은 동물의 상은 이와는 이동 경로가 다르므로 그 부분에 분포한 특정 종류의 신경절세포만이 신호를 발생하게 되어 작은 움직임도 잘 볼 수 있게 된다.

〈망막의 운동 감지 메커니즘: 망막 위 신경절세포의 특정 종류〉
ⅰ) 물체의 이동경로와 배경 이미지의 이동경로가 일치한다. → 전기적 신호 발생하지 않음
ⅱ) 물체의 이동경로와 배경 이미지의 이동경로가 일치하지 않는다. → 전기적 신호 발생

[세 번째 문단] 테니스 공을 받아치는 과정을 통해 망막의 지각 메커니즘을 확인해 볼 것을 제안한다.

> 망막의 또 다른 신호 처리의 예로 움직이는 테니스공을 치는 경우를 생각해 보자. 충분한 밝기의 빛이 도달하더라도 망막에서 시각 정보가 처리되는 데 수십 분의 1초가 걸린다. 강하게 친 테니스공은 이 시간 동안 약 2m를 이동할 수 있어서 라켓을 벗어나기에 충분한데도 어떻게 그 공을 정확히 쳐 낼 수 있을까?

• 테니스공을 받아치는 과정을 통해 두 번째 문단에서 제시된 가설(망막의 운동 감지 메커니즘)을 검증해 보도록 합시다.

STEP 3 그래프와 연결되는 내용은 그래프를 통해서 이해한다.

[네 번째 문단] 신호 전달 과정에서 시간 지연이 발생함에도 물체의 운동 속도를 따라잡는 망막의 지각 능력

> 이를 알아보기 위해 연구자들은 ㉠마이크로칩 위에 올려진 도롱뇽의 망막에 막대 모양의 상을 맺히게 하고 상의 밝기와 이동속도 등을 변화시켜가며 망막에서 발생하는 신호를 측정하였다. **실험 ①** 폭이 0.13mm인 막대 모양의 상을 1/60초 동안만 맺히게 한 후에 상 아래에 위치한 하나의 신경절세포에서 출력되는 신호를 측정한 실험의 경우, 광수용체에서 전기 신호가 발생하고 여러 신경세포를 거치는 과정에서 시간 지연이 일어나므로, 상이 맺힌 순간부터 약 1/20초 후에 신경절세포에서 신호가 발생하기 시작하여 약 1/20초 동안 지속되었다. **실험 ②** 상을 일정한 속도로 움직이며 상의 이동 경로에 위치한 여러 신경절세포에서 발생하는 신호를 측정한 실험의 경우, 실제 상이 도달한 위치보다 더 앞에 위치한 신경절세포에서 신호가 발생하기 시작하여 상의 앞쪽 경계와 같은 위치 혹은 이보다 앞선 위치에서 신호가 최대가 되었다.

ⅰ) 실험 ①: 움직이지 않는 막대기 → '시간 지연'이 존재함을 확인
ⅱ) 실험 ②: 움직이는 막대기 → '시간 지연'이 존재함에도 막대기의 이동 속도를 신호가 따라잡 았음을 확인

[다섯 번째 문단] 출력 신호의 비대칭성으로 인해 시간 지연을 극복하고 물체의 이동과 동일한 혹은 앞선 지점에서 신호를 내보낼 수 있다.

> 개별 신경절세포의 시간 지연에도 불구하고 상의 앞쪽 경계에서 최대가 되는 모양의 신호를 만들기 위해서는 특별한 기제가 필요하다. 첫째는 신경절세포 반응의 시간 의존성이다. 즉, 밝기가 변화한 직후 신경절세포의 출력 신호가 최대가 되고 이후 점차 작아진다. 둘째, 신경절세포 신호증폭률의 동적 조절이다. 즉, 물체가 이동할 때 신경절세포는 물체의 이동 방향으로 가장 먼저 자극되는 광수용체의 신호를 크게 증폭하여 받아들이고 곧바로 증폭률을 떨어뜨려 신호의 세기를 줄여버린다. 상의 이동 경로에 위치한 신경절세포들에서 각각 이러한 기제에 따라 발생한 신호들이 합쳐져서 만들어지는 출력 신호는, 그 형태가 상의 앞쪽 경계면 혹은 그보다 앞선 지점에 대응하는 위치에서 그 세기가 최대가 되는 비대칭적인 모양이 된다.

ⅰ) 첫째, 신경절 세포 반응의 시간 의존성
ⅱ) 둘째, 신경절세포 신호증폭률의 동적 조절
 → 위 두 가지 메커니즘을 통해 물체의 이동 방향으로 출력 신호가 비대칭적으로 세지는 출력의 비대칭성이 발생하여 시간 지연에도 불구하고 물체의 이동 속도를 망막의 신호가 따라잡습니다.

[여섯 번째 문단] 물체와 주변의 밝기 차이가 너무 작거나 속력이 너무 크면, 시간 지연 보상을 통한 망막의 지각 메커니즘이 제대로 작동하지 않을 수 있다.

> 물체와 주변의 밝기 차이가 작거나 속력이 너무 커서 증폭률의 변화가 물체의 이동 속력에 맞추어 재빨리 이루어지지 못하면, 이러한 기제가 잘 작동하지 못하여 시간 지연에 대한 보상이 잘 이루어지지 않는다. 어두울수록, 그리고 테니스공이 빠르게 움직일수록 정확하게 맞히기 어려운 이유도 이와 관련이 있다.

ⅰ) 외부 변수 A: 물체와 주변의 밝기 차이
ⅱ) 외부 변수 B: 물체의 이동 속력
ⅲ) 결론: 외부 변수 A가 너무 작거나 외부 변수 B가 너무 크게 되면 신호증폭률의 비대칭성을 통한 시간 지연의 보상 메커니즘이 제대로 작동하지 않을 수 있음

★ 선생님 TIP

네 번째 문단, 다섯 번째 문단은 언어적 설명만으로는 이해하기가 어려운 단락의 내용이므로 09번 문제의 그림을 함께 보면서 이해하는 것이 훨씬 더 효과적입니다.

08번 문제를 풀이하면 다음과 같습니다.

① 다섯 번째 문단에 따르면 망막이 빠르게 운동하는 물체를 지각하는 핵심적인 메커니즘은 광수용체세포가 전달한 신호를 신경절세포가 그대로 전달하는 것이 아니라, 신경절세포가 비대칭적으로 신호를 전달함으로써 신호를 전달하는 과정에서 발생한 시간 지연을 보상하여 물체의 빠른 움직임을 따라잡는 것이었다. 따라서 광수용체에서 발생한 전기적 신호를 원래 세기대로 신경절세포가 출력한다는 ①의 설명은 다섯 번째 단락에서 제시된 망막의 지각 메커니즘의 가장 핵심적인 원리와 모순되는 서술이다.

② 첫 번째 문단에서 '실제로는 가만히 한곳을 응시하더라도 안구가 끊임없이 움직이고 있어 망막에 맺히는 이미지 전체가 시간에 따라 변하므로'라고 서술되었으므로 한곳을 가만히 응시할 때도 망막에 형성된 이미지가 반복적으로 떨리고 있을 것임을 유추할 수 있다.

③ 두 번째 문단에서 '특정 신경절세포'는 배경 이미지의 이동 방향과 물체의 이동 방향이 일치하지 않을 때에만 전기 신호를 발생한다고 하였으므로 배경 이미지와 물체가 동시에 정지해 있을 경우에 '특정 신경절세포'는 전기 신호를 발생하지 않을 것이다. 따라서 ③의 설명에 부합하는 사례가 존재하므로 적절하다.

④ 첫 번째 문단에서 '최근 마이크로칩을 이용하여 망막에서 발생하는 전기적 신호를 실시간으로 관찰할 수 있게 되면서'라고 서술되었으므로 마이크로칩은 빛을 전기적 신호로 전환하여 감지하는 것이 아니라 망막의 전기적 신호를 전기적 신호 그대로 감지하는 장치임을 확인할 수 있다.

⑤ 다섯 번째 문단에 따르면 신경절세포가 시간 지연을 보상할 수 있도록 전기 신호 발생의 비대칭성을 만들어내는 원리는 크게 두 가지이다. 첫째는 '신경절세포 반응의 시간 의존성'으로 밝기가 변화한 직후에 출력을 최대로 올리는 것이다. 둘째는 '신경절세포 신호증폭률의 동적 조절'로 물체의 이동 방향으로 먼저 자극되는 신호를 크게 증폭시키는 것이다. 빛의 밝기가 일정한 경우에 첫 번째 원리에 의한 신호 증폭은 발생하지 않지만, 두 번째 원리에 의한 신호 증폭은 발생할 것이므로 빛의 밝기가 일정하다고 해도 하나의 신경절세포에서 발생하는 신호의 세기는 일정하지 않다.

[정답] ③

09번 문제를 풀이하면 다음과 같습니다.

〈보 기〉

　다음 그림은 ㉠의 실험에서 어느 순간 망막에 형성된 빛의 밝기 분포와 신경절세포의 출력 신호를 위치에 따라 나타낸 것이다. 그래프 a, b, c는 각각 서로 다른 조건에서 측정한 결과로서, b와 c는 속력이 같고 상과 주변의 밝기 차가 다르고, a는 속력이 다르다. a, b, c 모두 상의 이동 방향은 같다.

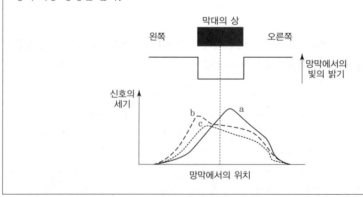

ㄱ. 반응이 완료된 경우에 신호 출력이 최대가 되는 지점은 물체가 이동하는 앞 경계면 혹은 앞 경계면보다 조금 더 앞에 위치한다고 지문에서 설명하였으므로, 막대의 상에서 왼쪽 경계면이 앞 경계면이 되어야 한다. 따라서 막대는 오른쪽에서 왼쪽으로 이동하였음을 유추할 수 있다.

ㄴ. 다섯 번째 단락에 따르면 밝기가 변화한 직후에 출력이 최대가 되고 이후 곧바로 출력을 감소시켜 상의 앞쪽 경계면 지점에서 신호가 최대가 되는 비대칭적 모양이 된다고 서술되었다. a, b, c의 신호의 세기의 형태를 비교해 볼 때, b와 c 그래프는 비대칭적이나 a의 그래프는 대칭적이다. 이는 b와 c의 그래프는 망막의 메커니즘이 정상적으로 작동한 상황인 반면, a는 정상적으로 작동하지 못한 상황임을 의미한다. 속력을 제외하고는 a, b, c의 모든 조건이 동일하므로 a는 b와 c보다 물체의 이동속력이 빨라 망막의 메커니즘이 정상적으로 작동하지 못하였음을 유추할 수 있다.

ㄷ. 배경과 물체의 밝기 차가 클수록 신호 출력의 비대칭성을 통한 시간 지연 보상의 메커니즘이 더 원활하게 작동한다고 하였는데, b와 c 중에서 신호 출력의 비대칭성이 더 크고 신호의 세기의 최댓값도 더 높은 것은 b이므로 b가 c보다 망막의 지각 메커니즘이 더 원활하게 작동하는 상황임을 추론할 수 있다. 따라서 상과 주변의 밝기 차는 b가 c보다 클 것이다.

[정답] ④

10번 문제를 풀이하면 다음과 같습니다.

① '시간 지연'은 광수용체에서 전기 신호가 발생하고 여러 신경세포를 거치는 과정에서 발생하는 것이므로 신경절세포의 반응과 관계없이 일정할 것이다. 물체의 속력 감소가 영향을 주는 것은 '시간 지연'이 아니라 '신경절세포의 시간 지연에 대한 보상'이다.

② 주어진 상황에서 배경 이미지는 수직으로 움직이고, 파리는 수평으로 움직인다. 망막은 배경 이미지와 물체 이미지의 운동 방향이 일치하느냐 여부를 기준으로 전기 신호를 발생하여 운동을 감지하므로 배경 이미지와 물체 이미지의 운동 방향이 일치하지 않은 상황에서는 망막이 지각 기능을 발휘하는 데 아무런 문제가 없으므로 도롱뇽은 파리의 움직임을 정확히 감지할 것이다.

③ 배경이 밝고 파리의 색이 어두울수록 밝기 차이가 크게 되고, 밝기 차이가 클수록 신경절세포의 시간 지연 보상 메커니즘은 더 원활하게 작동하므로 신경절세포의 출력 신호가 최대가 되는 위치와 상의 위치 사이의 오차는 줄어들 것이다.

④ 신호의 증폭률이 최대가 되는 지점은 물체의 운동 방향의 앞 경계면과 일치한다고 하였으므로 신호의 증폭률은 파리의 상에서 머리 부분이 몸통 부분에 비해 더 크게 될 것이다.

⑤ 지문에 따르면 신호의 전달 속도로 인해 1/20초의 시간 지연이 발생한다. 이는 정지한 파리의 상이 사라졌다는 정보가 신경절세포에 전달되기까지 1/20초의 시간이 소요된다는 의미이므로 파리의 상이 있던 위치의 신경절세포에서는 1/20초 동안 신호가 지속될 것이다. 1/20은 분모를 통분하면 3/60초로 1/60초보다 큰 값이므로 ⑤의 설명은 타당하다.

[정답] ⑤

[01~03] 다음 글을 읽고 물음에 답하시오.

21 LEET 문22~24

빈곤 퇴치와 경제성장에 관해 다양한 견해가 제시되고 있다. 빈곤의 원인으로 지리적 요인을 강조하는 삭스는 가난한 나라의 사람들이 '빈곤의 덫'에서 빠져나오기 위해 외국의 원조에 기초한 초기 지원과 투자가 필요하다고 주장한다. 그가 보기에 대부분의 가난한 나라들은 열대 지역에 위치하고 말라리아가 극심하여 사람들의 건강과 노동성과가 나쁘다. 이들은 소득 수준이 너무 낮아 영양 섭취나 위생, 의료, 교육에 쓸 돈이 부족하고 개량종자나 비료를 살 수 없어서 소득을 늘릴 수 없다. 이런 상황에서는, 초기 지원과 투자로 가난한 사람들이 빈곤의 덫에서 벗어나도록 해주어야만 생산성 향상이나 저축과 투자의 증대가 가능해져 소득이 늘 수 있다. 그런데 가난한 나라는 초기 지원과 투자를 위한 자금을 조달할 능력이 없기 때문에 외국의 원조가 필요하다는 것이다.

제도의 역할을 강조하는 경제학자들의 견해는 삭스와 다르다. 이스털리는 정부의 지원과 외국의 원조가 성장에 도움이 되지 않는다고 본다. 그는 '빈곤의 덫' 같은 것은 없으며, 빈곤을 해결하기 위해 경제가 성장하려면 자유로운 시장이 잘 작동해야 한다고 본다. 가난한 사람들이 필요를 느끼지 않는 상태에서 교육이나 의료에 정부가 지원한다고 해서 결과가 달라지지 않으며 개인들이 스스로 필요한 것을 선택하도록 해야 한다고 보기 때문이다. 마찬가지 이유로 이스털리는 외국의 원조에 대해서도 회의적인데, 특히 정부가 부패할 경우에 원조는 가난한 사람들의 처지를 개선하지는 못하고 부패를 더욱 악화시키는 결과만 초래한다고 본다. 이에 대해 삭스는 가난한 나라 사람들의 소득을 지원해 빈곤의 덫에서 빠져나오도록 해야 생활수준이 높아져 시민사회가 강화되고 법치주의가 확립될 수 있다고 주장한다.

빈곤의 원인이 나쁜 제도라고 생각하는 애쓰모글루도 외국의 원조에 대해 회의적이지만, 자유로운 시장에 맡겨 둔다고 나쁜 제도가 저절로 사라지는 것도 아니라고 본다. 그는 가난한 나라에서 경제성장에 적합한 좋은 경제제도가 채택되지 않는 이유가 정치제도 때문이라고 본다. 어떤 제도든 이득을 얻는 자와 손실을 보는 자를 낳으므로 제도의 채택 여부는 사회 전체의 이득이 아니라 정치권력을 가진 세력의 이득에 따라 결정된다는 것이다. 따라서 그는 지속적인 성장을 위해서는 사회 전체의 이익에 부합하는 경제제도가 채택될 수 있도록 정치제도가 먼저 변화해야 한다고 주장한다.

제도의 중요성을 강조한 나머지 외국의 역할과 관련해 극단적인 견해를 내놓는 경제학자들도 있다. 로머는 외부에서 변화를 수입해 나쁜 제도의 악순환을 끊는 하나의 방법으로 불모지를 외국인들에게 내주고 좋은 제도를 갖춘 새로운 도시로 개발하도록 하는 프로젝트를 제안한다. 콜리어는 경제 마비 상태에 이른 빈곤국들이 나쁜 경제제도와 정치제도의 악순환에 갇혀 있으므로 좋은 제도를 가진 외국이 군사 개입을 해서라도 그 악순환을 해소해야 한다고 주장한다.

배너지와 뒤플로 는 일반적인 해답의 모색 대신 "모든 문제에는 저마다 고유의 해답이 있다."는 관점에서 빈곤 문제에 접근해야 한다고 주장하고 구체적인 현실에 대한 올바른 이해에 기초한 정책을 강조한다. 두 사람은 나쁜 제도가 존재하는 상황에서도 제도와 정책을 개선할 여지는 많다고 본다. 이들은 현재 소득과 미래 소득 사이의 관계를 나타내는 곡선의 모양으로 빈곤의 덫에 대한 견해들을 설명한다. 덫이 없다는 견해는 이 곡선이 가파르게 올라가다가 완만해지는 '뒤집어진 L자 모양'이라고 생각함에 비해, 덫이 있다는 견해는 완만하다가 가파르게 오른 다음 다시 완만해지는 'S자 모양'이라고 생각한다는 것이다. 현실 세계가 뒤집어진 L자 모양의 곡선에 해당한다면 아무리 가난한 사람이라도 시간이 갈수록 점점 부유해진다. 이들을 지원하면 도달에 걸리는 시간을 조금 줄일 수 있을지 몰라도 결국 도달점은 지원하지 않는 경우와 같기 때문에 도움이 필요하다고 보기 어렵다. 그러나 S자 곡선의 경우, 소득 수준이 낮은 영역에 속하는 사람은 시간이 갈수록 소득 수준이 '낮은 균형'으로 수렴하므로 지원이 필요하다. 배너지와 뒤플로는 가난한 사람들이 빈곤의 덫에 갇혀 있는 경우도 있고 아닌 경우도 있으며, 덫에 갇히는 이유도 다양하다고 본다. 따라서 빈곤의 덫이 있는지 없는지 단정하지 말고, 특정 처방 이외에는 특성들이 동일한 복수의 표본집단을 구성함으로써 처방의 효과에 대한 엄격한 비교 분석을 수행하고, 지역과 처방을 달리하여 분석을 반복함으로써 이들이 어떻게 살아가는지, 도움이 필요한지, 처방에 대한 이들의 수요는 어떠한지 등을 파악해야 빈곤 퇴치에 도움이 되는 지식을 얻을 수 있다고 본다. 빈곤을 퇴치하지 못하는 원인이 빈곤에 대한 경제학 지식의 빈곤이라고 생각하는 것이다.

01. 윗글과 일치하지 않는 것은?

① 지리적 요인의 역할을 강조하는 경제학자라면 외국의 원조에 대해 긍정적이다.

② 제도의 역할을 강조하는 경제학자라 하더라도 자유로운 시장의 역할을 중시하는 경우도 있다.

③ 제도의 역할을 강조하는 경제학자라면 정치제도 변화가 경제성장을 위한 전제조건이라고 생각한다.

④ 제도의 역할을 강조하는 경제학자라 하더라도 외국이 성장에 미치는 역할을 중시하지 않는 경우도 있다.

⑤ 지리적 요인의 역할을 강조하는 경제학자만이 빈곤의 덫에서 빠져나오려면 초기 지원이 필요하다고 생각하는 것은 아니다.

02. 배너지와 뒤플로 의 입장을 설명한 것으로 가장 적절한 것은?

① 제도보다 정책을 중시한다는 점에서 애쓰모글루에 동의한다.

② 가난한 사람들의 수요를 중시한다는 점에서 이스털리에 동의한다.

③ 거대한 문제를 우선해서는 안 된다고 보는 점에서 콜리어에 동의한다.

④ 정부가 부패해도 정책이 성과를 낼 수 있다고 보는 점에서 삭스에 반대한다.

⑤ 빈곤 문제를 해결하는 일반적인 해답이 있다고 보는 점에서 로머에 동의한다.

03. 윗글을 바탕으로 <보기>를 이해한 것으로 적절하지 <u>않은</u> 것은?

─────〈 보 기〉─────

　아래 그래프에서 S자 곡선은 현재 소득과 미래 소득의 관계를 표시한 것이다(45°선은 현재 소득과 미래 소득이 같은 상태를 나타낸다). 특정 시기 t의 소득이 a1이라면 t+1 시기의 소득은 a2이고, t+2 시기의 소득은 a3임을 알 수 있다. S자 곡선에서는 복수의 균형이 존재한다. 여기서 '균형'이란 한 번 도달하면 거기서 벗어나지 않을 상태를 말한다. 물론 외부적 힘이 가해질 경우에는 균형에서 벗어날 수도 있다.

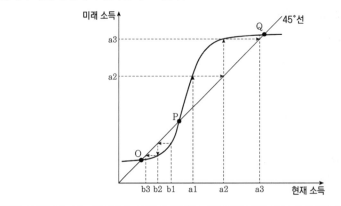

① 배너지와 뒤플로는 점 O를 '낮은 균형'이라고 보겠군.

② 삭스라면 지원으로 소득을 b3에서 b1으로 이동하도록 해야 한다고 보겠군.

③ 삭스라면 지원이 없을 경우에는 b3에서는 생산성이 향상되지 않는다고 보겠군.

④ 이스털리라면 점 P의 왼쪽 영역이 없는 세계를 상정하므로 점 P가 원점이라고 보겠군.

⑤ 이스털리라면 a1에서 지원이 이루어진다 해도 균형 상태의 소득 수준은 변하지 않는다고 보겠군.

　제도의 선택에 대한 설명에는, 합리적인 주체인 사회 구성원들이 사회 전체적으로 가장 이익이 되는 제도를 채택한다고 보는 효율성 시각과 이데올로기·경로의존성·정치적 과정 등으로 인해 효율적 제도의 선택이 일반적이지 않다고 보는 시각이 있다. 효율성 시각은 어떤 제도가 채택되고 지속될 때는 그만한 이유가 있을 것이라는 직관적 호소력을 갖지만, 전통적으로는 특정한 제도가 한 사회에 가장 이익이 되는 이유를 제시하는 설명에 그치고 체계적인 모델을 제시하지는 못했다고 할 수 있다. 이런 난점들을 극복하려는 제도가능곡선 모델은, 해결하려는 문제에 따라 동일한 사회에서 다른 제도가 채택되거나 또는 동일한 문제를 해결하기 위해 사회에 따라 다른 제도가 선택되는 이유를 효율성 시각에서도 설명할 수 있게 해 준다.

　바람직한 제도에 대한 전통적인 생각은 시장과 정부 가운데 어느 것을 선택해야 할 것인가를 중심으로 이루어졌다. 그러나 제도가능곡선 모델은 자유방임에 따른 무질서의 비용과 국가 개입에 따른 독재의 비용을 통제하는 데에는 기본적으로 상충관계가 존재한다는 점에 착안한다. 힘세고 교활한 이웃이 개인의 안전과 재산권을 침해할 가능성을 줄이려면 국가 개입에 의한 개인의 자유 침해 가능성이 증가하는 것이 일반적이라는 것이다. 이런 상충관계에 주목하여 이 모델은 무질서로 인한 사회적 비용(무질서 비용)과 독재로 인한 사회적 비용(독재 비용)을 합한 총비용을 최소화하는 제도를 효율적 제도라고 본다.

　가로축과 세로축이 각각 독재 비용과 무질서 비용을 나타내는 평면에서 특정한 하나의 문제를 해결하기 위한 여러 제도들을 국가 개입 정도 순으로 배열한 곡선을 생각해 보자. 이 곡선의 한 점은 어떤 제도를 국가 개입의 증가 없이 도달할 수 있는 최소한의 무질서 비용으로 나타낸 것이다. 이 곡선은 한 사회의 제도적 가능성, 즉 국가 개입을 점진적으로 증가시키는 제도의 변화를 통해 얼마나 많은 무질서를 감소시킬 수 있는지를 나타내므로 ㉠ 제도가능곡선이라 부를 수 있다. 이때 무질서 비용과 독재 비용을 합한 총비용의 일정한 수준을 나타내는 기울기 −1의 직선과 제도가능곡선의 접점에 해당하는 제도가 선택되는 것이 효율적 제도의 선택이다. 이 모델은 기본적으로 이 곡선이 원점 방향으로 볼록한 모양이라고 가정한다.

　제도가능곡선 위의 점들 가운데 대표적인 제도들을 공적인 통제의 정도에 따라 순서대로 나열하자면 1) 각자의 이익을 추구하는 경제주체들의 동기, 즉 시장의 규율에 맡기는 사적 질서, 2) 피해자가 가해자에게 소(訴)를 제기하여 일반적인 민법 원칙에 따라 법원에서 문제를 해결하는 민사소송, 3) 경제주체들이 해서는 안 될 것과 해야 할 것, 위반 시 처벌을 구체적으로 명기한 규제법을 규제당국이 집행하는 정부 규제, 4) 민간 경제주체의 특정 행위를 금지하고 국가가 그 행위를 담당하는 국유화 등을 들 수 있다. 이 네 가지는 대표적인 제도들이고 현실적으로는 이들이 혼합된 제도도 가능하다.

　무질서와 독재로 인한 사회적 총비용의 수준은 곡선의 모양보다 위치에 의해 더 크게 영향을 받는데, 그 위치를 결정하는 것은 구성원들 사이에 갈등을 해결하고 협력을 달성할 수 있는 한 사회의 능력, 즉 시민적 자본이다. 따라서 불평등이 강화되거나 갈등 해결 능력이 약화되는 역사적 변화를 경험하면 이 곡선이 원점에서 멀어지는 방향으로 이동한다. 이러한 능력이 일종의 제약 조건이라면, 어떤 제도가 효율적일 것인지는 제도가능곡선의 모양에 의해 결정된다. 그런데 동일한 문제를 해결하기 위한 제도가능곡선이라 하더라도 그 모양은 국가나 산업마다 다르기 때문에 같은 문제를 해결하기 위한 제도가 국가와 산업에 따라 다를 수 있다. 예컨대 국가 개입이 동일한 정도로 증가했을 때, 개입의 효과가 큰 정부를 가진 국가(A)는 그렇지 않은 국가(B)에 비해 무질서 비용이 더 많이 감소한다. 그러므로 전자가 후자에 비해 곡선의 모양이 더 가파르고 곡선상의 더 오른쪽에서 접점이 형성된다.

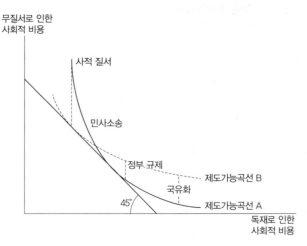

무질서로 인한
사회적 비용

사적 질서

민사소송

정부 규제

제도가능곡선 B

국유화

제도가능곡선 A

45°

독재로 인한
사회적 비용

　　제도가능곡선 모델의 제안자들은 효율적 제도가 선택되지 않는 경우도 많다는 것을 인정한다. 그러나 자생적인 제도 변화의 이해를 위해서는 효율성의 개념을 재정립한 제도가능곡선 모델을 통해 효율성 시각에서 제도의 선택에 대해 체계적인 설명을 제시하는 것이 중요하다고 본다.

04. 윗글의 내용과 일치하는 것은?

① 제도가능곡선 모델은 시장과 정부를 이분법적으로 파악하는 전통에서 탈피하여 제도의 선택을 이해한다.

② 제도가능곡선 모델에 따르면 어떤 제도가 효율적인지는 문제의 특성이 아니라 사회의 특성에 의해 결정된다.

③ 제도가능곡선 모델 제안자들은 항상 효율적 제도가 선택된다고 보아 효율적 제도의 선택에 대한 설명에 집중한다.

④ 제도가능곡선 모델은 특정한 제도가 선택되는 이유를 설명하지만, 제도가 채택되는 일반적인 체계에 대한 설명을 제시하지는 않는다.

⑤ 제도가능곡선 모델은 효율성 시각에 속하지만, 사회 전체적으로 가장 이익이 되는 제도가 선택된다고 설명하지는 않는다는 점에서 효율성 개념을 재정립한다.

05. ㉠에 대한 설명을 바탕으로 추론한 것으로 적절하지 <u>않은</u> 것은?

① 민사소송과 정부 규제가 혼합된 제도가 효율적 제도라면, 민사 소송이나 정부 규제는 이 제도보다 무질서 비용과 독재 비용을 합한 값이 더 클 수밖에 없다.

② 시민적 자본이 풍부한 사회에서 비효율적인 제도보다 시민적 자본의 수준이 낮은 사회에서 효율적인 제도가 무질서와 독재로 인한 사회적 총비용이 더 클 수 있다.

③ 정부에 대한 언론의 감시 및 비판 기능이 잘 작동하여 개인의 자유에 대한 침해 가능성이 낮은 사회는 그렇지 않은 사회보다 곡선상의 더 왼쪽에 위치한 제도가 효율적이다.

④ 교도소 운영을 국가가 아니라 민간이 맡았을 때 재소자의 권리가 유린되거나 처우가 불공평해질 위험이 너무 커진다면 곡선이 가팔라서 접점이 곡선의 오른쪽에서 형성되기 쉽다.

⑤ 경제주체들이 교활하게 사적 이익을 추구함으로써 평판이 나빠져 장기적인 이익이 줄어들 것을 염려해 스스로 바람직한 행위를 선택할 가능성이 큰 산업의 경우에는 접점이 곡선의 왼쪽에서 형성되기 쉽다.

06. 제도가능곡선 모델 을 바탕으로 <보기>에 대해 반응한 것으로 적절하지 <u>않은</u> 것은?

─〈보 기〉─

　　19세기 후반에 미국에서는 새롭게 발달한 철도회사와 대기업들이 고객과 노동자들에게 피해를 주고 경쟁자들의 진입을 막으며 소송이 일어나면 값비싼 변호사를 고용하거나 판사를 매수하는 일이 다반사로 일어났다. 이에 대한 대응으로 19세기 말~20세기 초에 진행된 진보주의 운동으로 인해 규제국가가 탄생하였다. 소송 당사자들 사이에 불평등이 심하지 않았던 때에는 민사소송이 담당했던 독과점, 철도 요금 책정, 작업장 안전, 식품 및 의약품의 안전성 등과 같은 많은 문제들에 대한 사회적 통제를, 연방정부와 주정부의 규제당국들이 담당하게 된 것이다.

① 철도회사와 대기업이 발달하면서 제도가능곡선이 원점에 더 가까워지는 방향으로 이동했군.

② 철도회사와 대기업이 발달하기 전에는 많은 문제의 해결을 민사 소송에 의존하는 것이 효율적이었군.

③ 규제국가의 탄생으로 인해 무질서 비용과 독재 비용을 합한 사회적 총비용이 19세기 후반보다 줄었군.

④ 규제국가는 많은 문제에서 제도가능곡선의 모양과 위치가 변화한 것에 대응하여 효율적 제도를 선택한 결과였군.

⑤ 철도회사와 대기업이 발달한 이후에 소송 당사자들 사이의 불평등과 사법부의 부패가 심해짐에 따라 제도가능곡선의 모양이 더욱 가팔라졌군.

생명체가 다양한 구조와 기능을 갖는 기관을 형성하기 위해서는 수많은 세포들 간의 상호 작용을 통해 세포의 운명을 결정하는 과정이 필요하다. 사람의 경우 눈은 항상 코 위에, 입은 코 아래쪽에 위치한다. 이렇게 되기 위해서는 특정 세포군이 위치 정보를 획득하고 해석한 후 각 세포가 갖고 있는 유전 정보를 이용하여 자신의 운명을 결정함으로써 각 기관을 정확한 위치에 형성되게 하는 과정이 필수적이다. 세포 운명을 결정하는 다양한 방법이 존재하지만, 가장 간단한 방법은 어떤 특정 형태로 분화하게 하는 형태발생물질(morphogen)의 농도 구배(concentration gradient)를 이용하는 것이다. 형태발생물질은 세포나 특정 조직으로부터 분비되는 단백질로서 대부분의 경우에 그 단백질의 농도 구배에 따라 주변의 세포 운명이 결정된다. 예를 들어 뇌의 발생 초기 형태인 신경관의 위쪽에서 아래쪽으로 지붕판세포, 사이신경세포, 운동신경세포, 신경세포, 바닥판세포가 순서대로 발생하게 되는데, 이러한 서로 다른 세포로의 예정된 분화는 신경관 아래쪽에 있는 척색에서 분비되는 형태발생물질인 Shh의 농도 구배에 의해 결정된다(〈그림 1〉). 척색에서 Shh가 분비되기 때문에 척색으로부터 멀어질수록 Shh의 농도가 점차 낮아지게 되어서, 그 농도의 높고 낮음에 따라 척색 근처의 신경관에 있는 세포는 바닥판세포로, 그 다음 세포는 신경세포 및 운동신경세포로 세포 운명이 결정된다.

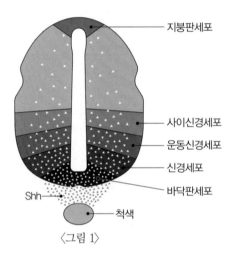

〈그림 1〉

한 개체의 세포가 모두 동일한 유전자를 갖고 있음에도 불구하고 서로 다른 세포 운명을 택하게 되는 것은 농도 구배에 대응하여 활성화되는 전사인자의 종류가 다른 것으로 설명할 수 있다. 전사인자는 유전정보를 갖고 있는 DNA의 특이적인 염기 서열을 인식하여 특정 부분의 DNA로부터 mRNA를 만드는 작용을 하고, 이 mRNA의 정보를 바탕으로 단백질이 만들어진다. 예를 들어 Shh의 농도가 특정 역치 이상이 되면 A전사인자가 활성화되고 역치 이하인 경우는 B전사인자가 활성화되면, A전사인자에 의해 바닥판세포의 형성에 필요한 mRNA와 단백질이 합성되고, B전사인자에 의해 운동신경세포로 분화하는 데 필요한 mRNA와 단백질이 만들어지게 되어 서로 다른 세포 운명이 결정될 수 있는 것이다.

하지만 최근의 연구 결과에 의하면 일부의 형태발생물질이 단순한 확산에 의하여 농도 구배를 형성하지 않고 특정 형태의 매개체를 통하여 이동한다는 사실이 보고되었다. 가령 초파리 배아의 특정 발생 단계에서 합성되는 Wg라는 형태발생물질은 합성되는 장소를 기점으로 앞쪽으로만 비대칭적으로 전달된다(〈그림 2-1〉). 만약 단순한 확산에 의해 농도 구배가 형성된다면 Wg 형태발생물질이 합성되는 곳의 앞쪽 및 뒤쪽으로 농도 구배가 형성될 것을 예상할 수 있지만(〈그림 2-2〉), 실제로 〈그림 2-1〉에서 보이는 바와 같이 Wg가 뒤쪽으로는 이동하지 않고 앞쪽으로만 분포하는 현상이 관찰되었다.

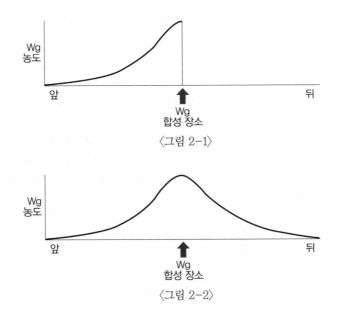

〈그림 2-1〉

〈그림 2-2〉

여러 가지 실험 결과를 바탕으로 초파리 배아에서 이러한 비대칭적인 전달을 설명하는 모델로서 아래와 같은 가설이 제시되었다.

(1) 수용체에 의한 전달: 형태발생물질을 분비하는 세포 옆에 있는 세포의 표면에 있는 수용체가 형태발생물질을 인식하고 그 다음 세포의 수용체에 형태발생물질을 넘겨준다고 보는 가설이다. 이때 수용체의 양이 이미 비대칭적으로 분포하고 있다면 수용체에 부착된 형태발생물질의 농도 구배가 이루어질 수 있다.

(2) 세포막에 둘러싸인 소낭의 흡수에 의한 전달: 형태발생물질을 분비하는 세포에서 형태발생물질이 소낭, 즉 작은 주머니에 싸여 앞쪽의 세포로만 단계적으로 전달된다고 보는 가설이다. 이 과정에서 형태발생물질의 일부만이 다음 세포로 전달되면 비대칭적 농도 구배가 이루어질 수 있다.

우리 몸을 구성하는 각 기관의 세포 조성이 다르고 서로 다른 발생 단계에서 각 세포가 처해 있는 환경이 다르므로 위에서 제시한 형태발생물질 농도 구배의 형성을 한 가지 모델로만 설명하는 것은 불가능하다. 특정 발생 단계에서는 단순한 확산에 의해서 농도 구배를 형성하고, 다른 환경이나 발생 단계에서는 위에서 기술한 비대칭적 이동에 의해 형태발생물질의 농도 구배가 형성된다고 설명하는 것이 타당하다. 하지만 어떤 방법에 의해서든지 형태발생물질의 농도 구배의 형성은 각각의 농도에 따른 서로 다른 유전자의 발현을 촉진함으로써 다양한 세포 및 기관의 형성 결정에 기여한다.

07. 윗글의 내용과 일치하지 <u>않는</u> 것은?

① 구형의 수정란은 형태발생물질의 도움으로 신체 구조의 전후 좌우가 비대칭적인 성체로 발생하게 된다.

② 단순 확산으로 전달되는 형태발생물질의 농도는 형태발생물질 분비 조직과의 물리적 거리에 반비례한다.

③ 모든 세포는 동일한 유전자를 가지고 있지만 특정 전사인자의 활성화 여부에 따라 서로 다른 단백질을 만들어낸다.

④ 형태발생물질의 비대칭적 확산을 위해서는 형태발생물질 분비 조직의 주변 세포에 있는 수용체 또는 소낭의 역할이 필요하다.

⑤ 형태발생물질은 척색이 있는 동물의 발생에서는 단순 확산의 형태로, 초파리와 같은 무척추동물의 발생에서는 비대칭적 확산의 형태로 주로 쓰인다.

08. 윗글을 바탕으로 추론한 것으로 타당한 것을 <보기>에서 고른 것은?

〈보 기〉

ㄱ. 신경관을 이루는 세포들의 운명이 결정되기 전에 척색을 제거하면 바닥판세포가 형성되지 않을 것이다.

ㄴ. 신경관을 이루는 세포들의 운명이 결정되기 전에 척색을 다른 위치로 이동하면 그 위치와 가장 가까운 곳에서 지붕판세포가 생길 것이다.

ㄷ. 분화되지 않은 신경관에 있는 세포들을, 바닥판세포를 형성하는 Shh의 역치보다 높은 농도의 Shh와 함께 배양하면 사이신경세포보다 바닥판세포가 더 많이 형성될 것이다.

ㄹ. 운동신경세포를 결정짓는 Shh 농도의 역치는 사이신경세포를 결정짓는 Shh 농도의 역치보다 낮을 것이다.

① ㄱ, ㄷ ② ㄱ, ㄹ ③ ㄴ, ㄷ
④ ㄴ, ㄹ ⑤ ㄷ, ㄹ

09. 초파리 배아의 발생 과정에 관하여 추론한 것으로 타당한 것은?

① Wg 수용체의 비대칭적 분포는 Wg의 농도 구배에 기인한다.

② Wg를 발현하는 세포로부터 앞쪽으로 멀어질수록 Wg 수용체의 농도는 높다.

③ 소낭에 의해 전달되는 Wg의 양은 Wg를 발현하는 세포에서 멀어질수록 많다.

④ Wg 합성 장소에서 앞쪽과 뒤쪽으로 같은 거리만큼 떨어진 두 세포에서 만들어지는 mRNA는 동일하다.

⑤ Wg 수용체 유전자 또는 소낭을 통해 Wg 수송을 촉진하는 유전자는 Wg 합성 장소 앞쪽에서 발현한다.

정답 및 해설 p.10

패턴 4 수치계량형 지문

1 패턴 소개

LEET가 과거 MDEET나 PSAT과는 비교가 안 될 만큼 높은 수준의 시험이라는 특징은 **수치계량형 지문**에서 드러납니다. 수치계량형 지문에서는 일정 수준의 수학적 계산을 요구하면서 수리적 감각을 필요로 하는 수리 퀴즈 문제가 등장하기 때문입니다. 이러한 수리 퀴즈 문제는 LEET 추리논증이나 PSAT 상황판단에도 등장하기는 하지만, LEET 언어이해의 수치계량형 지문에서 등장하는 수리 퀴즈형 문제는 훨씬 더 긴 지문의 내용을 바탕으로 하기 때문에 그 문제의 수준이 훨씬 더 높습니다. 따라서 LEET 언어이해에서 그 어떠한 시험보다도 난도가 높고 고차원적인 수리 퀴즈 문제가 등장할 수 있다는 것을 염두에 두고 대비해야 합니다.

수치계량형 지문은 LEET 추리논증이나 PSAT에서 등장하는 수리 퀴즈 문제의 지문의 양이 확대되어 출제되는 문제라고 간주하고 문제에 접근해야 합니다. 지문은 수리 퀴즈의 규칙을 설명해 주는데, 그 수리 퀴즈의 핵심 원리를 이해하는 것이 가장 중요합니다. 한 지문당 세 문제 중에서 첫 번째 문제는 사실 확인 문제일 것이지만, 난도가 높지 않을 것입니다. 수치계량형 지문에서 사실 확인 문제를 고난도로 만드는 것은 한계가 분명하기 때문입니다. 나머지 두 문제는 수리 퀴즈 문제로 출제될 것인데, 한 문제는 계산형 수리 퀴즈 문제, 한 문제는 추론형 수리 퀴즈 문제로 출제됩니다. **계산형 수리 퀴즈 문제**는 지문에서 설명하는 규칙을 잘 이해했는지 묻는 것이 핵심이고, **추론형 수리 퀴즈 문제**는 지문에서 설명하는 내용을 새로운 상황에 적용할 수 있는지 묻는 문제입니다.

수치계량형 지문에서는 반드시 두 가지 구성요소가 글 안에 등장할 것입니다. 첫 번째는 **수리적 공식**이고, 두 번째는 **구체적인 사례**입니다. 글 전체를 읽었을 때 이 두 가지 사항이 반드시 머리에 남아야 합니다. 수학적 규칙에 대한 설명은 구체적인 사례를 제시하지 않고서는 그 규칙을 상대방에게 이해시키기가 굉장히 어렵습니다. 따라서 내가 이해한 수리적 공식을 직접 지문에 제시된 사례로 확인해 보는 방식으로 수리적 공식을 정확히 이해했는지를 테스트해 보면 됩니다.

특히 LEET 언어이해에 등장하는 과학 지문은 다른 시험과 달리 과학적 개념을 이해하는 것에서 그치는 것이 아니라, 직접적인 수학적 계산을 요구한다는 점에서 다른 시험의 과학 지문과 비교가 되지 않을 만큼 난도가 높습니다. 고득점을 목표로 하는 학생은 이러한 LEET 언어이해 특유의 수치계량형 지문까지 충분한 대비가 되어 있어야 합니다.

2 대표 기출문제

출제시기	소재 및 문제 번호
2021학년도	바르부르크 효과(홀수형 25~27번)
2020학년도	랑데부의 물리학적 배경(홀수형 25~27번)
	연륜연대학의 사법적 역할(홀수형 28~30번)
2018학년도	DNA 컴퓨팅을 이용한 해밀턴 경로 문제 해결(홀수형 07~09번)
2015학년도	해수에 의한 빙붕 바닥의 용해량 측정 방법(홀수형 11~13번)
2014학년도	모바일 무선 통신과 전파의 주파수(홀수형 33~35번)
2013학년도	탐사를 통한 수성의 내부 구조 추정(홀수형 19~21번)
2011학년도	화음 조성의 원리와 선법 음악(홀수형 21~23번)
2010학년도	거리 행렬을 이용한 계통수 작성법(홀수형 10~12번)
2009학년도	계량적 방법론을 통한 정당 수 산정(홀수형 32~34번)

3 독해 전략

STEP 1 | 수리적 공식이 등장하기 이전까지 배경 설명을 이해한다.

✓ 지문을 읽고 어떠한 이론적&상황적 배경에서 수학적 공식이 등장하게 되었는지를 이해해야 한다. 첫 번째 문제로 출제되는 사실 확인 문제가 주로 이 부분에서 출제될 것이다.

▼

STEP 2 | 지문의 중심부에 제시된 수리적 공식을 이해한다.

✓ 수치계량형 문제의 가장 핵심적인 부분인 수리적 공식을 이해하지 않고서는 지문에 딸린 3문제 중 2문제는 손도 댈 수 없다. 수리적 공식을 이해하는 가장 좋은 방법은 그 공식의 원리를 단번에 이해 하는 것이지만, 단번에 이해가 어려울 경우에는 뒤에 추가적으로 제시되는 사례에 적용하여 이해 하는 방법이 좋다.

▼

STEP 3 | 수리적 공식이 적용된 구체적인 케이스를 이해한다.

✓ 수리적 공식이 제시되었다면 이제 그 공식이 적용되는 구체적인 사례가 등장할 것이다. 수리적 공 식과 구체적인 케이스는 마치 왼손과 오른손이 상보적으로 작용하듯이 우리의 이해를 도와줄 것이 다. 반드시 둘을 함께 연결하여 이해해야 지문에서 말하고자 하는 바를 완벽하게 이해할 수 있다.

이 문제는 반드시 출제된다!
- 계산형 수리 퀴즈 문제
- 추론형 수리 퀴즈 문제

❹ 문제에 적용해보기

독해 전략을 적용하여 연습문제를 풀이해 봅시다.

지문 요약 연습

연습문제를 풀이하면서 지문의 각 문단을 요약해 보세요.

연습문제 1

[01~03] 다음 글을 읽고 물음에 답하시오.

15 LEET 문11~13

남극 대륙에는 모두 녹을 경우 해수면을 57미터 높일 정도의 얼음이 쌓여 있다. 그 중에서 빙붕(ice shelf)이란 육지를 수 킬로미터 두께로 덮고 있는 얼음 덩어리인 빙상(ice sheet)이 중력에 의해 해안으로 밀려 내려가다가 육지에 걸친 채로 바다 위에 떠 있는 부분을 말한다. 남극 대륙에서 해안선의 약 75%가 빙붕으로 덮여 있는데, 그 두께는 100~1,000미터이다. 시간에 따른 빙붕 질량의 변화는 지구 온난화와 관련하여 기후학적으로 매우 중요한 요소이다. 빙붕에서 얼음의 양이 줄어드는 요인으로서 빙산으로 조각나 떨어져 나오는 얼음의 양은 비교적 잘 측정되고 있지만, 빙붕 바닥에서 따뜻한 해수의 영향으로 얼음이 얼마나 녹아 없어지는가는 그동안 잘 알려지지 않았다. 빙붕 아래쪽은 접근하기가 어려워 현장 조사가 제한적이기 때문이다. 더구나 최근에는 남극 대륙 주변의 바람의 방향이 바뀌면서 더 따뜻한 해수가 빙붕 아래로 들어오고 있어서 이에 대한 정확한 측정이 요구된다. 빙붕 바닥에서 얼음이 녹는 양은 해수면 상승에 영향을 미치기 때문이다.

육지에서 흘러내려와 빙붕이 되는 얼음의 질량(A)과 빙붕 위로 쌓이는 눈의 질량(B)은 빙붕의 얼음을 증가시키는 요인이 된다. 반면에 빙산으로 부서져 소멸되는 질량(C)과 빙붕의 바닥에서 녹는 질량(D)은 빙붕의 얼음을 감소시킨다. 이 네 가지 요인으로 인하여 빙붕 전체 질량의 변화량(E)이 결정된다. 남극 빙붕에서 생성되고 소멸되는 얼음의 질량에 대한 정확한 측정은 인공위성 관측 자료가 풍부해진 최근에야 가능하게 되었다.

A는 빙붕과 육지가 만나는 경계선에서 얼음의 유속과 두께를 측정하여 계산한다. 얼음의 유속은 일정한 시간 간격을 두고 인공위성 레이더로 촬영된 두 영상 자료의 차이를 이용하여 수 센티미터의 움직임까지 정확하게 구할 수 있다. 얼음의 두께는 먼저 인공위성 고도계를 통해 물 위에 떠 있는 얼음의 높이를 구하고, 해수와 얼음의 밀도 차에 따른 부력을 고려하여 계산한다. B는 빙붕 표면에서 시추하여 얻은 얼음 코어와 기후 예측 모델을 통해 구할 수 있는데, 그 정확도는 비교적 높다. C는 떨어져 나오는 빙산의 면적과 두께를 이용하여 측정할 수도 있으나, 빙산의 움직임이 빠를 경우 그 위치를 추적하기 어렵고 해수의 작용으로 빙산이 빠르게 녹기 때문에 이 방법으로는 정확한 측정이 쉽지 않다. 따라서 보다 정밀한 측정을 위해 빙붕의 끝 자락에서 육지 쪽으로 수 킬로미터 상부에 위치한 임의의 기준선에서 측정된 얼음의 유속과 두께를 통해 구하는 방식으로 장기적으로 신뢰할 만한 값을 구한다. E는 빙붕의 면적과 두께를 통해 구하며, 이 모든 요소를 고려하여 D를 계산한다.

연구 결과, 남극 대륙 전체의 빙붕들에서 1년 동안의 A는 2조 490억 톤, B는 4,440억 톤, C는 1조 3,210억 톤, D는 1조 4,540억 톤이며, E는 −2,820억 톤인 것으로 나타났다. 남극 대륙 빙붕의 질량 감소 요인 중에서 D가 차지하는 비율인 R 값을 살펴보면, 남극 대륙 전체의 평균은 52%이지만, 지역에 따라 10%에서 90%에 이르는 극명한 차이를 보인다. 남극 대륙 전체 해역을 경도에 따라 4등분할 때, 서남극에 위치한 파인 아일랜드 빙붕과 크로슨 빙붕 같은 소형 빙붕들에서 R 값의 평균은 74%를 보였고, 그 외 지역에서는 40% 내외였다. 특히 남극에서 빙산의 3분의 1을 생산해 내는 가장 큰 빙붕으로 북남극과 서남극에 걸친 필크너-론 빙붕, 남남극의 로스 빙붕에서 R 값은 17%밖에 되지 않았다.

남극 전체 빙붕의 91%의 면적을 차지하는 상위 10개의 대형 빙붕에서는 남극 전체 D 값 중 50% 정도밖에 발생하지 않으며, 나머지는 9% 면적을 차지하는 소형 빙붕들에서 발생한다. 이는 소형 빙붕들이 상대적으로 수온이 높은 서남극 해역에 많이 분포하고 있기 때문이다. 따라서 대형 빙붕들 위주로 조사한 데이터를 면적 비율에 따라 남극 전체에 확대 적용해 온 기존의 연구 결과에는 남극 전체의 D 값이 실제와 큰 ㉠오차가 있었을 것이다.

빙붕의 단위 면적당 D 값인 S 값을 살펴보면, 남극 전체에서 1년에 약 0.81미터 두께의 빙붕 바닥이 녹아서 없어지는 것으로 나타났으며, 지역적으로는 0.07~15.96미터로 편차가 컸다. 특히 서남극의 소형 빙붕에서는 매우 큰 값을 보여 주었으나, 다른 지역의 대형 빙붕은 작은 값을 보였다. 이는 빙붕 바닥에서 육지와 맞닿은 곳 근처에서는 얼음이 녹고, 육지에서 멀리 떨어진 곳에서는 해수의 결빙이 이루어지기 때문이다.

사실 확인

01. A~E를 구하는 과정에 대한 설명으로 옳지 않은 것은?

① A는 수면 위의 빙붕의 높이에 관한 정보를 활용하여 구한다.

② B는 빙붕에서 직접 채취한 시료를 이용하여 추정한 값으로 구한다.

③ C는 떨어져 나온 빙산 양을 추적하는 방식으로는 정확하게 구하기 쉽지 않다.

④ D는 해수의 온도와 해수 속에서 녹는 얼음의 양을 직접 측정하여 구한다.

⑤ E는 빙붕의 두께 변화에 대한 정보를 얻어야 측정할 수 있다.

계산형 수리 퀴즈

02. ㉠과 관련하여 추론한 것으로 적절하지 않은 것은?

① 남극 전체의 S 값이 실제 값보다 작게 파악되는 결과를 초래했다.

② 남극 전체의 R 값이 실제 값보다 작게 파악되는 결과를 초래했다.

③ 파인 아일랜드 빙붕의 R 값이 실제 값보다 작게 파악된 것과 같은 이유 때문에 발생했다.

④ 크로슨 빙붕의 S 값이 실제 값보다 작게 파악된 것과 같은 이유 때문에 발생했다.

⑤ 로스 빙붕의 R 값이 실제 값보다 작게 파악된 것과 같은 이유 때문에 발생했다.

추론형 수리 퀴즈

03. 윗글을 바탕으로 <보기>에 대해 논의한 것으로 옳은 것은?

―〈보 기〉―

　최근의 한 연구에서 서남극에서 녹는 얼음이 몇 세기에 걸쳐 멈출 수 없는 해수면 상승을 일으킬 가능성이 높은 것으로 나타났다. 이 지역에는 모두 녹으면 해수면을 5미터 상승시킬 얼음이 분포한다. 이곳에 위치한 아문센 해는 해저 지형이 해수가 진입하기 좋게 형성되어 있어서 해수가 빙붕을 녹이는 데 용이한 조건을 구비하고 있다. 더구나 이곳에는 빙붕의 진행을 막아 줄 섬도 없어 미끄러져 내려오는 빙상을 저지하지 못하기 때문에 해수에 녹아 들어가는 빙붕의 양은 계속 많아질 전망이다.

① 아문센 해 인근의 해안에는 대형 빙붕들이 많이 분포할 것이다.

② 아문센 해에서는 빙붕의 두께가 줄어드는 속도가 남극 대륙의 평균값보다 클 것이다.

③ 아문센 해 인근의 빙붕의 바닥이 빠르게 녹으면서 인접한 빙상이 수년 내에 고갈될 것이다.

④ 서남극의 얼음 총량이 다른 남극 지역보다 더 많기 때문에 해수면 상승 효과가 더 클 것이다.

⑤ 서남극에서 빙상의 이동 속도가 증가하는 것은 떨어져 나가는 빙산의 양을 통해 알 수 있을 것이다.

🏛 가이드 & 정답 확인하기

가이드에 따라 지문과 문제를 분석하고 정답을 확인해 봅시다.

STEP 1 수리적 공식이 등장하기 이전까지 배경 설명을 이해한다.

[첫 번째 문단] 빙붕의 바닥이 해수에 의해 녹는 양에 대한 정확한 측정의 필요성

남극 대륙에는 모두 녹을 경우 해수면을 57미터 높일 정도의 얼음이 쌓여 있다. 그 중에서 빙붕(ice shelf)이란 육지를 수 킬로미터 두께로 덮고 있는 얼음 덩어리인 빙상(ice sheet)이 중력에 의해 해안으로 밀려 내려가다가 육지에 걸친 채로 바다 위에 떠 있는 부분을 말한다. 남극 대륙에서 해안선의 약 75%가 빙붕으로 덮여 있는데, 그 두께는 100~1,000미터이다. 시간에 따른 빙붕 질량의 변화는 지구 온난화와 관련하여 기후학적으로 매우 중요한 요소이다. 빙붕에서 얼음의 양이 줄어드는 요인으로서 빙산으로 조각나 떨어져 나오는 얼음의 양은 비교적 잘 측정되고 있지만, 빙붕 바닥에서 따뜻한 해수의 영향으로 얼음이 얼마나 녹아 없어지는가는 그동안 잘 알려지지 않았다. 빙붕 아래쪽은 접근하기가 어려워 현장 조사가 제한적이기 때문이다. 더구나 최근에는 남극 대륙 주변의 바람의 방향이 바뀌면서 더 따뜻한 해수가 빙붕 아래로 들어오고 있어서 이에 대한 정확한 측정이 요구된다. 빙붕 바닥에서 얼음이 녹는 양은 해수면 상승에 영향을 미치기 때문이다.

- '빙붕의 바닥이 해수에 의해 녹는 양'을 어떻게 정확하게 측정할 것인지가 지문에서 앞으로 제기될 내용임을 확인할 수 있습니다.

STEP 2 지문의 중심부에 제시된 수리적 공식을 이해한다.

[두 번째 문단] 빙붕 전체의 질량에 영향을 주는 변수들

육지에서 흘러내려와 빙붕이 되는 얼음의 질량(A)과 빙붕 위로 쌓이는 눈의 질량(B)은 빙붕의 얼음을 증가시키는 요인이 된다. 반면에 빙산으로 부서져 소멸되는 질량(C)과 빙붕의 바닥에서 녹는 질량(D)은 빙붕의 얼음을 감소시킨다. 이 네 가지 요인으로 인하여 빙붕 전체 질량의 변화량(E)이 결정된다. 남극 빙붕에서 생성되고 소멸되는 얼음의 질량에 대한 정확한 측정은 인공위성 관측 자료가 풍부해진 최근에야 가능하게 되었다.

- 두 번째 문단에 제시된 내용을 공식으로 정리하면 다음과 같습니다.
  → A+B−C−D=E

[세 번째 문단] 빙붕의 질량에 영향을 미치는 변수들의 측정 방법과 이를 통한 D의 계산

Ⓐ는 빙붕과 육지가 만나는 경계선에서 얼음의 유속과 두께를 측정하여 계산한다. 얼음의 유속은 일정한 시간 간격을 두고 인공위성 레이더로 촬영된 두 영상 자료의 차이를 이용하여 수 센티미터의 움직임까지 정확하게 구할 수 있다. 얼음의 두께는 먼저 인공위성 고도계를 통해 물 위에 떠 있는 얼음의 높이를 구하고, 해수와 얼음의 밀도 차에 따른 부력을 고려하여 계산한다. Ⓑ는 빙붕 표면에서 시추하여 얻은 얼음 코어와 기후 예측 모델을 통해 구할 수 있는데, 그 정확도는 비교적 높다. Ⓒ는 떨어져 나오는 빙산의 면적과 두께를 이용하여 측정할 수도 있으나, 빙산의 움직임이 빠를 경우 그 위치를 추적하기 어렵고 해수의 작용으로 빙산이 빠르게 녹기 때문에 이 방법으로는 정확한 측정이 쉽지 않다. 따라서 보다 정밀한 측정을 위해 빙붕의 끝 자락에서 육지 쪽으로 수 킬로미터 상부에 위치한 임의의 기준선에서 측정된 얼음의 유속과 두께를 통해 구하는 방식으로 장기적으로 신뢰할 만한 값을 구한다. Ⓔ는 빙붕의 면적과 두께를 통해 구하며, 이 모든 요소를 고려하여 Ⓓ를 계산한다.

- 세 번째 문단에 제시된 내용을 공식으로 정리하면 다음과 같습니다.
  → D=−E+(A+B−C)

STEP 3 수리적 공식이 적용된 구체적인 케이스를 이해한다.

[네 번째 문단] 빙붕의 질량 감소 요인 중 D의 비율인 R 값이 지역과 빙붕 크기에 따른 편차가 크다.

연구 결과, 남극 대륙 전체의 빙붕들에서 1년 동안의 A는 2조 490억 톤, B는 4,440억 톤, C는 1조 3,210억 톤, D는 1조 4,540억 톤이며, E는 −2,820억 톤인 것으로 나타났다. 남극 대륙 빙붕의 질량 감소 요인 중에서 D가 차지하는 비율인 R 값을 살펴보면, 남극 대륙 전체의 평균은 52%이지만, 지역에 따라 10%에서 90%에 이르는 극명한 차이를 보인다. 남극 대륙 전체 해역을 경도에 따라 4등분할 때, 서남극에 위치한 파인 아일랜드 빙붕과 크로슨 빙붕 같은 소형 빙붕들에서 R 값의 평균은 74%를 보였고, 그 외 지역에서는 40% 내외였다. 특히 남극에서 빙산의 3분의 1을 생산해 내는 가장 큰 빙붕으로 북남극과 서남극에 걸친 필크너−론 빙붕, 남남극의 로스 빙붕에서 R 값은 17%밖에 되지 않았다.

• $R = \dfrac{D}{C+D} \times 100$

→ R의 평균은 52%지만 ① 지역에 따라, ② 빙붕의 크기에 따라 편차가 크다는 것임을 알 수 있습니다.

[다섯 번째 문단] D 값이 주로 서남극 해역의 소형 빙붕들에서 집중적으로 발생하므로, 기존 연구의 D 값 계산은 오차가 있었을 것이다.

남극 전체 빙붕의 91%의 면적을 차지하는 상위 10개의 대형 빙붕에서는 남극 전체 D 값 중 50% 정도밖에 발생하지 않으며, 나머지는 9% 면적을 차지하는 소형 빙붕들에서 발생한다. 이는 소형 빙붕들이 상대적으로 수온이 높은 서남극 해역에 많이 분포하고 있기 때문이다. 따라서 대형 빙붕들 위주로 조사한 데이터를 면적 비율에 따라 남극 전체에 확대 적용해 온 기존의 연구 결과에는 남극 전체의 D 값이 실제와 큰 ㉠오차가 있었을 것이다.

• 전체 남극 면적의 9%에 해당하는 서남극의 소형 빙붕들에서 D 값의 50%가 분포

→ 대형 빙붕 위주로 D 값을 측정하여 남극 전체에 적용한 기존 연구는 D 값을 과소 평가했을 것임을 알 수 있습니다. (숨겨진 결론)

[여섯 번째 문단] 단위 면적당 D 값인 S 값은 지역적 편차가 크며 특히 서남극의 소형 빙붕에서 매우 크다.

빙붕의 단위 면적당 D 값인 S 값을 살펴보면, 남극 전체에서 1년에 약 0.81미터 두께의 빙붕 바닥이 녹아서 없어지는 것으로 나타났으며, 지역적으로는 0.07~15.96미터로 편차가 컸다. 특히 서남극의 소형 빙붕에서는 매우 큰 값을 보여 주었으나, 다른 지역의 대형 빙붕은 작은 값을 보였다. 이는 빙붕 바닥에서 육지와 맞닿은 곳 근처에서는 얼음이 녹고, 육지에서 멀리 떨어진 곳에서는 해수의 결빙이 이루어지기 때문이다.

• 여섯 번째 문단에 따르면 서남극의 소형 빙붕들의 바닥이 다른 지역에 비해 급격히 빠른 속도로 녹고 있음을 확인할 수 있습니다.

01번 문제를 풀이하면 다음과 같습니다.

① 세 번째 문단에서 인공위성 고도계를 통하여 얼음의 높이를 정확하게 구할 수 있다고 제시되었다.

② 세 번째 문단에서 빙붕 표면에서 시추하여 얻은 얼음 코어를 바탕으로 기후 예측 모델을 거쳐 값을 도출한다고 제시되었으므로 이는 직접 채취한 시료를 통해 값을 추정하는 방식에 해당한다.

③ 세 번째 문단에서 C를 측정하는 방법 중 떨어져 나온 빙산 양을 추적하는 방식은 정확한 측정이 쉽지 않다고 제시되었다.

④ 세 번째 문단에 따르면 D는 직접 측정하여 구하는 것이 아니라, A+B−C−D=E의 관계식에서 나머지 A, B, C, E의 값을 대입하여 구하는 간접적인 방식으로 산출된다. 따라서 D를 직접 측정하여 구한다는 내용은 적절하지 않다.

⑤ 세 번째 문단에서 E는 빙붕의 면적과 두께를 통해 구한다고 제시되었다.

[정답] ④

02번 문제를 풀이하면 다음과 같습니다.

전체 남극 면적의 9%에 해당하는 서남극의 소형 빙붕들에서 D 값의 50%가 분포하는데, 기존 연구는 전체 남극 면적의 91%에 해당하는 대형 빙붕 위주로 D 값을 측정하여 남극 전체에 적용하였다고 제시되었으므로 D 값은 실제 수치보다 작게 파악되었을 것이다.

① 남극 전체의 S 값은 남극 전체의 D 값을 남극 전체의 면적으로 나눈 값인데, 남극 전체의 D 값이 실제 수치보다 작게 파악되었으므로 남극 전체의 S 값도 실제보다 작게 파악되었을 것이다.

② 남극 전체의 R 값은 남극 전체의 빙붕 감소 요인 중 D가 차지하는 비율을 의미하는데, 직접 측정하여 도출되는 C 값은 고정된 상수에 해당한다. 따라서 남극 전체의 D 값이 실제 수치보다 작게 파악되었으므로 R 값도 실제보다 작게 파악되었을 것이다.

③ 파인 아일랜드 빙붕은 서남극에 위치하는 소형 빙붕에 해당하므로 실제 D 값이 매우 높을 것이다. 그러나 D 값이 낮은 대형 빙붕에서 도출된 D 값을 파인 아일랜드 빙붕에 적용하여 계산하였으므로 파인 아일랜드 빙붕의 D 값은 실제보다 낮게 파악되었고, R 값도 낮게 파악되었을 것이다. 따라서 이는 남극 전체의 D 값이 실제보다 작게 파악된 것과 같은 원인에서 오차가 발생한 것이다.

④ 크로슨 빙붕 또한 서남극에 위치하는 소형 빙붕에 해당하므로 실제 D 값이 매우 높을 것이다. 그러나 D 값이 낮은 대형 빙붕에서 도출된 D 값을 크로슨 빙붕에 적용하여 계산하였으므로 크로슨 빙붕의 D 값은 실제보다 낮게 파악되었고, S 값도 낮게 파악되었을 것이다. 따라서 남극 전체의 D 값이 실제보다 작게 파악된 것과 같은 원인에서 오차가 발생한 것이다.

⑤ 로스 빙붕은 대형 빙붕에 해당하며, 대형 빙붕은 실제로 D 값이 낮은 편이므로 로스 빙붕의 R 값이 낮은 이유는 실제 수치와 파악된 수치 사이에 오차가 존재하기 때문이 아니라, 실제로 로스 빙붕의 D 값이 낮아서 R 값의 실제 수치도 낮은 경우에 해당하므로 ㉠과는 아무런 관련이 없다.

[정답] ⑤

03번 문제를 풀이하면 다음과 같습니다.

① 아문센 해 인근 지역은 서남극 지역에 속하는데 지문에 따르면 서남극 지역에는 소형 빙붕들이 주로 분포한다.

② 〈보기〉에는 서남극 지역에 위치한 아문센 해 인근 지역이 해수가 진입하기 유리하여 빙붕 바닥을 빠르게 녹인다는 점이 제시되었다. 또한 지문에서 서남극 지역에 비해 다른 남극 지역은 D 값이 낮다는 점이 제시되었으므로 아문센 해에서 빙붕의 두께가 감소하는 속도가 다른 지역에 비해 빠를 것이라는 점을 유추할 수 있다.

③ 아문센 해 인근의 빙붕 바닥이 빠르게 녹을 것이라는 추론은 타당하지만, 빙붕의 전체 질량을 알 수 없는 상황에서 수년 내에 빙상이 고갈될 것이라는 결론을 도출할 수는 없다. → **매력적 오답**

④ 서남극 지역에는 주로 소형 빙붕들이 분포하는데, 지문에 따르면 소형 빙붕들은 전체 남극 면적의 9%만을 차지한다. 〈보기〉에서 서남극 지역의 해수면 상승이 높을 것이라고 제시된 이유는 얼음 총량 때문이 아니라 서남극에 해수가 진입하기 유리한 지형 조건이 형성되었기 때문이다.

⑤ 빙상은 육지에서 흘러내려와 빙붕이 되는 얼음을 의미하므로 빙상의 질량이 곧 A의 값이다. 세 번째 문단에서 A와 관련된 부분에 얼음의 유속, 곧 빙상의 이동속도를 측정하는 방법이 인공위성 레이더 촬영을 통해서 이루어진다고 제시되어 있다. 그러나 C와 관련된 정보에서 떨어져 나오는 빙산의 양을 계산하는 것은 정확하지 않다고 제시되었으므로 ⑤의 설명은 적절하지 않다.

[정답] ②

[04~06] 다음 글을 읽고 물음에 답하시오.

한 가닥의 DNA는 아데닌(A), 구아닌(G), 시토신(C), 티민(T)의 네 종류의 염기를 가지고 있는 뉴클레오티드가 선형적으로 이어진 사슬로 볼 수 있다. 보통의 경우 〈그림 1〉과 같이 두 가닥의 DNA가 염기들 간 수소 결합으로 서로 붙어 있는 상태로 존재하는데, 이를 '이중 나선 구조'라 부른다. 이때 A는 T와, G는 C와 상보적으로 결합한다. 온도를 높이면 두 가닥 사이의 결합이 끊어져서 각각 한 가닥으로 된다.

〈그림 1〉 염기들 간 상보적 결합의 예

정보과학의 관점에서는 DNA도 정보를 표현하는 수단으로 볼 수 있다. 한 가닥의 DNA 염기서열을 4진 코드로 이루어진 특정 정보로 해석할 수 있기 때문이다. 즉, 'A', 'G', 'C', 'T'만을 써서 순서가 정해진 연속된 n개의 빈칸을 채울 때, 총 4^n개의 정보를 표현할 수 있고 이 중 특정 연속체를 한 가지 정보로 해석할 수 있다.

DNA로 정보를 표현한 후, DNA 분자들 간 화학 반응을 이용하면 연산도 가능하다. 1994년 미국의 정보과학자 에이들먼은 『사이언스』에 DNA를 이용한 연산에 대한 논문을 발표했고, 이로써 'DNA 컴퓨팅'이라는 분야가 열리게 되었다. 이 논문에서 에이들먼이 해결한 것은 정점(예: 도시)과 간선(예: 도시 간 도로)으로 이루어진 그래프에서 시작 정점과 도착 정점이 주어졌을 때 모든 정점을 한 번씩만 지나는 경로를 찾는 문제, 즉 '해밀턴 경로 문제(HPP)'였다. HPP는 정점의 수가 많아질수록 가능한 경로의 수가 급격하게 증가하기 때문에 소위 '어려운 문제'에 속한다.

DNA 컴퓨팅의 기본 전략은, 주어진 문제를 DNA를 써서 나타내고 이를 이용한 화학 반응을 수행하여 답의 가능성이 있는 모든 후보를 생성한 후, 생화학적인 실험 기법을 사용하여 문제 조건을 만족하는 답을 찾아내는 것이다. 에이들먼이 HPP를 해결한 방법을 〈그림 2〉의 그래프를 통해 단순화하여 설명하면 다음과 같다. 〈그림 2〉는 V0이 시작 정점, V4가 도착 정점이고 화살표로 간선의 방향을 표시한 그래프를 보여 준다. 즉, V0에서 V1로 갈 수 있으나 역방향으로는 갈 수 없다. 먼저 그래프의 각 정점을 8개의 염기로 이루어진 한 가닥 DNA 염기서열로 표현한다. 그리고 각 간선을 그 간선이 연결하는 정점의 염기서열로부터 취하여 표현한다. 즉, V0(〈CCTTGGAA〉)에서 출발하여 V1(〈GGCCAATT〉)에 도달하는 간선의 경우는 V0의 뒤쪽 절반과 V1의 앞쪽 절반을 이어 붙인 염기서열 〈GGAAGGCC〉의 상보적 코드 〈CCTTCCGG〉로 나타낸다. 이렇게 6개의 간선 각각을 DNA 코드로 표현한다.

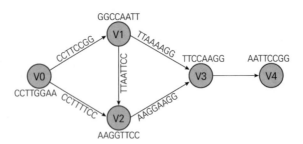

〈그림 2〉 정점 5개로 구성된 그래프

이제 DNA 합성 기술을 사용하여 이들 코드를 종류별로 다량 합성한다. 이들을 하나의 시험관에 넣고 서로 반응을 시키면 DNA 가닥의 상보적 결합에 의한 이중나선이 형성되는데, 이것을 '혼성화 반응(hybridization)'이라 한다. 혼성화 반응의 결과로 경로, 즉 정점들의 연속체가 생성된다. 시험관 안에는 코드별로 막대한 수의 DNA 분자들이 있기 때문에, 이들 사이의 이러한 상호 작용은 대규모로 일어난다. ㉠이상적인 실험을 가정한다면, 혼성화 반응을 통해 〈그림 2〉 그래프의 가능한 모든 경로에 대응하는 DNA 분자들이 생성된다. 경로의 예로 (V0, V1), (V1, V2), (V0, V1, V2) 등이 있다. 이와 같이 생성된 경로들로부터 해밀턴 경로를 찾아 나가는 절차는 다음과 같다.

[1단계] V0에서 시작하고 V4에서 끝나는지 검사한 후, 그렇지 않은 경로는 제거한다.
[2단계] 경로에 포함된 정점의 개수가 5인지 검사한 후, 그렇지 않은 경로는 제거한다.
[3단계] 경로에 모든 정점이 포함되었는지 검사한다.
[4단계] 지금까지의 과정을 통해 취한 경로들이 문제에 대한 답이라고 결정한다.

에이들먼은 각 단계를 적절한 분자생물학 기법으로 구현했다. 그런데 DNA 분자들 간 화학 반응은 시험관 내에서 한꺼번에 순간적으로 일어난다는 특성을 갖고 있다. 요컨대 에이들먼은 기존 컴퓨터의 순차적 연산 방식과는 달리, 대규모 병렬 처리 방식을 통해 HPP의 해결 방법을 제시한 것이다. 이로써 DNA 컴퓨팅은 기존의 소프트웨어 알고리즘이나 하드웨어 기술로는 불가능했던 문제들의 해결에 대한 잠재적인 가능성을 보여 주었다.

사실 확인

04. DNA 컴퓨팅에 대한 설명으로 적절하지 <u>않은</u> 것은?

① 창시자는 미국의 정보과학자 에이들먼이다.

② DNA로 정보를 표현하고 이를 이용하여 연산을 하는 것이다.

③ 기본적인 해법은 가능한 모든 경우를 생성한 후, 여기서 답이 되는 것만을 찾아내는 것이다.

④ 기존 컴퓨터 기술의 발상을 전환하여 분자생물학적인 방법으로 접근함으로써 정보 처리 방식의 개선을 모색했다.

⑤ DNA 컴퓨팅을 이용하여 HPP를 풀 때, 간선을 나타내는 DNA의 염기 개수는 정점을 나타내는 DNA의 염기 개수의 두 배다.

계산형 수리 퀴즈

05. ㉠에 대한 설명으로 적절하지 <u>않은</u> 것은?

① (V1, V2, V3, V4)는 정점이 네 개이지만, 에이들먼의 해법 [1단계]에서 걸러진다.

② V3에서 V4로 가는 간선으로 한 가닥의 DNA 〈TTCCTTAA〉가 필요하다.

③ 정점을 두 개 이상 포함하고 있는 경로는 두 가닥 DNA로 나타내어진다.

④ 정점을 세 개 포함하고 있는 경로는 모두 네 개이다.

⑤ 해밀턴 경로는 (V0, V1, V2, V3, V4)뿐이다.

06. <보기>의 ⓐ에 대한 설명으로 적절한 것만을 있는 대로 고른 것은?

---〈보 기〉---

DNA 컴퓨팅의 실용화를 위해서는 여러 기술적인 문제점들을 해결해야 한다. 그중 하나는 정보 처리의 정확도다. DNA 컴퓨팅은 화학 반응에 기반을 두는데, ⓐ반응 과정상 오류가 발생할 경우 그릇된 연산을 수행하게 된다.

ㄱ. ⓐ가 발생하지 않는다면, 〈그림 2〉 그래프에서는 에이들먼의 [3단계]가 불필요하다.

ㄴ. 혼성화 반응에서 엉뚱한 분자들이 서로 붙는 것을 방지할 수 있도록 DNA 코드를 설계하는 것은 ⓐ를 최소화하기 위한 방법이다.

ㄷ. DNA 컴퓨팅의 원리를 적용한 소프트웨어를 개발하면, ⓐ를 방지하면서도 대규모 병렬 처리를 통한 문제 해결이 기존 컴퓨터에서 가능하다.

① ㄱ   ② ㄴ   ③ ㄱ, ㄴ

④ ㄱ, ㄷ   ⑤ ㄴ, ㄷ

가이드에 따라 지문과 문제를 분석하고 정답을 확인해 봅시다.

STEP 1 수리적 공식이 등장하기 이전까지 배경 설명을 이해한다.

[첫 번째 문단] 네 종류의 염기가 특정 짝과만 상보적으로 결합하는 이중나선 구조로 이루어진 DNA

> 한 가닥의 DNA는 아데닌(A), 구아닌(G), 시토신(C), 티민(T)의 네 종류의 염기를 가지고 있는 뉴클레오티드가 선형적으로 이어진 사슬로 볼 수 있다. 보통의 경우 〈그림 1〉과 같이 두 가닥의 DNA가 염기들 간 수소 결합으로 서로 붙어 있는 상태로 존재하는데, 이를 이중나선 구조라 부른다. 이때 A는 T와, G는 C와 상보적으로 결합한다. 온도를 높이면 두 가닥 사이의 결합이 끊어져서 각각 한 가닥으로 된다.

- DNA가 A, G, C, T 네 종류의 염기로 구성되어 있고 A–T, C–G가 상보적으로 결합한다는 점은 기초적인 생물학 배경지식으로 기억을 해둘 필요가 있습니다.

[두 번째 문단] DNA의 염기 서열을 정보를 표현하는 수단으로 사용할 수 있다.

> 정보과학의 관점에서는 DNA도 정보를 표현하는 수단으로 볼 수 있다. 한 가닥의 DNA 염기서열을 4진 코드로 이루어진 특정 정보로 해석할 수 있기 때문이다. 즉, 'A', 'G', 'C', 'T'만을 써서 순서가 정해진 연속된 n개의 빈칸을 채울 때, 총 4^n개의 정보를 표현할 수 있고 이 중 특정 연속체를 한 가지 정보로 해석할 수 있다.

- A, G, C, T 중 어느 한 가지를 선택하는 경우의 수이므로 n개의 염기로 4^n개의 정보를 표현할 수 있습니다.

[세 번째 문단] DNA를 이용한 연산 방법인 'DNA 컴퓨팅'을 통해 '해밀턴 경로 문제'를 해결할 수 있다.

> DNA로 정보를 표현한 후, DNA 분자들 간 화학 반응을 이용하면 연산도 가능하다. 1994년 미국의 정보과학자 에이들먼은 『사이언스』에 DNA를 이용한 연산에 대한 논문을 발표했고, 이로써 DNA 컴퓨팅이라는 분야가 열리게 되었다. 이 논문에서 에이들먼이 해결한 것은 정점(예: 도시)과 간선(예: 도시 간 도로)으로 이루어진 그래프에서 시작 정점과 도착 정점이 주어졌을 때 모든 정점을 한 번씩만 지나는 경로를 찾는 문제, 즉 '해밀턴 경로 문제(HPP)'였다. HPP는 정점의 수가 많아질수록 가능한 경로의 수가 급격하게 증가하기 때문에 소위 '어려운 문제'에 속한다.

STEP 2 글의 중심부에 제시된 수리적 공식을 이해한다.

[네 번째 문단] DNA 컴퓨팅을 통한 HPP 해결의 원리: 정점과 간선을 각각 DNA 염기서열에 대응시킨다.

> DNA 컴퓨팅의 기본 전략은, 주어진 문제를 DNA를 써서 나타내고 이를 이용한 화학 반응을 수행하여 답의 가능성이 있는 모든 후보를 생성한 후, 생화학적인 실험 기법을 사용하여 문제 조건을 만족하는 답을 찾아내는 것이다. 에이들먼이 HPP를 해결한 방법을 〈그림 2〉의 그래프를 통해 단순화하여 설명하면 다음과 같다. 〈그림 2〉는 V0이 시작 정점, V4가 도착 정점이고 화살표로 간선의 방향을 표시한 그래프를 보여 준다. 즉, V0에서 V1로는 갈 수

있으나 역방향으로는 갈 수 없다. 먼저 그래프의 각 정점을 8개의 염기로 이루어진 한 가닥 DNA 염기서열로 표현한다. 그리고 각 간선을 그 간선이 연결하는 정점의 염기서열로부터 취하여 표현한다. 즉, V0(〈CCTTGGAA〉)에서 출발하여 V1(〈GGCCAATT〉)에 도달하는 간선의 경우는 V0의 뒤쪽 절반과 V1의 앞쪽 절반을 이어 붙인 염기서열 〈GGAAGGCC〉의 상보적 코드 〈CCTTCCGG〉로 나타낸다. 이렇게 6개의 간선 각각을 DNA 코드로 표현한다.

★ 선생님 TIP
구체적 사례를 통해서 원리를 이해하는 편이 효율적입니다.

- V0(〈CCTTGGAA〉)와 간선 코드 〈CCTTCCGG〉, V1(〈GGCCAATT〉)는 다음과 같이 결합합니다.

CCTTGGAAGGCCAATT
CCTTCCGG

STEP 3 수리적 공식이 적용된 구체적인 케이스를 이해한다.

[다섯 번째 문단] 혼성화 반응을 통해 DNA 컴퓨팅으로 해밀턴 경로 문제를 해결하는 알고리즘

> 이제 DNA 합성 기술을 사용하여 이들 코드를 종류별로 다량 합성한다. 이들을 하나의 시험관에 넣고 서로 반응을 시키면 DNA 가닥의 상보적 결합에 의한 이중나선이 형성되는데, 이것을 '혼성화 반응(hybridization)'이라 한다. 혼성화 반응의 결과로 경로, 즉 정점들의 연속체가 생성된다. 시험관 안에는 코드별로 막대한 수의 DNA 분자들이 있기 때문에, 이들 사이의 이러한 상호 작용은 대규모로 일어난다. ㉠이상적인 실험을 가정한다면, 혼성화 반응을 통해 〈그림 2〉 그래프의 가능한 모든 경로에 대응하는 DNA 분자들이 생성된다. 경로의 예로 (V0, V1), (V1, V2), (V0, V1, V2) 등이 있다. 이와 같이 생성된 경로들로부터 해밀턴 경로를 찾아 나가는 절차는 다음과 같다.
>
> **(해밀턴 경로 문제 해결 과정에 대한 알고리즘)**
> **[1단계]** V0에서 시작하고 V4에서 끝나는지 검사한 후, 그렇지 않은 경로는 제거한다.
> **[2단계]** 경로에 포함된 정점의 개수가 5인지 검사한 후, 그렇지 않은 경로는 제거한다.
> **[3단계]** 경로에 모든 정점이 포함되었는지 검사한다.
> **[4단계]** 지금까지의 과정을 통해 취한 경로들이 문제에 대한 답이라고 결정한다.

[여섯 번째 문단] DNA 컴퓨팅을 통한 정보 연산 기법의 장점

> 에이들먼은 각 단계를 적절한 분자생물학 기법으로 구현했다. 그런데 DNA 분자들 간 화학 반응은 시험관 내에서 한꺼번에 순간적으로 일어난다는 특성을 갖고 있다. 요컨대 에이들먼은 기존 컴퓨터의 순차적 연산 방식과는 달리, 대규모 병렬 처리 방식을 통해 HPP의 해결 방법을 제시한 것이다. 이로써 DNA 컴퓨팅은 기존의 소프트웨어 알고리즘이나 하드웨어 기술로는 불가능했던 문제들의 해결에 대한 잠재적인 가능성을 보여 주었다.

DNA 컴퓨팅을 통한 정보 연산	소프트웨어 알고리즘을 통한 정보 연산
병렬적(동시에 병렬적으로 연산이 진행)	연쇄적(순차적으로 연산이 진행)

→ DNA 컴퓨팅을 통한 정보 연산이 기존 소프트웨어 알고리즘을 통한 정보 연산보다 처리 시간이 더 빠를 가능성이 있습니다. (숨겨진 결론)

04번 문제를 풀이하면 다음과 같습니다.

① 세 번째 단락에서 미국의 정보과학자 에이들먼에 의해 DNA 컴퓨팅이라는 분야가 도입되었다고 제시되었다.

② 두 번째 단락에 따르면 DNA 컴퓨팅의 핵심은 DNA 염기서열인 A, G, C, T를 일종의 4진 코드로 사용하여 정보를 표현하고, 세 번째 단락에 따르면 DNA 분자들의 반응을 통해 연산을 수행하는 것이다.

③ 네 번째 단락에서 "답의 가능성이 있는 모든 후보를 생성한 후, 생화학적인 실험 기법을 사용하여 문제 조건을 만족하는 답을 찾아내는 것"이라고 제시되었다.

④ 마지막 단락에 따르면 순차적으로 연산을 진행해야 하는 기존 컴퓨터의 방식과 달리, DNA 컴퓨팅은 병렬적으로 연산 처리를 할 수 있다는 점에서 기존의 정보 처리 방식에 대한 개선을 시도한 것이다.

⑤ 네 번째 단락에 따르면 간선을 나타내는 염기서열이든 정점을 나타내는 염기서열이든 모두 염기 개수가 8개로 동일하다.

[정답] ⑤

05번 문제를 풀이하면 다음과 같습니다.

① [1단계]의 규칙은 V0에서 시작하여 V4로 끝나지 않는 경로는 제거하는 것이다. (V1, V2, V3, V4)는 V1에서 시작하여 V4로 끝나므로 [1단계]에서 제거될 것이다.

② V3의 염기코드는 〈TTCC**AAGG**〉이고 V4의 염기코드는 〈**AATT**CCGG〉이므로 V3와 V4를 연결하는 간선의 염기코드는 〈**TTCC**TTAA〉여야 한다.

③ 가령 경로 (V3, V4)는 다음과 같은 DNA로 나타날 것이다.

TTCCAAGGAATTCCGG
TTCCTTAA

따라서 위의 그림과 같이 두 가닥 DNA로 나타내어진다.

④ 경우의 수를 계산해보면 정점이 세 개인 경로는 (V0, V1, V3), (V0, V1, V2), (V0, V2, V3), (V1, V2, V3), (V1, V3, V4), (V2, V3, V4) 총 여섯 가지이다.

⑤ 정점에서 다른 정점으로의 이동은 하나의 방향만이 가능하고 역방향으로의 이동은 불가능하다. 따라서 가능한 해밀턴 경로는 (V0, V1, V2, V3, V4)뿐이다.

[정답] ④

06번 문제를 풀이하면 다음과 같습니다.

ㄱ. 만약 반응 과정상의 오류가 없다고 한다면 [2단계]를 거친 후에 (V0, V1, V2, V3, V4)만이 남아야 한다. 그런데 [3단계]를 거치는 이유는 (V0, V1, V1, V2, V3)와 같은 오답이 존재할 가능성을 제거하기 위해서이다. V1의 염기코드와 V1의 염기코드는 이론상으로 결합할 수 없으므로 (V0, V1, V1, V2, V3)에 대응되는 DNA가 생성되었다는 것은 반응 과정상의 오류가 발생했음을 의미한다. 따라서 [3단계]는 반응 과정상의 오류에 의한 결과를 제거하기 위한 과정이고, 따라서 ⓐ가 발생하지 않는다면 [3단계]가 불필요하다는 설명은 타당하다.

ㄴ. 혼성화 반응에 의해 A는 T와, C는 G와 상보적으로 결합하는 것을 전제로 DNA 컴퓨팅에 의한 연산 처리 방식이 도입된 것이다. 따라서 엉뚱한 분자들이 서로 붙지 않도록 DNA 코드를 설계하여야 오류를 최소화할 수 있을 것이다.

ㄷ. DNA 컴퓨팅의 원리를 소프트웨어로 개발하여 연산한다면, ⓐ가 발생할 우려는 사라지지만, 기존 컴퓨터에서는 연산 과정이 순차적으로 이루어져야 하므로, 대규모 병렬 처리라는 DNA 컴퓨팅의 장점이 사라지게 된다. 대규모 병렬 처리가 가능했던 이유는 화학 반응이라는 속성에서 기인한 것이기 때문이다.

[정답] ③

연습문제 3

[07~09] 다음 글을 읽고 물음에 답하시오.

11 LEET 문21~23

음악에서 개별적인 음 하나하나는 단순한 소리일 뿐 의미를 갖지 못한다. 이 음들이 의미를 가지려면 음들은 조화로운 방식으로 결합된 맥락 속에서 파악되어야 한다. 그렇다면 그 맥락은 어떻게 형성되는가? 이를 알기 위해서는 음악의 기본적인 요소인 음정과 화음, 선율과 화성의 개념을 이해할 필요가 있다.

떨어진 두 음의 거리를 '음정'이라고 한다. 음정의 크기(1도~8도)와 성질(완전, 장, 단 등)은 두 음의 어울리는 정도를 결정하는데, 그에 따라 음정은 세 가지, 곧 완전음정(1도, 8도, 5도, 4도), 불완전음정(장3도, 단3도, 장6도, 단6도), 불협화음정(장2도, 단2도, 장7도, 단7도 등)으로 나뉜다. 여기서 '한 음의 중복'인 완전1도가 가장 협화적이며, 완전4도 〈도-파〉는 완전5도 〈도-솔〉보다 덜 협화적이다. 불완전음정은 협화음정이기는 하나 완전음정보다는 덜 협화적이다.

중세와 르네상스 시대에는 수직적인 음향보다는 수평적인 선율을 중시하는 선법 음악이 발달했다. 선법 음악은 음정의 개념에 근거한 다성부 짜임새를 사용했는데, 이는 두 개 이상의 선율이 각각 서로 독립성을 유지하면서도 선율과 선율 사이의 조화가 음정에 따라 이루어지는 대위적 개념에 근거한 것이었다. 따라서 각각의 선율은 모두 동등하게 중요했으며, 그에 반해 그 선율들이 만들어 내는 수직적인 음향은 부차적이었다.

중세의 선법 음악에서는 완전하게 어울리는 음정을 즐겨 사용했다. 그래서 기본적으로 완전음정만을 협화음정으로 강조하면서 불완전음정과 불협화음정을 장식적으로만 사용했다. 하지만 르네상스 시대에 이르러 불완전음정인 3도와 6도를 더 적극적으로 사용하기 시작했다. 특히 16세기 대위법의 음정 규칙에서는 악보 (가)의 예가 보여 주듯이 음정의 성질에 따라 그 진행이 단계적으로 이루어지도록 했다. 예를 들면 7도의 불협화적인 음향이 '매우' 협화적인 음향인 8도로 진행하기 전에 '적당히' 협화적인 음향인 6도를 거치도록 했는데, 이를 통해 선법 음악이 추구하는 자연스러운 음향을 표현할 수 있도록 했다. 이는 2도-3도-1도의 진행에서도 확인할 수 있다.

(가)   (나)

7 6 8   2 3 1

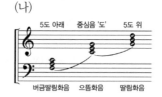

5도 아래   중심음 '도'   5도 위

버금딸림화음   으뜸화음   딸림화음

한편 불완전음정 3도가 완전5도를 분할하는 음정으로 사용되면서 '화음'의 개념이 출현하게 되는데, 이러한 변화는 음의 결합을 두 음에서 세 음으로 확장한 것이다. 예컨대 〈도-미-솔〉을 음정의 개념에서 보면 〈도-솔〉, 〈도-미〉, 〈미-솔〉로 두 음씩 묶은 음정들이 결합된 소리로 판단되지만, 화음의 개념에서는 이 세 음을 묶어 하나의 단위, 곧 3화음으로 본다. 이와 같이 세 음의 구성을 한 단위로 취급하는 3화음에서는 맨 아래 음이 화음의 근음(根音)으로서 중요하며, 그 음으로부터 화음의 이름이 정해진다. 또한 이 근음 위에 쌓는 3도 음정이 장3도인지 단3도인지에 따라 화음의 성격을 각각 장3화음, 단3화음으로 구별한다. 예를 들면 완전5도 〈도-솔〉에 장3도 〈도-미〉를 더한 〈도-미-솔〉은 '도 장3화음'이며, 단3도 〈도-미♭〉을 더한 〈도-미♭-솔〉은 '도 단3화음'이다. 화성적 음향이 발달해 3화음 위에 3도를 한 번 더 쌓으면 네 개의 음으로 구성된 화음이 생기는데, 이것을 '7화음'이라고 부른다. 예를 들어, 위의 〈도-미-솔〉의 경우 〈도-미-솔-시〉가 7화음이다.

조성 음악은 이러한 화음의 개념에 근거해서 발달한 것이다. 수평적인 선율보다 수직적인 화음을 중시하는 양식으로 르네상스 시대 이후 등장한 조성 음악에서는 복합층으로 노래하던 다성부의 구조가 쇠퇴하는 대신 선율과 화성으로 구성된 구조가 등장하였다. 이러한 구조에서는 선율이 화음에 근거하여 만들어지기 때문에, 수평적인 선율 안에 화음의 구성음들이 '내재'한다.

조성 음악에서 화음들의 연결을 '화성'이라 한다. 말하자면 화성은 화음들이 조화롭게 연결되어 만들어 내는 맥락을 뜻한다. 악보 (나)가 보여 주듯이 조성 음악에서는 5도 관계에 놓인 세 화음이 화성적 맥락을 형성하는 근본적인 역할을 한다. '도'를 중심으로 해서 이 음보다 5도 위의 '솔', 5도 아래의 '파'를 정하면, '도'가 으뜸음이 되며 '솔'은 딸림음, '파'는 버금딸림음이 된다. 이 세 음을 근음으로 하여 그 위에 쌓은 3화음이 '주요 3화음'이 되는데, 이를 각각 으뜸화음, 딸림화음, 버금딸림화음이라고 한다. 이 세 화음은 으뜸화음으로 향하는 화성 진행을 만든다.

사실 확인

07. 윗글의 내용과 일치하지 않는 것은?

① 완전음정 〈도-솔〉은 완전음정 〈도-도〉보다 덜 협화적이다.

② 르네상스 시대보다 중세 시대에 협화적인 음정을 더 많이 사용하였다.

③ 2도-3도-1도의 진행은 불협화음정-불완전음정-완전음정의 단계적 진행이다.

④ 장3화음과 단3화음은 근음 위에 쌓은 3도 음정의 성질에 따라 구별된다.

⑤ 화음의 개념에 근거한 선율만으로는 곡의 주요 3화음을 알 수 없다.

사실 확인

08. 선법 음악에서 조성 음악으로의 변화를 바르게 설명한 것은?

① 음의 재료가 협화적 음정에서 불협화적 음정으로 바뀌었다.

② 대위적 양식에서 추구하던 선율들의 개별적인 독립성이 쇠퇴하였다.

③ 수직적인 음향을 강조하던 것이 수평적인 선율을 중시하는 것으로 바뀌었다.

④ 화성적 맥락으로 전환되면서 3도 관계의 화음들이 근본적인 화성 진행을 만들었다.

⑤ "화성은 선율의 결과이다."라는 사고가 발달하면서 선율과 화성의 구조를 사용하였다.

09. <조건>에 따라 <보기>의 곡을 작곡했다고 할 때, 이에 대한 설명으로 적절하지 <u>않은</u> 것은?

---〈조 건〉---

○ 선율은 '도'를 으뜸음으로 한다.

○ 한 마디에는 하나의 화음을 사용한다.

---〈보 기〉---

① ㉠의 화음에는 '미'가 내재되어 있다.

② ㉡에는 버금딸림 7화음이 사용되었다.

③ ㉢에는 딸림 7화음이 사용되었다.

④ 으뜸화음에서 시작하여 으뜸화음으로 끝난다.

⑤ 각 마디의 첫 음은 그 마디에 사용된 화음의 근음이다.

가이드에 따라 지문과 문제를 분석하고 정답을 확인해 봅시다.

STEP 1 수리적 공식이 등장하기 이전까지 배경 설명을 이해한다.

[첫 번째 문단] 음악에서 '음정', '화음', '선율', '화성'의 개념에 대한 이해의 필요성

음악에서 개별적인 음 하나하나는 단순한 소리일 뿐 의미를 갖지 못한다. 이 음들이 의미를 가지려면 음들은 조화로운 방식으로 결합된 맥락 속에서 파악되어야 한다. 그렇다면 그 맥락은 어떻게 형성되는가? 이를 알기 위해서는 음악의 기본적인 요소인 음정과 화음, 선율과 화성의 개념을 이해할 필요가 있다.

• 지문의 첫 번째 단락에서 구체적으로 어떤 대상에 대하여 설명할 것인지에 대한 목표가 제시되었기 때문에 '음정', '화음', '선율', '화성'의 개념만큼은 반드시 정확하게 이해하여야겠다는 점을 목표로 잡고 독해를 시작해야 합니다.

[두 번째 문단] 두 음의 어울림 정도를 결정하는 '음정'의 개념

떨어진 두 음의 거리를 음정이라고 한다. 음정의 크기(1도~8도)와 성질(완전, 장, 단 등)은 두 음의 어울리는 정도를 결정하는데, 그에 따라 음정은 세 가지, 곧 완전음정(1도, 8도, 5도, 4도), 불완전음정(장3도, 단3도, 장6도, 단6도), 불협화음정(장2도, 단2도, 장7도, 단7도 등)으로 나뉜다. 여기서 '한 음의 중복'인 완전1도가 가장 협화적이며, 완전4도 〈도-파〉는 완전5도 〈도-솔〉보다 덜 협화적이다. 불완전음정은 협화음정이기는 하나 완전음정보다는 덜 협화적이다.

[세 번째 문단] 수평적인 관계를 이루는 선율의 독립성을 중시한 선법 음악이 중세와 르네상스 시대에 발달하였다.

중세와 르네상스 시대에는 수직적인 음향보다는 수평적인 선율을 중시하는 선법 음악이 발달했다. 선법 음악은 음정의 개념에 근거한 다성부 짜임새를 사용했는데, 이는 두 개 이상의 선율이 각각 서로 독립성을 유지하면서도 선율과 선율 사이의 조화가 음정에 따라 이루어지는 대위적 개념에 근거한 것이었다. 따라서 각각의 선율은 모두 동등하게 중요했으며, 그에 반해 그 선율들이 만들어 내는 수직적인 음향은 부차적이었다.

[네 번째 문단] 완전음정 중심의 중세 선법 음악에서 덜 협화적인 음정의 비중이 증가하는 방향으로 변화하여, 16세기 대위법에서는 단계적 음정 진행의 법칙이 완성되었다.

중세의 선법 음악에서는 완전하게 어울리는 음정을 즐겨 사용했다. 그래서 기본적으로 완전음정만을 협화음정으로 강조하면서 불완전음정과 불협화음정을 장식적으로만 사용했다. 하지만 르네상스 시대에 이르러 불완전음정인 3도와 6도를 더 적극적으로 사용하기 시작했다. 특히 16세기 대위법의 음정 교차에서는 악보 (가)의 예가 보여 주듯이 음정의 성질에 따라 그 진행이 단계적으로 이루어지도록 했다. 예를 들면 7도의 불협화적인 음향이 '매우' 협화적인 음향인 8도로 진행하기 전에 '적당히' 협화적인 음향인 6도를 거치도록 했는데, 이를 통해 선법 음악이 추구하는 자연스러운 음향을 표현할 수 있도록 했다. 이는 2도-3도-1도의 진행에서도 확인할 수 있다.

〈선법 음악의 통시적 변화〉
ⅰ) 중세의 선법 음악: 완벽하게 어울리는 완전음정 중심으로 작곡
ⅱ) 르네상스 시대의 선법 음악: 불완전음정의 사용 빈도 증가

iii) 16세기 대위법 음정 규칙하의 선법 음악: '불협화적인 음정 – 적당히 협화적인 음정 – 매우 협화적인 음정'의 단계적으로 진행되는 작곡 법칙의 도입

(가): 대위법 음정 규칙에 따라 작곡된 사례

STEP 2 글의 중심부에 제시된 수리적 공식을 이해한다.

[다섯 번째 문단] 화음의 개념과 화음의 이름을 정하는 공식

> 한편 불완전음정 3도가 완전5도를 분할하는 음정으로 사용되면서 화음의 개념이 출현하게 되는데, 이러한 변화는 음의 결합을 두 음에서 세 음으로 확장한 것이다. 예컨대 〈도-미-솔〉을 음정의 개념에서 보면 〈도-솔〉, 〈도-미〉, 〈미-솔〉로 두 음씩 묶은 음정들이 결합된 소리로 판단되지만, 화음의 개념에서는 이 세 음을 묶어 하나의 단위, 곧 3화음으로 본다. 이와 같이 세 음의 구성을 한 단위로 취급하는 3화음에서는 맨 아래 음이 화음의 근음(根音)으로서 중요하며, 그 음으로부터 화음의 이름이 정해진다. 또한 이 근음 위에 쌓는 3도 음정이 장3도인지 단3도인지에 따라 화음의 성격을 각각 장3화음, 단3화음으로 구별한다. 예를 들면 완전5도 〈도-솔〉에 장3도 〈도-미〉를 더한 〈도-미-솔〉은 '도 장3화음'이며, 단3도 〈도-미♭〉을 더한 〈도-미♭-솔〉은 '도 단3화음'이다. 화성적 음향이 발달해 3화음 위에 3도를 한 번 더 쌓으면 네 개의 음으로 구성된 화음이 생기는데, 이것을 '7화음'이라고 부른다. 예를 들어, 위의 〈도-미-솔〉의 경우 〈도-미-솔-시〉가 7화음이다.

i) 음정: 두 개의 음 사이의 거리
   → 두 음의 결합은 '음정'으로 분류됨
ii) 화음: 음의 결합이 두 음에서 세 음 이상으로 확장된 것
   → 세 음 이상의 결합은 '화음'으로 분류됨
   ex. • 3화음: 세 음의 결합으로 〈도-미-솔〉이 해당됨
       • 7화음: 3화음 위에 3도를 한 번 더 쌓아 구성된 네 음의 결합으로 〈도-미-솔-시〉가 해당됨

[여섯 번째 문단] 수직적인 화음을 중시하여 작곡된 조성 음악

> 조성 음악은 이러한 화음의 개념에 근거해서 발달한 것이다. 수평적인 선율보다 수직적인 화음을 중시하는 양식으로 르네상스 시대 이후 등장한 조성 음악에서는 복합층으로 노래하던 다성부의 구조가 쇠퇴하는 대신 선율과 화성으로 구성된 구조가 등장하였다. 이러한 구조에서는 선율이 화음에 근거하여 만들어지기 때문에, 수평적인 선율 안에 화음의 구성음들이 '내재'한다.

선법 음악	조성 음악
수평적인 선율을 중심으로 작곡	수직적인 화음을 중심으로 작곡
다성부의 구조로 대위법의 규칙을 따름	선율과 화성으로 구성된 구조

[일곱 번째 문단] 화성의 개념과 주요 3화음의 형성 원리

조성 음악에서 화음들의 연결을 화성이라 한다. 말하자면 화성은 화음들이 조화롭게 연결
되어 만들어 내는 맥락을 뜻한다. 악보 (나)가 보여 주듯이 조성 음악에서는 5도 관계에 놓인
세 화음이 화성적 맥락을 형성하는 근본적인 역할을 한다. '도'를 중심으로 해서 이 음보다 5
도 위의 '솔', 5도 아래의 '파'를 정하면, '도'가 으뜸음이 되며 '솔'은 딸림음, '파'는 버금딸림음
이 된다. 이 세 음을 근음으로 하여 그 위에 쌓은 3화음이 '주요 3화음'이 되는데, 이를 각각
으뜸화음, 딸림화음, 버금딸림화음이라고 한다. 이 세 화음은 으뜸화음으로 향하는 화성 진
행을 만든다.

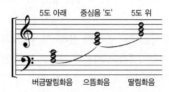

(나): '도'를 중심으로 하는 '주요 3화음'의 사례

ⅰ) 으뜸화음: 으뜸음 '도'를 근음으로 하여 위에 3화음을 쌓음 → 〈도-미-솔〉
ⅱ) 딸림화음: '도'에 대한 딸림음 '솔'을 근음으로 하여 위에 3화음을 쌓음 → 〈솔-시-레〉
ⅲ) 버금딸림화음: '도'에 대한 버금딸림음 '파'를 근음으로 하여 위에 3화음을 쌓음 → 〈파-라-도〉

STEP 3 수리적 공식이 적용된 구체적인 케이스를 이해한다.

STEP 3의 단계가 지문에서 생략되었고, 09번 문제로 출제되었다.

07번 문제를 풀이하면 다음과 같습니다.

① 두 번째 단락에 따르면, "한 음의 중복"에 해당하는 완전1도인 〈도-도〉가 가장 협화적이라고 서술되었다. 따라서 완전5도인 〈도-솔〉은 완전1도인 〈도-도〉에 비해 덜 협화적일 것이다.

② 네 번째 단락에서 "중세의 선법 음악에서는 (중략) 완전음정만을 협화음정으로 강조하면서 불완전음정과 불협화음정을 장식적으로만 사용했다. 하지만 르네상스 시대에 이르러 불완전음정인 3도와 6도를 더 적극적으로 사용하기 시작했다."라고 제시되었으므로, 르네상스 시대보다 중세 시대에 협화적인 음정이 더 많이 사용되었음이 추론된다.

③ 2도-3도-1도의 진행은 네 번째 단락에서 불협화적인 음향이 적당히 협화적인 음향을 거쳐서 매우 협화적인 음향으로 진행되는 사례로 제시된 것이며, 이는 **그림 (가)**에서도 확인할 수 있다.

④ 다섯 번째 단락에서 "근음 위에 쌓는 3도 음정이 장3도인지 단3도인지에 따라 화음의 성격을 각각 장3화음, 단3화음으로 구별한다."라고 서술된 부분에서 확인할 수 있다.

⑤ 여섯 번째 단락에서 "(조성 음악의 구조에서는) 선율이 화음에 근거하여 만들어지기 때문에, 수평적인 선율 안에 화음의 구성음들이 내재한다."라고 서술되었다. 이는 조성 음악의 구조에서 화음의 개념에 근거한 선율만으로 구성음들에 내재된 화음을 확인할 수 있다는 의미이며, 따라서 ⑤에 대한 반례가 되므로 ⑤는 타당하지 않다.

[정답] ⑤

08번 문제를 풀이하면 다음과 같습니다.

① 네 번째 단락에 따르면, 중세의 선법 음악에서 협화음정이 강조된 것은 맞으나, 불완전음정과 불협화음정이 장식적으로 사용되었기에 아예 사용에서 배제된 것은 아니다. 특히 르네상스 시대에는 불완전음정인 3도와 6도를 더 적극적으로 사용하기 시작하였다고 제시되었으므로, 선법 음악에서도 불협화적 음악의 사용이 증가한 것이다. 따라서 선법 음악에서 조성 음악으로의 변화를 음의 재료가 협화적 음정에서 불협화적 음정으로 변한 것이라고 표현하는 것은 적절하지 않다.

② 세 번째 단락에 따르면, 선법 음악은 "음정의 개념에 근거한 **다성부 짜임새**를 사용했는데, 이는 두 개 이상의 선율이 각각 서로 독립성을 유지하면서도 선율과 선율 사이의 조화가 음정에 따라 이루어지는 대위적 개념에 근거한 것"이었으며 "따라서 각각의 선율은 모두 동등하게 중요"한 특징을 가졌다. 반면에 여섯 번째 단락에 따르면, 조성 음악은 "화음의 개념에 근거해서 발달한 것"으로 "복합층으로 노래하던 **다성부의 구조**가 쇠퇴하는 대신 선율과 화성으로 구성된 구조가 등장"한 것에 해당한다. 즉 선법 음악의 핵심적인 특징이었던 **다성부 구조**가 쇠퇴하여 선율과 화성 중심의 구조로 대체된 것이 조성 음악에 해당하며, **다성부 구조**는 선율들의 개별적인 독립성에 근거한 음정으로 이루어진 것이었으므로 ②는 선법 음악에서 조성 음악으로의 변화의 핵심을 바르게 나타낸 선지에 해당한다.

③ 선법 음악은 수평적인 선율을 중시하고 수직적인 음향을 부차적인 것으로 간주한 기법이었던 반면, 조성 음악은 수평적인 선율보다 수직적인 화음을 중시하는 양식이었으므로, 수평적인 선율을 중시하는 것에서 수직적인 음향을 강조하는 것으로 바뀐 것이다.

④ 마지막 단락에 따르면, "조성 음악에서는 **5도 관계**에 놓인 세 화음이 화성적 맥락을 형성하는 근본적인 역할을 한다."고 제시되었고 이는 **그림 (나)**에도 표현되어 있다.

⑤ 여섯 번째 단락에서 "선율이 화음에 근거하여 만들어지기 때문에, (중략) 선율 안에 화음의 구성음들이 '내재'한다."라고 제시되었고, 마지막 단락에서 "화음들의 연결을 '화성'이라 한다."라고 제시되었다. 즉 '선율'이 '화성'으로 구성되는 것이므로 "선율은 화성의 결과이다."는 주어진 지문에서 추론될 수 있어도 "화성은 선율의 결과이다."는 지문에서 추론될 수 없다. 따라서 ⑤는 구성된 요소와 구성하는 요소 사이의 관계를 뒤바꿔서 오답 선지를 만드는 LEET 오답 선지 구성 원리에 따라 만들어진 오답 선지에 해당한다. → **매력적 오답**

[정답] ②

09번 문제를 풀이하면 다음과 같습니다.

우선, 마지막 단락에서 제시된 내용을 바탕으로 숨겨진 원리를 추론해야 한다.

으뜸음인 '도'를 근음으로 하여 위에 3화음을 쌓으면 으뜸화음이 된다고 하였으므로 **으뜸 3화음**은 **"도-미-솔"**로 구성된다. 으뜸음인 '도'의 5도 위에 딸린 음인 '솔'을 근음으로 하여 위에 3화음을 쌓으면 딸림화음이 된다고 하였으므로 **딸림 3화음**은 **"솔-시-레"**가 된다. 으뜸음인 '도'의 5도 아래에 버금딸린 음인 '파'를 근음으로 하여 3화음을 쌓으면 버금딸림화음이 된다고 하였으므로 **버금딸림 3화음**은 **"파-라-도"**가 된다. 이상이 도를 으뜸음으로 하는 주요 3화음이다.

또한 3화음 위에 3도를 한 번 더 쌓으면 네 개의 음으로 구성된 화음이 생기는데, 이것을 7화음이라고 한다고 제시되었으므로, 이를 바탕으로 계산하면 **으뜸 7화음**은 **"도-미-솔-시"**, **딸림 7화음**은 **"솔-시-레-파"**, **버금딸림 7화음**은 **"파-라-도-미"**가 된다.

① ㉠에는 도, 솔이 사용되었으므로 '도'를 으뜸음으로 하는 화음 중에서 도, 솔을 포함한 화음은 으뜸화음이다. 따라서 ㉠의 화음에는 '미'가 내재되어 있다.

② ㉡에는 도, 라, 파, 미가 사용되었는데 이를 재배열하면 "파-라-도-미"의 버금딸림 7화음이 된다.

③ ㉢에는 레, 솔, 파가 사용되었는데 이를 포함한 화음은 "솔-시-레-파"로 구성된 딸림 7화음이다.

④ 첫 번째 마디인 ㉠은 으뜸화음이고 마지막 마디는 미, 솔, 도로 구성되었으므로 마찬가지로 으뜸화음이다. 따라서 〈보기〉는 으뜸화음으로 시작되어 으뜸화음으로 끝난다.

⑤ '도'를 으뜸음으로 하는 화음에서 화음의 근음은 으뜸음 도, 딸림음 솔, 버금딸림음 파에 해당한다. 세 번째 마디인 ㉢과 마지막 마디는 각각 레, 미로 시작하였으므로 화음의 근음으로 마디가 시작되지 않았다.

[정답] ⑤

[01~03] 다음 글을 읽고 물음에 답하시오.

20 LEET 문28~30

　　과학 기술이 발달하고 일상의 삶에 미치는 영향이 점점 커짐에 따라 법정에서 과학 기술 전문가의 지식을 필요로 하는 사례도 늘고 있다. 유전자 감식에 의한 친자 확인, 디지털 포렌식을 통한 범죄 수사 등은 이미 낯설지 않고, 최근에는 연륜연대학에 기초한 과학적 증거의 활용도 새롭게 관심을 끌고 있다.

　　연륜연대학이란, 나이테를 분석하여 나무의 역사를 재구성하는 과학이다. 온대림에서 자라는 대부분의 수목은 매년 나이테를 하나씩 만들어 내는데, 그것의 폭, 형태, 화학적 성질 등은 수목이 노출되어 있는 환경의 영향을 받는다. 예를 들어 나이테의 폭은 강수량이 많았던 해에는 넓게, 가물었던 해에는 좁게 형성된다. 따라서 연속된 나이테가 보여 주는 지문과도 같은 패턴은 나무의 생육 연대를 정확히 추산하기 위한 단서가 된다.

[A]
　　2005년에 400개의 나이테를 가진 400년 된 수목을 베어 냈는데, 그 단면에서 1643년부터 거슬러 1628년까지 16년 동안 넓은 나이테 5개, 좁은 나이테 5개, 넓은 나이테 6개 순으로 연속된 특이 패턴이 보였다고 하자. 한편 인근의 역사 유적에 대들보로 사용된 오래된 목재는 나무의 중심부와 그것을 둘러싼 332개의 나이테를 보여 주지만 베어진 시기를 알 수 없었는데, 만일 그 가장자리 나이테에서 7개째부터 앞서의 수목과 동일한 패턴이 발견된다면 그 목재로 사용된 나무는 1650년경에 베어졌고 1318년경부터 자란 것이라는 결론을 내릴 수 있다. 나아가 그 목재를 유적의 기둥 목재와 비슷한 방식으로 비교하여, 나이테 기록을 보다 먼 과거까지 소급할 수 있다.

　　이와 같이 나이테를 통한 비교 연대 측정은 예술 작품이나 문화재 등의 제작·건립 시기를 추정하는 과학적 기법을 제공하기도 하지만, 종종 법률적 사안의 해결에 도움을 주기도 한다. 수목으로 소유지 경계를 표시하던 과거에는 수목의 나이를 확인하는 것이 분쟁 해결에 중요한 역할을 담당하였다. 형사 사건에서도 나이테 분석을 활용한 적이 있다. 1932년 린드버그의 아기를 납치·살해한 범인을 수목 과학자인 콜러가 밝혀낸 일화는 잘 알려져 있다. 그는 범행 현장에 남겨진 수제 사다리의 목재를 분석함으로써, 그것이 언제 어느 제재소에서 가공되어 범행 지역 인근의 목재 저장소로 운반되었는지를 추적하는 한편, 용의자의 다락방 마루와 수제 사다리의 일부가 본래 하나의 목재였다는 사실도 입증해 냈다.

　　나이테 분석의 활용 잠재성이 가장 큰 영역은 아마도 환경 소송 분야일 것이다. 과학자들은 나이테에 담긴 환경 정보의 종단 연구를 통해 기후 변동의 역사를 고증하고, 미래의 기후 변화를 예측하는 데 주로 관심을 기울여 왔다. 하지만 나이테에 담긴 환경 정보에는 비단 강수량이나 수목 질병만이 아니라 중금속이나 방사성 오염 물질, 기타 유해 화학 물질에 대한 노출 여부도 포함되므로 이를 분석하면 특정 유해 물질이 어느 지역에 언제부터 배출되었는지를 확인할 수 있을 것이다. 넓은 의미의 연륜연대학 중에서 이처럼 수목의 화학적 성질에 초점을 맞춘 연구만을 따로 연륜화학이라 부르기도 한다.

[B]
　　한편 과학 기술 전문가의 견해가 법정에서 실제로 유의미하게 활용되기 위해서는 일정한 기준을 충족해야 하는데, 이 점은 나이테 분석도 마찬가지다. 법원으로서는 전문가의 편견 및 오류 가능성이나 특정 이론의 사이비 과학 여부 등에도 신경을 쓸 수밖에 없기 때문이다. 나이테 분석을 통한 환경오염의 해석은 분명 물리적·환경 변화의 해석에서보다 고려해야 할 변수도 많고, 아직 그 역사도 상당히 짧다. 하지만 이 같은 해석 기법이 환경 소송을 주재할 법원의 요구에 부응할 수 있는 과학 기술적 토대를 갖추었다고 평가하는 견해가 점차 늘어나고 있다.

01. 윗글로 보아 적절하지 <u>않은</u> 것은?

① 나이테 분석이 이미 생성된 나이테만을 대상으로 할 수밖에 없다면, 아직 발생하지 않은 변동을 예측하는 데는 사용되지 못할 것이다.

② 특정 수목이 소유지 경계 획정 시 성목(成木)으로 심은 것이라면, 그 나이테의 개수가 경계 획정 시기까지 소급한 햇수보다 적지 않을 것이다.

③ 발생 연도가 확실한 사건에 대한 지식이 추가되면, 비교할 다른 나무가 없어도 특정 수목의 생육 연대를 비교적 정확하게 추산하는 것이 가능하다.

④ 배후지의 나무와 달리 차로변의 가로수만 특정 나이테 층에서 납 성분이 발견되었다면, 그 시기에는 납을 함유한 자동차 연료가 사용되었다고 추정하는 것이 가능하다.

⑤ 가장자리 나이테 층뿐 아니라 심부로도 수분과 양분이 공급되는 종류의 나무라면, 나이테 분석을 통해 유해 화학 물질의 배출 시기를 추산할 때 오차가 발생할 것이다.

02. [A]에 대해 추론한 내용으로 옳지 <u>않은</u> 것은?

① 2005년에 베어 낸 수목은 1605년경부터 자랐을 것이다.

② 대들보로 사용된 목재의 가장자리에서 10번째 나이테는 폭이 넓을 것이다.

③ 대들보로 사용된 목재의 가장자리에서 20번째 나이테는 폭이 좁을 것이다.

④ 대들보로 사용된 목재의 가장자리에서 15번째 나이테는 1635년경에 생겼을 것이다.

⑤ 대들보로 사용된 목재와 기둥 목재의 나이테 패턴 비교 구간은 1318년경에서 1650년경 사이에 있을 것이다.

03. [B]를 참조하여 <보기>의 입장들을 설명할 때, 적절하지 <u>않은</u> 것은?

―――〈보 기〉―――

X국에는 과학적 연구 자료를 법적으로 활용하는 기준에 대하여 다음과 같은 입장들이 있다. 각각의 입장에서 전문가의 '나이테 분석에 근거한 연구 결과'가 어떻게 이용될지 생각해 보자.

A: 관련 분야 전문가들의 일반적 승인을 얻은 것만을 증거로 활용한다.
B: 사안에 대한 관련성이 인정되는 한 모두 증거로 활용하되, 전문가의 편견 개입 가능성이나 쟁점 혼란 또는 소송 지연 등의 사유가 있을 경우에는 활용하지 않는다.
C: 사안에 대한 관련성이 인정되고, 일정한 신뢰성 요건(검증 가능성, 적정 범위 내의 오차율 등)을 갖춘 것은 모두 증거로 활용한다.

① A를 따르는 법원이 수목의 병충해 피해 보상을 판단할 때 해당 연구 결과를 유의미하게 활용한다면, 나이테를 통한 비교 연대 측정 방법은 대체로 인정된다고 추정할 수 있군.

② A를 따르는 법원이 공장의 유해 물질 배출로 인한 피해의 배상을 판단할 때 해당 연구 결과를 유의미하게 활용한다면, 연륜화학의 방법은 대체로 인정된다고 추정할 수 있군.

③ B를 따르는 법원이 방사능 피해 보상 문제에서 해당 연구 결과를 유의미하게 활용한다면, 그 연구의 수행자가 피해 당사자의 입장을 적극 대변하는 인물이라고 추정할 수 있군.

④ C를 따르는 법원이 장기간의 가뭄으로 인한 농가 피해의 보상을 판단할 때 해당 연구 결과를 유의미하게 활용한다면, 나이테 분석은 사이비 과학이 아니라고 추정할 수 있군.

⑤ C를 따르는 법원이 홍수로 인한 농가 피해의 보상을 판단할 때 해당 연구 결과를 유의미하게 활용하지 않는다면, 연륜연대학의 방법이 일정한 신뢰성의 요건을 충족하지 못한다고 추정할 수 있군.

수성은 태양계에서 가장 작은 행성으로 반지름이 2,440km이며 밀도는 지구보다 약간 작은 5,430kg/m³이다. 태양에서 가장 가까운 행성인 수성은 금성, 지구, 화성과 더불어 지구형 행성에 속하며, 딱딱한 암석질의 지각과 맨틀 아래 무거운 철 성분의 핵이 존재할 것으로 추측되나 좀 더 정확한 정보를 알기 위해서는 탐사선을 이용한 조사가 필수적이다. 그러나 강한 태양열과 중력 때문에 접근이 어려워 현재까지 단 두 기의 탐사선만 보내졌다.

미국의 매리너 10호는 1974년 최초로 수성에 근접해 지나가면서 수성에 자기장이 있음을 감지하였다. 비록 그 세기는 지구 자기장의 1%밖에 되지 않았지만 지구형 행성 중에서 지구를 제외하고는 유일하게 자기장이 있음을 밝힌 것이었다. 지구 자기장이 전도성 액체인 외핵의 대류와 자전 효과로 생성된다는 다이나모 이론에 근거하면, 수성의 자기장은 핵의 일부가 액체 상태임을 암시한다. 그러나 수성은 크기가 작아 철로만 이루어진 핵이 액체일 가능성은 희박하다. 만약 그랬더라도 오래전에 식어서 고체화되었을 것이다. 따라서 지질학자들은 철 성분의 고체 핵을 철-황-규소 화합물로 이루어진 액체 핵이 감싸고 있다고 추측하였다. 하지만 감지된 자기장이 핵의 고체화 이후에도 암석 속에 자석처럼 남아 있는 잔류자기일 가능성도 있었다.

2004년 발사된 두 번째 탐사선 메신저는 2011년 3월 수성을 공전하는 타원 궤도에 진입한 후 중력, 자기장 및 지형 고도 등을 정밀하게 측정하였다. 중력 자료에서 얻을 수 있는 수성의 관성모멘트는 수성의 내부 구조를 들여다보는 데 중요한 열쇠가 된다. 관성모멘트란 물체가 자신의 회전을 유지하려는 정도를 나타낸다. 물체가 회전축으로부터 멀리 떨어질수록 관성모멘트가 커지는데, 이는 질량이 같을 경우 넓적한 팽이가 홀쭉한 팽이보다 오래 도는 것과 같다.

질량 M인 수성이 자전축으로부터 반지름 R만큼 떨어져 있는 한 점에 위치한 물체라고 가정한 경우의 관성모멘트는 MR^2이다. 수성 전체의 관성모멘트 C를 MR^2으로 나눈 값인 정규관성모멘트(C/MR^2)는 수성의 밀도 분포를 알려 준다. 행성의 전체 크기에서 핵이 차지하는 비율이 클수록 정규관성모멘트가 커진다. 메신저에 의하면 수성의 정규관성모멘트는 0.353으로서 지구의 0.331보다 크다. 따라서 수성 핵의 반경은 전체의 80% 이상을 차지하며, 55%인 지구보다 비율이 더 크다.

행성은 공전 궤도의 이심률로 인하여 미세한 진동을 일으키는데, 이를 '경도칭동'이라 하며 그 크기는 관성모멘트가 작을수록 커진다. 이는 홀쭉한 팽이가 외부의 작은 충격에도 넓적한 팽이보다 크게 흔들리는 것과 같다. 조석고정 현상으로 지구에서는 달의 한쪽 면만 관찰할 수 있는 것으로 보통은 알려져 있으나, 실제로는 칭동 현상 때문에 달 표면의 59%를 볼 수 있다. 만약 수성이 삶은 달걀처럼 고체라면 수성 전체가 진동하겠지만, 액체 핵이 있다면 그 위에 놓인 지각과 맨틀로 이루어진 '외곽층'만이 날달걀의 껍질처럼 미끄러지면서 경도칭동을 만들어 낸다. 따라서 액체 핵이 존재할 경우 경도칭동의 크기는 수성 전체의 관성모멘트 C가 아닌 외곽층 관성모멘트 C_m에 반비례한다. 현재까지 알려진 수성의 경도칭동 측정값은 외곽층의 값 C_m을 관성모멘트로 사용한 이론값과 일치하고 있어, 액체 핵의 존재 가설을 강력히 뒷받침하고 있다.

과학자들은 메신저에서 얻어진 정보를 이용하여 수성의 모델을 제시하였다. 이에 따르면 핵의 반경은 2,030km이고 외곽층의 두께는 410km이다. 지형의 높낮이는 9.8km로서 다른 지구형 행성에 비해 작은데, 이는 지각의 평균 두께가 50km인 것을 고려할 때 맨틀의 두께가 360km로 비교적 얇아서 맨틀 대류에 의한 조산 운동이 활발하지 않기 때문으로 해석된다. 외곽층의 밀도(ρ_m)는 3,650kg/m³로 지구의 상부 맨틀(3,400kg/m³)보다 높다. 그러나 메신저의 엑스선 분광기는 수성의 화산 분출물에 무거운 철이 거의 없음을 밝혀냈는데 이는 매우 이례적인 결과이다. 왜냐하면 이는 맨틀에도 철의 양이 적다는 것이고, 그렇다면 외곽층의 높은 밀도를 설명할 길이 없기 때문이다. 이를 보완하기 위해 과학자들은 하부 맨틀에 밀도가 높은 황화철로 이루어진 반지각(anticrust)이 존재하며 그 두께는 지각보다 더 두꺼울 것이라는 새로운 가설을 제기하고 있다.

04. 수성의 내부 구조를 나타내는 아래 그림에서 ㉠~㉤에 대한 설명으로 옳지 <u>않은</u> 것은?

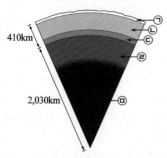

① ㉠의 표면은 지구에 비해 높낮이가 작다.

② ㉠, ㉡의 밀도는 지구의 상부 맨틀보다 높다.

③ ㉢의 존재는 메신저의 탐사로 새롭게 제기되었다.

④ ㉢, ㉣은 황 성분을 포함하고 있다.

⑤ ㉢, ㉣, ㉤은 철 성분을 포함하고 있다.

05. 윗글에서 수성에 액체 상태의 핵이 존재한다는 가설을 지지하지 <u>않는</u> 것은?

① 자기장의 존재

② 전도성 핵의 존재

③ 철-황-규소 층의 존재

④ 암석 속 잔류자기의 존재

⑤ 현재 알려진 경도칭동의 측정값

06. <가정>에 따라 수성의 모델을 바르게 수정한 것만을 <보기>에서 있는 대로 고른 것은?

─〈가 정〉─

2019년 수성에 도착한 베피콜롬보 탐사선의 새로운 관측을 통해 현재의 측정값이 다음과 같이 변화된다.
 – 수성 전체의 정규관성모멘트(C/MR^2) 증가
 – 외곽층의 관성모멘트(C_m) 감소
 – 외곽층의 밀도(ρ_m) 증가
(단, 수성의 질량 M과 반지름 R는 변화가 없다.)

─〈보 기〉─

ㄱ. 핵이 더 클 것이다.

ㄴ. 경도칭동이 더 작을 것이다.

ㄷ. 반지각이 더 두꺼울 것이다.

① ㄱ   ② ㄴ   ③ ㄱ, ㄷ

④ ㄴ, ㄷ   ⑤ ㄱ, ㄴ, ㄷ

다윈 이전의 시대에는 따개비를 연체동물에 속하는 삿갓조개류와 계통상 가깝다고 생각했다. 따개비는 해안가 바위의 부착 생물로 패각을 가지며 작은 분화구 모양을 띠고 있어 외견상 삿갓조개류와 유사하다. 하지만 오늘날에는 따개비가 절지동물 중 게, 새우와 계통상 가까운 것으로 보고 있다. 조류의 경우에도 깃털과 날개의 존재, 이빨의 부재 등 파충류와는 외형상 극명한 차이가 있어 계통상 거리가 먼 것으로 보았다. 그러나 최근의 계통분류학적 연구 결과들은 가슴쇄골이 작고 두 발로 뛰어다녔던 공룡의 일족으로부터 조류가 진화했다는 파충류 기원설을 지지하고 있다.

이와 같이 생물의 계통유연관계가 바뀐 예들을 찾는 것은 그리 어려운 일이 아니다. 그 변화는 주로 계통수(系統樹) 작성 시 이용되는 자료의 종류와 계통수 작성법의 차이에 기인한다. 인접 학문의 발전에 힘입어 분자 정보나 초미세 구조와 같은 새로운 정보들이 추가되면서 계통수 작성 시 이용되는 자료가 양적으로 풍부해지고 질적으로 향상되었다. 더불어 새로운 계통수 작성법의 개발과 기존 방법의 지속적 개선이 계통유연관계의 변화를 촉발시키는 동인이 되어 왔다.

오늘날 사용되는 계통수 작성법들은 '거리 행렬'이나 '최대 단순성 원리', 또는 '확률'에 기반을 두고 있다. 수리분류학자들은 분류군 간의 형질 차이를 나타내는 거리 행렬을 이용하여 계통수를 작성한다. 이들은 관찰된 모든 분류학적 형질을 이용하며, 주관성과 임의성을 배제하기 위해 수리적 기법을 도입하여 사용한다. 계통수 작성을 위해 먼저 분류군 간 형질 비교표(〈표 1〉)를 만들고, 분류군 간 형질 차이를 측정한다. 분류군 A와 B 사이는 조사된 5개의 형질 중 2개의 형질이 다르므로 둘 사이의 거리는 2/5, 즉 0.4가 되고, A와 C 사이, B와 C 사이의 거리는 각각 4/5로서 0.8이 된다. 이 중 가장 작은 거리 값을 갖는 A와 B를 먼저 묶어 준다(〈그림 1〉). 이어서 묶인 A와 B를 하나의 분류군 A-B로 간주하고 거리를 다시 계산한다. 이때 A-B와 C 사이의 거리는 A와 C 사이 거리와 B와 C 사이 거리의 산술 평균값인 0.8이 된다. 네 종 이상의 분류군을 대상으로 할 경우 이 단계에서 여러 개의 거리 값이 나오므로 가장 작은 거리 값을 찾아 해당 분류군을 묶어 주어야 하지만, 이 예에서는 값이 하나이므로 C를 A-B에 묶어 주면 된다(〈그림 2〉).

〈표 1〉 세 분류군 간 형질 비교표

분류군 \ 형질	1	2	3	4	5
A	–	–	–	–	–
B	–	+	+	–	–
C	+	–	+	+	+

(–: 해당 형질 없음, +: 해당 형질 있음)

〈그림 1〉

〈그림 2〉

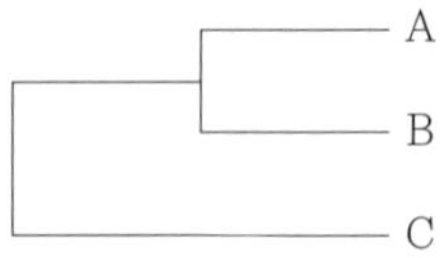

한편, 가장 단순한 것이 최선이라는 최대 단순성 원리에 근거해 계통수를 작성하는 분기론자들은 두 분류군 이상에서 공통으로 나타나는 파생형질, 즉 공유파생형질만을 계통수 작성에 이용한다. 원시형질이나 단 하나의 분류군에서만 나타나는 파생형질인 자가파생형질은 타 분류군과의 유연관계 규명에 도움을 주지는 못한다. 어떤 형질이 파생형질인지 확인하기 위해서는 계통진화학적 정보가 필요하다. 곤충의 예에서, 화석에 나타난 초기 곤충은 날개가 없었는데 진화 과정에서 날개가 출현했다는 것을 알고 있어야만 '날개 없음'이 원시형질이고 '날개 있음'이 파생형질임을 알 수 있다. 이때 '날개 있음'은 날개 있는 곤충들을 한 그룹으로 묶어 주는 공유파생형질이 될 수 있다(〈그림 3〉(A) 참조). 〈그림 3〉과 같이 세 종의 곤충에 대한 계통수 작성 시 서로 다른 세 종류의 계통수가 가능한데, 최대 단순성 원리에 근거하여 단 한 번의 날개 출현 사건만을 가정하는 〈그림 3〉(A)가 두 번의 가정을 필요로 하는 〈그림 3〉(B)나 〈그림 3〉(C)보다 더 신뢰할 만한 계통수로 간주된다.

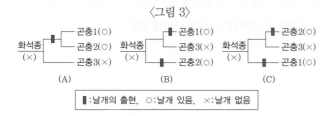

〈그림 3〉

화석종(×)	곤충1(○)
	곤충2(○)
	곤충3(×)

(A)

화석종(×)	곤충1(○)
	곤충3(×)
	곤충2(○)

(B)

화석종(×)	곤충2(○)
	곤충3(×)
	곤충1(○)

(C)

▌:날개의 출현, ○:날개 있음, ×:날개 없음

확률 기반의 계통수 작성법은 전술한 두 방법에 비해 신뢰성 면에서 상대적 우위를 가진다. 이 방법은 엄청난 계산 시간이 소요되어 대량의 자료 분석에서는 그 이용에 한계를 드러내는 단점이 있으나 컴퓨터 계산 능력이 향상되면서 점차 그 유용성이 증대되고 있다.

현재 계통분류학자들은 지구 상의 모든 생물을 아우르는 거대 계통수 작성에 심혈을 기울이고 있다. 따라서 기존에 알려진 계통유연관계는 머지않은 장래에 상당한 변화를 겪게 될 것이다. 생물의 계통유연관계는 고정불변의 사실이 아닌 미완의 가설로서 지금도 끊임없이 재구성되고 있는 것이다.

07. 윗글의 내용과 일치하지 <u>않는</u> 것은?

① 최근의 연구를 통해 조류의 새로운 계통적 위치가 제시되었다.
② 타 학문의 발달이 계통수 작성 시 사용할 수 있는 자료의 다양성을 증가시켰다.
③ 수리분류학자의 계통수는 개별 형질의 특성을 잘 드러내는 장점이 있다.
④ 분기론자는 이전의 계통진화학적 정보에 근거해 얻은 정보를 바탕으로 계통수를 작성한다.
⑤ 컴퓨터 과학의 발달로 대량의 자료를 이용한 계통수 작성법이 용이해지고 있다.

08. <표 1>의 '－'를 원시형질로, '＋'를 파생형질로 가정하고 분기론자의 입장에서 분류군 A, B, C의 계통유연관계를 규명하고자 할 때, 고려해야 할 내용으로 옳은 것만을 <보기>에서 있는 대로 고른 것은?

〈보 기〉

ㄱ. 1, 4, 5번 형질은 분류군 A와 B를 묶어 주는 형질이다.
ㄴ. 2번 형질은 분류군 B의 자가파생형질이다.
ㄷ. 3번 형질은 분류군 B와 C를 묶어 주는 공유파생형질이다.
ㄹ. 최선의 계통수 선택에는 최대 단순성 원리를 적용한다.

① ㄱ, ㄴ   ② ㄱ, ㄹ   ③ ㄷ, ㄹ
④ ㄱ, ㄴ, ㄹ   ⑤ ㄴ, ㄷ, ㄹ

09. <보기>는 네 분류군 A~D의 8개 형질을 조사하여 표로 나타낸 것이다. 이 자료를 토대로 수리분류학자가 파악한 계통유연관계를 바르게 나타낸 것은?

〈보 기〉

형질 분류군	1	2	3	4	5	6	7	8
A	−	−	+	−	−	+	−	−
B	+	+	+	−	+	+	+	−
C	−	−	+	+	−	−	−	+
D	−	−	−	−	−	−	−	−

(− : 해당 형질 없음, + : 해당 형질 있음)

①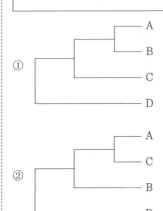

②

③

④

⑤

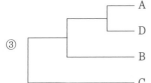
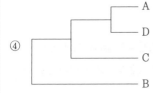
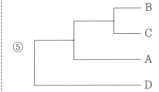

정답 및 해설 p.14

PART 2
제재별 기출문제

제재 1 법철학

1 제재 소개

현행 LEET 언어이해에는 고정된 형식이 있습니다. 총 10개의 지문 중 **첫 번째 지문과 마지막 지문은 법학에서 출제**된다는 것입니다. 이러한 출제 형식은 2016년 LEET 언어이해 이후 2021년 LEET 언어이해의 첫 번째 지문이 데이터과학에서 출제된 경우만 제외하고는 요건이 충족되었습니다.

LEET 언어이해는 법학 적성을 평가하는 시험이면서 법학 전공에 대한 배경지식을 배제하는 방식으로 시험이 출제되어야 합니다. 이에 **법철학**과 **법제사학**과 같이 실무 법학에서 주로 다루어지지 않는 **법학의 순수 학문적인 영역**이 주된 출제 대상이 됩니다. 법철학에 대한 지문은 그 어떤 제재의 지문과 비교하여도 논리적 전개의 밀도가 가장 높으며, 개념의 외연을 다루는 정도도 가장 세밀하기 때문에, LEET 언어이해 지문 중에서 난도가 가장 높은 편에 속합니다. 특히 법철학 지문은 주로 마지막에 배치되어 있기 때문에 시간에 쫓겨 제대로 지문을 소화하지 못하는 경우가 많습니다.

법철학의 영역은 크게 칸트와 헤겔 등의 독일 관념론에 기반을 둔 **관념론적 법철학**과 영미의 논리적이고 연역적인 분석철학에 기반을 둔 **분석적 법철학**으로 나뉩니다. 현대의 법철학의 학계는 분석적 법철학이 주류를 이루며 이를 반영하기라도 하듯 LEET 언어이해에서도 분석적 법철학이 주로 출제되었습니다. 이 분야에서 문제가 출제될 경우에는 주로 법조문의 해석과 관련된 논리적인 문제를 다룹니다. 옥스퍼드 철학사전은 '분석'을 '한 개념의 논리적 구조가 드러나도록 하기 위해 그것을 더 단순한 부분들로 분해하는 과정'이라고 정의하는데, 분석적 법철학은 법학의 개념들에 이러한 분석의 과정을 적용합니다. 즉, '구성요건', '위법성', '책임성'과 같은 법률 용어들을 세밀하게 분해하여 필요충분조건 관계의 논리적 도구들로 쪼개는 것입니다. 따라서 분석적 법철학은 논리 퀴즈의 성격이 강한 지문과 문제들이 출제되며, 논증에 대한 반박과 추론을 요구하는 문제들도 출제됩니다. 그렇다면 분석적 법철학에 대해서는 어떻게 대비해야 할까요? 분석적 법철학의 논의들은 매우 방대하고 전문적이기 때문에 여러분들이 배경지식을 습득하여 접근하는 것은 한계가 있습니다. 따라서 분석적 법철학의 주요 쟁점들을 논리 퀴즈의 형태로 지문에 반영한 많은 문제들을 풀어봄으로써 분석적 법철학의 논리적 사고 방식을 익히는 공부가 필요합니다.

2022년 LEET 언어이해의 마지막 지문은 관념론적 법철학에서 출제되었습니다. 이 경우에는 법조항에 대한 논리적 해석을 다루는 분석적 법철학과 달리, 칸트와 헤겔이 도덕이나 윤리와 대비하여 법의 성격을 규명하는 논의를 과거에 어떻게 진행하였는지를 이해하는 것이 지문의 핵심입니다. LEET 언어이해의 출제 기관인 법학전문대학원협의회에서 문제를 출제하시는 교수님들의 학문적 뿌리가 독일 법철학에 기반을 두는 경우가 많기 때문으로 앞으로도 칸트와 헤겔 등의 독일 법철학에서 출제가 집중될 것이라고 예상됩니다. 논리 퀴즈적인 성격을 지니는 분석적 법철학 문항과 달리 관념론적 법철학 문항은 이미 칸트와 헤겔 등과 같은 철학자들이 사전에 전개해 놓은 논리를 이해하는 것이 핵심이기 때문에, '정언 명령'의 개념 등과 같은 독일 관념철학의 논의에 대한 배경지식을 일정 수준 갖추어 두면 비교적 쉽게 해결할 수 있습니다. 특히 관념론적 법철학의 논의들은 독일 관념철학의 논의에의 연장선상에 있기 때문에, 다른 철학의 분과들은 배경지식을 특별히 공부할 필요가 없지만 독일 관념철학, 그중에서도 법과 관련된 논의들은 보다 깊이 있게 공부해 두는 것이 필요합니다.

2 대표 기출문제

출제시기	세부 제재	소재 및 문제 번호
2023학년도	관념론적 법철학	판사의 진술 의무(홀수형 01~03번)
	법해석학	법과 폭력의 관계(홀수형 28~30번)
2022학년도	관념론적 법철학	칸트의 외면성 명제(홀수형 28~30번)
2021학년도	법해석학	문언을 넘는 해석과 문언에 반하는 해석(홀수형 28~30번)
2019학년도	법해석학	근대법의 기획(홀수형 28~30번)
	법사회학	법의 기원에 대한 세 가지 이론(홀수형 01~03번)
2018학년도	법해석학	법의 해석에 따른 법의 축소와 확장(홀수형 16~18번)
2017학년도	이론법학	카르네아데스의 널(홀수형 01~03번)
2013학년도	관념론적 법철학	법과 선의 관계에 대한 칸트와 들뢰즈의 법이론(홀수형 30~32번)
2012학년도	분석적 법철학	19세기 분석법학의 의의와 한계(홀수형 21~23번)
2011학년도	분석적 법철학	권리의 법적 개념에 대한 호펠드의 분석적 법철학(홀수형 09~11번)
2010학년도	분석적 법철학	권위의 역설과 라즈의 배제적 근거(홀수형 22~24번)

3 독해 전략

① 관념론적 법철학 지문의 경우

STEP 1 | 이론 체계에 따라 개념이 정의되는 방식을 확인한다.

✔ 모든 이론 전개의 기본은 개념을 어떻게 정의하느냐부터 비롯된다. 기존의 이론 체계를 소개하는 글의 성격을 갖게 되는 관념론적 법철학 지문은 이론 체계의 독자적인 개념 획정 방식을 소개하면서 글을 시작한다.

▼

STEP 2 | 이론 체계의 핵심 개념과 내적 논리를 파악하는 것이 가장 중요하다.

✔ 관념론적 법철학 지문은 하나의 새로운 이론 체계를 소개하는 것이 글의 목적이므로 이론 제시형 지문의 성격을 강하게 띠고 있다. 이론 체계를 대표하는 핵심 개념과 내적 논리를 이해하는 것이 무엇보다 중요하며, 이와 연관된 문제가 출제될 것이므로 독해와 연결지어 해결해야 한다.

▼

STEP 3 | 이론 체계의 한계가 설명되는 지점을 파악한다.

✔ 모든 이론 체계는 그 이론적 한계를 내포한다. 특히 관념론적 법철학 지문은 과거의 이론적 체계를 소개하는 것이기 때문에, 현대의 법학적 관점에서 그 한계가 발생하는 지점에 대한 연구가 이미 충분히 이루어진 상태다. 따라서 그 이론의 한계를 지적하는 방향으로 글이 전개될 가능성이 높다.

▼

STEP 4 | 이론 체계의 의의가 설명되면서 글이 마무리됨을 확인한다.

✔ 한계를 내포함에도 그 이론 체계가 지문에서 소개된 이유는 분명히 어떠한 의의를 지니기 때문이다. 따라서 이론 체계의 한계에 따라 규정되는 이론 체계의 함의가 제시되면서 글이 마무리된다.

② 분석적 법철학 지문의 경우

STEP 1 | 이론 체계에 따라 개념이 정의되는 방식을 확인한다.

✓ 모든 이론 전개의 기본은 개념을 어떻게 정의하느냐부터 비롯된다. 분석적 법철학의 경우 문언 해석과 관련된 논리적 문제점을 제기하며 이에 대한 새로운 관점의 법철학적 논의를 전개한다.

▼

STEP 2 | 이론 체계의 핵심 개념과 내적 논리를 파악하는 것이 가장 중요하다.

✓ 분석적 법철학 지문은 하나의 새로운 이론 체계를 소개하는 것이 글의 목적이므로 기존의 법 관념과 새롭게 제기되는 법 관념이 어떻게 대비되는지를 파악하는 것이 중요하다. 이는 학설비교형 지문이나 패러다임형 지문의 성격을 띠는 경우가 많다. 그러면서도 굉장히 정교하고 엄밀한 분석철학적 논리가 제기되기 때문에, 이와 관련된 '논리 퀴즈' 문제가 출제될 것이므로 이를 염두에 두고 지문을 읽어야 한다.

▼

STEP 3 | 이론 체계의 한계가 설명되는 지점을 파악한다.

✓ 법철학의 문제제기가 반드시 수용되는 것은 아니다. 전개된 법철학의 논의에 대해서 기존의 법관념의 시각에서 수용할 수 없는 부분도 존재할 수 있으므로, 법철학의 관점(반박)-기존 법관념의 관점(재반박)의 구성으로 지문이 전개될 가능성이 있다.

▼

STEP 4 | 이론 체계의 의의가 설명되면서 글이 마무리됨을 확인한다.

✓ 한계를 내포함에도 그 이론 체계가 지문에서 소개된 이유는 분명히 어떠한 의의를 지니기 때문이다. 특히 분석적 법철학은 구체적인 판결이나 가상의 케이스에 대해 직접적으로 대입될 수 있으며, 새로운 법철학 관념이 대입된 사례가 제시되면서 글이 마무리되거나, 아니면 그 부분만 독립적으로 따로 분리하여 지문의 세 번째 문제에 '케이스 적용 문제'가 출제될 수 있다.

이 문제는 반드시 출제된다!

- **케이스 적용 문제**: 법학의 핵심은 이론적 논의를 구체적 사안, 즉 케이스에 적용하는 것이기에 가상의 케이스를 제시하고 이에 적용하는 문제가 법학 관련 지문에서 빈번히 출제된다.
- **논리 퀴즈 문제**: 분석적 법철학에서는 법조문을 논리적 소도구로 분해하여 논의를 전개하는 경우가 빈번하기 때문에 이를 이용한 논리 퀴즈 문제가 출제될 수 있다.
- **연역적 추론 문제**: 법학 지문의 경우 논리의 밀도가 굉장히 높기 때문에 숨겨진 전제나 도출될 결론을 연역적으로 추론하여야 하는 문제가 빈번히 출제된다.
- **법학적 개념 문제**: 지문에 새롭게 등장한 법학적 개념을 완전히 이해하고 있는지 확인하는 문제가 출제된다.

4 문제에 적용해보기

독해 전략을 적용하여 연습문제를 풀이해 봅시다.

연습문제 1

[01~03] 다음 글을 읽고 물음에 답하시오.

22 LEET 문28~30

📋 지문 요약 연습

연습문제를 풀이하면서 지문의 각 문단을 요약해 보세요.

　윤리규범과 법규범은 인간에게 요구되는 행위가 무엇인지를 단순히 기술하는 것이 아니라 그러한 행위로 나아갈 것을 지시하는 규정적 성격을 지닌다는 점에서 유사하다. 하지만 보다 구체적인 측면에서는 양자가 서로 명확하게 구별되는 특징을 지니고 있는 것도 사실이다. 칸트는 이 점을 매우 분명한 형태로 지적하고 있다. 그의 설명에 따르면 법규범은 윤리규범과 달리 행위의 외적인 측면에 대해서만 관여할 뿐, 행위자가 어떤 심정에서 그러한 행위로 나아간 것인지에 대해서는 상관하지 않는다. 법은 결국 모든 사람이 공존하는 가운데 각자의 의지가 자유로이 표출될 수 있게 보장하기 위한 외적인 형식에 관심이 있을 뿐이다.

　㉠칸트의 설명 체계에 의하면 법규범에 대하여 다음과 같은 세부 명제가 성립하게 된다. 첫째, 법규범은 사람들에게 무엇을 해야 하고 무엇을 하지 말아야 하는지를 지시해 주는 처방을 담고 있다는 규정성 명제, 둘째, 법규범은 사람들에게 오로지 외적으로 그것에 부합하게끔 행동할 것을 요구할 뿐, 그것을 따르는 것 자체가 행위의 이유가 될 것까지 요구하지는 않는다는 외면성 명제, 셋째, 법규범은 특정한 목적을 공유하는 사람만이 아니라 그 관할 아래 놓여 있는 모든 사람을 구속한다는 무조건성 명제가 바로 그것이다.

　하지만 칸트의 설명 체계에서 외면성 명제는 심각한 역설을 유발하는 것으로 보인다는 지적이 있다. 이 점은 법규범이 어떤 종류의 명령으로 표현될 수 있을 것인지를 생각하는 과정에서 드러난다. 우선 법규범은 그것을 따르는 사람들의 실질적 목적이나 필요를 전제로 하지 않으며, 오로지 외적인 자유만을 전제로 한다는 점에서 무조건적이며 단적으로 효력을 지닌다. 따라서 일견 정언 명령만이 법규범을 표현할 수 있을 듯하다.

　그런데 정언 명령에 복종하는 유일한 방식은 그것이 명령하고 있다는 이유에서 그것에 따르는 것이다. 명령이기 때문에 하는 행위와 그저 명령에 부합하는 행위는 구별되어야 한다. 가령 형벌의 두려움 때문에 어쩔 수 없이 정언 명령이 요구하는 행위로 나아갔다면, 이를 정언 명령에 복종한 것이라고 말할 수는 없다. 따라서 외면성 명제가 성립하는 한, 법규범이 정언 명령으로 표현된다는 것은 불가능할 것이다. 법규범은 그것을 따르는 내면의 동기까지 요구하지는 않는다는 점에서 윤리규범과 달라야 하기 때문이다.

　그렇다면 법규범은 가언 명령으로 발하여질 것인가? 그렇지 않을 것이다. 가언 명령이란 "만일 당신이 강제와 형벌의 위험을 피하고자 한다면, 법이 지시하는 바를 행하라."와 같은 구조를 취하게 될 텐데, 이 경우 사실상 법규범은 강제와 형벌의 위험을 피하고자 하는 사람들에 대해서만 그것이 지시하는 바를 행하게 할 뿐이어서, 앞에서 살펴본 무조건성 명제에 반하게 되기 때문이다.

　결국 윤리규범과 법규범에 대해 일견 통용되는 것으로 보이는 규정성 명제와 무조건성 명제 외에 법규범에 특유한 외면성 명제를 도입하는 순간, 법규범은 정언 명령으로도 가언 명령으로도 표현될 수 없게 됨으로써 종국적으로는 법규범에 한하여 규정성 명제를 인정할 수 없게 되는 역설적인 결과를 낳는다. 다시 말해서 법규범이 어떤 행위가 요구되고 어떤 행위가 금지되는지를 단순히 기술하는 수준에 머물지는 않는다 하더라도, 역설적이게도 그에 따라 행하도록 지시·명령·요구할 수는 없게 된다는 것이다.

　하지만 윤리규범과 법규범의 차이를 오로지 법칙 수립 형식 내지 의무 강제 방식에서의 자율성과 타율성에서 찾는 칸트의 설명 체계에서 외면성 명제의 도입을 포기하기도 쉽지 않다. 그는 법칙 수립의 개념 자체를 규범과 동기라는 두 요소를 통해 정의하고 있기 때문에, 법규범에 관해서도 모종의 동기 자체는 제시될 수 있어야 한다. 그리고 그가 말하는 법규범에 어울리는 동기란 바로 타율적 강제라는 외적인 동기이다. 따라서 법규범은 윤리규범과 달리 누가 스스로 그것을 지키지 않을 때 그것을 지키도록 다른 사람이 강제할 수 있게 되는 것이다. 이렇듯 외면성이 법규범의 핵심적 징표를 이루고 있는 한, 칸트의 설명 체계에서 이를 무시하기는 어려울 것이며, 결국 외면성 명제의 도입에 따른 법적 명령의 역설도 쉽사리 해소될 수는 없을 것이다.

★ 선생님 TIP

정언 명령 vs 가언 명령

관념론적 법철학 지문은 기초적인 배경지식이 있으면 훨씬 더 쉽게 독해할 수 있습니다.

- **정언 명령**: 다른 어떠한 목적이나 수단에 기대지 않고, 어떤 행위가 그 자체로 바람직하기에, 행위할 것을 요구하는 명령
- **가언 명령**: 'A를 위해서 B를 하라'라는 식으로 어떤 행위가 다른 수단을 위해서 바람직하기에, 행위할 것을 요구하는 명령

01. 외면성 명제 에 관한 내용으로 적절하지 않은 것은?

① 외면성 명제는 윤리규범과 법규범의 차이를 나타내는 것이다.

② 외면성 명제가 법규범을 기술적 명제로 환원시키는 것은 아니다.

③ 외면성 명제와 규정성 명제를 유지하는 한 무조건성 명제를 유지하기 어렵다.

④ 외면성 명제와 무조건성 명제를 유지하는 한 규정성 명제를 유지하기 어렵다.

⑤ 외면성 명제에 따르면 법칙 수립 과정에서 윤리규범은 의무 강제와 결합하지 않게 된다.

02. ㉠에 대해 추론한 것으로 적절하지 않은 것은?

① 윤리규범과 법규범의 내용은 서로 동일할 수 있을 것이다.

② 규범의 규정적 성격은 명령의 형태로 표현되어야 할 것이다.

③ 정언 명령에 부합하는 행위를 아무 이유 없이 할 수는 없을 것이다.

④ 윤리적 이유가 아닌 다른 이유에서 법규범을 준수할 수 있어야 할 것이다.

⑤ 윤리규범과 법규범은 공동체의 모든 구성원에 대하여 효력을 지닐 것이다.

03. 윗글을 바탕으로 <보기>를 설명한 것으로 가장 적절한 것은?

─〈보 기〉─

칸트는 외면성 명제를 현실 세계의 법규범에 관한 실용적 지식이 아니라 법규범의 개념에 내재한 필연성을 밝히는 분석적 진리로서 의도한 것이었지만, 이후의 전체주의 체제에 대한 역사적 경험에 비추어 볼 때, 그것은 정당한 국가 권력이 갖춰야 할 실질적 조건을 의미하는 것으로 드러났다.

① 칸트의 외면성 명제는 법적 명령의 역설을 초래함으로써 국가 권력의 정당성 기반을 약화시켰다.

② 칸트의 외면성 명제는 국가 권력이 사람들의 내면의 자유에 개입하려 해서는 안 된다는 것을 함의한다.

③ 칸트는 법규범의 독자성을 인정하고 이를 국가 권력의 정당성을 확보하기 위한 정치적 지도 원리로 삼고자 했다.

④ 칸트에 의거할 때 사람들이 법에 대한 심정적 지지 없이 단지 법에 부합하는 행위만을 할 때 전체주의 체제가 도래할 위험이 있다.

⑤ 칸트에 의거할 때 국가 권력의 행사는 사람들이 실제로 어떠한 이유에서 법을 준수하거나 위반하는지를 정확히 파악한 토대 위에서 이루어질 필요가 있다.

가이드에 따라 지문과 문제를 분석하고 정답을 확인해 봅시다.

STEP 1 이론 체계에 따라 개념이 정의되는 방식을 확인한다.

[첫 번째 문단] 칸트에 따르면 윤리규범과 법규범의 차이는 행위의 내적인 측면에 대한 관여 여부에 존재한다.

> 윤리규범과 법규범은 인간에게 요구되는 행위가 무엇인지를 단순히 기술하는 것이 아니라 그러한 행위로 나아갈 것을 지시하는 규정적 성격을 지닌다는 점에서 유사하다. 하지만 보다 구체적인 측면에서는 양자가 서로 명확하게 구별되는 특징을 지니고 있는 것도 사실이다. 칸트는 이 점을 매우 분명한 형태로 지적하고 있다. 그의 설명에 따르면 법규범은 윤리규범과 달리 행위의 외적인 측면에 대해서만 관여할 뿐, 행위자가 어떤 심정에서 그러한 행위로 나아간 것인지에 대해서는 상관하지 않는다. 법은 결국 모든 사람이 공존하는 가운데 각자의 의지가 자유로이 표출될 수 있게 보장하기 위한 외적인 형식에 관심이 있을 뿐이다.

〈칸트에 따른 윤리규범과 법규범의 개념적 정의〉

구분	윤리규범	법규범
공통점	요구되는 행위를 기술하는 기술적 성격뿐만 아니라, 행위로 나아갈 것을 지시하는 규정적 성격을 지닌다.	
차이점	행위의 외적 측면 이외의 행위의 내적 측면에도 관여 (지문을 통해 추론 가능)	행위의 외적 측면에만 관여

STEP 2 이론 체계의 핵심 개념과 내적 논리를 파악하는 것이 가장 중요하다.

[두 번째 문단] 법규범은 '규정성 명제', '외면성 명제', '무조건성 명제'를 내포한다.

> ㉠칸트의 설명 체계에 의하면 법규범에 대하여 다음과 같은 세부 명제가 성립하게 된다. 첫째, 법규범은 사람들에게 무엇을 해야 하고 무엇을 하지 말아야 하는지를 지시해 주는 처방을 담고 있다는 규정성 명제, 둘째, 법규범은 사람들에게 오로지 외적으로 그것에 부합하게끔 행동할 것을 요구할 뿐, 그것을 따르는 것 자체가 행위의 이유가 될 것까지 요구하지는 않는다는 외면성 명제, 셋째, 법규범은 특정한 목적을 공유하는 사람만이 아니라 그 관할 아래 놓여 있는 모든 사람을 구속한다는 무조건성 명제가 바로 그것이다.

〈법규범이 내포하는 세 가지 명제〉
• 규정성 명제, **외면성 명제**, 무조건성 명제

STEP 3 이론 체계의 한계가 설명되는 지점을 파악한다.

[세 번째 문단] 법규범이 외면성 명제를 내포한다는 주장은 역설을 유발한다.

> 하지만 칸트의 설명 체계에서 외면성 명제는 심각한 역설을 유발하는 것으로 보인다는 지적이 있다. 이 점은 법규범이 어떤 종류의 명령으로 표현될 수 있을 것인지를 생각하는 과정에서 드러난다. 우선 법규범은 그것을 따르는 사람들의 실질적 목적이나 필요를 전제로 하지 않으며, 오로지 외적인 자유만을 전제로 한다는 점에서 무조건적이며 단적으로 효력을 지닌다. 따라서 일견 정언 명령만이 법규범을 표현할 수 있을 듯하다.

ⅰ) 전제 1. **외면성 명제**는 그 개념 정의상 **정언 명령**으로만 표현될 수 있다.

[네 번째 문단] 법규범이 외면성 명제를 내포한다는 칸트의 주장은, 외면성 명제가 정언 명령으로 표현되어야 하나, 정언 명령으로 표현될 수 없는 내적인 모순에 부딪친다.

> 그런데 정언 명령에 복종하는 유일한 방식은 그것이 명령하고 있다는 이유에서 그것에 따르는 것이다. 명령이기 때문에 하는 행위와 그저 명령에 부합하는 행위는 구별되어야 한다. 가령 형벌의 두려움 때문에 어쩔 수 없이 정언 명령이 요구하는 행위로 나아갔다면, 이를 정언 명령에 복종한 것이라고 말할 수는 없다. 따라서 외면성 명제가 성립하는 한, 법규범이 정언 명령으로 표현된다는 것은 불가능할 것이다. 법규범은 그것을 따르는 내면의 동기까지 요구하지는 않는다는 점에서 윤리규범과 달라야 하기 때문이다. (숨겨진 결론: 따라서 외면성 명제는 정언 명령으로 표현될 수 없다.)

ii) 전제 2. 정언 명령은 그 개념 정의상 정언 명령에 복종하는 유일한 방식은 명령하고 있다는 이유만으로 그 명령에 따르는 것임을 내포한다.

iii) 전제 3. 외면성 명제는 그 개념 정의상 내면의 동기가 명령에 복종할 것을 요구할 필요가 없다.

iv) 결론. 따라서 외면성 명제는 정언 명령으로 표현될 수 없다.

  → 전제 1과 모순되는 결론이 도출되었다.

[다섯 번째 문단] 법규범은 무조건성 명제를 내포하므로 가언 명령으로 표현하는 것도 불가능하다.

> 그렇다면 법규범은 가언 명령으로 발하여질 것인가? 그렇지 않을 것이다. 가언 명령이란 "만일 당신이 강제와 형벌의 위험을 피하고자 한다면, 법이 지시하는 바를 행하라."와 같은 구조를 취하게 될 텐데, 이 경우 사실상 법규범은 강제와 형벌의 위험을 피하고자 하는 사람들에 대해서만 그것이 지시하는 바를 행하게 할 뿐이어서, 앞에서 살펴본 무조건성 명제에 반하게 되기 때문이다.

[여섯 번째 문단] 법규범은 외면성 명제를 내포하는 순간 규범성 명제로 기능하는 것이 불가능하다.

> 결국 윤리규범과 법규범에 대해 일견 통용되는 것으로 보이는 규정성 명제와 무조건성 명제 외에 법규범에 특유한 외면성 명제를 도입하는 순간, 법규범은 정언 명령으로도 가언 명령으로도 표현될 수 없게 됨으로써 종국적으로는 법규범에 한하여 규정성 명제를 인정할 수 없게 되는 역설적인 결과를 낳는다. 다시 말해서 법규범이 어떤 행위가 요구되고 어떤 행위가 금지되는지를 단순히 기술하는 수준에 머물지는 않는다 하더라도, 역설적이게도 그에 따라 행하도록 지시·명령·요구할 수는 없게 된다는 것이다.

〈외면성 명제의 역설에 대한 논증 과정〉

i) 법규범이 외면성 명제를 내포하게 된다면, 정언 명령으로 표현되는 것이 불가능하다.

  (세 번째 문단~네 번째 문단)

ii) 법규범은 무조건성 명제를 내포하므로, 가언 명령으로 표현되는 것이 불가능하다.

  (다섯 번째 문단)

iii) 법규범과 같은 모든 규범성 명제는 정언 명령 또는 가언 명령으로 표현되어야 하므로, 법규범은 외면성 명제를 내포하는 순간 규범성 명제로 기능할 수 없다.

  (여섯 번째 문단)

STEP 4 이론 체계의 의의가 설명되면서 글이 마무리됨을 확인한다.

[일곱 번째 문단] 외면성 명제의 역설을 해소하기 위해서는, 칸트의 법규범 개념에 '타율적 강제'라는 외적인 동기가 부여되어야 한다.

> 하지만 윤리규범과 법규범의 차이를 오로지 법칙 수립 형식 내지 의무 강제 방식에서의 자율성과 타율성에서 찾는 칸트의 설명 체계에서 외면성 명제의 도입을 포기하기도 쉽지 않다. 그는 법칙 수립의 개념 자체를 규범과 동기라는 두 요소를 통해 정의하고 있기 때문에, 법규범에 관해서도 모종의 동기 자체는 제시될 수 있어야 한다. 그리고 그가 말하는 법규범에 어울리는 동기란 바로 타율적 강제라는 외적인 동기이다. 따라서 법규범은 윤리규범과 달리 누가 스스로 그것을 지키지 않을 때 그것을 지키도록 다른 사람이 강제할 수 있게 되는 것이다. 이렇듯 외면성이 법규범의 핵심적 징표를 이루고 있는 한, 칸트의 설명 체계에서 이를 무시하기는 어려울 것이며, 결국 외면성 명제의 도입에 따른 법적 명령의 역설도 쉽사리 해소될 수는 없을 것이다.

〈대결론 문단〉

• 칸트의 이론 체계에서 '외면성 명제'는 윤리규범과 법규범을 분리하는 핵심적 기준이므로 법규범에 대한 '외면성 명제'의 도입은 제한적으로나마 이루어져야 한다. 따라서 법규범의 규범적 성격에 복종해야 하는 모종의 동기를 '타율적 강제'라는 외적인 동기로 규정함으로써, 법규범의 외면성은 부분적으로 충족된다.

01번 문제를 풀이하면 다음과 같습니다.

① 외면성 명제는 칸트의 이론 체계에서 윤리규범과 법규범의 차이를 나타내는 가장 핵심적인 분류 기준에 해당한다.

② 첫 번째 문단에서 윤리규범과 법규범은 공통적으로 기술적 성격에 그치는 것이 아니라, 규정적 성격을 지닌다고 제시되었다. 또한, 법규범이 외면성 명제를 내포하여 역설이 발생한다고 하더라도, 그것은 규정적 성격을 지니지 못하는 것을 의미하는 것이지, 기술적 성격에 그치는 것을 의미하는 것은 아니다. 이 부분은 여섯 번째 문단에서 '다시 말해서 어떤 행위가 금지되는지를 단순히 기술하는 수준에 머물지는 않는다 하더라도'라는 서술에 분명하게 명시되어 있다.

③ 외면성 명제가 정언 명령으로 표현되는 한 외면성 명제와 규정성 명제는 동시에 내포될 수 없으므로, 외면성 명제가 가언 명령으로 표현되어야 하고, 이 경우에는 무조건성 명제를 내포할 수 없다. 따라서 '외면성 명제와 규정성 명제를 유지'하는 조건하에서 법규범은 무조건성 명제를 내포할 수 없다는 결론에 도달한다.

④ 법규범이 무조건성 명제를 유지하는 한, 법규범은 가언 명령으로 표현될 수 없으므로 정언 명령으로 표현되어야 한다. 그런데 정언 명령으로 표현되면 외면성 명제와 규정성 명제를 동시에 내포할 수 없는 역설이 발생하므로, 외면성 명제를 유지하는 한 규정성 명제를 유지할 수 없다는 결론에 도달한다.

⑤ 외면성 명제는 법규범에 내포되는 명제에 해당하므로, 윤리규범에 대하여 어떠한 논리적 결론을 도출하도록 작용할 수 없다. 따라서 타당하지 않은 선택지에 해당한다.

[정답] ⑤

02번 문제를 풀이하면 다음과 같습니다.

① 첫 번째 문단에 따르면, 법규범과 윤리규범은 규정적 성격과 기술적 성격을 동시에 지닌다는 점에서 공통적이다. 그러나 규정적 성격의 구체적인 측면에서 법규범과 윤리규범은 차이가 있다. 따라서 기술적 성격에 해당하는 부분, 즉 규범의 내용이 어떻게 기술되었는지에 대한 부분은 법규범과 윤리규범이 동일할 가능성이 충분히 존재한다.

② 첫 번째 문단에 따르면, '규정적 성격'이란 '그러한 행위로 나아갈 것을 지시'하는 속성을 의미하므로 명령의 형태로 표현되어야 함이 추론 가능하다.

③ 정언 명령은 그 개념상 '아무 이유 없이 명령이라는 이유만으로 그 명령에 복종하는 것'을 의미한다. 이는 네 번째 문단에서 '명령이기 때문에 하는 행위'로 설명되었다. 따라서 ③의 내용은 정언 명령의 개념적 정의에 모순되는 서술이므로 타당하지 않다.

④ 마지막 문단에 따르면, 칸트의 이론 체계가 성립하기 위해서는 윤리규범과 다른 법규범만의 복종 동기가 요구된다. 이는 '따라서 법규범은 윤리규범과 달리 누가 스스로 그것을 지키지 않을 때 그것을 지키도록 다른 사람이 강제할 수 있게 되는 것이다.'로 서술되었다. 즉, 윤리적 이유가 아닌 법적 이유에 따라 법규범에 복종하여야 하고, 그 법적 이유는 바로 '타율적 강제'에 해당한다.

⑤ '공동체의 모든 구성원에 대하여 효력을 지닐 것이다.'라는 부분은 무조건성 명제에 대한 설명에 해당한다. 그런데 윤리규범이 무조건성 명제를 내포하는지 여부에 대한 **직접적 서술**은 지문에 제시되지 않았기 때문에, 자칫 잘못 생각하면 ⑤를 오답으로 고를 가능성이 있다. 그러나 마지막 문단에서 "윤리규범과 법규범의 차이를 오로지 법칙 수립 형식 내지 의무 강제 방식에서의 자율성과 타율성에서 찾는 칸트의 설명 체계에서 외면성 명제의 도입을 포기하기도 쉽지 않다."라고 서술되었으므로 법규범과 윤리규범의 유일한 차이가 외면성 명제를 내포하는지 여부임을 확인할 수 있다. 즉, 외면성 명제 이외에 법규범이 내포한다고 제시된 '규정성 명제'와 '무조건성 명제'는 윤리규범에도 내포되는 것으로 **추론적 서술**이 제시된 것이다. 따라서 ⑤는 타당한 설명에 해당한다. → **매력적 오답**

[정답] ③

03번 문제를 풀이하면 다음과 같습니다.

―――――〈보 기〉――――――

ⓐ칸트는 외면성 명제를 현실 세계의 법규범에 관한 실용적 지식이 아니라 법규범의 개념에 내재한 필연성을 밝히는 분석적 진리로서 의도한 것이었지만, 이후의 전체주의 체제에 대한 역사적 경험에 비추어 볼 때, ⓑ그것은 정당한 국가 권력이 갖추어야 할 실질적 조건을 의미하는 것으로 드러났다.

ⓐ는 '법규범이 외면성 명제를 내포한다.'는 주장이 칸트에게는 자연주의적 주장이었음을 의미한다. 반면에 ⓑ는 '법규범이 외면성 명제를 내포한다.'는 주장이 전체주의 체제의 사례에 비추어 볼 때 당위적 주장임을 의미한다.

즉, 법규범이 외면성 명제를 당위적으로 내포하지 않으면 전체주의 체제가 도래하는 위험성이 존재할 것이라는 점이 〈보기〉에서 추론될 수 있다. 즉, 법규범에 대한 복종을 외면인 것이 아니라 내면적인 것, 즉 법에 부합하는 행위에 대한 결과적인 복종뿐만이 아니라 마음의 동기까지도 법에 복종하도록 요구하게 되면 전체주의 체제가 도래할 수 있다는 것이 〈보기〉가 함의하고 있는 설명의 핵심에 해당한다. 주어진 선택지 중 ②의 서술이 이에 유일하게 부합한다.

① 외면성 명제가 초래한 법적 명령의 역설은 칸트의 설명 체계의 정합성 기반만을 약화시켰을 뿐이지 국가 권력의 정당성 기반 약화와는 관련이 없다.
③ 칸트는 윤리규범과 구분되는 법규범의 독자성을 인정하였으나, 이는 국가 권력의 정당성을 확보하기 위한 것이 아니었다.
④ 칸트와 〈보기〉에 따르면, 법에 부합하는 행위만을 하는 것이 아니라 법에 대한 심정적인 지지까지 요구될 때 전체주의 체제가 등장할 위험성이 있다. 따라서 ④는 〈보기〉의 설명을 정반대로 서술하였다.
⑤ 법규범의 외면성 조건에 대한 설명에 해당하나, 〈보기〉의 내용과는 아무런 관련이 없다.

[정답] ②

[04~06] 다음 글을 읽고 물음에 답하시오.

11 LEET 문9~11

20세기 초반 미국의 법률가들은 법철학이 실무에서는 별로 쓸모가 없는 학문이라 평가하고 있었다. 그들이 보기에 법철학자들은 대개 권리나 의무의 본질에 대한 막연한 이론을 늘어놓기만 할 뿐, 그것이 구체적인 법률문제의 해결에 기여해야 한다는 생각은 없는 것 같았기 때문이다. 호펠드의 이론은 당대의 통념을 깨뜨린 전형적인 사례라 할 수 있다. 그는 다의적인 법적 개념의 사용으로 인해 법률가들이 잘못된 논증을 하게 되고 급기야 법적 판단을 그르치기까지 한다고 지적한 뒤, 이 문제를 해결하기 위해 "누가 무언가에 관한 권리를 가진다."라는 문장이 의미하는 바가 무엇인지를 분석하고 권리 개념을 명확히 할 것을 제안했다.

그는 모든 권리 문장이 상대방의 관점에서 재구성될 수 있다고 보았다. 법률가들이 '사람에 대한 권리'와 구별해서 이해하고 있는 이른바 '물건에 대한 권리'도 어디까지나 '모든 사람'을 상대로 주장할 수 있는 권리일 뿐이므로 예외가 될 수 없다고 한다. 또한 그는 법률가들이 권리라는 단어를 서로 다른 네 가지 지위를 나타내는 데 사용하고 있음을 밝힘으로써 권리자와 그 상대방의 지위를 나타내는 네 쌍의 근본 개념을 확정할 수 있었다. 결국 모든 법적인 권리 분쟁은 이들 개념을 이용하여 진술될 수 있을 것이다.

각각의 개념들을 살펴보면 다음과 같다. 첫째, 청구권은 상대방에게 특정한 행위를 요구할 수 있는 권리이며, 상대방은 그 행위를 할 의무를 지게 된다. 둘째, 자유권은 특정한 행위에 대한 상대방의 요구를 따르지 않아도 되는 권리이며, 상대방에게는 그 행위를 요구할 청구권이 없다. 셋째, 형성권은 상대방의 법적 지위를 변동시킬 수 있는 권리인데, 이러한 권리자의 처분이 있으면 곧 지위 변동을 겪게 된다는 것 자체가 바로 상대방이 현재 점하고 있는 지위, 곧 피형성적 지위인 것이다. 넷째, 면제권은 상대방의 처분에 따라 자신의 지위 변동을 겪지 않을 권리이며, 상대방에게는 그러한 처분을 할 만한 형성권이 없다.

호펠드는 이러한 근본 개념들 간에 존재하는 미묘한 차이와 관계적 특성을 분명히 함으로써 권리 문장이 지켜야 할 가장 기초적인 문법을 완성하고 있다. 그에 따르면 청구권이 상대방의 행위를 직접적으로 통제하는 데 비해, 형성권은 상대방과의 법률관계를 통제하는 결과 그의 행위에 대한 통제도 이루게 되는 차이가 있다. 또한 청구권이 상대방을 향한 적극적인 주장이라면 자유권은 그러한 주장으로부터의 해방이며, 형성권이 상대방과의 법률관계에 대한 적극적인 처분이라면 면제권은 그러한 처분으로부터의 해방으로 볼 수 있다. 그리고 두 사람 사이의 단일한 권리 관계 내에서 볼 때 만일 누군가 청구권을 가지고 있다면 그 상대방은 동시에 자유권을 가질 수 없고, 만일 누군가 형성권을 가지고 있다면 그 상대방은 동시에 면제권을 가질 수 없다. 마찬가지로 자유권자의 상대방은 동시에 청구권을 가질 수 없고, 면제권자의 상대방 또한 동시에 형성권을 가질 수 없다.

호펠드는 이러한 권리의 문법에 근거하여 '퀸 대(對) 리팀' 사건 판결문의 오류를 지적함으로써 법철학 이론도 법률 실무에 충분히 기여할 수 있음을 보여 주었다. 판결의 취지는 다음과 같았다. "육류 생산업자인 원고에게는 피고가 속해 있는 도축업자 노조의 조합원이 아닌 사람도 고용할 수 있는 자유가 있음에도 불구하고, 피고는 고객들에게 원고와 거래하지 말 것을 종용함으로써 원고의 자유에 간섭하였고, 그 결과 원고의 사업장은 문을 닫게 되었으므로 피고는 원고에게 발생한 손해에 대해 책임이 있다." 호펠드의 분석에 따르면, 판사는 원고에게 자유권이 있다는 전제로부터 곧바로 피고에게는 원고의 자유권 행사를 방해하지 않을 의무가 있다는 결론을 도출하는 우를 범함으로써, 정작 이 자유권의 실효적 보장을 위해 국가가 예외적으로 개입할 필요가 있는지 숙고해 볼 수 있는 기회를 놓치고 있다는 것이다. 호펠드의 희망은 이렇듯 개념의 혼동과 논증의 오류가 정의와 올바른 정책 방향에 대한 법률가들의 성찰을 방해하지 않게 하는 데 자신의 연구가 보탬이 되는 것이었다. 이러한 그의 작업은 훗날 판례 속의 법적 개념과 논증을 비판적으로 탐구하는 미국 법학의 큰 흐름을 낳은 것으로 평가되고 있다.

📋 **지문 요약 연습**

연습문제를 풀이하면서 지문의 각 문단을 요약해 보세요.

사실 확인
04. 윗글에 나타난 호펠드 법철학의 역할로 볼 수 <u>없는</u> 것은?

① 권리 문장에 사용되는 권리 개념의 다의성 문제를 해소할 수 있는 방안을 제시함.

② 권리에 대한 법률가들의 통념적 구별이 가질 수 있는 개념적 오류를 비판함.

③ 권리 문장의 분석을 통하여 권리들 간에 우선순위가 발생하는 근거를 해명함.

④ 권리 문장을 사용한 법률가들의 추론에 논리의 비약이 내재해 있음을 규명함.

⑤ 권리 개념들 간의 관계적 특성을 반영한 권리의 일반 이론을 모색함.

논리 퀴즈
05. 두 사람 사이의 단일한 권리 관계에서 볼 때, 권리의 문법 에 대한 이해로 옳지 <u>않은</u> 것은?

① 누가 어떤 권리를 가지면 상대방이 일정한 의무를 가진다는 판단을 내릴 경우가 있다.

② 누가 어떤 권리를 가지면 동시에 그는 일정한 의무를 가진다는 판단을 내릴 경우가 있다.

③ 누가 어떤 권리를 가지면 상대방이 일정한 권리를 갖지 않는다는 판단을 내릴 경우가 있다.

④ 누가 어떤 권리를 갖지 않으면 동시에 그는 일정한 의무를 가진다는 판단을 내릴 경우가 있다.

⑤ 누가 어떤 권리를 갖지 않으면 상대방이 일정한 의무를 갖지 않는다는 판단을 내릴 경우가 있다.

케이스 적용
06. 호펠드의 근본 개념들이 <보기>의 상황에 적용된다고 가정했을 때, 이에 대한 설명으로 가장 적절한 것은? (단, <보기>에 제시되지 않은 상황은 고려하지 않는다.)

─────〈 보 기 〉─────

경기 도중 득점 기회를 잡은 선수 A를 막으려고 상대 팀 선수 B가 정당하게 몸싸움을 벌였다. 하지만 다음 순간 A는 경기장이 미끄러운 탓에 몸싸움을 이기지 못하고 넘어졌다. 심판 C는 이 상황을 제대로 보지 못하고 B를 퇴장시켰다. 심판은 판정 과정에서 어떠한 영향도 받지 않아야 하는 지위에 있기 때문에, B의 팀은 C의 판정에 따라 한 명이 줄어든 상태에서 경기를 해야 했다. 감독 D는 수비 약화를 우려하여, 뛰고 있던 공격수를 빼고 몸을 풀고 대기 중인 선수 E를 투입했다.

① A는 B에게 몸싸움을 걸지 말라고 요구할 청구권을 가지고 있다.

② A는 C에게 그의 판정이 잘못되었는지 여부를 알려 줄 의무를 위반하고 있다.

③ B는 C의 판정만으로 퇴장당하게 되는 피형성적 지위에 있지 않다.

④ C는 D에 의해 판정의 자율성을 침해 받지 않을 면제권을 가지고 있다.

⑤ D는 E가 시합에 나가지 않을 자유권을 침해하고 있다.

가이드에 따라 지문과 문제를 분석하고 정답을 확인해 봅시다.

STEP 1 이론 체계에 따라 개념이 정의되는 방식을 확인한다.

[첫 번째 문단] 권리 개념을 명확하게 정립한 호펠드의 법철학 이론

> 20세기 초반 미국의 법률가들은 법철학이 실무에서는 별로 쓸모가 없는 학문이라 평가하고 있었다. 그들이 보기에 법철학자들은 대개 권리나 의무의 본질에 대한 막연한 이론을 늘어놓기만 할 뿐, 그것이 구체적인 법률문제의 해결에 기여해야 한다는 생각은 없는 것 같았기 때문이다. 호펠드의 이론은 당대의 통념을 깨뜨린 전형적인 사례라 할 수 있다. 그는 다의적인 법적 개념의 사용으로 인해 법률가들이 잘못된 논증을 하게 되고 급기야 법적 판단을 그르치기까지 한다고 지적한 뒤, 이 문제를 해결하기 위해 "누가 무언가에 관한 권리를 가진다."라는 문장이 의미하는 바가 무엇인지를 분석하고 권리 개념을 명확히 할 것을 제안했다.

[두 번째 문단] 권리 개념의 통념적 오류를 바로 잡기 위한 호펠드의 권리 개념 분류

> 그는 모든 권리 문장이 상대방의 관점에서 재구성될 수 있다고 보았다. 법률가들이 '사람에 대한 권리'와 구별해서 이해하고 있는 이른바 '물건에 대한 권리'도 어디까지나 '모든 사람'을 상대로 주장할 수 있는 권리일 뿐이므로 예외가 될 수 없다고 한다.(잘못된 법적 개념이 사용된 당대의 통념의 사례) 또한 그는 법률가들이 권리라는 단어를 서로 다른 네 가지 지위를 나타내는 데 사용하고 있음을 밝힘으로써 권리자와 그 상대방의 지위를 나타내는 네 쌍의 근본 개념을 확정할 수 있었다. 결국 모든 법적인 권리 분쟁은 이들 개념을 이용하여 진술될 수 있을 것이다.(호펠드의 권리 개념의 핵심적인 원리)

STEP 2 이론 체계의 핵심 개념과 내적 논리를 파악하는 것이 가장 중요하다.

[세 번째 문단] 청구권-자유권, 형성권-면제권으로 구성된 호펠드의 권리 개념(이론의 핵심 원리 문단) → 이 글에서 가장 중요한 문단

> 각각의 개념들을 살펴보면 다음과 같다. 첫째, 청구권은 상대방에게 특정한 행위를 요구할 수 있는 권리이며, 상대방은 그 행위를 할 의무를 지게 된다. 둘째, 자유권은 특정한 행위에 대한 상대방의 요구를 따르지 않아도 되는 권리이며, 상대방에게는 그 행위를 요구할 청구권이 없다. 셋째, 형성권은 상대방의 법적 지위를 변동시킬 수 있는 권리인데, 이러한 권리자의 처분이 있으면 곧 지위 변동을 겪게 된다는 것 자체가 바로 상대방이 현재 점하고 있는 지위, 곧 피형성적 지위인 것이다. 넷째, 면제권은 상대방의 처분에 따라 자신의 지위 변동을 겪지 않을 권리이며, 상대방에게는 그러한 처분을 할 만한 형성권이 없다.

〈핵심 키워드〉
• 청구권 – 자유권 / 형성권 – 면제권

[네 번째 문단] 청구권과 자유권, 형성권과 면제권 사이의 관계적 특성

　　호펠드는 이러한 근본 개념들 간에 존재하는 미묘한 차이와 관계적 특성을 분명히 함으로써 권리 문장이 지켜야 할 가장 기초적인 문법을 완성하고 있다. 그에 따르면 청구권이 상대방의 행위를 직접적으로 통제하는 데 비해, 형성권은 상대방과의 법률관계를 통제하는 결과 그의 행위에 대한 통제도 이루게 되는 차이가 있다. 또한 청구권이 상대방을 향한 적극적인 주장이라면 자유권은 그러한 주장으로부터의 해방이며, 형성권이 상대방과의 법률관계에 대한 적극적인 처분이라면 면제권은 그러한 처분으로부터의 해방으로 볼 수 있다. 그리고 두 사람 사이의 단일한 권리 관계 내에서 볼 때 만일 누군가 청구권을 가지고 있다면 그 상대방은 동시에 자유권을 가질 수 없고, 만일 누군가 형성권을 가지고 있다면 그 상대방은 동시에 면제권을 가질 수 없다. 마찬가지로 자유권자의 상대방은 동시에 청구권을 가질 수 없고, 면제권자의 상대방 또한 동시에 형성권을 가질 수 없다.

STEP 3 이론 체계의 의의가 설명되면서 글이 마무리됨을 확인한다.

[다섯 번째 문단] '퀸 대 리덤' 사건 판결문의 논리적 오류를 지적한 호펠드 법철학 이론의 의의

　　호펠드는 이러한 권리의 문법에 근거하여 '퀸 대(對) 리덤' 사건 판결문의 오류를 지적함으로써 법철학 이론도 법률 실무에 충분히 기여할 수 있음을 보여 주었다. 판결의 취지는 다음과 같았다. "육류 생산업자인 원고에게는 피고가 속해 있는 도축업자 노조의 조합원이 아닌 사람도 고용할 수 있는 자유가 있음에도 불구하고, 피고는 고객들에게 원고와 거래하지 말 것을 종용함으로써 원고의 자유에 간섭하였고, 그 결과 원고의 사업장은 문을 닫게 되었으므로 피고는 원고에게 발생한 손해에 대해 책임이 있다." 호펠드의 분석에 따르면, 판사는 원고에게 자유권이 있다는 전제로부터 곧바로 피고에게는 원고의 자유권 행사를 방해하지 않을 의무가 있다는 결론을 도출하는 우를 범함으로써, 정작 이 자유권의 실효적 보장을 위해 국가가 예외적으로 개입할 필요가 있는지 숙고해 볼 수 있는 기회를 놓치고 있다는 것이다. 호펠드의 희망은 이렇듯 개념의 혼동과 논증의 오류가 정의와 올바른 정책 방향에 대한 법률가들의 성찰을 방해하지 않게 하는 데 자신의 연구가 보탬이 되는 것이었다. 이러한 그의 작업은 훗날 판례 속의 법적 개념과 논증을 비판적으로 탐구하는 미국 법학의 큰 흐름을 낳은 것으로 평가되고 있다.

04번 문제를 풀이하면 다음과 같습니다.

① 첫 번째 문단에 따르면, 호펠드는 '다의적인 법적 개념의 사용으로 인해 법률가들이 잘못된 논증을 하게 되고 급기야 법적 판단을 그르치기까지 한다.'는 문제를 해결하기 위해 권리 문장에 사용되는 권리 개념을 엄밀하게 분석하여 정의하였다.

② 첫 번째 문단에 따르면, '호펠드의 이론은 당대의 통념을 깨뜨린 전형적인 사례라 할 수 있다.'라고 제시되었고, 여기서 말하는 '당대의 통념'이란 두 번째 문단에 제시되었듯이 권리에 대한 개념적 오류를 일컫는데, 구체적으로는 법률가들이 '사람에 대한 권리'와 '물건에 대한 권리'를 구별하여 이해하고 있는 오류가 그 사례로 제시되었다. 이를 종합하면 호펠드의 법철학은 법률가들의 통념적 구별이 내포하는 개념적 오류를 비판하였다고 평가할 수 있다.

③ 호펠드가 권리 문장에 대한 분석을 진행한 것은 맞으나 이를 통하여 권리들 간의 우선순위의 근거를 밝힌 것은 아니다. 만약 호펠드가 권리들 간의 우선순위에 대한 근거를 밝혔다고 한다면, 청구권에 비해 형성권이 우선되어야 한다거나, 아니면 A청구권과 B청구권 중 어느 청구권이 우선시되어야 하는가 등의 법철학적 논의가 윗글에 제시되었어야 ③이 적절한 선택지가 될 것이다. 그러나 그러한 내용은 제시되지 않았으므로 ③은 타당하지 않다.

④ 권리 문장을 사용한 법률가들의 추론에 논리의 비약이 내재되어 있음을 밝힌 사례가 바로 호펠드가 '퀸 대 리덤' 사건 판결문의 오류를 지적한 일에 해당한다. '퀸 대 리덤' 사건에서 판사는 원고에게 자유권이 있다는 전제로부터 원고의 자유권 행사를 방해하지 않을 의무가 있다는 결론을 도출하는 논리적 비약을 범했고, 이는 기존 법률가들의 추론에 논리의 비약이 내재되었음을 입증하는 사례에 해당한다.

⑤ 호펠드는 모든 법적 권리 개념들의 개념적 관계에 따라 청구권-자유권, 형성권-면제권으로 짝을 지어 네 가지로 유형화하는 일반론을 전개하였으므로, 이는 권리 개념들 간의 관계적 특성들을 반영하여 권리의 일반 이론을 만들어낸 것이며 이는 '권리의 문법'으로 종합된다.

[정답] ③

05번 문제를 풀이하면 다음과 같습니다.

① 누가 **어떤 권리**를 가지면 상대방이 일정한 의무를 가진다는 판단을 내릴 경우가 있다.
→ '어떤 권리'를 '청구권'으로 대체하면 ①은 법률적으로 성립하는 문장이 된다.

② 누가 **어떤 권리**를 가지면 동시에 그는 일정한 의무를 가진다는 판단을 내릴 경우가 있다.
→ '어떤 권리'를 '청구권', '자유권'으로 대체하여도 ②는 법률적으로 성립하는 문장이 될 수 없다.
→ 모든 경우에 대해서 법률적으로 성립하는 문장을 만들 수 없으므로 ②는 타당하지 않다.

③ 누가 **어떤 권리**를 가지면 상대방이 일정한 권리를 갖지 않는다는 판단을 내릴 경우가 있다.
→ '어떤 권리'를 '자유권'으로 대체하면 ③은 법률적으로 성립하는 문장이 된다.

④ 누가 **어떤 권리**를 갖지 않으면 동시에 그는 일정한 의무를 가진다는 판단을 내릴 경우가 있다.
→ '어떤 권리'를 '자유권'으로 대체하면, **'그'에 대해 상대방이 청구권을 가진 상황에 대해서** 법률적으로 성립하는 문장이 된다.

⑤ 누가 **어떤 권리**를 갖지 않으면 상대방이 일정한 의무를 갖지 않는다는 판단을 내릴 경우가 있다.
→ '어떤 권리'를 '청구권'으로 대체하면 ⑤는 법률적으로 성립하는 문장이 된다.

[정답] ②

★ 선생님 TIP
주어진 선택지의 '권리'에 해당하는 자리에 '청구권', '자유권', '형성권', '면제권' 중 하나의 대상을 집어넣어서 법률적으로 적합한 경우를 만들어낼 수 있으면 옳은 선택지에 해당합니다. 또한 다섯 개의 선택지 모두 '일정한 의무'에 대해서 결론이 도출되고 있고, '일정한 의무'와 관련된 법적 개념은 '청구권'과 '자유권'이므로 '권리'의 자리에 '청구권'과 '자유권'을 대입하여 법률적으로 성립하는 경우를 만들어내는 것이 문제를 해결하는 핵심 포인트에 해당합니다.

06번 문제를 풀이하면 다음과 같습니다.

① 경기 내에서 정당하게 몸싸움을 벌일 수 있는 권리는 선수 A, B 모두가 갖고 있으므로 A는 B에게 몸싸움을 걸지 말라고 요구할 청구권을 가지고 있다고 추론될 수 없다.

② A가 C에게 그의 판정이 잘못되었는지 여부를 알려 줄 의무를 가지고 있다고 추론할 근거는 존재하지 않는다.

③ 〈보기〉에 제시된 것처럼 B는 실제로 잘못을 범하였는지 여부와 무관하게 C의 판정만으로 퇴장당하게 되었으므로 C의 판정에 따라 지위 변동을 겪게 되는 피형성적 지위에 놓여 있다고 추론된다.

④ C는 D가 어떠한 조치를 취하더라도 심판으로서의 법적 지위에 대하여 지위 변동을 겪지 않는 위치에 놓여 있으므로 이는 D에 의해 판정의 자율권을 침해 받지 않을 면제권을 가지고 있는 것이라고 추론될 수 있다.

⑤ E는 감독의 지시에 따라 경기에 임하여야 한다는 계약으로 묶여 있는 선수이므로 D의 지시에 따라 경기에 뛰어야 할 의무를 지니고 있다. 따라서 D는 E를 경기에 출전시킬 청구권을 가지고 있으므로 D는 E가 시합에 나가지 않을 자유권을 침해하는 것이 아니다.

[정답] ④

[07~09] 다음 글을 읽고 물음에 답하시오.

21 LEET 문28~30

　법을 해석할 때 반드시 그 문언에 엄격히 구속되어야 하는가를 놓고 오랫동안 논란이 있어 왔다. 한편에서는 법의 제정과 해석이 구별되어야 함을 이유로 이를 긍정하지만, 다른 한편에서는 애초에 법의 제정 자체가 완벽할 수 없는 이상, 사안에 따라서는 문언에 구애되지 않는 편이 더 바람직하다고 본다.

　전통적인 법학방법론은 이 문제를 법률 문언의 한계 내에서 이루어지는 해석 외에 '법률의 문언을 넘은 해석'이나 '법률의 문언에 반하는 해석'을 인정할지 여부와 관련지어 다루고 있다. 학설에 따라서는 이들을 각각 '법률내재적 법형성'과 '초법률적 법형성'이라 부르며, 전자를 특정 법률의 본래적 구상 범위 내에서 흠결 보충을 위해 시도되는 것으로, 후자를 전체 법질서 및 그 지도 원리의 관점에서 수행되는 것으로 파악하기도 한다. 하지만 이러한 설명이 완전히 만족스러운 것은 아니다. 형식상 드러나지 않는 법률적 결함에 대처하는 것도 일견 흠결 보충이라 할 수 있지만, 이는 또한 법률이 제시하는 결론을 전체 법질서의 입장에서 뒤집는 것과 별반 다르지 않기 때문이다.

　한편 종래 법철학적 논의에서는 문언을 이루고 있는 언어의 불확정성에 주목하는 경향이 두드러졌다. 단어는 언어적으로 확정적인 의미의 중심부와 불확정적인 의미의 주변부를 지니며, 중심부의 사안에서는 문언에 엄격히 구속되어야 하지만 주변부의 사안에서는 해석자의 재량이 인정될 수밖에 없다고 보는 견해가 대표적이다. 가령 ㉠주택가에서 야생동물을 길러서는 안 된다는 규칙이 있을 때, 초원의 사자가 '야생동물'에 해당한다는 점에 대해서는 의문이 없지만, 들개나 길고양이, 혹은 여러 종류의 야생동물의 유전자를 조합하여 실험실에서 창조한 동물이 그에 해당하는지는 판단하기 어렵기 때문에 결국 해석자가 재량껏 결정해야 한다는 것이다.

[A] 　그러나 이러한 견해에 대해서는 주변부의 사안을 해석자의 재량에 맡기기보다는 규칙의 목적에 구속되게 해야 할 뿐 아니라, 심지어 중심부의 사안에서조차 규칙의 목적에 대한 조회 없이는 문언이 해석자를 온전히 구속할 수 없다는 반론이 제기되고 있다. 인근에서 잡힌 희귀한 개구리를 연구·보호하기 위해 발견 장소와 가장 유사한 환경의 주택가 시설에 둘 수 있을까? 이를 긍정하는 경우에도 그러한 개구리가 의미상 '야생동물'에 해당한다는 점 자체를 부인할 수는 없을 것이다.

　최근에는 기존의 법학방법론적 논의와 법철학적 논의를 하나의 연결된 구성으로 제시함으로써 각각의 논의에서 드러났던 난점을 극복하려는 시도가 이루어지고 있다. 이에 따르면 문언이 합당한 답을 제공하는 표준적 사안 외에 아무런 답을 제공하지 않는 사안이나 부적절한 답을 제공하는 사안도 있을 수 있는데, 이들이 바로 각각 문언을 넘은 해석과 문언에 반하는 해석이 시도되는 경우라 할 수 있다. 양자는 모두 이른바 판단하기 어려운 사안 이라는 점에서는 공통적이지만, 전자를 판단하기 어려운 까닭은 문언의 언어적 불확정성에 기인하는 것인 반면, 후자는 문언이 언어적 확정성을 갖추었음에도 불구하고 그것이 제공하는 답을 올바른 것으로 받아들일 수 없어 보이는 탓에 판단하기 어려운 것이라는 점에서 서로 구별되어야 한다.

　그렇다면 판단하기 어려운 사안에서는 더 이상 문언을 신경 쓰지 않아도 되는 것일까? 그렇지는 않다. 문언이 답을 제공하지 않기 때문에 해석을 통한 보충이 필요한 경우라 하더라도 규칙의 언어 그 자체가 해석자로 하여금 규칙의 목적을 가늠하도록 인도해 줄 수 있으며, 문언이 제공하는 답이 부적절하고 어리석게 느껴질 경우라 하더라도 그러한 평가 자체가 어디까지나 해석자의 주관이라는 한계 속에서 이루어지는 것임을 부정할 수 없기 때문이다. 뻔히 부적절한 결과가 예상되는 경우에도 문언에 구속될 것을 요구하는 것은 일견 합리적이지 않아 보일 수 있다. 그럼에도 불구하고 문언을 강조하는 입장은 '재량'이 연상시키는 '사람의 지배'에 대한 우려와, 민주주의의 본질에 대한 성찰을 배경으로 하는 것임을 이해할 필요가 있다. 법률은 시민의 대표들이 지난한 타협의 과정 끝에 도출해 낸 결과물이다. 엄밀히 말해 오로지 법률의 문언 그 자체만이 민주적으로 결정된 것이며, 그 너머의 것에 대해서는, 심지어 입법 의도나 법률의 목적이라 해도 동등한 권위를 인정할 수 없다. 이러한 입장에서는 법률 적용의 결과가 부적절한지 여부보다 그것이 부적절하다고 결정할 수 있는 권한을 특정인에게 부여할 것인지 여부가 더 중요한 문제일 수 있다. 요컨대 해석자에게 그러한 권한을 부여하는 것이 바람직하지 않다고 생각하는 한, 비록 부적절한 결과가 예상되는 경우라 하더라도 여전히 문언에 구속될 것을 요구하는 편이 오히려 합리적일 수도 있는 것이다.

사실 확인
07. 윗글과 일치하는 것은?

① 전통적인 법학방법론 학설의 입장에서는 결국 문언을 넘은 해석과 문언에 반하는 해석을 구별하지 않는다.

② 종래의 법철학 학설 중 의미의 중심부와 주변부의 구별을 강조하는 입장에서는 해석에 있어 법률의 목적보다 문언에 주목한다.

③ 민주주의의 본질을 강조하는 입장에서는 비록 법률의 적용에 따른 것이라도 실질적으로 부적절한 결과를 인정할 수는 없다고 본다.

④ 법률 적용 결과의 합당성을 강조하는 입장에서는 문언이 제공하는 답이 부적절한지 여부는 해석자의 주관에 따라 달라질 수 있다고 주장한다.

⑤ 법학방법론과 법철학의 논의를 하나의 연결된 구성으로 제시하는 입장에서는 언어적 불확정성으로 인해 법률이 부적절한 답을 제공하는 사안에 주목한다.

법학적 개념
08. 판단하기 어려운 사안 에 대한 진술로 가장 적절한 것은?

① 법률의 문언이 극도로 명확한 경우에는 판단하기 어려운 사안이 발생하지 않는다.

② 판단하기 어려운 사안의 해석을 위해 법률의 목적에 구속되어야 하는 것은 아니다.

③ 문언을 넘은 해석은 문언이 해석자를 전혀 이끌어 주지 못할 때 비로소 시도될 수 있다.

④ 문언에 반하는 해석은 법률의 흠결이 있을 때 이를 보충하기 위한 것인 한 정당화될 수 있다.

⑤ 형식상 드러나 있는 법률의 흠결을 보충하기 위해서도 해당 법률의 본래적 구상보다는 전체 법질서를 고려한 해석이 필요하다.

케이스 적용

09. [A]의 입장에서 ㉠을 해석한 것으로 가장 적절한 것은?

① 규칙의 목적이 야생의 생물 다양성을 보존하기 위한 것이라면, 멸종 위기 품종의 길고양이를 입양하는 것이 허용될 것이다.

② 야성을 잃어버린 채 평생을 사람과 함께 산 사자가 '야생동물'의 언어적 의미에 부합한다면, 그것을 기르는 것도 허용되지 않을 것이다.

③ 규칙의 목적이 주민의 안전을 확보하는 것이라면, 길들여지지 않는 야수의 공격성을 지닌 들개를 기르는 것이 금지될 수도 있을 것이다.

④ 인근에서 잡힌 희귀한 개구리를 관상용으로 키우는 것이 허용되었다면, '야생동물'의 언어적 의미를 주거에 두고 감상하기에 적합하지 않은 동물로 보았을 것이다.

⑤ 여러 종류의 야생동물의 유전자를 조합하여 실험실에서 창조한 동물을 기르는 것이 금지되었다면, '야생동물'의 언어적 의미를 자연에서 태어나 살아가는 동물로 보았을 것이다.

가이드에 따라 지문과 문제를 분석하고 정답을 확인해 봅시다.

07번 문제를 풀이하면 다음과 같습니다.

① 두 번째 문단에 따르면, 전통적인 법학방법론은 '법률의 문언을 넘는 해석'이나 '법률의 문언에 반하는 해석'을 인정할지 여부와 관련지어 다루고 있으므로 '문언을 넘는 해석'과 '문언에 반하는 해석'을 구분하여 논의를 전개하고 있는 것이다.

② 세 번째 문단에 따르면, '종래 법철학적 논의' 중 언어의 불확정성에 주목하여 주변부와 중심부의 구별을 강조하는 입장은 '중심부의 사안에서는 문언에 엄격히 구속되어야 하지만 주변부의 사안에서는 해석자의 재량이 인정될 수밖에 없다.'고 판단하고 있다. 즉, '문언'과 '해석자의 재량'을 해석에 있어서 가장 중요한 두 요소로 주목하는 것이므로, 주어진 내용에서 '목적'보다는 '문언'에 더 주목하였다는 결론을 도출해 내기에 충분하다.

③ 마지막 문단에 따르면, '뻔히 부적절한 결과가 예상되는 경우에도' 문언에 구속될 것을 요구할 수 있는데, 이는 '법률의 문언 그 자체만이 민주적으로 결정된 것'이라는 점에 근거를 둔다. 즉, 민주주의를 중시하는 관점에서는 문언에 종속된 법률 해석이 부적절한 결과를 낳는 경우에도 문언만이 민주적으로 형성된 유일한 결과물이기에 부적절한 결과라도 인정되어야 한다고 주장할 것이다.

④ 마지막 문단에 따르면, 문언에의 종속이 부적절한 결과를 낳는지 여부와 상관없이 문언에 따를 것을 주장하는 입장, 즉 문언을 중시하는 입장에서는 법률 적용의 결과가 부적절하다고 결정할 수 있는 권한을 가진 해석자에 따라 부적절성에 대한 판단이 달라질 수 있다고 주장한다. 즉, ④에서 '문언이 제공하는 답이 부적절한지 여부는 해석자의 주관에 따라 달라질 수 있다.'는 주장은 법률 적용 결과의 합당성과 무관하게 문언을 중시하는 입장에서 제시되는 것이지, 법률 적용 결과의 합당성을 강조하는 입장에서 제시된 것이 아니다. → **매력적 오답**

⑤ 다섯 번째 문단에 따르면, 기존의 법학방법론적 논의와 법철학적 논의를 하나의 연결된 구성으로 제시하는 입장에서는 '법률이 표준적 사안 외에 답을 제공하지 않는 경우'를 '문언을 넘는 해석'이 발생한 것으로, '부적절한 답을 제공하는 경우'를 '문언에 반하는 해석'이 발생한 경우로 간주한다. 그리고 '문언을 넘는 해석'이 발생하는 원인은 언어적 불확정성 때문이지만, '문언에 반하는 해석'이 발생한 원인은 언어적 확정성에도 불구하고 문언의 답을 받아들이지 않기 때문이라고 주장한다. 따라서 ⑤에서 '법률이 부적절한 답을 제공하는 사안'은 '언어적 불확정성으로 인해'라고 서술된 부분은 원인이 잘못 연결된 것이다. → **매력적 오답**

[정답] ②

08번 문제를 풀이하면 다음과 같습니다.

① 다섯 번째 문단에 따르면, "전자(문언을 넘는 해석)를 판단하기 어려운 까닭은 문언의 언어적 불확정성에 기인하는 것인 반면, 후자(문언에 반하는 해석)는 문언이 언어적 확정성을 갖추었음에도 불구하고" 발생한다고 제시되었다. 따라서 법률의 문언이 극도로 명확한 경우 '문언을 넘는 해석'은 발생하지 않을 것이지만, '문언에 반하는 해석'은 발생할 수 있다.

② 마지막 문단에 따르면, '입법 의도나 법률의 목적이라 해도 (법률의 문언과) 동등한 권위를 인정할 수 없다.'고 제시됨으로써 '판단하기 어려운 사안'을 다루는 데 있어서 문언보다 법률의 목적이 더 우선시되어야 하는 것은 아니라는 내용이 서술되었으므로 ②는 적절한 설명에 해당한다.

③ 마지막 문단에 따르면, '문언이 답을 제공하지 않기 때문에 해석을 통한 보충이 필요한 경우라 하더라도 규칙의 언어 그 자체가 해석자로 하여금 규칙의 목적을 가늠하도록 인도해 줄 수 있다.'고 제시되었다. 또한 다섯 번째 문단에서는 문언이 답을 제공하지 않는 경우에 문언을 넘는 해석이 발생할 수 있다고 제시되었다. 이를 종합하면, 문언이 답을 제공하지 않는 경우에 문언은 여전히 해석자를 이끌어 주는 역할을 수행할 수 있음에도, 문언을 넘는 해석이 발생하

는 경우가 존재할 수 있으며, 그러한 경우에 대해서 지문의 글쓴이는 비판적인 입장이라는 점까지 추론할 수 있다. 따라서 문언이 해석자를 이끌어 주는 역할을 수행하지 못할 때 '비로소' 문언을 넘는 해석이 발생할 수 있다는 ③의 서술은 논리적으로 적합하지 않다. → **매력적 오답**

④ 마지막 문단에 따르면, '문언이 제공하는 답이 부적절하고 어리석게 느껴질 경우라 하더라도 그러한 평가 자체가 해석자의 주관이라는 한계 속에서 이루어지는 것임을 부정할 수 없기 때문이다.'라는 내용을 근거로 삼아, 부적절한 답을 제공하는 문언에도 종속되어야 한다는 당위성이 주장된다. 따라서 지문의 입장에 따르면, 법률의 흠결이 있어 이를 보충하기 위한 경우라 할지라도 문언에 반하는 해석은 정당화될 수 없음이 추론된다.

⑤ 두 번째 문단에 따르면, 형식상 드러나지 않는 법률적 결함에 대한 대처를 '문언을 넘는 해석'으로, 형식상 드러나는 법률적 결함에 대한 대처를 '문언에 반하는 해석'으로 분류하고 있으며, '문언에 반하는 해석'은 '전체 법질서 및 그 지도 원리의 관점에서 수행되는 것'이라고 제시하고 있다. 그리고 지문의 논의를 거쳐 마지막 문단에서 '문언에 반하는 해석'은 문언이 부적절한 결과를 낳는 경우라도 정당성이 없다는 주장으로 귀결된다. 이를 종합하면 형식상 드러나 있는 법률의 흠결을 보충하기 위해서라는 이유라 할지라도 '해당 법률의 본래적 구상', 즉 '문언'이 '전체 법질서를 고려한 해석'보다 우선되어야 한다.

[정답] ②

09번 문제를 풀이하면 다음과 같습니다.

[A]의 입장을 정리하면 다음과 같다.
ⅰ) 주변부의 사안(ex.유전자 조합 동물): 해석자의 재량에 맡기기보다는 규칙의 목적에 구속되어야 한다.
ⅱ) 중심부의 사안(ex.사자, 개구리): 규칙의 목적에 대한 조회 없이는 문언이 해석자를 온전히 구속할 수 없다.
∴ 주변부와 중심부의 개념적 분류보다 규칙의 목적에 대한 구속이 더 중요한 문언 해석의 근거가 된다.

① 네 번째 문단에 제시된 개구리에 대한 사안과 대응되는 내용이다. 즉 [A]에 따르면 희귀한 개구리가 '야생동물'로 분류되는 것은 확실하므로 ①의 멸종 위기의 고양이가 '야생동물'로 분류되는 것 또한 확실하다. 그러나 [A]에서 희귀한 개구리의 연구ㆍ보호를 위해 주택에 둘 수 있다는 입장에 대해서는 긍정할 수도 있다는 '가능성 결론'만 제시되었을 뿐 긍정되어야 한다는 '단언 결론'은 제시되지 않았으므로, 이를 바탕으로 ①을 해석해 볼 때, ①의 사안 역시도 목적을 고려하더라도 주택에 고양이를 두는 것에 대해 단언적으로 긍정하는 결론이 도출되기는 어렵다고 판단할 수 있다.

③ 야수의 공격성을 지닌 들개를 중심부의 사안으로 보느냐, 주변부의 사안으로 보느냐와 관련 없이 규칙의 목적성에 부합하느냐가 판단의 기준이 되기 때문에, 규칙의 목적이 주민의 안전을 보호하는 것이라면 금지되는 것으로 판단하는 것이 [A]의 관점에서는 적합하다.

②,④, ⑤ [A]는 야생동물을 주택가에 기르는 것을 허용하고 금지하고의 여부는 야생동물의 개념적 범주에 포함되느냐 마느냐에 따른 문제보다는, 규칙의 목적에 부합하느냐 여부에 따라 판단되어야 한다고 보는 입장이다. 따라서 [A]가 허용되거나 금지된 결과에 대한 근거를 야생동물의 범주적 판단에서 파악할 것이라는 추론은 적절하지 않다.

[정답] ③

연습문제 4

[10~12] 다음 글을 읽고 물음에 답하시오.

19 LEET 문28~30

프랑스 혁명 이후에는 법관의 자의적 해석의 여지를 없애기 위하여 법률을 명확히 기술하여야 한다는 생각이 자리 잡았다. 이러한 근대법의 기획에서 법은 그 적용을 받는 국민 개개인이 이해할 수 있게끔 제정되어야 한다. 법이 정하고 있는 바가 무엇인지를 국민이 이해할 수 있어야 법을 통한 행위의 지도와 평가도 가능하기 때문이다. 이에 따라 형사법 분야에서는 형벌 법규의 내용을 사전에 명확히 정해야 하고, 법문이 의미하는 한계를 넘어선 해석을 금지한다. 법치국가라는 헌법 이념에서도 자의적인 법 집행을 막기 위하여 ㉠법률의 내용은 명확해야 한다는 원리가 정립되었다. 여기서 법률의 내용이 명확해야 한다는 것은 법문이 절대적으로 명확한 상태여야만 한다는 것까지 뜻하지는 않는다. 입법 당시에는 미처 예상치 못했던 사태가 언제든지 생길 수 있을 뿐 아니라, 바로 그러한 이유 때문에라도 법률은 일반적이고 추상적인 형식을 띨 수밖에 없는 탓이다. 따라서 법률의 명확성이란 일정한 해석의 필요성을 배제하지 않는 개념이다.

일반적으로 해석을 통하여 법문의 의미를 구체화할 때에는 입법자의 의사나 법률 그 자체의 객관적 목적까지 참조하기도 한다. 그러나 이러한 해석 방법은 언뜻 타당한 것처럼 보이지만, 실제로 이에 대해서는 많은 비판이 제기되고 있다. 우선 입법자의 의사나 법률 그 자체의 객관적 목적이 과연 무엇인지를 확정하는 작업부터 녹록하지 않을 것이다. 더욱 심각한 문제는 그것까지 고려해서 법이 요구하는 바가 무엇인지 파악할 것을 법의 전문가가 아닌 여느 국민에게 기대할 수는 없다는 점이다. 법률의 명확성이 말하고 있는 바는 법문의 의미를 구체화하는 작업이 국민의 이해 수준의 한계 내에서 이루어져야 한다는 것이지, 구체화한 만큼 실제로 국민이 이해할 것이라고 추정할 수 있다는 것은 아니기 때문이다. 나아가 입법자의 의사나 법률 그 자체의 객관적 목적을 고려한 해석은 법문의 의미를 구체화하는 데 머물지 않고 종종 법문의 한계를 넘어서는 방편으로 활용되며 남용의 위험에 놓이기도 한다.

한편 법의 적용을 위한 해석을 이미 주어져 있는 대상에 대한 인식에 지나지 않는 것으로 여기는 시각이 아니라, 법문의 의미를 구성해 내는 활동으로 보는 시각에서는 근본적인 문제를 제기한다. 입법자가 법률을 제정할 때 그 규율 내용이 불분명하여 다의적으로 해석될 수 있게 해서는 안 되는데, 이러한 기대와 달리 법률의 규율 내용이 실제로는 법관의 해석을 거친 이후에야 비로소 그 의미가 구성되는 것이라면 국민이 행위 당시에 그것을 알고 자신의 행동 지침으로 삼는다는 것은 원천적으로 불가능하기 때문이다. 이뿐만 아니라 법률의 제정과 그 적용은 각각 입법기관과 사법기관의 영역이라는 권력 분립 원칙 또한 처음부터 실현 불가능하다.

그렇다면 근대법의 기획은 그 자체가 허구적이거나 불가능한 것으로 포기되어야 하는가? 이 물음에 대해서는 다음과 같이 대답할 수 있다. 첫째, 법의 해석이 의미를 구성하는 기능을 갖는다는 통찰로부터 곧바로 그와 같은 구성적 활동이 해석자의 자의와 주관적 판단에 완전히 맡겨져 있다는 결론을 내릴 수는 없다. 단어의 의미는 곧 그 단어가 사용되는 방식에 따라 확정되는 것이지만, 이 경우의 언어 사용은 사적인 것이 아니라 집단적인 것이며, 따라서 언어 사용 그 자체가 사회적 규칙에 의해 지도된다는 사실과 마찬가지로 법의 해석과 관련한 다양한 방법론적 규칙들 또한 해석자의 자유를 적절히 제한하기 때문이다. 둘째, 해석의 한계나 법률의 명확성 원칙은 법의 해석을 담당하는 법관과 같은 전문가를 겨냥한 것으로 파악함으로써 문제를 감축하거나 해소할 수 있다. 다시 말해서 법률이 다소 모호하게 제정되어 평균적인 일반인이 직접 그 의미 내용을 정확히 파악할 수 없다 하더라도 법관의 보충적인 해석을 통해서 그 의미 내용을 확인할 수 있다면 크게 문제되지 않는다는 것이다.

[A] 다만 이와 같은 대답에 대하여는 여전히 의문이 생긴다. 국민 각자가 법이 요구하는 바를 이해할 수 있어야 된다는 이념은 사실 '일반인'이라는 추상화된 개념의 도입을 통해 한 차례 타협을 겪은 것이었다. 그런데 '전문가'라는 기준을 도입함으로써 입법자의 부담을 재차 줄이면 근대법의 기획이 제기한 문제의 본질로부터 너무 멀어져 버릴 수도 있는 것이다.

10. 근대법의 기획 에 관한 설명으로 가장 적절한 것은?

① 사법 권력으로 입법 권력의 통제를 꾀하였다.

② 금지된 행위임을 알고도 그 행위를 했다는 점을 형사 처벌의 기본 근거로 삼는다.

③ 법관의 해석 없이도 잘 작동하는 법률을 만들고자 했던 기획은 마침내 성공하였다.

④ 이해 가능성이 없는 법률에 대한 해석의 부담을 법관이 아니라 국민에게 전가하고 있다.

⑤ 자의적 해석 가능성만 없다면 국민이 이해할 수 없는 법률로도 국민의 행위를 평가할 수 있다고 본다.

연역적 추론

11. 윗글을 바탕으로 ㉠을 비판할 때, 논거로 사용하기에 적절하지 않은 것은?

① 전문가인 법관에 의해 법문의 의미가 구성되지 않으면 자의적 법문 해석에서 벗어나기 어렵다.

② 법관의 해석을 통해서야 비로소 법의 의미가 구성될 경우에는 권력 분립 원칙이 훼손될 수 있다.

③ 법의 객관적 목적을 고려한 법문 해석은 법문 의미의 한계를 넘어서는 방편으로 남용되기도 한다.

④ 법관의 해석을 통해서야 비로소 법의 의미가 구성된다고 하면 법을 국민의 행동 지침으로 삼기 어렵다.

⑤ 국민이 입법자의 의사까지 일일이 확인하여 법문의 의미를 이해한다는 것은 현실적으로 기대하기 어렵다.

연역적 추론

12. [A]로부터 추론한 내용으로 가장 적절한 것은?

① 가장 이상적인 법은 '일반인'이 이해할 수 있는 법일 것이다.

② 법치국가의 이념을 구현하기 위해서는 법률 전문가의 역할이 확대되어야 할 것이다.

③ '일반인'이 이해할 수 있는 입법은 국민 각자가 이해할 수 있는 입법보다 입법자의 부담을 경감시킬 것이다.

④ 입법 과정에서 일상적인 의미와는 다른 법률 전문 용어의 도입을 확대하여 법문의 의미를 명확히 해야 할 것이다.

⑤ 행위가 법률로 금지되는 것인지 여부를 행위 당시에 알 수 있었는지에 대하여 법관은 입법자의 입장에서 판단해야 할 것이다.

가이드에 따라 지문과 문제를 분석하고 정답을 확인해 봅시다.

10번 문제를 풀이하면 다음과 같습니다.

① '근대법의 기획'이란 법관의 자의적 해석이 발생할 여지가 없도록 법률을 명확히 기술하여야 한다는 생각을 의미한다. 세 번째 문단에 제시된 바에 따르면, '법률의 제정'은 입법기관의 영역이고 '법률의 적용'은 사법기관의 영역이라는 것이 권력 분립의 원칙이다. 즉 법률은 입법기관이 국민의 의사를 민주적으로 반영하여 구성하므로, 입법 권력의 의도를 사법 권력이 침해하지 않도록 하는 기획에 해당하여 ①의 서술은 '근대법의 기획'과 상반된 내용이다.

② 첫 번째 문단에서 '법이 정하고 있는 바가 무엇인지를 국민이 이해할 수 있어야 법을 통한 행위의 지도와 평가도 가능하기 때문이다.'라고 제시되었고, 이러한 원리가 형사법 분야에 적용된 결과가 '형벌 법규의 내용을 사전에 명확히 정해야 한다.'는 원칙으로 제시되었다. 즉 근대법의 기획에 따라 법률이 명확히 기술된다면, 범법 행위를 한 자는 금지된 행위임을 인지하고도 그 범법 행위를 범한 것이므로, 처벌의 근거가 명확해진다고 추론할 수 있다.

③ 두 번째 문단과 세 번째 문단에는 '해석의 한계'와 '법률의 모호성' 등과 같이 '근대법의 기획'이 실현되는 것을 방해하는 난점들이 제기되었고 이에 '근대법의 기획은 그 자체가 허구적이거나 불가능한 것으로 포기되어야 하는가?'라는 물음까지 제기된다. 이에 대해 네 번째 문단에서 법관의 보충적인 해석을 통해서 위와 같은 난점들을 극복할 수 있는 방안이 제기되나 다시 다섯 번째 문단에서는 이러한 법관의 보충적인 해석을 통한 법률의 모호성 보충은 '근대법의 기획'의 의도를 온전히 충족하지 못한 것이라는 한계가 제기된다. 이를 종합하여 볼 때, 근대법의 기획은 마침내 성공하였다고 평가되기에 불충분하다.

④ 다섯 번째 문단에 따르면, 근대법의 기획은 '**국민 각자**가 법이 요구하는 바를 이해할 수 있어야 된다.'라는 이념에서 '일반인이 법이 요구하는 바를 이해할 수 있어야 된다.'라는 이념으로 타협되었다. 따라서 근대법의 기획에 따르면, 법률에 대한 해석의 부담은 국민이 아니라 '평균적인 일반인'에게 전가되는 것이다.

⑤ 첫 번째 문단에 따르면, 자의적 해석의 여지를 없애기 위하여 법률이 국민 개개인이 이해할 수 있게끔 명확히 기술되어야 한다는 것이 근대법의 기획에 해당한다. 즉 법관에 의한 자의적 해석의 가능성은 국민이 이해할 수 있도록 명확히 서술된다는 전제하에서만 가능한 것이다. 따라서 자의적 해석의 가능성이 없는 경우에 해당하면서, 국민이 이해할 수 없는 법률이 국민을 평가하는 상황이 존재한다는 것은 근대법의 기획에 따르면 모순적인 상황이 된다.

[정답] ②

11번 문제를 풀이하면 다음과 같습니다.

① ㉠법률의 내용은 명확해야 한다는 원리는 전문가인 법관에 의한 의미 구성의 가능성을 내포한 개념으로 첫 번째 문단에서 '법률의 명확성이란 일정한 해석의 필요성을 배제하지 않는 개념이다.'라는 서술로 명확히 제기되었다. 따라서 법관에 의한 해석을 전제로 하는 원리에 대해서, 법관에 의한 해석이 전제되지 않는다면 발생할 문제점들을 근거로 비판하는 것은 논리적으로 타당하지 않다.

② 세 번째 문단에 따르면, '법률의 규율 내용이 실제로는 법관의 해석을 거친 이후에야 비로소 그 의미가 구성되는 것이라면 (중략) 법률의 제정과 그 적용은 각각 입법기관과 사법기관의 영역이라는 권력 분립 원칙 또한 처음부터 실현 불가능하다.'라고 제시되었다. 이는 법의 의미 구성에 법관의 해석이 필수적으로 전제된 경우에 법을 제정하는 입법 권력이 법을 해석하는 사법 권력에 의해서 침해될 수 있다는 우려를 제기한 것이다. 그러므로 ②는 법관에 의한 해석을 전제로 하는 법률의 명확성 원리를 주장하는 ㉠에 대한 비판으로서 윗글에 제기된 내용에 해당한다.

③ 두 번째 문단에서 '법률 그 자체의 객관적 목적을 고려한 해석은 (중략) 종종 법문의 한계를 넘어서는 방편으로 활용되며 남용의 위험에 놓이기도 한다.'라고 제시되었으므로 ③은 윗글에서 제기된 비판에 해당한다.

④ 세 번째 문단에서 '법률의 규율 내용이 실제로는 법관의 해석을 거친 이후에야 비로소 그 의미가 구성되는 것이라면 국민이 행위 당시에 그것을 알고 자신의 행동 지침으로 삼는다는 것은 원천적으로 불가능하기 때문이다.'라고 제시되었으므로 ④는 윗글에서 제기된 비판에 해당한다.

⑤ 두 번째 문단에 따르면, 입법자의 의사를 참고하여 법률을 해석하자는 주장에 대하여 '그것(입법자의 의사)까지 고려해서 법이 요구하는 바가 무엇인지 파악할 것을 법의 전문가가 아닌 여느 국민에게 기대할 수는 없다는 점이다.'라고 제시되었으므로 ⑤는 윗글에서 제기된 비판에 해당한다.

[정답] ①

12번 문제를 풀이하면 다음과 같습니다.

① [A]에서 '근대법의 기획'의 가장 이상적인 형태는 '국민 각자가 법이 요구하는 바를 이해할 수 있어야 된다.'는 이념이었으나, 현실을 고려하여 '평균적인 일반인이 법이 요구하는 바를 이해할 수 있어야 된다.'는 이념으로 타협되었다고 서술되었다. 따라서 가장 이상적인 법은 '일반인'이 이해할 수 있는 법이 아니라 '모든 국민'이 이해할 수 있는 법일 것이다.

② 네 번째 문단에서 '법률의 명확성 원칙'을 전문가인 법관의 보충적인 해석에 의하여 법률이 명확해지는 것만으로도 충분하다는 원칙으로 해석될 수 있다는 관점이 제기된다. 그리고 [A]는 이러한 관점에 대해 '일반인'이 아닌 '전문가'가 의미를 파악할 수 있는 수준으로 법률의 명확성 원칙이 후퇴된다면 근대법의 기획의 본질로부터 과도하게 멀어진 것이라는 비판적인 시각을 제기한다. 따라서 법률 전문가의 역할이 과도하게 확대되는 것은 오히려 법치국가의 이념으로부터 후퇴하는 것임이 [A]로부터 추론될 수 있다.

③ [A]에 따르면, '법률의 명확성 원칙'이 '일반인이 이해할 수 있을 정도의 명확성'에서 '전문가가 이해할 수 있을 정도의 명확성'으로 후퇴하면서 입법자의 부담이 재차 감소하였다고 제시되었다. 따라서 '법률의 명확성 원칙'이 '국민이 이해할 수 있을 정도의 명확성'에서 '일반인이 이해할 수 있을 정도의 명확성'으로 후퇴하는 과정에서도 마찬가지로 입법자의 부담이 감소하였을 것이 충분히 추론된다.

④ 근대법의 기획은 법은 그 적용을 받는 국민 개개인이 이해할 수 있게끔 명확하게 제정되어야 한다는 것으로, 그에 따르면 법률 전문 용어의 도입을 통해 '법률 전문가'만이 이해할 수 있도록 입법자의 부담을 줄이는 것은 근대법의 기획으로부터 벗어난 것이므로, 법률 전문 용어의 불필요한 도입 없이도 일반인이 이해할 수 있도록 법률의 의미를 명확히 하여야 한다.

⑤ 첫 번째 문단에 따르면, 법률로 금지되는 것인지 여부를 개인이 법률을 보고 이미 인지하고 있었어야 함이 개인이 그 법률을 위반하였을 때 처벌할 수 있는 근거가 된다. 설령 입법자는 법률의 내용을 명확하게 인지할 수 있었다고 해도, 입법자가 아닌 국민이나 일반인은 법률의 내용을 명확하게 파악하기 어렵기 때문에 해석의 과정에서 입법자의 의사를 추측하려는 해석 과정이 필연적으로 동반된다. 따라서 법관은 행위가 법률로 금지되는 것인지 여부를 입법자의 입장에서 판단해야 할 것이 아니라, 법률에 대한 국민의 이해 수준을 기준으로 판단해야 한다.

[정답] ③

[01~03] 다음 글을 읽고 물음에 답하시오.   23 LEET 문28~30

벤야민은 폭력이 모든 합법적 권력의 탄생과 구성 과정에 개입함을, 그리고 그것이 금지하고 처벌하는 방식뿐만 아니라 법 자체를 제정하고 부과하며 유지하는 방식으로도 작동함을 밝히고자 했다. 「폭력 비판을 위하여」에서 그는 목적의 정의로움과 수단의 정당성에 대한 ㉠ 자연법론과 ㉡ 법실증주의의 입장 차이를 논의의 출발점으로 삼았다.

벤야민에 따르면, 고전적인 자연법론은 법 창출과 존속의 근거를 신이나 자연, 혹은 이성과 같은 형이상학적이고 외부적인 실체의 권위로부터 구한다. 또한 합당한 자격을 부여받은 외적 실체의 정당한 목적을 위해 사용되는 폭력은 문제가 되지 않는다고 본다. 반면 법실증주의는 폭력을 수단으로 사용하기 위한 절차적 정당성이 확보되었는지 여부에 주목한다. 벤야민은 자연법론보다는 법실증주의가 폭력 비판의 가설적 토대로 더 적합하다고 판단했다. 근본규범으로 전제된 헌법으로부터 법 효력의 근거를 도출하는 법실증주의는 법체계의 자기정초적 성격을 강조함으로써 법 제정 과정의 폭력을 읽어낼 단서를 제공해 주어, 폭력 보존의 계보에 대한 비판적 탐색을 가능케 하기 때문이다.

그렇지만 벤야민은 법실증주의가 목적과 수단의 관계에 대한 잘못된 전제를 자연법론과 공유한다고 보았다. 정당화된 수단이 목적의 정당성을 보증한다고 보는 경우든 정당한 목적을 통해 수단이 정당화될 수 있다고 보는 경우든, 목적과 수단의 상호지지적 관계를 전제로 폭력의 정당성을 판단한다. 그러나 법의 관심은 이러저러한 목적 혹은 수단을 평가하는 데 있는 것이 아니라 법의 폭력 자체를 수호하는 데 있다고 파악했다. 또한 법이 스스로 저지르는 폭력만을 정당한 '강제력'으로 상정하고 다른 모든 형태의 폭력적인 것들은 '폭력'으로 치부하는 문제에 관해 양편 모두 충분한 관심을 두지 않아 왔음을 지적했다.

벤야민은 자연법과 법실증주의가 감추어 온 법의 내재적 폭력성을 설명하기 위해 법정립적 폭력과 법보존적 폭력을 새롭게 개념화했다. 전자의 사례로 무정부적 위력이나 전쟁 등을, 후자의 사례로 행형제도와 경찰제도 등을 제시한 점에서 이들이 각각 근대 국가의 입법 권력과 행정 권력에 대응하는 한정된 개념으로 사용되었다고 보기 어렵다. 법정립적 폭력은 법 목적을 위한 강제력이 정당화된 폭력의 위치를 독점하는 과정을 보여준다. 여기서 폭력은 법 제정의 수단으로 복무하지만, 목적한 바가 법으로 정립되는 순간 퇴각하는 것이 아니라 자신의 도구적 성격을 넘어서 힘 자체가 된다. 그렇기에 법과 폭력의 관계는 목적과 수단의 관계 또는 선후관계로 편입될 수 없다. 한편 법보존적 폭력은 이미 만들어진 법을 확인하고 적용하고자 하는, 그리고 이로써 법의 규율 대상에 대한 구속력을 유지하고자 하는 반복적이고 제도화된 노력들이다. 법은 구속적인 것으로 확언됨으로써 보존되며, 그 보존을 통한 재확언이 다시금 법을 구속하는 것이다. 더 나아가 그는 법 정립과 법 보존의 이러한 순환 회로를 신화적 폭력이라 명명하면서 그것을 신적 폭력과 구별 짓는다. 신적 폭력은 법을 허물어뜨리는 순수하고 직접적인 폭력이다. 벤야민은 이것이 신화적 폭력의 순환 회로를 폭파하고 새로운 질서로 나아가게끔 하는 적극적 동력임을 주장한다.

출간 당시엔 크게 주목받지 못한 「폭력 비판을 위하여」가 반세기 넘게 지나 법과 폭력의 관계를 규명하려는 연구자들의 관심을 끌게 된 데에는 데리다의 비판적 독해가 주요한 계기를 제공했다. 데리다는 「법의 힘」에서 합법화된 폭력을 소급적으로 정립하는 법의 발화수반적 힘을 분석했다. 그는 법 언어 행위를 통해 적법한 권력과 부정의한 폭력 사이의 경계가 비로소 그어진다고 설명했다. 또한 법보존적 폭력은 법정립적 폭력에 이미 내재되어 있다고 보았다. 정립은 자기보존적인 반복에 대한 요구를 내포하며, 자신이 정립했다고 주장하는 것을 보존하기 위해 재정립되어야 하기 때문이다. 더 나아가 그는 법을 정립하고 보존하는 신화적 폭력과 법을 허물어뜨리는 신적 폭력이 뚜렷이 구분될 수 없으며, 만일 후자를 벤야민이 지지했던 방식으로 이해할 경우 자칫 메시아주의로 귀결되거나 전체주의에 복무하는 것으로 해석될 여지가 있음을 지적했다.

01. 윗글의 내용과 일치하는 것은?

① 벤야민은 법정립적 폭력을 신화적 폭력에, 법보존적 폭력을 신적 폭력에 각각 속하는 것으로 규정한다.

② 벤야민은 신적 폭력이 도래함으로써 법 정립과 법 보존의 순환 회로가 더 강고해질 수 있음을 우려한다.

③ 벤야민은 법의 수단으로 사용되는 폭력은 자신의 목적을 달성하는 순간 힘을 상실하여 소거된 다고 주장한다.

④ 데리다는 폭력의 적법성이 법 언어 행위를 통해 사후적으로 정립되지 않는다고 본다.

⑤ 데리다는 법을 보존하기 위한 반복적이고 제도화된 폭력들이 법정립적 폭력에 포함되어 있다 고 이해한다.

02. 윗글을 바탕으로 ㉠과 ㉡을 이해한 것으로 적절하지 <u>않은</u> 것은?

① ㉠은 정당성 판단의 준거가 될 법적 권위를 법 바깥에서 구한다.

② ㉡은 수단의 절차적 정당화 여부에 따라 법의 폭력성을 판단해야 한다고 주장한다.

③ ㉠과 ㉡은 목적이나 수단 중 어느 한쪽이 정당화되면 다른 쪽의 정당성도 보증된다고 전제한다.

④ ㉠보다 ㉡이 법의 정립과 보존 과정에 내재된 폭력을 발견하는 데 더 유용하다.

⑤ ㉠과 달리 ㉡은 법적으로 승인된 폭력이 자신을 법 바깥의 폭력들과 차등화하는 문제에 주목 한다.

03. 윗글을 바탕으로 <보기>를 평가한 것으로 가장 적절한 것은?

─〈보 기〉─

A: 민주적 정치체제에서 법 제정 권력을 다룰 때, 논의 대상은 의회의 입법권으로 좁혀져 야 한다. 정치적 자유의 행사를 통해 구성된 권력이 아닌 강제적 힘에 의해 정초된 법은 처음부터 불법이다. 따라서 국가법이 제정되고 유지되는 과정에 폭력이 난입할 여지는 없다.

B: 국가법은 불법체류자 등을 법적 보호로부터 배제하는 동시에 바로 그 배제를 통해 규율 대상으로 포획한다. 이때 법과 폭력은 안과 바깥이 구분되지 않는 '뫼비우스의 띠' 안에 서 무한히 순환한다. 우리는 더 나은, 혹은 덜 나쁜 법의 정립을 입법권의 자장 안에서 고 민하기보다는 신화적 폭력을 넘어서 국가법 자체를 탈정립할 신적 폭력을 지지할 필요가 있다.

① A는 법 정립 과정에 폭력이 개입하지 않는다고 본 데서, 벤야민과 관점을 같이한다.

② A는 적법한 강제력과 적법하지 않은 폭력이 처음부터 다른 기원을 가진다고 주장한 데서, 벤야 민과는 견해를 달리하고 데리다와는 견해를 같이한다.

③ B는 법과 폭력의 순환 고리를 끊어낼 순수하고 직접적인 폭력을 지지한 데서, 벤야민과 입장을 같이한다.

④ B는 신적 폭력과 신화적 폭력의 구분을 전제한 데서, 벤야민과는 견해를 달리하고 데리다와는 견해를 같이한다.

⑤ A와 B는 모두 법 정립 권력을 입법 권력에만 한정 지은 데서, 벤야민과 입장을 같이한다.

　법은 인간의 행위를 지도하고 평가하는 공식적인 사회 규범이다. 그리고 법을 통한 행위의 지도는 명령, 금지, 허용 등의 규범 양상으로 이루어진다. 명령은 행위를 해야 하도록 하는 것이며, 금지는 행위를 하지 않도록 하는 것이다. 허용은 행위를 할 수 있도록 하거나, 하지 않을 수 있도록 하는 것인데, 통상 전자를 적극적 허용, 후자를 소극적 허용이라고 부른다.

[A] ┌ 　19세기 분석법학의 연구 성과는 이들 규범 양상들이 서로 일정한 의미론적 관계 및 논
　　│ 리적 관계를 맺고 있음을 보여 주고 있다. 이에 따르면 명령은 소극적 허용의 부정이지
　　│ 만 적극적 허용을 함축하며, 금지는 적극적 허용의 부정이지만 소극적 허용을 함축한다.
　　│ 소극적 허용은 금지를 함축하지는 않으며, 적극적 허용은 명령을 함축하지는 않는다. 또
　　│ 한 소극적 허용과 적극적 허용은 서로 배제하거나 함축하지 않는다. 그리고 이들 네 가
　　└ 지 규범 양상은 행위 지도의 모든 경우를 포괄한다.

　이러한 규범 양상들의 상호 관계에 대한 분석은 주로 입법 기술의 차원에서 그 실천적 의의를 찾을 수 있다. 즉 그러한 분석은 법을 명확하고 체계적으로 정립하기 위해 준수해야 하거나, 법의 과잉을 방지하기 위해 고려해야 할 원칙들을 제공해 준다. 가령 법의 한 조항에서 어떤 행위를 하지 않을 수 있도록 허용했다면 다른 조항에서 그 행위를 명령해서는 안 된다는 것이나, 어떤 행위를 할 수 있도록 허용하는 방법이 반드시 그 행위를 명령하는 것일 필요는 없다는 것 등이 그러한 예가 될 것이다.

　이러한 분석이 법 현상을 제대로 반영하고 있는 것인지에 대해서는 다소 의문이 제기되고 있다. 법체계가 폐쇄적일 경우에는 이러한 분석이 통용될 수 있겠지만, 개방적일 경우에는 그렇지 못하다는 것이다. 가령 개방적 법체계 내에서는 금지되지 않은 것이 곧 허용된 것이라고 말할 수는 없기 때문에, 적극적 허용이 금지를 부정한다는 명제는 성립하지 않는다. 한 사람을 지탱할 수 있을 뿐인 나뭇조각을 서로 붙잡으려는 두 조난자에게 각자 자신을 구할 수 있는 행위를 하는 것이 금지되지 않았다고 해서, 곧 서로 상대방을 밀쳐 내어 죽게 할 수 있도록 허용되어 있다고 말할 수는 없다는 것이다.

　나아가 그러한 분석은 폐쇄적 법체계를 전제함으로써 결과적으로 인간의 자유가 가지는 의미를 약화시킨다는 지적도 있을 수 있다. 개방적 법체계에서는 법 그 자체로부터 자유로운 인간 활동의 고유한 영역이 존재할 수 있지만, 폐쇄적 법체계 내에서 인간의 자유란 단지 소극적 허용과 적극적 허용이 동시에 주어져 있는 상태, 즉 명령도 금지도 존재하지 않는 상태에 놓여 있음을 뜻할 뿐이다. 따라서 인간의 자유란 게으른 법의 침묵 덕에 어쩌다 누리게 되는 반사적인 이익에 불과할 뿐 규범적 질량을 가지는 권리일 수는 없게 된다.

　그러나 이 같은 비판들에 대해서는 다음과 같은 반론을 제시할 수 있을 것이다. 우선 앞의 사례와 같은 경우가 존재한다고 해서 법체계의 개방성을 인정해야 하는 것은 아니다. 상대방을 밀쳐내어 죽게 하는 행위는 허용되지 않지만, 자신을 구하기 위해 불가피한 것이었다는 점에서 비난의 대상이 되지는 않는다고 볼 수 있기 때문이다. 금지와 허용 사이의 역설적 공간이 아니더라도 죽은 자에 대한 애도와 산 자에 대한 위로가 함께할 수 있는 것이다. 또한 금지되지 않은 것이 곧 허용된 것이라고 말할 수 없다면, 변덕스러운 법이 언제고 비집고 들어올 수 있다는 것과 같아서, 인간이 누리게 되는 자유의 질은 오히려 현저히 저하될 수밖에 없을 것이다.

　비록 일도양단의 논리적인 선택만을 인정함으로써 현실의 변화에 유연하게 대처하지 못하고, 자칫 부당한 법 상태를 옹호하게 될 수 있다는 한계도 있지만, 19세기 분석법학이 추구한 엄밀성은 전통적인 법에 내재해 있는 모순과 은폐된 흠결을 간파하고 이를 적극 제거하거나 보완함으로써 자유의 영역을 선제적으로 확보하는 데 기여해 온 것으로 평가할 수 있다. 나아가 그러한 엄밀성은 사법 통제의 차원에서도 의의를 지닐 수 있다. 이른바 결과의 합당성을 고려해야 한다는 이유를 들어 명시적인 규정에 반하는 자의적 판결을 내리려는 시도에 대하여, 판결은 법률의 문언에 충실해야 한다는 점을 일깨우고 있기 때문이다.

04. 윗글에 제시된 글쓴이의 견해로 옳은 것은?

① 명확한 법을 갖는 것보다 유연한 법을 갖는 것이 중요하다.

② 자유는 법 이전에 존재하는 권리가 실정법에 의해 승인된 것이다.

③ 법의 지배를 강화하려면 법을 형식 논리적으로 적용해서는 안 된다.

④ 분석적 엄밀성을 추구하는 것이 결과의 합당성을 보장하는 것은 아니다.

⑤ 법으로부터 자유로운 영역을 인정하는 입장은 자유의 확보에 기여한다.

05. <보기>의 법 조항에 대해 해석한 내용 중 '개방적 법체계'를 전제로 해야 가능한 것으로 볼 수 없는 것은?

─────〈보 기〉─────

누구든지 타인의 생명을 침해해서는 안 된다.

① 출생한 이후부터 사람이므로 태아를 죽게 하는 것은 타인의 생명을 침해하는 것은 아니지만, 허용되지는 않는다.

② 자살은 타인의 생명을 침해하는 것이 아니지만, 타인의 자살을 돕는 것은 타인의 생명을 침해하는 것이므로 허용되지 않는다.

③ 말기 암 환자의 생명 유지 장치를 제거하는 행위는 생명을 침해하는 것이지만, 환자의 존엄성을 지켜 주기 위해 그것을 제거하는 것은 허용된다.

④ 생명이 위태로운 타인을 구해 주어야 한다는 뜻은 아니지만, 아무리 무관한 타인이라도 그의 생명이 침해되는 것을 보고만 있는 것이 허용되지는 않는다.

⑤ 어떤 경우라도 타인의 생명을 침해하는 것은 허용되지 않지만, 두 사람 모두를 구할 수는 없는 상황에서 둘 중 하나라도 살리기 위한 행위는 그것이 곧 나머지 한 사람의 생명을 침해하는 것일지라도 허용된다.

06. [A]의 내용과 일치하지 않는 것은?

① 어떤 행위가 명령의 대상이 된다면 반드시 적극적 허용의 대상이 된다. 그러나 금지의 대상이 된다면 반드시 소극적 허용의 대상이 된다.

② 어떤 행위가 금지의 대상이 된다면 절대로 적극적 허용의 대상이 되지 않는다. 그러나 금지의 대상이 되지 않는다면 반드시 적극적 허용의 대상이 된다.

③ 어떤 행위가 명령의 대상이 된다면 절대로 금지의 대상이 되지 않는다. 그러나 명령의 대상이 되지 않는다고 해서 반드시 금지의 대상이 되는 것은 아니다.

④ 어떤 행위가 명령의 대상이 된다면 절대로 소극적 허용의 대상이 되지 않는다. 그러나 명령의 대상이 되지 않는다고 해서 반드시 소극적 허용의 대상이 되는 것은 아니다.

⑤ 어떤 행위가 적극적 허용의 대상이 된다고 해서 소극적 허용의 대상이 되지 않는 것은 아니다. 그러나 적극적 허용의 대상이 되지 않는다면 반드시 소극적 허용의 대상이 된다.

일반적이고 추상적인 형태의 법을 개별 사례에 적용하려 한다면 이른바 해석을 통해 법의 의미 내용을 구체화하는 작업이 필요하다. 어떤 새로운 사례가 특정한 법의 규율을 받는지 판단하기 위해서는 선례들, 즉 이미 의심의 여지없이 그 법의 규율을 받는 것으로 인정된 사례들과 비교해 볼 필요가 있는데, 그러한 비교 사례들을 제공할 뿐 아니라 구체적으로 어떤 비교 관점이 중요한지를 결정하는 것도 바로 해석 의 몫이다.

넓은 의미에서는 법이 명료한 개념들로 쓰인 경우에 벌어지는 가장 단순한 법의 적용조차도 해석의 결과라 할 수 있지만, 일반적으로 문제 되는 것은 법이 불확정적인 개념이나 근본적으로 규범적인 개념, 혹은 재량적 판단을 허용하는 개념 등을 포함하고 있어 그것의 적용이 법문의 가능한 의미 범위 내에서 이루어지고 있는지 여부가 다투어질 경우이다. 그러한 범위 내에서 이루어지는 해석적 시도는 당연히 허용되지만, 그것을 넘어선 시도에 대해서는 과연 그 같은 시도가 정당화될 수 있는지를 따로 살펴봐야 한다.

하지만 언어가 가지는 의미는 고정되어 있는 것이 아니기 때문에, 애초에 법문의 가능한 의미 범위라는 것은 존재하지 않는다고 볼 수도 있다. 따라서 그것을 기준선으로 삼아, 당연히 허용되는 '법의 발견'과 별도의 정당화를 요하는 이른바 '법의 형성'을 구분 짓는 태도 또한 논란으로부터 자유롭다고 말할 수는 없다. 더욱이 가장 단순한 것에서 매우 논쟁적인 것까지 모든 법의 적용이 해석적 시도의 결과라는 공통점을 지니고 있는 한, 기준선의 어느 쪽에서 이루어지는 것이든 법의 의미 내용을 구체화하려는 활동의 본질에는 차이가 없을 것이다.

예컨대 법의 발견과 형성 과정에서 동일하게 법의 축소와 확장을 두고 고민하게 된다. 이를 통해서 특정 사례에 그 법의 손길이 미치는지 여부가 결정될 것이기 때문이다. 다만 그것이 법문의 가능한 의미 범위 내에서 이루어지는 경우와, 법의 흠결을 보충하기 위해 불가피하게 그 범위를 넘어서는 경우의 구분에 좀 더 주목하는 견해가 있을 뿐이다. 이렇게 보면 결국 법의 적용을 위한 해석적 시도란 법문의 가능한 의미 범위 안팎에서 법을 줄이거나 늘림으로써 그것이 특정 사례를 규율하는지 여부를 정하려는 것이라 할 수 있다.

흥미로운 점은 ㉠법의 축소와 확장이라는 개념마저 그다지 분명한 것이 아니라는 데 있다. 특히 형벌 법규와 관련해서는 가벌성의 범위가 줄어들거나 늘어나는 것을 가리킬 경우가 있는가 하면, 법규의 적용 범위가 좁아지거나 넓어지는 것을 지칭할 경우도 있다. 혹은 법문의 의미와 관련하여 언어적으로 매우 엄격하게 새기는 것을 축소로 보는가 하면, 명시되지 않은 요건을 덧붙이게 되는 탓에 확장이라 일컫기도 한다. 한편 이른바 법의 실질적 의미에 비추어 시민적 자유와 권리에 제약을 가하거나 법적인 원칙에 예외를 두는 것을 축소로 표현하기도 하며, 학설에 따라서는 입법자의 의사나 법 그 자체의 목적과 비교함으로써 축소와 확장을 판정하기도 한다.

가령 법은 단순히 '자수를 하면 형을 면제한다'라고만 정하고 있는데, 이를 '범행이 발각된 후에 수사기관에 자진 출두하는 것은 자수에 해당하지 않는다'라고 새기는 경우를 생각해 보자. 그러한 해석적 시도는 가벌성을 넓힌다는 점에서는 확장이지만, 법규의 적용 범위를 좁힌다는 점에서는 축소에 해당한다. 한편 자수의 일차적이고도 엄격한 의미는 '범행 발각 전'의 그것만을 뜻한다고 할 수 있다면, 그와 같은 측면에서는 법문의 의미를 축소하는 것이지만, 형의 면제 요건으로 단순히 자수 이외에 '범행 발각 전'이라고 하는 명시되지 않은 요소를 추가하여 법문의 의미를 파악하고 있는 점에서는 확장이다. 나아가 형의 면제 기회가 줄어드는 만큼 시민적 자유의 제약을 초래한다는 점에서는 축소이지만, 자수를 통한 형의 면제가 어디까지나 자신의 행위 결과에 대하여 책임을 져야 한다는 대원칙의 예외에 불과하다면, 그와 같은 예외의 폭을 줄이고 원칙으로 수렴한다는 점에서는 확장이라 말할 수 있다.

이렇듯 법의 해석과 적용을 인도하는 주요 개념들, 즉 법문의 가능한 의미 범위 및 그 안팎에서 시도되는 법의 축소와 확장은 대체로 정체가 불분명할 뿐 아니라 그 존재론적 기초를 의심받기도 하지만, 여전히 많은 학설과 판례가 이들의 도구적 가치를 긍정하고 있다. 그것은 규범적 정당성과 실천적 유용성을 함께 추구하는 법의 논리가 법적 사고의 과정 자체에 남긴 유산인 것이다.

07. 해석 에 관한 윗글의 입장과 일치하는 것은?

① 법의 발견과 법의 형성 사이에 본질적인 차이는 없다.

② 법의 해석은 법의 흠결을 보충하는 활동에서 비롯한다.

③ 법문의 가능한 의미 범위를 넘어선 해석적 시도는 정당화될 수 없다.

④ 법문이 명료한 개념들로만 쓰인 경우라면 해석이 개입할 여지가 없다.

⑤ 법이 재량적 판단을 허용하는 개념을 도입함으로써 해석적 논란을 차단할 수 있다.

08. 윗글을 바탕으로 <보기>의 견해를 평가한 것으로 적절하지 **않은** 것은?

〈보 기〉

엄밀히 말해서 모든 면에서 동일한 두 사례란 있을 수 없다. 다양한 사례들은 서로 어떤 면에서는 유사하지만, 다른 면에서는 그렇지 않다. 따라서 법관이 참조하는 과거의 유사 사례들 중 해결해야 할 새로운 사례와 동일한 사례는 어떤 것도 없으며, 심지어 제한적인 유사성 탓에 서로 상반된 해결 지침을 제시하기 일쑤다. 법관의 역할이란 결국 어느 유사 사례가 관련성이 더 높은지를 정하는 데 있으며, 사례 비교를 통한 법의 구체화란 과거의 유사 사례들로부터 새로운 사례에 적용할 지혜를 빌리는 일일 뿐이다. 진정한 의미에서 법관을 구속하는 선례는 없으며, 법의 해석이라는 것은 실상 유추에 불과한 것이다.

① 법의 발견에 대해 추가적 정당화를 요구하고 있다.

② 법관의 임의적인 법 적용을 사실상 허용하고 있다.

③ 규범 대 사례의 관계를 사례 대 사례의 관계로 대체하고 있다.

④ 선례로 확립된 사례들과 단순한 참조 사례들을 구별하지 않고 있다.

⑤ 참조 사례들 간의 차이가 법적으로 의미가 있을지 판단하는 것은 해석의 몫임을 간과하고 있다.

09. <보기>의 ⓐ에서 ⓑ로의 변화에 대하여 ㉠을 판단할 때, 적절하지 **않은** 것은?

〈보 기〉

"공공연히 사실을 적시하여 사람의 명예를 훼손한 자도, 오로지 공익을 위해 진실한 내용만을 적시했다면 처벌하지 않는다."라는 법은 ⓐ언론의 공익적인 활동을 보호하려는 취지로 제정·적용되었으나, ⓑ이후 점차 일반 시민들에게도 적용되는 것으로 해석되어 왔다.

① 가벌성의 범위를 기준으로 삼으면, 처벌의 대상이 줄어든다는 점에서 법의 축소라고 할 수 있다.

② 시민적 자유의 제약 가능성을 기준으로 삼으면, 시민이 누리는 표현의 자유를 제한한다는 점에서 법의 축소라고 할 수 있다.

③ 법규의 적용 범위를 기준으로 삼으면, 언론에서 일반 시민으로 적용 범위가 넓어진다는 점에서 법의 확장이라고 할 수 있다.

④ 입법자가 의도했던 법의 외연을 기준으로 삼으면, 법의 보호를 받는 대상이 늘어난다는 점에서 법의 확장이라고 할 수 있다.

⑤ 법문에 명시된 요건을 기준으로 삼으면, 명시되지 않은 부가 조건이 더 이상 적용되지 않는다는 점에서 법의 축소라고 할 수 있다.

법학적 해석은 법이 어떻게 이해되어야 하는지를 확정하는 것이지, 어떤 의도에서 만들어 졌는지를 확정하는 것은 아니다. 이는 문헌학적 해석과 비교할 때 분명해진다. 문헌학적 해 석은 인식된 것에 대한 인식이다. 이것은 텍스트 생산자가 주관적으로 의도한 의미를 확정하 는 것이며, 해석의 대상인 작품의 밑바닥에 존재하는, 현실적 인간이 현실에서 생각한 사상 을 확정하려 한다. 이를 위해 작가의 작품과 원고, 일기와 편지 등에서 나타나는 모든 표현들 에 근거하여 그의 실제 사상을 탐구한다. 이는 순수하게 경험적인 방법이다. 그러나 법학적 해석은 법률 제정자가 의도한 의미를 확정하는 데 머무르는 것이 아니라 법규가 객관적으로 타당한 의미를 갖도록 하는 것을 지향한다.

법률이라는 작품에는 다수의 제정자가 관여한다. 때문에 그 의미에 대하여 관여자마다 갖 가지 의견이 있을 수 있다. 하지만 법의 적용에 봉사해야 하는 법학적 해석은 일의적(一義的) 이지 않으면 안 된다. 그래서 국가의 의사라 할 수 있는 입법자의 의사는 이념적으로 법률의 의사와 일치한다. 이는 입법의 모든 내용이 의인화된 단일 의식 속에 반영되었다고 간주하는 것을 말한다. 그리하여 ㉠입법자의 의사는 해석의 수단이 아니라 해석의 목표이자 해석의 결과로 된다. 또한 전 법질서를 체계적으로 모순 없이 해석해야 하는 선험적 요청에 대한 표 현이기도 하다. 그 때문에 법률 제정자가 미처 의식하지 못한 것도 입법자의 의사라고 확정 할 수 있다. 해석자는 법률을 그 제정자가 이해한 것보다도 더 잘 이해할 수 있는 것이다.

법률 제정자의 사상에는 부족함이 있을 수밖에 없고, 언제나 명확하고 모순 없는 것이라고 도 할 수 없다. 하지만 해석자는 온갖 법률 사건에 대하여 명료하게 모순 없는 해결을 법체계 에서 끌어내어야 한다. 법학적 해석을 통해 해석자는 자기가 입법자였다면 제정하였을 법으 로 나아가는 것이다. 이처럼 법학적 해석은 문헌학적 해석을 기반으로 하지만 그것을 초월한 다. 결국 법률을 실제로 제정하는 경험적 입법자는 법률 자체 속에서만 사는 이념적 입법자 에게 자리를 넘겨주게 된다. 재판은 이를 확인하는 구체적인 과정이라 할 수 있겠는데, 특히 법률에 대한 위헌성 심사가 그러하다. ㉡다음의 사례를 들어 살펴볼 수 있다.

A 씨는 자신의 홈페이지에 만화의 주인공인 청소년이 전신을 노출하는 그림을 게시하였는 데, 검찰은 이 그림이 〈청소년의 성보호에 관한 법률〉 제2조 제3호의 '청소년이용음란물'에 해당한다고 하여 기소하였다. 이 규정은 「"청소년이용음란물"이라 함은 청소년이 등장하여 제2호 각목의 1에 해당하는 행위를 하거나, 청소년의 수치심을 야기시키는 신체의 전부 또는 일부 등을 노골적으로 노출하여 음란한 내용을 표현한 것으로서, 필름·비디오물·게임물 또 는 컴퓨터 기타 통신매체를 통한 영상 등의 형태로 된 것을 말한다.」라고 되어 있다. 여기서 '청소년'이 실제의 청소년을 뜻한다는 것은 말할 것도 없다. 그러나 '청소년이 등장하여'라는 부분은 '신체의 전부 또는 일부 등을 노골적으로 노출하여'라는 구절까지 연결되는 것으로도 또는 그렇지 않은 것으로도 읽힐 수 있다. 곧, 다의적(多義的) 해석의 여지가 있어 죄형 법정 주의의 명확성 원칙을 위반한 위헌 규정이라는 문제가 제기되었다.

헌법재판소는 먼저 법률의 제안 이유서를 확인하였다. 거기에는 '청소년을 이용하여 음란 물을 제작, 배포하는 행위가 사회 문제로 되면서 특별히 청소년의 성을 보호하기 위한 특별 법'이라 표현되어 있다. 이에 표현물에 실제 청소년이 등장하는 것을 입법 시에 전제하였다 고 파악하였다. 더구나 위 법률은 다른 규정에서 대상 청소년이나 피해 청소년의 신상 유출 을 금지하고, 그 위반에 대해 처벌하는 체계로 되어 있다. 또한 법률안 초안에서는 위 조항 의 '필름·비디오물·게임물' 다음에 '그림'이라는 낱말이 붙어 있다가 최종안에서는 배제되 었다. 이로써 그림, 만화 등의 음란물은 일반 형법상의 규정으로 규제하려는 것이 제정자의 태도라고 확인하였다. 헌법재판소는 이런 식으로 입법 경과, 입법 목적, 다른 규정들과의 조 화 등을 고려한 뒤, 결론적으로 '청소년이용음란물'에는 실제 인물인 청소년이 등장하여야 한 다고 해석될 수밖에 없다고 하였으며, 따라서 법률 적용 단계에서 다의적으로 해석될 우려가 없어 명확성의 원칙에 위배되지 않는다고 결정하였다.

10. 위 글의 내용에 부합하는 것은?

① 문헌학적 해석은 법률 제정자의 의사를 확인하는 데 유용하다.

② 문헌학적 해석은 주관적인 의사의 다의적인 해석을 추구한다.

③ 법학적 해석에서 주관적인 실제 의사는 수단이라기보다 목적이다.

④ 법학적 해석은 텍스트 배후의 은유적 의미를 찾아내는 데 주력한다.

⑤ 법학적 해석은 문헌학적 해석을 넘어서서 직관적으로 타당한 의미를 모색한다.

11. ㉠에 관한 추론으로 적절하지 <u>않은</u> 것은?

① 위헌 법률 심사 과정은 이념적 입법자의 의사를 확정하는 작업이다.

② 입법자의 의사는 법률을 탄생시키는 일회적인 과정으로 파악되어서는 안 된다.

③ 입법에 관여한 전원이 의견을 같이한 경우 그것은 입법자의 의사로 보아야 한다.

④ 법학적 해석을 통해 끌어내는 입법자의 의사는 법체계에서 요구하는 의미이기도 하다.

⑤ 입법 당시 전혀 예상하지 못한 사정이 발생하더라도 입법자의 의사는 확정될 수 있다.

12. ㉡에 대한 헌법재판소의 판단을 설명한 것으로 적절한 것은?

① 사례의 조항을 실제 인물이 아닌 그림에 적용할 수 없다는 것은 법원이 체계적으로 해석하여 내릴 수 있는 결론이라고 헌법재판소는 보았다.

② 법률 해석의 결과로 A 씨를 처벌할 수 있는 가능성이 사라졌다는 점에서 헌법재판소는 헌법상 보장되는 표현의 자유를 수호하는 기능을 수행하였다.

③ 검찰이 '청소년이 등장하여'라는 부분을 '신체의 전부 또는 일부 등을 노골적으로 노출하여'와 연결된다고 해석한 데 대해서는 헌법재판소가 타당하지 않다고 파악하였다.

④ 사례의 조항을 헌법재판소에서 위헌으로 결정하지 않음으로써 성인의 노출이라도 그것이 청소년의 수치심 유발을 의도한 경우에는 그 조항이 적용되는 것으로 해석될 여지를 남겼다.

⑤ 헌법재판소가 사례의 조항이 명확성의 원칙을 위반하지 않는다고 결정하였으므로, '영상 등의 형태로 된 것'이란 표현은 모호하다고 볼 수 없고 따라서 만화도 포함하는 의미라고 해석된다.

판사에게 진술함이 요구되는가 하는 문제가 논의되고 있다. 현대의 민주국가는 판사가 내리는 판결에 강제력을 부여하지만, 사법권의 행사에 민주적 통제가 미치도록 판결에 이유를 밝힐 것을 요구한다. 이때 판사는 판결의 핵심적인 근거에 관해 허위나 감춤 없이 자신이 믿는 바와 판단 과정을 분명히 드러내야 한다. 이에 대해서는 '반대론'이 있다. 법원은 사회적 갈등과 긴장의 해소를 임무로 하므로 사형이나 낙태 문제와 같이 논란이 큰 사안을 다룰 때는 판사들의 의견이 일치된 것처럼 보이는 편이 바람직하며, 필요하면 내심의 근거와 다른 것을 판결 이유로 들거나 모호하게 핵심을 회피하는 편이 낫다는 견해가 대표적이다. 이런 반대론은 시민들이 진실을 다룰 능력이 부족하다고 전제하고 있어 민주주의 원리에 반하므로 동의하기 어렵다. 다만 판사도 거짓말을 선택해야 할 예외 사항이 존재한다는 주장은 검토해 볼 만하다.

법과 양심에 따라 재판해야 하는 판사에게 양심은 곧 법적 양심을 의미하므로 법과 양심이 충돌할 일은 거의 없다. 하지만 노예제도가 인정되던 시절에 노예제를 허용하지 않는 주(州)로 탈출한 노예에 대해 소유주가 소유권을 주장하는 것처럼 법적 권리와 도덕적 권리가 충돌할 뿐 아니라 법적 결론이 지극히 부정의한 결과를 초래하는 상황에서는 사정이 다르다. 이런 사안에서는 법적 권리를 무효로 할 근거는 찾기 어렵고, 그렇다고 법을 그대로 적용하는 것은 도덕적으로 옳지 않다. 판사는 도덕적 양심에 반해 법률을 적용하거나 도덕적 양심을 우선해 법률을 적용하지 않을 수 있을 것이다. 그러나 전자는 판사의 양심을 부정하고, 후자는 판사의 직업상 의무를 위반한다. 사임하는 것은 누구에게도 도움이 되지 않으므로 도덕적 권리를 지지하는 판사에게 남은 선택은 그 법적 권리를 자신이 믿는 바와 다르게 당사자에게 표명하는 것밖에 없다. 즉, 판사는 법적으로 인정되는 권리임을 부인할 수 없음에도 다른 합법적인 법해석을 만들어내고는 그런 법해석의 결과로 법적 권리가 부정되는 것처럼 판결함으로써 은밀하게 곤경에서 벗어나는 것이다.

하지만 이런 논의가 판사의 진술 의무를 부정하지는 못한다. 오늘날 법과 도덕의 극단적인 괴리 현상은 드물며, 진실을 분별하고 지지하는 민주사회라면 판사가 묘책을 찾아야 하는 상황을 만들어내지 않을 것이다. 하지만 법-도덕의 딜레마와 진솔 의무는 노예제와 함께 완전히 사라지지 않았다. 판사가 특정 법률에 도덕적 저항감을 느끼는 일은 현대에도 계속되고 있다. 여기서 판사의 선택은 정의와 민주주의, 사법의 정당성에 지속적으로 영향을 미친다.

진술함의 중요성은 최근에는 다른 차원에서 제기되고 있다. 먼저 판사의 진솔함은 사법의 정당성을 수호하는 중요한 방책이 된다. ㉠ 어떤 판사는 법이 모호하고 선례도 없어 판단이 매우 어려운 사안에서 창의적인 법해석을 한 경우에도 그런 사정을 감춘다. 이때 판사는 자신이 진정으로 믿는 법해석을 근거로 판결한 것이지만, 패소한 당사자를 설득하기 위해 판사들 사이의 상투적 표현법을 써서 이렇게 말하는 편이 더 좋다고 생각한다. "판사는 법을 만들지 않으며, 법을 발견하고, 법률을 기계적으로 적용할 뿐이다." 더 심각한 것은 판사가 법 외적인 사정에 무관심하고 오직 법의 문언에 충실한 결과인 듯 판결 이유를 제시하지만, 실제로는 어떤 결과를 도출할 것인지 먼저 선택한 다음에 자신이 선호하는 결과를 보장하는 해석론을 개발해 제시하는 경우이다. 이때도 판사는 으레 동일한 표현법을 활용한다.

하지만 이런 방편에는 큰 위험이 도사리고 있다. 판사의 거짓말은 국민을 자율적 판단 능력을 갖춘 시민으로 존중하지 않음을 의미하며, 사법적 판단 과정의 실상이 드러나는 순간 사법의 권위와 정당성은 실추될 것이다. 법원이 이런 위험에서 벗어나는 길은 진솔함으로 국민을 대하는 것이다. 이런 인식을 바탕으로 법-도덕 딜레마 상황에서 거짓이 정당화된다는 견해도 재검토되고 있다. 거짓으로 이룰 수 있는 것은 진술함으로도 이룰 수 있다.

13. 윗글의 내용과 일치하지 <u>않는</u> 것은?

① 판사의 진솔함은 법-도덕 딜레마와 민주주의를 서로 연결 짓는다.

② 판사의 진술 의무를 지지하는 견해는 판사가 판결에 이르는 과정에서 법 외적인 요소들을 고려하는 것을 허용한다.

③ 법-도덕 딜레마 상황에서 거짓말하기를 선택한 판사는 정의를 위해 행동하는 듯하지만, 사실은 법을 위해 법에 더 충실한 선택을 한다.

④ 판사의 진술함이 사법의 정당성을 뒷받침한다는 견해에 의하면 법-도덕 딜레마 사안에서 판사는 더 이상 거짓말하기를 선택해서는 안 된다.

⑤ 판사가 판결 이유를 밝혀야 한다는 것과 판결 이유를 진솔하게 작성해야 한다는 것은 별개이지만 모두 민주주의 원리에서 공통의 근거를 찾을 수 있다.

14. ㉠에 대한 설명으로 가장 적절한 것은?

① 판사의 법해석은 법적 판단이 어렵다는 사정 때문에 상당한 재량이 행사된 결과이지만, 판사는 공식적으로는 그렇게 말하지 않을 것이다.

② 판사의 법해석은 기존 판례의 답습이 아니라 새로운 해석을 통한 것이며, 또한 판사도 공식적으로 그렇게 말할 것이다.

③ 판사의 법해석은 합법적인 해석 권한을 벗어난 것이지만, 판사는 공식적으로는 벗어나지 않았다고 말할 것이다.

④ 판사의 법해석은 선례의 도움 없이도 충분히 가능한 법 발견이었으며, 또한 판사도 그렇게 말할 것이다.

⑤ 판사의 법해석은 법률을 기계적으로 적용한 결과이며, 또한 판사도 공식적으로 그렇게 말할 것이다.

15. <보기>의 입장에서 윗글에 대해 추론한 것으로 적절하지 <u>않은</u> 것은?

〈보 기〉

　미국의 사법적 판단 과정을 설명하는 대표적인 이론으로 '법형식주의'와 '법현실주의'가 거론된다. 전자에 의하면 판사는 중립적 심판자로서 사안에 법을 그대로 적용할 뿐이다. 여기에는 어떤 정치적 고려의 여지가 없으며, 판사에게는 엄격하게 법을 적용할 의무만 있다. 후자에 의하면 법은 곧 정치이고 판사는 법복 입은 정치인이다. 판사는 재판 중에 법 외적 고려에 따라 자신이 만든 법을 적용한다. 하지만 이런 표현은 판사가 판결에 이르기까지 실제 사법적 판단 과정의 양면을 극단적으로 단순화한 것이며, 실제의 과정을 제대로 설명할 수 없다. 문제는 판사들이 사법의 권위와 정당성을 중립적 재판기구라는 점에서 찾으면서 단순화된 이론이 표방하는 문구를 그대로 사용한다는 점이다. 판사의 진솔함이 판사의 권력 남용을 저지하는 필수불가결한 요소라고 보는 '비판론자'는 판사들이 실제 사법적 판단 과정을 사실대로 말한 것이 아니라는 점을 지적하기 위해 그런 문구를 '고상한 거짓말'이라고 비판한다.

---

① 사법적 판단 과정도 민주적 통제의 대상이 된다고 보는 입장에서는 대중이 사법적 판단 과정의 실제를 정확하게 알아야 한다고 볼 것이다.

② 법현실주의자는 특정한 정치적 성향이 밝혀진 판사가 특정한 사건에서 어떤 판결을 내릴지 예상되는 것을 자연스럽게 여길 것이다.

③ 법형식주의자는 판사의 기본적 역할이자 임무는 도덕의 지배가 아닌 법의 지배를 관철하는 것이라고 보는 견해를 지지할 것이다.

④ 비판론자는 결과를 먼저 선택한 다음 이를 지지하는 법해석을 찾아내는 판사가 사용한 표현 문구에 대해 '고상한 거짓말'이라고 비판할 것이다.

⑤ 비판론자는 타당한 결과를 도출했더라도 이를 감추기 위해 거짓을 선택하는 것을 법의 왜곡과 법 발전의 정체가 초래되지는 않는다는 이유로 수긍할 것이다.

정답 및 해설 p.17

제재 2 법제사학

1 제재 소개

LEET 언어이해 시험의 목적은 법학에 대한 배경지식이 관여하지 않는 방식으로, 법학에 대한 적성 능력을 테스트하는 것입니다. 제시된 두 가지 목표는 얼핏 보기에 상호 모순적으로 보입니다. 그렇다면 어떻게 법학에 배경지식을 배제하는 방식으로 법학에 대한 언어적 적성을 테스트할 수 있을까요?

그 해답은 바로 **과거의 법 제도**와 **다른 나라의 법 제도**를 기준으로 법 제도를 이해하고 해석하고 케이스에 적용하는 능력을 테스트하는 것입니다. 따라서 LEET 언어이해 **법제사학**의 영역에서는 크게 과거의 법제도를 다룬 **고전(古典)** 또는 현재의 법제도의 변천을 시공간적으로 살펴보는 **비교법학** 영역에서 지문이 출제됩니다. 비교법학 지문의 경우 마지막 문단에 한국의 법 제도를 제시하고, 한국의 법 제도와 과거의 법 제도를 **시간적으로** 비교하거나, 한국의 법 제도와 다른 나라의 법 제도를 **공간적으로** 비교하는 능력을 요구합니다.

법제사학의 영역에서 출제된 지문을 읽을 때는 다음 두 가지 사항을 명심하셔야 합니다.

첫째, 지문을 매우 꼼꼼하게 읽어야 합니다. 다른 제재의 지문은 글의 중요한 부분과 덜 중요한 부분의 강약을 주면서 글을 독해해 나갈 여지가 있으나, 법제사학의 지문은 지문의 모든 세부 내용이 대부분은 중요합니다. 특히 제도의 영역이기 때문에 세부적인 규칙이나 예외 사항 등이 제시된 경우가 많은데 이 중 하나라도 놓친다면 케이스 적용 문제에서 오판하기 쉽습니다. 따라서 지문의 모든 내용이 중요하다는 마인드를 가지고 접근하여야 합니다. 다른 제재의 지문에 비해 다소 시간이 소요되는 것을 감수해야 합니다.

둘째, 법학에 대한 배경지식을 소유한 사람이 유리합니다. 아무리 법학의 배경지식을 배제하려고 시도했다고는 하지만, 구체적인 법 제도를 지문에 출제하는 이상 관련 지식에 대한 기초적인 배경지식이 갖추어져 있는 사람과 그렇지 않은 사람의 독해 속도 차이가 가장 크게 발생하는 영역이 바로 법제사학 제재의 지문입니다. 예를 들어 '독점규제법', '유류분제도', '당사자주의' 등에 대한 개념이 전무한 사람과 어느 정도 그 개념의 의미를 파악하고 있는 사람의 경우에는 이해의 과정에서 속도 차이가 현저하게 발생합니다. 따라서 법학 지식이 전혀 없는 학생의 경우에는 LEET에서 출제된 법제사학의 지문만이라도 배경지식을 학습한다는 생각으로 공부해두면 좋을 것입니다. 특히, 지문뿐만 아니라 문제의 형식도 법학 전공 문제와 유사하기 때문에 다른 제재의 지문에 비해 기출 지문의 구체적인 내용을 숙달해 놓는 것이 좋습니다.

30문제 시스템이 갖추어진 2019년 이후 LEET 언어이해는 고난도 법학 지문을 가장 마지막 열 번째에 배치하는 경향성을 띠고 있습니다. 이때 가장 어려운 법학 지문이 법철학에서 출제된다면 문제가 논리 퀴즈의 형식을 띠기 때문에 논리적 추론에 강한 학생이 유리합니다. 반면, 가장 어려운 법학 지문이 법제사학에서 출제된다면 법학 전공에 대한 배경지식에 자신이 있는 학생이 유리할 것입니다. 어떠한 경우로 출제가 되더라도 만방으로 대비가 될 수 있도록 준비를 해나가야 할 것입니다.

② 대표 기출문제

출제시기	세부 제재	소재 및 문제 번호
2022학년도	법제사학	1960년대 한국의 부랑아 정책(홀수형 01~03번)
2021학년도	법제사학	윤기의 『논형법(論刑法)』(홀수형 10~12번)
2020학년도	제도법학	연륜연대학의 사법적 역할(홀수형 28~30번)
	법제사학	형태소 '-물(物)'의 법률적 의미 변화(홀수형 01~03번)
2018학년도	제도법학	차별 금지 법규(홀수형 01~03번)
	법제사학/비교법학	유류분 제도(홀수형 33~35번)
2017학년도	법제사학/비교법학	변호인의 성실 의무(홀수형 33~35번)
2016학년도	법제사학/비교법학	언론 보도 제한(홀수형 01~03번)
	비교법학	법관의 재판에 대한 국가배상 제도(홀수형 20~22번)
2015학년도	법제사학	유종원의 『복수에 대한 건의를 논박함』(홀수형 01~03번)
	제도법학	경업금지약정(홀수형 30~32번)
2014학년도	법제사학/비교법학	독점규제법의 내용과 그 적용 방식(홀수형 11~13번)
2013학년도	법제사학	안정형 무고 사건에 관한 논의(홀수형 04~06번)

3 독해 전략

① 고전(古典)형 법제사학 지문의 경우

| STEP 1 | 저자의 주장의 핵심 논증을 파악한다. |

✓ 고전(古典)형 지문은 글의 서문에서 저자의 주장이 곧바로 제기되는 경우가 많다. 또한 현대와는 다른 나름의 독자적인 논증을 취하고 있기 때문에, 그 논증의 방식을 파악하고 이해해야 한다.

▼

| STEP 2 | 예상되는 반박(혹은 비판하는 대상)에 대한 재반박을 파악한다. |

✓ 고전(古典)형 지문은 예상되는 반박을 제기한 후, 그 반박은 "OOO 개념을 잘못 이해한 것입니다." 라는 식으로 재반박을 하는 패턴이 매우 흔하므로 주장-반박-재반박의 논리적 층위를 파악해야 한다. 예상되는 반박이 아니라 자신이 비판하는 대상의 주장이 직접적으로 인용되기도 한다.

▼

| STEP 3 | 논증을 집약하여 최종적으로 제시한 정책적 결론을 확인한다. |

✓ 고전(古典)형 지문은 과거 국가 정책에 관여하였던 사대부 계급들이 정책 방향에 대한 자신의 의견을 피력한 글에서 발췌된 경우가 많다. 따라서 논증은 국가 정책 방향에 대한 저자의 입장을 정리하면서 마무리되는데, 이때 지문의 저자가 취하고 있는 정책적 입장을 정확하게 확인하는 것이 중요하다.

② 현대형 법제사학 지문의 경우

STEP 1 | 지문의 소재가 되는 법 제도의 내용을 파악한다.

✓ 구체적인 법 제도의 내용이 소개되는데, 그 내용에 대한 이해가 선행되어 있어야 이후에 전개되는 비교법학적 논의도 빠르고 정확하게 따라갈 수 있다. 따라서 우선 그 제도의 의미를 파악하는 데 시간을 소요해야 한다.

▼

STEP 2 | 시간순으로 법 제도가 변화하는 통시적 과정을 비교법학적으로 정리한다.

✓ 첫 번째 독해에서는 '지그재그로 읽기'의 독해 스킬을 이용하여 통시적 변화의 큰 흐름을 파악해야 한다.

✓ 문제를 확인한 이후의 두 번째 독해에서는 제도의 세부적인 부분까지도 꼼꼼하게 확인하면서 문제와 연관 지어가며 세밀한 독해를 다시 한번 진행해야 한다.

▼

STEP 3 | 공간순으로(흔히 우리나라와 타국 법령의 비교) 법 제도가 대조되는 부분을 비교법학적으로 정리한다.

✓ 마찬가지로 첫 번째 독해를 통해서는 앞서 제기된 통시적 흐름에서 우리나라의 현행 법 제도가 어느 정도 단계에 놓여 있는지를 파악한 후, 문제와 연관된 두 번째 독해에서 제도의 세부적인 부분까지 체크한다.

✓ 우리나라와 외국의 법 제도를 비교하는 지문인 경우에는 글의 마지막 마무리가 우리나라의 법 제도에 대한 개정의 필요성을 역설하면서 마무리되는 경우가 많다.

이 문제는 반드시 출제된다!
- 논증의 구성요소 확인 문제
- 다른 고전 지문과의 비교 문제

❹ 문제에 적용해보기

독해 전략을 적용하여 연습문제를 풀이해 봅시다.

📋 **지문 요약 연습**

연습문제를 풀이하면서 지문의 각 문단을 요약해 보세요.

연습문제 1

[01~03] 다음 글을 읽고 물음에 답하시오.

21 LEET 문10~12

살펴보건대, ㉠상고 시대 법에서 오형(五刑)은 중죄인에 대하여 이마에 글자를 새기고(묵형) 코나 팔꿈치, 생식기를 베어 내고(의형, 비형, 궁형), 죽이는(대벽) 형벌이었다. 다만 정상이 애처롭거나 신분과 공로가 높은 경우에는 예외적으로 오형 대신 유배형을 적용하였다. 나머지 경죄는 채찍이나 회초리를 쳤는데 따져볼 여지가 있는 경우에는 돈으로 대속할 수 있도록, 곧 속전(贖錢)할 수 있도록 하였다. 또 과실로 저지른 행위는 유배나 속전 할 것 없이 처벌하지 않았다. 그러나 배경을 믿고 범행을 저질렀거나 재범한 경우에는 유배나 속전 할 사유에 해당하더라도 형을 집행하였다.

형법은 선왕들이 통치에서 전적으로 믿고 의지하는 도구는 아니었지만 교화를 돕는 수단이었고, 백성들이 그른 짓을 하지 않도록 역할을 해 왔다. 그렇다면 신체를 상하게 하여 악을 징계한 것도 당시에는 고심 끝에 차마 어쩔 수 없이 행하는 하나의 통치였던 것이다. ㉡지금의 법을 보면, 유배형과 노역형이 간악한 이를 효과적으로 막지 못하고 있다. 그렇다고 해서 그보다 더 무거운 형벌로 과도하게 적용하면 죽지 않아도 될 범죄자를 죽일 수 있어 적당하지 않다. 따라서 예전처럼 의형, 비형을 적용한다면, 신체는 다쳐도 목숨은 보전될 뿐만 아니라 뒷사람에게 경계도 되니 선왕의 뜻과 시의에 알맞은 일이다.

지금은 살인과 상해에 대하여도 속전할 수 있도록 하여, 재물 있는 이들이 사람을 죽이거나 다치게 하도록 만드니, 무고한 피해자에게는 이보다 더 큰 불행이 있겠는가? 그리고 살인자가 마을에서 편안히 살고 있으면, 부모의 원수를 갚으려는 효자가 어떻게 그대로 보겠는가? 변방으로의 유배를 그대로 집행하는 것이 양쪽을 모두 보전하는 일이다. 선왕들이 중죄인에 대하여 죽이거나 베면서 조금도 용서하지 않은 것은 그 죄인도 또한 피해자에게 잔혹히 했기 때문이니, 그 형벌의 시행이 매우 참혹해 보이지만 실상은 마땅히 해야 할 일을 집행한 것이다.

어떤 이가 말하기를, 신체에 가하는 형벌인 육형(肉刑)으로 오형만 있었던 상고 시대에 순 임금이 그 참혹함을 차마 볼 수 없어서 유배, 속전, 채찍, 회초리의 형벌을 만들었다고 한다. 그렇다고 하면 요임금 때까지는 채찍이나 회초리에 해당하는 죄에도 묵형이나 의형을 집행했다는 말인가? 그러니 오형에 처하던 것을 순임금이 법을 바로잡아 속전할 수 있도록 하였다는 말은 옳지 않다. 의심스럽다든가 해서 중죄를 속전할 수 있도록 한다면, 부자들은 처벌을 면하고 가난한 이들만 형벌을 받을 것이다.

지금의 사법기관은 응보에 따라 화복(禍福)이 이루어진다는 말을 잘못 알고서, 죄의 적용을 자의적으로 하여 복된 보답을 구하려는 경향이 있다. 죄 없는 이가 억울함을 풀지 못하고 죄 지은 자가 되려 풀려나게 하는 것은 악을 행하는 일일 뿐이니 무슨 복을 받겠는가? 지금의 사법관들은 죄수를 신중히 살핀다는 흠휼(欽恤)을 잘못 이해하여서, 사람의 죄를 관대하게 다루어 법 적용을 벗어나도록 해 주는 것으로 안다. 그리하여 죽여야 할 이들을 여러 구실을 들어 대부분 감형되도록 한다. 참형에 해당하는 것이 유배형이 되고, 유배될 것이 노역형이 되고, 노역할 것이 곤장형이 되고, 곤장 맞을 것이 회초리로 맞게 되니, 이는 뇌물을 받아 법을 가지고 논 것이지 어찌 흠휼이겠는가?

인명은 지극히 중한 것이다. 만약 무고한 사람이 살해되었다면, 법관은 마땅히 자세히 살피고 분명히 조사하여 더는 의심의 여지가 없게 해야 할 것이다. 그리고 이렇게 한 뒤에는 반드시 목숨으로 갚도록 해야 한다. 이로써 죽은 자의 원통한 혼령을 위로할 뿐 아니라, 과부와 고아가 된 이가 원수 갚고자 하는 마음을 위로할 수 있으며, 또한 천리를 밝히고 나라의 기강을 떨치는 일이다. 보는 이들의 마음을 통쾌하게 할 뿐 아니라 후대의 징계도 되니, 또한 좋지 않겠는가.

지금은 교화가 쇠퇴하여 인심이 거짓을 일삼으며, 저마다 자신의 잇속만 챙기면서 풍속도 모두 무너졌다. 극악한 죄인은 죄를 받지 않고, 선량한 백성들은 자의적인 형벌의 적용을 면치 못하기도 한다. 또 강자에게는 법을 적용하지 않고 약자에게는 잔인하게 적용한다. 권문세가에는 너그럽고 한미한 집에는 각박하다. 똑같은 일에 법을 달리하고 똑같은 죄에 논의를 달리하여, 간사한 관리들이 법조문을 농락하고 기회를 잡아 장사하니, 그것은 단지 살인자를 죽이지 않고 형법을 방기하는 잘못에 그치는 일이 아니다. 이 통탄스러움을 이루 말로 다할 수 있겠는가.

– 윤기, 『논형법(論刑法)』 –

★ 선생님 TIP
중죄와 경죄
법률 체계를 적용하는 소재를 다룬 지문에서는 중죄에 대한 법 적용과 경죄에 대한 법 적용을 구분하여 이해하는 것이 매우 중요합니다.

사실 확인
01. 글쓴이의 입장과 일치하는 것은?

① 교화를 중시하고 형벌의 과도한 적용을 삼가야 한다고 생각한다.

② 살인을 저지른 중죄인이 유배되는 일은 없어야 한다고 주장한다.

③ 인명이 소중하므로 사형과 같은 참혹한 형벌의 폐지에 찬성한다.

④ 형벌로 보복을 대신하려고 하는 응보적인 경향에 대해 반대한다.

⑤ 무고하게 살해된 피해자를 고려하면 의형은 합당한 처벌이라고 본다.

사실 확인
02. 윗글에 따라 ㉠, ㉡을 설명한 것으로 가장 적절한 것은?

① ㉠에서는 경미한 죄에도 오형을 적용하도록 되어 있었다.

② ㉠에서는 중죄에 대한 형벌을 육형으로 하는 것이 원칙이었다.

③ ㉡에서는 유배형도 정식의 형벌이므로 속전의 대상이 되지 않는다.

④ ㉠에서 오형에 해당하지 않는 형벌은 ㉡에서도 집행하지 않는다.

⑤ ㉠에서의 오형은 잔혹한 형벌이라 하여 ㉡에서는 모두 사라지게 되었다.

다른 고전 지문과의 비교

03. 윗글과 <보기>를 비교 평가한 것으로 적절하지 **않은** 것은?

─〈보 기〉─

　상고 시대에 유배형은 육형을 가해서는 안 되는 관료에게 베푸는 관용의 수단으로서 공식적인 형벌이 아니라 임시방편과 같은 것이었다. 또 속전은 의심스러운 경우에 적용한 것이지 꼭 가벼운 형벌에만 해당했던 것도 아니었다. 여기서 속은 잇는다[續]는 데서 따다가 대속한다[贖]는 의미로 된 것이니, 육형으로 끊어진 팔꿈치를 다시 붙일 수 없는 참혹함을 받아들이지 못하는 어진 정치에서 비롯한 것임을 알 수 있다. 지금의 법에서 속전은 정황이 의심스럽거나 사면에 해당하는 경우에만 비로소 허용된다. 그에 해당하는 경우가 아니라면 부유함으로 처벌을 요행히 면해서는 안 되며, 해당하는 경우이면 가난뱅이는 속전도 필요 없다. 죽여야 할 사람을 끝없이 살리려고만 한다면 어찌 덕이 되겠는가. 흠휼은 한 사람이라도 죄 없는 자를 죽이지 않으려는 것이지 살리기만 좋아하는 것이 아니다.

① 법을 엄격하게 집행해야 한다고 보는 점은 두 글이 같은 태도이다.

② 속전의 남용에 대해 흠휼을 오해한 소치로 보는 점은 두 글이 같은 태도이다.

③ 상고 시대에 중죄를 속전할 수 있었는지에 대해서는 두 글이 서로 달리 보고 있다.

④ 중죄에 대한 속전이 부자들의 전유물이므로 폐지하자는 것에 대해서는 두 글이 다른 태도를 보일 것이다.

⑤ 유배의 효과가 없을 때 의형이나 비형을 되살릴 수 있다는 것에 대해서는 두 글이 같은 태도를 보일 것이다.

가이드에 따라 지문과 문제를 분석하고 정답을 확인해 봅시다.

STEP 1 저자의 주장의 핵심 논증을 파악한다.

[첫 번째 문단] 중죄에 대해 오형(五刑)을 적용했던 상고 시대의 법 체계 소개

살펴보건대, ㉠상고 시대 법에서 오형(五刑)은 중죄인에 대하여 이마에 글자를 새기고(묵형) 코나 팔꿈치, 생식기를 베어 내고(의형, 비형, 궁형), 죽이는(대벽) 형벌이었다. 다만 정상이 애처롭거나 신분과 공로가 높은 경우에는 예외적으로 오형 대신 유배형을 적용하였다. 나머지 경죄는 채찍이나 회초리를 쳤는데 따져볼 여지가 있는 경우에는 돈으로 대속할 수 있도록, 곧 속전(贖錢)할 수 있도록 하였다. 또 과실로 저지른 행위는 유배나 속전 할 것 없이 처벌하지 않았다. 그러나 배경을 믿고 범행을 저질렀거나 재범한 경우에는 유배나 속전 할 사유에 해당하더라도 형을 집행하였다.

• 상고 시대 법체계가 복잡하게 제시되었고 체계화하기 어려운 정보에 해당합니다.
  → 따라서 중죄와 경죄로 나누어 적용한다는 사실만 기억하고 문제를 풀면서 정보를 다시 체크해야 할 문단입니다.

[두 번째 문단] 간악한 이를 효과적으로 막기 위해 의형과 비형을 부활하여야 한다.

형법은 선왕들이 통치에서 전적으로 믿고 의지하는 도구는 아니었지만 교화를 돕는 수단이었고, 백성들이 그른 짓을 하지 않도록 역할을 해 왔다. 그렇다면 신체를 상하게 하여 악을 징계한 것도 당시에는 고심 끝에 차마 어쩔 수 없이 행하는 하나의 통치였던 것이다. ㉡지금의 법을 보면, 유배형과 노역형이 간악한 이를 효과적으로 막지 못하고 있다. 그렇다고 해서 그보다 더 무거운 형벌로 과도하게 적용하면 죽이지 않아도 될 범죄자를 죽일 수 있어 적당하지 않다. 따라서 예전처럼 의형, 비형을 적용한다면, 신체는 다쳐도 목숨은 보전될 뿐만 아니라 뒷사람에게 경계도 되니 선왕의 뜻과 시의에 알맞은 일이다.

[세 번째 문단] 무고한 피해자를 위해 속전의 범위를 제한하고 참혹한 형벌을 자제하지 말고 시행해야 한다.

지금은 살인과 상해에 대하여도 속전할 수 있도록 하여, 재물 있는 이들이 사람을 죽이거나 다치게 하도록 만드니, 무고한 피해자에게는 이보다 더 큰 불행이 있겠는가? 그리고 살인자가 마을에서 편안히 살고 있으면, 부모의 원수를 갚으려는 효자가 어떻게 그대로 보겠는가? 변방으로의 유배를 그대로 집행하는 것이 양쪽을 모두 보전하는 일이다. 선왕들이 중죄인에 대하여 죽이거나 베면서 조금도 용서하지 않은 것은 그 죄인도 또한 피해자에게 잔혹히 했기 때문이니, 그 형벌의 시행이 매우 참혹해 보이지만 실상은 마땅히 해야 할 일을 집행한 것이다.

예상되는 반박(혹은 비판하는 대상)에 대한 재반박을 파악한다.

[네 번째 문단] 육형(肉刑)의 참혹함이 합당한 형벌을 경감할 근거가 될 수 없다.

> 어떤 이가 말하기를, 신체에 가하는 형벌인 육형(肉刑)으로 오형만 있었던 상고 시대에 순임금이 그 참혹함을 차마 볼 수 없어서 유배, 속전, 채찍, 회초리의 형벌을 만들었다고 한다. 그렇다고 하면 요임금 때까지는 채찍이나 회초리에 해당하는 죄에도 묵형이나 의형을 집행했다는 말인가? 그러니 오형에 처하던 것을 순임금이 법을 바로잡아 속전할 수 있도록 하였다는 말은 옳지 않다. 의심스럽다든가 해서 중죄를 속전할 수 있도록 한다면, 부자들은 처벌을 면하고 가난한 이들만 형벌을 받을 것이다.

· 육형(肉刑)의 참혹함에 근거한 반박(예상되는 반박) → 재반박

[다섯 번째 문단] 합당한 근거 없이 죄를 경감하는 사법 기관의 자의적 판단은 자제되어야 한다.

> 지금의 사법기관은 응보에 따라 화복(禍福)이 이루어진다는 말을 잘못 알고서, 죄의 적용을 자의적으로 하여 복된 보답을 구하려는 경향이 있다. 죄 없는 이가 억울함을 풀지 못하고 죄지은 자가 되려 풀려나게 하는 것은 악을 행하는 일일 뿐이니 무슨 복을 받겠는가? 지금의 사법관들은 죄수를 신중히 살핀다는 흠휼(欽恤)을 잘못 이해하여서, 사람의 죄를 관대하게 다루어 법 적용을 벗어나도록 해 주는 것으로 안다. 그리하여 죽여야 할 이들을 여러 구실을 들어 대부분 감형되도록 한다. 참형에 해당하는 것이 유배형이 되고, 유배될 것이 노역형이 되고, 노역할 것이 곤장형이 되고, 곤장 맞을 것을 회초리로 맞게 되니, 이는 뇌물을 받아 법을 가지고 논 것이지 어찌 흠휼이겠는가?

ⅰ) 죄를 자의적으로 적용하여 복된 보답을 구하는 사법기관의 경향(비판의 대상 ①) → 논거 반박
ⅱ) 흠휼의 개념을 오해하여 법 적용을 관대하게 하는 사법기관의 경향(비판의 대상 ②) → 논거 반박

논증을 집약하여 최종적으로 제시한 정책적 결론을 확인한다.

[여섯 번째 문단] 무고한 사람에 대한 살해는 반드시 사형(대벽)으로 처벌되어야 한다.

> 인명은 지극히 중한 것이다. 만약 무고한 사람이 살해되었다면, 법관은 마땅히 자세히 살피고 분명히 조사하여 더는 의심의 여지가 없게 해야 할 것이다. 그리고 이렇게 한 뒤에는 반드시 목숨으로 갚도록 해야 한다. 이로써 죽은 자의 원통한 혼령을 위로할 뿐 아니라, 과부와 고아가 된 이가 원수 갚고자 하는 마음을 위로할 수 있으며, 또한 천리를 밝히고 나라의 기강을 떨치는 일이다. 보는 이들의 마음을 통쾌하게 할 뿐 아니라 후대의 징계도 되니, 또한 좋지 않겠는가.

[일곱 번째 문단] 동일한 범죄에 대해 동일한 형벌을 적용한다는 원칙에 의거한 범국가적 풍속 혁신이 요구된다. (대결론)

> 지금은 교화가 쇠퇴하여 인심이 거짓을 일삼으며, 저마다 자신의 잇속만 챙기면서 풍속도 모두 무너졌다. 극악한 죄인은 죄를 받지 않고, 선량한 백성들은 자의적인 형벌의 적용을 면치 못하기도 한다. 또 강자에게는 법을 적용하지 않고 약자에게는 잔인하게 적용한다. 권문세가에는 너그럽고 한미한 집에는 각박하다. 똑같은 일에 법을 달리하고 똑같은 죄에 논의를 달리하여, 간사한 관리들이 법조문을 농락하고 기회를 잡아 장사하니, 그것은 단지 살인자를 죽이지 않고 형법을 방기하는 잘못에 그치는 일이 아니다. 이 통탄스러움을 이루 말로 다할 수 있겠는가.

01번 문제를 풀이하면 다음과 같습니다.

① 두 번째 문단에서 '형벌은 교화를 돕는 수단'이었음이 제시되며 '더 무거운 형벌로 과도하게 적용하면 죽이지 않아도 될 범죄자를 죽일 수 있어 적당하지 않다.'고 명시되어 있으므로 적절하다. 지문의 저자가 형벌을 무자비하게 처벌해야 한다는 주장을 하고 있다고 오해하면 ①을 선택하지 못하고 그냥 넘어갈 가능성이 높으므로 주의해야 한다.

② 세 번째 문단에서 살인에 대해 속전할 수 있게 하는 형법 적용에 대해 비판하며, 살인을 저지른 자에 대해 유배를 보내는 것이 '양쪽을 모두 보전하는 일이다.'라고 제시되어 있으므로 ②는 적절하지 않다. 여섯 번째 단락에서 '반드시 목숨으로 갚도록 해야 한다.'라고 주장한 대상은 무고한 사람을 살해한 경우에 해당하므로 오해하지 않도록 주의해야 한다. 고전형 지문의 배경이 되는 시대에는 도덕적 규범에 부합한 살인도 존재한다는 현대와 상이한 법관념이 존재하였음을 배경지식으로 명심해야 한다.

③ 여섯 번째 문단에서 무고한 사람을 살해한 자는 반드시 사형으로 처벌해야 한다고 주장하였으므로 지문의 저자가 사형의 폐지에 찬성하였다는 ③의 서술은 적절하지 않다.

④ 세 번째 문단에서 '선왕들이 중죄인에 대하여 조금도 용서하지 않은 것은 그 죄인도 또한 피해자에게 잔혹히 했기 때문'이라고 명시하며 '눈에는 눈, 이에는 이'의 방식으로 피해를 준 만큼 형벌로 되갚아 줘야 한다는 응보적 법관념이 명시되어 있다. 또한 여섯 번째 문단에도 무고한 사람을 살해한 자는 반드시 사형에 처하여야 하는 이유가 '원수 갚고자 하는 마음을 위로할 수 있다.'라고 제시되므로 형벌로 보복을 대신하려는 태도가 드러난다. 고전형 지문 시대의 법관념은 오늘날과 상이하다는 점을 항상 명심해야 한다.

⑤ 여섯 번째 문단에서 무고한 사람을 살해한 자는 사형해야 한다고 제시되었으므로 이는 오형에서 '의형'이 아닌 '대벽'이 합당한 처벌이라고 보는 시각에 해당한다.

[정답] ①

02번 문제를 풀이하면 다음과 같습니다.

①, ② 첫 번째 문단에 따르면 상고 시대의 법에서 오형은 중죄인에 대해서 적용되는 것이 원칙이었고, 경죄는 채찍이나 회초리를 치는 것이 원칙이었다.

③ 유배형에 대해서 속전을 허락했다는 점이 분명하게 지문에서 명시되지는 않지만, 세 번째 문단에서 '살인과 상해에 대하여도 속전할 수 있도록 하여'라고 제시되었으므로 살인과 상해에 대해 유배형이 적용되었을 경우에 속전을 할 수 있었음을 유추할 수 있다.

④ 다섯 번째 문단에서 오형에 해당하지 않는 형벌인 유배, 노역, 곤장, 회초리 등이 이루어지고 있음을 확인할 수 있다.

⑤ 다섯 번째 문단에 따르면 오형에 해당하는 형벌 중에 대벽(사형)이 ㉡에서도 남아 있으나 흠휼의 과정을 거쳐서 덜 가혹한 형벌로 감형되는 것일 뿐이다. 이는 다섯 번째 문단에서 '참형에 해당하는 것이 유배형이 되고'라는 서술에서 확인할 수 있다.

[정답] ②

★ 선생님 TIP
01번 문제는 가장 적절한 입장을 고르는 문제가 아니라 세부적인 사항을 체크해야 하는 사실 확인 문제에 해당합니다. 고전(古典)형 지문은 논의가 현대 지문처럼 체계적으로 제기되는 것이 아니라, 주장이 산발적이고 비체계적으로 제시되기 때문에 자의적인 판단으로 사실 확인 문제의 정답을 잘못 고르기가 쉽습니다. 따라서 반드시 지문에 근거가 명시되었는지를 하나하나 체크해 가며 선택지의 옳고 그름을 따져야 합니다.

03번 문제를 풀이하면 다음과 같습니다.

<보 기>

① 상고 시대에 유배형은 육형을 가해서는 안 되는 관료에게 베푸는 관용의 수단으로서 공식적인 형벌이 아니라 임시방편과 같은 것이었다. 또 속전은 의심스러운 경우에 적용한 것이지 꼭 가벼운 형벌에만 해당했던 것도 아니었다. 여기서 속은 잇는다[續]는 데서 따다가 대속한다[贖]는 의미로 된 것이니, 육형으로 끊어진 팔꿈치를 다시 붙일 수 없는 참혹함을 받아들이지 못하는 어진 정치에서 비롯된 것임을 알 수 있다. **(지문과 의견이 상반되는 부분)**

② 지금의 법에서 속전은 정황이 의심스럽거나 사면에 해당하는 경우에만 비로소 허용된다. 그에 해당하는 경우가 아니라면 부유함으로 처벌을 요행히 면해서는 안 되며, 해당하는 경우이면 가난뱅이는 속전도 필요 없다. 죽여야 할 사람을 끝없이 살리려고만 한다면 어찌 덕이 되겠는가. 흠휼은 한 사람이라도 죄 없는 자를 죽이지 않으려는 것이지 살리기만 좋아하는 것이 아니다. **(지문과 의견이 일치하는 부분)**

① 다섯 번째 문단에서 불필요한 감형에 대한 비판이 제기되고 있으므로 윗글은 법을 엄격하게 집행하여야 함을 촉구한다. 〈보기〉도 마찬가지로 '죽여야 할 사람을 끝없이 살리려고만 한다면 어찌 덕이 되겠는가.'라고 서술한다는 점에서 법 집행을 엄격하게 할 것을 강조하는 태도를 확인할 수 있다.

② 다섯 번째 문단에서 흠휼은 '사람의 죄를 관대하게 다루어 법 적용을 벗어나도록 해 주는 것'이 아니라고 주장된다. 따라서 중죄를 속전하게 하도록 허락하는 것은 죄를 관대하게 다루어 법 적용을 벗어나도록 해주는 것이므로 저자에 의해서 흠휼의 개념을 오해한 것이라고 비판될 것이다. 마찬가지로 〈보기〉에서도 '부유함으로 처벌을 요행히 면해서는 안 되며, 가난뱅이는 속전도 필요 없다.'라는 서술에서 속전이 흠휼 개념의 오해에서 비롯된 것임에 대해 비판적인 태도가 드러난다.

③ 첫 번째 문단에서는 상고 시대의 법에서 속전은 경죄에 대해서만 적용될 수 있었다는 점이 제시된다. 반면 〈보기〉에서는 '속전은 의심스러운 경우에 적용한 것이지 꼭 가벼운 형벌에만 해당했던 것도 아니었다.'고 제시되므로 경죄에만 속전이 가능했던 것은 아니라는 시각이 제시된다. 따라서 상고 시대에 중죄가 속전될 가능성이 있었느냐는 질문에 대해 윗글은 절대로 불가능하다고 답할 것이고 〈보기〉는 가능하다고 답할 것이다.

④ 네 번째 문단에서 '의심스럽다든가 해서 중죄를 속전할 수 있도록 한다면, 부자들은 처벌을 면하고 가난한 이들만 형벌을 받을 것이다.'라는 점이 제시되었고, 〈보기〉에서도 '부유함으로 처벌을 요행히 면해서는 안 된다.'라고 제시되었다.

⑤ 〈보기〉는 속전의 도입이 정당한 이유를 '육형으로 끊어진 팔꿈치를 다시 붙일 수 없는 참혹함을 받아들이지 못하는 어진 정치에서 비롯된 것'이라고 제시한다는 점에서 참혹한 육형을 반대하는 태도를 견지하고 있음을 유추할 수 있다. 따라서 〈보기〉는 의형이나 비형을 되살릴 수 있다는 것에 대해 반대할 것이다. 반면 두 번째 문단에서 '예전처럼 의형, 비형을 적용한다면 신체는 다쳐도 목숨은 보전될 뿐만 아니라 뒷사람에게 경계도 되니 선왕의 뜻과 시의에 알맞은 일이다.'라고 제시하고 있으므로 '유배형이 간악한 이를 효과적으로 막지 못하는 경우'에 의형과 비형이 부활되어 적용되어야 한다는 입장을 취하고 있다.

[정답] ⑤

[04~06] 다음 글을 읽고 물음에 답하시오.

13 LEET 문4~6

조선 성종 연간, 안정형의 아내 김 씨의 사내종 금동과 계집종 노덕은 김 씨의 옷을 훔치고 중 각돈의 옷을 가져온 뒤, 간통 현장에서 얻은 것이라며 추잡한 소문을 내었다. 이 과정에서 김 씨의 사내종 끝동이 금동의 말을 듣고 김 씨의 옷을 김 씨의 사내종 막동에게 전하여 맡아 두도록 하였다. 이 사건은 안정형의 사촌 형수인 간아가 김 씨를 내쫓고 싶어 꾸민 일이었고, 결국 무고로 밝혀졌다.

노비가 상전을 모해(謀害)한 데 대한 규정은 명률(明律)에 없다. 의금부에서는 노비들에 대하여 명률에 있는 다음 두 조문의 적용을 따져 보았다.

○ 모반(謀叛: 본국을 배반하고 타국을 몰래 따르려 모의함.)의 경우 공모자는 주범과 종범을 가리지 않고 모두 참형에 처하며, 알면서 자수하지 않은 자는 장 100, 유 3,000리에 처한다.

○ 모반대역(謀反: 사직을 위태롭게 하려 모의함. 大逆: 종묘, 왕릉, 궁궐을 훼손하려 모의함.)의 경우 공모자는 주범과 종범을 가리지 않고 모두 능지처사하며, 실정을 알면서 고의로 숨겨 준 자는 참형에 처한다.

의금부는 결국 간아는 장 100, 유 3,000리, 금동과 노덕은 참형, 막동과 끝동은 장 100, 유 3,000리로 처결하는 것이 좋겠다는 계본을 올렸다. 그런데 막동과 끝동의 형량에 대해서는 큰 논의가 있었다. 이를 『조선왕조실록』의 기사에서 발췌하면 아래와 같다.

[성종 8년 12월 23일]
동부승지 이경동이 의금부의 계본을 가지고 와서 아뢰었다.
"종 끝동이 금동의 말을 듣고 실정을 알면서도 상전과 각돈의 의복을 막동에게 가져다 준 죄와 종 막동도 또한 그러한 사정을 알면서 맡아 둔 죄는 형이 장 100, 유 3,000리에 해당합니다."
임금이 좌우에 "어떠한가?" 하고 물었다.
영의정 정창손이 대답하기를 "막동과 끝동이 필시 그 모의를 알았으니 그 죄도 사형에 해당합니다." 하자, 임금은 "그렇지."라고 말하였다.
이경동이 아뢰었다.
"모반(謀叛)이더라도 그 모의에 참여한 게 아니면 죽이지는 않습니다."
임금이 말하였다.
"그 말은 본국을 배반하고 타국을 몰래 따르려 했다는 것이지, 사직을 위태롭게 하려 한 죄가 아니라는 계로구나. 사직을 뒤흔들려는 모의가 있고 그것을 아는 자가 있다면, 모의에 참여하지 않았다고 해서 죽이지 못할 게 뭐 있겠는가? 막동들이 상전을 모해한 일은 이와 무엇이 다른가?"
좌참찬 임원준과 지평 강거효도 "막동과 끝동이 그 죄에 참여하여 알았으니 죽여야 마땅한 일입니다."라고 호응하였다.
형조 참의 이맹현이 아뢰었다.
"율문에서는 모의에 참여한 경우에는 죽이고 그 모의를 안 경우에는 장을 쳐 유배하도록 합니다. 여기서 '모의에 참여한 경우'란 처음부터 그 모의에 참여한 것을 말하고, '그 모의를 안 경우'란 뒤에 그 모의를 알았다는 것입니다. 지금은 형률상 사형에 이르지 않으니 죽이는 것은 아직 안 됩니다. 다시 국문하여 죄를 정하옵소서."
임금은 "막동과 끝동이 사형인 데에는 의심이 없지만, 공경들과 더불어 널리 의논해 보자."라고 말하였다.

[성종 8년 12월 24일]

임금이 여러 정승과 육조의 당상을 불러들였다. 대간(臺諫)에서 간아와 관련된 자들은 사형에 해당한다고 하자, 임금이 말하였다.

"사형의 죄는 지극히 중대한 것이기 때문에 경들과 더불어 의논하고자 하니 말들 해 보라."

달성군 서거정이 아뢰었다.

"막동은 안정형 집의 늙은 종으로 옷을 맡아 주었고, 끝동은 금동의 말에 따라 옷을 받다 주었으니, 모두 사정을 아는 이들입니다. 지금 '알면서 자수하지 않은' 데 해당하는 율을 적용하려는 것은 잘못입니다. 이 종들은 '실정을 알면서 숨겨 준 죄'로써 죽여야 마땅합니다."

영돈녕부사 노사신이 아뢰었다.

"끝동은 나이 어리고 어리석으니 그 주인의 의복을 가지고 왕래하였다 한들 저가 어찌 그 주인을 모해하려는 것인 줄 알았겠습니까? 죽여서는 안 됩니다."

서거정이 맞섰다.

"나라의 난신과 집안의 역노(逆奴)는 마찬가지입니다. 끝동이 이미 주인을 해치는 데 간여하였는데 죽인들 뭐가 해롭겠습니까?"

이승소가 아뢰었다.

"죄가 의심스러우면 가벼운 쪽으로 정해야 합니다. 끝동은 모르는 놈입니다. 어찌 그렇게까지 죄를 정할 수 있겠습니까?"

많은 신료들의 의견이 서거정을 따랐다. 임금이 말하였다.

"죽여야 할 것을 죽이지 않는 일도 옳지 못하고, 죽이지 않을 것을 죽이는 일도 옳지 못하다. 막동과 끝동은 사형에 처하는 것이 매우 법에 합당하다. 막동과 끝동은 적용 조문을 바꾸도록 하고, 나머지는 올린 대로 시행하라."

의금부가 적용 조문을 바꾸어 막동과 끝동을 참형의 율로 처결하도록 아뢰니 그대로 윤허하였다.

사실 확인

04. 의금부에서 노비들의 죄를 논할 때, 전제로 삼은 명률 규정의 내용으로 적절한 것은?

① 꼭 맞는 율문이 없는 경우, 가장 가까운 율문을 끌어다 따져 보고 적용할 죄명을 정한다.

② 죄로 규정되지 않았던 행위가 새로 제정된 율문에 죄라고 정해진 경우, 새 율문에 따라 처벌한다.

③ 국왕이 특별히 처단한 사례라도 법조문화되지 않았을 경우, 그것을 율문으로 삼아 끌어들이지는 못한다.

④ 마땅히 해서는 안 되는 짓을 하였는데도 그에 해당하는 율문이 없는 경우, 따로 율문을 제시하지 않고서 처벌할 수 있다.

⑤ 하나의 행위로 두 율문의 죄를 범했을 경우, 그 가운데 무거운 죄로 처벌하며, 두 죄의 경중이 같으면 그 하나로 처벌한다.

05. 윗글에서의 법 적용과 관련된 내용으로 맞지 <u>않는</u> 것은?

① 간아는 김 씨와 노주(奴主) 관계가 아니어서 간아에 대하여 모반(謀叛)이나 모반대역은 적용되지 않는다.

② 금동과 노덕에 대하여는 의금부에서 올린 대로 결정되었으므로, 이들의 죄는 모반(謀叛)으로 판정되었다고 볼 수 있다.

③ 막동의 죄를 모반(謀叛)이라 보는 쪽은 막동이 김 씨를 해하려 했다는 것보다는 간아와 내통했다는 것에 주안점을 둔다.

④ 끝동의 죄를 모반대역이라 보는 쪽은 끝동이 모해의 실정을 알았다면 사형에 처해야 한다는 입장이다.

⑤ 막동과 끝동의 행위가 모해를 공모한 것으로 판정된 까닭에 의금부는 적용 조문을 바꾸어 사형에 처할 수밖에 없었다.

06. 윗글에서 판결을 이끄는 성종에 관한 설명으로 적절하지 <u>않은</u> 것은?

① 사형 판결과 관련하여 조정의 공론을 거치려는 것으로 보아 국왕의 결정에 대한 정당성을 강화하려고 한다.

② 노비의 상전을 사직에까지 견주려 하는 것으로 보아 가(家)의 위계질서를 국(國)의 위계질서에 준하는 것으로 여긴다.

③ 여러 반론 속에서 사형의 입장을 견지하는 것으로 보아 소수 의견이라도 그것이 옳다면 적극 수용해야 한다고 생각한다.

④ 의금부가 올린 계본에 대하여 적용 조문을 바꾸어 처결하라는 것으로 보아 법규에 근거한 법 집행의 원칙을 염두에 둔다.

⑤ 동부승지 이경동의 견해에 대해 모반대역의 적용을 따져 보아야 한다는 것으로 보아 적용 조문들의 차이를 정확하게 안다.

🏛 가이드 & 정답 확인하기

가이드에 따라 지문과 문제를 분석하고 정답을 확인해 봅시다.

[첫 번째 문단] 법 적용이 되는 케이스에 대한 소개

> 조선 성종 연간, 안정형의 아내 김 씨의 사내종 금동과 계집종 노덕은 김 씨의 옷을 훔치고 중 각돈의 옷을 가져온 뒤, 간통 현장에서 얻은 것이라며 추잡한 소문을 내었다. 이 과정에서 김 씨의 사내종 끝동이 금동의 말을 듣고 김 씨의 옷을 김 씨의 사내종 막동에게 전하여 맡아 두도록 하였다. 이 사건은 안정형의 사촌 형수인 간아가 김 씨를 내쫓고 싶어 꾸민 일이었고, 결국 무고로 밝혀졌다.

〈김 씨에 대한 무고 범죄 행위〉
ⅰ) 적극적 가담자: 금동, 노덕, 간아
ⅱ) 소극적 가담자: 끝동, 막동

[두 번째 문단] 구체적 법 조문과 법 적용이 이루어진 결과에 대한 소개

> 노비가 상전을 모해(謀害)한 데 대한 규정은 명률(明律)에 없다. 의금부에서는 노비들에 대하여 명률에 있는 다음 두 조문의 적용을 따져 보았다.
>
> ○ 모반(謀叛: 본국을 배반하고 타국을 몰래 따르려 모의함.)의 경우 공모자는 주범과 종범을 가리지 않고 모두 참형에 처하며, 알면서 자수하지 않은 자는 장 100, 유 3,000리에 처한다.
>
> ○ 모반대역(謀反: 사직을 위태롭게 하려 모의함. 大逆: 종묘, 왕릉, 궁궐을 훼손하려 모의함.)의 경우 공모자는 주범과 종범을 가리지 않고 모두 능지처사하며, 실정을 알면서 고의로 숨겨 준 자는 참형에 처한다.
>
> 의금부는 결국 간아는 장 100, 유 3,000리, 금동과 노덕은 참형, 막동과 끝동은 장 100, 유 3,000리로 처결하는 것이 좋겠다는 계본을 올렸다. 그런데 막동과 끝동의 형량에 대해서는 큰 논의가 있었다. 이를 『조선왕조실록』의 기사에서 발췌하면 아래와 같다.

• 장 100, 유 3,000리와 참형이 내려졌다는 것은 케이스에 대해 '모반대역'이 아니라 '모반'이 적용되었음을 의미합니다.

[세 번째 문단] 막동과 끝동에게 어떤 법을 적용할 것인지에 대한 논쟁 ①

> [성종 8년 12월 23일]
> 동부승지 이경동이 의금부의 계본을 가지고 와서 아뢰었다.
> "종 끝동이 금동의 말을 듣고 실정을 알면서도 상전과 각돈의 의복을 막동에게 가져다 준 죄와 종 막동도 또한 그러한 사정을 알면서도 맡아 둔 죄는 형이 장 100, 유 3,000리에 해당합니다."(의금부의 법적용)
> 임금이 좌우에 "어떠한가?" 하고 물었다.(성종은 의금부의 법적용에 대해 동의하지 않음)
> 영의정 정창손이 대답하기를 "막동과 끝동이 필시 그 모의를 알았으니 그 죄도 사형에 해당합니다." 하자, 임금은 "그렇지."라고 말하였다.(막동과 끝동을 '알면서 자수하지 않은 자'가 아니라 '공모자'로 보는 논리)
> 이경동이 아뢰었다.
> "모반(謀叛)이더라도 그 모의에 참여한 게 아니면 죽이지는 않습니다."(막동과 끝동을 '공모자'가 아니라 '알면서 자수하지 않은 자'로 보는 논리)

(임금)이 말하였다.

"그 말은 본국을 배반하고 타국을 몰래 따르려 했다는 것이지, 사직을 위태롭게 하려 한 죄가 아니라는 게로구나. 사직을 뒤흔들려는 모의가 있고 그것을 아는 자가 있다면, 모의에 참여하지 않았다고 해서 죽이지 못할 게 뭐 있겠는가? 막동들이 상전을 모해한 일은 이와 무엇이 다른가?"

(좌찬찬 임원준)과 (지평 강거효)도 "막동과 끝동이 그 죄에 참여하여 알았으니 죽여야 마땅한 일입니다."라고 호응하였다. (막동과 끝동에 대해 '모반'이 아닌 '모반대역'을 적용하자는 논리)

(형조 참의 이맹현)이 아뢰었다.

"율문에서는 모의에 참여한 경우에는 죽이고 그 모의를 안 경우에는 장을 쳐 유배하도록 합니다. 여기서 '모의에 참여한 경우'란 처음부터 그 모의에 참여한 것을 말하고, '그 모의를 안 경우'란 뒤에 그 모의를 알았다는 것입니다. 지금은 형률상 사형에 이르지 않으니 죽이는 것은 아직 안 됩니다. 다시 국문하여 죄를 정하옵소서."(막동과 끝동에 대해 '모반대역'이 아닌 '모반'을 적용하여야 하고, '공모자'가 아닌 '알면서 자수하지 않은 자'로 판단해야 한다는 논리)

임금은 "막동과 끝동이 사형인 데에는 의심이 없지만, 공경들과 더불어 널리 의논해 보자."라고 말하였다.

[네 번째 문단] 막동과 끝동에게 어떤 법을 적용할 것인지에 대한 논쟁 ② 및 그 결과

[성종 8년 12월 24일]

임금이 여러 정승과 육조의 당상을 불러들였다. 대간(臺諫)에서 간아와 관련된 자들은 사형에 해당한다고 하자, 임금이 말하였다.

"사형의 죄는 지극히 중대한 것이기 때문에 경들과 더불어 의논하고자 하니 말들 해 보라."

(달성군 서거정)이 아뢰었다.

"막동은 안정형 집의 늙은 종으로 옷을 맡아 주었고, 끝동은 금동의 말에 따라 옷을 받아다 주었으니, 모두 사정을 아는 이들입니다. 지금 '알면서 자수하지 않은' 데 해당하는 율을 적용하려는 것은 잘못입니다. 이 종들은 '실정을 알면서 숨겨 준 죄'로써 죽여야 마땅합니다."(막동과 끝동에 대해 '모반'이 아닌 '모반대역'을 적용하자는 논리)

(영돈녕부사 노사신)이 아뢰었다.

"끝동은 나이 어리고 어리석으니 그 주인의 의복을 가지고 왕래하였다 한들 저가 어찌 그 주인을 모해하려는 것인 줄 알았겠습니까? 죽여서는 안 됩니다."

서거정이 맞섰다.

"나라의 난신과 집안의 역노(逆奴)는 마찬가지입니다. 끝동이 이미 주인을 해치는 데 간여하였는데 죽인들 뭐가 해롭겠습니까?"

(이승소)가 아뢰었다.

"죄가 의심스러우면 가벼운 쪽으로 정해야 합니다. 끝동은 모르는 놈입니다. 어찌 그렇게까지 죄를 정할 수 있겠습니까?"

많은 신료들의 의견이 서거정을 따랐다. (임금)이 말하였다.

"죽여야 할 것을 죽이지 않는 일도 옳지 못하고, 죽이지 않을 것을 죽이는 일도 옳지 못하다. 막동과 끝동은 사형에 처하는 것이 매우 법에 합당하다. 막동과 끝동은 적용 조문을 바꾸도록 하고, 나머지는 올린 대로 시행하라."

의금부가 적용 조문을 바꾸어 막동과 끝동을 (참형의 율)로 처결하도록 아뢰니 그대로 윤허하였다.(막동과 끝동에 대해서만 '모반'이 아닌 '모반대역'을 적용하여 형이 집행되었음)

04번 문제를 풀이하면 다음과 같습니다.

① 두 번째 문단에서 제시되는 것처럼, 명률에 노비가 상전을 모해한 데 대한 규정은 없었다. 명률에 명시된 규정은 국가를 모해한 것에 대한 규정이므로 주어진 지문에서는 노비가 상전을 모해한 케이스에 대하여 신하가 국가를 모해한 데 대한 법 규정을 적용하였음을 유추할 수 있다. 이는 정확히 들어맞는 율문이 없었기 때문에, 그와 가장 형태적으로 유사한 율문을 적용하였음을 의미하며 따라서 ①의 설명이 완벽하게 타당하다. → **절대적 정답**

② '새로 제정된 율문'에 따라 지문의 케이스가 법 적용된 것이 아니다.

③ '국왕이 특별히 처단한 사례'를 전거로 삼아 지문의 케이스에 적용할 것인지에 대한 논쟁은 아예 지문에서 등장하지 않았다.

④ 정확히 들어맞는 율문이 없는 상황에서 율문을 제시하지 않고 처벌한 경우가 아니라, 유사한 율문을 적용하여 처벌한 경우에 해당한다. → **매력적 오답**

⑤ 주어진 케이스에 대해 '모반'과 '모반대역' 중 어느 율문을 적용하느냐가 지문의 핵심적인 쟁점이므로 하나의 행위가 두 개의 율문에 동시에 적용되는 경우가 아니라는 점을 유추할 수 있다.

[정답] ①

05번 문제를 풀이하면 다음과 같습니다.

① 간아는 공모자에 해당하므로 '모반'이 적용되었으면 참형에 처해졌어야 하고 '모반대역'이 적용되었으면 '능지처사'에 처해졌어야 한다. 그런데 의금부의 계본에서 간아는 장 100, 유 3,000리에 처해졌으므로 이는 간아가 '모반'에도 적용되지 않았고 '모반대역'에도 적용되지 않은 것임을 추론할 수 있다. 따라서 간아는 사안의 다른 인물들과 다르게 노비가 아니었기 때문에 '모반'과 '모반대역' 모두 적용되지 않았음을 추론할 수 있다.

② 막동과 끝동을 제외한 인물들은 전부 처음에 제기된 의금부의 계본에 따라 처벌되었다. 따라서 금동과 노덕은 '모반'에 의해 처벌된 것이다.

③ '모반'의 법 내용은 본국을 배반하고 타국을 몰래 따르려 모의함이고 '모반대역'의 법 내용은 사직을 위태롭게 하려 모의함이므로 '모반'을 적용하느냐 '모반대역'을 적용하느냐는 행위의 결과가 아니라 행위의 목적에 따라 달라진다는 점을 확인할 수 있다. 따라서 막동의 죄를 '모반'으로 보는 입장은 막동의 행위의 목적이 '주인을 배반한 것'이지 '주인을 위태롭게 하려고 한 것'이 아니라고 보았을 것이다.

④ 끝동의 죄를 '모반대역'이라고 본 사람들은 영의정 정창손과 달성군 서거정이다. 정창손은 "막동과 끝동이 필시 그 모의를 알았으니 그 죄도 사형에 해당합니다."라고 주장하였고, 달성군 서거정은 "막동과 끝동은 (중략) 모두 사정을 아는 이들입니다. (중략) 이 종들은 '실정을 알면서 숨겨 준 죄'로써 죽여야 마땅합니다."라고 주장하였으므로, 끝동이 모해의 실정을 알았다면 사형에 처해야 한다는 입장을 취하고 있음을 확인할 수 있다.

⑤ 막동과 끝동은 '모반대역'이 적용되어 참형에 처해졌는데, 이는 막동과 끝동을 '공모자'가 아닌 '알면서 고의로 숨겨준 자'로 판단한 것이다. 만약 막동과 끝동을 '공모자'로 판단하였다면 막동과 끝동에게 '참형'이 아닌 '능지처사'가 내려졌을 것이다. 또한 막동과 끝동이 '공모자'로 판정되었다면 애초에 법 적용을 '모반'에서 '모반대역'으로 바꿀 필요가 없었을 것이다. 왜냐하면 막동과 끝동이 '공모자'인 경우에는 '모반'이 적용되어도 '참형'을 내릴 수 있기 때문이다. 따라서 ⑤의 서술은 타당하지 않다.

[정답] ⑤

06번 문제를 풀이하면 다음과 같습니다.

① 세 번째 문단의 마지막 부분에서 성종은 "막동과 끝동이 사형인 데에는 의심이 없지만, 공경들과 더불어 널리 의논해 보자."라고 했으므로 이미 사형이라는 본인의 판단이 섰음에도 조정의 공론을 거쳐 자신의 판단에 대한 정당성을 강화하려고 한다는 점을 추론할 수 있다.

② 노비가 주인을 모해한 행위에 대해 신하가 국가를 모해한 것에 대한 율문을 적용할 뿐만 아니라 '사직을 위태롭게 하려 모의함'에 해당하는 '모반대역'을 적용하였다는 것은 노비의 주인을 사직과 동일시하는 법 태도가 드러난 것으로 집안의 위계질서가 국가의 위계질서와 법적 등가물이라고 간주하는 것이다.

③ 서거정은 막동과 끝동에게 사형이 내려져야 한다는 입장이고 네 번째 문단에 '많은 신료들의 의견이 서거정을 따랐다.'라고 제시되었으므로 막동과 끝동에게 사형이 내려져야 한다는 입장은 소수 의견이 아니라 다수 의견이었음이 확인된다. 따라서 성종은 소수 의견에 따라 판단을 내린 것이 아니라 다수 의견에 따라 판단을 내린 것이다.

④ 자의적인 판단에 근거하여 막동과 끝동에게 사형을 내린 것이 아니라, 사형을 내릴 수 있는 율문으로 대체하여 형을 내리고 있으므로 이는 형을 내리는 데 있어서 법규를 정확히 적용하는 것을 중요시하는 태도에 해당한다.

⑤ 세 번째 문단에서 이경동의 주장에 대해 성종은 그 구체적인 법 조항의 내용을 풀어서 설명하는데, 이는 이경동의 주장의 의미를 상세하게 이해하고 있다는 것이며, 성종이 법조문들의 차이를 정확하고 구체적으로 알고 있다는 것이다.

[정답] ③

연습문제 3

[07~09] 다음 글을 읽고 물음에 답하시오.

18 LEET 문33~35

사유재산 제도에서 개인은 자기 재산을 임의로 처분할 수 있다. 다만 생전의 제한 없는 재산 처분은 유족의 생존을 위협할 수 있다. 이에 재산 처분의 자유와 상속인 보호를 조화시키기 위해 최소한의 몫이 상속인에게 유보되도록 보호할 필요가 있는데, 이를 위한 제도가 유류분(遺留分) 제도이다.

프랑스는 대혁명을 거치면서도 예전처럼 유언에 의한 재산 처분의 자유를 크게 인정하는 것이 일반적인 사회 관념이었다. 그러나 가부장의 전횡을 불러오는 이런 자유는 가정불화의 원인이 되기도 했다. 이로 인해 혁명기의 입법자는 유언의 자유에 대해 적대적인 태도를 취했다. 입법자는 피상속인의 재산을 임의처분이 가능한 자유분과 상속인들을 위해 유보해야 하는 유류분으로 구분하여 자유분을 최소한으로 규정했다.

1804년의 나폴레옹 민법전에서는 배우자와 형제자매를 제외하고 직계비속 및 직계존속에 한해 유류분권을 인정했다. 유류분은 상속인의 자격과 수에 따라 달라지게 했다. 피상속인의 생전 행위 또는 유언에 의한 무상처분은 자녀를 한 명 남긴 경우에는 재산의 절반을, 두 명을 남기는 경우에는 1/3을 초과할 수 없도록 했다. 상속을 포기한 자녀는 유류분권자에서 배제되지만 유류분 계산 시 피상속인의 자녀 수에는 포함되도록 하여, 상속 포기가 있어도 자유분에는 변동이 없었다. 유류분권은 피상속인이 가족에 대한 의무를 이행하는 것이었으며, 특히 직계비속을 위한 유류분 제도는 젊은 상속인의 생활을 위한 것이었다.

2006년에는 큰 변경이 있었다. 피상속인의 생전 처분이 고령화로 인해 장기에 걸쳐 진행되므로, 유류분 부족분을 상속 재산 자체로 반환하는 방식을 고수할 경우 영향 받는 제삼자가 그만큼 더 많아졌다. 상속 개시 시기가 늦어졌어도 상속인들이 생활 기반을 갖춘 경우가 일반화되었다. 또 이혼이나 재혼으로 가족이 재편되는 경우도 많아졌다. 이를 배경으로 유류분의 사전 포기를 허용하고, 직계존속에 대한 유류분을 폐지했다. 피상속인의 처분의 자유도 증대시켰다. 상속을 포기한 자녀는 유류분 계산 시 피상속인의 자녀 수에서 제외되어 상속 포기가 있으면 자유분이 증가하도록 했다. 유류분 반환 방식도 제삼자를 고려하여 유류분 부족액만큼을 금전으로 반환하는 방식으로 변경하였다.

우리의 유류분 제도는 1977년에 신설되었다. 우리 민법은 상속을 포기하지 않고 상속 결격 사유도 없는 한, 피상속인의 직계비속과 배우자, 직계존속, 형제자매까지를 유류분권자의 범주에 포함하되 최우선 순위인 상속권자를 유류분권자로 인정한다. 그리고 직계비속은 1순위, 직계존속은 2순위, 형제자매는 3순위, 배우자는 직계비속·직계존속과는 동일 순위이지만 형제자매에 대해서는 우선순위의 상속인으로 인정한다. 유류분권자가 된 상속인의 법정 상속분 중 일정 비율을 유류분 비율로 정한다. 법정 상속분은 직계비속들 사이에서는 균분이고, 이들의 유류분 비율은 법정 상속분의 반이다. 구체적 유류분액을 확정하여 실제 받은 상속 재산이 이에 미달하는 경우에 그 부족분 한도에서 유증(遺贈) 또는 증여 받은 자에게 부족분에 해당하는 상속재산 자체의 반환을 청구하게 된다.

최근 우리의 유류분 제도 에 대해서도 개정 필요성이 제기되고 있다. 도입 당시에는 호주 상속인만의 재산 상속 풍조가 만연한 탓에 다른 상속인의 상속권을 보장해 주어야 한다는 점이 강조되었고, 법 적용에서도 배우자와 자녀들에게 유류분권을 보장하는 점이 중시되었다. 하지만 현재는 호주제가 폐지되고 장자 단독 상속 현상이 드물어졌다. 이와 관련하여 대법원도 판례를 통해 유류분 제도가 상속인들의 상속분을 보장한다는 취지 아래 피상속인의 자유 의사에 따른 재산 처분을 제한하는 것인 만큼, 제한 범위를 최소한으로 그치게 하는 것이 피상속인의 의사를 존중하는 의미에서 바람직하다고 보았다.

07. 윗글의 내용과 일치하지 <u>않는</u> 것은?

① 프랑스 혁명기 입법자의 유언의 자유에 대한 태도는 자유분의 최소화로 나타났다.

② '1804년 나폴레옹 민법전'은 젊은 상속인의 생활을 보장하는 것이 피상속인의 의무라는 점을 들어 생전 재산 처분의 자유에 대한 제한을 정당화했다.

③ '2006년 프랑스 민법전'은 고령화 및 이혼·재혼 가정의 증가 현상에 대처하기 위해 피상속인의 재산 처분의 자유를 강화했다.

④ 우리 민법에 따르면 직계비속 및 배우자가 유류분권을 주장할 수 있는 경우에는 형제자매도 유류분권을 주장할 수 있다.

⑤ 우리의 유류분 제도 입법 취지는 호주 상속인이 단독으로 재산을 상속하여 배우자 등 상속인들의 권익이 보호받지 못하는 문제에 대처하기 위한 것이었다.

08. 윗글에 제시된 각 입장에 따라 우리의 유류분 제도 에 대한 개정 방향을 논의할 때, 추론의 내용으로 가장 적절한 것은?

① 프랑스 혁명기의 사회 관념에 따를 경우, 유류분권자의 권익은 현재보다 강화될 것이다.

② '1804년 나폴레옹 민법전'의 입장에 따를 경우, 배우자가 지니는 유류분권자로서의 권익은 현재보다 강화될 것이다.

③ '2006년 프랑스 민법전'의 입장에 따를 경우, 직계존속이 지니는 유류분권자로서의 권익은 현재보다 강화될 것이다.

④ '2006년 프랑스 민법전'의 입장에 따를 경우, 피상속인의 생전 처분으로 증여받은 제삼자의 권익은 현재보다 강화될 것이다.

⑤ 우리 대법원의 판례에 따를 경우, 상속 개시 전에 이해관계를 형성했던 제삼자가 고려해야 하는 유류분권자의 권익이 현재보다 강화될 것이다.

09. 윗글을 바탕으로 <보기>에 대해 평가할 때, 적절한 것을 고른 것은?

─────〈보 기〉─────

　A가 사망했고 장남 B, 차남 C, A의 동생 D가 남아 있다. B는 사업에 실패하여 극심한 생활 곤란을 겪고 있고, C는 경제 능력을 갖추고 있으며, D는 고령으로 인해 생활 위기에 직면해 있다.

ㄱ. '1804년 나폴레옹 민법전'에 의하면, B가 상속을 포기할 경우 B는 유류분 계산시 A의 자녀 수에서 제외되지 않는다.

ㄴ. '1804년 나폴레옹 민법전'에 의하면, D는 유류분권을 주장할 수 없다.

ㄷ. '2006년 프랑스 민법전'에 의하면, C가 상속을 포기하더라도 자유분에는 변동이 없다.

ㄹ. 우리 현행 민법에 의하면, B와 C가 모두 유류분권자라고 할 때 두 사람의 유류분 비율은 동일하지 않다.

① ㄱ, ㄴ　　　　　② ㄱ, ㄷ　　　　　③ ㄴ, ㄷ

④ ㄴ, ㄹ　　　　　⑤ ㄷ, ㄹ

🏛 가이드 & 정답 확인하기

가이드에 따라 지문과 문제를 분석하고 정답을 확인해 봅시다.

STEP 1 지문의 소재가 되는 법 제도의 내용을 파악한다.

[첫 번째 문단] 유류분 제도의 개념

> 사유재산 제도에서 개인은 자기 재산을 임의로 처분할 수 있다. 다만 생전의 제한 없는 재산 처분은 유족의 생존을 위협할 수 있다. 이에 재산 처분의 자유와 상속인 보호를 조화시키기 위해 최소한의 몫이 상속인에게 유보되도록 보호할 필요가 있는데, 이를 위한 제도가 유류분(遺留分) 제도이다.

ⅰ) 사유재산을 처분할 자유 ↔ 유족의 생존을 위해 상속인 보호의 필요성
ⅱ) 유류분 제도: 사유재산권에 대한 침해를 감수하면서까지, 개인의 재산 중 일부를 유족의 몫으로 할당해 놓는 제도

STEP 2 시간순으로 법 제도가 변화하는 통시적 과정을 비교법학적으로 정리한다.

[두 번째 문단] 프랑스 혁명을 계기로 유류분에 대한 자유분의 인정이 크게 감소하였다.

> 프랑스는 대혁명을 거치면서도 예전처럼 유언에 의한 재산 처분의 자유를 크게 인정하는 것이 일반적인 사회 관념이었다. 그러나 가부장의 전횡을 불러오는 이런 자유는 가정불화의 원인이 되기도 했다. 이로 인해 혁명기의 입법자는 유언의 자유에 대해 적대적인 태도를 취했다. 입법자는 피상속인의 재산을 임의처분이 가능한 자유분과 상속인들을 위해 유보해야 하는 유류분으로 구분하여 자유분을 최소한으로 규정했다.

ⅰ) 프랑스 혁명 이전: 재산 처분의 자유를 크게 인정
ⅱ) 프랑스 혁명 시기: 재산 처분의 자유를 최소한으로 규정

[세 번째 문단] 1804년 나폴레옹 민법전에서 피상속인의 자유를 제한하는 목적에 충실하여 유류분 제도가 구체화되었다.

> 1804년의 나폴레옹 민법전에서는 배우자와 형제자매를 제외하고 직계비속 및 직계존속에 한해 유류분권을 인정했다. 유류분은 상속인의 자격과 수에 따라 달라지게 했다. 피상속인의 생전 행위 또는 유언에 의한 무상처분은 자녀를 한 명 남긴 경우에는 재산의 절반을, 두 명을 남기는 경우에는 1/3을 초과할 수 없도록 했다. 상속을 포기한 자녀는 유류분권자에서 배제되지만 유류분 계산 시 피상속인의 자녀 수에는 포함되도록 하여, 상속 포기가 있어도 자유분에는 변동이 없었다. 유류분권은 피상속인이 가족에 대한 의무를 이행하는 것이었으며, 특히 직계비속을 위한 유류분 제도는 젊은 상속인의 생활을 위한 것이었다.

• 1804년 나폴레옹 민법전: 프랑스 혁명기에 형성된 관념을 구체적인 제도 절차로서 입법화
  → 첫 번째 독해: 유류분 비중을 크게 할당하였다는 것만을 기억
  → 두 번째 독해: 세부적 절차는 문제를 푸는 과정에서 꼼꼼히 따져서 체크

[네 번째 문단] 2006년에 피상속인의 자유를 확대하는 방향으로 유류분 제도가 대폭 개정되었다.

> ~~2006년에는 큰 변경~~이 있었다. 피상속인의 생전 처분이 고령화로 인해 장기에 걸쳐 진행되므로, 유류분 부족분을 상속 재산 자체로 반환하는 방식을 고수할 경우 영향 받는 제삼자가 그만큼 더 많아졌다. 상속 개시 시기가 늦어졌어도 상속인들이 생활 기반을 갖춘 경우가 일반화되었다. 또 이혼이나 재혼으로 가족이 재편되는 경우도 많아졌다. 이를 배경으로 유류분의 사전 포기를 허용하고, 직계존속에 대한 유류분을 폐지했다. 피상속인의 처분의 자유도 증대시켰다. 상속을 포기한 자녀는 유류분 계산 시 피상속인의 자녀 수에서 제외되어 상속 포기가 있으면 자유분이 증가하도록 했다. 유류분 반환 방식도 제삼자를 고려하여 유류분 부족액만큼을 금전으로 반환하는 방식으로 변경하였다.

- 2006년의 유류분 제도 개정: 평균 연령 증가로 상속 개시 시기가 늦어지는 등의 사회 변화 반영
  - → 첫 번째 독해: 피상속인의 사유 재산권을 확대하는 방향으로 개정되었음만을 기억
  - → 두 번째 독해: 세부적 절차는 문제를 푸는 과정에서 꼼꼼히 따져서 체크

STEP 3 공간순으로(흔히 우리나라와 타국 법령의 비교) 법 제도가 대조되는 부분을 비교법학적으로 정리한다.

[다섯 번째 문단] 우리의 유류분 제도의 구체적인 내용

> ~~우리의 유류분 제도~~는 1977년에 신설되었다. 우리 민법은 상속을 포기하지 않고 상속 결격 사유도 없는 한, 피상속인의 직계비속과 배우자, 직계존속, 형제자매까지를 유류분권자의 범주에 포함하되 최우선 순위인 상속권자를 유류분권자로 인정한다. 그리고 직계비속은 1순위, 직계존속은 2순위, 형제자매는 3순위, 배우자는 직계비속·직계존속과는 동일 순위이지만 형제자매에 대해서는 우선순위의 상속인으로 인정한다. 유류분권자가 된 상속인의 법정 상속분 중 일정 비율을 유류분 비율로 정한다. 법정 상속분은 직계비속들 사이에서는 균분이고, 이들의 유류분 비율은 법정 상속분의 반이다. 구체적 유류분액을 확정하여 실제 받은 상속 재산이 이에 미달하는 경우에 그 부족분 한도에서 유증(遺贈) 또는 증여 받은 자에게 부족분에 해당하는 상속재산 자체의 반환을 청구하게 된다.

- 1804년 나폴레옹 민법전, 2006년 개정된 프랑스의 유류분 제도, 우리의 유류분 제도
  - → 세 제도의 구체적인 차이를 구분하는 것이 매우 중요하나 이를 첫 번째 독해에서 전부 읽어 내려고 하기보다는 문제를 푸는 과정과 연동하는 두 번째 독해에서 파악하는 것이 훨씬 더 효율적입니다.

[여섯 번째 문단] 피상속인의 의사를 최대한 존중하는 방향으로 우리의 유류분 제도도 개정되어야 한다.

> 최근 우리의 유류분 제도에 대해서도 개정 필요성이 제기되고 있다. 도입 당시에는 호주 상속인만의 재산 상속 풍조가 만연한 탓에 다른 상속인의 상속권을 보장해 주어야 한다는 점이 강조되었고, 법 적용에서도 배우자와 자녀들에게 유류분권을 보장하는 점이 중시되었다. 하지만 현재는 호주제가 폐지되고 장자 단독 상속 현상이 드물어졌다. 이와 관련하여 대법원도 판례를 통해 유류분 제도가 상속인들의 상속분을 보장한다는 취지 아래 피상속인의 자유 의사에 따른 재산 처분을 제한하는 것인 만큼, 제한 범위를 최소한으로 그치게 하는 것이 피상속인의 의사를 존중하는 의미에서 바람직하다고 보았다.

- 2006년 프랑스의 유류분 제도 개정과 마찬가지로 피상속인의 의사와 사유재산권을 최대한 보장하는 방향으로의 개정이 바람직하다는 의견이 서술되었음을 첫 번째 독해에서 파악하고, 두 번째 독해에서 세부적인 개정 방향을 비교법학적으로 확인하며 문제를 푸는 방법이 훨씬 효율적입니다.

07번 문제를 풀이하면 다음과 같습니다.

① 두 번째 문단에서 '혁명기의 입법자는 유언의 자유에 대해 적대적인 태도를 취했다.'라고 제시되었고, 이로 인해 '입법자는 (중략) 자유분을 최소한으로 규정했다.'고 서술되었다.

② 세 번째 문단에서 '(1804년의 나폴레옹 민법전에서의) 직계비속을 위한 유류분 제도는 젊은 상속인의 생활을 위한 것이었다.'라고 제시되었으므로 피상속인의 사유 재산 중 일부를 직계비속의 몫으로 할당하는 자유의 제한은 젊은 상속인의 생활을 보장하는 것이 피상속인의 의무로 간주되었기 때문임을 확인할 수 있다.

③ 네 번째 문단의 '피상속인의 생전 처분이 장기에 걸쳐 진행되므로'라는 부분에서 고령화로 인한 영향을, '이혼이나 재혼으로 가족이 재편되는 경우도 많아졌다'는 부분에서 이혼과 재혼의 증가로 인한 영향을 확인할 수 있으며, 이러한 사회적 변화를 반영하기 위해 유류분의 사전 포기를 허용하고, 직계존속에 대한 유류분을 폐지하는 등 피상속인의 처분의 자유를 증대시키는 방향으로 유류분 제도가 개정되었음을 확인할 수 있다.

④ 다섯 번째 문단에서 '(우리의 유류분 제도는) 피상속인의 직계비속과 배우자, 직계존속, 형제자매까지를 유류분권자의 범주에 포함하되 최우선 순위인 상속권자를 유류분권자로 인정한다. 그리고 직계비속은 1순위, 직계존속은 2순위, 형제자매는 3순위, 배우자는 직계비속ㆍ직계존속과는 동일 순위이지만 형제자매에 대해서는 우선순위의 상속인으로 인정한다.'라고 서술되었다. 따라서 우리 민법에 따르면 직계비속 및 배우자가 유류분권을 주장할 수 있는 경우에는 직계비속과 배우자가 최우선순위인 상속권자로서 유일한 유류분권자로 인정되며, 차순위인 형제자매는 유류분권자로 인정될 수 없다.

⑤ 마지막 문단에서 '(우리의 유류분 제도의) 도입 당시에는 호주 상속인만의 재산 상속 풍조가 만연한 탓에 다른 상속인의 상속권을 보장해 주어야 한다는 점이 강조되었고'라고 서술된 것에서 우리의 유류분 제도의 입법 취지를 추론할 수 있다.

[정답] ④

08번 문제를 풀이하면 다음과 같습니다.

① 프랑스 혁명기의 사회 관념은 '유언에 의한 재산 처분의 자유를 크게 인정하는 것'이었으므로 유류분권자의 권익은 현재보다 약화될 것이다.

② '1804년 나폴레옹 민법전'의 입장에 따를 경우, 배우자는 유류분권자에서 제외되므로, 배우자가 지니는 유류분권자로서의 권익은 현재보다 약화될 것이다.

③ '2006년 프랑스 민법전'의 입장에 따를 경우, 직계존속에 대한 유류분이 폐지되므로, 직계존속이 지니는 유류분권자로서의 권익은 현재보다 약화될 것이다.

④ '2006년 프랑스 민법전'의 입장에 따를 경우, 피상속인의 생전 처분의 자유도가 증대되는 방향으로 법이 개정될 것이므로, 피상속인의 생전 처분으로 증여받은 제삼자의 권익은 현재보다 강화될 것이다.

⑤ 우리 대법원의 판례에 따를 경우, 피상속인의 의사를 존중하는 의미에서 피상속인의 자유의사에 따른 재산 처분에 대한 제한 범위를 최소화해야 하므로, 유류분권자의 권익은 현재보다 약화될 것이다.

[정답] ④

09번 문제를 풀이하면 다음과 같습니다.

> ─────────〈보 기〉─────────
>
> A(피상속인)가 사망했고 장남 B(직계비속), 차남 C(직계비속), A의 동생 D(형제자매)가 남아 있다. B는 사업에 실패하여 극심한 생활 곤란을 겪고 있고, C는 경제 능력을 갖추고 있으며, D는 고령으로 인해 생활 위기에 직면해 있다.

ㄱ. 1804년 나폴레옹 민법전에 따르면 '상속을 포기한 자녀는 유류분권자에서 배제되지만 유류분 계산 시 피상속인의 자녀 수에는 포함되도록 하여, 상속 포기가 있어도 자유분에는 변동이 없었다.'라고 명시되었다. 따라서 장남 B가 상속을 포기할 경우에도 B는 유류분 계산 시 피상속인인 A의 자녀 수에서 제외되지 않는다.

ㄴ. 1804년 나폴레옹 민법전에 따르면 '배우자와 형제자매를 제외하고 직계비속 및 직계존속에 한해 유류분권'이 인정된다. D는 A의 형제자매에 해당하므로 1804년 나폴레옹 민법전에 따르면 유류분권이 인정될 수 없다.

ㄷ. 2006년 프랑스 민법전에 따르면 '상속을 포기한 자녀는 유류분 계산 시 피상속인의 자녀 수에서 제외되어 상속 포기가 있으면 자유분이 증가하도록 했다.'고 명시되었다. 따라서 피상속인의 자녀인 C가 상속을 포기한다면, 피상속인 A의 자유분은 증가한다.

ㄹ. 우리의 유류분 제도에 따르면 '법정 상속분은 직계비속들 사이에서는 균분이고, 이들의 유류분 비율은 법정 상속분의 반'이라고 명시되었으며, 직계비속의 경제 사정에 따라 유류분 비율이 차등적으로 결정된다는 내용은 전혀 명시되지 않았다. 따라서 피상속인 A의 직계비속에 해당하는 B와 C는 유류분권자로서 할당된 유류분 비율을 균등하게 나누어 가질 것이다.

[정답] ①

지문 요약 연습

연습문제를 풀이하면서 지문의 각 문단을 요약해 보세요.

연습문제 4

[10~12] 다음 글을 읽고 물음에 답하시오. 17 LEET 문33~35

형사절차에서 변호인은 단순히 '소송대리인'에 그치지 않고 검사에 비하여 열악한 지위에 있는 피고인의 정당한 이익을 보호하는 자이다. 공정한 재판을 위해서는 검사와 피고인이 실질적으로 대등해야 하기 때문에 변호인은 형식적인 존재가 아니라 효과적인 변호를 수행하는 존재이어야 한다. 특히 미국의 형사절차는 당사자인 검사와 피고인이 증거를 신청하지 않는 한 법관이 직권으로 증거 조사를 할 수 없는 등 당사자주의 소송 구조로 되어 있어서 변호인의 역할이 매우 중요하다.

미국의 연방대법원은 이미 1965년 ㉠미란다 판결에서, 기소된 피고인뿐 아니라 기소 전에 수사를 받는 피의자도 국선 변호인의 조력을 받을 권리가 있다고 하였다. 하지만 효과적인 변호를 받아야 한다는 데까지는 이르지 않았다. 효과적이지 못해 논란을 일으키는 변호의 유형으로는 (1) 변호인과 피고인의 이익이 충돌하는 변호, (2) 변호가 일정한 기준에 미치지 못하는 불충분하고 불성실한 경우가 있다. (1)의 경우, 미국 판례는 물론 우리 판례도 피고인의 권리 침해를 인정하고 유죄 판결을 파기하였다. 더욱 문제가 되고 있는 것은 (2)의 경우이다.

변호인의 '성실 의무'에는 성실한 입무 처리뿐만 아니라 법률 전문가다운 유능한 업무 수행이 포함된다. 미국에서는 변호인이 불성실한 변호를 하면 징계를 받거나 위임 계약 위반에 따른 배상 책임을 진다. 그런데 성실 의무의 준수 여부에 대한 판단이 주관적이고 성실 의무의 내용도 유동적이어서 그 위반 여부를 사후에 판정하는 것은 곤란하기 때문에 성실 의무 위반이 이른바 효과적인 변호를 받을 피고인의 권리를 침해하는 것인지에 대해서는 논란이 있어 왔다.

1958년 연방대법원은 ㉡미첼 판결에서, '변호의 효과'는 변론 기술의 문제이므로 변호를 받을 권리의 내용에 포함되지 않는다고 하였다. 더구나 변호는 고도의 전문성을 발휘하는 임기응변적 기술이기 때문에 변호의 효과는 변호인이 소송 중에 그때그때 상황에 맞추어 적절하게 대응했는지에 따라 결정되는 것이다. 따라서 그 재판이 끝난 후에 변호인의 성실 의무 준수 여부를 다른 재판부가 평가하는 것은 문제가 있다고 하였다.

이후 1984년 연방대법원은 ㉢스트릭랜드 판결에서, 변호의 효과를 객관적 합리성의 기준에 따라 판단할 수 있다고 하였다. 다만 변호인이 성실 의무를 위반하였다는 점과 그 위반이 재판의 결과에 영향을 주었다는 점을 피고인이 입증해야 유죄 판결을 파기할 수 있다고 하였다. 나아가 1986년 플로리다 주 대법원은 ㉣메이켐슨 판결에서, 변호의 질은 변호인의 보수에 영향을 받는다고 하면서, 정부가 효과적인 변호를 받을 권리를 보장하기 위해 국선 변호인의 보수를 더욱 적극적으로 지원하여야 한다고 하였다.

우리나라의 경우, 헌법재판소는 헌법상 국선 변호인의 조력을 받을 권리가 피고인에게만 인정된다고 좁게 해석하였다. 그리고 변호사법 등에는 변호인의 성실 의무가 규정되어 있다. 따라서 성실 의무를 지키지 않는 것은 윤리 규범뿐만 아니라 실정법을 위반하는 행위이다. 성실 의무의 위반이 재판에 영향을 미치면 형사절차의 공정성과 기본권 보장에 대한 침해가 될 수 있는데도, 우리나라는 이 문제를 변호인 개인에 대한 징계나 손해 배상의 문제로만 취급하고 있다. 이는 변호인의 조력을 받을 권리와 공정한 재판을 받을 권리를 경시하는 태도이다. 헌법이 보장하는 변호인의 조력을 받을 권리는 효과적인 변호를 받을 권리이다. 이제부터 우리나라도 불성실한 변호로 인해 효과적인 변호를 받을 권리가 침해당한 경우 피고인에 대한 유죄 판결을 파기할 수 있어야 한다. 또한 국가는 국선 변호인에 대한 재정 지원도 확대해야 한다. 효과적인 변호의 보장은 국가의 의무이기 때문이다.

10. 윗글의 내용과 일치하지 않는 것은?

① 국선 변호인이 받은 보수가 매우 적어서 성실하지 않은 변호를 하였더라도 징계를 받지 않는다.

② 변호인의 성실 의무에는 변호인이 전문가로서 변호 기술을 충분히 발휘하는 것도 포함된다.

③ '변호인의 조력을 받을 권리'는 조력을 받는 대상의 확대에서 변호의 질 보장으로 발전하여 왔다.

④ 형사절차에서 변호인은 피고인이 실질적으로 검사와 대등한 지위에서 재판을 받을 수 있도록 돕는다.

⑤ 당사자주의 소송 구조에서 법관은 검사나 피고인의 증거 신청 없이 직권으로 증거 조사를 할 수 없다.

11. ㉠~㉣에 대한 이해로 적절하지 않은 것은?

① ㉠에서는 효과적이지 않은 변호로 피의자가 국선 변호인의 조력을 받을 권리를 침해당하는 것을 방지하려고 하였다.

② ㉡에서는 변호인이 소송 과정에서 성실했는지의 여부를 상급 법원의 재판부가 판단하기 어렵다고 보았다.

③ ㉢에서는 변호가 불성실했다는 것을 피고인이 입증하는 것만으로는 유죄 판결이 파기되지 않는다고 하였다.

④ ㉣에서는 변호와 보수의 관계를 고려하여 국선 변호인에 대한 정부의 재정 지원 의무와 노력을 강조하였다.

⑤ ㉢과 ㉣에서 변호인의 조력을 받을 권리라는 말의 '조력'은 효과적인 변호에 따른 조력임을 전제한다.

12. 변호에 관한 우리나라와 미국의 공통점으로 가장 적절한 것은?

① 변호인의 불성실한 변호를 이유로 하여 유죄 판결을 파기한 사례가 있다.

② 불성실한 변호를 할 경우 그 변호인은 민사상 손해 배상 책임을 질 수 있다.

③ 기소되기 전의 모든 피의자는 국선 변호인의 조력을 제공받을 권리가 있다.

④ 불성실한 변호는 윤리 규범을 위반한 것이지만 실정법을 위반한 것은 아니다.

⑤ 국선 변호인과 피고인의 이익이 충돌하는 변호의 경우 유죄 판결을 파기할 수 없다.

🏛 가이드 & 정답 확인하기

가이드에 따라 지문과 문제를 분석하고 정답을 확인해 봅시다.

10번 문제를 풀이하면 다음과 같습니다.

① ㉣메이켐슨 판결에서 변호의 질은 변호인의 보수에 의해 영향을 받는다는 점이 명시되었으나, 변호인의 보수가 매우 적었다는 점이 변호인의 성실 의무 위반에 대한 면제 사유가 될 수 있다는 점은 명시되지 않았고, 주어진 판결의 내용에서 추론될 수도 없다.

② 세 번째 문단에서 변호인의 '성실 의무'에는 성실한 업무 처리뿐만 아니라 법률 전문가다운 유능한 업무 수행이 포함된다고 제시되었으므로 변호인의 성실 의무에 전문가로서의 기술을 충분히 발휘하는 것이 포함됨을 유추할 수 있다.

③ ㉠미란다 판결에서는 '기소된 피고인뿐 아니라 기소 전에 수사를 받는 피의자도 국선 변호인의 조력을 받을 권리가 있다.'고 판결하였으므로 조력을 받을 대상을 피고인에서 수사를 받는 피의자까지 포함하는 범위로 확대한 것이다. 그러나 ㉠미란다 판결에서는 '효과적인 변호를 받아야 한다는 데까지는 이르지 않았다.'고 제시되었으며 변호인의 조력을 받을 권리가 변호의 질에 대한 보장까지 의미한다는 해석으로 발전한 것은 이후의 ㉢스트릭랜드 판결에서 비롯되었다. 이를 종합하면 '변호인의 조력을 받을 권리'의 개념이 조력을 받을 대상의 확대에서 변호의 질 보장으로 발전하였다고 정리할 수 있다.

④ 첫 번째 문단에 따르면, '변호인은 (중략) 검사에 비하여 열악한 지위에 있는 피고인의 정당한 이익을 보호하는 자'이며 '공정한 재판을 위해서는 검사와 피고인이 실질적으로 대등해야' 하는 목적을 위해 피고인에게 조력을 제공한다고 서술되었다. 이를 종합하면, 변호인은 피고인이 검사와 실질적으로 대등한 지위에서 재판을 받을 수 있도록 돕는 역할을 수행한다고 정리할 수 있다.

⑤ '당사자주의'란 소송의 과정에서 재판의 당사자가 소송의 주도권을 행사해야 하며 법관은 제3자의 입장에서 양 당사자의 주장과 입증을 판단하기만 해야 한다는 주장을 의미한다. 따라서 당사자주의 소송 구조에서는 '당사자인 검사와 피고인이 증거를 신청하지 않는 한 법관이 직권으로 증거 조사를 할 수 없다.'고 첫 번째 문단에 제시되었다.

[정답] ①

11번 문제를 풀이하면 다음과 같습니다.

① ㉠미란다 판결에서는 변호인의 조력을 받을 대상의 범위는 피의자까지 포함하는 것으로 확대하였으나, '효과적인 변호를 받아야 한다는 데까지는 이르지 않았다.'라고 서술되었다. 따라서 ㉠에서 효과적이지 않은 변호로 피의자의 권리가 침해받는 것을 방지하려고 하였다는 서술은 타당하지 않다.

② ㉡미첼 판결에서는 '그 재판이 끝난 후에 변호인의 성실 의무 준수 여부를 다른 재판부가 평가하는 것은 문제가 있다.'고 명시하였다. '다른 재판부'의 범위에는 '상급 법원의 재판부'도 포함되므로 지문에 서술된 내용으로부터 ②의 내용을 추론하는 것은 논리적으로 충분하다.

③ ㉢스트릭랜드 판결에서는 '변호인이 성실 의무를 위반하였다는 점'과 '그 위반이 재판의 결과에 영향을 주었다는 점'을 피고인이 입증해야 유죄 판결을 파기할 수 있다고 명시되었다. 따라서 변호가 불성실하여 변호인이 성실 의무를 위반하였다는 것을 피고인이 입증하였다고 해도 그 위반이 재판의 결과에 영향을 주었다는 점까지 추가적으로 입증해내지 못하였다면, 유죄 판결은 파기되지 않을 것이다.

④ ㉣메이켐슨 판결에서는 '변호의 질은 변호인의 보수에 영향을 받는다.'는 점을 분명히 함으로써 '정부가 효과적인 변호를 받을 권리를 보장하기 위해 국선 변호인의 보수를 더욱 적극적으로 지원하여야 한다.'는 결론이 도출되었다.

⑤ 1984년 미국 연방대법원의 ⓒ스트릭랜드 판결에서 '변호의 효과를 객관적 합리성의 기준에 따라 판단할 수 있다.'고 하였고, 이는 변호사의 조력을 받을 권리에서 '조력'에 효과적인 변호를 받을 권리가 내포됨을 암시하는 것이다. 또한 1986년 플로리다 주 대법원의 ⓔ메이켐슨 판결은 하위 법원에 의한 판결이므로 ⓒ스트릭랜드 판결의 결과를 수용한 전제하에 국선 변호사의 보수가 상승되어야 할 당위성을 주장하였다고 추론할 수 있다.

[정답] ①

12번 문제를 풀이하면 다음과 같습니다.

① 마지막 문단에서 '이제부터 우리나라도 불성실한 변호로 인해 효과적인 변호를 받을 권리가 침해당한 경우 피고인에 대한 유죄 판결을 파기할 수 있어야 한다.'라고 제시되었으므로, 이를 통해 아직까지 우리나라에서는 변호인의 불성실한 변호로 인해 유죄 판결을 파기한 사례가 존재하지 않음을 추론할 수 있다. **따라서 ①은 미국에만 해당되는 내용이다.**

② 세 번째 문단에서 '미국에서는 변호인이 불성실한 변호를 하면 징계를 받거나 위임 계약 위반에 따른 배상 책임을 진다.'고 서술되었다. 또한 마지막 문단에서 '우리나라는 이 문제를 변호인 개인에 대한 징계나 손해 배상의 문제로만 취급하고 있다.'고 서술되었다. 이를 종합하면 미국과 우리나라는 공통적으로 불성실한 변호에 대한 변호인의 민사상 손해 배상 책임을 인정하고 있음이 확인된다. **따라서 ②는 우리나라와 미국의 공통점에 해당되는 내용이다.**

③ 미국의 경우 ㉠미란다 판결에서 국선 변호인의 조력을 받는 대상이 피고인만을 포함하는 것에서 피의자까지 포함하는 것으로 확대되었으나, 우리나라의 경우 마지막 문단에 제시된 바와 같이 '(우리나라의) 헌법재판소는 헌법상 국선 변호인의 조력을 받을 권리가 피고인에게만 인정된다고 좁게 해석하였다.' **따라서 ③은 미국에만 해당되는 내용이다.**

④ 세 번째 문단에서 '미국에서는 변호인이 불성실한 변호를 하면 징계를 받는다.'라고 제시되었으므로 미국에서는 불성실한 변호를 실정법을 위반한 것으로 판단하고 있음을 추론할 수 있다. 마지막 문단에서 '성실 의무를 지키지 않는 것은 윤리 규범뿐만 아니라 실정법을 위반하는 행위이다.'라고 제시되었으므로 한국에서도 불성실한 변호를 실정법을 위반한 것으로 판단하고 있음이 추론된다. **따라서 ④는 우리나라와 미국 중 어느 곳에도 해당되지 않는 내용이다.**

⑤ 두 번째 문단에서 '(1)의 경우(변호인과 피고인의 이익이 충돌하는 변호의 경우), 미국 판례는 물론 우리 판례도 피고인의 권리 침해를 인정하고 유죄 판결을 파기하였다.'라고 서술되었다. 그런데 우리나라의 경우 불성실한 변호를 근거로 유죄 판결이 파기된 사례가 없다는 내용이 마지막 문단에서 제시되었으므로, 인용된 부분에서 우리 판례와 미국 판례의 공통점이 되는 부분은 '피고인의 권리 침해를 인정하고'까지로 제한됨을 추론할 수 있다. **따라서 ⑤는 우리나라에만 해당되는 내용이다. → 매력적 오답**

[정답] ②

[01~03] 다음 글을 읽고 물음에 답하시오.

15 LEET 문1~3

신(臣) 유종원(柳宗元)이 엎드려 살펴보니 이런 일이 있었습니다. 측천무후 시절에 동주(同州)의 하규(下邽)에 서원경(徐元慶)이라는 사람이 있었는데, 아버지 상(爽)이 현의 관리인 조사온(趙師韞)에게 죽었다고 하여 마침내 아버지의 원수를 찔러 죽인 뒤 제 몸을 묶어 관에 자수하였습니다. 그때 진자앙(陳子昻)은 그를 사형에 처하되 정문(旌門)을 세워 주자고 건의하였으며, 또 그 내용을 법령에 넣어 항구적인 법으로 삼자고 청하였습니다. 하지만 신은 그것이 잘못되었다고 생각합니다.

신이 듣기를, 예(禮)의 근본은 무질서를 막고자 하는 것이니, 만약 예에서 해악을 저지르지 말라고 하는데 자식 된 이가 사람을 죽였다면 이는 용서할 수 없습니다. 또한 형(刑)의 근본도 무질서를 막고자 하는 것이니, 만약 형에서 해악을 저지르지 말라고 하는데 관리 된 이가 사람을 죽였다면 이는 용서할 수 없습니다. 결국 그 근본은 서로 합치하면서 그 작용이 이끌어지는 것이니, 정문과 사형은 결코 함께 할 수 없는 것입니다. 정문을 세워 줄 일을 사형에 처하는 것은 남용으로서 형을 지나치게 적용하는 것이 됩니다. 사형에 처할 일에 정문을 세워 주는 것은 참람으로서 예의 근본을 무너뜨리는 것이 됩니다. 과연 이것을 천하에 내보이고 후대에 전하여서 의를 좇는 이가 나아갈 곳을 모르게 하고 해를 피하려는 이가 설 곳을 알지 못하도록 해야 하겠습니까. 과연 이것이 법으로 삼아야 할 만한 일이겠습니까. 무릇 성인(聖人)의 제도에서 도리를 밝혀 상벌을 정하도록 한 것과 사실에 터 잡아 시비를 가리도록 한 것은 모두 하나로 통하는 것입니다. 이 사건에서도 진위를 가려내고 곡직을 바로 하여 근본을 따져본다면, 형과 예의 적용은 뚜렷이 밝혀집니다. 그 까닭은 이렇습니다.

만일 원경의 아버지가 공적인 죄를 지은 것이 아닌데도 사온이 죽였다면 이는 오직 사사로운 원한으로 관리의 기세를 떨쳐 무고한 이를 괴롭힌 게 됩니다. 더구나 고을 수령과 형관은 이를 알아볼 줄도 모르고 위아래로 모두 몽매하여 울부짖는 호소를 듣지 않았습니다. 그리하여 원경은 원수와 같은 하늘 아래서 사는 것을 몹시 부끄럽게 여기며 항상 칼을 품고 예를 실행하려는 마음을 지니다가 마침내 원수의 가슴을 찔렀으니, 이는 꿋꿋이 자신을 이겨낸 행위로서 그때 죽더라도 여한이 없었을 것입니다. 바로 예를 지키고 의를 실행한 것입니다. 그러니 담당 관리는 마땅히 부끄러운 빛을 띠고 그에게 감사하기에 바쁠진대 어찌 사형에 처한단 말입니까.

혹시 원경의 아버지가 면할 수 없는 죄를 지어 사온이 죽인 것이었다면 그것은 자의적으로 법을 집행한 것이 아닙니다. 이는 관리에게 죽은 것이 아니라 법에 의해 죽은 것입니다. 법을 원수로 삼을 수야 있겠습니까. 천자의 법을 원수 삼아 사법 관리를 죽였다면, 이는 패악하여 임금을 능멸한 것입니다. 이런 자는 잡아 죽여야 국법이 바로 설진대 어찌 정문을 세운다는 것입니까.

진자앙은 앞의 건의에서 "사람은 자식이 있고 자식은 반드시 어버이가 있으니, 어버이를 위한 복수가 이어진다면 그 무질서는 누가 구제하겠습니까."라고 하였습니다. 이는 예를 매우 잘못 이해한 것입니다. 예에서 이야기하는 복수는, 사무치는 억울함이 있는데도 호소할 곳이 없는 경우이지, 죄를 저질러 법에 저촉되어 사형에 처해지는 경우가 아닙니다. 그러므로 "네가 사람을 죽였으니 나도 널 죽이겠다."라고 말하는 것은 곡직을 따져보지도 않고서 힘없고 약한 이를 겁주는 것이 될 뿐이며, 또한 경전과 성인의 가르침에 심히 위배되는 것입니다.

『주례』에서 "조인(調人)이 뭇사람들의 복수 사건을 담당하여 조정한다. 살인이라도 의에 부합하는 경우에는 그에 대한 복수를 금지한다. 복수는 사형에 처한다. 이를 다시 보복 살해하면, 온 나라가 그를 복수할 것이다." 하였으니, 어찌 어버이를 위한 복수가 이어질 수 있겠습니까. 『춘추공양전』에서는 "아버지가 무고하게 죽었다면 아들은 복수할 수 있다. 아버지가 죄 때문에 죽었는데 아들이 복수한다면, 이는 무뢰배의 짓거리로서 복수의 폐해를 막지 못한다."라고 하였습니다. 이러한 관점으로 위의 사건을 판단해 보면 예에 합치합니다. 무릇 복수를 잊지 않는 것은 효이며, 죽음을 돌아보지 않는 것이 의입니다. 원경이 예를 저버리지 않고 효를 지켜 의롭게 죽으려 했으니, 이는 바로 이치를 깨치고 도를 들은 것입니다. 이치를 깨치고 도를 들은 사람에 대해 왕법(王法)이 어찌 보복 살인의 죄인으로 보겠습니까. 진자앙은 도리어 사형에 처해야 한다고 하니, 그것은 형의 남용이며 예의 훼손입니다. 법이 될 수 없다는 것은 뚜렷합니다.

　신의 간언을 법령에 반영하시어 사법 관리로 하여금 앞의 건의에 따라 법을 집행하지 않도록 해 주시기를 청합니다. 삼가 아뢰었나이다.

- 유종원, 『복수에 대한 건의를 논박함』

01. 윗글의 내용에 부합하지 않는 것은?

① 진자앙은 서원경의 행위가 예를 어긴 것이라고 보았다.

② 호소할 곳 없는 백성에 대한 유종원의 염려가 나타난다.

③ 보복 살인의 악순환을 경계하는 진자앙의 고심이 엿보인다.

④ 유종원은 진자앙의 건의 내용이 갖는 자체 모순을 분석하였다.

⑤ 유종원은 서원경의 복수를 효의 실천으로 보아 높이 평가하였다.

02. 윗글에 비추어 볼 때 예와 형에 관한 서술로 적절하지 않은 것은?

① 예를 이해하고 적용하는 데는 성인의 가르침과 제도가 훌륭한 전거가 된다.

② 예는 의를 좇는 이가 나아갈 바이자, 도리를 밝혀 상벌을 정하는 기준이 된다.

③ 형은 해를 피하려는 이에게 의지가 되며, 사실을 기반으로 시비를 가리는 수단이 된다.

④ 형은 범죄 행위를 규정하고 그것을 강제력으로 금지하여 합당한 행위를 유도하는 규칙이 된다.

⑤ 예는 혼란을 방지하려는 목적이 있다는 점에서 처벌 법규인 형과는 서로 근본을 달리하는 규범이 된다.

03. 윗글에 나타난 유종원의 견해로 진자앙의 입장과 대립하는 것은?

① 한 사건에서 죄에 대한 처벌과 예에 대한 포상을 동시에 할 수도 있다고 본다.

② 어떤 경우라도 부모의 죽음에 대해서는 복수해야 한다고 생각한다.

③ 예에 합당한 행위에 대하여 형을 부과할 수 없다고 본다.

④ 예와 형은 모두 존중되어야 할 규범이라고 생각한다.

⑤ 복수를 일반적으로 허용하는 것에 대해 찬성한다.

시간의 경과가 일정한 법적 효과를 낳는 것을 '시효'라 한다. 한 예로 민법 제245조 제1항에는, 소유할 생각으로 부동산을 20년간 평온하고 공공연하게 점유해 온 경우, 그에 대한 소유권을 얻을 수 있다고 규정하고 있는데, 이를 '점유 취득 시효'라고 한다. 하지만 권리를 얻는 쪽의 다른 한편에서는 정당한 권리자가 소유권을 상실할 수도 있기 때문에, 이런 제도에 대한 비판적인 시각도 존재한다.

조선 시대에도 이와 유사한 예를 찾아볼 수 있다. 《경국대전》에는 "전택(田宅)에 대하여 5년이 지나서 소를 제기하는 것은 받아주지 않는다."라는 규정이 실려 있다. '과한법(過限法)'이라 불린 이 규정에 대해서도 당시에 많은 논란이 있었음을, 《경국대전》이 확정된 지 4년이 지나 일어난 한 사건에서 확인할 수가 있다.

성종 20년 12월, 조정에서는 서원군의 아들 이추가 제기한 소에 대해 논의가 벌어졌다. 사건은 순경 옹주가 문서를 작성하여 양자인 서원군에게 논밭을 물려준 데서 비롯한다. 그 문서에는 서원군이 죽으면 자신의 양손자인 이추에게 다시 물려주라는 내용이 들어 있었다. 그런데 서원군은 순경 옹주의 뜻과는 달리 생전에 자식들에게 골고루 나누어 주고서는 성종 6년에 죽었다. 그 재산을 이제 이추가 찾으려 하는 것이다. 부동산에 관한 재판을 담당하는 한성부는 서원군이 처분했던 대로 판결하자는 의견을 올렸다. 종실의 일인 데다 강상(綱常)의 문제까지 엮인 터라 조정에서는 큰 논의가 벌어졌다. 주요한 논쟁은 이러했다.

이극배: 서원군이 원소유자의 본뜻을 어겼지만, 오랜 세월 경작해오는 것을 이제 와서 갑자기 거슬러 고칠 수 없다. 《경국대전》에 관련 규정이 있으니 이를 마땅히 금석처럼 여겨 따라야 한다.

윤　호: 서원군은 원소유자의 본뜻을 돌아보지 않고서 제 마음대로 아들딸들에게 나누어 주었고, 이추는 원소유자의 본뜻에 의지하여 서원군의 명령을 좇지 않았으니, 양쪽 모두 옳지 않다. 그러나 본시 순경 옹주의 소유물이니 의당 그 뜻을 따라야 한다.

유　순: 순경 옹주가 논밭을 이추에게만 전해 주라고 하였는데, 이는 부녀자의 치우친 사랑이다. 서원군은 양어머니의 뜻을 저버리고 그것을 아들딸들에게 나누어 주었으니 허물이 있다. 이추는 아들 된 자로서 아버지의 뜻을 따르지 않고 재산에만 몰두하여 아버지의 허물이 들추어지게 만들었다. 종실에서 이럴진대, 백성들이 무엇을 보고 배우겠는가? 논밭은 서원군의 처분에 따르고 이추는 죄를 다스려 풍속에 대한 경계로 삼아야 한다.

모든 의견을 다 듣고 나서 성종은 이렇게 ㉠전교하였다.

서원군이 논밭을 이추에게만 주지 않고 다른 아들딸들에게도 나누어 준 것은 옳지 않으며, 이추가 소를 제기한 일은 아들 된 뜻이 없는 것이니, 논밭을 국고에 귀속하고 이추를 처벌한다.

이 결정에 대하여 다시 의견을 물었다. 대부분 동조하였지만, 반대 의견들도 제기되었다.

홍　응: 서원군이 양어머니의 지시를 어긴 잘못은 이추가 아버지의 명령을 거스른 것만큼 심하지 않다. 그런데 이추는 소를 제기하여 아버지의 허물이 드러나게 했으니 아들 된 도리에 옳지 않다. 아들의 소 제기로 인해 논밭을 국고에 귀속하면 백성들을 잘못 이끌게 된다. 마땅히 서원군의 과실을 용서하고 이추의 죄를 다스리는 것이 사리에 근접하고 경세의 법이 된다.

송철산: 양쪽 모두 옳지 않으니 국고에 귀속하는 것이 마땅할 듯하나, 이미 상속이 이루어진 지 오래인데 하루아침에 몰수하는 것은 합당하지 않다. 원소유자의 다른 친척들에게 나누어 주어 후세의 거울이 되게 하자.

마침내 성종은 다음과 같이 ㉡전교를 내렸다.

서원군이 원소유자의 뜻을 좇지 않고 마음대로 처분하였으니 국고에 귀속해도 되지만, 《경국대전》에 5년이 지나면 재판하지 않도록 하는 규정이 있으니 서원군의 처분대로 한다. 이추는 소로써 아버지를 거슬렀으니 징계하지 않을 수 없다. 종부시로 하여금 신문하도록 한다.

　이 사건 이후, 과한법은 소송상 중요한 항변으로 원용되었다. 하지만 부당한 침탈을 확정하는 경우에 대한 관리들의 고민이 사라진 것은 아니다. 점유 취득 시효 기간이 20년으로 되어 있는 오늘날에도 이러한 고충은 마찬가지이다.

04. 위 글에 비추어 볼 때, 과한법의 성격이라고 볼 수 없는 것은?

① 예기치 못한 분쟁이 제기되는 것을 억제한다.
② 평온의 질서를 추구하는 법의 이념에 봉사한다.
③ 정당한 권리자가 손해를 입을 가능성을 감수한다.
④ 지속된 현상이 규명된 진실에 맞추어 변경되기를 요구한다.
⑤ 일정한 행위의 기반 위에 새롭게 형성된 이해관계를 보호한다.

05. 성종의 생각이 ㉠에서 ㉡으로 바뀐 계기를 추론한 것으로 적절한 것은?

① 보편타당하고 변함없는 가치를 법규로 도출하여야 한다는 자연법사상을 인정하였다.
② 획일적 규제보다는 정당한 개인 의사의 실현이 더 우위에 있어야 한다고 판단하였다.
③ 불가침의 윤리 규범을 확고히 하는 것이 국법 질서 유지의 근간이라는 점을 자각하였다.
④ 법과 도덕의 갈등 상황에서는 오랜 관습으로써 해결하는 방법이 합리적이라고 인식하였다.
⑤ 통치권자의 자의가 아닌 객관적 규범에 근거하여 통치한다는 법치주의의 실효성을 확인하였다.

06. 여러 관료들의 의견에 대한 논평으로 적절한 것은?

① 이극배는 순경 옹주가 적법한 유언을 하였는데도 그 내용대로 이루어지지 않았다고 보는 점에서 윤호의 견해와 대립한다.
② 윤호는 다투고 있는 재산에 대하여 이추가 승계할 수 있다고 보는 점에서 유순의 견해와 일치한다.
③ 유순은 재산의 승계 문제에다 풍속의 교화라는 이념을 함께 고려한다는 점에서 홍응의 견해와 대립한다.
④ 홍응은 서원군의 처분 행위를 유효하게 처리해야 한다고 보는 점에서 송철산의 견해와 대립한다.
⑤ 송철산은 순경 옹주의 재산에 대하여 이추의 형제들이 승계할 권리를 인정하지 않는다는 점에서 이극배의 견해와 일치한다.

『로마법대전』에 대한 연구는 12세기에 볼로냐를 중심으로 본격적으로 시작되었다. 당시에 이 법서는 '기록된 이성'이라 부를 만큼 절대적인 권위가 인정되었고, 그 가운데 특히 「학설 휘찬(Digesta)」 부분이 학자들의 관심을 끌었다. 여기에는 로마 시대의 저명한 법학자들의 저술에서 발췌한 학설들이 수록되어 있다. 초기에 법학은 이를 정확히 이해하는 데 치중하였고, 로마법을 비판적으로 바라보는 것은 금기시되었다. 이러한 학풍은 13세기 중엽 표준 주석서를 집대성하는 성과를 낳았고, 이후로는 로마법을 어떻게 실무에 적용할지의 문제로 법학의 중점이 옮겨 갔다. 16세기에 들어서면서부터는 「학설휘찬」에 대한 맹신에서 벗어나, 그것을 역사적 사료로 보면서 주석서의 해석에 얽매이지 않고 새롭게 접근하는 시도가 나타났으며, 이후에는 이런 경향이 낯설지 않게 되었다. 17세기의 학자인 라이프니츠도 로마법 자료에 대해 비판적으로 접근하여 새로운 논의를 이끌어 내려 하였다. 다음은 「학설휘찬」에 나오는 파울루스의 글이다.

[가]
펠릭스가 자신의 농장에 대해 에우티치아나(A), 투르보(B), 티티우스(C)에게 순차적으로 저당권을 설정해 준 것이 실질적 법률관계이다. 그런데 A는 C와의 소송에서 자신의 순위를 입증하지 못하여 패소하였고, 판결이 확정되었다. 이후 B와 C 사이에 저당권의 순위에 관한 다툼이 생겨 소송을 하게 되었다. 이 경우에 A를 상대로 승소한 C가 B보다 우선한다고 해야 하는가, 아니면 A는 없다고 생각하고 B의 권리를 C보다 앞에 두어야 하는가? ㉠어떤 이들은 C가 우선한다고 주장한다. 하지만 ㉡나는 그런 결론이 매우 부당하다고 생각한다. A가 방어를 잘못한 탓에 C에게 패소했다고 하자. 그러면 C가 A에게 승소한 판결의 효력이 B에게 미치는가? 이후에 일어난 B와 C 사이의 소송에서 B가 승소하면 그 판결의 효력이 A에게 미치는가? 나는 아니라고 생각한다. 제3순위자는 제1순위자를 배제시켰다고 해서 자기가 제1순위자가 되는 것은 아니며, 당사자 사이의 판결은 그 소송에 관여하지 않은 이에게 유리하게도 불리하게도 작용하지 않는다. 첫 번째 소송의 판결이 모든 것을 해결하는 것은 아니고, 다른 저당권자의 권리는 손대지 않은 채 남겨져 있는 것이다.

ⓐ라이프니츠는 '손대지 않은 채 남겨져 있는 것'에 대하여 순위를 따져 보려고 하였다. 그는 우선 위 사안을 다음과 같이 정리하였다. 동일한 부동산에 대한 저당권은 설정한 순서에 따라 우선권이 주어지는 것이 로마법의 원칙이므로, (1) 가장 먼저 설정한 A의 권리는 최우선권을 가지므로 B의 권리에 우선한다. (2) 두 번째로 저당권을 설정한 B의 권리는 C의 권리에 우선한다. 하지만 (3) 판결로 확정된 법률관계는 그것이 진실한 것으로 취급될 수밖에 없으므로 C의 저당권은 A의 저당권에 우선한다. 여기서 (1)과 (3)이 충돌하지만 확정 판결의 효력 때문에 (3)이 우선할 수밖에 없으므로, 유효하게 고려하여야 하는 (2)와 (3)을 가지고 따져보면 순위는 간단히 정리될 수 있다고 보았다.

파울루스는 A가 제1순위를 회복할 수 없다고 하면서, C가 B보다 우선한다고도 B가 A보다 우선한다고도 인정할 수 없다고 하였다. 라이프니츠는 B가 A보다 우위라고 확언할 수 없다는 점에 대해 비판하였다. B가 C보다 앞설 경우에 C가 A보다 앞선다면, B는 A보다 앞서는 것이 당연하다는 것이다. 그리고 B가 C보다 후순위가 된다고 가정하는 것은, 판결의 효력이 소송에 관계하지 않은 이에 영향을 미쳐서는 안 된다는 데 위배되는 상황, 곧 파울루스가 피하고자 하는 것을 피하지 못하게 되는 설정이 되기 때문에, 허용될 수 없다고 하였다. 라이프니츠는 이러한 결론이 한 번의 패소로 순위가 두 개나 밀리게 만들지만 부당한 것은 아니라고 말한다. 소송을 잘못한 이에게 두 번 불이익을 주는 것이 잘못이 없는 이에게 한 번 불이익을 주는 것보다 낫기 때문이라는 것이다. 라이프니츠는 파울루스가 현자라는 사실이 의심된다는 익살까지 부린다.

라이프니츠의 이러한 작업은 로마법이 끼친 영향과 함께 그에 대하여 자유롭게 접근했던 당시의 분위기를 짐작하게 해 준다. 18세기 이후에는 로마법 연구의 전통을 기반으로 하여 새로운 이론과 법체계를 성립시키는 발전이 이어진다.

07. 윗글의 내용과 일치하는 것은?

① 12세기의 법학자들은 파울루스의 학설에 대하여 시대적 간극을 초월하여 받아들일 수 있는 이성적인 결과물로 여겼다.

② 13세기에는 「학설휘찬」보다 앞서 편찬된 『로마법대전』이 주요한 연구 대상으로 선택되었다.

③ 17세기 이후의 법학은 당시의 실정에 맞지 않는 로마법에 대한 연구를 버리고 법률 실무를 중심으로 한 새로운 방법론을 추구하였다.

④ 라이프니츠가 활동하던 시기에는 「학설휘찬」에 대한 비판이 금기시되었다.

⑤ 라이프니츠는 로마법을 역사적 사료로 보기보다는 시공을 뛰어넘어 적용할 수 있는 보편적인 법전으로 보았다.

08. [가]에 대한 추론으로 적절하지 않은 것은?

① B와 C 사이의 소송에서 B는 자신이 C보다 먼저 저당권을 설정하였기 때문에 자신이 선순위자라고 주장하였을 것이다.

② B와 C 사이의 소송에서 C는 A가 B보다 먼저 저당권을 설정하였다는 것을 기초로 하여 자신이 B보다 선순위자라고 주장하였을 것이다.

③ ㉠은 C의 순위가 A에 우선한다는 판결이 B에게는 효력이 없다는 입장이다.

④ ㉡은 A와 C 사이에 내려진 판결이 A, B, C 모두의 순위를 바꾸는 것으로 판결한 것은 아니라는 입장이다.

⑤ ㉠과 ㉡ 모두 A와 C 사이에 내려진 판결의 효력은 인정해야 한다고 전제한다.

09. ⓐ가 한 논증 과정에서 나타나지 않은 것은?

① 저당권의 순위는 B, C, A의 순으로 놓인다는 결론을 내렸다.

② 확정 판결의 효력이 실질적 법률관계에 우선한다는 점을 전제로 삼았다.

③ 저당권의 우선순위는 먼저 설정된 순서로 정해진다는 로마법의 원칙이 부당하다는 것을 확인하였다.

④ 파울루스가 논의한 사안을 정리한 결과, A가 제1순위라는 내용과 A가 제1순위가 아니라는 내용의 충돌이 일어나자 그 모순을 해결하였다.

⑤ 권리를 입증하지 못하여 패소한 이가 이후에 자신이 당사자가 아닌 소송의 판결 때문에 거듭 불이익을 받을 수 있다는 결론이 도출되지만, 그것이 부당하지 않다고 보았다.

법률은 언어로 기술되어 있다. 따라서 법조문의 의미도 원칙적으로 그 사회의 언어 문법에 따라 이해되어야 한다. 하지만 필요에 따라 법조문의 문법 단위들은 일반적 의미를 넘어서는 개념으로 나아가기도 한다. '-물(物)'은 물건이나 물질이라는 사전적 의미를 갖는 형태소인데, '창문(窓門)'의 '창'이나 '문'같이 독자적으로 쓰일 수 있는 자립형태소가 아니라 '동화(童話)'의 '동'과 '화'처럼 다른 어근과 결합할 필요가 있는 의존형태소이다. 이 '물'의 의미가 학설과 판례에서 그리고 입법에서도 새롭게 규정되어 가는 모습을 법의 세계에서 발견할 수 있다.

형사소송법은 압수의 대상을 "증거물 또는 몰수할 것으로 사료되는 물건"으로 정하고 "압수물"이라는 표현도 사용하고 있어서, 전통적으로 압수란 유체물(有體物)에 대해서만 가능한 것으로 이해되었다. 그런데 디지털 증거가 등장하고 그 중요성이 날로 높아짐에 따라 변화가 일게 되었다. 디지털 증거는 유체물인 저장 매체가 아니라, 그에 담겨 있으면서 그와 구별되는 무형의 정보 자체가 핵심이다. 또한 저장 매체 속에는 특정 범죄 사실에 관련된 정보 외에 온갖 사생활의 비밀까지 담긴 일도 많다. 그리하여 정보 그 자체를 압수해야 한다는 인식이 생겨났고, 마침내 출력이나 복사도 압수 방식으로 형사소송법에 규정되었다. 민사소송에서 증거조사의 대상이 되는 문서는 문자나 기호, 부호로써 작성자의 일정한 사상을 표현한 유형물이라 이해된다. 이 때문에 문자 정보를 담고 있는 자기 디스크 등을 문서로 볼 수 있는지에 대한 논쟁이 일었다. 이를 해결하기 위해 민사소송법 제374조에 "정보를 담기 위하여 만들어진 물건"에 대한 규정을 두게 되었지만, 여전히 매체 중심의 태도를 유지하고 있어서, 일찍이 정보 자체를 문서로 인정한 다른 여러 법률들과 대비된다. 최근에 제정된 법률에서는 위 조항에 대한 특칙을 두어 정보 자체를 문서로서 증거조사할 수 있는 근거도 마련되었다.

형법은 문서, 필름 등 물건의 형태를 취하는 음란물의 제조와 유포를 처벌하도록 하고 있다. 판례는 음란한 영상을 수록한 디지털 파일 그 자체는 유체물이 아니므로 음란물로 볼 수 없다고 보았다. 하지만 사회 문제로 대두된 아동 포르노그래피의 유포를 차단하기 위해 신설된 법령에서는 필름·비디오물·게임물 외에 통신망 내의 음란 영상에 대하여도 '아동·청소년 이용 음란물'로 규제한다. 비디오물과 게임물의 개념도 변화를 겪어 왔다. 과거에 게임 관계 법령에서 비디오물은 "영상이 고정되어 있는 테이프나 디스크 등의 물체"로 정의되었고, 게임물은 이에 포함되었다. 이후에 게임 산업이 발전하면서 새로운 법률을 제정하여 게임물에 대한 독자적 정의를 마련할 때, 유체물에 고정되어 있는지를 따지지 않는 영상물로 규정하기 시작하였다. 이 과정에서 게임물과 개념적으로 분리된 비디오물은 종전처럼 다루어질 수밖에 없었다. 하지만 곧이어 관련 법령이 정비되어 이 또한 "연속적인 영상이 디지털 매체나 장치에 담긴 저작물"이라 정의하게 되었다.

판례는 또한 재산 범죄인 장물죄에서 유통이 금지된 장물의 개념을 재물, 곧 취득한 물건 그 자체로 본다. 그러면서 전기와 같이 '관리할 수 있는 동력'은 장물이 될 수 있다고 한다. 그런데 동력에 대하여 재물로 간주하는 형법 제346조를 절도와 강도의 죄, 사기와 공갈의 죄, 횡령과 배임의 죄, 손괴죄에서는 준용하고 있지만, 장물죄에서는 그렇지 않다. 판례는 위 조문이 주의를 불러일으키는 기능을 할 뿐이라 보는 것이다. 그런데 재물을 팔아서 얻은 무언가는 이미 동일성을 상실한 탓에 더 이상 장물이 아니라 하였다. 또한 물건이 아닌 재산상 가치인 것을 취득했다고 해도 그 역시 장물은 아니라고 보았는데, 이에 대해서는 ㉠비판이 있다. 오늘날 금융 거래 환경에서 금전이 이체된 예금계좌상의 가치가 유체물인 현금과 본질적으로 다르지 않다는 것이다. 언어의 의미는 사전에 쓰인 정의대로 고정되어 있기만 한 것이 아니라, 사람들이 그것을 사용하기에 따라 항상 새롭게 규정되는 것이며, 언어를 통해 비로소 인식되는 법의 의미도 마찬가지라 할 수 있다.

10. 윗글의 내용과 일치하는 것은?

① 디지털 정보는 그것을 담고 있는 매체와 결합되어 있다는 특성 때문에 저장 장치를 압수하는 방식으로 압수 절차가 이루어져야 한다는 한계가 있다.

② 전자적 형태의 문자 정보는 문자나 기호로 되어 있지 않은 문서이기 때문에 정보 자체만을 증거조사의 대상으로 삼을 수 없다.

③ 형법상 음란물은 유체물인 반면에 아동·청소년 이용 음란물은 무체물이란 점에서 양자의 차이가 있다.

④ 비디오물은 영상이 매체나 장치에 담긴 저작물이라 정의되면서 유체물에 고정되어 있는지를 따질 필요가 없게 되었다.

⑤ 게임물에 관한 입법의 변천 과정은 규제의 중심이 콘텐츠에서 매체로 옮겨갔음을 보여 준다.

11. ㉠의 대상으로 가장 적절한 것은?

① 장물을 팔아서 생긴 현금을 장물죄의 적용 대상으로 보지 않는다는 태도

② 장물의 개념을 범죄로 취득한 물건 그 자체로 한정하여서는 안 된다는 태도

③ 관리할 수 있는 전기도 현행 형법상 장물죄에서 규율하는 재물로 인정한다는 태도

④ 은행 계정에 기록된 자산 가치에 대해서 장물죄의 규정을 적용하지 않는다는 태도

⑤ 장물죄에서 형법 제346조의 준용이 없더라도 그 죄에서 규정하는 재물에는 동력이 포함된다는 태도

12. 윗글을 바탕으로 <보기>를 설명할 때, 가장 적절한 것은?

─────〈보 기〉─────

형법 제129조 제1항은 "공무원 또는 중재인이 그 직무에 관하여 뇌물을 수수, 요구 또는 약속한 때에는 5년 이하의 징역 또는 10년 이하의 자격정지에 처한다."라고 규정한다. 이에 대한 근래의 판결에 "뇌물죄에서 뇌물(賂物)의 내용인 이익이라 함은 금전, 물품 기타의 재산적 이익뿐만 아니라 사람의 수요·욕망을 충족시키기에 족한 일체의 유형·무형의 이익을 포함하며, 제공된 것이 성적 욕구의 충족이라고 하여 달리 볼 것이 아니다."라는 판시가 있었다.

① '뇌물'에서의 '물'은 사전적 의미보다 축소된 개념으로 해석되는 문법 단위이다.

② '뇌물'과 '장물'에서의 '물'은 자립형태소와 결합하지 않았다는 점에서, '증거물'에서의 '물'과 차이가 있다.

③ '게임물'에서의 '물'은 물건에 한정되는 개념으로 변화함으로써 '뇌물'에서의 '물'보다 좁은 의미를 갖게 되었다.

④ '뇌물'로 보는 대상에는 재물뿐 아니라 광범위한 이익까지 인정되므로, '뇌물'에서의 '물'과 '장물'에서의 '물'은 동일한 의미를 가진다.

⑤ '압수물'의 개념 변화는 압수 방식을 새롭게 해석한 결과라는 점에서, '뇌물'에서 '물'의 의미 변화가 입법으로 규정한 결과라는 것과 차이가 있다.

5·16 군사쿠데타 이후 집권세력은 '부랑인'을 일소하여 사회의 명랑화를 도모한다는 명분 아래 사회정화사업을 벌였다. 무직자와 무연고자를 '개조'하여 국토 건설에 동원하려는 목적으로 〈근로보도법〉과 〈재건국민운동에 관한 법률〉을 제정·공포했다. 부랑인에 대한 사회복지 법령들도 이 무렵 마련되기 시작했는데, 〈아동복리법〉에 '부랑아보호시설' 관련 규정이 포함되었고 〈생활보호법〉에도 '요보호자'를 국영 또는 사설 보호시설에 위탁할 수 있음이 명시되었다.

실질적인 부랑인 정책은 명령과 규칙, 조례 형태의 각종 하위 법령에 의거하여 수행되었다. 특히 ㉠〈내무부훈령 제410호〉는 여러 법령에 흩어져있던 관련 규정들을 포괄하여 부랑인을 단속 및 수용하는 근거 조항으로 기능했다. 이는 걸인, 껌팔이, 앵벌이를 비롯하여 '기타 건전한 사회 및 도시 질서를 저해하는 자'를 모두 '부랑인'으로 규정했다. 헌법, 법률, 명령, 행정규칙으로 내려오는 위계에서 행정규칙에 속하는 훈령은 상급 행정기관이 하급 기관의 조직과 활동을 규율할 목적으로 발하는 것으로서, 원칙적으로는 대외적 구속력이 없으며 예외적인 경우에만 법률의 위임을 받아 상위법을 보충한다. 위 훈령은 복지 제공을 목적으로 한 〈사회복지사업법〉을 근거 법률로 하면서도 거기서 위임하고 있지 않은 치안유지를 내용으로 한 단속 규범이다. 이를 통한 인신 구속은 국민의 자유와 권리를 필요한 경우 국회에서 제정한 법률로써 제한하도록 규정한 헌법에 위배되는 것이기도 하다.

1961년 8월 200여 명의 '부랑아'가 황무지 개간 사업에 투입되었고, 곧이어 전국 곳곳에서 간척지를 일굴 개척단이 꾸려졌다. 1950년대 부랑인 정책이 일제 단속과 시설 수용에 그쳤던 것과 달리, 이 시기부터 국가는 부랑인을 과포화 상태의 보호시설에 단순히 수용하기보다는 저렴한 노동력으로 개조하여 국토 개발에 활용하고자 했다. 1955년부터 통계 연표에 수록되었던 '부랑아 수용보호 수치 상황표'가 1962년에 '부랑아 단속 및 조치 상황표'로 대체된 사실은 이러한 변화를 시사한다.

이 같은 정책 시행의 결과로 부랑인은 과연 '개조'되었는가? 개척의 터전으로 총진군했던 부랑인 가운데 상당수는 가혹한 노동 조건이나 열악한 식량 배급, 고립된 생활 등을 이유로 중도에 탈출했다. 토지 개간과 간척으로 조성된 농지를 분배 받기를 희망하며 남아 있던 이들은 많은 경우 약속된 땅을 얻지 못했으며, 토지를 분배 받은 경우라도 부랑인 출신이라는 딱지 때문에 헐값에 땅을 팔고 해당 지역을 떠났다. 사회복지를 위한 제도적 기반이 충분히 갖추어져 있지 않은 상황에서 사회법적 '보호' 또한 구현되기 어려웠다. 〈아동복리법 시행령〉은 부랑아 보호시설의 목적을 '부랑아를 일정 기간 보호하면서 개인의 상황을 조사·감별하여 적절한 조치를 취함'이라 규정했으나, 전문적인 감별 작업이나 개별적 특성과 필요를 고려한 조치는 드물었고 규정된 보호 기간이 임의로 연장되기도 했다. 신원이 확실하지 않은 자들을 마구잡이로 잡아들임에 따라 수용자 수가 급증한 국영 또는 사설 복지기관들은 국가보조금과 민간 영역의 후원금으로 운영됨으로써 결국 유사 행정기구로 자리매김했다. 그중 일부는 국가보조금을 착복하는 일도 있었다.

국가는 〈근로보도법〉과 〈재건국민운동에 관한 법률〉 등을 제정하여 부랑인을 근대화 프로젝트에 활용할 생산적 주체로 개조하고자 하는 한편, 그러한 생산적 주체에 부합하지 못하는 이들은 〈아동복리법〉이나 〈생활보호법〉의 보호 대상으로 삼았다. 또한 각종 하위 법령을 통해 부랑인을 '예비 범죄자'나 '우범 소질자'로 규정지으며 인신 구속을 감행했다. 갱생과 보호를 지향하는 법체계 내부에 그 갱생과 보호의 대상을 배제하는 기제가 포함되어 있었던 것이다.

국가는 부랑인으로 규정된 개개의 국민을 경찰력을 동원해 단속·수용하고 복지기관을 통해 규율했을 뿐만 아니라, 국민의 인권과 복리를 보장할 국가적 책무를 상당 부분 민간 영역에 전가시킴으로써 비용 절감을 추구했다. 당시 행정당국의 관심은 부랑인 각각의 궁극적인 자활과 갱생보다는 그가 도시로부터 격리된 채 자활·갱생하고 있으리라고 여타 사회구성원이 믿게끔 하는 데에 집중되었던 것으로 보인다. 부랑인은 사회에 위협을 가하지 않을 주체로 길들여지는 한편, 국가가 일반 시민으로부터 치안 관리의 정당성을 획득하기 위한 명분을 제공했다.

13. 윗글의 내용과 일치하는 것은?

① 부랑인 정책은 갱생 중심에서 격리 중심으로 초점이 옮겨갔다.

② 부랑아의 시설 수용 기간에 한도를 두는 규정이 법령에 결여되어 있었다.

③ 부랑인의 수용에서 행정기관과 민간 복지기관은 상호 협력적인 관계였다.

④ 개척단원이 되어 도시를 떠난 부랑인은 대체로 개척지에 안착하여 살아갔다.

⑤ 부랑인 정책은 치안 유지를 목적으로 하여 사회복지 제공의 성격을 갖지 않았다.

14. ㉠에 대한 비판으로 적절하지 않은 것은?

① 상위 규범과 하위 규범 사이의 위계를 교란시켰다.

② 근거 법령의 목적 범위를 벗어나는 사항을 규율했다.

③ 법률을 제정하는 국회의 입법권을 행정부에서 침해하는 결과를 초래했다.

④ 부랑인을 포괄적으로 정의함으로써 과잉 단속의 근거로 사용될 여지가 있었다.

⑤ 부랑인 단속을 담당하는 하급 행정기관이 훈령을 발한 상급 행정기관의 지침을 위반하도록 만들었다.

15. <보기>의 내용을 윗글에 적용한 것으로 적절하지 않은 것은?

―〈보 기〉―

국가는 방역과 예방 접종, 보험, 사회부조, 인구조사 등 각종 '안전장치'를 통해 인구의 위험을 계산하고 조절한다. 그 과정에서 삶을 길들이고 훈련시켜 효용성을 최적화함으로써 '순종적인 몸'을 만들어내는 기술이 동원된다. 이를 통해 정상과 비정상, 건전 시민과 비건전 시민의 구분과 위계화가 이루어지고 '건전 사회의 적'으로 상정된 존재는 사회로부터 배제된다. 이는 변형된 국가인종주의의 발현으로 이해할 수도 있다. 고전적인 국가인종주의가 선천적이거나 역사적으로 구별되는 인종을 기준으로 이원 사회로 분할하는 특징이 있다면, 변형된 국가인종주의는 단일 사회가 스스로의 산물과 대립하며 끊임없이 '자기 정화'를 추구한다는 점에서 차이가 있다.

① 부랑인을 '우범 소질'을 지닌 잠재적 범죄자로 규정한 것은 한 사회의 '자기 정화'를 보여준다고 할 수 있다.

② 부랑인을 '개조'하여 국토 개발에 동원하고자 한 것은 삶을 길들이고 훈련시키는 기획을 보여준다고 할 수 있다.

③ 부랑인을 생산적 주체와 거기에 이르지 못한 주체로 구분 지은 것은 변형된 국가인종주의의 특징을 보여준다고 할 수 있다.

④ 치안관리라는 명분을 위해 부랑인의 존재를 이용한 것은 건전 시민과 비건전 시민의 구분과 위계화를 보여준다고 할 수 있다.

⑤ 부랑인의 갱생을 지향하는 법체계에 배제의 기제가 내재된 것은 '순종적인 몸'을 만들어내는 기술과 '안전장치'가 배척 관계임을 보여준다고 할 수 있다.

정답 및 해설 p.22

제재 3 경제학

1 제재 소개

경제학은 일반적으로 문과 학문 분과에 속하면서도 수학적인 방법론을 사용한다는 양가적인 속성을 지니고 있기 때문에, ① 개념의 범주화를 통한 논리 전개를 통해서 문제가 출제될 수도 있고(2022년의 경우), ② 그래프와 도표를 동반한 수치계량적인 논리 전개를 통해서 문제가 출제될 수도 있으며(2021년, 2023년의 경우), 앞으로 ①과 ②가 혼용되어 출제될 가능성도 충분합니다.

그런데 2010년대에는 ②의 경향성을 띠는 경제학 지문이 전체 문제에서 가장 오답률이 높은 고난도 지문으로 출제되는 경우가 빈번했었는데, 2019년 이후 경제학 지문의 특성이 ②보다는 ①의 유형으로 변하게 되면서 경제학 지문의 난도 자체는 오히려 감소한 편입니다. 특히 미시경제학이나 거시경제학의 일반적인 이론을 담은 지문들을 기피하는 경향이 나타났으며, 법과 제도에 대한 경제학의 논의를 다루고 있는 **법경제학/제도경제학**의 영역에서 주로 문제가 출제되는 경향을 보이고 있습니다. 이는 경제학 학부 과정에서 다루는 일반 이론을 지문에 반영할 경우에 특정 전공의 배경지식을 가진 학생이 유리하게 될 가능성을 배제하기 위해서라고 추론하고 있습니다. 또한 법학 적성 시험이라는 특성상 법과 제도에 대한 경제학적 논의를 다루는 것이 더욱 적합하다고 판단하였을 수도 있습니다.

따라서 앞으로 경제학에 대한 일반 이론이 소재로 출제되기보다는, 경제학의 논의를 법과 제도와 관련한 구체적인 사안과 연관 짓는 소재가 출제될 것이기 때문에 배경지식을 갖추어 준비하겠다는 태도보다는 LEET형 지문의 논지 전개 패턴에 맞게 독해하겠다는 전략이 최근 경제학 지문의 출제 경향에 더욱 적합해 보입니다. 즉, 그래프와 가설이 등장하면 그 패턴에 맞게 지문을 읽어야 하고, 개념과 범주화 중심의 논증적 지문이 등장하면 그에 맞게 지문을 읽어야 한다는 것입니다. 다만, 경제학 지문을 수월하게 읽으려면 경제 신문을 읽고 이해할 수 있을 정도의 최소한의 배경지식은 갖추어져야 한다고 생각합니다. 수요와 공급의 원리나 소유와 지배의 분리 등과 같은 경제학의 기본적인 원리, 혹은 환율과 주가의 개념 정도는 익혀두는 것이 필요합니다. 또한, 최근의 LEET 언어이해 출제 경향은 데이터과학에서 과학 지문이 출제되는 경향이 나타나고 있는데, 계량경제학의 기초적인 배경지식이 갖추어지면 도움이 될 수 있으리라고 봅니다. 가령 2022년 LEET 언어이해에 출제되었던 'K-민즈 클러스터링' 지문의 경우 계량경제학의 최소자승법을 알고 있었다면 보다 빠르게 이해할 수 있었던 소재였습니다.

경제학 지문은 단일한 이론 체계를 제시하는 경우가 많기 때문에, **이론제시형 지문**의 특성을 띠는 경우가 가장 많습니다. 학술비교형 지문으로 출제되는 경우에도 중심 이론의 비중이 굉장히 높은 특성을 띠게 됩니다. 따라서 단일한 이론의 총체적인 설명 체계를 (그래프가 주어지는 경우) 그래프와 연관 지어 이해하는 것이 가장 중요하며, 그러한 이해를 목표로 지문을 독해해 나가야 할 것입니다.

2 대표 기출문제

출제시기	세부 제재	소재 및 문제 번호
2023학년도	제도경제학	제도가능곡선 모델(홀수형 19~21번)
2022학년도	경제법	벌리의 소유와 지배 개념(홀수형 19~21번)
2021학년도	제도경제학	빈곤 퇴치와 경제성장에 대한 다양한 이론(홀수형 22~24번)
2020학년도	제도경제학	헨리 조지의 토지가치세(홀수형 13~15번)
2019학년도	행동경제학	심적 회계(홀수형 16~18번)
2018학년도	법경제학	윌리엄슨의 기업 이론(홀수형 26~29번)
2017학년도	금융경제학	금융위기의 네 가지 원인(홀수형 14~17번)
2016학년도	노동경제학	골딘과 카츠의 교육과 기술의 경주 이론(홀수형 26~28번)
2015학년도	국제경제학	파레토 최적(홀수형 04~06번)
2014학년도	금융경제학	증권화와 세계 금융 위기의 책임(홀수형 01~03번)
2013학년도	국제경제학	최적통화지역 이론(홀수형 07~09번)
2012학년도	투자론	모딜리아니-밀러 자본 모델 이론(홀수형 18~20번)
2011학년도	투자론	민간의 채무 계약(홀수형 04~05번)
2010학년도	투자론	주가 이론의 패러다임의 전환(홀수형 04~06번)

③ 독해 전략

STEP 1 | 지문의 서론에서 문제 삼는 경제 현상과 개념이 경제학의 이론적 틀에서 정의되는 방식을 파악한다.

✔ 경제학은 현실에 존재하는 어떠한 현상을 설명하기 위해서 이론적 틀이 제시되는 경우가 많다. 그것이 문제 삼는 현상이 구체적으로 어떠한 내용인지를 파악하는 게 중요하다.

✔ 노동, 자본, 교육, 여가 등의 개념들이 일상어법에서 지니는 의미가 그대로 경제학에서 사용되는 것이 아니라 경제학의 독특한 이론적 틀에서 일상어들이 새롭게 정의되기 때문에 그 차이를 구분해 낼 수 있어야 한다.

▼

STEP 2 | 지문의 패턴을 파악한 후 지문의 패턴에 따라 제기되는 여러 이론들의 입장 차이를 정리한다.

✔ 경제학은 수학이나 과학처럼 답이 정해진 학문이 아니라, 학계에서 여전히 단일한 현상에 대해 여러 학설과 입장들이 대립하고 부딪치고 있다. 따라서 경제학 지문의 대부분은 하나의 현상에 대해서 다양한 학설들이 제기되는 '학설비교형'의 패턴을 띄는 경우가 많다. 제시되는 이론의 개수에 따라 '학설비교형', '패러다임형', '이론제시형' 중 어느 패턴에 해당하는지를 확인하고 그에 따른 독해 전략을 사용해야 한다.

▼

STEP 3 | 가장 마지막 단락에 등장하는 것이 가장 유력한 경제학 학설인 경우가 많으므로, 여러 학설들의 대립이 집약되는 최종 학설의 이론적 입장을 확인한다.

✔ 경제학 지문에서 글의 흐름은 여러 이론들이 제시되다가 가장 마지막 단락에 제시되는 이론이 가장 유력한 이론인 경우가 많다. 따라서 가장 마지막 단락에 제시되는 이론이 가장 깊이 있고 자세하게 내용 제시가 되며 그 이론에 대해서 가장 심화된 문제(주로 3번 문제)가 출제될 가능성이 높다. 따라서 마지막 단락 이론의 핵심 원리를 이해하고 이를 구체적으로 문제와 연관 지어 해석하도록 한다.

이 문제는 반드시 출제된다!

• **모델링 적용**: 사회과학으로서 경제학은 방법론으로서 모델링을 자주 사용한다. 따라서 수치계량화된 모델을 제시한 후 지문의 내용을 적용하는 문제가 자주 출제된다.

4 문제에 적용해보기

독해 전략을 적용하여 연습문제를 풀이해 봅시다.

연습문제 1

[01~03] 다음 글을 읽고 물음에 답하시오.

22 LEET 문19~21

📋 **지문 요약 연습**

연습문제를 풀이하면서 지문의 각 문단을 요약해 보세요.

　오늘날 교과서적 견해에서 '소유와 지배의 분리'라는 개념은 전문 경영인 체제의 확립을 가리키지만 그로 인한 주주와 경영자 사이의 이해 상충을 내포한다. 다시 말해 주식 소유의 분산으로 인해 창업자 가족이나 대주주의 영향력이 약해져 경영자들이 회사 이윤에 대한 유일한 청구권자인 주주의 이익보다 자신들의 이익을 앞세우는 문제의 심각성을 강조하는 개념이다. 그러나 ⊙벌리가 이 개념을 처음 만들었을 때 그 의미는 달랐다. 그는 '회사체제'라는 현대 사회의 재산권적 특징을 포착하고자 이 개념을 고안했다. 그에게 있어서 '소유', 지배, '경영'은 각각 (1) 사업체에 대한 이익을 갖는 기능, (2) 사업체에 대한 권력을 갖는 기능, (3) 사업체에 대한 행위를 하는 기능을 지칭하는 개념이지 각 기능의 담당 주체를 지칭하는 것이 아니다.

　벌리에 따르면 산업혁명 이전에는 이 세 기능이 통합된 경우가 일반적이었는데 19세기에 많은 사업체들에서 소유자가 (1)과 (2)를 수행하고 고용된 경영자들이 (3)을 수행하는 방식으로 분리가 일어났다. 20세기 회사체제에서는 많은 사업체들에서 (2)가 (1)에서 분리되었다. 이제 (1)은 사업체의 소유권을 나타내는 증표인 주식을 소유하는 것, 즉 비활동적 재산의 점유가 되었고, (2)는 물적 자산과 사람들로 조직된 살아 움직이는 사업체를 어떻게 사용할지를 결정하는 것, 즉 활동적 재산의 점유가 되었다. 주식 소유가 다수에게 분산된 회사에서 (2)는 창업자나 그 후손, 대주주, 경영자, 혹은 모회사나 지주회사의 지배자 등 이사를 선출할 힘을 가진 다양한 주체에 의해 수행될 수 있다. 사기업에서는 통합되어 있던 위험 부담 기능과 회사 지배 기능이 분리되어 주주와 지배자에게 각각 배치됨으로써 회사라는 생산 도구는 전통적인 사유재산으로서의 의미를 잃게 되었다. 이런 의미에서 벌리는 소유와 지배가 분리된 현대 회사를 준공공회사라고 불렀다.

　소유와 지배가 분리된 회사는 누구를 위해 운영되어야 하는가? 벌리는 이 질문에 대해 가능한 세 가지 답을 검토한다. 첫째, 재산권을 불가침의 권리로 간주하는 전통적인 법학의 논리에 입각한다면 회사가 오로지 주주의 이익을 위해서만 운영되어야 한다는 견해가 도출될 수밖에 없다. 그러나 자신의 재산에 대한 지배를 수행하는 소유자가 그 재산으로부터 나오는 이익을 전적으로 수취하는 것이 보호되어야 한다고 해서, 자신의 재산에 대한 지배를 포기한 소유자도 마찬가지로 이익의 유일한 청구권자가 되어야 한다는 결론을 도출하는 것은 잘못이다.

　둘째, 전통적인 경제학의 논리에 입각하면 회사는 지배자를 위해 운영되어야 한다는 견해가 도출될 수밖에 없다. 왜냐하면 경제학은 전통적인 법학과 달리 재산권의 보호 자체를 목적으로 보는 것이 아니라 재산권의 보호를 사회적으로 바람직한 목적을 위한 수단으로 보기 때문이다. 재산권을 보호하는 이유가 재산의 보장 자체가 아니라 부를 얻으려는 노력을 유발하는 사회적 기능 때문이라면, 회사가 유용하게 사용되도록 하기 위해서는 회사를 어떻게 사용할지를 결정하는 지배자의 이익을 위해 회사가 운영되어야 한다. 그러나 위험을 부담하지 않는 지배자를 위해 회사가 운영되는 것은 최악의 결과를 낳는다.

　셋째, 이처럼 법학과 경제학의 전통적인 논리를 소유와 지배가 분리된 회사체제에 그대로 적용했을 때 서로 다른 그릇된 결론들이 도출된다는 것은 두 학문의 전통적인 논리들이 전제하고 있는 19세기의 자유방임 질서가 회사체제에 더 이상 타당하지 않음을 보여준다. 자유방임 질서가 기초하고 있던 사회가 회사체제 사회로 변화된 상황에서는, 회사가 '지배자를 위해 운영되어야 한다'는 견해는 최악의 대안이고 '주주를 위해 운영되어야 한다'는 견해는 차악의 현실적인 대안일 뿐이다. 결국 회사체제에서 회사는 공동체의 이익을 위해 운영되어야 한다는 것이 벌리의 결론이다.

★ 선생님 TIP

신인의무(Fiduciary Duty)

본인의 이익에 비해 본인을 믿고 본인에게 일을 맡긴 사람의 이익을 더 우선시해야 하는 의무를 의미하며, 주주와 경영자의 관계 혹은 변호인과 의뢰인의 관계 등에서 적용될 수 있는 개념에 해당합니다.

하지만 이를 뒷받침할 법적 근거가 마련되지 않거나, 이를 실현할 합리적인 계획들을 공동체가 받아들일 준비가 안 된 상황에서는, 회사법 영역에서 경영자의 신인의무의 대상, 즉 회사를 자신에게 믿고 맡긴 사람의 이익을 자신의 이익보다 우선해야 하는 의무의 대상을 주주가 아닌 다른 이해 관계자들로 확장해서는 안 된다고 벌리는 주장했다. 이 때문에 그는 회사가 주주를 위해 운영되어야 한다는 견해를 지지했던 것으로 흔히 오해된다. 그러나 회사법에서 주주 이외에 주인을 인정하지 않아야 한다고 그가 주장한 이유는 주인이 여럿이면 경영자들이 누구도 섬기지 않게 되고 회사가 경제적 내전에 빠지게 될 것이며 경제력이 집중된 회사 지배자들의 사회적 권력을 키워주는 결과를 낳을 것이라고 보았기 때문이다. 그는 회사법 영역에서 주주에 대한 신인의무를 경영자뿐 아니라 지배자에게도 부과하여 지배에 의한 회사의 약탈로부터 비활동적 재산권을 보호하는 것이 회사가 공동체의 이익을 위해 운영되도록 하기 위한 출발점이라고 보았다. 그리고 소득세법이나 노동법, 소비자보호법, 환경법 등과 같은 회사법 바깥의 영역에서 공동체에 대한 회사의 의무를 이행하도록 하는 현실적인 시스템을 마련하고 정착시킴으로써 사회의 이익에 비활동적 재산권이 자리를 양보하도록 만들 수 있다고 보았다.

사실 확인

01. 윗글의 내용에 비추어 볼 때 적절하지 <u>않은</u> 것은?

① 소유와 지배의 분리에 대한 오늘날 교과서적 견해는 전통적인 법학 논리에 입각한 견해를 받아들이고 있다.

② 벌리는 회사법에서 회사의 사회적 책임을 강조할 경우 회사 지배자들의 권력을 키워주는 결과를 낳는다고 보았다.

③ 전통적인 경제학의 논리에 따르면 사회적으로 가장 좋은 결과를 낳을 수 있도록 재산권이 인정되는 것이 바람직하다.

④ 벌리에 따르면 주주가 회사 이윤에 대한 유일한 청구권자가 아니기 때문에 경영자의 신인의무 대상을 주주로 한정해서는 안 된다.

⑤ 벌리와 달리 오늘날 교과서적 견해에 따르면 대주주의 영향력이 강해지는 것이 소유와 지배의 분리에 따른 문제를 해결하는 데 도움이 될 수 있다.

02. 지배 에 대한 ㉠의 생각으로 적절하지 <u>않은</u> 것은?

① 준공공회사에서는 공동체의 이익을 위해 수행되는 기능이다.

② 전통적인 의미의 사유재산에서는 소유자가 수행하는 기능이다.

③ 회사체제의 회사에서 이 기능의 담당자는 위험을 부담하지 않는다.

④ 회사체제의 회사에서는 활동적 재산을 점유한 자가 수행하는 기능이다.

⑤ '경영'의 담당자에 의해 수행될 수도 있다고 인정하지만 '경영'과 동일시하지 않는다.

03. <보기>의 '뉴딜'에 대해 ㉠이 보일 반응으로 적절하지 <u>않은</u> 것은?

─〈보 기〉─

금융개혁에 초점을 맞춘 1차 뉴딜은 경영자들과 지배자들에게 주주에 대한 신인의무를 부과함으로써 주주의 재산권을 엄격하게 보호하는 원칙을 확립했다. 노사관계와 사회보장 등의 분야로 개혁을 확장했던 2차 뉴딜은 노동조합을 통한 노동자들의 제반 권리를 합법화했고 실업수당의 보장 수준과 기간을 강화했으며 사회보장제도를 확립했다. 이러한 1차 뉴딜과 2차 뉴딜의 차이점 때문에 뉴딜은 흔히 체계적인 청사진 없이 임기응변식으로 마련된 일관성 없는 정책들의 연속이었다고 평가받는다.

① 1차 뉴딜은 지배에 의해 회사가 약탈되는 것을 막기 위한 회사법 영역의 개혁이라고 볼 수 있다.

② 1차 뉴딜은 주주의 이익을 위해 회사가 운영되도록 하는 원칙을 확립한 개혁이라고 볼 수 있다.

③ 2차 뉴딜은 주주의 재산권이 사회의 이익에 자리를 양보하도록 만드는 개혁이라고 볼 수 있다.

④ 2차 뉴딜은 회사가 공동체의 이익을 위해 운영되도록 하기 위한 회사법 바깥 영역의 개혁이라고 볼 수 있다.

⑤ 1차 뉴딜과 2차 뉴딜은 준공공회사로의 변화를 추구한다는 점에서 일관성이 있다고 볼 수 있다.

📖 가이드 & 정답 확인하기

가이드에 따라 지문과 문제를 분석하고 정답을 확인해 봅시다.

STEP 1 지문의 서론에서 문제 삼는 경제 현상과 개념이 경제학의 이론적 틀에서 정의 되는 방식을 파악한다.

[첫 번째 문단] '소유와 지배의 분리'에 대한 오늘날 교과서적 견해와 다른 의미를 내포했던 벌리 의 이론 체계

> 오늘날 교과서적 견해에서 '소유와 지배의 분리'라는 개념은 전문 경영인 체제의 확립을 가 리키지만 그로 인한 주주와 경영자 사이의 이해 상충을 내포한다. 다시 말해 주식 소유의 분 산으로 인해 창업자 가족이나 대주주의 영향력이 약해져 경영자들이 회사 이윤에 대한 유일 한 청구권자인 주주의 이익보다 자신들의 이익을 앞세우는 문제의 심각성을 강조하는 개념 이다. 그러나 ㉠벌리가 이 개념을 처음 만들었을 때 그 의미는 달랐다. 그는 '회사체제'라는 현대 사회의 재산권적 특징을 포착하고자 이 개념을 고안했다. 그에게 있어서 '소유', '지배', '경영'은 각각 (1) 사업체에 대한 이익을 갖는 기능, (2) 사업체에 대한 권력을 갖는 기능, (3) 사업체에 대한 행위를 하는 기능을 지칭하는 개념이지 각 기능의 담당 주체를 지칭하는 것이 아니다.

〈소유와 지배의 분리〉
i) 오늘날 교과서적 견해에 따른 의미: 회사 이윤이 경영자가 아닌 주주에게 귀속되어야 한다는
　　당위성 개념
ii) 벌리의 이론에 따른 의미: 회사체제에서 회사 기능을 세분화한 개념으로 당위성 개념이 내포
　　되지 않음

[두 번째 문단] 소유와 지배가 분리된 준공공회사가 등장하기까지의 통시적 과정과 준공공회사에 서 소유와 지배 기능의 역할

> 벌리에 따르면 산업혁명 이전에는 이 세 기능이 통합된 경우가 일반적이었는데 19세기에 많은 사업체들에서 소유자가 (1)과 (2)를 수행하고 고용된 경영자들이 (3)을 수행하는 방식 으로 분리가 일어났다. 20세기 회사체제에서는 많은 사업체들에서 (2)가 (1)에서 분리되었 다. 이제 (1)은 사업체의 소유권을 나타내는 증표인 주식을 소유하는 것, 즉 비활동적 재산의 점유가 되었고, (2)는 물적 자산과 사람들로 조직된 살아 움직이는 사업체를 어떻게 사용할 지를 결정하는 것, 즉 활동적 재산의 점유가 되었다. 주식 소유가 다수에게 분산된 회사에서 (2)는 창업자나 그 후손, 대주주, 경영자, 혹은 모회사나 지주회사의 지배자 등 이사를 선출 할 힘을 가진 다양한 주체에 의해 수행될 수 있다. 사기업에서는 통합되어 있던 위험 부담 기 능과 회사 지배 기능이 분리되어 주주와 지배자에게 각각 배치됨으로써 회사라는 생산 도구 는 전통적인 사유재산으로서의 의미를 잃게 되었다. 이런 의미에서 벌리는 소유와 지배가 분 리된 현대 회사를 준공공회사라고 불렀다.

구분	(1) 소유	(2) 지배	(3) 경영
산업혁명 이전	(1), (2), (3)이 통합		
19세기	소유자에 의해 수행		경영자에 의해 수행
20세기 준공공회사	• 비활동적 재산의 점유 • 위험 부담 기능 • 주주에 의해 수행	• 활동적 재산의 점유 • 회사 지배 기능 • 다양한 주체에 의해 수행	

[세 번째 문단] 소유와 지배의 분리에 대한 전통적인 법학의 논리와 이에 대한 벌리의 평가

소유와 지배가 분리된 회사는 누구를 위해 운영되어야 하는가?(질문던지기: 학설을 비교하는 쟁점 제시) 벌리는 이 질문에 대해 가능한 세 가지 답을 검토한다. 첫째, 재산권을 불가침의 권리로 간주하는 전통적인 법학의 논리에 입각한다면 회사가 오로지 주주의 이익을 위해서만 운영되어야 한다는 견해가 도출될 수밖에 없다. 그러나 자신의 재산에 대한 지배를 수행하는 소유자가 그 재산으로부터 나오는 이익을 전적으로 수취하는 것이 보호되어야 한다고 해서, 자신의 재산에 대한 지배를 포기한 소유자도 마찬가지로 이익의 유일한 청구권자가 되어야 한다는 결론을 도출하는 것은 잘못이다.(전통적인 법학의 논리에 대한 벌리의 평가)

- 소유와 지배가 분리된 회사(준공공회사)는 누구를 위해 운영되어야 하는가?
  → 전통적인 법학의 견해: 회사는 오로지 주주(1)의 이익을 위해서 운영되어야 한다.
  → 벌리의 평가: 회사의 이익에 대한 청구권자는 소유자(주주)로 한정되어서는 안 된다.

[네 번째 문단] 소유와 지배의 분리에 대한 전통적인 경제학의 논리와 이에 대한 벌리의 평가

둘째, 전통적인 경제학의 논리에 입각하면 회사는 지배자를 위해 운영되어야 한다는 견해가 도출될 수밖에 없다. 왜냐하면 경제학은 전통적인 법학과 달리 재산권의 보호 자체를 목적으로 보는 것이 아니라 재산권의 보호를 사회적으로 바람직한 목적을 위한 수단으로 보기 때문이다. 재산권을 보호하는 이유가 재산의 보장 자체가 아니라 부를 얻으려는 노력을 유발하는 사회적 기능 때문이라면, 회사가 유용하게 사용되도록 하기 위해서는 회사를 어떻게 사용할지를 결정하는 지배자의 이익을 위해 회사가 운영되어야 한다. 그러나 위험을 부담하지 않는 지배자를 위해 회사가 운영되는 것은 최악의 결과를 낳는다.(전통적인 경제학의 논리에 대한 벌리의 평가)

- 소유와 지배가 분리된 회사(준공공회사)는 누구를 위해 운영되어야 하는가?
  → 전통적인 경제학의 견해: 회사는 오로지 지배자(2)의 이익을 위해서 운영되어야 한다.
  → 벌리의 평가: 지배자를 위해서 회사가 운영되는 것은 최악의 결과를 낳는다.

[다섯 번째 문단] 회사체제에서 회사는 공동체의 이익을 위해 운영되어야 한다는 벌리의 결론

셋째, 이처럼 법학과 경제학의 전통적인 논리를 소유와 지배가 분리된 회사체제에 그대로 적용했을 때 서로 다른 그릇된 결론들이 도출된다는 것은 두 학문의 전통적인 논리들이 전제하고 있는 19세기의 자유방임 질서가 회사체제에 더 이상 타당하지 않음을 보여준다. 자유방임 질서가 기초하고 있던 사회가 회사체제 사회로 변화된 상황에서는, 회사가 '지배자를 위해 운영되어야 한다'는 견해는 최악의 대안이고 '주주를 위해 운영되어야 한다'는 견해는 차악의 현실적인 대안일 뿐이다. 결국 회사체제에서 회사는 공동체의 이익을 위해 운영되어야 한다는 것이 벌리의 결론이다.

STEP 3 가장 마지막 단락에 등장하는 것이 가장 유력한 경제학 학설인 경우가 많으므로, 여러 학설들의 대립이 집약되는 최종 학설의 이론적 입장을 확인한다.

[여섯 번째 문단] 회사법 내의 영역에서는 주주의 이익에 따라, 회사법 외부의 영역에서는 공동체의 이익에 따라 회사가 운영되어야 한다는 벌리의 결론

하지만 이를 뒷받침할 법적 근거가 마련되지 않거나, 이를 실현할 합리적인 계획들을 공동체가 받아들일 준비가 안 된 상황에서는, 회사법 영역에서 경영자의 신인의무의 대상, 즉 회사를 자신에게 믿고 맡긴 사람의 이익을 자신의 이익보다 우선해야 하는 의무의 대상을 주주가 아닌 다른 이해 관계자들로 확장해서는 안 된다고 벌리는 주장했다. 이 때문에 그는 회사가 주주를 위해 운영되어야 한다는 견해를 지지했던 것으로 흔히 오해된다. 그러나 회사법에서 주주 이외에 주인을 인정하지 않아야 한다고 그가 주장한 이유는 주인이 여럿이면 경영자들이 누구도 섬기지 않게 되고 회사가 경제적 내전에 빠지게 될 것이며 경제력이 집중된 회사 지배자들의 사회적 권력을 키워주는 결과를 낳을 것이라고 보았기 때문이다. 그는 회사법 영역에서 주주에 대한 신인의무를 경영자뿐 아니라 지배자에게도 부과하여 지배에 의한 회사의 약탈로부터 비활동적 재산권을 보호하는 것이 회사가 공동체의 이익을 위해 운영되도록 하기 위한 출발점이라고 보았다. 그리고 소득세법이나 노동법, 소비자보호법, 환경법 등과 같은 회사법 바깥의 영역에서 공동체에 대한 회사의 의무를 이행하도록 하는 현실적인 시스템을 마련하고 정착시킴으로써 사회의 이익에 비활동적 재산권이 자리를 양보하도록 만들 수 있다고 보았다.

〈최종적인 벌리의 이론 정리〉

ⅰ) 회사법 내부의 영역: 회사는 오로지 주주(소유자 (1))의 이익에 따라 운영되어야 한다.

ⅱ) 회사법 바깥의 영역: 회사는 공동체의 이익을 위하여 운영되어야 한다.

01번 문제를 풀이하면 다음과 같습니다.

① 첫 번째 문단에 따르면 오늘날 교과서적 견해에서 '소유와 지배의 분리'라는 개념은 전문 경영인 체제의 확립을 가리키는데, 이는 곧 '주식 소유의 분산으로 인해 (중략) 경영자들이 회사 이윤에 대한 유일한 청구권자인 주주의 이익보다 자신들의 이익을 앞세우는 문제의 심각성을 강조하는 개념'을 의미한다. 세 번째 문단에 제시된 전통적인 법학 논리도 이와 마찬가지로 '회사가 오로지 주주의 이익을 위해서만 운영되어야 한다.'는 입장이며 이는 '(소유자가) 이익의 유일한 청구권자'라는 논리에 해당한다. 따라서 소유와 지배에 대한 오늘날 교과서적 견해는 전통적인 법학 논리에 입각한 견해에 기초한 것이라는 점이 추론될 수 있다.

② 마지막 문단에 따르면 '회사법에서 주주 이외에 주인을 인정하지 않아야 한다고 그(벌리)가 주장한 이유는 주인이 여럿이면 경영자들이 누구도 섬기지 않게 되고 회사가 경제적 내전에 빠지게 될 것이며 경제력이 집중된 회사 지배자들의 사회적 권력을 키워주는 결과를 낳을 것이라고 보았기 때문'이다. 즉 회사법 내의 영역에서 사회적 책임이 강조될 경우 회사 지배자들에게 권력이 집중될 것을 우려하였기 때문에, 회사법 외부의 영역에 제한하여 사회적 책임을 강조한 것이 벌리의 관점에 해당한다.

③ 네 번째 문단에서 경제학이 재산권을 옹호하는 이유는 '경제학은 전통적인 법학과 달리 재산권의 보호 자체를 목적으로 보는 것이 아니라 재산권의 보호를 사회적으로 바람직한 목적을 위한 수단으로 보기 때문'이라고 제시되었다. 따라서 전통적인 경제학의 관점에 따르면 사회적으로 가장 좋은 결과를 내도록 재산권이 인정되어야 하며, 이에 경제학의 논리는 회사가 지배자의 이익을 위해 운영되어야 한다는 주장으로 귀결된다.

④ 세 번째 문단에서 '(벌리의 관점에 따르면) 자신의 재산에 대한 지배를 포기한 소유자도 마찬가지로 이익의 유일한 청구권자가 되어야 한다는 결론을 도출하는 것은 잘못이다.'라고 서술되었다. 그러나 '주주가 회사 이윤에 대한 유일한 청구권자가 아니'기 때문에 '경영자의 신인의무 대상을 주주로 한정해서는 안 된다.'라고 벌리가 주장한 것은 아니다. 마지막 문단에 따르면 '신인의무의 대상, 즉 회사를 자신에게 믿고 맡긴 사람의 이익을 자신의 이익보다 우선해야 하는 의무의 대상을 주주가 아닌 다른 이해 관계자들로 확장해서는 안 된다고 벌리는 주장했다.'라고 서술된다. 즉 벌리가 '회사는 공동체의 이익을 위해 운영되어야 한다.'는 결론을 내린 것은 회사법 바깥의 영역에 대한 것이지, 회사법 내부의 영역에서는 경영자의 신인의무 대상이 주주 이외의 집단으로 확장되어서는 안 된다고 주장하였다.

⑤ 첫 번째 문단에서 '오늘날 교과서적 견해에서 (중략) 대주주의 영향력이 약해져 경영자들이 회사 이윤에 대한 유일한 청구권자인 주주의 이익보다 자신들의 이익을 앞세우는 문제의 심각성'이 제시되며 이에 대해 회사가 주주의 이익을 위해서만 운영되어야 한다는 결론이 해결책으로 도출된다. 따라서 ⑤에서 오늘날 교과서적 견해가 대주주의 영향력이 강해지는 것이 소유와 지배의 분리에 따른 문제를 해결하는 데 도움이 될 수 있다고 본다는 점은 타당하다. 또한 세 번째 문단에서 '(벌리의 관점에 따르면) 자신의 재산에 대한 지배를 포기한 소유자도 마찬가지로 이익의 유일한 청구권자가 되어야 한다는 결론을 도출하는 것은 잘못이다.'라고 서술되었다. 따라서 ⑤에서 대주주의 영향력이 강해지는 것이 소유와 지배의 분리에 따른 문제를 해결하는 데 도움이 될 수 있다는 견해에 대해 벌리가 동의하지 않는다는 서술 또한 타당하다.

[정답] ④

02번 문제를 풀이하면 다음과 같습니다.

① 다섯 번째 문단에서 '회사체제에서 회사(준공공회사)는 공동체의 이익을 위해 운영되어야 한다는 것이 벌리의 결론이다.'라고 서술된 부분을 근거로 ①이 타당하다고 오해할 수 있다. 그러나 벌리는 '준공공회사에서 지배가 공동체의 이익을 위해 수행되어야 한다.'는 당위성을 주장한 것이지, '준공공회사에서 지배가 공동체의 이익을 위해 수행되고 있다.'는 사실을 주장한 것이 아니다.

② 두 번째 문단에서 '산업혁명 이전에는 이 세 기능(소유, 지배, 경영)이 통합된 경우가 일반적이었는데 19세기에 많은 사업체들에서 소유자가 (1)(소유)과 (2)(지배)를 수행하고 고용된 경영자들이 (3)(경영)을 수행하는 방식으로 분리가 일어났다.'라고 제시되었으므로, 전통적인 회사체제에서는 소유자들이 지배를 수행하였음을 확인할 수 있다.

③ 네 번째 문단에서 회사는 지배자를 위해 운영되어야 한다는 경제학의 논리에 대해 벌리는 '위험을 부담하지 않는 지배자를 위해 회사가 운영되는 것은 최악의 결과를 낳는다.'라고 평가하고 있으므로, 지배의 기능을 담당하는 지배자는 위험을 부담하지 않는다고 간주되고 있음을 확인할 수 있다.

④ 두 번째 문단에서 '(2)(지배)는 물적 자산과 사람들로 조직된 살아 움직이는 사업체를 어떻게 사용할지를 결정하는 것, 즉 활동적 재산의 점유가 되었다.'라고 제시되었으므로 '소유'가 비활동적 재산의 점유라면 '지배'는 활동적 재산의 점유에 해당한다는 점이 확인된다.

⑤ 두 번째 문단에서 '(2)(지배)는 창업자나 그 후손, 대주주, 경영자, 혹은 모회사나 지주회사의 지배자 등 이사를 선출할 힘을 가진 다양한 주체에 의해 수행될 수 있다.'라고 서술된 부분에서, 지배를 수행할 수 있는 다양한 주체 중 '경영자'도 포함된다는 사실이 명시되었다. 즉 지배는 경영자에 의해서도 수행될 수 있으나 19세기 이후에 '경영'은 '소유'와 '지배'로부터 분리되었으므로 '지배'는 '경영'과 동일시되지는 않는다.

[정답] ①

03번 문제를 풀이하면 다음과 같습니다.

① 1차 뉴딜은 경영자들과 지배자들에게 주주에 대한 신인의무를 부과함으로써 회사의 이익에 대한 유일한 청구권자인 주주의 재산권이 약탈되는 것을 예방하는 조치이므로, 벌리의 관점에서 회사법 내의 영역에서 이루어져 하는 합당한 개혁으로 평가될 수 있다.

② 1차 뉴딜의 핵심적인 내용은 경영자들과 지배자들에게 주주에 대한 신인의무를 부과하는 것이므로 이는 주주의 이익을 위해 회사가 운영되어야 한다는 원칙을 확립하는 것이다.

③, ④ 2차 뉴딜은 노동자들과 실업자들의 권익을 위해 회사의 이익이 양보되는 내용의 개혁에 해당하므로 이는 벌리의 관점에서 회사법 외부의 영역에서 회사의 이익을 공동체의 이익을 위해 운영되도록 하는 개혁에 해당한다.

⑤ 준공공회사는 소유와 지배가 분리된 현대 회사를 의미하는 개념으로 1차 뉴딜은 소유와 지배의 분리에 따른 주주와 경영자 사이의 이해 상충 문제를 해결하기 위한 개혁이라는 점에서 준공공회사로의 확립을 추구한다고 평가될 수 있으나, 2차 뉴딜은 회사법 외부의 영역에서 회사가 공동체의 이익을 위해 운영되도록 하기 위한 개혁이므로 준공공회사로의 변화를 추구하는 개혁과는 관련이 없다. 따라서 1차 뉴딜과 2차 뉴딜은 일관성이 있었다고 평가될 수 없다.

[정답] ⑤

[04~07] 다음 글을 읽고 물음에 답하시오.

17 LEET 문14~17

　과거에 일어난 금융위기에 대해 많은 연구가 진행되었어도 그 원인에 대해 의견이 모아지지 않는 경우가 대부분이다. 이것은 금융위기가 여러 차원의 현상이 복잡하게 얽혀 발생하는 문제이기 때문이기도 하지만, 사람들의 행동이나 금융 시스템의 작동 방식을 이해하는 시각이 다양하기 때문이기도 하다. 은행위기를 중심으로 금융위기에 관한 주요 시각을 다음과 같은 네 가지로 분류할 수 있다. 이들이 서로 배타적인 것은 아니지만 주로 어떤 시각에 기초해서 금융위기를 이해하는가에 따라 그 원인과 대책에 대한 의견이 달라진다고 할 수 있다.

　우선, 은행의 지불능력이 취약하다고 많은 예금주들이 예상하게 되면 실제로 은행의 지불능력이 취약해지는 현상, 즉 ㉠'자기실현적 예상'이라 불리는 현상을 강조하는 시각이 있다. 예금주들이 예금을 인출하려는 요구에 대응하기 위해 은행이 예금의 일부만을 지급준비금으로 보유하는 부분준비제도는 현대 은행 시스템의 본질적 측면이다. 이 제도에서는 은행의 지불능력이 변화하지 않더라도 예금주들의 예상이 바뀌면 예금 인출이 쇄도하는 사태가 일어날 수 있다. 예금은 만기가 없고 선착순으로 지급하는 독특한 성격의 채무이기 때문에, 지불능력이 취약해져서 은행이 예금을 지급하지 못할 것이라고 예상하게 된 사람이라면 남보다 먼저 예금을 인출하는 것이 합리적이기 때문이다. 이처럼 예금 인출이 쇄도하는 상황에서 예금 인출 요구를 충족시키려면 은행들은 현금 보유량을 늘려야 한다. 이를 위해 은행들이 앞다투어 채권이나 주식, 부동산과 같은 자산을 매각하려고 하면 자산 가격이 하락하게 되므로 은행들의 지불능력이 실제로 낮아진다.

　둘째, ㉡은행의 과도한 위험 추구를 강조하는 시각이 있다. 주식회사에서 주주들은 회사의 모든 부채를 상환하고 남은 자산의 가치에 대한 청구권을 갖는 존재이고 통상적으로 유한책임을 진다. 따라서 회사의 자산 가치가 부채액보다 더 커질수록 주주에게 돌아올 이익도 커지지만, 회사가 파산할 경우에 주주의 손실은 그 회사의 주식에 투자한 금액으로 제한된다. 이러한 ⓐ비대칭적인 이익 구조로 인해 수익에 대해서는 민감하지만 위험에 대해서는 둔감하게 된 주주들은 고위험 고수익 사업을 선호하게 된다. 결과적으로 주주들이 더 높은 수익을 얻기 위해 감수해야 하는 위험을 채권자에게 전가하는 것인데, 자기자본비율이 낮을수록 이러한 동기는 더욱 강해진다. 은행과 같은 금융 중개 기관들은 대부분 부채비율이 매우 높은 주식회사 형태를 띤다.

　셋째, ㉢은행가의 은행 약탈을 강조하는 시각이 있다. 전통적인 경제 이론에서는 은행의 부실을 과도한 위험 추구의 결과로 이해해왔다. 하지만 최근에는 은행가들에 의한 은행 약탈의 결과로 은행이 부실해진다는 인식도 강해지고 있다. 과도한 위험 추구는 은행의 수익률을 높이려는 목적으로 은행의 재무 상태를 악화시킬 위험이 큰 행위를 은행가가 선택하는 것이다. 이에 비해 은행 약탈은 은행가가 자신에게 돌아올 이익을 추구하여 은행에 손실을 초래하는 행위를 선택하는 것이다. 예를 들어 은행가들이 자신이 지배하는 은행으로부터 남보다 유리한 조건으로 대출을 받는다거나, 장기적으로 은행에 손실을 초래할 것을 알면서도 자신의 성과급을 높이기 위해 단기적인 성과만을 추구하는 행위 등은, 지배 주주나 고위 경영자의 지위를 가진 은행가가 은행에 대한 지배력을 사적인 이익을 위해 사용한다는 의미에서 약탈이라고 할 수 있다.

　넷째, ㉣이상 과열을 강조하는 시각이 있다. 위의 세 가지 시각과 달리 이 시각은 경제 주체의 행동이 항상 합리적으로 이루어지는 것은 아니라는 관찰에 기초하고 있다. 예컨대 많은 사람들이 자산 가격이 일정 기간 상승하면 앞으로도 계속 상승할 것이라 예상하고, 일정 기간 하락하면 앞으로도 계속 하락할 것이라 예상하는 경향을 보인다. 이 경우 자산 가격 상승은 부채의 증가를 낳고 이는 다시 자산 가격의 더 큰 상승을 낳는다. 이러한 상승작용으로 인해 거품이 커지는 과정은 경제 주체들의 부채가 과도하게 늘어나 금융 시스템을 취약하게 만들게 되므로, 거품이 터져 금융 시스템이 붕괴하고 금융위기가 일어날 현실적 조건을 강화시킨다.

04. ㉠~㉣에 대한 설명으로 적절하지 않은 것은?

① ㉠은 은행 시스템의 제도적 취약성을 바탕으로 나타나는 예금주들의 행동에 주목하여 금융위기를 설명한다.

② ㉡은 경영자들이 예금주들의 이익보다 주주들의 이익을 우선한다는 전제 하에 금융위기를 설명한다.

③ ㉢은 은행의 일부 구성원들의 이익 추구가 은행을 부실하게 만들 가능성에 기초하여 금융위기를 이해한다.

④ ㉣은 경제 주체의 행동에 대한 귀납적 접근에 기초하여 금융위기를 이해한다.

⑤ ㉠과 ㉣은 모두 경제 주체들의 예상이 그대로 실현된 결과가 금융위기라고 본다.

05. ⓐ와 관련한 설명으로 적절하지 않은 것은?

① 파산한 회사의 자산 가치가 부채액에 못 미칠 경우에 주주들이 져야 할 책임은 한정되어 있다.

② 회사의 자산 가치에서 부채액을 뺀 값이 0보다 클 경우에, 그 값은 원칙적으로 주주의 몫이 된다.

③ 회사가 자산을 다 팔아도 부채를 다 갚지 못할 경우에, 얼마나 많이 못 갚는지는 주주들의 이해와 무관하다.

④ 주주들이 선호하는 고위험 고수익 사업은 성공한다면 회사가 큰 수익을 얻지만, 실패한다면 회사가 큰 손실을 입을 가능성이 높다.

⑤ 주주들이 고위험 고수익 사업을 선호하는 것은, 이런 사업이 회사의 자산 가치와 부채액 사이의 차이가 줄어들 가능성을 높이기 때문이다.

06. 윗글에 제시된 네 가지 시각으로 <보기>의 사례를 평가할 때 가장 적절한 것은?

〈보 기〉

1980년대 후반에 A국에서 장기 주택담보 대출에 전문화한 은행인 저축대부조합들이 대량 파산하였다. 이 사태와 관련하여 다음과 같은 사실들이 주목받았다.

○ 1970년대 이후 석유 가격 상승으로 인해 부동산 가격이 많이 오른 지역에서 저축대부조합들의 파산이 가장 많았다.

○ 부동산 가격의 상승을 보고 앞으로도 자산 가격의 상승이 지속될 것을 예상하고 빚을 얻어 자산을 구입하는 경제 주체들이 늘어났다.

○ A국의 정부는 투자 상황을 낙관하여 저축대부조합이 고위험채권에 투자할 수 있도록 규제를 완화하였다.

○ 예금주들이 주인이 되는 상호회사 형태였던 저축대부조합들 중 다수가 1980년대에 주식회사 형태로 전환하였다.

○ 파산 전에 저축대부조합의 대주주와 경영자들에 대한 보상이 대폭 확대되었다.

① ㉠은 위험을 감수하고 고위험채권에 투자한 정도와 고위 경영자들에게 성과급 형태로 보상을 지급한 정도가 비례했다는 점을 들어, 은행의 고위 경영자들을 비판할 것이다.

② ㉡은 부동산 가격 상승에 대한 기대 때문에 예금주들이 책임질 수 없을 정도로 빚을 늘려 은행이 위기에 빠진 점을 들어, 예금주의 과도한 위험 추구 행태를 비판할 것이다.

③ ㉢은 저축대부조합들이 주식회사로 전환한 점을 들어, 고위험채권 투자를 감행한 결정이 궁극적으로 예금주의 이익을 더욱 증가시켰다고 은행을 옹호할 것이다.

④ ㉢은 저축대부조합이 정부의 규제 완화를 틈타 고위험채권에 투자하는 공격적인 경영을 한 점을 들어, 저축대부조합들의 행태를 용인한 예금주들을 비판할 것이다.

⑤ ㉣은 차입을 늘린 투자자들, 고위험채권에 투자한 저축대부조합들, 규제를 완화한 정부 모두 낙관인 투자 상황이 지속될 것이라고 예상한 점을 들어, 그 경제 주체 모두를 비판할 것이다.

07. ㉠~㉣에 따른 금융위기 대책에 대한 설명으로 적절하지 않은 것은?

① 은행이 파산하는 경우에도 예금 지급을 보장하는 예금 보험 제도는 ㉠에 따른 대책이다.

② 일정 금액 이상의 고액 예금은 예금 보험 제도의 보장 대상에서 제외하는 정책은 ㉠에 따른 대책이다.

③ 은행들로 하여금 자기자본비율을 일정 수준 이상으로 유지하도록 하는 건전성 규제는 ㉡에 따른 대책이다.

④ 금융 감독 기관이 은행 대주주의 특수 관계인들의 금융 거래에 대해 공시 의무를 강조하는 정책은 ㉢에 따른 대책이다.

⑤ 주택 가격이 상승하여 서민들의 주택 구입이 어려워질 때 담보 가치 대비 대출 한도 비율을 줄이는 정책은 ㉣에 따른 대책이다.

가이드에 따라 지문과 문제를 분석하고 정답을 확인해 봅시다.

04번 문제를 풀이하면 다음과 같습니다.

① ㉠은 현대의 은행 시스템에서 예금의 일부분만을 지급준비금으로 보유하도록 하는 **부분준비 제도**로 인해 지불능력이 취약해지는 상황이 발생할 가능성이 시스템적으로 마련되었다고 파악한다. 따라서 ㉠은 은행 시스템의 제도적 취약성을 바탕으로 예금주들이 남보다 먼저 예금을 인출하려고 쇄도하는 행동을 통하여 금융위기를 설명한다고 볼 수 있다.

② ㉡은 은행의 손실은 주주에 제한적으로 적용되는 반면에 은행의 자산 가치가 부채액보다 더 커질수록 주주의 이익은 제한 없이 증가하는 **비대칭적인 이익 구조**가 주주들의 이익이 예금주들의 이익에 비해 우선시되는 상황을 낳았다고 전제하며, 이를 통해 금융위기를 설명한다.

③ ㉢은 은행의 일부 구성원인 은행가들이 이익을 추구하는 과정에서 은행을 장기적이고 구조적으로 부실하게 만드는 경영 선택을 한다는 점에 주목하여 금융위기를 설명한다.

④ ㉣은 경제 주체들의 자산 가격 진행 방향에 대한 편향적인 예측이 누적되어 금융위기를 초래한다고 보고 있으므로 이는 경제 주체의 행동에 대한 귀납적 접근으로 금융위기를 이해하는 것이다.

⑤ ㉠에서는 은행의 지불능력이 붕괴될 것이라는 **자기실현적 예측**이 급격한 인출 쇄도를 야기하고 이를 통해 예측이 실현되는 현상을 설명하고 있다. 즉 경제 주체들의 예상이 그대로 실현된 결과가 금융위기라는 시각에 부합하는 것이다. 반면에 ㉣에서는 가격이 상승하기 시작하면 앞으로도 가격이 영원히 상승할 것이라는 비합리적인 예측이 누적되다가 그러한 상승작용에 대한 반작용으로 거품이 꺼지면서 단기간에 경제가 붕괴하는 현상이 금융위기라고 설명한다. 즉 ㉣의 설명에서는 가격이 계속 상승할 것이라는 경제 주체들의 예상과 정반대로 실현된 결과가 금융위기인 것이다.

[정답] ⑤

05번 문제를 풀이하면 다음과 같습니다.

①, ③ ㉡에 관한 문단에서 '회사가 파산할 경우에 주주의 손실은 그 회사의 주식에 투자한 금액으로 제한된다.'고 제시되었으므로 파산하여 자산 가치가 부채액에 못 미칠 경우에도 주주의 책임은 부채액과 자산 가치의 차액에 비례하는 것이 아니라 투자한 금액에 한정되어 있다는 점이 확인된다.

② ㉡에 관한 문단에서 '회사의 자산 가치가 부채액보다 더 커질수록 주주에게 돌아올 이익도 커지지만'이라고 제시되었으므로 자산 가치에서 부채액을 뺀 값이 0보다 큰 경우에 그 차액이 주주의 이익으로 할당된다는 점을 추론할 수 있다.

④ 회사의 이익에 비례하여 주주는 이익을 얻지만 회사의 손실에 비례하여 주주가 손실을 보는 것이 아니기 때문에, 주주는 손실을 볼 가능성이 높더라도 무조건 이익이 높게 예상되는 고위험 고수익 사업을 선호하는 편향적인 결정을 내릴 유인이 생긴다. 이러한 고위험 고수익 사업은 성공한다면 회사에게 큰 이익을 주지만, 실패한다면 회사에게 큰 손실을 미칠 것이다.

⑤ 주주들이 고위험 고수익 사업을 선호하는 것은, 회사의 자산 가치와 부채액 사이의 차이가 증가하는 것이 전부 주주의 이익으로 할당되기 때문이다. 즉 고위험 고수익 사업이 회사의 자산 가치와 부채액 사이의 차이를 증가시킬 가능성 때문에 주주들에 의해 선호되는 것이다.

[정답] ⑤

06번 문제를 풀이하면 다음과 같습니다.

① 위험을 감수하고 고위험채권에 투자하는 결정은 고위험 고수익 사업에 대한 편향적인 결정이 이루어졌다는 것이며, 이러한 사업에 투자한 정도와 고위 경영자에 대한 보상이 비례했다는 것은 '장기적으로 은행에 손실을 초래할 것을 알면서도 자신의 성과급을 높이기 위해 단기적 인 성과만 추구한 것'에 해당하는 행위이므로 ⓒ에 의해 비판될 내용에 해당한다.

② 부동산 가격이 지속적으로 상승할 것이라는 비합리적인 기대에 근거하여 책임질 수 없는 빚 을 지어 예금주들이 과도한 투자를 반복하는 행위는 ⓔ에 의해 비판될 내용에 해당한다.

③ 저축대부조합이 주식회사로 전환된 이후에 고위험채권투자를 감행하는 결정이 이루어졌다는 것은 주주들이 은행의 손실에 대해 유한 책임을 지는 비대칭적인 이익 구조로 인해 고위험 고 수익 사업에 대한 선호가 반영된 결과로 ⓒ에 의해 비판될 내용에 해당하며, 이는 ⓒ의 관점 에서 예금주의 이익이 위험에 처할 가능성을 감수하면서까지 주주들이 과도한 이익을 추구한 행위라고 비판될 것이다.

④ 저축대부조합이 정부의 규제 완화를 틈타 고위험채권에 투자하는 공격적인 경영을 한 원인을 ⓒ은 은행가들이 단기적인 성과만을 추구하는 결정을 내린 결과로 간주하여 은행가들을 비판 할 것이며, ⓒ이 이러한 사안에 대해 예금주들을 비판의 대상으로 삼지는 않을 것이다.

⑤ ⓔ은 경제의 진행 방향이 앞으로도 같은 방향으로 진행될 것이라는 비합리적인 판단이 모든 경제 주체들에 의해 이루어진 결과로 시장에 거품이 형성되어 금융위기가 초래된다는 입장이 다. 따라서 ⓔ의 관점에서 차입을 늘린 투자자들, 고위험채권에 투자한 저축대부조합들, 규제 를 완화한 정부는 모두 낙관적인 투자 상황이 앞으로도 지속될 것이라는 편향적인 기대를 바 탕으로 시장의 거품을 키우는 방향으로 경제 행위를 벌인 주체들이므로 ⓔ의 관점에서는 그 주체들 모두가 금융위기에 책임이 있다고 비판될 것이다.

[정답] ⑤

07번 문제를 풀이하면 다음과 같습니다.

①, ② ㉠에 따르면, 은행의 예금 지불능력의 구조적 취약성에 대한 인식이 예금자들 사이에 공 유되어 예금한 돈을 인출하지 못할 것이라는 불안 때문에 단기간에 예금 인출 요구가 쇄도하 여 금융위기가 발생한다. 따라서 은행이 파산하는 경우라도 예금 지급이 보장되는 예금 보험 제도가 마련된다면 예금한 돈을 급하게 인출할 필요성이 사라지므로 단기간의 예금 인출 요 구가 급증함에 따른 금융위기의 위험성은 완화될 것이다. 반면 일정 금액 이상의 고액 예금 을 예금 보험 제도의 보장 대상에서 제외하는 것은 예금 보장의 범위를 축소하여 예금한 돈을 인출하지 못할 것이라는 불안감을 확대하는 정책에 해당하므로 ㉠에 따른 금융위기의 대책이 될 수 없다.

③ ㉡에 관한 문단에 따르면, '자기자본비율이 낮을수록 이러한(고위험 고수익 사업에 투자할) 동 기는 더욱 강해진다.'라고 제시되었으므로 자기자본비율을 일정 수준 이상으로 유지하도록 하 는 건전성 규제는 고위험 고수익 사업에 투자할 동기를 일정 수준 이하로 제한하는 정책에 해 당하므로 ㉡에 따른 대책이 될 수 있다.

④ ㉢에 관한 문단에 따르면, '은행가들이 자신이 지배하는 은행으로부터 남보다 유리한 조건으 로 대출을 받는' 사례가 제시되었으므로 은행 대주주의 특수 관계인들의 금융 거래에 대해 공 시 의무를 강조하는 정책은 제시된 사례가 발생하지 않도록 금융 감독을 강화하는 정책에 해 당하므로 ㉢에 따른 대책이 될 수 있다.

⑤ 주택 가격이 상승하여 서민들의 주택 구입이 어려워지는 상황에서 경제 주체들이 앞으로도 주택 가격이 지속적으로 상승하리라는 비합리적 기대를 품게 되면 과도한 부채를 감수하면서 까지 주택을 구매하는 행위를 벌이게 될 것이고, 이는 주택 가격의 비약적인 상승으로 이어져 종국적으로 주택 가격 붕괴를 통해 금융위기를 초래할 수 있다. 따라서 담보 가치 대비 대출 한도 비율을 줄이는 정책은 담보를 통한 대출 한도를 제한하여 주택 구매에 추가적으로 투입 되는 자금의 양을 제한함으로써 주택 시장 가격 상승의 과열을 예방할 수 있는 정책에 해당하 므로 ㉣에 따른 대책이 될 수 있다.

[정답] ②

연습문제 3

[08~10] 다음 글을 읽고 물음에 답하시오.

12 LEET 문18~20

자본 구조가 기업의 가치와 무관하다는 명제로 표현되는 ㉠모딜리아니-밀러 이론은 완전 자본 시장 가정, 곧 자본 시장에 불완전성을 가져올 수 있는 모든 마찰 요인이 전혀 없다는 가정에 기초한 자본 구조 이론이다. 이 이론에 따르면, 기업의 영업 이익에 대한 법인세 등의 세금이 없고 거래 비용이 없으며 모든 기업이 완전히 동일한 정도로 위험에 처해 있다면, 기업의 가치는 기업 내부 여유 자금이나 주식 같은 자기 자본을 활용하든지 부채 같은 타인 자본을 활용하든지 간에 어떤 영향도 받지 않는다. 모딜리아니-밀러 이론은 현실적으로 타당한 이론을 제시했다기보다는 현대 자본 구조 이론의 출발점을 제시하였다는 데 중요한 의미가 있다.

모딜리아니-밀러 이론이 제시된 이후, 완전 자본 시장 가정의 비현실성에 주안점을 두어 세금, 기업의 파산에 따른 처리 비용(파산 비용), 경영자와 투자자, 채권자 같은 경제 주체들 사이의 정보량의 차이(정보 비대칭) 등을 감안하는 자본 구조 이론들이 발전해 왔다. 불완전 자본 시장을 가정하는 이러한 이론들 중에는 상충 이론과 자본 조달 순서 이론이 있다.

상충 이론이란 부채의 사용에 따른 편익과 비용을 비교하여 기업의 최적 자본 구조를 결정하는 이론이다. 이러한 편익과 비용을 구성하는 요인들에는 여러 가지가 있지만, 그중 편익으로는 법인세 감세 효과만을, 비용으로는 파산 비용만 있는 경우를 가정하여 이 이론을 설명해 볼 수 있다. 여기서 법인세 감세 효과란 부채에 대한 이자가 비용으로 처리됨으로써 얻게 되는 세금 이득을 가리킨다. 이렇게 가정할 경우 상충 이론은 부채의 사용이 증가함에 따라 법인세 감세 효과에 의해 기업의 가치가 증가하는 반면, 기대 파산 비용도 증가함으로써 기업의 가치가 감소하는 효과도 나타난다고 본다. 이 상반된 효과를 계산하여 기업의 가치를 가장 크게 하는 부채 비율 곧 최적 부채 비율이 결정되는 것이다.

이와는 달리 자본 조달 순서 이론은 정보 비대칭의 정도가 작은 순서에 따라 자본 조달이 순차적으로 이루어진다고 설명한다. 이 이론에 따르면, 기업들은 투자가 필요할 경우 내부 여유 자금을 우선적으로 쓰며, 그 자금이 투자액에 미달될 경우에 외부 자금을 조달하게 되고, 외부 자금을 조달해야 할 때에도 정보 비대칭의 문제로 주식의 발행보다 부채의 사용을 선호한다는 것이다.

상충 이론과 자본 조달 순서 이론은 기업들의 부채 비율 결정과 관련된 이론적 예측을 제공한다. 기업 규모와 관련하여 상충 이론은 기업 규모가 클 경우 부채 비율이 높을 것이라고 예측한다. 대기업은 소규모 기업에 비해 사업 다각화의 정도가 높아 파산할 위험이 낮으므로 기대 파산 비용도 낮아서 부채 수용 능력이 높은 데다가 법인세 감세 효과를 극대화하기 위해서도 더 많은 부채를 차입하려 할 것이기 때문이다. 그러나 자본 조달 순서 이론은 기업 규모가 클 경우 부채 비율이 낮을 것이라고 예측한다. 기업 규모가 클 경우 기업 회계가 투명해지는 등 투자자들에게 정보 비대칭으로 발생하는 문제가 적기 때문에 금융 중개 기관을 이용하여 자본을 조달하기보다는 주식 시장을 통해 자본을 조달할 것이기 때문이다. 성장성이 높은 기업들에 대하여, 상충 이론은 법인세 감세 효과보다는 기대 파산 비용이 더 크기 때문에 부채 비율이 낮을 것이라고 예측하는 반면, 자본 조달 순서 이론은 성장성이 높을수록 더 많은 투자가 필요할 것이므로 부채 비율이 높을 것이라고 예측한다.

불완전 자본 시장을 가정하는 자본 구조 이론들이 모딜리아니-밀러 이론을 비판한 것에 대하여 밀러는 모딜리아니-밀러 이론을 수정 보완하는 자신의 이론을 제시하였다. 그는 자본 구조의 설명에 있어 파산 비용이 미치는 영향이 미약하여 이를 고려할 필요가 없다고 보았다. 이와 함께 법인세의 감세 효과가 기업의 자본 구조 결정에 크게 반영되지는 않는다는 점에 착안하여 자본 구조 결정에 세금이 미치는 효과에 대한 재정립을 시도하였다. 현실에서는 법인세뿐만 아니라 기업에 투자한 채권자들이 받는 이자 소득에 대해서도 소득세가 부과되는데, 이러한 소득세는 채권자의 자산 투자에 영향을 미침으로써 기업의 자금 조달에도 영향을 미칠 수 있다. 밀러는 이러한 현실을 반영하고 채권 시장에서 투자자들의 수요 행태와 기업들의 공급 행태를 정형화하여 경제 전체의 최적 자본 구조 결정 이론을 제시하였다. ㉡밀러의 이론에 의하면, 경제 전체의 자본 구조가 최적일 경우에는 법인세율과 이자 소득세율이 정확히 일치함으로써 개별 기업의 입장에서 보면 타인 자본의 사용으로 인한 기업 가치의 변화는 없다. 결국 기업의 최적 자본 구조는 결정될 수 없고 자본 구조와 기업의 가치는 무관하다는 것이다.

08. 윗글의 내용과 일치하는 것은?

① 경제 주체들 사이의 정보 비대칭만으로는 자본 시장의 불완전성을 논할 수 없다.

② 자본 구조 이론은 기업의 가치가 부채 비율에 미치는 영향을 연구하는 이론이다.

③ 자본 조달 순서 이론에 의하면, 기업은 내부 여유 자금, 주식, 부채의 순으로 투자 자금을 조달한다.

④ 상충 이론과 자본 조달 순서 이론은 기업 규모가 부채 비율에 미치는 효과와 관련하여 상반된 해석을 한다.

⑤ 불완전 자본 시장을 가정하는 자본 구조 이론들은 모딜리아니－밀러 이론이 가진 결론의 비현실성은 비판했지만 이론적 전제에는 동의했다.

09. ⊙과 ⓒ의 관계를 설명한 것 중 가장 적절한 것은?

① 파산 비용이 없다고 가정한 ⊙의 한계를 극복하기 위해 ⓒ은 파산 비용을 반영하였다.

② 개별 기업을 분석 단위로 삼은 ⊙과 같은 입장에서 ⓒ은 기업의 최적 자본 구조를 분석하였다.

③ 기업의 가치 산정에 법인세만을 고려한 ⊙의 한계를 극복하기 위해 ⓒ은 법인세 외에 소득세도 고려하였다.

④ 현실 설명력이 제한적이었던 ⊙의 한계를 극복하기 위해 ⓒ은 기업의 가치 산정에 타인 자본의 영향이 크다고 보았다.

⑤ 자본 시장의 마찰 요인을 고려한 ⓒ은 자본 구조와 기업의 가치가 무관하다는 ⊙의 명제를 재확인하였다.

10. 윗글에 따라 <보기>의 상황에 대해 바르게 판단한 것은?

─〈 보 기 〉─

기업 평가 전문가 A씨는 상충 이론에 따라 B 기업의 재무구조를 평가해 주려고 한다. B 기업은 자기 자본 대비 타인 자본 비율이 높으며 기업 규모가 작으나 성장성이 높은 기업이다. 최근에 B 기업은 신기술을 개발하여 생산 시설을 늘려야 하는 상황이다.

① A씨는 B 기업의 규모가 작기 때문에 부채 비율이 높은 것이라고 평가할 것이다.

② A씨는 B 기업의 이자 비용에 따른 법인세 감세 효과는 별로 없을 것이라고 평가할 것이다.

③ A씨는 B 기업의 높은 자기 자본 대비 타인 자본 비율이 그 기업의 가치에 영향을 미칠 것이라고 평가할 것이다.

④ A씨는 B 기업이 기대 파산 비용은 낮고 투자로부터 기대되는 수익은 매우 높기 때문에 투자 가치가 높다고 평가할 것이다.

⑤ A씨는 B 기업의 생산 시설 확충을 위한 투자 자금은 자기 자본보다 타인 자본으로 조달하는 것이 더 낫다고 평가할 것이다.

🏛 가이드 & 정답 확인하기

가이드에 따라 지문과 문제를 분석하고 정답을 확인해 봅시다.

08번 문제를 풀이하면 다음과 같습니다.

① 자본 구조 이론 중 네 번째 문단에 제시된 '자본 조달 순서 이론'의 경우는 '정보 비대칭의 정도가 작은 순서에 따라 자본 조달이 순차적으로 이루어진다고 설명'함으로써 정보 비대칭만으로 자본 시장의 불완전성을 논하고 있으므로 ①에 대한 반례가 된다.

② 자본 구조 이론은 기업의 가치가 부채 비율에 미치는 영향을 연구하는 이론이 아니라, 부채 비율이 기업의 가치에 미치는 영향을 연구하는 이론이다. 따라서 ②는 원인과 결과 관계를 뒤집어서 오답 선택지를 구성하는 LEET의 오답 선택지 구성 원리에 따른 오답 선택지에 해당한다.

③ 네 번째 문단에서 '이 이론(자본 조달 순서 이론)에 따르면, 기업들은 투자가 필요할 경우 내부 여유 자금을 우선적으로 쓰며, 그 자금이 투자액에 미달될 경우에 외부 자금을 조달하게 되고, 외부 자금을 조달해야 할 때에도 정보 비대칭의 문제로 주식의 발행보다 부채의 사용을 선호한다.'라고 제시되었으므로, 기업은 **내부 여유 자금, 부채, 주식**의 순으로 투자 자금을 조달한다는 점이 확인된다.

④ 다섯 번째 문단에 따르면, '상충 이론은 기업 규모가 클 경우 부채 비율이 높을 것이라고 예측한다.' 반면에 '자본 조달 순서 이론은 기업 규모가 클 경우 부채 비율이 낮을 것이라고 예측한다.' 따라서 이를 종합하면, 상충 이론과 자본 조달 순서 이론은 기업 규모가 부채 비율에 미치는 효과와 관련하여 상반된 해석을 한다는 결론이 도출된다.

⑤ 불완전 자본 시장을 가정하는 자본 구조 이론들은 모딜리아니–밀러 이론이 가진 결론의 비현실성, 즉 기업의 가치가 자본 구조와 무관하다는 결론도 비판하였고, 모딜리아니–밀러 이론의 전제, 즉 자본 시장에 불완전성을 가져올 수 있는 모든 마찰 요인이 전혀 없다는 완전 자본 시장 가정도 받아들이지 않았다.

[정답] ④

09번 문제를 풀이하면 다음과 같습니다.

① 마지막 문단에 따르면 ⓛ은 '자본 구조의 설명에 있어 파산 비용이 미치는 영향이 미약하여 이를 고려할 필요가 없다.'고 보았으므로, 파산 비용이 없다는 ㉠의 가정은 여전히 유지하였다.

② 마지막 문단에서 '밀러는 이러한 현실을 반영하고 채권 시장에서 투자자들의 수요 행태와 기업들의 공급 행태를 정형화하여 경제 전체의 최적 자본 구조 결정 이론을 제시하였다.'라고 서술되었으므로, ⓛ이 개별 기업들의 형태를 분석하였다는 설명은 타당하나, 이는 '기업의 최적 자본 구조'를 분석한 것이 아니라 '경제 전체의 최적 자본 구조 결정'을 분석한 것이다. 또한 이것이 ㉠과 같은 입장에서 이루어졌다는 설명도 타당하지 않다. ㉠은 개별 기업을 분석 단위로 삼은 것이 아니라 비현실적인 가정하에서 기업의 가치와 자본 구조가 무관하다는 이론적 일반론을 도출해낸 것이기 때문이다.

③ ⓛ이 법인세 외에 소득세도 고려하였다는 설명은 타당하나, ㉠은 법인세 등의 세금이 존재하지 않는다는 가정하에 이론을 전개하였으므로, ㉠이 기업의 가치 산정에 법인세만을 고려하였다는 설명은 타당하지 않다.

④ ⓛ은 법인세와 이자 소득에 대한 소득세를 근거로 기업의 최적 자본 구조가 결정되는 방식을 분석함으로써 '경제 전체의 자본 구조가 최적일 경우에는 (중략) 개별 기업의 입장에서 보면 타인 자본의 사용으로 인한 기업 가치의 변화는 없다.'는 결론을 도출하였으므로 기업의 가치에 타인 자본의 영향이 크다는 관점에 해당하지 않는다.

⑤ 자본 시장의 마찰 요인이 존재하지 않는다는 가정하에서 자본 구조와 기업의 가치가 무관하다는 결론을 도출해낸 ㉠과 달리, ⓛ은 법인세, 소득세와 같은 자본 시장의 마찰 요인을 고려하여 논의를 전개하였고, ㉠과 마찬가지로 자본 구조와 기업의 가치가 무관하다는 결론을 도출하였다.

[정답] ⑤

10번 문제를 풀이하면 다음과 같습니다.

> ─〈보 기〉─
>
> 　기업 평가 전문가 A씨는 상충 이론에 따라 B 기업의 재무구조를 평가해 주려고 한다. B 기업은 자기 자본 대비 타인 자본 비율이 높으며 기업 규모가 작으나 성장성이 높은 기업이다. 최근에 B 기업은 신기술을 개발하여 생산 시설을 늘려야 하는 상황이다.

① 상충 이론에 따르면 기업 규모가 클 경우 부채 비율이 높을 것이라고 예측된다. B 기업은 기업 규모가 작기 때문에 상충 이론에 따르면 부채 비율이 높지 않을 것으로 예측되어야 하는데, 〈보기〉에 따르면 B 기업은 자기 자본 대비 타인 자본 비율이 높은 상황, 즉 부채 비율이 높은 상황이다. 따라서 상충 이론에 따르는 A씨의 입장에서 B 기업이 규모가 작기 때문에 부채 비율이 높은 것이라고 평가될 수 없다.

② 상충 이론에 관한 다섯 번째 문단에서 '대기업은 (중략) 법인세 감세 효과를 극대화하기 위해서도 더 많은 부채를 차입하려 할 것이기 때문이다.'라고 제시되었다. 이를 통해 상충 이론에 따르면 더 많은 부채를 차입할수록 법인세 감세 효과가 증가한다는 점을 유추할 수 있다. B 기업은 부채 비율이 높은 상황이므로 이에 따라 법인세 감세 효과도 높을 것이라고 추론할 수 있다.

③ 상충 이론은 부채에 따른 편익과 비용의 상충된 효과가 계산되어 기업의 가치를 최적화하는 부채 비율인 최적 부채 비율이 결정된다는 이론이다. 즉 기업의 부채 비율이 기업의 가치에 영향을 미친다는 점이 전제된 이론이므로, 상충 이론에 의거한 A의 관점에서 B 기업의 높은 부채 비율은 B 기업의 가치에 영향을 미친다고 평가될 것이다.

④ 상충 이론에 관한 세 번째 문단에서 '부채의 사용이 증가함에 따라 (중략) 기대 파산 비용도 증가함으로써 기업의 가치가 감소하는 효과도 나타난다.'라고 제시되었다. 즉 높은 부채 비율은 기업의 기대 파산 비용을 증가시키는 것이며 B 기업은 부채 비율이 높기 때문에 기대 파산 비용이 높을 것이다. 따라서 B 기업의 기대 파산 비용이 높다는 점과 투자로부터 기대되는 수익이 높다는 점이 상충하는 상황이며, 양자의 상반된 효과가 계산되어야 B 기업의 투자 가치의 높고 낮은 정도를 판단할 수 있을 것이다.

⑤ 상충 이론에 따르면 부채 비율의 증가는 편익과 비용을 동시에 야기하므로 부채 비율은 기업 가치를 최적화하는 선에서 유지되어야 한다. 현재 B 기업의 부채 비율은 이미 높은 편이므로 여기서 타인 자본을 추가적으로 조달함으로써 부채 비율을 높이는 것이 B 기업의 가치를 최적화하는 선택이 될 것이라는 결론은 추론되기가 어렵다.

[정답] ③

[11~13] 다음 글을 읽고 물음에 답하시오.

15 LEET 문4~6

가장 효율적인 자원배분 상태, 즉 '파레토 최적' 상태를 달성하려면 모든 최적 조건들이 동시에 충족되어야 한다. 파레토 최적 상태를 달성하기 위해 n개의 조건이 충족되어야 하는데, 어떤 이유로 인하여 어떤 하나의 조건이 충족되지 않고 n−1개의 조건이 충족되는 상황이 발생한다면 이 상황이 n−2개의 조건이 충족되는 상황보다 낫다고 생각하기 쉽다. 그러나 **립시와 랭커스터**는 이러한 통념이 반드시 들어맞는 것은 아님을 보였다. 즉 하나 이상의 효율성 조건이 이미 파괴되어 있는 상태에서는 충족되는 효율성 조건의 수가 많아진다고 해서 경제 전체의 효율성이 더 향상된다는 보장이 없다는 것이다. 현실에서는 최적 조건의 일부는 충족되지만 나머지는 충족되지 않고 있는 경우가 일반적이다. 이 경우 경제 전체 차원에서 제기되는 문제는 현재 충족되고 있는 일부의 최적 조건들을 계속 유지하는 것이 과연 바람직한가 하는 것이다. 하나의 왜곡을 시정하는 과정에서 새로운 왜곡이 초래되는 것이 일반적 현실이기 때문에, 모든 최적 조건들을 충족시키려고 노력하는 것보다 오히려 최적 조건의 일부가 항상 충족되지 못함을 전제로 하여 그러한 상황에서 가장 바람직한 자원배분을 위한 새로운 조건을 찾아야 한다는 과제가 제시된다. 경제학에서는 이러한 문제를 차선(次善)의 문제 라고 부른다.

차선의 문제는 경제학 여러 분야의 논의에서 등장한다. 관세동맹 논의는 차선의 문제에 대한 중요한 사례를 제공하고 있다. 관세동맹이란 동맹국 사이에 모든 관세를 폐지하고 비동맹국의 상품에 대해서만 관세를 부과하기로 하는 협정이다. 자유무역을 주장하는 이들은 모든 국가에서 관세가 제거된 자유무역을 최적의 상황으로 보았고, 일부 국가들끼리 관세동맹을 맺을 경우는 관세동맹을 맺기 이전에 비해 자유무역의 상황에 근접하는 것이므로, 관세동맹은 항상 세계 경제의 효율성을 증대시킬 것이라고 주장해왔다. 그러나 ⓐ바이너는 관세동맹이 세계 경제의 효율성을 떨어뜨릴 수 있음을 지적하였다. 그는 관세동맹의 효과를 무역창출과 무역전환으로 구분하고 있다. 전자는 동맹국 사이에 새롭게 교역이 창출되는 것을 말하고 후자는 비동맹국들과의 교역이 동맹국과의 교역으로 전환되는 것을 의미한다. 무역창출은 상품의 공급원을 생산비용이 높은 국가에서 생산비용이 낮은 국가로 바꾸는 것이기 때문에 효율이 증대되지만, 무역전환은 공급원을 생산비용이 낮은 국가에서 생산비용이 높은 국가로 바꾸는 것이므로 효율이 감소한다. 관세동맹이 세계 경제의 효율성을 증가시키는가의 여부는 무역창출 효과와 무역전환 효과 중 어느 것이 더 큰가에 달려 있다. 무역전환 효과가 더 크다면 일부 국가들 사이의 관세동맹은 세계 경제의 효율성을 떨어뜨리게 된다.

차선의 문제는 소득에 부과되는 직접세와 상품 소비에 부과되는 간접세의 상대적 장점에 대한 오랜 논쟁에서도 등장한다. 경제학에서는 세금이 시장의 교란을 야기하여 자원배분의 효율성을 떨어뜨린다는 생각이 일반적이다. 아무런 세금도 부과되지 않는 것이 파레토 최적 상태이지만, 세금 부과는 불가피하므로 세금을 부과하면서도 시장의 왜곡을 줄일 수 있는 방법을 찾고자 했다. 이와 관련해, 한 가지 상품에 간접세가 부과되었을 경우 그 상품과 다른 상품들 사이의 상대적 가격에 왜곡이 발생하므로, 이 상대적 가격에 영향을 미치지 않는 직접세가 더 나을 것이라고 주장하는 ㉠핸더슨과 같은 학자들이 있었다. 그러나 이는 직접세가 노동 시간과 여가에 영향을 미치지 않는다는 가정 아래서만 성립하는 것이라고 ㉡리틀은 주장하였다. 한 상품에 부과된 간접세는 그 상품과 다른 상품들 사이의 파레토 최적 조건의 달성을 방해하게 되지만, 직접세는 여가와 다른 상품들 사이의 파레토 최적 조건의 달성을 방해하게 되므로, 직접세가 더 효율적인지 간접세가 더 효율적인지를 판단할 수 없다는 것이다. 나아가 리틀은 여러 상품에 차등적 세율을 부과할 경우, 직접세만 부과하는 경우나 한 상품에만 간접세를 부과하는 경우보다 효율성을 더 높일 수 있는 가능성이 있음을 언급했지만 정확한 방법을 제시하지는 못했다. ㉢콜레트와 헤이그는 직접세를 동일한 액수의 간접세로 대체하면서도 개인들의 노동 시간과 소득을 늘릴 수 있는 조건을 찾아냈다. 그것은 여가와 보완관계가 높은 상품에 높은 세율을 부과하고 경쟁관계에 있는 상품에 낮은 세율을 부과하는 것이었다. 레저 용품처럼 여가와 보완관계에 있는 상품에 상대적으로 더 높은 세율을 부과하여 그 상품의 소비를 억제시킴으로써 여가의 소비도 줄이는 것이 가능해진다.

11. **차선의 문제** 에 대한 이해로 적절하지 않은 것은?

① 파레토 최적 조건들 중 하나가 충족되지 않을 때라면, 나머지 조건들이 충족된다고 하더라도 차선의 효율성이 보장되지 못한다.

② 전체 파레토 조건 중 일부가 충족되지 않은 상황에서 차선의 상황을 찾으려면 나머지 조건들의 재구성을 고려해야 한다.

③ 주어진 전체 경제상황을 개선하는 과정에서 기존에 최적 상태를 달성했던 부문의 효율성이 저하되기도 한다.

④ 차선의 문제가 제기되는 이유는 여러 경제부문들이 독립적이지 않고 서로 긴밀히 연결되어 있기 때문이다.

⑤ 경제개혁을 추진할 때 비합리적인 측면들이 많이 제거될수록 이에 비례하여 경제의 효율성도 제고된다.

12. **A, B, C 세 국가만 있는 세계에서 A국과 B국 사이에 관세동맹이 체결되었다고 할 때, ⓐ의 입장을 지지하는 사례로 활용하기에 적절한 것은?**

① 관세동맹 이전 A, B국은 X재를 생산하지 않고 C국에서 수입하고 있었다. 관세동맹 이후에도 A, B국은 X재를 C국에서 수입하고 있다.

② 관세동맹 이전 B국은 X재를 생산하고 있었고 A국은 최저비용 생산국인 C국에서 수입하고 있었다. 관세동맹 이후 A국은 B국에서 X재를 수입하게 되었다.

③ 관세동맹 이전 A, B국은 모두 X재를 생산하고 있었고 C국에 비해 생산비가 높았다. 관세동맹 이후 A국은 생산을 중단하고 B국에서 X재를 수입하게 되었다.

④ 관세동맹 이전 B국이 세 국가 중 최저비용으로 X재를 생산하고 있었고 A국은 X재를 B국에서 수입하고 있었다. 관세동맹 이후에도 A국은 B국에서 X재를 수입하고 있다.

⑤ 관세동맹 이전 A, B국 모두 X재를 생산하고 있었고 A국이 세 국가 중 최저비용으로 X재를 생산하는 국가이다. 관세동맹 이후 B국은 생산을 중단하고 A국에서 X재를 수입하게 되었다.

모델링 적용

13. `<보기>`의 상황에 대한 ㉠~㉢의 대응을 추론한 것으로 적절하지 **않은** 것은?

─── 〈보 기〉───

일반 상품을 X와 Y, 여가를 L이라고 하고, 두 항목 사이에 파레토 최적 조건이 성립한 경우를 '⟺', 성립하지 않은 경우를 '⇎'라는 기호로 표시하기로 하자.

㉮	㉯	㉰	㉱
세금이 부과되지 않은 상황	X에만 간접세가 부과된 상황	직접세가 부과된 상황	X, Y에 차등 세율의 간접세 부과된 상황
X⟺Y X⟺L Y⟺L	X⇎Y X⇎L Y⟺L	X⟺Y X⇎L Y⇎L	X⇎Y X⇎L Y⇎L

① ㉠은 직접세가 여가에 미치는 효과를 고려하지 않고 ㉰가 ㉯보다 효율적이라고 본다.

② ㉡은 ㉮와 ㉰의 효율성 차이를 보임으로써 립시와 랭커스터의 주장을 뒷받침한다.

③ ㉡은 ㉯와 ㉰의 효율성을 비교할 수 없다는 점을 보임으로써 ㉠을 비판한다.

④ ㉢은 ㉱가 ㉰보다 효율적일 수 있다는 것을 보임으로써 립시와 랭커스터의 주장을 뒷받침한다.

⑤ ㉢은 ㉱가 ㉰보다 효율적일 수 있다는 것을 보임으로써 이를 간접세가 직접세보다 효율적인 사례로 제시한다.

🏛 가이드 & 정답 확인하기

가이드에 따라 지문과 문제를 분석하고 정답을 확인해 봅시다.

11번 문제를 풀이하면 다음과 같습니다.

① 첫 번째 문단에서 '하나 이상의 효율성 조건이 이미 파괴되어 있는 상태에서는 충족되는 효율성 조건의 수가 많아진다고 해서 경제 전체의 효율성이 더 향상된다는 보장이 없다.'고 제시되었으므로 파레토 최적 조건들 중 하나가 충족되지 않았을 때라면, 나머지 조건들이 충족된다고 하더라도 차선의 효율성은 보장될 수 없다.

② 첫 번째 문단에서 전체 파레토 조건 중 일부가 충족되지 않은 상황이라면 '그러한 상황에서 가장 바람직한 자원배분을 위한 새로운 조건을 찾아야 한다.'라고 제시되었으므로 단순히 충족되는 조건의 수를 늘리는 것이 아니라 나머지 조건들을 재구성하여야 한다는 점을 추론할 수 있다.

③ 첫 번째 문단에서 '하나의 왜곡을 시정하는 과정(전체 경제상황을 개선하는 과정)에서 새로운 왜곡(기존에 최적 상태를 달성했던 부문의 효율성 저하)이 초래되는 것이 일반적 현실'이라고 제시된 부분을 통해 확인할 수 있다.

④ 차선의 문제가 적용되는 사례로 지문에서는 '관세동맹의 효과'가 제시되었다. 관세동맹이 세계 경제의 효율성을 증대하는지 여부를 구체적으로 따져보아야 하는 이유는 세계 여러 나라들이 각각 어떠한 무역 관계를 맺고 있느냐에 따라 무역창출 효과를 낳는지 아니면 무역전환 효과를 낳는지가 상이하기 때문이다. 이를 통해 여러 경제부문들이 서로 긴밀히 연결되어 있다는 점에서 차선의 효율성을 찾는 문제가 복잡해지는 상황이 발생된다는 점을 확인할 수 있다.

⑤ '차선의 문제'에 따르면 이미 하나 이상의 효율성 조건이 충족되지 않은 상황에서는 충족된 효율성 조건의 수를 늘릴수록 전체 효율성이 증가한다는 점이 보장되지 않는다. 따라서 이미 하나 이상의 효율성 조건이 충족되지 않은 상황에서 경제개혁이 추진된다면, 비합리적인 측면들이 많이 제거되어 효율성 충족의 수가 증가한다고 하더라도 이것이 전체 경제의 효율성을 증가시킨다는 점은 보장될 수 없다.

[정답] ⑤

12번 문제를 풀이하면 다음과 같습니다.

ⓐ의 입장은 '관세동맹이 세계 경제의 효율성을 떨어뜨릴 수 있다.'는 내용이므로, ⓐ의 입장이 지지하는 사례는 '관세동맹이 체결된 이후에 전체 효율성이 이전에 비해 감소하는 상황'이 제시되어야 한다. 구체적으로는 '상품의 공급원이 생산비용이 낮은 국가에서 생산비용이 높은 국가로 바뀐 것'에 해당하는 무역전환이 이루어진 사례를 찾아야 한다.

① 관세동맹 이전에도 A, B국은 X재를 C국에서 수입하였고 관세동맹 이후에도 A, B국은 X재를 C국에서 수입하는 상황이므로 관세동맹으로 인한 효율성 변화가 없다.

② 관세동맹 이전에 A국은 최저비용 생산국인 C국에서 X재를 수입하였으나 관세동맹 이후에 A국은 최저비용 생산국이 아닌 B국에서 X재를 수입하게 되었다. 이는 관세동맹으로 인해 X재의 공급원이 생산비용이 낮은 C국에서 생산비용이 높은 B국으로 바뀐 무역전환이 이루어진 사례에 해당한다. 즉 관세동맹으로 인해 전체 효율성이 감소하였으므로 ⓐ의 입장을 지지하는 사례에 해당한다. → **절대적 정답**

③ 관세동맹 이전에 A국은 X재를 직접 생산하였고 관세동맹 이후에 A국은 B국에서 X재를 전면 수입하게 된 상황이다. A국과 B국 중 어느 국가가 X재 생산비용이 높은지에 대한 정보가 주어지지 않았으므로 관세동맹으로 인한 효율성 변화를 확인할 수 없다.

④ 관세동맹 이전과 이후에도 A국은 B국에서 X재를 수입한다는 점이 달라지지 않았으므로 관세동맹으로 인한 효율성 변화가 없다.

⑤ 관세동맹 이전에 B국은 X재를 직접 생산하였고 관세동맹 이후에 B국은 X재의 최저비용 생산 국인 A국으로부터 X재를 수입하게 되었으므로 관세동맹으로 인해 상품의 공급원이 생산비용이 높은 국가에서 낮은 국가로 바뀐 무역창출에 해당하며 따라서 전체 효율성이 증가하였다.

[정답] ②

13번 문제를 풀이하면 다음과 같습니다.

─────〈보기〉─────

일반 상품을 X와 Y, 여가를 L이라고 하고, 두 항목 사이에 파레토 최적 조건이 성립한 경우를 '⇔', 성립하지 않은 경우를 '⇎'라는 기호로 표시하기로 하자.

㉠핸더슨의 세계관

㉮	㉯	㉰	㉱
세금이 부과되지 않은 상황	X에만 간접세가 부과된 상황	직접세가 부과된 상황	X, Y에 차등 세율의 간접세가 부과된 상황
X⇔Y	X⇎Y	X⇔Y	X⇎Y

㉡리틀과 ㉢콜레트와 헤이그의 세계관

㉮	㉯	㉰	㉱
세금이 부과되지 않은 상황	X에만 간접세가 부과된 상황	직접세가 부과된 상황	X, Y에 차등 세율의 간접세가 부과된 상황
X⇔Y	X⇎Y	X⇔Y	X⇎Y
X⇔L	X⇎L	X⇎L	X⇔L
Y⇔L	Y⇔L	Y⇎L	Y⇎L

① 직접세가 여가에 미치는 효율성 감소 효과를 고려한 ㉡, ㉢과 달리, ㉠은 직접세가 여가에 미치는 효과를 고려하지 않고 간접세가 부과되는 것보다 직접세가 더 나을 것이라고 주장하였다. 따라서 ㉠의 관점에서는 (X, L), (Y, L)의 파레토 최적 조건이 고려되지 않으므로 ㉰가 ㉯에 비해 더 효율적이라고 판단된다.

② ㉮는 아무런 세금도 부과되지 않아 모든 최적 조건들이 충족된 파레토 최적인 상태이다. 립시와 랭커스터의 주장은 파레토 최적의 상태가 아닌 상황에서 차선의 효율성이 이루어지려면 나머지 조건들이 가장 바람직한 자원 배분을 위한 새로운 조건으로 재설정되어야 한다는 것이다. 따라서 최선의 효율성이 이루어지는 ㉮가 ㉯의 효율성과 차이가 난다는 것은 립시와 랭커스터의 주장과 아무런 관련이 없다.

③ 마지막 문단에서 ㉡은 간접세가 직접세보다 더 효율적이라고 주장하는 ㉠의 주장을 반박하면서 '직접세가 더 효율적인지 간접세가 더 효율적인지를 판단할 수 없다.'라고 주장하였다. 이는 ㉰가 ㉯에 비해 더 효율적이라는 ㉠의 주장에 대해 ㉯와 ㉰ 중 어느 것이 더 효율적이라고 단언할 수 없다는 반박을 제기한 것에 해당한다.

④, ⑤ 마지막 문단에서 ㉢은 여가와의 보완관계를 고려하여 차등적 세율을 부과한 간접세가 직접세에 비해 더 효율적일 수 있음을 증명하였고 이는 ㉱가 ㉰에 비해 더 효율적이라는 주장에 해당한다. 또한 이러한 ㉢의 주장은 파레토 최적의 상태가 아닌 상황에서는 차선의 효율성을 위해 새로운 조건이 재설정되어야 한다는 립시와 랭커스터의 주장을 뒷받침하는 것이다.

[정답] ②

[01~03] 다음 글을 읽고 물음에 답하시오. 20 LEET 문13~15

'좋은 세금'의 기준과 관련하여 조세 이론은 공정성과 효율성을 거론하고 있다. 경제주체들이 경제적 능력 혹은 자신이 받는 편익에 따라 세금을 부담하는 경우 공정한 세금이라는 것이다. 또한 조세는 경제주체들의 의사 결정을 왜곡하여 조세 외에 추가로 부담해야 하는 각종 손실 또는 비용, 즉 초과 부담이라는 비효율을 초래할 수 있는데 이러한 왜곡을 최소화하는 세금이 효율적이라는 것이다.

19세기 말 ㉠헨리 조지가 제안했던 토지가치세는 이러한 기준에 잘 부합하는 세금으로 평가되고 있다. 그는 토지 소유자의 임대소득 중에 자신의 노력이나 기여와는 무관한 불로소득이 많다면, 토지가치세를 통해 이를 환수하는 것이 바람직하다고 주장했다. 토지에 대한 소유권은 사용권과 처분권 그리고 수익권으로 구성되는데, 사용권과 처분권은 개인의 자유로운 의사에 맡기고 수익권 중 토지 개량의 수익을 제외한 나머지는 정부가 환수하여 사회 전체를 위해 사용하자는 것이 토지가치세의 기본 취지이다. 조지는 토지가치세가 시행되면 다른 세금들을 없애도 될 정도로 충분한 세수를 올려줄 것이라고 기대했다. 토지가치세가 토지단일세라고도 지칭된 것은 이 때문이다. 그는 토지단일세가 다른 세금들을 대체하여 초과 부담을 제거함으로써 경제 활성화에 크게 기여할 것으로 보았다. 토지단일세는 토지를 제외한 나머지 경제 영역에서는 자유 시장을 옹호했던 조지의 신념에 잘 부합하는 발상이었다.

토지가치세는 불로소득에 대한 과세라는 점에서 공정성에 부합하는 세금이다. 조세 이론은 수요자와 공급자 중 탄력도가 낮은 쪽에서 많은 납세 부담을 지게 된다고 설명한다. 토지는 세금이 부과되지 않는 곳으로 옮길 수 없다는 점에서 비탄력적이며 따라서 납세 부담은 임차인에게 전가되지 않고 토지 소유자가 고스란히 떠안게 된다는 점에서 토지가치세는 공정한 세금이 된다. 한편 토지가치세는 초과 부담을 최소화한다는 점에서 효율적이기도 하다. 통상 어떤 재화나 생산요소에 대한 과세는 거래량 감소, 가격 상승과 함께 초과 부담을 유발한다. 예를 들어 자동차에 과세하면 자동차 거래가 감소하고 부동산에 과세하면 지역 개발과 건축업을 위축시켜, 초과 부담이 발생하게 된다. 그러나 토지가치세는 토지 공급을 줄이지 않아 초과 부담을 발생시키지 않는다. 토지가치세 도입에 따른 여타 세금의 축소가 초과 부담을 줄여 경제를 활성화한다는 G7 대상 연구에 따르면, 이러한 세제 개편으로 인한 초과 부담의 감소 정도가 GDP의 14~50%에 이른다.

하지만 토지가치세는 일부 국가를 제외하고는 현실화되지 못했는데, 여기에는 몇 가지 이유가 있다. 토지가치세는 이론적인 면에서 호소력이 있으나 현실에서는 복잡한 문제가 발생한다. 토지에 대한 세금이 가공되지 않은 자연 그대로의 토지에 대한 세금이어야 하나 이러한 토지는 현실적으로 찾기 어렵다. 토지 가치 상승분과 건물 가치 상승분의 구분이 쉽지 않다는 것도 어려움을 가중한다. 토지를 건물까지 포함하는 부동산으로 취급하여 그에 과세하는 국가에서는 부동산 거래에서 건물을 제외한 토지의 가격이 별도로 인지되는 것이 아니므로, 건물을 제외한 토지의 가치 평가가 어렵다. 조세 저항도 문제가 된다. 재산권 침해라는 비판이 거세지면 토지가치세를 도입하더라도 세율을 낮게 유지할 수밖에 없어, 충분한 세수가 확보되지 않을 수 있다. 토지가치세는 빈곤과 불평등 문제에 대한 조지의 이상을 실현하는 데에도 적절한 해법이 되지 못한다는 비판에 직면하고 있다. 백 년 전에는 부의 불평등이 토지에서 비롯되는 부분이 컸지만, 오늘날 전체 부에서 토지가 차지하는 비중이 19세기 말에 비해 크게 감소했다. 토지 소유의 집중도 또한 조지의 시대에 비해 낮다. 따라서 토지가치세의 소득 불평등 해소 능력에도 의문이 제기된다.

오늘날 토지가치세는 새롭게 주목받고 있는데, 이는 '외부 효과'와 관련이 깊다. 첨단산업 분야의 대기업들이 자리를 잡은 지역 주변에는 인구가 유입되고 일자리가 늘어난다. 하지만 임대료가 급등하고 혼잡도 또한 커진다. 이 과정에서 해당 지역의 부동산 소유자들은 막대한 이익을 사유화하는 반면, 임대료 상승이나 혼잡비용 같은 손실은 지역민 전체에게 전가된다. 이러한 상황에서 높은 세율의 토지가치세가 본격적으로 실행에 옮겨질 수 있다면 불로소득에 대한 과세를 통해 외부 효과로 인한 피해를 보상하는 방안이 될 수 있다.

01. ㉠에 대한 설명으로 가장 적절한 것은?

① 개량되지 않은 토지에서 나오는 임대료 수입은 불로소득으로 여겼다.

② 토지가치세로는 재정에 필요한 조세 수입을 확보할 수 없다고 보았다.

③ 토지의 처분권은 보장하되 사용권과 수익권에는 제약을 두자고 주장하였다.

④ 토지가치세는 경제적 효율성 제고를 통하여 공정성을 높이는 방안이라고 보았다.

⑤ 모든 경제 영역에서 시장 원리를 사회적 가치에 부합하게 규제해야 한다고 주장하였다.

02. 윗글에서 추론한 내용으로 적절하지 않은 것은?

① 정부가 높은 세율의 토지가치세를 도입한다면, 외부 효과로 발생한 이익의 사유화를 완화할 수 있을 것이다.

② 자동차세의 인상이 자동차 소비자들의 의사 결정에 영향을 미치지 않는다면, 자동차세는 세수 증대에 효과적일 것이다.

③ 토지가치세가 단일세가 되어 누진세인 근로소득세가 폐지된다면, 고임금 근로자가 저임금 근로자보다 더 많은 혜택을 얻게 될 것이다.

④ 조지의 이론을 계승하는 학자라면, 부가가치 생산에 기여한 부분에 대해서는 세금을 부과하지 않는 것이 바람직하다고 보았을 것이다.

⑤ 부동산에 대해 토지와 건물을 구분하여 과세할 수 있다면, 토지가치세의 도입으로 토지의 공급 감소와 가격 상승 문제가 해소되어 조세 저항이 줄어들 것이다.

03. 윗글을 바탕으로 <보기>의 사례를 평가할 때, 적절하지 않은 것은?

〈보 기〉

○ X국은 요트 구매자에게 높은 세금을 부과하는 사치세를 도입하여 부유층의 납세 부담을 늘리려고 하였다. 그러나 부자들은 요트 구매를 줄이고 지출의 대상을 바꾸었다. 반면 요트 생산 시설은 다른 시설로 바꾸기 어려웠고 요트 공장에서 일하던 근로자들은 대량 해고되었다. 아울러 X국은 근로소득세를 인상해서 부족한 세수를 보충하였다.

○ Y국은 국민의 건강 증진을 위해 담배 소비를 줄이려는 목표로 담배세를 인상하였다. 그러나 담배세 인상으로 인한 담배 가격 상승에도 불구하고 담배 소비는 거의 감소하지 않았다. 정부의 조세 수입은 크게 증가하였지만 소비자들의 불만이 고조되었다.

① 공급자에게 부과되는 토지가치세와 달리, X국의 '사치세' 및 Y국의 '담배세'는 소비자에게 부과되고 있군.

② 초과 부담을 발생시키는 X국의 '사치세'와는 달리, Y국의 '담배세' 및 토지가치세는 초과 부담을 거의 발생시키지 않는군.

③ 과세 대상자 이외의 타인에게 납세 부담이 추가되는 X국의 '사치세'와 달리, Y국의 '담배세'와 토지가치세에서는 납세 부담이 과세 대상자에게 집중되는군.

④ 탄력도가 낮은 쪽에서 납세 부담을 지게 만들 수 있는 토지가치세와 달리, X국의 '사치세' 및 Y국의 '담배세'는 탄력도가 높은 쪽에서 납세 부담을 지게 하는군.

⑤ 조세 개편의 정책 목표를 달성하지 못한 X국의 '사치세' 및 Y국의 '담배세'와 달리, 토지가치세는 도입할 때 거둘 수 있는 경제 활성화 효과가 최근 연구에서 확인되고 있군.

지난 2008년의 미국발 금융 위기와 관련해 '증권화'의 역할이 재조명되었다. 증권화란 대출채권이나 부동산과 같이 현금화가 쉽지 않은 자산을 시장성이 높은 유가증권으로 전환하는 행위이다. 당시 미국의 주택담보 대출기관, 곧 모기지 대출기관들은 대출채권을 유동화해 이를 투자은행, 헤지펀드, 연기금, 보험사 등에 매각하고 있었다. 이들은 이렇게 만들어진 모기지 유동화 증권을 통해 오랜 기간에 걸쳐 나누어 들어올 현금을 미리 확보할 수 있었고, 원리금을 돌려받지 못할 위험도 광범위한 투자자들에게 전가할 수 있었다. 증권화는 위기 이전까지만 해도 경제 전반의 리스크를 줄이고 새로운 투자 기회를 제공하며 금융시장의 효율성을 높여주는 금융 혁신으로 높게 평가되었다.

하지만 금융 위기가 일어나면서 증권화의 부정적 측면이 부각되었다. 당시 모기지 대출기관들은 대출채권을 만기 때까지 보유해야 한다는 제약으로부터 벗어남에 따라 대출 기준을 완화했다. 이 과정에서 신용 등급이 아주 낮은 사람들을 대상으로 했거나 집값 대비 대출금액이 높았던 비우량(subprime) 모기지 대출이 늘어났는데, 그동안 계속 상승해 왔던 부동산 가격이 폭락하고 채무 불이행 사태가 본격화되면서 서브프라임 모기지 사태가 발생했다. 이때 비우량 모기지의 규모 자체는 크지 않았지만 이로부터 파생된 신종 유가증권들이 대형 투자은행 등 다양한 투자자들에 의해 광범위하게 보유·유통되었다는 점에 특히 주목할 필요가 있다. 이들은 증권화로 인해 보다 안전해졌다는 과신 속에서 과도한 차입을 통해 투자를 크게 늘렸는데, 서브프라임 모기지 사태를 기점으로 유가증권들의 가격이 폭락함에 따라 금융기관들의 연쇄 도산 사태가 일어났던 것이다.

이에 따라 증권화를 확대한 금융기관과 이를 허용한 감독당국에 비판이 집중되었다. 하지만 일각에서는 금융 위기의 원인이 증권화가 아니라 정부의 잘못된 개입에 있다는 상반된 주장도 제기되었다. 시장의 자기 조정 능력을 긍정하는 이 '정부 주범론'은 소득 분배의 불평등 심화 문제를 포퓰리즘으로 해결하려던 것이 금융 위기를 낳았다고 주장한다. 이들에 따르면, 불평등 심화의 근본 원인은 기술 변화와 세계화이므로 그 해법 또한 저소득층의 교육 기회 확대 등의 정책에서 찾아야 했다. 그럼에도 정치권은 저소득층의 불만을 무마하기 위해 저소득층이 빚을 늘려 집을 보유할 수 있게 해주는 미봉책을 펼쳤는데, 그로 인해 주택 가격 거품이 발생했고 마침내는 금융 위기로 연결되었다는 것이다. 이 문제와 관련해 대표적인 정책 실패로 거론된 것이 바로 지역재투자법이다.

지역재투자법이란 저소득층의 금융 이용 기회를 확대할 목적으로 은행들로 하여금 낙후 지역에 대한 대출이나 투자를 늘리도록 유도하는 제도이다. '정부 주범론'은 이 법으로 인해 은행들이 상환 능력이 떨어지는 저소득층들에게로까지 주택 자금 대출을 늘려야 했고, 이것이 결국 서브프라임 모기지 사태로 이어졌다고 주장한다. '정부 주범론'은 여기에 더해 지역재투자법의 추가적인 파급 효과에도 주목한다. 금융기관들은 지역재투자법에 따라 저소득층에 대한 대출을 늘리는 과정에서 심사 관련 기강이 느슨해졌고 지역재투자법과 무관한 대출에 대해서까지도 대출 기준을 전반적으로 완화함으로써 주택 가격 거품을 키우게 되었다는 것이다.

최근 미국에서는 '정부 주범론'의 목소리가 높아지면서 이 주장이 현실에 얼마나 부합하는지에 대한 많은 연구가 진행되었다. 이 과정에서 ⊙'정부 주범론'을 반박하는 다양한 논거들이 '규제 실패론'의 이름으로 제시되었고, '정부 주범론'의 정치적 맥락도 새롭게 조명되었다. '규제 실패론'은 금융기관들의 무분별한 차입 및 증권화가 이들의 적극적인 로비에 따른 결과임을 강조하며, 이러한 흐름이 실물 경제의 안정적 성장도 저해했다고 주장한다. '규제 실패론'은 또한 지난 삼십 년 동안 소득 분배가 계속 불평등해지는 과정에서 보다 많은 소득을 얻게 된 부유층이 특히 금융에 대한 투자와 감세를 통해 부를 한층 키워 왔던 구조적 특징과 이들의 정치적 영향력에도 주목한다. 저소득층의 부채란 정치권의 온정주의가 아니라 부유층과 금융권이 자신들의 이익을 극대화하는 과정에서 늘어났던 것이라는 이 지적은 불평등의 심화와 금융 위기 사이의 관계에 대한 새로운 시각을 제시한다.

04. 윗글에 나타난 입장들에 관한 진술 중 타당하지 <u>않은</u> 것은?

① '정부 주범론'은 정부의 시장 개입이 경제 주체들의 판단을 오도했다고 본다.

② '정부 주범론'은 정치권이 지역재투자법으로 저소득층의 표를 얻으려 했다고 본다.

③ '규제 실패론'은 금융과 정치권의 유착 관계를 비판한다.

④ '규제 실패론'은 가계 부채 증가가 고소득층의 투자 기회 확대와 관련이 있다고 본다.

⑤ '정부 주범론'과 '규제 실패론'은 소득 불평등 문제를 해결하려는 과정에서 금융 위기가 발생했다는 점에 대해서는 의견을 같이 한다.

05. '증권화'와 관련한 다음의 추론 중 타당하지 <u>않은</u> 것은?

① 증권화에서 서브프라임 모기지에 연계된 증권의 투자는 고수익을 추구하는 일부 투자자에 한정되었을 것이다.

② 증권화는 개별 금융기관의 위험을 낮추어 주는 혁신처럼 보였지만 실제로는 전체 금융권의 위험을 높였을 것이다.

③ 모기지 채권의 증권화는 보다 많은 자금이 주택시장에 유입되도록 함으로써 주택 가격의 거품을 키웠을 것이다.

④ 부동산 시장과 유동화 증권의 현금화 가능성에 대한 투자자들의 낙관적 전망으로 인해 증권화가 확대되었을 것이다.

⑤ 증권화에 대한 규제를 강화해야 할지 판단하기 위해서는 금융 위기를 발생시켰던 대출기준 완화의 원인을 규명하는 것이 중요하다.

06. ㉠에 포함되는 것으로 보기 <u>어려운</u> 것은?

① 지역재투자법에는 저소득층에 대해 다른 계층보다 집값 대비 대출 한도를 더 높게 설정하도록 유도하는 내용이 있다.

② 서브프라임 모기지 대출의 연체율은 지역의 소득 수준에 상관없이 일반 대출의 연체율보다 높았다.

③ 부동산 가격 거품을 가져온 주된 요인은 주택 가격의 상승보다는 상업용 부동산 가격의 상승이었다.

④ 지역재투자법의 적용을 받는 대출들 중 서브프라임 모기지 대출의 비중은 낮았다.

⑤ 지역재투자법과 유사한 규제가 없는 나라에서도 금융 위기가 발생하였다.

1930년대 전 세계를 휩쓴 대공황은 자본주의 역사상 전무후무할 정도로 혹독하고도 긴 경기 침체였다. 공황의 진원지는 미국이었는데, 1929년 말 뉴욕 주식 시장의 주가 대폭락이 그것을 상징적으로 보여 준다. 과연 무엇이 문제였는가?

당시 미국 사회는 엄청난 경제적 번영과 함께 대량 소비 풍조가 만연했지만, 소득과 부의 불균등이 심화되면서 소비 지출 수요가 줄어들고 있었다. 한편 경제 성장을 주도한 것은 내구 소비재 산업이었다. 그것을 대표하는 자동차 산업의 경우, 1928년에 이미 미국인 6명 중 1명이 차를 소유했는데, 이는 불균등한 소득 분배를 고려할 때 거의 모든 가구가 차를 구입했다고 할 수 있는 정도였다. 민간 부문의 주택 건설 역시 성장의 동인이었지만 당장은 추가 투자가 필요치 않은 지점에 도달했다. 큰 집을 짓고 한두 대의 차를 가진 미국의 부자들은 무엇을 더 구입할 수 있었을까? 새로운 생산적 투자처를 찾지 못한 그들은 돈을 주식 투기에 쏟아 부었으며, 평범한 농민들까지도 은행 대출을 받아 주식 투기의 열풍 속으로 뛰어들었다. 그러나 그들을 기다린 것은 파산이었다.

㉠미국 연방준비제도이사회(FRB)의 통화 정책에도 문제가 있었다. FRB 산하 12개 지역별 중앙은행 이사들은 대부분 회원 은행 출신으로, 여타의 지방 은행 은행가들과 다를 바가 없었다. 따라서 그들은 어음 평가나 할 줄 알았지 불황기에 할인율을 인하하여 통화량을 늘리거나 호황기에 할인율 인상으로 통화량을 줄여야 하는 통화 정책에는 거의 문외한이었다. 이들이 점차 과열되는 주식 시장에 어떻게 대응했을까? FRB는 주식 시장을 직접 통제할 수는 없었지만 은행에 대한 할인율을 조정함으로써 은행이 고객에게 주식 매입 자금을 여신하는 업무에 영향을 줄 수 있었다. 그러나 FRB가 할인율 인상을 통해 은행 여신 이자율을 높였음에도 불구하고, 주식 투자에서 높은 차익을 기대하던 투기꾼들의 기세는 꺾이지 않았다. 은행도 고객의 주식 일부를 담보로 하여 대출을 해 주었는데, 이러한 신용 구조는 주가가 지속적으로 상승할 때는 괜찮지만 일단 하락하게 되면 한꺼번에 무너질 수밖에 없다. 주식 시장이 붕괴했을 때 FRB의 적절한 개입이 필요했으나, FRB는 즉시 통화 팽창 정책을 쓰는 대신 오히려 통화 공급을 줄이는 정책을 택하여 심각한 디플레이션을 야기했다. 그 결과 실질 이자율이 상승하면서 기업의 투자 심리는 형편없이 냉각되었다. 이것이 주식 시장의 붕괴가 대공황으로 이어지게 된 과정이다.

공황의 세계적인 확산을 최소화할 국제 신용 체계는 없었는가? 1차 대전으로 중단되었던 국제 금 본위제가 전후에 재건되었으나 그 시스템은 여전히 불안정하였다. 당시 국제 신용 체계에서 가장 중요한 국가는 최대 채권국인 미국이었다. 전전의 영국처럼 전후의 미국도 국제 수지 흑자를 보였는데, 그 대부분은 자본 수출에 대한 이자와 전쟁 채무 원리금이었으며 전통적인 보호 무역 정책으로 인한 무역 수지 흑자도 거기에 한몫을 했다. 채무국들이 무역 흑자를 통해 채무를 상환한다는 것은 거의 불가능했으며, 그 결과 점점 더 많은 금이 미국으로 유입되었다. 만일 금 유입이 통화 공급 증대와 인플레이션으로 이어졌다면 사태가 달라졌겠지만, 미국 정부는 인플레이션에 대해 단호한 반대 입장을 고수하였다. 국제 금 본위제는 결코 자동적으로가 아니라 강력한 최종 대부자가 유동성과 안정성을 보증해야 작동하는 제도였다. 그런데 전전의 영란은행(Bank of England)과 달리 FRB는 국제 신용망의 유지가 아니라 국내 물가 안정에만 전념하였다. 때문에 FRB는 미국으로 유입된 금을 불태화*함으로써 금 본위제의 국제 규칙을 사실상 지키지 않았다. 미국이 1920년대에, 그리고 결정적으로 중요했던 1929년부터 1933년까지 좀 더 개방적인 정책을 취했더라면 대공황은 확실히 완화되고 단축될 수 있었을 것이다.

* 불태화(sterilization): 할인율을 인상하거나 국공채를 매각함으로써 금 유입에 따른 통화량 증가를 억제하는 것

07. 윗글로부터 당시의 경제 상황을 파악한 내용으로 옳지 <u>않은</u> 것은?

① 미국은 국제 신용 체계의 최종 대부자가 아니었기 때문에 국내 물가 안정에 전념할 수 있었다.

② 미국 주식 시장의 거품이 꺼지면서 실질 부가 감소하고 그로 인해 소비도 급감하였다.

③ 미국은 1차 대전 이후 금 유입으로 인해 통화 공급 증대의 압력을 받고 있었다.

④ 다른 많은 국가들이 미국에 대한 전쟁 채무 상환에 어려움을 겪고 있었다.

⑤ 미국의 주택 실수요 시장은 거의 포화 상태에 이르렀다.

08. ㉠과 같이 판단하는 이유로 옳은 것은?

① 어음 평가나 하였을 뿐 호황기에 할인율을 인상하여 통화량을 줄이지 않았다.

② 주가 폭락으로 인해 자산 가치가 폭락한 기업에 대해 신용을 제공하지 않았다.

③ 주가 시장이 과열되었을 때 할인율을 인상함으로써 은행의 여신 활동을 제약하였다.

④ 은행이 고객에게 충분한 담보 없이 주식 매입 자금을 여신하는 것을 규제하지 않았다.

⑤ 주식 시장이 붕괴했을 때도 여전히 금융 긴축 정책을 취하여 물가 하락을 가속시켰다.

09. 다음과 같은 진술이 사실이라고 할 때, 대공황의 요인에 대한 윗글의 입장을 약화시키지 <u>못하는</u> 것은?

① 전체 소비 감소 규모에서 소득 불균등으로 인한 감소가 차지하는 비중은 미미하였다.

② 주가 폭락 이후의 금융 긴축으로 인해 투자 심리가 위축된 것은 공황 발생 시점 이후였다.

③ FRB의 금융 긴축이 문제였다고 하지만, 긴축 정책의 강도가 주가 폭락 이전과 이후에 서로 달랐다.

④ 자동차와 같은 내구재의 소비가 포화 상태였지만, 그것이 전체 소비에서 차지하는 비중은 크지 않았다.

⑤ 국제 신용 체계의 불안정은 어느 한 나라의 책임이 아니라, 국가 간에 신뢰와 협조가 부족했기 때문이었다.

최적통화지역은 단일 통화가 통용되거나 여러 통화들의 환율이 고정되어 있는 최적의 지리적인 영역을 지칭한다. 여기서 최적이란 대내외 균형이라는 거시 경제의 목적에 의해 규정되는데, 대내 균형은 물가 안정과 완전 고용, 대외 균형은 국제수지 균형을 의미한다.

최적통화지역 개념은 고정환율 제도와 변동환율 제도의 상대적 장점에 대한 논쟁 속에서 발전하였다. 변동환율론자들은 가격과 임금의 경직성이 있는 국가에서 대내외 균형을 달성하기 위해서는 변동환율 제도를 택해야 한다고 주장했다. 반면 최적통화지역 이론은 어떤 조건에서 고정환율 제도가 대내외 균형을 효과적으로 이룰 수 있는지 고려했다.

초기 이론들은 최적통화지역을 규정하는 가장 중요한 경제적 기준을 찾으려 하였다. 먼델은 노동의 이동성을 제시했다. 노동의 이동이 자유롭다면 외부 충격이 발생할 때 대내외 균형 유지를 위한 임금 조정의 필요성이 크지 않을 것이고 결국 환율 변동의 필요성도 작을 것이다. 잉그램은 금융시장 통합을 제시하였다. 금융시장이 통합되어 있으면 지역 내 국가들 사이에 경상수지 불균형이 발생했을 때 자본 이동이 쉽게 일어날 수 있을 것이며 이에 따라 조정의 압력이 줄어들게 되므로 지역 내 환율 변동의 필요성이 감소하게 된다는 것이다. 한편 케넨은 재정 통합에 주목하였다. 초국가적 재정 시스템을 공유하는 국가들은 일부 국가의 경제적 어려움에 재정 지출로 대응할 수 있다는 점에서 역시 환율 변동의 필요성이 감소한다. 이러한 주장들은 결국 고정환율 제도 아래에서도 대내외 균형을 달성할 수 있는 조건들을 말해 주고 있는 것이다.

이후 최적통화지역 이론은 위의 조건들을 종합적으로 판단하여 단일 통화 사용에 따른 비용-편익 분석을 한다. 비용보다 편익이 크다면 최적통화지역의 조건이 충족되며 단일 통화를 형성할 수 있다. 단일 통화 사용의 편익은 화폐의 유용성이 증대된다는 데 있다. 거래 비용이 줄고, 환율 변동의 위험이 없어지며, 가격 비교가 쉬워진다는 점에서 단일 화폐의 사용은 시장 통합에 따른 교환의 이익을 증대시킨다는 것이다. 반면에 통화정책 독립성의 상실이 단일 통화 사용에 따른 주요 비용으로 간주된다. 단일 통화의 유지를 위해 대내 균형을 포기해야 하는 경우가 발생하기 때문이다. 이 비용은 가격과 임금이 경직될수록, 전체 통화지역 중 일부 지역들 사이에 서로 다른 효과를 일으키는 비대칭적 충격이 클수록 증가한다. 가령 한 국가에는 실업이 발생하고 다른 국가에는 인플레이션이 발생하면, 한 국가는 확대 통화정책을, 다른 국가는 긴축 통화정책을 원하게 되는데, 양 국가가 단일 화폐를 사용한다면 서로 다른 통화정책의 시행이 불가능하기 때문이다. 물론 여기서 노동 이동 등의 조건이 충족되면 비대칭적 충격을 완화하기 위한 독립적 통화정책의 필요성은 감소한다. 반대로 두 국가에 유사한 충격이 발생한다면 서로 다른 통화정책을 택할 필요가 줄어든다. 이 경우에는 독립적 통화정책을 포기하는 비용이 감소한다.

최근 ㉠유로 지역의 경제 위기는 최적통화지역 조건을 충족하지 못한 유로 지역 내 국가 간 불균형을 분명히 드러내는 계기가 되었다. 유로 지역 내 노동 이동이 일국 내의 이동만큼 자유롭지 않다는 점 등을 이유로 유로 지역은 최적통화지역이 되지 못한다는 지적이 이미 오래 전부터 제기되었다. 더욱이 유로화 등장 이후 유로 지역 내에서 해외 투자 리스크가 사라지면서 유럽의 핵심국에서 유럽의 주변국으로 엄청난 자본 이동이 발생하였고, 그 때문에 주변국에는 경기 과열이 발생했다. 그러나 글로벌 금융 위기 이후 자본 이동이 중단되자 주변국은 더 이상 호황을 지탱하지 못하고 경제 상황이 악화되면서 실업과 경상수지 적자를 경험하게 되었다. 환율 조정 수단을 상실한 유로 지역은 핵심국과 주변국 사이의 불균형을 쉽게 해결하지 못하는 모습을 보여 주게 된 것이다.

더구나 최적통화지역 이론이 큰 관심을 보이지 않았던 은행 문제까지 부각되었다. 은행 채무를 국가가 떠맡으면서 GDP 대비 공공 부채의 비율이 증가하였고, 이로 인하여 국가 채무 불이행에 대한 불안이 가속되었으며 이는 다시 국채를 보유하고 있는 민간 은행의 신뢰까지 손상을 입혔다. 이들 은행이 보유한 국채를 매각하려 함에 따라 국채 가격이 더욱 하락하는 악순환이 이어지고 있다.

10. 윗글에서 '최적통화지역 이론'과 관련하여 고려하지 <u>않은</u> 것은?

① 시장 통합으로 인한 편익의 계산 방식

② 환율 변동을 배제한 경상수지 조정 방식

③ 화폐의 유용성과 시장 통합 사이의 관계

④ 단일 화폐 사용에 따른 비용을 증가시키는 조건

⑤ 독립적 통화정책 없이 대내 균형을 달성하는 조건

11. 윗글에 따를 때, ㉠에 대한 해결 방안으로 보기 <u>어려운</u> 것은?

① 주변국의 임금을 인하한다.

② 장기적으로 주변국의 공공 부채 비율을 줄여 나간다.

③ 유로 지역 전체에 초국가적 재정 시스템을 구축한다.

④ 핵심국으로부터 주변국으로의 자본 이동을 활성화한다.

⑤ 유로 지역 외부로부터 핵심국으로 노동 이동을 활성화한다.

12. <보기>와 같은 상황을 설명한 것으로 적절하지 <u>않은</u> 것은?

―〈보 기〉―

A, B, C, D 국가로만 이루어진 세계를 상정하고, 이들 국가에서 노동만을 생산 요소로 사용한다고 가정한다. A국은 x통화, B국은 y통화, C, D국은 z통화를 사용한다. A와 B국 사이에만 노동 이동이 가능하다. 국가들 사이에 금융시장과 재정은 통합되어 있지 않다. A, C국은 목재를, B, D국은 자동차를 생산하여 수출한다. 이 세계에서 자동차 수요가 증가하고 목재 수요가 감소하였다. 가격과 임금의 경직성이 존재할 때 A, C국에서 실업이 발생하고, B, D국에서 인플레이션이 발생한다.

① A와 B국에는 비대칭적 충격이 발생하였으나 노동의 이동이 가능하므로 최적통화지역의 조건을 충족한다.

② A와 C국에는 서로 유사한 충격이 발생하였으므로 노동의 이동 여부와 무관하게 최적통화지역의 조건을 충족하지 못한다.

③ A와 D국에는 비대칭적 충격이 발생하였고 노동의 이동도 불가능하므로 최적통화지역의 조건을 충족하지 못한다.

④ B와 D국에는 서로 유사한 충격이 발생하여 독립적 통화정책의 포기에 따른 비용이 없으므로 최적통화지역의 조건을 충족한다.

⑤ C와 D국은 단일 통화를 사용하고 있으나 비대칭적 충격을 해소할 수 없으므로 최적통화지역의 조건을 충족하지 못한다.

정답 및 해설 p.26

제재 4 물리학

1 제재 소개

2019년 이전이나 2019년 개정 이후나 과학 제재는 두 세트의 지문이 출제되는 원칙이 유지되고 있습니다. 그런데 2019년 이전에는 지문의 수가 지금보다 더 많았기 때문에 전체 문제에서의 비중을 고려해 보면 과학 제재의 출제 비중은 증가한 것입니다. 특히 과학 제재가 출제된 경우에도 2019년 이전에는 이론의 핵심적 원리를 이해하는 과정을 거치지 않고 수박 겉핥기식의 독해를 통해서도 풀 수 있게끔 문제의 난이도가 쉬운 편이었습니다. 그러나 2019년 이후의 과학 제재 지문은 제시된 과학 이론의 핵심적인 원리를 이해하지 않으면 결코 풀 수 없는 문제들이 출제된다는 점에서 문제의 구성에 따른 난이도 차이도 존재합니다. 따라서 2019년 이후에 과학 제재 지문은 정답률이 가장 낮은 지문의 위치를 항상 차지해 왔습니다. 그런데 재미있는 것은 과학적 배경지식이 있는 이과 학생의 시각에서는 과학 제재가 가장 쉬운 지문에 속한다는 점입니다. 따라서 과학 제재를 쉽게 풀 수 있는 능력만 갖추어진다면 언어이해에서 얼마나 유리한 고지를 점할 수 있을지를 어렵지 않게 상상해 볼 수 있을 것입니다.

2019년 이후 과학 제재는 다음과 같은 영역에서 출제되었습니다.
- 2019년 언어이해: 물리학, 데이터과학
- 2020년 언어이해: 물리학, 생명과학
- 2021년 언어이해: 생명과학, 데이터과학
- 2022년 언어이해: 생명과학, 데이터과학
- 2023년 언어이해: 물리학, 생명과학

과거에는 지구과학 영역에서도 상당한 문제들이 출제되었으나, 최근의 경향은 물리학, 생명과학, 데이터과학으로 출제 영역이 압축된 모습입니다. 그중에서도 물리학과 데이터과학 지문들이 고난도 지문으로 LEET를 준비하는 학생들에게 회자되고 있습니다.

물리학, 생명과학, 데이터과학, 지구과학 영역 중에서 문과 학생들과 이과 학생들의 체감 난이도 차이가 가장 많이 나는 제재가 물리학입니다. 왜냐하면 지문의 출제자들은 고등학교 공통 과학 수준의 물리학 이해가 전제되었다는 가정하에서 지문을 출제하는데, 대다수의 문과 학생이 물리학의 배경지식을 까먹은 상태이기 때문입니다. 반면에 이과 전공의 학생들은 고등학교 때 선택 과목으로 물리학을 많이 선택할뿐더러, 대학의 정규 과정에서 물리학은 반복적으로 학습되는 내용이기 때문입니다. 그러나 데이터과학은 문과 전공자들도 계량경제학이나 통계학에 대한 공부가 선행된 경우에는 쉽게 접근할 수 있으며 고등학교 과학의 배경지식과도 관련성이 없습니다. 생명과학과 지구과학은 이과 학생들에게 선호도가 떨어지는 선택 과목이며 지문에 출제되는 소재가 매우 특수한 영역에 속하기 때문에, 이과 학생들에게도 낯선 것은 마찬가지입니다. 반면에 물리학 제재는 모든 물리학의 소재를 꿰뚫고 있는 핵심적인 원리가 공통되기 때문에 물리학 공부 경험이 있는 경우에 매우 유리하게 작용합니다.

물리학은 수학이 아니지만, 수학으로 환원되는 비중이 다른 과학 영역에 비해 매우 높은 편입니다. 물리학이라는 학문은 물리학에 대한 개념적인 이해를 수학이라는 방법론으로 담아낸 것입니다. 따라서 지문에 수학 공식이 구체적으로 첨부된 경우가 많으며 수학 공식을 통한 이해가 이루어졌는지를 물어보는 경우가 많습니다. 즉 계량적인 이해가 전제된 사실 확인 문제나 수리 퀴즈 형태의 문제가 출제되는 경우가 빈번합니다. 가장 최선의 상태는 지문에 제시된 계량적 개념들이 완전히 이해된 것이겠지만, 그렇게 되지 않는 경우에는 계량적 정보를 암기해서 적용하여야 합니다. 물리학에 제시된 계량적 정보들은 전부 과학적 인과 관계에 따른 것이므로, A가 증가하면 B가 증가하는 관계에 놓여졌을 때, A가 감소하면 B가 감소한다는 추론이 곧바로 가능하다는 점을 명심하여야 합니다. 이는 물리학뿐만 아니라 과학 제재의 지문에서 공통적으로 적용됩니다.

2 대표 기출문제

출제 시기	세부 제재	소재 및 문제 번호
2023학년도	현대물리학	중력파의 검출 과정(홀수형 25~27번)
2020학년도	고전역학	랑데부에 숨겨진 뉴턴의 운동 법칙(홀수형 25~27번)
2019학년도	전자기학	광학 현미경과 전자 현미경의 원리(홀수형 07~09번)
2016학년도	열역학	도플러 효과를 이용한 레이저 냉각(홀수형 29~32번)
2014학년도	열역학	상전이 현상을 통한 범죄율에 대한 이해(홀수형 04~07번)
	전자기학	모바일 무선 통신과 전자기파(홀수형 33~35번)
2012학년도	열역학	자기 열량 효과와 냉장고의 작동 원리(홀수형 30~32번)
2011학년도	과학사/현대물리학	고전물리학과 현대물리학의 관계(홀수형 15~17번)
	전자기학	전자기파의 파장과 복사 에너지(홀수형 33~35번)
2010학년도	과학사/현대물리학	화학은 양자역학으로 환원될 수 있는가?(홀수형 27~29번)

3 독해 전략

STEP 1 | 물리학 현상의 배경을 빠르게 확인한다.

✓ 물리학 현상이 제시된 이론적 배경과 기술적 배경이 소개되면서 지문이 제시될 것이다. 물리학의 기초적인 배경지식(예를 들면 '운동량 = 질량 × 속도'라는 점)이 순간적으로 물 밀어닥치듯 쏟아질 수 있으므로 꼼꼼하게 독해하여야 한다. 물리학의 배경지식이 충분한 학생은 빠르게 읽고 넘어갈 수 있는 영역에 해당한다.

▼

STEP 2 | 물리학 현상을 설명하는 수학적 원리/계량적 인과 정보를 체크한다.

✓ 과학 문제가 아니라 언어 문제이기 때문에, 수학적 원리를 통해 결론을 직접적으로 도출할 것을 요구하지는 않는다. 수학적 원리를 통해 도출된 결론이 지문에 제시가 되기 때문에, 그 결론에 해당하는 부분을 찾아내야 한다. 동시에 그 결론이 도출되게 된 원리까지도 이해하여야지만 세 번째 심화 문제를 해결할 수 있다.

✓ '계량적 인과 정보: A할수록 B하다'는 다른 어떤 제재에 비해 물리학 제재에서 가장 빈번하게 등장하는 내용에 해당하며, 반드시 문제에 출제된다. 여러 계량적 인과 정보를 연결하거나 증가-감소 관계를 뒤집어서 선지가 제시된다는 점에 유의하도록 하자.

▼

STEP 3 | 설명된 물리학 원리가 구체적으로 현실 기술에 적용되는 과정을 이해한다.

✓ 설명된 물리학 원리가 현실에서 사용되는 기술에 구체적으로 어떻게 적용되는지를 설명하면서 지문이 마무리되는 경우가 많다. 특히 첫 번째 단락에서 설명하고자 하는 현실의 현상이나 기술적 문제를 제기한 후, 그것을 설명하기 위한 물리학 원리가 제시되고, 그 물리학 원리가 현실 기술에 적용되는 3단계의 방식으로 글이 전개되는 특징을 보이고 있다는 점에 유의한다면, 앞으로 나올 내용들을 예상하면서 물리학 제재 지문을 독해할 수 있을 것이다.

이 문제는 반드시 출제된다!

• **계량적 추론**: 지문에 등장하는 계량적 인과 관계에 대한 정보를 바탕으로 변수 사이의 증가·감소 관계를 묻는 문제가 출제된다.

4 문제에 적용해보기

독해 전략을 적용하여 연습문제를 풀이해 봅시다.

연습문제 1

[01~03] 다음 글을 읽고 물음에 답하시오.

20 LEET 문25~27

 지문 요약 연습
연습문제를 풀이하면서 지문의 각 문단을 요약해 보세요.

 1965년 제미니 4호 우주선은 지구 주위를 도는 궤도에서 최초의 우주 랑데부를 시도했다. 궤도에 진입하여 중력만으로 운동 중이던 우주선은 같은 궤도상 전방에 있는 타이탄 로켓과 랑데부하기 위해 접근하고자 했다. 조종사는 속력을 높이기 위해 우주선을 목표물에 향하게 하고 후방 노즐을 통하여 일시적으로 연료를 분사하였다. 하지만 이 후방 분사를 반복할수록 목표물과의 거리는 점점 더 멀어졌고 연료만 소모하자 랑데부 시도를 포기했다.

 연료를 분사하면 우주선은 분사 방향의 반대쪽으로 추진력을 받는다. 이는 뉴턴의 제3법칙인 '두 물체가 서로에게 작용하는 힘은 항상 크기가 같고, 방향은 반대이다.'로 설명할 수 있다. 질량이 큰 바위를 밀면, 내가 바위를 미는 힘이 작용이고, 바위가 나를 반대 방향으로 미는 힘이 반작용이다. 똑같은 크기의 힘을 주고받았는데 내 몸만 움직이는 이유는 뉴턴의 제2법칙인 '같은 크기의 힘을 물체에 가했을 때, 물체의 질량과 가속도는 반비례한다.'로 설명할 수 있다. 연료를 연소해 기체를 분사하는 힘은 작용이고, 그 반대 방향으로 우주선에 작용하는 추진력은 반작용이다. 우주선에 비해 연료 기체의 질량은 작더라도 연료 기체를 고속 분사하면 우주선은 충분한 가속도를 얻는다.

 지구 궤도를 도는 우주선은 우주에 자유롭게 떠 있는 것 같지만, 기체 분사에 의한 힘 외에 중력이 작용하고 있어서 그 영향을 고려해야 한다. 우주선은 지구의 중력을 받으며 원 또는 타원 궤도를 빠르게 돈다. 이때 궤도를 한 바퀴 도는 데 걸리는 시간인 주기는 궤도의 지름이 클수록 더 길다. 우주선은 속력과 관련된 운동 에너지(K)와 중력에 관련된 중력 위치 에너지(U)를 가진다.

$$K = \frac{1}{2}mv^2, \quad U = -\frac{GMm}{r},$$

G: 만유인력 상수,　　M: 지구의 질량,　　m: 우주선의 질량,
r: 지구중심과 우주선의 거리,　　　　v: 우주선의 속력.

 운동 에너지는 우주선 속력의 제곱에 비례한다. 우주선의 중력 위치 에너지는 우주선이 지구에서 무한대 거리에 있으면 0으로 정의되고, 지구에 가까워지면 그 값은 작아지므로 음수이다. 즉, 우주선이 지구에 가까울수록 중력 위치 에너지는 작아지고, 멀수록 중력 위치 에너지는 커진다. 운동 에너지와 중력 위치 에너지의 합인 역학적 에너지(E)는 $E = K + U$로 표현된다. 지구의 중력만 작용할 때, 궤도 운동하는 우주선의 역학적 에너지는 크기가 일정하게 보존된다. 역학적 에너지가 보존될 때, 궤도 운동하는 우주선이 지구 중심에서 멀어지면 속력이 느려지고 가까워지면 속력이 빠르게 된다. 또한 원 궤도에서 작용하는 중력의 크기가 클수록 속력이 빨라진다. 우주선의 궤도는 연료 분사로 속력을 조절해 〈그림〉과 같이 바뀔 수 있다. 우주선이 운동하는 방향을 전방, 반대 방향을 후방이라 하자. 〈그림〉의 원 궤도에 있는 우주선이 궤도의 접선 방향으로 후방 분사하여 운동 에너지를 증가시키면, 그만큼 역학적 에너지도 증가하여 우주선은 기존의 원 궤도보다 지구로부터 더 멀리 도달할 수 있는 〈그림〉의 큰 타원 궤도로 진입한다. 하지만 전방 분사하면, 운동 에너지가 감소하고 〈그림〉의 작은 타원 궤도로 진입하여 우주선은 기존보다 지구에 더 가까워진다.

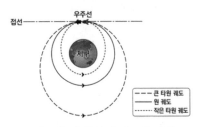

〈그림〉 우주선의 궤도와 접선

목표물과 우주선이 같은 원 궤도에서 같은 방향으로 운동할 때, 목표물이 전방에 있는 경우, 우주선이 후방 분사를 하면 궤도의 접선 방향으로 우주선의 속력이 빨라져서 큰 타원 궤도로 진입하게 된다. 따라서 분사가 끝나면, 속력이 주기적으로 변화하고 목표물과의 거리가 더 멀어진다. 반대로, 목표물이 후방에 있는 경우 전방 분사를 하면 〈그림〉의 작은 타원 궤도로 진입한 우주선의 속력은 원 궤도에서보다 더 느려진 진입 속력과 더 빨라진 최대 속력 사이에서 변화한다. 이때 목표물과의 거리는 더 멀어진다.

　랑데부에 성공하려면 우주선을 우리의 직관과 반대로 조종해야 한다. 우주선과 목표물이 같은 원 궤도에서 같은 운동 방향일 때 목표물이 전방에 있다고 하자. 이때 우주선이 일시적으로 전방 분사하면 속력이 느려지고, 기존보다 더 작은 타원 궤도로 진입해서 목표물보다 더 빠른 속력으로 운동할 수 있다. 하지만 궤도가 달라서, 진입한 타원 궤도의 주기가 기존 원 궤도의 주기보다 더 짧다는 것을 이용하여 한 주기 혹은 여러 주기 후 같은 위치에서 만나도록 속력을 조절한다. 목표물보다 낮은 위치에서 충분히 가까워지면, 우주선이 접근하여 랑데부한다.

계량적 추론
01. 윗글의 내용과 일치하지 <u>않는</u> 것은?

① 뉴턴의 제3법칙은 우주선 추진의 원리 중 하나이다.

② 원 궤도의 지름이 클수록 우주선의 속력이 더 빨라진다.

③ 타원 궤도 운동 중인 우주선은 역학적 에너지가 보존된다.

④ 우주선이 분사하는 연료 기체는 우주선보다 가속도가 크다.

⑤ 원 궤도에 있는 우주선이 속력을 늦추면 회전 주기가 짧아진다.

계량적 추론
02. 윗글을 바탕으로 추론할 때, <보기>에서 적절한 것만을 있는 대로 고른 것은?

―――〈보 기〉―――

ㄱ. 제미니 4호가 원 궤도상에서 후방 분사를 한 경우라면, 후방 분사 이후의 궤도는 지구로부터 더 멀어질 수 있다.

ㄴ. 타원 궤도에 있는 우주선의 운동 에너지 크기와 중력 위치 에너지 크기는 일정하게 유지된다.

ㄷ. 원 궤도에 있는 우주선이 궤도의 접선 방향 분사로 역학적 에너지를 증가시키면, 진입한 궤도에서 우주선의 최대 중력 위치 에너지는 커진다.

① ㄱ   ② ㄴ   ③ ㄱ, ㄷ

④ ㄴ, ㄷ   ⑤ ㄱ, ㄴ, ㄷ

계량적 추론

03. 윗글을 바탕으로 <보기>를 이해할 때, 적절하지 않은 것은?

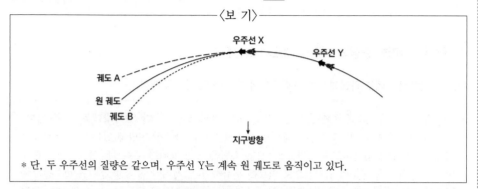

――――――――――――――― 〈보 기〉 ―――――――――――――――

* 단, 두 우주선의 질량은 같으며, 우주선 Y는 계속 원 궤도로 움직이고 있다.

① 전방 분사한 우주선 X가 진입한 궤도에서 가지는 최대 운동 에너지는 우주선 Y보다 더 크다.

② 우주선 X는 궤도 A에서의 최소 중력 위치 에너지가 궤도 B에서의 최소 중력 위치 에너지보다 크다.

③ 후방 분사한 이후의 우주선 X의 중력 위치 에너지의 최솟값은 우주선 Y의 중력 위치 에너지와 같다.

④ 우주선 X가 궤도 A로 진입한 경우, 지구를 한 바퀴 도는 동안 우주선 Y와 같은 운동 에너지를 가지는 궤도상의 지점은 하나이다.

⑤ 우주선 X와 우주선 Y의 가능한 거리 중 최댓값은 우주선 X가 궤도 B로 진입한 경우가 궤도 A로 진입한 경우보다 작다.

가이드에 따라 지문과 문제를 분석하고 정답을 확인해 봅시다.

STEP 1 물리학 현상의 배경을 빠르게 확인한다.

[첫 번째 문단] 랑데부 과정에 대한 개략적인 소개(현상의 상황적 배경)

1965년 제미니 4호 우주선은 지구 주위를 도는 궤도에서 최초의 우주 랑데부를 시도했다. 궤도에 진입하여 중력만으로 운동 중이던 우주선은 같은 궤도상 전방에 있는 타이탄 로켓과 랑데부하기 위해 접근하고자 했다. 조종사는 속력을 높이기 위해 우주선을 목표물에 향하게 하고 후방 노즐을 통하여 일시적으로 연료를 분사하였다. 하지만 이 후방 분사를 반복할수록 목표물과의 거리는 점점 더 멀어졌고 연료만 소모하자 랑데부 시도를 포기했다.(문제적 상황 제시 → 앞으로 지문의 내용은 이 문제적 상황이 발생한 원리가 제시될 것이며, 물리학 원리에 따른 올바른 랑데부 방식이 제안될 것임을 예상하면서 글을 독해해야 합니다.)

[두 번째 문단] 뉴턴의 제3법칙과 뉴턴의 제2법칙에 의해 운동하는 연료 분사 우주선(현상의 이론적 배경)

연료를 분사하면 우주선은 분사 방향의 반대쪽으로 추진력을 받는다. 이는 뉴턴의 제3법칙인 '두 물체가 서로에게 작용하는 힘은 항상 크기가 같고, 방향은 반대이다.'로 설명할 수 있다. 질량이 큰 바위를 밀면, 내가 바위를 미는 힘이 작용이고, 바위가 나를 반대 방향으로 미는 힘이 반작용이다. 똑같은 크기의 힘을 주고받는데 내 몸만 움직이는 이유는 뉴턴의 제2법칙인 '같은 크기의 힘을 물체에 가했을 때, 물체의 질량과 가속도는 반비례한다.'로 설명할 수 있다. 연료를 연소해 기체를 분사하는 힘은 작용이고, 그 반대 방향으로 우주선에 작용하는 추진력은 반작용이다. 우주선에 비해 연료 기체의 질량은 작더라도 연료 기체를 고속 분사하면 우주선은 충분한 가속도를 얻는다.

• 기초적인 물리학 배경지식이 있다면 읽지 않고 넘어갈 수 있는 부분입니다.

STEP 2 물리학 현상을 설명하는 수학적 원리/계량적 인과 정보를 체크한다.

[세 번째 문단] 우주선의 운동 에너지와 중력 위치 에너지의 계산식

지구 궤도를 도는 우주선은 우주에 자유롭게 떠 있는 것 같지만, 기체 분사에 의한 힘 외에 중력이 작용하고 있어서 그 영향을 고려해야 한다. 우주선은 지구의 중력을 받으며 원 또는 타원 궤도를 빠르게 돈다. 이때 궤도를 한 바퀴 도는 데 걸리는 시간인 주기는 궤도의 지름이 클수록 더 길다.(계량적 인과 정보) 우주선은 속력과 관련된 운동 에너지(K)와 중력에 관련된 중력 위치 에너지(U)를 가진다.

$$K = \frac{1}{2}mv^2, \ U = -\frac{GMm}{r} \text{ (수학적 원리)}$$

G: 만유인력 상수,　　M: 지구의 질량,　　m: 우주선의 질량,
r: 지구중심과 우주선의 거리,　　　　v: 우주선의 속력.

[네 번째 문단] 역학적 에너지의 보존을 통해 설명되는 우주선의 궤도 운동의 특성

운동 에너지는 우주선 속력의 제곱에 비례한다. 우주선의 중력 위치 에너지는 우주선이 지구에서 무한대 거리에 있으면 0으로 정의되고, 지구에 가까워지면 그 값은 작아지므로 음수이다. 즉, 우주선이 지구에 가까울수록 중력 위치 에너지는 작아지고, 멀수록 중력 위치 에너지는 커진다.(계량적 인과 정보) 운동 에너지와 중력 위치 에너지의 합인 역학적 에너지(E)는 $E = K + U$로 표현된다. 지구의 중력만 작용할 때, 궤도 운동하는 우주선의 역학적 에너지는 크기가 일정하게 보존된다.(수학적 원리) 역학적 에너지가 보존될 때, 궤도 운동하는 우주선이 지구 중심에서 멀어지면 속력이 느려지고 가까워지면 속력이 빠르게 된다. 또한 원 궤도에서 작용하는 중력의 크기가 클수록 속력이 빨라진다.(계량적 인과 정보) 우주선의 궤도는 연료 분사로 속력을 조절해 〈그림〉과 같이 바뀔 수 있다. 우주선이 운동하는 방향을 전방, 반대 방향을 후방이라 하자. 〈그림〉의 원 궤도에 있는 우주선이 궤도의 접선 방향으로 후방 분사하여 운동 에너지를 증가시키면, 그만큼 역학적 에너지도 증가하여 우주선은 기존의 원 궤도보다 지구로부터 더 멀리 도달할 수 있는 〈그림〉의 큰 타원 궤도로 진입한다. 하지만 전방 분사하면, 운동 에너지가 감소하고 〈그림〉의 작은 타원 궤도로 진입하여 우주선은 기존보다 지구에 더 가까워진다.

STEP 3 설명된 물리학 원리가 구체적으로 현실 기술에 적용되는 과정을 이해한다.

[다섯 번째 문단] 랑데부가 이루어질 수 없도록 우주선을 제어하는 방식

목표물과 우주선이 같은 원 궤도에서 같은 방향으로 운동할 때, 목표물이 전방에 있는 경우, 우주선이 후방 분사를 하면 궤도의 접선 방향으로 우주선의 속력이 빨라져서 큰 타원 궤도로 진입하게 된다. 따라서 분사가 끝나면, 속력이 주기적으로 변화하고 목표물과의 거리가 더 멀어진다. 반대로, 목표물이 후방에 있는 경우 전방 분사를 하면 〈그림〉의 작은 타원 궤도로 진입한 우주선의 속력은 원 궤도에서보다 더 느려진 진입 속력과 더 빨라진 최대 속력 사이에서 변화한다. 이때 목표물과의 거리는 더 멀어진다.

- 첫 번째 단락에서 제시된 상황으로, 왜 이러한 제어 방식에서 랑데부가 실패할 수밖에 없는지를 위 단락에서 제시된 물리학 원리를 통해 이해할 수 있어야 지문의 글쓴이가 의도한 독해가 완료된 것입니다.

[여섯 번째 문단] 랑데부가 이루어질 수 있도록 우주선을 제어하는 방식

랑데부에 성공하려면 우주선을 우리의 직관과 반대로 조종해야 한다. 우주선과 목표물이 같은 원 궤도에서 같은 운동 방향일 때 목표물이 전방에 있다고 하자. 이때 우주선이 일시적으로 전방 분사하면 속력이 느려지고, 기존보다 더 작은 타원 궤도로 진입해서 목표물보다 더 빠른 속력으로 운동할 수 있다. 하지만 궤도가 달라서, 진입한 타원 궤도의 주기가 기존 원 궤도의 주기보다 더 짧다는 것을 이용하여 한 주기 혹은 여러 주기 후 같은 위치에서 만나도록 속력을 조절한다. 목표물보다 낮은 위치에서 충분히 가까워지면, 우주선이 접근하여 랑데부한다.

- 첫 번째 단락과 반대로 우주선을 제어함으로써 랑데부에 성공하게 되는 과정을 설명하고 있습니다. 위 단락에서 제시된 물리학 원리가 적용되어 왜 랑데부에 성공하였는지가 이해되어야 독해가 온전히 종결된 것입니다.

01번 문제를 풀이하면 다음과 같습니다.

① 두 번째 단락에서 '뉴턴의 제3법칙'에 해당하는 "작용-반작용의 원리"에 의해 연료가 분사되는 반대쪽으로 추진력을 받는다는 점이 제시되었다.

② 네 번째 단락에서 "원 궤도에서 작용하는 중력의 크기가 클수록 속력이 빨라진다."라고 제시되었다. 중력의 크기는 지구의 중심으로부터의 거리에 반비례하므로 원 궤도의 지름이 클수록 중력의 크기는 작을 것이다. 따라서 원 궤도의 지름이 클수록 우주선의 속력은 더 느려진다.

③ 네 번째 단락에서 "지구의 중력만 작용할 때, 궤도 운동하는 우주선의 역학적 에너지는 크기가 일정하게 보존된다."라고 제시되었고, 타원 궤도 운동도 궤도 운동의 하위 범주에 포함되므로, 타원 궤도 운동 중인 우주선의 역학적 에너지가 보존된다는 점을 추론할 수 있다.

④ 두 번째 단락에서 제시된 '뉴턴의 제2법칙'에 따르면 "물체의 질량과 가속도는 반비례한다." 따라서 우주선이 연료 기체를 분사하는 경우, '뉴턴의 제3법칙'인 "작용-반작용의 원리"에 의해 우주선과 연료 기체는 동일한 크기의 힘을 받지만, 우주선의 질량에 비해 연료 기체의 질량이 훨씬 더 가벼우므로 연료 기체가 우주선보다 가속도가 크게 된다.

⑤ 세 번째 단락에서 "궤도를 한 바퀴 도는 데 걸리는 시간"이 "주기"의 개념이라고 제시되었다. 원 궤도에 있는 우주선이 속력을 늦추면 운동 에너지 K가 감소하게 된다. 그런데 운동 에너지 K와 위치 에너지 U의 합인 역학적 에너지 E는 일정하게 유지되므로, 위치 에너지 U가 증가하게 된다. 위치 에너지가 증가한다는 것은 $U = -\dfrac{GMm}{r}$의 식에서 r의 값이 증가한다는 것이며, 이는 원 궤도의 지름이 증가하게 됨을 의미한다. "궤도를 한 바퀴 도는 데 걸리는 시간인 주기는 궤도의 지름이 클수록 더 길다."라고 제시되었으므로, 원 궤도에 있는 우주선이 속력을 늦추면 회전 주기가 짧아진다는 점을 확인할 수 있다. → **매력적 오답**

[정답] ②

02번 문제를 풀이하면 다음과 같습니다.

ㄱ. 제미니 4호가 후방 분사를 하게 되면 운동 에너지가 증가하고, 따라서 우주선은 기존의 원 궤도보다 지구로부터 더 멀리 도달할 수 있는 큰 타원 궤도로 진입하게 된다. 따라서 기존의 원 궤도에서 운동할 때보다 큰 타원 궤도에서 운동하는 경우에 지구로부터 더 멀어질 수 있다.

ㄴ. 타원 궤도에서 운동 에너지(K)와 중력 위치 에너지(U)의 합인 역학적 에너지(E)는 일정하게 유지되나, 타원 궤도를 운동할 때는 지구로부터의 거리(r)가 시시각각 변화하기 때문에, 역학적 에너지(E)도 그에 따라 변화하고 따라서 운동 에너지(K)도 그에 따라 변화하게 된다.

ㄷ. 원 궤도에 있는 우주선이 궤도의 접선 방향 분사로 역학적 에너지를 증가시켰다는 것은, 큰 타원 궤도로 진입하였다는 의미이다. 기존의 원 궤도의 반지름을 r이라 하고, 큰 타원 궤도에서 지구로부터 가장 멀리 떨어진 거리(타원의 장축)를 R이라 하면, $R > r$이 성립한다.

원 궤도에서 중력 위치 에너지는 $U_r = -\dfrac{GMm}{r}$으로 일정하며, 타원 궤도에서 중력 위치 에너지는 지구로부터 가장 멀리 떨어졌을 때 최대가 되므로, 최대 중력 위치 에너지는 $U_R = -\dfrac{GMm}{R}$이다.

$R > r$이므로 $U_R = -\dfrac{GMm}{R} > -\dfrac{GMm}{r} = U_r$이 성립한다. 따라서 우주선이 원 궤도에서 큰 타원 궤도로 진입하게 되면, 우주선의 최대 중력 위치 에너지는 커진다.

[정답] ③

03번 문제를 풀이하면 다음과 같습니다.

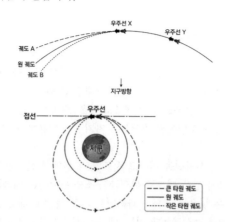

궤도 A = 큰 타원 궤도, 궤도 B = 작은 타원 궤도

① 전방 분사한 이후 우주선 X는 궤도 B, 즉 작은 타원 궤도에 진입한다. 타원 궤도 운동 중에 역학적 에너지는 동일하게 유지되므로, 최소 중력 위치 에너지를 가질 때 최대 운동 에너지를 갖게 된다. 따라서 작은 타원 궤도에서 지구로부터 거리가 가장 가까운 단축에 위치할 때 우주선 X는 최대 운동 에너지를 가진다. 이때 속도는 작은 타원 궤도의 장축, 즉 기존 원 궤도의 반지름의 거리만큼 지구와 떨어져 있을 때에 비해 빠를 것이므로, 우주선 X의 최대 운동 에너지가 우주선 Y보다 크다는 점을 유추할 수 있다.

② 중력 위치 에너지 $U = -\dfrac{GMm}{r}$은 r이 최소일 때 그 값이 최소가 된다. 따라서 궤도 A에서 우주선 X와 지구로부터 거리의 최솟값이, 궤도 B에서 우주선 X와 지구로부터 거리의 최솟값보다 더 크기 때문에, 궤도 A에서의 최소 중력 위치 에너지도 궤도 B에서의 최소 중력 위치 에너지보다 더 크다.

③ 후방 분사한 이후 우주선 X는 궤도 A, 즉 큰 타원 궤도에 진입한다. 큰 타원 궤도에서 우주선 X가 지구로부터 가장 가까운 순간은 기존의 원 궤도의 반지름에 해당하는 거리만큼 지구와 떨어져 있을 때이다. 중력 위치 에너지 $U = -\dfrac{GMm}{r}$은 지구로부터의 거리 r에 의존하므로, 후방 분사한 이후 궤도 A에서 운동하는 우주선 X의 중력 위치 에너지의 최솟값은 원 궤도에서 운동하는 우주선 Y의 중력 위치 에너지와 동일하다.

④ 우주선 X가 궤도 A, 즉 큰 타원 궤도로 진입하게 되면 기존의 원 궤도와 만나는 접점에서 지구로부터의 거리가 최소가 되므로, 최소 중력 위치 에너지를 갖게 되고, 따라서 원 궤도와 만나는 접점에서 최대 운동 에너지를 갖게 된다. 우주선 X가 궤도 A로 진입하면서 속도가 증가하였기 때문에 접점에서도 운동 에너지는 우주선 Y의 운동 에너지보다 큰 상태이다. 타원 궤도에서 지구로부터의 거리가 멀어지면 멀어질수록 우주선 X의 운동 에너지는 감소하게 되는데, 이때 타원의 형태가 대칭적이기 때문에 우주선 X의 운동 에너지가 특정 값과 일치하게 되는 지점은 대칭적으로 총 두 번 발생하게 된다.

⑤ 큰 타원 궤도 위의 운동점과 원 궤도 위의 운동점 사이의 거리의 최댓값보다 작은 타원 궤도 위의 운동점과 원 궤도 위의 운동점 사이의 거리의 최댓값이 더 작으므로, 우주선 X가 궤도 B로 진입한 경우가 궤도 A로 진입한 경우에 비해 두 우주선 사이의 거리의 최댓값이 더 작을 것이다.

[정답] ④

연습문제 2

[04~06] 다음 글을 읽고 물음에 답하시오.

첨단 소재 분야의 연구에서는 마이크로미터 이하의 미세한 구조를 관찰할 수 있는 전자 현미경이 필요하다. 전자 현미경과 광학 현미경의 기본적인 원리는 같다. 다만 광학 현미경은 관찰의 매체로 가시광선을 사용하고 유리 렌즈로 빛을 집속하는 반면, 전자 현미경은 전자빔을 사용하고 전류가 흐르는 코일에서 발생하는 자기장을 이용하여 전자빔을 집속한다는 차이가 있다.

광학 현미경은 시료에 가시광선을 비추고 시료의 각 점에서 산란된 빛을 렌즈로 집속하여 상(像)을 만드는데, 다음과 같은 이유로 미세한 구조를 관찰하는 데 한계가 있다. 크기가 매우 작은 점광원에서 나온 빛은 렌즈를 통과하면서 회절 현상에 의해 광원보다 더 큰 크기를 가지는 원형의 간섭무늬를 형성하는데 이를 '에어리 원반'이라고 부른다. 만약 시료 위의 일정한 거리에 있는 두 점에서 출발한 빛이 렌즈를 통과할 경우 스크린 위에 두 개의 에어리 원반이 만들어지게 되며, 이 두 점의 거리가 너무 가까워져 두 에어리 원반 중심 사이의 거리가 원반의 크기에 비해 너무 작아지면 관찰자는 더 이상 두 점을 구분하지 못하고 하나의 점으로 인식하게 된다. 이 한계점에서 시료 위의 두 점 사이의 거리를 '해상도'라 부른다. 일반적으로 현미경에서 얻을 수 있는 최소의 해상도는 사용하는 파동의 파장, 렌즈의 초점 거리에 비례하며 렌즈의 직경에 반비례한다. 따라서 사용하는 파장이 짧을수록 최소 해상도가 작아지며, 더 또렷한 상을 얻을 수 있다. 광학 현미경의 경우 파장이 가장 짧은 가시광선을 사용하더라도 그 해상도는 파장의 약 절반인 200nm보다 작아질 수가 없다. 반면 전자 현미경에 사용되는 전자빔의 전자도 양자역학에서 말하는 '입자-파동 이중성'에 따라 파동처럼 행동하는데 이 파동을 '드브로이 물질파'라고 한다. 물질파의 파장은 입자의 질량과 속도의 곱인 운동량에 반비례하는데 전자 현미경에서 가속 전압이 클수록 전자의 속도가 크고 수십 kV의 전압으로 가속된 전자의 물질파 파장은 대략 0.01nm 정도이다. 하지만 전자 현미경의 렌즈의 성능이 좋지 않아 해상도는 보통 수 nm이다.

전자 현미경의 렌즈는 전류가 흐르는 코일에서 발생하는 자기장을 사용하여 전자의 이동 경로를 휘게 하여 전자를 모아 준다. 전하를 띤 입자가 자기장 영역을 통과할 때 속도와 자기장의 세기에 비례하는 힘을 받는데 그 방향은 자기장에 대해 수직이다. 전자 렌즈는 코일을 적절히 배치하여 특별한 형태의 자기장을 발생시켜 렌즈를 통과하는 전자가 렌즈의 중심 방향으로 힘을 받도록 만든다. 코일에 흐르는 전류를 증가시키면 코일에서 발생하는 자기장의 세기가 커지고 전자가 받는 힘이 커져 전자빔이 더 많이 휘어지면서 초점 거리가 줄어드는 효과를 얻을 수 있다. 대물렌즈의 초점 거리가 작아지면 현미경의 배율은 커진다. 따라서 광학 현미경에서는 배율을 바꿀 때 대물렌즈를 교체하지만 전자 현미경에서는 코일에 흐르는 전류를 조절하여 일정 범위 안에서 배율을 마음대로 조정할 수 있다. 하지만 렌즈의 중심과 가장자리를 통과하는 전자가 받는 힘을 적절히 조절하여 한 점에 모이도록 하는 것이 어려우므로 광학 현미경에 비해 초점의 위치가 명확하지 않다.

전자 현미경은 고전압으로 가속된 전자빔을 사용하므로 현미경의 내부는 기압이 대기압의 $1/10^{10}$ 이하인 진공 상태여야 한다. 전자는 공기와 충돌하면 에너지가 소실되거나 굴절되는 등 원하는 대로 제어하기 어렵기 때문이다. 또한 절연체 시료를 관찰할 때 전자빔의 전자가 시료에 축적되어 전자빔을 밀어내는 역할을 하게 되므로 이미지가 왜곡될 수 있다. 이 때문에 보통 절연체 시료의 표면을 금 또는 백금 등의 도체로 얇게 코팅하여 사용한다.

광학 현미경에서는 실제의 상을 눈으로 볼 수 있지만, 전자 현미경에서는 시료에서 산란된 전자의 물질파를 검출기에 집속하여 상이 맺힌 지점에서 전자의 분포를 측정함으로써 시료 표면의 형태를 디지털 영상으로 나타낸다. 이러한 전자 현미경의 특성을 활용하면 다양한 검출기 및 주변 기기를 장착하여 전자 현미경의 응용 분야를 확장할 수 있다.

04. 윗글의 내용과 일치하는 것은?

① 광학 현미경의 해상도는 시료에 비추는 빛의 파장에 의존하지 않는다.

② 전자 현미경에서 진공 장치 내부의 기압이 높을수록 선명한 상을 얻을 수 있다.

③ 전자 현미경에서 렌즈의 중심과 가장자리를 통과한 전자는 같은 점에 도달한다.

④ 전자 현미경에서 시료의 표면에 축적되는 전자가 많을수록 상의 왜곡이 줄어든다.

⑤ 광학 현미경과 전자 현미경은 모두 시료에서 산란된 파동을 관찰하여 상을 얻는다.

05. 윗글에서 이끌어 낼 수 있는 전자 현미경의 특성만을 <보기>에서 있는 대로 고른 것은?

―――〈보 기〉―――

ㄱ. 전자의 물질파 파장이 길수록 전자가 전자 렌즈를 지날 때 더 큰 힘을 받는다.

ㄴ. 전자의 가속 전압을 증가시키면 상에서 에어리 원반의 크기를 더 작게 할 수 있다.

ㄷ. 전자 렌즈의 코일에 흐르는 전류를 감소시키면 상의 해상도를 더 작게 할 수 있다.

① ㄱ   ② ㄴ   ③ ㄷ

④ ㄱ, ㄴ   ⑤ ㄱ, ㄴ, ㄷ

06. <보기>에 대한 설명으로 가장 적절한 것은?

―――〈보 기〉―――

　(가)와 (나)는 크기가 일정한 미세 물체가 일정한 간격으로 배치된 구조를 전자 현미경으로 각각 찍은 사진이며 (나)는 (가)에서 사각형 부분에 해당한다.

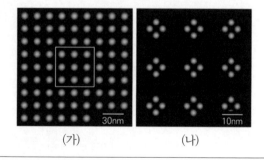

(가)   (나)

① (가)의 해상도는 30nm보다 크다.

② (가)에서 전자 현미경 내부의 기압은 대기압보다 크다.

③ (나)에서 사용된 전자의 물질파 파장은 20nm보다 크다.

④ (나)에서 렌즈의 코일에 흐르는 전류는 (가)의 경우보다 크다.

⑤ (나)에서 사용된 전자의 속력은 (가)에서 사용된 전자의 속력보다 3배 작다.

가이드에 따라 지문과 문제를 분석하고 정답을 확인해 봅시다.

04번 문제를 풀이하면 다음과 같습니다.

① 두 번째 단락에서 "일반적으로 현미경에서 얻을 수 있는 최소의 해상도는 사용하는 파동의 파장, 렌즈의 초점 거리에 비례하며 렌즈의 직경에 반비례한다."라고 제시되었으므로 모든 현미경의 해상도가 파동의 파장에 의존함을 확인할 수 있다. 따라서 광학 현미경의 해상도도 시료에 비추는 빛의 파장에 의존할 것이다.

② 네 번째 단락에서 "전자 현미경은 고전압으로 가속된 전자빔을 사용하므로 현미경의 내부는 기압이 대기압의 $1/10^{10}$ 이하인 진공 상태여야 한다."라고 제시되었으므로 전자 현미경에서는 진공 장치 내부의 기압이 낮을수록 선명한 상을 얻을 것이라는 점을 추론할 수 있다.

③ 세 번째 단락에서 "렌즈의 중심과 가장자리를 통과하는 전자가 받는 힘을 적절히 조절하여 한 점에 모이도록 하는 것이 어려우므로 광학 현미경에 비해 초점의 위치가 명확하지 않다."라고 제시되었으므로 렌즈의 중심과 가장자리를 통과한 전자가 동일한 위치에 모이기가 쉽지 않다는 점이 추론된다. 세 번째 단락의 처음 부분에서 "전자 현미경의 렌즈는 (중략) 전자를 모아준다."라는 부분을 근거로 ③을 답으로 고르는 오류를 범하지 않도록 주의하여야 한다.

　→ **매력적 오답**

④ 네 번째 단락에서 "절연체 시료를 관찰할 때 전자빔의 전자가 시료에 축적되어 전자빔을 밀어내는 역할을 하게 되므로 이미지가 왜곡될 수 있다."라고 제시되었으므로 시료의 표면에 축적되는 전자가 많을수록 상의 왜곡이 증가한다는 점을 추론할 수 있다.

⑤ 두 번째 단락에서 "광학 현미경은 시료에 가시광선을 비추고 시료의 각 점에서 산란된 빛을 렌즈로 집속하여 상(像)을 만드는데"라고 제시된 부분에서 광학 현미경이 시료에서 산란된 파동을 관찰한다는 점을 확인할 수 있다. 또한 마지막 단락에서 "전자 현미경에서는 시료에서 산란된 전자의 물질파를 검출기에 집속하여 상이 맺힌 지점에서 전자의 분포를 측정"함으로써 상을 얻는다고 제시되었으므로 전자 현미경도 시료에서 산란된 파동을 통하여 상을 얻는다는 점을 확인할 수 있다.

[정답] ⑤

05번 문제를 풀이하면 다음과 같습니다.

ㄱ. 두 번째 단락에서 "물질파의 파장은 입자의 질량과 속도의 곱인 운동량에 반비례"함이 제시되었다. 따라서 전자의 물질파 파장이 길수록 입자의 운동량이 낮을 것이고, 질량은 변하지 않으므로 속도가 낮다는 의미가 된다. 세 번째 단락에서 "전하를 띤 입자가 자기장 영역을 통과할 때 속도와 자기장의 세기에 비례하는 힘을 받는다."라고 제시되었으므로 전자의 속도가 낮을수록 전자 렌즈를 지날 때 더 약한 힘을 받을 것이다. 이를 연결하면 물질파 파장이 길수록 전자 렌즈를 지날 때 전자가 더 약한 힘을 받는다는 결론이 도출된다.

ㄴ. 세 번째 단락에서 "코일에 흐르는 전류를 증가시키면 코일에서 발생하는 자기장의 세기가 커지고 전자가 받는 힘이 커져 전자빔이 더 많이 휘어지면서 초점 거리가 줄어드는 효과를 얻을 수 있다."라고 제시되었다. 따라서 전자의 가속 전압을 증가시키면 초점 거리는 줄어들 것이다. 또한 두 번째 단락에서 "(에어리 원반 중심 사이의 거리가 더 이상 가까워질 수 없는) 한계점에서 시료 위의 두 점 사이의 거리를 '해상도'라 부른다."는 점과 "해상도는 렌즈의 초점 거리에 비례"한다는 점이 제시되었다. 따라서 초점 거리가 줄어든다는 것은 해상도가 줄어든다는 것이고 이는 에어리 원반 중심 사이의 거리가 가까워진다는 의미이므로 에어리 원반의 크기가 감소한다는 것이다. 따라서 이를 종합하면 전자의 가속 전압을 증가시키면 상에서 에어리 원반의 크기를 더 작게 할 수 있다는 결론이 도출된다.

ㄷ. 전자 렌즈의 코일에 흐르는 전류를 감소시키면 초점 거리가 증가할 것이고 따라서 상의 해상도는 더 커질 것이다.

[정답] ②

06번 문제를 풀이하면 다음과 같습니다.

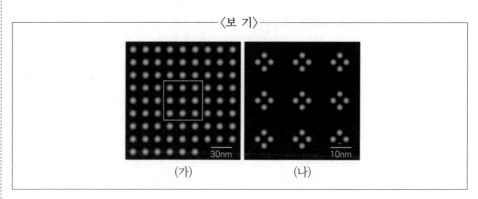

〈보 기〉

(가)   (나)

① '해상도'는 두 에어리 원반을 분리하여 인식할 수 있는 에어리 원반 중심 사이의 거리의 최솟값으로 정의되는데 (가)에서 30nm 거리를 두고 있는 두 점은 분리되어 인식되므로 (가)의 해상도는 30nm보다 작다.

② 네 번째 단락에서 "전자 현미경은 고전압으로 가속된 전자빔을 사용하므로 현미경의 내부는 기압이 대기압의 $1/10^{10}$ 이하인 진공 상태여야 한다."라고 제시되었으므로 (가)에서 전자 현미경 내부의 기압은 대기압에 비해 작을 것이다.

③ 물질파의 파장은 파동에서 주기의 길이에 해당하고 해상도는 상에서 분리되어 인식되는 에어리 원반 중심 사이의 최소 거리에 해당한다. 물질파의 파장과 해상도의 단위가 동일하게 나노미터(nm)로 사용된다고 해서 물질파의 파장과 해상도 사이에 직접적인 관계가 존재하는 것은 아니다.

④ (가)에 비해 (나)에서 더 가까운 거리에 있는 에어리 원반이 분리되어 인식되므로 (나)의 해상도가 (가)에 비해 작다. 또한 렌즈의 코일에 흐르는 전류와 상의 해상도는 반비례하므로 (나)에서 렌즈의 코일에 흐르는 전류가 (가)보다 크다는 점을 추론할 수 있다.

⑤ ④에 대한 설명에서 (나)에서 렌즈에 흐르는 전류가 (가)보다 크다는 점이 추론되었고, 전자의 속력은 전류의 세기에 비례하므로 (나)에서 사용된 전자의 속력이 (가)보다 더 클 것이다.

[정답] ④

[07~10] 다음 글을 읽고 물음에 답하시오.

16 LEET 문29~32

이론적으로 존재하는 가장 낮은 온도는 −273.16℃이며 이를 절대 온도 0K라고 한다. 실제로 0K까지 물체의 온도를 낮출 수는 없지만 그에 근접한 온도를 얻을 수는 있다. 그러한 방법 중 하나가 '레이저 냉각'이다.

레이저 냉각을 이해하기 위해 우선 온도라는 것이 무엇인지 알아보자. 미시적으로 물질을 들여다보면 많은 수의 원자가 모인 집단에서 원자들은 끊임없이 서로 충돌하며 다양한 속도로 운동한다. 이때 절대 온도는 원자들의 평균 운동 속도의 제곱에 비례하는 양으로 정의된다. 따라서 어떤 원자의 집단에서 원자들의 평균 운동 속도를 감소시키면 그 원자 집단의 온도가 내려간다. 레이저 냉각을 사용하면 상온(약 300K)에서 대략 200m/s의 평균 운동 속도를 갖는 기체 상태의 루비듐 원자의 평균 운동 속도를 원래의 약 1/10000까지 낮출 수 있다.

그렇다면 레이저를 이용하여 어떻게 원자의 운동 속도를 감소시킬 수 있을까? 날아오는 농구공에 정면으로 야구공을 던져서 부딪히게 하면 농구공의 속도가 느려진다. 마찬가지로 빠르게 움직이는 원자에 레이저 빛을 쏘아 충돌시키면 원자의 속도가 줄어들 수 있다. 이때 속도와 질량의 곱에 해당하는 운동량도 작아진다. 빛은 전자기파라는 파동이면서 동시에 광자라는 입자이기도 하기 때문에 운동량을 갖는다. 광자는 빛의 파장에 반비례하는 운동량을 가지며 빛의 진동수에 비례하는 에너지를 갖는다. 또한 빛의 파장과 진동수는 반비례의 관계에 있다. 레이저 빛은 햇빛과 같은 일반적인 빛과 달리 일정한 진동수의 광자로만 이루어져 있다. 레이저 빛을 구성하는 광자가 원자에 흡수될 때 광자의 에너지만큼 원자의 내부 에너지가 커지면서 광자의 운동량이 원자에 전달된다. 실례로 상온에서 200m/s의 속도로 다가오는 루비듐 원자에 레이저 빛을 쏘아 여러 개의 광자를 연이어 루비듐 원자에 충돌시키면 원자를 거의 정지시킬 수 있다. 하지만 이때 문제는 원자가 정지한 순간 레이저를 끄지 않으면 원자가 오히려 반대 방향으로 밀려날 수도 있다는 데 있다. 그런데 원자를 하나하나 따로 관측할 수 없고 각 원자의 운동 속도에 맞추어 각 원자와 충돌하는 광자의 운동량을 따로 제어할 수도 없으므로 실제 레이저를 이용해 원자의 온도를 내리는 것은 간단하지 않아 보인다. 이를 간단하게 해결하는 방법은 도플러 효과와 원자가 빛을 선택적으로 흡수하는 성질을 이용하는 것이다.

사이렌과 관측자가 가까워질 때에는 사이렌 소리가 원래의 소리보다 더 높은 음으로 들리고, 사이렌과 관측자가 멀어질 때에는 더 낮은 음으로 들린다. 이처럼 빛이나 소리와 같은 파동을 발생시키는 파동원과 관측자가 멀어질 때는 파동의 진동수가 더 작게 감지되고, 파동원과 관측자가 가까워질 때는 파동의 진동수가 더 크게 감지되는 현상을 도플러 효과라고 한다. 이때 원래의 진동수와 감지되는 진동수의 차이는 파동원과 관측자가 서로 가까워지거나 멀어지는 속도에 비례한다. 이것을 레이저와 원자에 적용하면 레이저 광원은 파동원이고 원자는 관측자에 해당한다. 그러므로 레이저 광원에 다가가는 원자에게 레이저 빛의 진동수는 원자의 진동수보다 더 높게 감지되고, 레이저 광원에서 멀어지는 원자에게 레이저 빛의 진동수는 더 낮게 감지된다.

한편 정지해 있는 특정한 원자는 모든 진동수의 빛을 흡수하는 것이 아니고 고유한 진동수, 즉 공명 진동수의 빛만을 흡수한다. 이것은 원자가 광자를 흡수할 때 원자 내부의 전자가 특정 에너지 준위 E_1에서 그보다 더 높은 특정 에너지 준위 E_2로 옮겨가는 것만 허용되기 때문이다. 이때 흡수된 광자의 에너지는 두 에너지 준위의 에너지 값의 차이 ΔE에 해당한다.

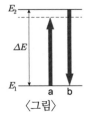

〈그림〉

지문 요약 연습

연습문제를 풀이하면서 지문의 각 문단을 요약해 보세요.

그러면 어떻게 도플러 효과를 이용하여 레이저 냉각을 수행하는지 알아보자. 우선 어떤 원자의 집단을 사이에 두고 양쪽에서 레이저 빛을 원자에 쏘되 그 진동수를 원자의 공명 진동수보다 작게 한다. 원자가 한쪽 레이저 빛의 방향과 반대 방향으로 움직이면 도플러 효과에 의해 원자에서 감지되는 레이저 빛의 진동수가 커지는데, 그 값이 자신의 공명 진동수에 해당하는 원자는 레이저 빛을 흡수하게 된다. 이때 흡수된 광자의 에너지는 ΔE보다 작지만(〈그림〉의 a), 원자는 도플러 효과 때문에 공명 진동수를 갖는 광자를 받아들이는 것처럼 낮은 준위 E_1에 있던 전자를 허용된 준위 E_2에 올려놓는다. 그러면 불안정해진 원자는 잠시 후에 ΔE에 해당하는 에너지를 갖는 광자를 방출하면서 전자를 E_2에서 E_1로 내려놓는다(〈그림〉의 b). 이 과정이 반복되는 동안, 원자가 광자를 흡수할 때에는 일정한 방향에서 오는 광자와 부딪쳐 원자의 운동 속도가 계속 줄어들지만, 원자가 광자를 내놓을 때에는 임의의 방향으로 방출하기 때문에 결국 광자의 방출은 원자의 속도 변화에 영향을 미치지 못하게 된다. 그러므로 원자에서 광자를 선택적으로 흡수하고 방출하는 과정이 반복되면, 원자의 속도가 줄어들면서 원자의 평균 운동 속도가 줄고 그에 따라 원자 집단 전체의 온도가 내려가게 된다.

사실 확인
07. 윗글의 내용과 일치하는 것은?
① 움직이는 원자의 속도는 도플러 효과로 인해 더 크게 감지된다.
② 레이저 냉각은 광자를 선택적으로 흡수하는 원자의 성질을 이용한다.
③ 레이저 냉각은 원자와 레이저 빛을 충돌시켜 광자를 냉각시키는 것이다.
④ 레이저 빛을 이용하여 원자 집단을 절대 온도 0K에 도달하게 할 수 있다.
⑤ 개별 원자의 운동 상태를 파악하여 각각의 원자마다 적절한 진동수의 레이저 빛을 쏠 수 있다.

계량적 추론
08. 윗글의 〈그림〉을 이해한 것으로 적절하지 않은 것은?
① 다가오는 원자에 공명 진동수의 레이저 빛을 쏘면 원자 내부의 전자가 E_1에서 E_2로 이동한다.
② 원자의 공명 진동수와 일치하는 진동수를 갖는 광자는 ΔE의 에너지를 갖는다.
③ 원자가 흡수했다가 방출하는 광자의 에너지는 ΔE로 일정하다.
④ 정지한 원자가 흡수하는 광자의 에너지는 ΔE와 일치한다.
⑤ E_2에서 E_1로 전자가 이동할 때 광자가 방출된다.

과학 실험

09. 윗글에 따를 때, <보기>에서 공명이 일어나는 것만을 있는 대로 고른 것은?

─〈보 기〉─

소리굽쇠는 고유한 공명 진동수를 가져서, 공명 진동수와 일치하는 소리를 가해 주면 공명하고, 공명 진동수에서 약간 벗어난 진동수의 소리를 가해 주면 공명하지 않는다. 그림과 같이 마주 향한 고정된 두 스피커에서 진동수 498Hz의 음파를 발생시키고, 공명 진동수가 500Hz인 소리굽쇠를 두 스피커 사이의 중앙에서 오른쪽으로 v의 속도로 움직였더니 소리굽쇠가 공명했다. 그 후에 다음과 같이 조작하면서 소리굽쇠의 공명 여부를 관찰했다. 단, 소리굽쇠는 두 스피커 사이에서만 움직인다.

ㄱ. 소리굽쇠를 중앙에서 왼쪽으로 v의 속도로 움직였다.
ㄴ. 소리굽쇠를 중앙에서 오른쪽으로 $2v$의 속도로 움직였다.
ㄷ. 왼쪽 스피커를 끄고 소리굽쇠를 중앙에서 왼쪽으로 v의 속도로 움직였다.

① ㄱ   ② ㄴ   ③ ㄷ
④ ㄱ, ㄷ   ⑤ ㄴ, ㄷ

계량적 추론

10. 윗글에 비추어 <보기>의 리튬 원자의 레이저 냉각에 대해 설명한 것으로 적절하지 <u>않은</u> 것은?

─〈보 기〉─

	루비듐	리튬
원자량(원자의 질량)	85.47	6.94
정지 상태의 원자가 흡수하는 빛의 파장	780nm	670nm

① 리튬의 공명 진동수는 루비듐의 공명 진동수보다 크다.
② 원자가 흡수하는 광자의 운동량은 리튬 원자가 루비듐 원자보다 작다.
③ 같은 속도로 움직일 때 리튬 원자의 운동량이 루비듐 원자의 운동량보다 작다.
④ 루비듐 원자에 레이저 냉각을 일으키는 레이저 빛은 같은 속도의 리튬 원자에서는 냉각 효과가 없다.
⑤ 리튬 원자에 레이저 냉각을 일으킬 때에는 레이저 빛의 파장을 670nm보다 더 큰 값으로 조정한다.

가이드에 따라 지문과 문제를 분석하고 정답을 확인해 봅시다.

07번 문제를 풀이하면 다음과 같습니다.

① 도플러 효과는 원자의 속도로 인해 파동의 진동수가 더 크게 감지되는 효과를 의미하지, 원자의 속도가 다르게 감지되는 것이 아니다. 원인과 결과의 관계를 뒤바꿔서 오답 선지를 구성하는 LEET 오답 선지 구성 원리에 따른 오답 선지에 해당한다.

② 마지막 단락에서 "원자가 한쪽 레이저 빛의 방향과 반대 방향으로 움직이면 도플러 효과에 의해 원자에서 감지되는 레이저 빛의 진동수가 커지는데, 그 값이 자신의 공명 진동수에 해당하는 원자는 레이저 빛을 흡수하게 된다."라고 제시되었다. 따라서 모든 레이저 빛의 광자를 흡수하는 것이 아니라 자신의 공명 진동수와 동일한 레이저 빛의 광자만을 선택적으로 흡수하는 성질이 이용되어 레이저 냉각이 이루어진다는 점을 확인할 수 있다.

③ 레이저 냉각에서 원자와 레이저 빛의 충돌을 통해 운동 에너지를 감소시켜 온도가 내려가도록 하려는 대상은 원자이지 레이저 빛의 광자가 아니다.

④ 첫 번째 단락에서 "실제로 0K(절대 온도)까지 물체의 온도를 낮출 수는 없지만"이라고 제시되었으므로 레이저 냉각의 방식을 통해서 원자 집단을 0K에 도달하게 하는 것은 불가능하다.

⑤ 세 번째 단락에서 "원자를 하나하나 따로 관측할 수 없고 각 원자의 운동 속도에 맞추어 각 원자와 충돌하는 광자의 운동량을 따로 제어할 수도 없으므로"라고 제시되었으므로 개별 원자의 운동 상태를 파악하여 각각의 원자마다 적절한 진동수의 레이저 빛을 쏴주는 방식으로의 냉각은 실현되기 어렵다는 점을 추론할 수 있다.

[정답] ②

08번 문제를 풀이하면 다음과 같습니다.

① 정지해 있는 원자에 공명 진동수와 같은 진동수의 레이저 빛을 쏘면 원자 내부의 전자가 E_1에서 E_2로 이동할 것이다. 그러나 다가오는 원자라면 도플러 효과가 발생하기 때문에 레이저 빛의 공명 진동수가 실제 진동수에 비해 더 크게 감지되므로 레이저 빛은 공명 진동수보다 더 큰 진동수를 갖고 있는 빛으로 작동하고 따라서 원자가 레이저 빛의 광자를 흡수하지 못한다. 그러므로 에너지 준위의 이동도 발생하지 않는다.

②, ④ 다섯 번째 단락에 따르면, 원자가 공명 진동수와 일치하는 진동수를 갖는 광자를 흡수할 때 "흡수된 광자의 에너지는 두 에너지 준위의 에너지 값의 차이 ΔE에 해당한다."라고 제시되었다. 또한 세 번째 단락에서 "레이저 빛을 구성하는 광자가 원자에 흡수될 때 광자의 에너지만큼 원자의 내부 에너지가 커지면서 광자의 운동량이 원자에 전달된다."라고 하였으므로 원자에 흡수된 에너지 값 ΔE는 광자의 에너지 전체의 값에 해당된다는 사실을 확인할 수 있다.

③ 마지막 단락에 따르면 레이저 냉각의 과정에서 원자의 공명 진동수보다 진동수가 낮은 레이저 광자의 빛을 흡수하므로 흡수된 광자의 에너지는 ΔE보다 작지만 도플러 효과로 인해 ΔE에 해당하는 에너지를 흡수하게 되고 따라서 에너지 준위가 E_1에서 E_2로 이동한다. 또한 잠시 후 불안정해진 원자는 ΔE를 방출하므로 원자가 흡수했다가 방출하는 광자의 에너지는 ΔE로 일정하다는 사실을 확인할 수 있다. 마지막 단락에서 "흡수된 광자의 에너지는 ΔE보다 작지만(〈그림〉의 a)"를 잘못 이해하여 ③을 적절하지 않은 선지로 고르지 않도록 주의하자.

→ 매력적 오답

⑤ 마지막 단락에서 "불안정해진 원자는 잠시 후에 ΔE에 해당하는 에너지를 갖는 광자를 방출하면서 전자를 E_2에서 E_1로 내려놓는다."라고 서술된 부분에서 확인할 수 있다.

[정답] ①

09번 문제를 풀이하면 다음과 같습니다.

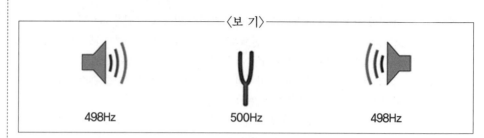

〈보 기〉

498Hz   500Hz   498Hz

〈보기〉에 주어진 상황은 소리굽쇠가 오른쪽으로 v의 속도로 이동하면서 도플러 효과에 의해 오른쪽 스피커의 진동수가 498Hz에서 500Hz로 증가하게 되고 소리굽쇠와 오른쪽 스피커의 진동수가 일치하게 되어 공명이 일어난 현상을 나타낸 것이다.

ㄱ. 소리굽쇠를 왼쪽으로 v의 속도로 움직인다면, 왼쪽 스피커의 진동수가 498Hz에서 500Hz로 증가하면서 소리굽쇠와 왼쪽 스피커의 진동수가 일치하게 되어 공명이 일어날 것이다.

ㄴ. 네 번째 단락에 따르면, "(도플러 효과에서) 원래의 진동수와 감지되는 진동수의 차이는 파동원과 관측자가 서로 가까워지거나 멀어지는 속도에 비례한다."라고 제시되었다. 〈보기〉에서 소리굽쇠가 오른쪽으로 v의 속도로 이동할 때 공명 현상이 일어났으므로 v의 속도로 움직일 때의 도플러 효과로 인한 진동수 증가폭은 2Hz에 해당한다. 속도가 $2v$로 두 배가 된다면 진동수 증가폭도 두 배로 증가할 것이므로 4Hz가 될 것이며, 오른쪽 스피커의 진동수는 502Hz가 되어 소리굽쇠의 진동수 500Hz와 일치하지 않는다. 따라서 공명 현상은 발생하지 않을 것이다.

ㄷ. 왼쪽 스피커를 끄고 소리굽쇠를 중앙에서 왼쪽으로 v의 속도로 이동한다면, 소리굽쇠와 오른쪽 스피커가 서로 멀어지는 방향으로 움직이므로 도플러 효과가 오른쪽 스피커의 진동수를 감소시키는 방향으로 작동할 것이고 따라서 오른쪽 스피커의 진동수는 496Hz가 될 것이다.

[정답] ①

10번 문제를 풀이하면 다음과 같습니다.

	루비듐	리튬
원자량(원자의 질량)	85.47	6.94
정지 상태의 원자가 흡수하는 빛의 파장	780nm	670nm
정지 상태의 원자가 흡수하는 빛의 진동수	$\frac{1}{780}c$	$\frac{1}{670}c$
원자의 고유한 공명 진동수	$\frac{1}{780}c$	$\frac{1}{670}c$

진동수와 파장의 관계는 다음과 같다. $\rightarrow f=\frac{c}{\lambda}$ **(단, f는 진동수, λ는 파장, c는 광속)**

① 원자는 각자의 고유진동수와 동일한 진동수를 갖는 광자를 흡수하고, 빛의 파장과 빛의 진동수는 반비례 관계에 있으므로, 루비듐은 $\frac{1}{780}c$에 해당하는 진동수를 갖는 빛을 흡수하게 되어 루비듐의 고유한 공명 진동수는 $\frac{1}{780}c$이다. 마찬가지로 리튬의 고유한 공명 진동수는 $\frac{1}{670}c$이다. $\frac{1}{670}c>\frac{1}{780}c$이므로 리튬의 공명 진동수가 루비듐의 공명 진동수보다 크다.

② 세 번째 단락에서 "광자는 빛의 파장에 반비례하는 운동량을 가지며 빛의 진동수에 비례하는 에너지를 갖는다."라고 제시되었으므로 리튬 원자가 흡수하는 광자의 운동량이 루비듐 원자가 흡수하는 광자의 운동량보다 크다는 사실을 유추할 수 있다.

③ 세 번째 단락에서 "속도와 질량의 곱에 해당하는 운동량"이라는 부분에서 운동량이 질량과 속도의 곱으로 구성된 물리값이라는 점을 확인할 수 있다. 리튬의 원자량이 루비듐의 원자량에 비해 작으므로 동일한 속도로 움직일 경우 리튬의 운동량이 루비듐의 운동량에 비해 작다는 점이 유추된다.

④ 루비듐 원자에 레이저 냉각을 일으키는 레이저 빛의 진동수를 x라 하자. 루비듐 원자에 레이저 냉각을 일으키는 레이저 빛의 진동수는 루비듐 원자의 공명 진동수에 비해 작아야 한다. 이때 루비듐 원자의 속도에 따른 도플러 효과가 야기하는 진동수 증가량을 ΔD라 하면

$$\frac{1}{780}c=x+\Delta D$$

가 성립한다. 같은 속도로 움직이는 리튬 원자와 같은 속도로 움직이는 루비듐 원자의 도플러 효과는 같으므로 다음과 같이 서술할 수 있다.

$$\frac{1}{780}c=x+\Delta D<\frac{1}{670}c$$

도플러 효과로 인한 진동수 증가량 ΔD를 고려하더라도 레이저 빛의 진동수 $x+\Delta D$는 같은 속도의 리튬 원자의 진동수보다 작아 레이저 빛의 광자 에너지 흡수가 발생하지 않으므로 냉각 효과가 이루어지지 않는다.

⑤ 리튬 원자에 레이저 냉각을 일으키려면 레이저 빛의 진동수를 리튬의 진동수에 비해 더 작게 조정해야 한다. 파장과 진동수는 반비례하므로 이는 파장의 관점에서 레이저 빛의 파장을 리튬의 670nm보다 더 큰 값으로 조정하는 것을 의미한다.

[정답] ②

실전문제

[01~03] 다음 글을 읽고 물음에 답하시오.

14 LEET 문33~35

스마트폰이 등장하면서 모바일 무선 통신은 우리의 삶에서 없어선 안 될 문명의 이기가 되었다. 모바일 무선 통신에 사용되는 전파는 눈에 보이지 않아 실감하기 어렵지만, 가시광선과 X선이 속하는 전자기파의 일종이다. 전파는 대기 중에서 초속 30만km로 전해지는데, 이는 빛의 속도(c)와 정확히 일치한다. 전파란 일반적으로 '1초에 약 3천~3조 회 진동하는 전자기파'를 말한다. 1초 동안의 진동수를 '주파수(f)'라 하며, 1초에 1회 진동하는 것을 1Hz라고 한다. 따라서 전파는 3kHz에서 3THz의 주파수를 갖는다. 주파수는 파동 한 개의 길이를 의미하는 '파장(λ)'과 반비례 관계에 있다. 즉, 주파수가 높을수록 파장은 짧아지며, 낮을수록 파장은 길어진다. 전자기파의 주파수와 파장을 곱한 수치($c=f\lambda$)는 일정하며, 빛의 속도와 같다.

모바일 무선 통신에서 가시광선이나 X선보다 주파수가 낮은 전파를 쓰는 이유는 정보의 원거리 전달에 용이하기 때문이다. 주파수가 높은 전자기파일수록 직진성이 강해져 대기 중의 먼지나 수증기에 의해 흡수되거나 산란되어 감쇠되기 쉽다. 반면, 주파수가 낮은 전파는 회절성과 투과성이 뛰어나 장애물을 만나면 휘어져 나가고 얇은 벽을 만나면 투과하여 멀리 퍼져 나갈 수 있다. 3kHz~3GHz 대역의 주파수를 갖는 전파 중 0.3MHz 이하의 초장파, 장파 등은 매우 먼 거리까지 전달될 수 있으므로 해상 통신, 표지 통신, 선박이나 항공기의 유도 등과 같은 공공적 용도에 주로 사용된다. 0.3~800MHz 대역의 주파수는 단파 방송, 국제 방송, FM 라디오, 지상파 아날로그 TV 방송 등에 사용된다. 800MHz~3GHz 대역인 극초단파가 모바일 무선 통신에 주로 사용되며 '800~900MHz 대', '1.8GHz 대', '2.1GHz 대', '2.3GHz 대'의 네 가지 대역으로 나뉜다. 스마트폰 시대에 들어서면서 극초단파 대역의 효율적인 주파수 관리의 중요성이 더욱 커지고 있다. 3GHz 이상 대역의 전파는 직진성이 매우 강해져 인공위성이나 우주 통신 등과 같이 중간에 장애물이 없는 특별한 경우에 사용된다.

모바일 무선 통신에서 극초단파를 사용하는 이유는 0.3~800MHz 대역에 비해 단시간에 더 많은 정보의 전송이 가능하기 때문이다. 예로 1 비트의 자료를 전송하는 데 4개의 파동이 필요하다고 하자. 1kHz의 초장파는 초당 1,000개의 파동을 발생시키기 때문에 매초 250 비트의 정보만을 전송할 수 있지만, 800MHz 초단파의 경우 초당 8억 개의 파동을 발생시키므로 매초 2억 비트의 정보를, 1.8GHz 극초단파는 초당 4.5억 비트에 해당하는 대량의 정보를 전송할 수 있다. 극초단파의 원거리 정보 전송 능력의 취약성을 극복하기 위해 모바일 무선 통신에서는 반경 2~5km 정도의 좁은 지역의 전파만을 송수신하는 무선 기지국들을 가능한 한 많이 설치하고, 이 무선 기지국들을 다시 유선으로 연결하여 릴레이 형식으로 정보를 전송함으로써 통화 사각지대를 최소화한다. 모바일 무선 통신과 더불어 극초단파를 사용하는 지상파 디지털 TV 방송에서도 가능한 한 높은 위치에 전파 송신탑을 세워 전파 진행 경로상의 장애물을 최소화하려고 노력한다.

모바일 무선 통신에서 극초단파를 사용함으로써 통신 기기의 휴대 편의성도 획기적으로 개선되었다. 전파의 효율적 수신을 위한 안테나의 유효 길이는 수신하는 전파 파장의 $\frac{1}{2} \sim \frac{1}{4}$ 정도인데, 극초단파와 같은 높은 주파수를 사용하면서 손바닥 크기보다 작은 길이의 안테나만으로도 효율적인 전파의 송수신이 가능해졌기 때문이다.

* 1THz=1,000GHz, 1GHz=1,000MHz, 1MHz=1,000kHz, 1kHz=1,000Hz

01. 윗글에 따를 때, 옳지 <u>않은</u> 것은?

① 전파의 파장이 길수록 주파수가 낮다.

② 극초단파는 가시광선보다 주파수가 낮다.

③ 직진성이 약한 전파일수록 단위 시간당 정보 전송량은 많아진다.

④ 800MHz 대의 안테나 유효 길이는 2.3GHz 대 것의 약 3배에 해당한다.

⑤ 1.8GHz 대 전파는 800~900MHz 대 전파보다 회절성과 투과성이 약하다.

02. 윗글을 바탕으로 전파의 활용에 대해 진술한 것으로 옳은 것만을 <보기>에서 있는 대로 고른 것은?

─────〈보 기〉─────

ㄱ. 3GHz 이상 대역은 정보의 원거리 전송 능력이 커서 우주 통신에 이용된다.

ㄴ. 모바일 무선 통신에서 낮은 주파수를 사용할수록 더 많은 기지국이 필요하다.

ㄷ. 지상파 디지털 TV 방송은 지상파 아날로그 TV 방송보다 높은 주파수 대역을 사용한다.

① ㄴ   ② ㄷ   ③ ㄱ, ㄴ

④ ㄱ, ㄷ   ⑤ ㄱ, ㄴ, ㄷ

03. 윗글을 바탕으로 <보기>를 읽고 판단한 것으로 적절하지 <u>않은</u> 것은?

─────〈보 기〉─────

○ '황금 주파수' 대역의 변화

초기 모바일 무선 통신 시대에는 800~900MHz 대역의 주파수가 황금 주파수였으나, 모바일 무선 통신 기술의 발달과 더불어 오늘날의 4세대 스마트폰 시대에는 1.8GHz 대와 2.1GHz 대가 황금 주파수로 자리 잡게 되었다.

○ 주파수 관리 방식

  − 정부 주도 방식: 주파수의 분배와 할당에 있어서 경제적 효율성만으로 평가할 수 없는 표현의 자유, 민주적 가치, 공익 보호 등을 고려하여 전적으로 시장에 일임하지 않고 정부가 직접 관리하는 방식.

  − 시장 기반 방식: 주파수의 효율적 이용에 적합하도록 시장 기능을 통해, 예를 들어 경매와 같은 방식으로 주파수를 분배하고 할당하는 방식.

① 황금 주파수 대역의 변화는 모바일 무선 통신 기술의 발달뿐 아니라, 4세대 스마트폰 시대에 전송해야 하는 정보량의 급격한 증가와도 관계가 있을 것이다.

② 모바일 무선 통신 기술의 지속적인 발달과 함께 소형화된 통신 기기에 대한 소비자의 욕구가 커질수록 황금 주파수는 더 높은 대역으로 옮겨갈 것이다.

③ 0.3MHz 이하 대역은 공익 보호의 목적보다는 경제적 효율성의 가치가 더 중요하므로 정부 주도 방식이 아닌 시장 기반 방식으로 관리될 것이다.

④ 1.8GHz 대와 2.1GHz 대의 주파수를 차지하기 위한 경쟁이 심화되어 이에 대한 주파수 관리의 중요성이 부각될 것이다.

⑤ 방송의 공공성을 고려한다면, 0.3~800MHz 대역의 주파수 관리에는 정부 주도 방식이 적합할 것이다.

　　19세기 후반에 발견된 자기(磁氣) 열량 효과는 20세기 전반에 이르러 자기 냉각 기술에 활용될 수 있음이 확인되었고 이로부터 자기 냉각 기술은 오늘날 극저온을 만드는 고급 기술로 발전하였다. ㉠일반 냉장고는 가스 냉매가 압축될 때 열을 방출하고 팽창될 때 열을 흡수하는 열역학적 순환 과정을 이용하여 냉장고 내부의 열을 외부로 방출시킨다. 그러나 가스 냉매는 일정한 온도 이하로 내려가면 응고되어 냉매로서 기능을 할 수 없게 되거나 누출되었을 때 환경오염을 유발하는 문제점이 있다. 최근 자기 냉각 기술은 일반 냉장고를 대신할 수 있는 냉장고의 개발에 이용될 수 있음이 확인되었다. 자기 냉각 기술에 사용되는 자기 물질의 자기적 특성에 따라 냉장고가 작동되는 온도 범위가 달라지기 때문에 자기 냉각 기술에 사용하기 적합한 자기 물질의 개발이 매우 중요한데, 최근 실온에서 작동 가능한 실온 자기 냉장고를 만들 수 있는 새로운 자기 물질의 개발이 활발하게 이루어지고 있다.

　　자기 물질은 자화(磁化)되는 물질을 의미한다. 물질의 자화는 외부에서 가하는 자기장의 세기 및 자기 물질에 들어 있는 단위 부피당 자기 쌍극자의 수에 비례한다. 여기서 자기 쌍극자는 자기 물질 속에 존재하는 초소형 자석을 의미한다. 자기 물질은 강자성체와 상자성체로 구분된다. 강자성체는 외부의 자기장이 제거되었을 때에도 자기적 성질을 유지하는 물질이며, 상자성체는 외부의 자기장이 제거되면 자기적 성질을 잃어버리는 물질이다. 강자성체는 온도를 올리면 일정 온도에서 상자성체로 상전이를 하는데, 이때 자기 물질의 엔트로피는 증가한다.

　　자기 열량 효과는 자기 물질에 외부에서 자기장을 가했을 때 그 물질이 열을 발산하는 현상에서 비롯된다. ㉡자기 냉장고는 이 효과를 이용한 열역학적 순환 과정을 통해 냉장고 내부의 열을 외부로 방출한다. 이 순환 과정은 열 출입이 없는 두 과정과 자기장이 일정한 두 과정으로 구성된다. 여기서 열 출입이 없는 열역학적 과정에서는 엔트로피 변화가 없다. 자기 냉장고에서 열역학적 순환 과정은 다음의 Ⅰ, Ⅱ, Ⅲ, Ⅳ 네 과정을 거치면서 진행된다. **과정 Ⅰ**에서는, 자기 쌍극자들이 무질서하게 배열되어 있던, 온도가 T인 작용물질에 외부와의 열 출입이 차단된 상태에서 자기장을 가하면 작용물질의 쌍극자들이 자기장의 방향으로 정렬하면서 열이 발생하고 작용물질의 온도가 상승한다. 이때 자기장이 강할수록 작용물질에서 더 많은 열이 발생한다. **과정 Ⅱ**에서는, 외부 자기장을 그대로 유지한 상태로 작용물질과 외부와의 열 출입을 허용하면 이 작용물질은 열을 방출하고 차가워진다. **과정 Ⅲ**에서는, 다시 작용물질과 외부와의 열 출입을 차단한 상태에서 외부의 자기장을 제거하면 쌍극자의 배열이 무질서해지면서 작용물질의 온도가 하강한다. **과정 Ⅳ**에서는, 작용물질과 외부와의 열 출입을 허용하면 이 작용물질은 열을 흡수하고 온도가 상승하여 초기 온도 T로 복귀하면서 1회의 순환이 마무리된다. 이러한 순환 과정에서 작용물질이 열을 흡수할 때는 작용물질을 냉장고 내부와 접촉시키고 열을 방출할 때에는 냉장고 외부와 접촉시킨다. 이를 반복하면 작용물질은 냉장고의 내부에서 외부로 열을 퍼내는 열펌프의 역할을 하게 된다.

　　효율이 좋은 자기 냉장고를 만들기 위해서는 특정 온도에서 외부에서 가하는 자기장의 변화에 따른 엔트로피 변화량이 큰 자기 물질을 작용물질로 사용해야 한다. 자기 냉장고에서 1회의 순환 과정에서 빠져 나가는 열량은 외부 자기장을 가하기 전과 후의 엔트로피 변화와 밀접한 관련이 있다. 엔트로피는 물질의 자기 상태가 변하는 임계온도에서 가장 큰 폭으로 변한다. 그러므로 작용물질이 상전이하는 임계온도가 냉장고의 작동 온도 근처에 있을 때 그것의 자기 냉각 효과가 크다. 최근에는 임계온도가 실온에 가까운 물질들이 많이 발견되고 있으며, 이것을 이용한 실온 자기 냉장고의 개발이 활발히 진행되고 있다.

04. ⓔ과 ⓛ을 비교한 것으로 적절하지 <u>않은</u> 것은?

① ⓔ에서 작용물질의 부피 변화는 ⓛ에서 작용물질의 온도 변화와 같은 작용을 한다.

② ⓔ에서 압력의 변화는 ⓛ에서 자기장의 변화에 대응한다.

③ ⓔ에서 냉매가 하는 역할을 ⓛ에서는 자기 물질이 한다.

④ ⓔ과 ⓛ은 모두 열역학적 순환 과정을 이용한다.

⑤ ⓔ과 ⓛ에는 모두 열펌프의 기능이 있다.

05. '과정 I ~IV'에 대한 설명으로 옳지 <u>않은</u> 것은?

① 과정 I 에서 작용물질의 자화는 증가한다.

② 과정 II 에서는 작용물질의 온도가 내려간다.

③ 과정 III에서는 작용물질의 엔트로피가 증가한다.

④ 과정 IV에서는 작용물질을 냉장고 내부와 접촉시킨다.

⑤ 과정 I ~IV의 1회 순환에서 자기장의 변화 폭이 클수록 방출되는 열량은 크다.

06. 윗글의 내용으로 보아 <보기>의 A~E 중 실온 자기 냉장고에 사용될 작용물질로 가장 적합한 것은?

───── 〈보 기〉 ─────

자기 물질 A~E 각각의 임계온도에서 자기 물질에 자기장을 걸어 주었을 때 감소한 엔트로피에 대한 자료이다.

자기 물질	임계온도(℃)	걸어 준 자기장(T)	엔트로피 감소량(J/kgK)
A	−5	5	2.75
B	10	1	1.52
C	18	1	2.61
D	21	5	2.60
E	42	5	1.80

① A   ② B   ③ C   ④ D   ⑤ E

블랙홀 쌍성계와 같은 천체에서 발생한 중력파가 지구를 지나가는 동안, 지구 위에서는 중력파의 진행 방향과 수직인 방향으로 공간이 수축 팽창하는 변형이 시간에 따라 반복적으로 일어난다.

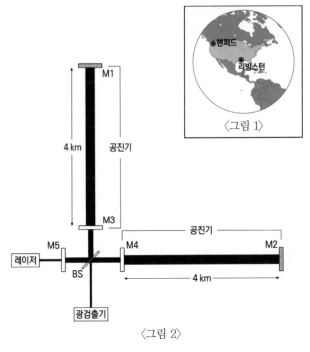

〈그림 2〉

　최초로 중력파를 검출한 '라이고(LIGO)'는 〈그림 1〉과 같이 미국 핸퍼드와 리빙스턴에 위치하며, 〈그림 2〉와 같은 레이저 간섭계를 사용한다. 레이저에서 나온 빛은 빔가르개(BS)에 의해 두 개의 경로로 나뉘고 각 경로의 끝에 있는 거울(M1, M2)에 의해 반사되어 되돌아와 다시 BS에 의해 각각 두 갈래로 나뉘며 광검출기에서 서로 중첩된다. 두 경로 사이에 미세한 길이 차이가 발생하면 중첩된 빛의 세기에 차이가 발생하는데, 간섭계가 놓인 면을 중력파가 통과하며 공간의 수축과 팽창이 반복되면 빛이 지나는 두 경로의 길이 차가 시간에 따라 변화하고 광검출기에서 측정되는 빛의 세기가 그에 따라 변화한다. 이를 측정하면 중력파의 세기와 진동수를 알아낼 수 있다.

　중력파는 공간을 일정한 비율로 변형시키므로 간섭계의 경로 길이를 되도록 크게 하는 것이 길이의 변화량을 크게 할 수 있어 유리하지만 약 4km가 건설할 수 있는 한계이다. 이를 극복하기 위해 라이고에서는 기본적인 간섭계에 두 개의 거울(M3, M4)을 추가하여 '공진기'를 구성하고 각 공진기의 두 거울 사이를 빛이 여러 번 왕복하도록 함으로써 유효 경로 길이를 늘리는 방법을 사용하였다. 〈그림 2〉에서 M1과 M3, M2와 M4 사이에 공진기가 형성되고, M1과 M2의 반사율은 100%인 반면 M3, M4는 약 1%의 투과율을 갖도록 하여 빛이 출입할 수 있도록 하였다. 이 경우 공진기 밖으로 나온 빛은 두 거울 사이를 수백 번 왕복한 셈이고 따라서 유효 길이가 1,000km 이상에 이른다. 하지만 유효 길이의 변화량은 여전히 원자 크기의 십만분의 일 정도에 불과한데, 어떻게 중력파의 검출이 가능하였던 것일까?

　원자의 크기보다도 한참 작은 미세한 길이 변화의 측정이 가능한 이유는 여러 번 측정하여 평균을 취하면 측정값의 정확도를 향상할 수 있다는 사실에 있다. 간섭계는 결국 광검출기에서 빛의 세기를 측정하는 것인데 양자 물리에서 빛은 '광자'라고 부르는 입자로 여겨지며 이때 빛의 세기는 광자의 개수에 비례한다. 즉, 광검출기는 광자의 개수를 측정하는 것이며 측정할 때마다 무작위로 달라지는 광자 개수의 요동이 간섭신호의 잡음으로 나타나게 되는데 이를 '산탄 잡음'이라고 한다. 빛의 세기 측정에서 신호의 크기는 광자의 개수 N에 비례하고, 광자 개수의 요동에 의한 잡음은 N의 제곱근($\sqrt{N}$)에 비례한다. 따라서 '신호대잡음비(신호크기/잡음크기)'는 $\sqrt{N}$에 비례하여 증가한다. 예를 들어 광자의 개수가 1개일 때에 비해 100개일 때, 신호는 100배 증가하지만 잡음은 10배만 증가하므로 신호대잡음비는 10배 증가하게 된다. 따라서 광자의 개수를 늘리면 산탄 잡음에 의한 신호대잡음비를 증가시킬 수 있는데 공진기는 그 안에 레이저 빛을 가둠으로써 간섭계 내부의 광자 개수를 증가시키는 역할도

한다. 하지만 이 정도로는 원하는 신호대잡음비를 얻기에 부족하고 레이저의 출력을 높이는 데에 한계가 있다. 이를 해결하기 위해 〈그림 2〉에서와 같이 BS에서 레이저 쪽으로 되돌아가는 빛을 반사하여 다시 간섭계로 보내는 출력 재활용 거울(M5)을 설치하여 간섭계에 사용되는 유효 레이저 출력을 원하는 수준으로 높인다.

빛의 입자적 성질은 간섭신호에 '복사압 잡음'이라고 불리는 또다른 잡음을 일으키는데, 광자가 거울에 충돌하며 '복사압'이라는 힘을 작용하여 거울이 미세하게 움직이기 때문이다. 광자 개수의 요동이 거울의 요동과 그에 따른 간섭계 경로 길이의 요동을 유발하여 간섭신호의 잡음으로 나타나는데, 거울의 질량이 클수록 거울의 요동이 작아진다. 그러므로 복사압 잡음에 의한 신호대잡음비는 광자 개수의 요동이 작을수록, 거울의 질량이 클수록 커진다. 또한 거울의 요동은 힘이 작용하는 시간이 길수록 더 커지므로 복사압 잡음에 의한 신호대잡음비는 진동수가 작을수록 급격히 감소하며, 산탄 잡음에 의한 신호대잡음비는 진동수가 클수록 완만히 감소한다. 따라서 두 잡음의 합으로 결정되는 신호대잡음비가 가장 크게 되는 진동수 대역이 존재하며, 중력파의 진동수가 이 영역에 들어올 때 중력파가 검출될 확률이 가장 높다.

07. 윗글의 내용과 일치하지 <u>않는</u> 것은?

① 중력파는 레이저 간섭계의 경로 길이 변화로 감지한다.
② 공진기는 간섭계 내부에서 빛의 세기를 증가시키는 역할을 한다.
③ 산탄 잡음에 의한 신호대잡음비는 레이저 출력이 클수록 작아진다.
④ 복사압 잡음은 광자 개수의 요동 때문에 발생한다.
⑤ 복사압 잡음에 의한 신호대잡음비는 진동수가 클수록 커진다.

08. 윗글을 바탕으로 추론한 것으로 적절한 것만을 <보기>에서 있는 대로 고른 것은?

──────〈보 기〉──────

ㄱ. 중력파가 검출될 때, 광검출기에서 측정되는 빛의 세기는 일정하다.
ㄴ. 출력 재활용 거울의 반사율을 감소시키면 간섭신호에서 복사압 잡음이 감소한다.
ㄷ. 각 공진기를 구성하는 두 거울 사이의 거리를 늘리면 중력파에 의한 경로 길이 변화량이 늘어난다.

① ㄱ   ② ㄴ   ③ ㄷ
④ ㄱ, ㄴ   ⑤ ㄴ, ㄷ

09. <보기>에서 특정한 물리량 에 해당하는 것만을 있는 대로 고른 것은?

─────────────────〈보 기〉─────────────────

　다음 그래프는 어떤 중력파검출기의 민감도(1/신호대잡음비)를 진동수에 따라 나타낸 것이다. 여기서 신호대잡음비는 산탄 잡음과 복사압 잡음 모두에 의한 것이다. 특정한 물리량 을 증가시킴으로써 현재 실선으로 나타난 민감도를 점선과 같은 민감도로 개선하고자 한다.

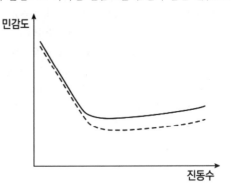

ㄱ. 거울의 질량
ㄴ. 레이저의 출력
ㄷ. 출력 재활용 거울의 투과율

① ㄱ　　　　　　　　　② ㄷ　　　　　　　　　③ ㄱ, ㄴ
④ ㄴ, ㄷ　　　　　　　　⑤ ㄱ, ㄴ, ㄷ

정답 및 해설 p.30

제재 5 데이터과학

1 제재 소개

데이터과학은 2019년을 기점으로 가장 최근에 새롭게 등장한 제재입니다. 2019년에 인공 지능의 온톨로지에 대한 고난도 지문이 등장하여 수험생들을 당황하게 하였고, 이후 2020년에는 데이터과학 지문이 출제되지 않았으나 2021년에 법 지문이 첫 번째 지문으로 등장한다는 규칙을 깨고 프로세스 마이닝에 대한 지문이 첫 번째 지문으로 등장하여 다시 한번 수험생들을 당황하게 하였으며, 2022년에도 K-민즈 클러스터링에 대한 지문이 고난도 지문으로 등장하였습니다.

단적으로 말하자면 데이터과학 제재에서 문제가 출제되기 시작한 것은 문과생들에게 상당한 호재입니다. 왜냐하면 다른 과학 영역과는 달리 이과생이라고 해도 특별히 유리할 것이 없는 제재에 해당하기 때문입니다. 데이터과학은 과학적 사고가 아니라 **수학적 사고**를 요구합니다. 따라서 최근의 계량적 연구가 중시되는 문과 학문의 분과에서도 통계학이나 계량 경제학을 공부하는 문과생들의 비중이 높기 때문에 다른 과학 영역에 비해 문과생이 전혀 불리할 것이 없는 영역이라고 생각되며, 오히려 데이터를 다루는 프로젝트에 참여해 본 경험이 있는지 여부가 더 중요하게 작용할 것이라고 생각됩니다. 엑셀, 파이썬 등의 데이터 툴을 다루어 본 경험이나 행렬, 통계학, 선형대수학 등과 관련된 계량적 감각이 있으면 더욱 이해가 빠를 것인데, 이 부분은 전공이 이과인 것과 상관성이 뚜렷하지 않습니다. 따라서 문과생 입장에서는 물리학이나 화학, 지구과학에서 과학 제재가 출제되는 것보다 훨씬 더 유리한 상황으로의 변화입니다.

데이터과학 제재의 지문은 **제품 사용 설명서**라고 생각하시면 됩니다. 우리가 새로운 기계제품을 사면 설명서가 따라오듯이 여태까지 데이터과학 지문은 데이터과학 혹은 머신러닝(기계학습)의 영역에서 사용되는 기법에 대한 개념적인 소개라는 점에서 공통되었습니다. 사용 설명서를 읽듯이 작동 원리를 파악하는 것이 핵심이며 세 번째 문제로 구체적인 사례에 작동 원리를 적용해 보는 문제가 출제되는 것까지 공통적이었습니다.

데이터과학은 최신 영역의 과학에 속하기 때문에 대부분의 개념어들이 한글화가 되지 않았습니다. 이에 영어를 그대로 음차한 표현들이 등장하는 것이 특징입니다. 구글링이 구글을 하는 행위를 의미하듯이 클러스터링은 클러스터로 만드는 행위이며, 프로세스 모델링이란 프로세스 모델을 만드는 행위를 의미합니다. 이러한 영어를 음차한 개념어들의 어원을 생각하면 이해가 더욱 빨라질 것입니다.

또한 데이터를 다루는 학문이기 때문에 본질적인 목적은 데이터를 통해서 어떠한 의미를 도출해 내는 것이며, 그 읽어내는 작업을 수행하는 단순 반복 과정의 알고리즘을 기계에게 학습시키는 것이 핵심이라는 점을 이해하시면 되겠습니다. 따라서 알고리즘이 제시된 단락이 핵심 원리 단락이기에 그 단락은 반드시 집중하여 독해하여야 합니다.

마지막으로 데이터과학 제재 지문에서도 다른 과학 제재 지문과 마찬가지로 **인포그래픽**을 적극적으로 활용하는 것 역시 중요합니다. 데이터과학은 n차원의 공간에서 이루어지는 경우가 많기 때문에 그 과정을 인포그래픽의 도움 없이 언어로만 풀어서 설명하기가 매우 까다롭습니다. 따라서 오히려 인포그래픽이 주어진 2022년과 2019년의 문제가 더 접근이 용이했다는 점을 기억하시고, 문제 내부이든 문제 외부이든 인포그래픽이 주어진다면 적극적인 이해의 도구로 삼는 태도가 필요하겠습니다.

2 대표 기출문제

출제시기	세부 제재	소재 및 문제 번호
2022학년도	데이터과학/머신 러닝	K-민즈 클러스터링(홀수형 22~24번)
2021학년도	데이터과학	프로세스 마이닝(홀수형 01~03번)
2019학년도	머신 러닝/분석 철학	온톨로지(홀수형 22~24번)
2015학년도	컴퓨터과학	컴퓨터의 논리 상태(홀수형 27~29번)
2009학년도	데이터과학/컴퓨터과학	VOD 전송의 데이터 분할 방식(홀수형 11~13번)

3 독해 전략

STEP 1 | 지문 중심 내용의 배경이 되는 데이터과학 개념들을 상하위 범주 관계에 주의하여 독해한다.

✓ 데이터과학에서 제시되는 개념들은 누구에게나 낯선 편이며, 특히 영어를 그대로 음차한 표현으로 제시되기 때문에 얼핏 보기에는 준외국어를 읽는 느낌이 들 수 있다. 그러한 표현적인 어색함에 현혹되지 말고 주어진 개념의 상하위 범주 관계에 중심을 두어 제시된 개념들을 표시하고 정리하자.

▼

STEP 2 | 지문의 패턴을 파악한 후 '알고리즘 단락'을 집중적으로 독해한다.

✓ 우선 '제품 설명서'에 해당하는 지문인데 제품을 사용하는 방법이 여러 개가 제시될 수도 있고 하나의 방법이 제시될 수도 있다. 대부분의 경우 하나의 방법이 제시될 것이지만 지문의 패턴을 우선 파악하도록 하자.

✓ 데이터과학 혹은 컴퓨터과학의 작동 원리는 '알고리즘'이다. '알고리즘'의 핵심적인 원리가 제시될 것이며 그것을 이해하느냐 여부가 지문 독해가 성공하느냐 여부와 직결된다. 시간을 조금 할애하더라도 '알고리즘'을 파악하는 것이 중요하다.

✓ '알고리즘'을 설명하는 과정에서 데이터과학 지문은 인포그래픽을 제시하는 경우가 많을 것이므로 이를 독해에 적극적으로 활용한다.

▼

STEP 3 | 지문에서 '알고리즘 정보'와 '계량적 인과 정보'가 제시되는 부분을 체크하고 암기하며 독해한다.

✓ LEET 언어이해에서는 지문의 분량이 한정적이기 때문에 모든 원리의 도출 과정을 설명해가면서 제시할 수는 없다. 따라서 주어진 원리 내에서 성립하는 '계량적 인과 정보'가 작동 원리에 대한 설명 없이 지식으로 불쑥 제시될 가능성이 있다. '계량적 인과 정보'에 해당하는 부분은 문제에 출제하기 굉장히 용이한 요소이기 때문에, 문제에서 차지하는 비중이 클 확률이 높다. 따라서 두 번째 독해에서 빠르게 확인할 수 있도록 반드시 위치를 표시하여야 하고, 가능하다면 순간적으로 암기하는 것도 좋은 방법이다.

이 문제는 반드시 출제된다!
• 계량적 추론: 지문에 등장하는 계량적 인과 관계에 대한 정보를 바탕으로 변수 사이의 증가 · 감소 관계를 묻는 문제가 출제된다.

4 문제에 적용해보기

독해 전략을 적용하여 연습문제를 풀이해 봅시다.

연습문제 1

[01~03] 다음 글을 읽고 물음에 답하시오.

22 LEET 문16~18

대규모 데이터를 분석하여 데이터 속에 숨어 있는 유용한 패턴을 찾아내기 위해 다양한 기계학습 기법이 활용되고 있다. 기계학습을 위한 입력 자료를 데이터 세트라고 하며, 이를 분석하여 유용하고 가치 있는 정보를 추출할 수 있다. 데이터 세트의 각 행에는 개체에 대한 구체적인 정보가 저장되며, 각 열에는 개체의 특성이 기록된다. 개체의 특성은 범주형과 수치형으로 구분되는데, 예를 들어 '성별'은 범주형이며, '체중'은 수치형이다.

기계학습 기법의 하나인 클러스터링은 데이터의 특성에 따라 유사한 개체들을 묶는 기법이다. 클러스터링은 분할법과 계층법으로 나뉘는데, 이 둘은 모두 거리 개념에 기초하고 있다. 가장 많이 사용되는 거리 개념은 기하학적 거리이며, 두 개체 사이의 거리는 n차원으로 표현된 공간에서 두 개체를 점으로 표시할 때 두 점 사이의 직선거리이다. 거리를 계산할 때 특성들의 단위가 서로 다른 경우가 많은데, 이런 경우 특성 값을 정규화할 필요가 있다. 예를 들어 특정 과목의 학점과 출석 횟수를 기준으로 학생들을 묶을 경우 두 특성의 단위가 다르므로 두 특성 값을 모두 0과 1 사이의 값으로 정규화하여 클러스터링을 수행한다. 또한 범주형 특성에 거리 개념을 적용하려면 이를 수치형 특성으로 변환해야 한다.

분할법은 전체 데이터 개체를 사전에 정한 개수의 클러스터로 구분하는 기법으로, 모든 개체는 생성된 클러스터 가운데 어느 하나에 속한다. 〈그림 1〉에서 (b)는 (a)에 제시된 개체들을 분할법을 통해 세 개의 클러스터로 묶은 예이다. 분할법에서는 클러스터에 속한 개체들의 좌표 평균을 계산하여 클러스터 중심점을 구한다. 고전적인 분할법인 $\boxed{\text{K-민즈 클러스터링}}$ (K-means clustering)에서는 거리 개념과 중심점에 기반하여 다음과 같은 과정으로 알고리즘이 진행된다.

1) 사전에 K개로 정한 클러스터 중심점을 임의의 위치에 배치하여 초기화한다.
2) 각 개체에 대해 K개의 중심점과의 거리를 계산한 후 가장 가까운 중심점에 해당 개체를 배정하여 클러스터를 구성한다.
3) 클러스터 별로 그에 속한 개체들의 좌표 평균을 계산하여 클러스터의 중심점을 다시 구한다.
4) 2)와 3)의 과정을 반복해서 수행하여 더 이상 변화가 없는 상태에 도달하면 알고리즘이 종료된다.

분할법에서는 이와 같이 개체와 중심점과의 거리를 계산하여 클러스터에 개체를 배정하므로 두 개체가 인접해 있더라도 가장 가까운 중심점이 서로 다르면 두 개체는 상이한 클러스터에 배정된다.

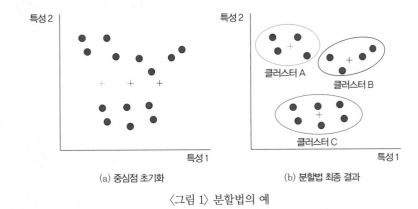

〈그림 1〉 분할법의 예

지문 요약 연습

연습문제를 풀이하면서 지문의 각 문단을 요약해 보세요.

클러스터링이 잘 수행되었는지 확인하려면 클러스터링 결과를 평가하는 품질 지표가 필요하다. K-민즈 클러스터링의 경우 품질 지표는 개체와 그 개체가 해당하는 클러스터의 중심점 간 거리의 평균이다. K-민즈 클러스터링에서 K가 정해졌을 때 개체와 해당 중심점 간 거리의 평균을 최소화하는 '전체 최적해'는 확정적으로 보장되지 않는다. 알고리즘의 첫 번째 단계인 초기화를 어떻게 하느냐에 따라 클러스터링 결과가 달라질 수 있으며, 경우에 따라 좋은 결과를 찾는 데 실패할 수도 있다. 따라서 전체 최적해를 얻을 확률을 높이기 위해, 서로 다른 초기화를 시작으로 클러스터링 알고리즘을 여러 번 수행하여 나온 결과 중에 좋은 해를 찾는 방법이 흔히 사용된다. 그런데 K-민즈 클러스터링 알고리즘의 한 가지 문제는 클러스터의 개수인 K를 미리 정해야 한다는 것이다. K가 커질수록 각 개체와 해당 중심점 간 거리의 평균은 감소한다. 극단적으로 모든 개체를 클러스터로 구분할 경우 개체가 곧 중심점이므로 이들 사이의 거리의 평균값은 0으로 최소화되지만, 클러스터링의 목적에 부합하는 유용한 결과라고 보기 어렵다. 따라서 작은 수의 K로 알고리즘을 시작하여 클러스터링 결과를 구한 다음 K를 점차 증가시키면서 유의미한 품질 향상이 있는지 확인하는 방법이 자주 사용된다.

한편, 계층법은 클러스터 개수를 사전에 정하지 않아도 되는 장점이 있다. 〈그림 2〉와 같이 개체들을 거리가 가까운 것들부터 차근차근 집단으로 묶어서 모든 개체가 하나로 묶일 때까지 추상화 수준을 높여가는 상향식으로 알고리즘이 진행되어 계통도를 산출한다. 따라서 계층법은 개체들 간에 위계 관계가 있는 경우에 효과적으로 적용될 수 있다. 계통도에서 점선으로 표시된 수평선을 아래위로 이동해 가면서 클러스터링의 추상화 수준을 변경할 수 있다.

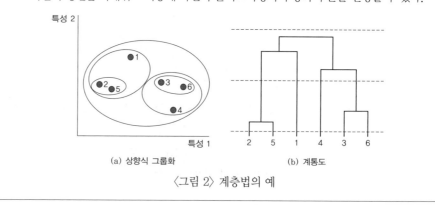

〈그림 2〉 계층법의 예

사실 확인

01. 윗글의 내용과 일치하는 것은?

① 클러스터링은 개체들을 묶어서 한 개의 클러스터로 생성하는 기법이다.

② 분할법에서는 클러스터링 수행자가 정확한 계산을 통해 초기 중심점을 찾아낸다.

③ 분할법은 하향식 클러스터링 기법이므로 한 개체가 여러 클러스터에 속할 수 있다.

④ 계층법으로 계통도를 산출할 때 클러스터 개수는 미리 정하지 않는다.

⑤ 계층법의 계통도에서 수평선을 아래로 내릴 경우 추상화 수준이 높아진다.

02. [K-민즈 클러스터링]에 대해 추론한 것으로 적절하지 <u>않은</u> 것은?

① 특성이 유사한 두 개체가 서로 다른 클러스터에 배치될 수 있다.

② 초기 중심점의 배치 위치에 따라 클러스터링의 품질이 달라질 수 있다.

③ 클러스터 개수를 감소시키면 클러스터링 결과의 품질 지표 값은 증가한다.

④ 초기화를 다르게 하면서 알고리즘을 여러 번 수행하면 전체 최적해가 결정된다.

⑤ K를 정하여 알고리즘을 진행하면 각 클러스터의 중심점은 결국 고정된 점에 도달한다.

사례 적용

03. <보기>의 사례에 클러스터링을 적용할 때 적절하지 <u>않은</u> 것은?

───────〈보 기〉───────

○○기업에서는 표적 시장을 선정하여 마케팅을 실행하기 위해 전체 시장을 세분화하고자한다. 시장 세분화를 위해 특성이 유사한 고객을 묶는 기계학습 기법 도입을 검토 중이다. 이기업에서는 고객의 거주지, 성별, 나이, 소득 수준 등 인구통계학적인 정보와 라이프 스타일에 관한 정보 등을 보유하고 있다.

① 고객 정보에는 수치형이 아닌 것도 있어 특성의 유형 변환이 요구된다.

② 고객 특성은 세분화 과정을 통해 계통도로 표현 가능하므로 계층법이 효과적이다.

③ K-민즈 클러스터링 알고리즘을 실행하려면 세분화할 시장의 개수를 먼저 정해야 한다.

④ 나이와 소득수준과 같이 단위가 다른 특성을 기준으로 시장을 세분화할 경우 정규화가 필요하다.

⑤ 모든 고객을 별도의 세분화된 시장들로 구분하여 1:1 마케팅을 할 경우 K-민즈 클러스터링의품질 지표 값은 0이다.

가이드에 따라 지문과 문제를 분석하고 정답을 확인해 봅시다.

STEP 1 지문 중심 내용의 배경이 되는 데이터과학 개념들을 상하위 범주 관계에 주의하여 독해한다.

[첫 번째 문단] 기계학습(머신러닝)을 위한 데이터 세트의 개념과 하위 구성 요소

> 대규모 데이터를 분석하여 데이터 속에 숨어 있는 유용한 패턴을 찾아내기 위해 다양한 기계학습 기법이 활용되고 있다. 기계학습을 위한 입력 자료를 데이터 세트라고 하며, 이를 분석하여 유용하고 가치 있는 정보를 추출할 수 있다. 데이터 세트의 각 행에는 개체에 대한 구체적인 정보가 저장되며, 각 열에는 개체의 특성이 기록된다. 개체의 특성은 범주형과 수치형으로 구분되는데, 예를 들어 '성별'은 범주형이며, '체중'은 수치형이다.

[두 번째 문단] 데이터를 특성에 따라 클러스터로 묶는 클러스터링 기법에 대한 소개

> 기계학습 기법의 하나인 클러스터링은 데이터의 특성에 따라 유사한 개체들을 묶는 기법이다. 클러스터링은 분할법과 계층법으로 나뉘는데, 이 둘은 모두 거리 개념에 기초하고 있다. 가장 많이 사용되는 거리 개념은 기하학적 거리이며, 두 개체 사이의 거리는 n차원으로 표현된 공간에서 두 개체를 점으로 표시할 때 두 점 사이의 직선거리이다. 거리를 계산할 때 특성들의 단위가 서로 다른 경우가 많은데, 이런 경우 특성 값을 정규화할 필요가 있다. 예를 들어 특정 과목의 학점과 출석 횟수를 기준으로 학생들을 묶을 경우 두 특성의 단위가 다르므로 두 특성 값을 모두 0과 1 사이의 값으로 정규화하여 클러스터링을 수행한다. 또한 범주형 특성에 거리 개념을 적용하려면 이를 수치형 특성으로 변환해야 한다.

STEP 2 지문의 패턴을 파악한 후 '알고리즘 단락'을 집중적으로 독해한다.

[세 번째 문단] 대표적인 클러스터링 기법인 K-민즈 클러스터링을 수행하는 구체적인 알고리즘 (알고리즘 단락)

> 분할법은 전체 데이터 개체를 사전에 정한 개수의 클러스터로 구분하는 기법으로, 모든 개체는 생성된 클러스터 가운데 어느 하나에 속한다. 〈그림 1〉에서 (b)는 (a)에 제시된 개체들을 분할법을 통해 세 개의 클러스터로 묶은 예이다. 분할법에서는 클러스터에 속한 개체들의 좌표 평균을 계산하여 클러스터 중심점을 구한다. 고전적인 분할법인 K-민즈 클러스터링 (K-means clustering)에서는 거리 개념과 중심점에 기반하여 다음과 같은 과정으로 알고리즘이 진행된다.
>
> (핵심 알고리즘)
> 1) 사전에 K개로 정한 클러스터 중심점을 임의의 위치에 배치하여 초기화한다.
> 2) 각 개체에 대해 K개의 중심점과의 거리를 계산한 후 가장 가까운 중심점에 해당 개체를 배정하여 클러스터를 구성한다.
> 3) 클러스터 별로 그에 속한 개체들의 좌표 평균을 계산하여 클러스터의 중심점을 다시 구한다.
> 4) 2)와 3)의 과정을 반복해서 수행하여 더 이상 변화가 없는 상태에 도달하면 알고리즘이 종료된다.
>
> 분할법에서는 이와 같이 개체와 중심점과의 거리를 계산하여 클러스터에 개체를 배정하므로 두 개체가 인접해 있더라도 가장 가까운 중심점이 서로 다르면 두 개체는 상이한 클러스터에 배정된다.

STEP 3 지문에서 '알고리즘 정보'와 '계량적 인과 정보'가 제시되는 부분을 체크하고 암기하며 독해한다.

[네 번째 문단] K-민즈 클러스터링의 수행 값에 대한 평가 방식과 원하는 수행 값을 얻기 위한 기술적 방법

클러스터링이 잘 수행되었는지 확인하려면 클러스터링 결과를 평가하는 품질 지표가 필요하다. K-민즈 클러스터링의 경우 품질 지표는 개체와 그 개체가 해당하는 클러스터의 중심점 간 거리의 평균이다.(계량적 인과 정보) K-민즈 클러스터링에서 K가 정해졌을 때 개체와 해당 중심점 간 거리의 평균을 최소화하는 '전체 최적해'는 확정적으로 보장되지 않는다.(계량적 인과 정보) 알고리즘의 첫 번째 단계인 초기화를 어떻게 하느냐에 따라 클러스터링 결과가 달라질 수 있으며, 경우에 따라 좋은 결과를 찾는 데 실패할 수도 있다. 따라서 전체 최적해를 얻을 확률을 높이기 위해, 서로 다른 초기화를 시작으로 클러스터링 알고리즘을 여러 번 수행하여 나온 결과 중에 좋은 해를 찾는 방법이 흔히 사용된다.(알고리즘 정보) 그런데 K-민즈 클러스터링 알고리즘의 한 가지 문제는 클러스터의 개수인 K를 미리 정해야 한다는 것이다. K가 커질수록 각 개체와 해당 중심점 간 거리의 평균은 감소한다.(계량적 인과 정보) 극단적으로 모든 개체를 클러스터로 구분할 경우 개체가 곧 중심점이므로 이들 사이의 거리의 평균값은 0으로 최소화되지만, 클러스터링의 목적에 부합하는 유용한 결과라고 보기 어렵다. 따라서 작은 수의 K로 알고리즘을 시작하여 클러스터링 결과를 구한 다음 K를 점차 증가시키면서 유의미한 품질 향상이 있는지 확인하는 방법이 자주 사용된다.(알고리즘 정보)

[다섯 번째 문단] 추상화 수준을 높여가는 상향식 클러스터링 기법에 해당하는 계층법 소개

한편, 계층법은 클러스터 개수를 사전에 정하지 않아도 되는 장점이 있다. 〈그림 2〉와 같이 개체들을 거리가 가까운 것들부터 차근차근 집단으로 묶어서 모든 개체가 하나로 묶일 때까지 추상화 수준을 높여가는 상향식으로 알고리즘이 진행되어 계통도를 산출한다. 따라서 계층법은 개체들 간에 위계 관계가 있는 경우에 효과적으로 적용될 수 있다. 계통도에서 점선으로 표시된 수평선을 아래위로 이동해 가면서 클러스터링의 추상화 수준을 변경할 수 있다.

01번 문제를 풀이하면 다음과 같습니다.

① 클러스터링 중 계층법은 하나의 클러스터링으로 개체를 묶는 방법에 해당하지만, 클러스터링 중 분할법은 하나의 클러스터링으로 개체를 묶는 방법에 해당하지 않는다. 가령 K-민즈 클러스터링은 K개의 클러스터로 개체를 묶는 방법에 해당하므로 ①에 대한 반례가 된다.

② 세 번째 단락에서 제시된 K-민즈 클러스터링의 알고리즘에서 "1) 사전에 K개로 정한 클러스터 중심점을 임의의 위치에 배치하여 초기화한다."라고 제시되었으므로 분할법에서는 클러스터링 수행자가 정확한 계산을 통해 중심점을 찾아내는 것이 아니라, 임의의 중심점을 배치한 후 클러스터링 알고리즘의 수행을 반복하여 종료된 중심점에 도달하는 것이다.

③ 분할법은 하나의 클러스터를 여러 개의 클러스터로 쪼개는 방식이 아니므로 '하향식'이라고 정의되기도 어렵고, 한 개체는 가장 가까운 거리에 중심점이 있는 클러스터에 포함되므로 한 개체가 여러 클러스터에 속하는 것도 불가능하다. 한 개체가 여러 클러스터에 속하는 것은 계층법의 방식이다.

④ 마지막 단락에서 "계층법은 클러스터 개수를 사전에 정하지 않아도 되는 장점이 있다."라고 서술된 부분에서 확인된다.

⑤ 마지막 단락에서 "(계층법은) 모든 개체가 하나로 묶일 때까지 추상화 수준을 높여가는 상향식"이라고 제시되었다. 따라서 계층법의 계층도에서는 수평선을 위로 올릴 경우 추상화 수준이 높아진다.

[정답] ④

02번 문제를 풀이하면 다음과 같습니다.

① 세 번째 단락의 마지막 부분에서 "두 개체가 인접해 있더라도 가장 가까운 중심점이 서로 다르면 두 개체는 상이한 클러스터에 배정된다."라고 서술된 부분에서 확인된다.

② 네 번째 단락에서 "(K-민즈 클러스터링의) 알고리즘의 첫 번째 단계인 초기화를 어떻게 하느냐에 따라 클러스터링 결과가 달라질 수 있다."라고 제시되었다. 클러스터링의 결과에 따라 클러스터링의 품질이 결정되므로, 초기 중심점의 배치 위치에 따라 클러스터링의 품질이 달라질 수 있다는 점이 추론된다.

③ 네 번째 단락에 따르면 'K-민즈 클러스터링의 품질 지표'는 "개체와 그 개체가 해당하는 클러스터의 중심점 간 거리의 평균이다."라고 제시되었다. 또한 "K가 커질수록 각 개체와 해당 중심점 간 거리의 평균은 감소한다."라고 제시되었다. 이를 종합하면 'K가 커질수록 K-민즈 클러스터링의 품질 지표는 감소한다.'는 결론이 도출되며, K와 K-민즈 클러스터링의 품질 지표 사이의 관계는 계량적 인과 관계이므로 K가 감소하면 품질 지표 값은 증가한다는 점도 도출된다.

④ 네 번째 단락에서 "K-민즈 클러스터링에서 K가 정해졌을 때 개체와 해당 중심점 간 거리의 평균을 최소화하는 '전체 최적해'는 확정적으로 보장되지 않는다."라고 서술되었으므로 전체 최적해는 도출될 수도 있고 도출되지 않을 수도 있다는 점이 제시된 것이다. 따라서 이러한 '가능성 명제'를 근거로 알고리즘을 여러 번 수행하면 전체 최적해가 결정된다는 '단언 명제'를 추론하는 것은 논리적 오류에 해당한다.

⑤ 세 번째 단락에서 알고리즘의 마지막 단계는 "과정을 반복해서 수행하여 더 이상 변화가 없는 상태에 도달하면 알고리즘이 종료된다."라고 제시되었다. 만약 K를 정하여 알고리즘을 진행하였을 때 각 클러스터의 중심점이 고정된 점에 도달하지 않는 경우가 존재한다면, 이는 K-민즈 클러스터링의 알고리즘이 클러스터링 값을 도출하지 않고 무한히 반복되는 것을 의미하며 K-민즈 클러스터링이 정상적으로 작동하지 않는다는 것을 의미한다. 따라서 K-민즈 클러스터링이 정상적으로 작동하는 알고리즘이라면 ⑤는 참이어야 한다.

[정답] ④

03번 문제를 풀이하면 다음과 같습니다.

① 〈보기〉에 제시된 고객 정보 중 '성별'은 수치형이 아닌 범주형 데이터에 해당하므로 수치형으로의 유형 변환이 요구된다.

② 마지막 단락에서 "계층법은 개체들 간에 위계 관계가 있는 경우에 효과적으로 적용될 수 있다."라고 제시되었는데, 〈보기〉에 제시된 고객 정보는 개체들 간에 위계 관계가 있는 데이터에 해당하지 않으므로 계층법을 적용하기에 효과적이라는 결론이 도출되기 어렵다.

③ K-민즈 클러스터링의 알고리즘을 실행하기 위해서는 먼저 분할할 클러스터의 개수인 K 값을 정하여야 한다. 〈보기〉에서 클러스터는 세분화한 시장에 해당하므로, 세분화할 시장의 개수가 먼저 정해져야 K-민즈 클러스터링의 알고리즘이 실행될 수 있을 것이다.

④ 나이와 소득수준은 그 단위가 다른 수치형 데이터에 해당한다. 두 번째 단락에서 "특성들의 단위가 서로 다른 경우가 많은데, 이런 경우 특성 값을 정규화할 필요가 있다."라고 제시되었으므로 나이와 소득수준의 데이터는 정규화가 우선되어야 한다.

⑤ 모든 고객을 별도의 세분화된 시장들로 구분한다는 것은 하나의 개체가 하나의 클러스터에 배정된다는 것이고, 그렇다면 하나의 클러스터의 중심점은 하나의 개체의 위치가 될 것이므로 모든 클러스터에서 개체와 중심점 사이의 거리는 0이 될 것이다. 따라서 개체와 개체가 해당하는 클러스터의 중심점 간 거리의 평균에 해당하는 K-민즈 클러스터링의 품질 지표 값도 0이 될 것이다.

[정답] ②

연습문제 2

[04~06] 다음 글을 읽고 물음에 답하시오.

15 LEET 문27~29

컴퓨터의 CPU가 어떤 작업을 수행하는 것은 CPU의 '논리 상태'가 시간에 따라 바뀌는 것을 말한다. 가령, $Z = X + Y$의 연산을 수행하려면 CPU가 X와 Y에 어떤 값을 차례로 저장한 다음, 이것을 더하고 그 결과를 Z에 저장하는 각각의 기능을 순차적으로 진행해야 한다. CPU가 수행할 수 있는 기능은 특정한 CPU의 논리 상태와 일대일로 대응되어 있으며, 프로그램은 수행하고자 하는 작업의 진행에 맞도록 CPU의 논리 상태를 변경한다. 이를 위해 CPU는 현재 상태를 저장하고 이것에 따라 해당 기능을 수행할 수 있는 부가 회로도 갖추고 있다. 만약 CPU가 가지는 논리 상태의 개수가 많아지면 한 번에 처리할 수 있는 기능이 다양해진다. 따라서 처리할 데이터의 양이 같다면 이를 완료하는 데 걸리는 시간이 줄어든다.

논리 상태는 2진수로 표현되는데 논리 함수를 통해 다른 상태로 변환된다. 논리 소자가 연결된 조합 회로는 논리 함수의 기능을 가지는데, 조합 회로는 논리 연산은 가능하지만 논리 상태를 저장할 수는 없다. 어떤 논리 상태를 '저장'한다는 것은 2진수 정보의 시간적 유지를 의미하는데, 외부에서 입력이 유지되지 않더라도 입력된 정보를 논리 회로 속에 시간적으로 가둘 수 있어야 한다.

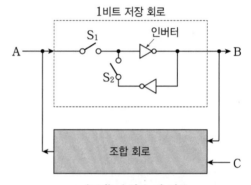

〈그림〉 순차 논리 회로

인버터는 입력이 0일 때 1을, 1일 때 0을 출력하는 논리 소자이다. 〈그림〉의 점선 내부에 표시된 '1비트 저장 회로'를 생각해보자. 이 회로에서 스위치 S_1은 연결하고 스위치 S_2는 끊은 채로 A에 정보를 입력한다. 그런 다음 S_2를 연결하면 S_1을 끊더라도 S_2를 통하는 ㉠피드백 회로에 의해 A에 입력된 정보와 반대되는 값이 지속적으로 B에 출력된다. 따라서 이 회로는 0과 1 중 1개의 논리 상태, 즉 1비트의 정보를 저장할 수 있다. 이러한 회로가 2개가 있다면 00, 01, 10, 11의 4가지 논리 상태, n개가 있다면 2^n가지의 논리 상태 중 1개를 저장할 수 있다.

그렇다면 논리 상태의 변화는 어떻게 일어날까? 이제 〈그림〉과 같이 1비트 저장 회로와 조합 회로로 구성되는 '순차 논리 회로'를 생각해보자. 이 회로에서 조합 회로는 외부 입력 C와 저장 회로의 출력 B를 다시 입력으로 되받아, 내장된 논리 함수를 통해 논리 상태를 변환하고, 이를 다시 저장 회로의 입력과 연결하는 ㉡피드백 회로를 구성한다. 예를 들어 조합 회로가 두 입력이 같을 때는 1을, 그렇지 않을 경우 0을 출력한다고 하자. 만일 B에서 1이 출력되고 있을 때 C에 1이 입력된다면 조합 회로는 1을 출력하게 된다. 이때 외부에서 어떤 신호를 주어 S_2가 열리자마자 S_1이 닫힌 다음 다시 S_2가 닫히고 S_1이 열리는 일련의 스위치 동작이 일어나도록 하면, 조합 회로의 출력은 저장 회로의 입력과 연결되어 있으므로 B에서 출력되는 값은 0으로 바뀐다. 그런 다음 C의 값을 0으로 바꾸어주면, 일련의 스위치 동작이 다시 일어나더라도 B의 값은 바뀌지 않는다. 하지만 C에 다시 1을 입력하고 일련의 스위치 동작이 일어나도록 하면 B의 출력은 1로 바뀐다. 따라서 C에 주는 입력에 의해 저장 회로가 출력하는 논리 상태를 임의로 바꿀 수 있다.

만일 이 회로에 2개의 1비트 저장 회로를 병렬로 두어 출력을 2비트로 확장하면 00~11의 4가지 논리 상태 중 1개를 출력할 수 있다. 조합 회로의 외부 입력도 2비트로 확장하면 조합 회로는 저장 회로의 현재 출력과 합친 4비트를 입력받게 된다. 이를 내장된 논리 함수에 의해 다시 2비트 출력을 만들어 저장 회로의 입력과 연결한다. 이와 같이 2비트로 확장된 순차 논리 회로에서 외부 입력을 주고 스위치 동작이 일어나도록 하면, 저장 회로의 출력은 2배로 늘어난 논리 상태 중 하나로 바뀐다.

이 회로에 일정한 시간 간격으로 외부 입력을 바꾸고 스위치 동작 신호를 주면, 주어지는 외부 입력에 따라 특정한 논리 상태가 순차적으로 출력에 나타나게 된다. ⓐ이런 회로가 N 비트로 확장된 대표적인 사례가 CPU이며 스위치를 동작시키는 신호가 CPU 클록이다. 회로 외부에서 입력되는 정보는 컴퓨터 프로그램의 '명령 코드'가 된다. 명령 코드를 CPU의 외부 입력으로 주고 클록 신호를 주면 CPU의 현재 논리 상태는 특정 논리 상태로 바뀐다. 이때 출력에 연결된 회로가 바뀐 상태에 해당하는 기능을 수행하게 된다. CPU 클록은 CPU의 상태 변경 속도, 즉 CPU의 처리 속도를 결정한다.

사실 확인

04. 윗글의 내용과 일치하지 <u>않는</u> 것은?

① CPU가 수행할 수 있는 기능과 그에 해당하는 논리 상태는 정해져 있다.

② 인버터는 입력되는 2진수 논리 값과 반대되는 값을 출력하는 논리 소자이다.

③ 순차 논리 회로에서 저장 회로의 출력은 조합 회로의 출력 상태와 동일하다.

④ CPU는 프로그램 명령 코드에 의한 논리 상태 변경을 통해 작업을 수행한다.

⑤ 조합 회로는 2진수 입력에 대해 내부에 구현된 논리 함수의 결과를 출력한다.

계량적 추론

05. ㉠과 ㉡에 대한 이해로 적절한 것은?

① ㉠은 조합 회로를 통해서, ㉡은 인버터를 통해서 피드백 기능이 구현된다.

② ㉠과 ㉡의 각 회로에서 피드백 기능을 위해 입력하는 정보의 개수는 같다.

③ ㉠과 ㉡은 모두 외부에서 입력되는 논리 상태를 그대로 저장하는 기능이 있다.

④ ㉠은 정보를 저장하기 위한 구조이며, ㉡은 논리 상태를 변경하기 위한 구조이다.

⑤ ㉠은 스위치 S_1이 연결될 때, ㉡은 스위치 S_2가 연결될 때 피드백 기능이 동작한다.

계량적 추론

06. ⓐ에서 N을 증가시켰을 때의 변화를 이해한 것으로 적절하지 <u>않은</u> 것은?

① 프로그램에서 사용 가능한 명령 코드의 종류가 증가한다.

② 조합 회로가 출력하는 논리 상태의 가짓수가 증가한다.

③ CPU가 가질 수 있는 논리 상태의 가짓수가 증가한다.

④ CPU에서 진행되는 상태 변경의 속도가 증가한다.

⑤ 동일한 양의 데이터를 처리하는 속도가 증가한다.

가이드에 따라 지문과 문제를 분석하고 정답을 확인해 봅시다.

04번 문제를 풀이하면 다음과 같습니다.

① 첫 번째 단락에서 "CPU가 수행할 수 있는 기능은 특정한 CPU의 논리 상태와 일대일로 대응되어 있다."라고 제시되어 있으므로 CPU의 기능이 결정되면 그에 해당하는 논리 상태도 결정된다.

② 세 번째 단락에서 "인버터는 입력이 0일 때 1을, 1일 때 0을 출력하는 논리 소자이다."라고 제시된 부분에서 확인된다.

③ 순차 논리 회로에서 저장 회로의 출력과 조합 회로의 출력 상태가 동일하지 않은 경우를 얼마든지 생성해낼 수 있다. 가령 지문의 네 번째 단락에 주어진 것처럼 "조합 회로가 두 입력(저장 회로의 출력과 외부 입력 C)이 같을 때는 1을, 그렇지 않을 경우 0을 출력한다."라고 가정했을 때, 저장 회로의 출력 B가 0이고 외부 입력 C가 0일 경우 조합 회로는 1을 출력할 것이다. 따라서 저장 회로의 출력은 0이고 조합 회로의 출력은 1이므로 둘은 동일하지 않을 수 있다.

④ 마지막 단락에서 "회로 외부에서 입력되는 정보는 컴퓨터 프로그램의 '명령 코드'가 된다. 명령 코드를 CPU의 외부 입력으로 주고 클록 신호를 주면 CPU의 현재 논리 상태는 특정 논리 상태로 바뀐다."는 부분에서 확인할 수 있다.

⑤ 네 번째 단락에서 "조합 회로는 외부 입력 C와 저장 회로의 출력 B를 다시 입력으로 되받아, 내장된 논리 함수를 통해 논리 상태를 변환"하고 이를 출력하여 다시 저장 회로의 입력과 연결한다고 서술된 부분에서 확인할 수 있다.

[정답] ③

05번 문제를 풀이하면 다음과 같습니다.

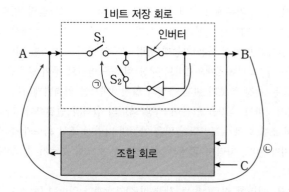

① ㉠은 인버터를 통해서, ㉡은 조합 회로를 통해서 피드백 기능이 구현된다.

② ㉠의 피드백 기능을 위해서는 A로의 1비트 정보가 입력되어야 하지만, ㉡의 피드백 기능을 위해서는 저장 회로의 출력과 외부 입력 C가 모두 요구되므로 총 2비트 정보가 입력되어야 한다. 따라서 ㉠보다 ㉡이 피드백 기능을 위해 더 많은 정보의 개수가 입력되어야 한다.

③, ④ ㉠은 외부에서 입력되는 논리 상태를 저장하는 기능을 수행하지만, ㉡은 논리 상태를 변경하는 조절 기능을 수행한다.

⑤ ⅰ) 세 번째 단락에서 "회로에서 스위치 S_1은 연결하고 스위치 S_2는 끊은 채로 A에 정보를 입력한다. 그런 다음 S_2를 연결하면 S_1을 끊더라도 S_2를 통하는 ㉠피드백 회로에 의해 A에 입력된 정보와 반대되는 값이 지속적으로 B에 출력된다."고 서술되었으므로, 스위치 S_2가 연결되는 것이 ㉠이 피드백 기능을 수행하기 위한 필수 조건이지, 스위치 S_1이 연결되는 것은 필수 조건이 아니다. 즉 스위치 S_1과 스위치 S_2가 모두 연결되거나 스위치 S_2가 연결될 때 피드백 기능을 수행할 수 있으므로, 스위치 S_1이 연결될 때만 ㉠이 피드백 기능을 수행한다는 서술은 타당하지 않다.

ⅱ) 네 번째 단락에서는 '일련의 스위치 동작'이 일어나도록 하는 조작과 C에 주는 입력을 바꾸는 조작을 통해 ㉡의 피드백 기능이 작동된다는 점이 제시되었다. '일련의 스위치 동작'에 스위치 S_2를 순간적으로 열었다가 닫는 과정이 포함되기는 하지만 이를 통해 스위치 S_2가 연결될 때 피드백 기능이 동작한다고 추론할 수는 없다.

[정답] ④

06번 문제를 풀이하면 다음과 같습니다.

① 마지막 단락에서 "회로 외부에서 입력되는 정보는 컴퓨터 프로그램의 '명령 코드'가 된다."라고 제시되었다. N비트 회로는 외부 입력도 N비트로 이루어지므로 ⓐ에서 N이 증가하면 외부 입력도 증가할 것이고 따라서 사용 가능한 명령 코드의 종류도 증가할 것이다.

② 다섯 번째 단락에서 "회로에 2개의 1비트 저장 회로를 병렬로 두어 출력을 2비트로 확장하면 (중략) 조합 회로는 저장 회로의 현재 출력과 합친 4비트를 입력받게 된다. 이를 내장된 논리 함수에 의해 다시 2비트 출력을 만들어 저장 회로의 입력과 연결한다."라고 제시되었으므로 N비트 회로에서 조합 회로는 N비트 출력을 만들며 따라서 조합 회로가 출력하는 논리 상태의 가짓수는 2^N가지가 된다. 따라서 ⓐ에서 N이 증가하면 조합 회로가 출력하는 논리 상태의 가짓수도 증가한다.

③ 세 번째 단락에서 "이러한 회로(1비트 저장 회로)가 2개가 있다면 00, 01, 10, 11의 4가지 논리 상태, n개가 있다면 2^n가지의 논리 상태 중 1개를 저장할 수 있다."고 제시되었으므로 N비트 회로에서는 2^N가지의 논리 상태 중 1개를 저장할 수 있다. 따라서 CPU가 가질 수 있는 논리 상태의 가짓수는 N이 증가함에 따라 기하급수적으로 증가한다.

④ 마지막 단락에서 "CPU 클록은 CPU의 상태 변경 속도, 즉 CPU의 처리 속도를 결정한다."라고 제시되었다. CPU에서 진행되는 상태 변경이란 CPU의 외부 입력을 주고 클록 신호를 주어 CPU의 논리 상태를 특정 논리 상태로 전환하는 작업을 의미하므로, CPU에서 진행되는 상태 변경 과정에는 저장 회로가 관여하지 않고 클록 신호가 관여한다. 따라서 N개의 1비트 저장 회로로 구성된 N비트 회로에서 N이 증가하는 것은 CPU의 상태 변경 작업의 진행 속도와 무관하다.

⑤ 첫 번째 단락에서 "만약 CPU가 가지는 논리 상태의 개수가 많아지면 한 번에 처리할 수 있는 기능이 다양해진다. 따라서 처리할 데이터의 양이 같다면 이를 완료하는 데 걸리는 시간이 줄어든다."라고 제시되었다. N비트 회로에서 N이 증가할수록 CPU가 가질 수 있는 논리 상태의 가짓수는 기하급수적으로 증가하므로, 처리할 데이터의 양이 같다면 이를 완료하는 데 걸리는 시간은 줄어들 것이다. 따라서 동일한 양의 데이터를 처리하는 속도는 증가한다.

[정답] ④

[07~09] 다음 글을 읽고 물음에 답하시오.

1990년대 이후 온톨로지(ontology)는 인공지능 연구에서 각광을 받고 있다. 연구자들마다 '온톨로지'란 용어를 조금씩 다른 의미로 사용하고 있지만, 널리 받아들여지는 정의는 "관심 영역 내 공유된 개념화에 대한 형식적이고 명시적인 명세"다. 여기서 '관심 영역'은 특정 영역 중심적이라는 것을, '공유된'은 관련된 사람들의 합의에 의한 것이라는 것을, '개념화'는 현실 세계에 대한 모형이라는 것을 뜻한다. 즉 특정 영역의 지식을 모델링하여 구성원들의 지식 공유 및 재사용을 가능하게 하는 것이 바로 온톨로지인 것이다. 또 '형식적'은 기계가 읽고 처리할 수 있는 형태로 온톨로지를 표현해야 한다는 것을 뜻한다. 그 결과로서 얻어지는 '명시적인 명세'는 일종의 공학적 구조물로서 다양한 용도로 사용된다.

온톨로지를 사전과 비교하면 '개념화'를 쉽게 이해할 수 있다. 사전에는 각각의 표제어에 대해 뜻풀이, 동의어, 반대어 등 언어적 특성들이 정리되어 있다. 온톨로지에는 표제어 대신 개념이, 그리고 언어적 특성들 대신 개념들 간 논리적 특성들이 기록된다. '개념(class)'은 어떤 공통된 속성들을 공유하는 '개체들(instances)'의 집합이고, 개체는 세상에 존재하는 구체적인 개별자이다. 온톨로지에서 개념은 관계를 통해 다른 개념들과 연결된다. 필수적인 관계는 개념 간의 계층 구조를 형성하는 상속 관계이다. 상속 관계에서 하위 개념은 상위 개념의 모든 속성을 물려받는다. 예컨대 '스누피'라는 특정 개체가 속한 견종 '몰티즈'라는 개념은 '개'의 하위 개념이므로, '몰티즈'는 상위 개념인 '개'가 가진 모든 속성을 물려받는다. 널리 사용되는 또 다른 관계로 부분-전체 관계가 있다. 이외에도 온톨로지에는 관계를 포함한 다양한 논리적 특성들을 기록할 수 있다.

온톨로지 표현 언어는 대부분 일차 술어 논리에 기초를 두고 있다. 일차 술어 논리는 '모든'과 '어떤'을 변수와 함께 사용하는 언어로 표현력이 매우 뛰어나다. 예컨대 "진짜 이탈리아 피자는 오직 얇고 바삭한 베이스만을 갖는다."를 일차 술어 논리로 옮기면 "모든 x에 대해, 만약 x가 진짜 이탈리아 피자라면, 얇고 바삭한 베이스인 어떤 y가 존재하고 x는 y를 베이스로 갖는다."가 된다. 그런데 이것이 반드시 장점인 것은 아니다. 일차 술어 논리로 정교하고 복잡하게 표현된 온톨로지를 막상 기계는 효율적으로 다룰 수 없는 경우가 발생하기 때문이다. 따라서 온톨로지 표현 언어는 일차 술어 논리에 각종 제약을 두어 표현력을 줄이는 대신 취급을 용이하도록 한 것이 대부분이다. 예컨대 월드 와이드 웹 컨소시엄의 권고안인 '웹 온톨로지 언어' OWL에는 Lite, DL, Full의 세 가지 버전이 있는데, 후자로 갈수록 표현력이 커진다. 즉 OWL DL은 OWL Lite의 확장이고 OWL Full은 OWL DL의 확장이다. OWL DL까지는 계산학적 완전성과 결정 가능성이 보장된다. 이는 OWL DL로 표현된 온톨로지에서는 추론 엔진이 유한한 시간 내에 항상 해를 찾을 수 있음을 뜻한다.

OWL을 쓰면 복잡하고 다양한 논리적 특성들을 표현할 수 있지만 논리학에 익숙하지 않은 사용자에게 OWL은 너무 어렵다. 이로 인해 그 이름과는 달리, 웹에서 OWL이 널리 쓰이는 것은 아직까지 요원해 보인다. 오히려 전문 지식에 대한 정교한 논리적 표현이 요구되는 영역에서는 OWL이 이용되는 경우가 있다. 예컨대 미국 국립암센터에서 개발한 의료 영역 온톨로지인 NCI 시소러스는 OWL 포맷으로도 제공되는데, 이것은 약 4만 개의 개념과 백 개 이상의 관계로 이루어져 있다. 이외에도 의료 영역은 일찍부터 여러 그룹에서 각기 목적에 맞는 온톨로지를 발전시켜 왔다. 대표적인 것으로는 UMLS, SNOMED-CT 등이 있다.

온톨로지는 일반적으로 특정 영역 종사자들의 관심과 필요에 의해 구축되나 반드시 그런 것은 아니다. 1984년 개발이 시작된 Cyc는 인간의 모든 지식을 담고자 하는 대규모 온톨로지다. 지식공학자 소와(Sowa)는 철학의 연구 성과를 적극적으로 수용한 상위 수준 온톨로지를 제시한 바 있다. 세상에 존재하는 모든 것을 분류하려면 시간, 공간과 같은 일반적인 개념들을 다루어야만 하는데, 이는 철학자들이 이런 개념들에 대해 가장 오랫동안 깊이 사유했기 때문이다.

07. 온톨로지 에 대한 설명으로 적절하지 않은 것은?

① 지식의 공유와 재사용을 위해 설계된 인공물이다.

② 대상 체계의 개념 구조를 명시적으로 드러내고자 한다.

③ 실제 사용되려면 기계가 처리할 수 있는 형태로 표현되어야 한다.

④ 개념과 그 개념에 속한 개체들은 상속 관계에 의해 서로 연결된다.

⑤ 동일한 영역에서도 종사자들의 관심과 필요에 따라 서로 다른 온톨로지가 구축될 수 있다.

08. 온톨로지 표현 언어에 대해 추론한 내용으로 적절한 것만을 <보기>에서 있는 대로 고른 것은?

〈보 기〉

ㄱ. 동일한 온톨로지를 서로 다른 두 개의 언어로 각각 표현하기 위해서는 이들 언어의 표현력이 동등해야 한다.

ㄴ. 일차 술어 논리 표현 "모든 x에 대해, x가 빵이면 x는 장미이다."는 '빵'이 상위 개념, '장미'가 하위 개념인 상속 관계를 나타낸다.

ㄷ. 계산학적 완전성에 대한 보장 없이 최대의 표현력을 활용하여 온톨로지 구축을 원하는 사용자는 OWL Lite보다는 OWL Full을 사용할 것이다.

① ㄱ   ② ㄴ   ③ ㄷ

④ ㄱ, ㄴ   ⑤ ㄴ, ㄷ

09. 윗글과 <보기>를 바탕으로 소와의 상위 수준 온톨로지에 대해 이해한 것으로 적절하지 **않은** 것은?

─〈보 기〉─

소와의 상위 수준 온톨로지를 그림으로 나타내면 다음과 같다.

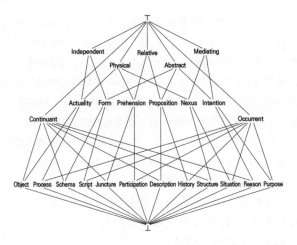

⊤는 세상에 존재하는 모든 것들의 집합을, ⊥는 공집합을 뜻한다. ⊤ 바로 아래 원초적 개념으로 'Independent'와 'Relative'와 'Mediating', 'Physical'과 'Abstract', 'Continuant'와 'Occurrent' 이렇게 7가지가 있다. 하나의 선으로 연결된 두 개념 중 위쪽이 상위 개념, 아래쪽이 하위 개념이다.

한편 상속 관계는 추이성(transitivity)을 갖는 대표적인 관계다. 즉 A, B, C가 각각 개념이라 할 때, 하위 개념 A가 상위 개념 B와 상속 관계를 맺고 하위 개념 B가 상위 개념 C와 상속 관계를 맺으면, 하위 개념 A는 상위 개념 C와 상속 관계를 맺는다.

① 상위 개념으로 원초적 개념을 단 한 개만 갖는 개념은 없고, 오직 2개의 원초적 개념을 갖는 개념은 모두 6개다.

② ⊤는 세상에 존재하는 모든 것들이므로 이 개념은 존재하는 모든 속성을 다 가지고 있고, ⊥에는 어떠한 개체도 속하지 않으므로 이 개념은 어떠한 속성도 갖지 않는다.

③ 'Continuant'와 'Occurrent'의 공통 하위 개념은 오직 ⊥뿐이므로, 'Continuant'의 속성과 'Occurrent'의 속성을 모두 갖는 개체는 존재하지 않는다.

④ 'Object'는 'Actuality'의 하위 개념이고 또한 'Continuant'의 하위 개념이기도 하므로, 'Actuality'의 속성과 'Continuant'의 속성을 모두 물려받는다.

⑤ 'Process'는 'Actuality'의 하위 개념이고 'Actuality'는 'Physical'의 하위 개념인데, 상속 관계는 추이성을 가지므로, 'Process'는 'Physical'의 하위 개념이다.

가이드에 따라 지문과 문제를 분석하고 정답을 확인해 봅시다.

07번 문제를 풀이하면 다음과 같습니다.

① 첫 번째 단락에서 "특정 영역의 지식을 모델링하여 구성원들의 지식 공유 및 재사용을 가능하게 하는 것이 바로 온톨로지인 것이다."라고 서술된 부분에서 확인된다.

② 첫 번째 단락에서 '온톨로지'의 정의가 "관심 영역 내 공유된 개념화에 대한 형식적이고 명시적인 명세"라고 제시되었고 "'명시적인 명세'는 일종의 공학적 구조물로서 다양한 용도로 사용된다."는 목적을 위한 것임이 설명되었다. 즉 접근가능한 공학적 구조물로 기능하기 위해 대상 체계의 개념 구조를 명시적으로 드러낸 것이 온톨로지인 것이다.

③ 세 번째 단락에서 "일차 술어 논리로 정교하고 복잡하게 표현된 온톨로지를 막상 기계는 효율적으로 다룰 수 없는 경우가 발생하기 때문이다."라고 서술된 부분에서 온톨로지가 사용되려면 기계가 처리할 수 있는 형태로 표현되어야 한다는 점이 추론된다.

④ 두 번째 단락에서 '상속 관계'란 개념을 다른 개념들과 연결하는 관계라고 제시되었다. 따라서 개념과 그 개념에 속한 개체들이 상속 관계로 연결되는 것이 아니라, 개념과 다른 개념들이 서로 상속 관계에 의해 연결되는 것이다.

⑤ 네 번째 단락에서 "의료 영역은 일찍부터 여러 그룹에서 각기 목적에 맞는 온톨로지를 발전시켜 왔다. 대표적인 것으로는 UMLS, SNOMED-CT 등이 있다."라고 서술된 부분에서 의료 영역이라는 동일한 영역에서도 관심과 필요에 따라 서로 다른 다양한 온톨로지가 구축될 수 있다는 점을 추론할 수 있다.

[정답] ④

08번 문제를 풀이하면 다음과 같습니다.

ㄱ. 세 번째 단락에서 '웹 온톨로지 언어' OWL의 세 가지 버전인 Lite, DL, Full의 세 가지 버전의 사례에 대해 "후자로 갈수록 표현력이 커진다."라고 제시되었다. 이는 동일한 온톨로지가 상이한 표현력을 지니는 세 개의 언어로 표현된 사례에 해당하므로 ㄱ의 반례가 된다.

ㄴ. 세 번째 단락에서 '일차 술어 논리'로 제시된 사례인 "진짜 이탈리아 피자는 오직 얇고 바삭한 베이스만을 갖는다."에서 '진짜 이탈리아 피자'는 '오직 얇고 바삭한 베이스만을 갖는다.'라는 속성을 전부 물려받고 있으므로 '진짜 이탈리아 피자'가 하위 개념에 속하는 상속 관계임을 추론할 수 있다. 따라서 ㄴ에 제시된 "모든 x에 대해, x가 빵이면 x는 장미이다."라는 일차 술어 논리에서 '빵'은 '장미'의 속성을 전부 물려받는다는 점에서 '빵'이 하위 개념, '장미'가 상위 개념에 속하는 상속 관계가 나타내진다는 점을 추론할 수 있다.

ㄷ. 세 번째 단락에서 OWL의 세 가지 버전인 Lite, DL, Full에 대해서 "후자로 갈수록 표현력이 커진다."라고 제시되었으므로 OWL Full이 최대의 표현력을 지님을 확인할 수 있다. 또한 온톨로지 표현 언어는 표현력을 줄일수록 취급이 용이해진다고 제시된 부분에서 계산학적 완전성은 표현력이 커지는 과정에서 손실될 수 있으며 이에 OWL DL까지만 계산학적 완전성이 보장된다고 제시되었다. 따라서 계산학적 완전성에 대한 보장 없이 최대의 표현력을 활용하려는 사용자는 OWL Lite보다는 OWL Full을 사용할 것이다.

[정답] ③

09번 문제를 풀이하면 다음과 같습니다.

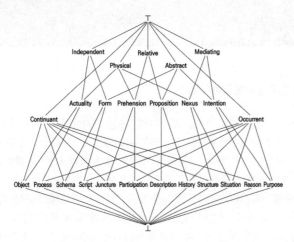

① 상위 개념으로 원초적 개념을 단 한 개만 갖는 개념이 존재한다면, 그 개념은 7가지의 원초적 개념 중 단 하나의 개념과만 연결이 되어야 하나, 〈보기〉의 온톨로지에서 그러한 개념은 존재하지 않는다. 또한 7가지의 원초적 개념 중 2개의 원초적 개념과 연결된 개념을 〈보기〉의 온톨로지에서 찾아보면 'Actuality', 'Form', 'Prehension', 'Proposition', 'Nexus', 'Intention' 6개가 존재함이 확인된다.

② ⊤는 세상에 존재하는 모든 것들에 대한 상위 개념이고 ⊥는 세상에 존재하는 모든 것들에 대한 하위 개념이다. 상속 관계에서 상위 개념의 모든 속성은 하위 개념에게 상속되므로, ⊥는 세상에 존재하는 모든 것들로부터 모든 속성을 상속받는다. 반면 ⊤는 어떠한 상위 개념도 갖지 않으므로 어떠한 속성도 상속받지 못할 것이며 따라서 어떠한 속성도 갖지 않는다.

③ 〈보기〉의 온톨로지에서 'Continuant'와 'Occurrent'의 하위 개념 중 두 개념과 직접적으로 동시에 연결된 하위 개념은 존재하지 않는다. 그러나 〈보기〉에 따르면 상위 개념과 하위 개념 사이의 상속 관계는 '추이성'을 갖기 때문에 ⊥는 'Continuant'와 'Occurrent'의 유일한 공통 하위 개념에 해당한다. 그런데 ⊥는 공집합을 의미하므로 'Continuant'와 'Occurrent'에서 동시에 속성을 상속받는 개체는 존재하지 않는다.

④ 'Object'는 'Actuality'의 하위 개념이므로 'Actuality'의 모든 속성을 상속받을 것이다. 또한 'Object'는 'Continuant'의 하위 개념이므로 'Continuant'의 모든 속성을 상속받을 것이다. 따라서 'Object'는 'Actuality'의 모든 속성과 'Continuant'의 모든 속성을 갖는다.

⑤ 〈보기〉에 따르면 하위 개념 A가 상위 개념 B와 상속 관계를 맺고, 하위 개념 B와 상위 개념 C가 상속 관계를 맺으면, 하위 개념 A가 상위 개념 C와도 상속 관계를 맺는 추이성이 존재한다고 제시되었다. 따라서 'Actuality'의 하위 개념인 'Process'는 'Actuality'의 상위 개념인 'Physical'의 하위 개념에 해당한다.

[정답] ②

[01~03] 다음 글을 읽고 물음에 답하시오.

21 LEET 문1~3

비즈니스 프로세스는 고객 가치 창출을 위해 기업 또는 조직에서 업무를 처리하는 과정을 말한다. 업무 처리 과정을 업무흐름도로 도식화하는 과정을 프로세스 모델링이라 하며, 그 결과물을 프로세스 모델이라고 한다. 프로세스 모델은 업무 처리 활동 및 활동들 간의 경로로 구성된다. 프로세스 모델이 효율적으로 작동하고 있는지를 확인, 분석, 수정·보완, 개선하는 작업이 필요한데, 프로세스 마이닝은 그중 한 기법이다. 프로세스 마이닝은, 시뮬레이션처럼 실제 이벤트 로그 수집 이전에 정립한 프로세스 모델 중심 분석기법과, 데이터 마이닝처럼 프로세스를 고려하지 않는 데이터 중심 분석기법을 연결하는 역할을 한다.

프로세스 마이닝은 정보시스템을 통해 확보한 이벤트 로그에서 프로세스에 관련된 가치 있는 정보를 추출하는 것이다. 이벤트 로그란 정보시스템에 축적된 비즈니스 프로세스 수행 기록인데, 이것이 프로세스 마이닝의 출발점이 된다. 이벤트 로그는 행과 열로 표현되는 이차원 표 형태이다. 업무 활동으로 발생한 이벤트는 행으로 추가되며, 각 열에는 이벤트의 속성들이 기록된다. 이때 기록되는 속성으로 필수적인 것은 사례 ID, 활동명, 발생 시점이며, 다양한 분석을 위해 그 외 속성들도 추가될 수 있다. 이벤트 로그는 사용자에게 도움이 되는 정보를 직접 제공할 수 없는 원데이터이므로, 그것을 우리가 사용할 수 있는 정보로 변환해 주어야 한다. 프로세스 마이닝에는 프로세스 발견, 적합성 검증, 프로세스 향상의 세 가지 유형이 있다.

프로세스 발견이란 프로세스 분석가가 알고리즘을 통해 이벤트 로그로부터 프로세스 모델을 도출하는 것을 말하는데, 이때 분석가는 별다른 업무 지식 없이도 작업을 수행할 수 있다. 만일 도출된 프로세스 모델이 복잡하여 유의미한 분석이 곤란할 경우, 퍼지 마이닝이나 클러스터링 기법을 활용할 수 있다. 퍼지 마이닝은 실행 빈도가 낮은 활동을 제거 또는 병합하거나, 그 활동들 간의 경로를 제거함으로써 프로세스 모델을 단순화해 주는 기법이다. 이때 프로세스 모델에 나타난 활동과 경로에 대한 임곗값을 설정하여 모델의 복잡도를 조절할 수 있다. 클러스터링은 특성이 유사한 사례들을 같은 그룹으로 묶어주는 기법이다. 전체 이벤트 로그를 대상으로 프로세스를 도출할 때 복잡한 프로세스 모델이 도출될 경우, 이 기법을 적용하여 이벤트 로그를 여러 개로 나눌 수 있다. 이렇게 세분화된 이벤트 로그에 프로세스 발견 기법을 적용하면, 프로세스 모델의 복잡도가 줄어든다.

적합성 검증이란 기존의 프로세스 모델과 이벤트 로그 분석에서 도출된 결과를 비교하여 어느 정도 일치하는지를 확인하는 것이다. 이때 기존의 프로세스 모델과 이벤트 로그에서 도출된 결과물이 불일치하는 경우가 발생하는데, 먼저 기존의 프로세스 모델이 적절함에도 불구하고 업무 담당자가 이를 준수하지 않는 경우를 들 수 있다. 이 경우에는 현실 세계의 실제 업무 수행 실태를 교정해야 한다. 이와 달리 이벤트 로그의 분석 결과물이 더 적절한 것으로 판단되는 경우에는 기존의 프로세스 모델을 수정할 필요가 있다.

프로세스 향상에는 두 유형이 있다. 하나는 기존의 프로세스 모델을 '수정'하는 것이며, 다른 하나는 업무 수행 시간 및 담당자 등 이벤트 로그 분석에서 얻은 부가적 정보를 추가하여 발견된 프로세스 모델을 '확장'하는 것이다. 확장의 예로는 이벤트 로그로부터 도출된 프로세스 모델에 프로세스 내 병목지점과 재작업 흐름을 시각화하는 것을 들 수 있다.

프로세스 마이닝은 데이터 과학에 근거를 두고 프로세스 분석가가 업무 전문가와 협업하여 기업이 수행하는 비즈니스 프로세스에 대한 문제점을 진단하고 개선 방안을 도출하는 데 기여할 수 있다.

01. 윗글과 일치하는 것은?

① 이벤트 로그는 프로세스 마이닝의 출발점이지만 그 자체로는 유용한 정보라 할 수 없다.

② 업무 전문가의 충분한 지식 없이 이벤트 로그로부터 프로세스 모델을 도출하기는 어렵다.

③ 프로세스 발견은 프로세스에 내재된 업무 관련 규정을 이벤트 로그로부터 도출하는 것이다.

④ 클러스터링은 복잡한 프로세스 모델을 여러 개의 세부 프로세스 모델로 구분해 주는 기법이다.

⑤ 이벤트 로그에서 업무 담당자를 파악하여 기존의 프로세스 모델에 활동과 경로를 추가하는 것은 프로세스 수정이다.

02. '프로세스 마이닝'에 대해 추론한 것으로 적절하지 않은 것은?

① 프로세스 마이닝을 도입하면 내부 규정의 준수 여부에 대한 감독이 용이해진다.

② 프로세스 마이닝을 통해 기존의 프로세스 모델이 실제로 어떻게 수행되는가를 파악할 수 있다.

③ 프로세스 마이닝은 판에 박힌 단순한 업무뿐 아니라 비정형적인 업무 처리 과정의 분석에도 활용된다.

④ 프로세스 마이닝은 예상된 이벤트 로그에 적용할 프로세스 모델 중심의 업무 성과 분석 및 개선 기법이다.

⑤ 프로세스 마이닝은 기존의 프로세스 모델뿐 아니라 발견으로 도출된 프로세스 모델을 향상하는 데에도 활용된다.

03. <보기>의 사례에 프로세스 마이닝을 적용할 때 가장 적절한 것은?

───── 〈보 기〉─────

○○병원에서는 외래 환자의 과도한 대기 시간을 줄이고 의료 서비스의 품질을 개선하기 위해 외래 환자 진료 프로세스를 분석하고자 한다. 이 병원에서는 질환별로 진행해야 하는 표준 진료 프로세스를 임상진료 지침으로 수립해 두고 있다. 프로세스 마이닝 도구를 사용하여 프로세스 모델을 도출하였더니 지나치게 복잡한 프로세스 모델이 도출되어 분석이 곤란한 상황이다. 또한 환자의 민감한 개인 의료정보가 저장된 이벤트 로그를 프로세스 분석가에게 제공할 경우 정보 보호 및 프라이버시 이슈가 존재하고, 병원의 기밀이 유출될 우려가 제기되어 이를 해결하고자 한다.

① 복잡도 문제를 해결하기 위해 연령 및 질환을 기준으로 이벤트 로그의 사례를 클러스터링 하려면 필수적 속성만 이벤트 로그에 있어도 된다.

② 적합성 검증 결과 기존의 프로세스 모델과 이벤트 로그 분석 결과가 불일치하면 의료진에 대한 제재 조치나 지침 재교육이 필수적이다.

③ 이벤트 속성의 임곗값을 조절하여 빈번하게 수행되는 진료 프로세스 수행 패턴을 파악할 수 있다.

④ 환자의 개인정보 보호를 위해 사례 ID를 제외하고 이벤트 로그를 작성해야 한다.

⑤ 외래 환자의 대기 시간 분석을 위해서는 프로세스 확장이 필요하다.

VOD(Video on Demand)는 사용자의 요청에 따라 서버가 네트워크를 통해 비디오 콘텐츠를 실시간으로 전송하고, 동시에 수신 측에서 이와 연동하여 이를 재생하는 서비스를 말한다. 콘텐츠가 실시간으로 전송될 때는 허용 시간 내에 데이터가 전달되는 것이 중요하므로, 공중파 방송처럼 데이터를 통신망으로 퍼뜨리는 형태를 취한다. 콘텐츠의 전송은 소프트웨어적으로 정의되는 채널을 통해 일어나는데, 한 채널은 콘텐츠 데이터 블록의 출구 역할을 하며 단위 시간당 전송하는 데이터의 양을 의미하는 '대역'으로 그 크기를 나타낸다. 한편 한 서버가 가지는 수용 가능한 대역의 크기, 즉 최대 전송 능력을 '대역폭'이라고 하고 초당 전송 비트 수로 나타낸다.

VOD의 여러 방법 가운데 사용자의 요청마다 각각의 채널을 생성하여 서비스하는 방법을 'RVOD(Real VOD)'라고 한다. 각 전송 채널이 사용자별로 독립되어 있으므로 사용자가 직접 '일시 정지', '빨리 감기' 등과 같은 실시간 전송 제어를 할 수 있어 상대적으로 사용자의 편리성이 높고, 제한된 대역폭으로도 다양한 콘텐츠의 동시 서비스가 가능하다. 그러나 동시 접속 사용자의 수에 비례하여 서버가 전송해야 하는 전체 데이터의 양이 증가하므로, 대역폭의 제한이 있는 상황에서는 동시 접속이 가능한 사용자의 수에 한계가 있다.

이 단점을 극복하기 위해 제시된 NVOD(Near VOD)는 일정 시간 동안에 들어온 서비스 요청을 묶어 한 채널에 다수의 수신자가 동시에 접속되는 형태를 통해 서비스하는 방식이다. NVOD의 한 채널은 동시 접속 수신자 수에 상관없이 일정한 대역을 필요로 하므로 동시 접속 사용자 수의 제한을 극복할 수 있지만, 사용자가 서비스를 받기 위해 일정 시간을 기다려야 하는 불편이 있다. 서비스 제공자의 입장에서 볼 때 사용자가 서비스 요청을 취소하지 않고 참을 수 있는 대기 시간을 '허용 대기 시간'이라고 하는데, 이것은 VOD의 질을 결정하는 중요한 요소이다.

'시간 분할 NVOD'는 동일 콘텐츠가 여러 채널에서 시간 간격을 두고 반복 전송되도록 함으로써 대기 시간을 줄이는 방법이다. 사용자는 요청 시점 이후 대기 시간이 가장 짧은 채널에서 수신 대기하게 되고, 그 채널의 전송이 데이터 블록의 첫 부분부터 다시 시작될 때 수신이 시작된다. 이때 대기 시간은 서버의 채널 수나 콘텐츠의 길이에 따라 결정되는데, 120분 길이의 영화를 12개의 채널을 통하여 10분 간격으로 전송하면 대기 시간은 10분 이내가 된다. 대기 시간을 줄이려면 많은 수의 채널이 필요한데, 1분 이내로 만들려면 120개의 채널이 필요하다.

'데이터 분할 NVOD'는 콘텐츠를 여러 데이터 블록으로 나누고 각각을 여러 채널에서 따로 전송하는 방법을 사용하여 대기 시간을 조절한다. 첫 번째 블록을 적당한 크기로 만들어, 이어지는 블록의 크기가 순차적으로 2배씩 증가하면서도 블록 수가 이용 가능한 채널 수만큼 되도록 전체 콘텐츠를 나눈다. 각 채널에서는 순서대로 할당된 블록의 전송을 동시에 시작하고, 각 블록의 크기에 따라 주기적으로 전송을 반복한다. 수신 측은 요청 시점 이후 첫 번째 블록부터 순서대로 콘텐츠를 받게 되는데, 블록의 수신이 끝나면 이어질 블록이 전송되는 채널로 자동 변경되어 그 블록의 시작 부분부터 수신된다. 단, 채널의 대역이 콘텐츠의 재생에 필요한 것보다 2배 이상 커야만 이미 받은 분량이 재생되는 동안 이어질 블록의 수신이 보장되고 연속 재생이 가능하다.

이 방법은 첫 블록의 크기가 상대적으로 작아지므로 대기 시간을 줄일 수 있다. 앞선 예에서 120분 분량을 2배속인 6개의 채널을 통해 서비스하면 대기 시간은 1분 이내가 된다. 따라서 시간 분할 방법에 비해 동일한 대역폭을 점유하면서도 대기 시간을 90% 이상 감소시킬 수 있으며, 대기 시간 대비 사용 채널 수가 줄어들어 한 서버에서 동시에 서비스 가능한 콘텐츠의 종류를 늘릴 수 있다. 하지만 전체 콘텐츠의 전송에 걸리는 시간이 콘텐츠의 전체 재생 시간의 절반 이하이므로 각 채널이 2배 이상의 전송 능력을 유지해야 하며, 콘텐츠의 절반에 해당하는 데이터를 저장할 수 있는 공간이 수신 측에 반드시 필요하다.

NVOD는 공통적으로 대기 시간 조절을 위해 다중 채널을 이용하므로 서비스에 필요한 일정한 대역폭을 늘 확보해야 한다. 따라서 콘텐츠당 동시 접속 사용자가 적을 경우에는 그리 효율적이지 못하다. 극단적으로 한 명의 사용자가 있을 경우라도 위의 예에서는 6개의 채널에 필요한 대역폭을 점유해야 하므로 네트워크 자원의 낭비가 심하다.

04. 윗글의 내용과 일치하는 것은?

① RVOD에서 콘텐츠 전송에 필요한 대역의 총합은 동시 접속 사용자 수에 상관없이 일정하다.

② 시간 분할 NVOD와 데이터 분할 NVOD에서는 모두 재생 중에 수신 채널 변경이 필요하다.

③ 시간 분할 NVOD에서는 크기가 다른 데이터 블록이 각 채널에서 반복 전송된다.

④ 데이터 분할 NVOD에서 데이터 블록의 크기는 사용 채널 수에 상관없이 결정될 수 있다.

⑤ 데이터 분할 NVOD에서 각 채널의 전송 반복 시간은 데이터 블록의 재생 순서에 따라 다음 채널로 넘어가면서 2배씩 증가한다.

05. NVOD에 대해 추론한 것으로 바르지 않은 것은?

① 한 콘텐츠당 사용되는 채널의 수를 늘리면 사용자의 대기 시간을 줄일 수 있다.

② 한 채널당 수신자의 수가 다수일 수 있으므로 '일시 정지'와 같은 사용자의 편의성을 높일 수 있는 기능을 사용하기 어렵다.

③ 시간 분할 NVOD에서는 적어도 사용 채널의 수보다 많은 수의 동시 접속 사용자가 있어야 RVOD에 비해 서버에서 보내는 전체 데이터양의 감소 효과가 있다.

④ 동일한 대역폭을 가지는 서버가 한 개의 콘텐츠만 전송한다고 할 때 데이터 분할 NVOD는 시간 분할 NVOD의 절반에 해당하는 채널 수를 사용한다.

⑤ 데이터 분할 NVOD는 수신 측의 저장 공간이 반드시 필요한데, 저장 공간에 제한이 있을 경우 콘텐츠의 크기가 너무 크면 전체 내용의 재생이 어렵다.

06. 어느 지역에 VOD 서비스를 공급하기 위해 <보기>와 같이 기초 자료를 조사하였다. 이를 토대로 시간대별로 VOD 서비스 방식을 결정할 때, 가장 적절한 선택은?

〈보 기〉

조사 항목＼시간	아침, 낮	저녁, 밤	심야
서비스 요청자 수는 얼마나 많은가?	많다	많다	적다
요청 콘텐츠의 수는 얼마나 많은가?	적다	보통	많다
허용 대기 시간은 얼마나 긴가?	길다	보통	짧다

	아침, 낮	저녁, 밤	심야
①	RVOD	시간 분할 NVOD	데이터 분할 NVOD
②	시간 분할 NVOD	RVOD	데이터 분할 NVOD
③	시간 분할 NVOD	데이터 분할 NVOD	RVOD
④	데이터 분할 NVOD	RVOD	시간 분할 NVOD
⑤	데이터 분할 NVOD	시간 분할 NVOD	RVOD

디지털 사진에 특정 식별자, 곧 워터마크를 숨겨서 삽입하는 것을 디지털 워터마킹(water-marking)이라 한다. 삽입된 식별자를 특정 방법으로 추출하여 사진의 저작권 증명으로 사용할 수 있다. 따라서 워터마킹은 원본을 회전, 잘라 내기, 축소 같은 편집이나 압축을 하여도, 워터마크가 원형에 가까운 형태로 추출되어야 하는 강인성(robustness)이 어느 정도 유지되어야 하며, 워터마크를 삽입하더라도 원래의 데이터 저장 형식이 바뀌지 않아야 한다. 또한 삽입된 식별자가 쉽게 노출되지 않도록 비가시성(invisibility)이 유지되어야 한다.

디지털 사진의 데이터는 가로, 세로의 격자 모양으로 배열된 화소의 밝기 값으로 표현된다. 각 화소의 밝기 값을 2차원 배열 형태의 데이터로 표현하는 방식을 공간 영역 방식이라고 한다. 공간 영역 방식으로 표현된 디지털 사진의 데이터에서 사람의 눈에 잘 띄지 않는 영역에 있는 화소들의 밝기 값을 적당히 변경하여 워터마크를 삽입할 수 있다. 가령 어떤 상표의 이미지 데이터를 특정 영역의 화소 값에 더하거나 곱하여 밝기 값에 포함하면 된다. 공간 영역에서는 화소 값에 직접 식별자를 삽입할 수 있기 때문에 워터마크 삽입과 추출에 필요한 연산량이 비교적 적고 식별자의 삽입을 빠르게 처리할 수 있다는 장점이 있다. 그러나 이렇게 삽입된 워터마크는 특정 영역에 한정되어 기록되어 있기 때문에 잘라 내기와 같은 간단한 영상 처리 또는 정보의 손실이 발생하는 데이터 압축에 의해서 쉽게 훼손되는 단점이 있다.

이러한 문제점은 주파수 영역을 이용하면 어느 정도 개선할 수 있다. 단위 거리당 밝기가 변화하는 정도를 공간 주파수라고 하는데, 공간 주파수는 시간의 흐름이 아니라 공간적 이동에 따른 진동의 정도를 나타낸다. 디지털 사진에서 특정 방향으로 명암 변화가 자주 일어날수록 그 방향의 공간 주파수가 높게 측정되는데, 인접한 화소 사이에 밝기 변화가 급격하게 일어날 때 공간 주파수는 최대가 된다. 이 원리를 이용하여 디지털 사진을 수평과 수직 방향의 2차원 평면에 대한 공간 주파수의 분포로 나타낼 수 있다. 이때 2차원 배열로 표현되는 공간 주파수의 2차원적인 분포를 공간 주파수 스펙트럼이라고 한다. 디지털 사진을 주파수 스펙트럼으로 표현하는 방식을 주파수 영역 방식이라고 하는데, 공간 영역의 사진 데이터는 푸리에 변환 등 수학적 변환식에 의해 손실 없이 주파수 영역으로 변환되고 그 역과정도 성립한다.

주파수 영역에서 워터마크를 삽입하려면, 공간 영역의 데이터를 주파수 영역으로 변환한 다음에 특정 주파수 대역에 식별자 데이터를 삽입하고, 그것을 다시 공간 영역으로 변환해야 한다. 특정 주파수 대역에 삽입된 식별자는 그 주파수를 포함하고 있는 공간 영역의 모든 화소에 분산되므로 사진 전체에 퍼져 저장된다. 이렇게 삽입된 워터마크는 사람의 시각에 쉽게 노출되지 않으면서도, 잘라 내기 등과 같은 영상 편집이 가해지더라도 남은 영역에 저장된 식별자 데이터에 의해 어느 정도 복원이 가능해진다. 하지만 공간과 주파수 영역 사이에 변환이 필요하므로 워터마크 삽입을 위한 연산량이 대폭 증가하게 되며, 특정 대역에 삽입된 식별자 데이터는 공간 영역에서 잡음(noise)의 형태로 나타나므로 사진 전반에 걸쳐 원본 사진이 흐려지거나 변형되는 등의 단점이 발생한다.

일반적인 사진에서 사람이 알아볼 수 있는 대부분의 정보는 저주파 대역에 몰려 있고, 사람이 사진의 내용을 인식할 때는 저주파 성분보다 고주파 성분에 상대적으로 둔감하게 반응한다. 따라서 워터마크 삽입으로 인한 잡음의 양은 대역과 상관없이 동일하더라도 고주파 대역에서는 원본의 왜곡이 눈에 잘 띄지 않는다. 그러나 대부분의 영상 손실 압축 기술이 고주파 성분을 제거하여 전체적인 데이터의 저장 크기를 줄이는 방법을 사용하므로 고주파 대역에 삽입된 워터마크는 압축에 취약해진다. 주파수 영역에서 워터마크는 압축에 대해 강인성이 유지되도록 대부분 중간 대역에 삽입된다.

07. **윗글의 내용과 일치하는 것은?**

① 삽입된 워터마크의 비가시성이 낮을수록 저작권을 보호하기 쉽다.

② 주파수 영역에서 공간 영역으로 변환할 때 데이터 손실이 일어난다.

③ 삽입된 워터마크는 공간 영역과 주파수 영역에서 잡음 형태로 나타난다.

④ 주파수 영역에서 워터마크를 삽입하면 데이터가 저장되는 형식이 바뀐다.

⑤ 공간 영역의 워터마크 삽입에 필요한 연산량은 주파수 영역에 비해 많다.

08. **공간 주파수에 대한 추론으로 적절하지 <u>않은</u> 것은?**

① 공간 영역에서 화소의 밝기 값을 변경하면 주파수 스펙트럼이 변한다.

② 인접한 화소가 흑과 백을 교대로 가지며 반복될 때 공간 주파수는 최대가 된다.

③ 공간 주파수가 높은 영역에 워터마크가 삽입되면 원본의 가시적 왜곡이 줄어든다.

④ 공간 주파수 스펙트럼은 화소의 밝기 값에 푸리에 변환을 적용하여 얻을 수 있다.

⑤ 수평 방향의 단색 줄무늬가 조밀할수록 수평 방향의 공간 주파수가 높게 측정된다.

09. **다음 사진에 워터마크를 삽입한다고 할 때, 이와 관련된 설명으로 적절한 것은?**

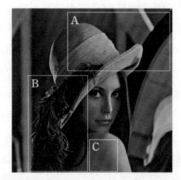

① 중간 주파수 대역에 워터마크를 삽입하면, A보다는 B에서 워터마크의 비가시성이 낮다.

② 고주파 성분을 많이 포함하는 워터마크를 C의 공간 영역 데이터에 삽입하면 비가시성을 높일
  수 있다.

③ 저주파 대역에 워터마크를 삽입한 다음, C가 제거된 영상을 이용하더라도 워터마크의 추출이
  가능하다.

④ 중간 주파수 대역에 워터마크를 삽입하면, A보다는 C의 화소 밝기 값에 식별자 데이터가 많이
  저장된다.

⑤ 고주파 대역에 워터마크를 삽입한 다음에 손실 압축을 하면, B만을 이용하더라도 워터마크의
  추출이 가능하다.

정답 및 해설 p.33

제재 6 생명과학

1 제재 소개

역대 LEET 언어이해에서 출제되었던 과학 분과 중 가장 빈번하게 출제된 파트가 바로 생명과학입니다. 생명과학 중에서도 신체의 특정 부위의 작동 기제를 설명하는 생리학 파트가 가장 빈번하게 출제됩니다. 2019년 이전에도 생명과학의 생리학 파트가 과학 제재에서 가장 빈번하게 출제되었으며 2019년 개정 이후에도 2019년을 제외하고 2020년, 2021년, 2022년, 2023년 모두 생명과학의 생리학 파트에서 지문이 출제되었습니다.

생명과학에서 출제되는 지문은 결국 **생명 현상의 작동 기제**에 대한 글입니다. 어떠한 기제를 거쳐서 어떠한 생명 현상이 작동하게 되는지를 설명하는 지문입니다. 생명 현상의 작동 기제, 즉 메커니즘을 다루는 글을 읽을 때는 다음과 같은 사항에 주의하여야 합니다.

첫째, **메커니즘이 발생하는 순서와 발생하는 장소**를 정리해야 합니다. 메커니즘은 단계와 단계를 거쳐서 진행되기 때문에 그 단계의 선후 관계나 인과 관계를 뒤바꾸는 식으로 오답 선지가 제시될 수 있습니다. 또한 특정 단계가 발생하는 장소를 바꾸어서 오답 선지를 만드는 것도 대표적인 오답 선지 구성 사례입니다. 생명과학 제재의 지문은 일종의 통시적 지문이라는 것을 이해하고 단계의 구별을 체크해 가며 지문을 독해해야 합니다.

둘째, **계량적 인과 정보**를 암기해야 합니다. 'A가 증가하면 B가 증가한다.' 혹은 'C가 활성화되면 D가 억제된다.'와 같은 계량적 인과 정보를 담은 문장이 제시될 경우에는 반드시 표기하고 암기하여야 합니다. 선지에 반드시 출제되기 때문입니다. 그리고 인과 관계로 구성되었기 때문에 'A가 증가하면 B가 증가한다.'를 통해 'A가 감소하면 B가 감소한다.'를 충분히 추론할 수 있다는 점도 유의하여야 합니다.

셋째, 생명 현상의 기제는 **순환**되기 때문에 그 기제가 다시 작동하기 위해서는 기제의 산물이 다시 기제의 반응물로 투입되는 루트가 형성된다는 점을 기억해야 합니다. 즉 어떠한 기제를 통해 X라는 산물이 생산될 경우 그 산물은 다시 기제에 투입되어 그 기제를 작동시키는 반응물이 될 수 있습니다. 생명 현상의 기제는 순환되는 현상이라는 점을 이해해야 합니다.

넷째, 생리학의 현상을 빠르게 이해하기 위한 **기초적인 배경지식**이 필요합니다. 항상성 유지, 양적 피드백과 음적 피드백, 화학 반응의 정과정과 역과정, 물질이 분해될 때 에너지가 산출되고 합성될 때 에너지가 요구되는 점, 단백질은 아미노산으로 구성되며 아미노산의 배열 형태에 따라 다양한 펩타이드 단백질이 형성된다는 점, 인산화기와 수산화기 등과 같은 염기에 대한 개념, DNA와 RNA의 개념 및 염기들의 결합 등 생명과학과 화학에 대한 기초적인 배경지식이 있으면 이해가 훨씬 빨라집니다. 이 부분을 위해서 가장 기본적으로는 역대 기출 지문에 제시된 생명 현상의 메커니즘을 배경지식과 연관 지어 꼼꼼하게 공부해두어야 합니다. 가능하다면 고등학교 과정의 화학과 생명과학을 복습해두는 것도 좋습니다.

다섯째, **질병으로 인한 오작동 상황**에 대한 내용이 지문 혹은 문제에서 제시됩니다. 생명과학 지문의 일반적인 특징은 정상적인 작동 기제에 대해서 설명해 준 후, 그 정상적인 작동 기제가 질병이나 돌연변이로 인해 오작동하는 상황을 제시하는 내용이 부연되는 식으로 서술되는 경우가 많습니다. 또한 과학 실험의 문제가 제시되는 경우에는 인위적인 조작을 통해 오작동을 만들어 냄으로써 기제를 충분히 이해하고 있는지를 확인하는 문제가 빈번히 출제됩니다. 따라서 정상적인 기제가 주어질 때 이 기제가 오작동하는 상황이 추가적으로 제시될 것을 염두에 두고 지문을 독해해야 하며, **질병의 이름**이 등장하는 경우에는 반드시 동그라미를 치고 등장하는 위치를 순간적으로 암기해 놓아야 합니다.

여섯째, **그래프**와 **인포그래픽**을 적극적으로 활용해야 합니다. 그래프와 인포그래픽이 주어지는 경우에 당황하는 경우가 많으나 오히려 그래프와 인포그래픽이 동반되지 않은 지문일수록 더 어려운 지문입니다. 특히 과학에 대한 배경지식이 없는 학생일수록 그래프나 인포그래픽 없이 달랑 글만 주어진 경우가 더 불리합니다. 인포그래픽, 즉 그림은 문과 학생들이 과학적 현상을 이해하는 것을 돕는 데 아주 요긴하게 작용할 수 있기 때문에, 지문 내부나 지문 외부에서 그래프와 인포그래픽이 주어진다면 매우 적극적으로 활용하여 이해의 깊이와 속도를 높여야 합니다.

생명과학은 과학 제재 중에 출제 빈도가 가장 높으면서도 다른 과학 제재에 비해 쉬운 편에 속합니다. 특히 과학에 대한 배경지식이 없는 학생이 지문을 이해하는 데 물리학에 비해서 생명과학이 훨씬 더 쉽다고 생각합니다. 따라서 두 개의 지문이 출제되는 과학 제재의 지문 중 내가 하나의 지문만큼은 완벽하게 풀어내야겠다는 목표를 삼는다면 그것은 생명과학 제재의 지문이 되어야 한다는 사실을 명심하고, 반복적인 학습을 통해 생명과학 제재를 점수를 획득하는 포인트로 만들어 나가도록 합시다.

② 대표 기출문제

출제시기	세부 제재	소재 및 문제 번호
2023학년도	생리학	단백질의 세포 내 합성 장소(홀수형 07~09번)
2022학년도	생리학	시간 지연 보상에 따른 망막의 메커니즘(홀수형 10~12번)
2021학년도	생리학	바르부르크 효과(홀수형 25~27번)
2020학년도	생리학	오믹스 단백질(홀수형 07~09번)
2018학년도	진화유전학	DNA 컴퓨팅을 이용한 해밀턴 경로 문제 해결(홀수형 07~09번)
	생리학	남성과 여성의 생식 기관 발달 과정(홀수형 19~21번)
2017학년도	생리학	융모와 소낭의 작동 기제(홀수형 30~32번)
2016학년도	생리학	형태발생물질의 비대칭적인 농도 구배(홀수형 14~16번)
2013학년도	생리학	세포의 배아 분열(홀수형 25~27번)
2012학년도	생리학	지방의 분해 및 축적 메커니즘과 호르몬의 영향(홀수형 15~17번)
2010학년도	진화유전학	거리 행렬을 통한 계통수 작성법(홀수형 10~12번)
2009학년도	생리학	정소의 역류 열전달 이론(홀수형 35~37번)

3 독해 전략

STEP 1 | 지문의 소재가 되는 생명 현상이 다루는 영역과 신체 부위를 확인한다.

✓ 생명 현상의 소재가 지각, 소화, 생식, 발달 중 어느 영역인지를 확인하고 구체적으로 어느 신체 부위에서 이루어지는 생명 현상을 다루는지 확인한다.

✓ 지문 내부 혹은 지문 외부에 그래프나 인포그래픽이 함께 제시되었는지를 먼저 확인한 후, 제시되었다면 지문의 내용을 이해하는 데 적극적으로 활용하도록 한다.

▼

STEP 2 | 계량적 인과 정보를 중심으로 생명 현상의 생화학적 메커니즘을 구체적으로 파악한다.

✓ 계량적 인과 정보는 메커니즘을 이해하는 데 필수적이고, 문제의 선지에서 매우 큰 비중을 차지하기 때문에 계량적 인과 정보 지문은 밑줄을 치고 빠르게 찾을 수 있도록 표시를 남겨 놓는다.

✓ 주어진 메커니즘이 오작동하는 상황에서 발생하는 질병이 제시된다면 그 질병에 동그라미를 치고 질병이 등장하는 단락의 위치를 기억해 두어, 문제를 풀면서 빠르게 관련 내용을 찾을 수 있도록 한다.

✓ 주로 영어 알파벳으로 구성된 단백질이나 호르몬의 명칭은 매우 낯설게 느껴질 수 있으므로, 따로 표시를 하고 화학 관계, 반응 관계를 통해서 이해해야 한다.

✓ 메커니즘의 가장 핵심적인 원리가 제시된 단락은 정보의 밀도가 매우 높고, 하나의 정보라도 소홀히 하여 건너 띄어서 읽었다가는 전체 메커니즘에 대한 이해가 어려우므로 모든 정보를 꼼꼼하게 읽어야 한다.

이 문제는 반드시 출제된다!

- **메커니즘 이해**: 생명과학 제재의 핵심은 생명 현상이 발생하는 순환적 메커니즘을 이해하는 것이다. 따라서 특정 단계에 밑줄을 치거나 네모 칸을 쳐둔 뒤, 그 단계에 대한 이해가 이루어졌는지 확인하는 문제가 주로 두 번째 문제로 출제된다.

- **과학 실험**: 'A가 활성화되면 B가 증가한다.'라는 식의 계량적 인과 정보로 구성된 생명과학 제재 지문은 A를 인위적으로 조작하는 방식으로 과학 실험을 만들어 내기가 매우 용이하다. 따라서 지문의 계량적 인과 정보와 연관된 과학 실험 문제가 지문에 딸린 세 번째 문제로 빈번하게 출제된다.

연습문제 1

[01~03] 다음 글을 읽고 물음에 답하시오.

17 LEET 문30~32

양분을 흡수하는 창자의 벽은 작은 크기의 수많은 융모로 구성되어 있다. 융모는 창자 내부의 표면적을 넓혀 영양분의 효율적인 흡수를 돕는다. 융모는 아래의 그림에서 볼 수 있듯이, 한 층으로 연결된 상피세포로 이루어져 있다. 이 상피세포들은 융모의 말단 부위에서 지속적으로 떨어져 나가고, 이 공간은 융모의 양쪽 아래에서 새롭게 만들어져 밀고 올라오는 세포로 채워진다. 새로운 세포를 만드는 역할은 융모와 융모 사이에 움푹 들어간 모양으로 존재하는 소낭의 성체장줄기세포가 담당한다. 소낭의 성체장줄기세포는 판네스세포를 비롯한 주변 세포로부터 자극을 받아 지속적으로 자신과 동일한 성체장줄기세포를 복제하거나, ㉠새로운 상피세포로 분화하는 과정을 거친다.

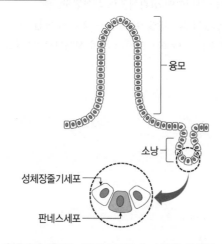

세포의 복제나 분화 과정에서 세포는 주변으로부터 다양한 신호를 받아서 처리하는 신호전달 과정을 거쳐 그 운명이 결정된다. 세포가 외부로부터 받는 신호의 종류와 신호전달 과정은 초파리에서 인간에 이르기까지 대부분의 동물에서 동일하다. 세포 내 신호전달의 일종인 'Wnt 신호전달'은 배아 발생 과정과 성체 세포의 항상성 유지에 중요한 역할을 한다. 이 신호전달의 특이한 점은 세포에서 분비되는 단백질의 하나인 Wnt를 분비하는 세포와 그 단백질에 반응하는 세포가 서로 다르다는 것이다. Wnt 분비 세포 주변의 세포들 중 Wnt와 결합하는 'Wnt 수용체'를 가진 세포는 Wnt 신호전달을 통해 여러 유전자를 발현시켜 자신의 분열과 분화를 조절한다. 그런데 Wnt 신호전달에 관여하는 유전자에 돌연변이가 생길 경우 다양한 종류의 질병이 발생할 가능성이 있다. 만약 Wnt 신호전달이 비정상적으로 활성화되면 세포 증식을 촉진하여 암을 유발하며, 이와 달리 지나치게 불활성화될 경우 뼈의 형성을 저해하여 골다공증을 유발한다.

Wnt 분비 세포의 주변 세포가 Wnt의 자극을 받지 않을 때, APC 단백질이 들어 있는 단백질 복합체 안에서 GSK3β가 β-카테닌에 인산기를 붙여 주는 인산화 과정이 그 주변 세포 내에서 수행된다. 이렇게 인산화된 β-카테닌은 분해되어 세포 내의 β-카테닌의 농도를 낮게 유지하는 기능을 한다. 이와는 달리, Wnt 분비 세포의 주변에 있는 세포 표면의 Wnt 수용체에 Wnt가 결합하게 되면 GSK3β의 활성이 억제되어 β-카테닌의 인산화가 더 이상 일어나지 않는다. 인산화되지 않은 β-카테닌은 자신을 분해하는 단백질과 결합할 수 없으므로 β-카테닌이 분해되지 않아 세포 내의 β-카테닌의 농도가 높게 유지된다. 이렇게 세포 내에 축적된 β-카테닌은 핵 안으로 이동하여 여러 유전자의 발현을 촉진하게 된다. 이런 식으로 유전자 발현이 촉진되면 암이 발생할 수도 있는데, 예를 들어 대장암 환자들은 APC 단백질을 만드는 유전자에 돌연변이가 생긴 경우가 많다. β-카테닌을 인산화하는 복합체가 형성되지 않아 β-카테닌이 많아지고, 그에 따라 세포 증식이 과도하게 일어나기 때문에 암이 생기는 것이다.

한편, 창자의 융모와 융모 사이에 존재하는 소낭에서도 Wnt 신호전달이 일어난다. 판네스세포는 Wnt를 분비하고 그 주변에 있는 성체장줄기세포는 Wnt 수용체를 가진다. 판네스세포에 가장 인접한 성체장줄기세포가 Wnt를 인식하면, 세포 내 β-카테닌의 농도가 높아져 이 단백질에 의존하는 유전자가 발현됨으로써 자신과 똑같은 세포를 지속적으로 복제하도록 한다. 반면에 성체장줄기세포가 분열하면서 생긴 세포가 나중에 생긴 세포에 밀려 판네스세포에서 멀어지면, 상대적으로 Wnt 자극을 덜 받아서 낮은 농도의 β-카테닌을 갖게 된다. 그 결과 자신과 똑같은 세포를 지속적으로 복제하는 데 관여하는 유전자는 더 이상 발현하지 않게 되어 성체장줄기세포가 분열하면서 생긴 세포는 상피세포로 분화한다.

사실 확인

01. 윗글의 내용과 일치하는 것은?

① 창자 내부의 표면적은 융모의 개수와 반비례한다.

② 성체장줄기세포의 위치는 소낭에서 융모로 바뀐다.

③ 성체장줄기세포는 Wnt를 분비하여 상피세포로 분화한다.

④ 융모를 이루는 세포는 소낭의 성체장줄기세포가 분화하여 만들어진다.

⑤ 융모에서 만들어지는 세포는 소낭 쪽으로 이동하여 성체장줄기세포로 전환된다.

메커니즘 이해

02. ㉠을 유도하는 현상이 아닌 것은?

① 판네스세포에 돌연변이가 생겨 Wnt 분비가 중단된다.

② 판네스세포와 성체장줄기세포의 물리적 거리가 멀어진다.

③ 성체장줄기세포에서 β-카테닌의 인산화가 활발하게 일어난다.

④ 성체장줄기세포에 GSK3β의 활성을 억제하는 물질을 첨가한다.

⑤ 성체장줄기세포의 Wnt 수용체에 돌연변이가 생겨 Wnt와 결합하지 못한다.

03. 윗글에서 추론한 내용으로 가장 적절한 것은?

① 성체장줄기세포의 수가 감소하면 창자에서 양분의 흡수가 증가하게 될 것이다.

② Wnt 신호전달을 조절하여 골다공증을 치료하는 약물은 β-카테닌의 양을 증가시킬 것이다.

③ GSK3β의 활성을 위해 필요한 APC 단백질은 인산화된 β-카테닌 단백질의 분해를 막을 것이다.

④ APC에 돌연변이가 일어난 대장암 세포에 Wnt를 처리하면 β-카테닌 단백질의 양이 줄어들 것이다.

⑤ β-카테닌 유전자에 돌연변이가 일어나서 β-카테닌 단백질에 GSK3β에 의한 인산화가 일어나지 않으면 성체장줄기세포의 수가 감소하게 될 것이다.

🏛 가이드 & 정답 확인하기

가이드에 따라 지문과 문제를 분석하고 정답을 확인해 봅시다.

STEP 1 지문의 소재가 되는 생명 현상이 다루는 영역과 신체 부위를 확인한다.

[첫 번째 문단] 융모의 구성과 기능 및 소낭 내 성체장줄기세포의 두 가지 기능

> 양분을 흡수하는 창자의 벽은 작은 크기의 수많은 융모로 구성되어 있다. 융모는 창자 내부의 표면적을 넓혀 영양분의 효율적인 흡수를 돕는다.(계량적 인과 정보) 융모는 아래의 그림에서 볼 수 있듯이, 한 층으로 연결된 상피세포로 이루어져 있다. 이 상피세포들은 융모의 말단 부위에서 지속적으로 떨어져 나가고, 이 공간은 융모의 양쪽 아래에서 새롭게 만들어져 밀고 올라오는 세포로 채워진다.(순환적 메커니즘) 새로운 세포를 만드는 역할은 융모와 융모 사이에 움푹 들어간 모양으로 존재하는 소낭의 성체장줄기세포가 담당한다. 소낭의 성체장줄기세포는 판네스세포를 비롯한 주변 세포로부터 자극을 받아 지속적으로 자신과 동일한 성체장줄기세포를 복제(성체장줄기세포의 첫 번째 기능)하거나, ⊙새로운 상피세포로 분화하는 과정(성체장줄기세포의 두 번째 기능)을 거친다.

STEP 2 계량적 인과 정보를 중심으로 생명 현상의 생화학적 메커니즘을 구체적으로 파악한다.

[두 번째 문단] Wnt 신호전달을 통한 항상성 유지와 Wnt 신호전달이 오작동할 경우 병이 발생하는 상반된 과정

> 세포의 복제나 분화 과정에서 세포는 주변으로부터 다양한 신호를 받아서 처리하는 신호전달 과정을 거쳐 그 운명이 결정된다. 세포가 외부로부터 받는 신호의 종류와 신호전달 과정은 초파리에서 인간에 이르기까지 대부분의 동물에서 동일하다. 세포 내 신호전달의 일종인 Wnt 신호전달은 배아 발생 과정과 성체 세포의 항상성 유지에 중요한 역할을 한다. 이 신호전달의 특이한 점은 세포에서 분비되는 단백질의 하나인 Wnt를 분비하는 세포와 그 단백질에 반응하는 세포가 서로 다르다는 것이다. Wnt 분비 세포 주변의 세포들 중 Wnt와 결합하는 'Wnt 수용체'를 가진 세포는 Wnt 신호전달을 통해 여러 유전자를 발현시켜 자신의 분열과 분화를 조절한다. 그런데 Wnt 신호전달에 관여하는 유전자에 돌연변이가 생길 경우 다양한 종류의 질병이 발생할 가능성이 있다. 만약 Wnt 신호전달이 비정상적으로 활성화되면 세포 증식을 촉진하여 암을 유발하며, 이와 달리 지나치게 불활성화될 경우 뼈의 형성을 저해하여 골다공증을 유발한다.(계량적 인과 정보 & 오작동 상황에 대한 정보: 암과 골다공증)

[세 번째 문단] β-카테닌의 인산화 반응을 통한 β-카테닌의 농도 조절 메커니즘 및 오작동으로 인한 질병의 발생 기제

Wnt 분비 세포의 주변 세포가 Wnt의 자극을 받지 않을 때, APC 단백질이 들어 있는 단백질 복합체 안에서 GSK3β가 β-카테닌에 인산기를 붙여 주는 인산화 과정이 그 주변 세포 내에서 수행된다. 이렇게 인산화된 β-카테닌은 분해되어 세포 내의 β-카테닌의 농도를 낮게 유지하는 기능을 한다. 이와는 달리, Wnt 분비 세포의 주변에 있는 세포 표면의 Wnt 수용체에 Wnt가 결합하게 되면 GSK3β의 활성이 억제되어 β-카테닌의 인산화가 더 이상 일어나지 않는다. 인산화되지 않은 β-카테닌은 자신을 분해하는 단백질과 결합할 수 없으므로 β-카테닌이 분해되지 않아 세포 내의 β-카테닌의 농도가 높게 유지된다.(계량적 인과 정보) 이렇게 세포 내에 축적된 β-카테닌은 핵 안으로 이동하여 여러 유전자의 발현을 촉진하게 된다. 이런 식으로 유전자 발현이 촉진되면 암이 발생할 수도 있는데, 예를 들어 대장암 환자들은 APC 단백질을 만드는 유전자에 돌연변이가 생긴 경우가 많다. β-카테닌을 인산화하는 복합체가 형성되지 않아 β-카테닌이 많아지고, 그에 따라 세포 증식이 과도하게 일어나기 때문에 암이 생기는 것이다.(오작동 상황에 대한 정보: 대장암)

[네 번째 문단] 소낭 내 Wnt 신호전달의 여부에 따른 성체장줄기세포의 두 가지 기능 수행

한편, 창자의 융모와 융모 사이에 존재하는 소낭에서도 Wnt 신호전달이 일어난다. 판네스세포는 Wnt를 분비하고 그 주변에 있는 성체장줄기세포는 Wnt 수용체를 가진다. 판네스세포에 가장 인접한 성체장줄기세포가 Wnt를 인식하면, 세포 내 β-카테닌의 농도가 높아져 이 단백질에 의존하는 유전자가 발현됨으로써 자신과 똑같은 세포를 지속적으로 복제하도록 한다.(성체장줄기세포의 첫 번째 기능) 반면에 성체장줄기세포가 분열하면서 생긴 세포가 나중에 생긴 세포에 밀려 판네스세포에서 멀어지면, 상대적으로 Wnt 자극을 덜 받아서 낮은 농도의 β-카테닌을 갖게 된다.(성체장줄기세포의 두 번째 기능) 그 결과 자신과 똑같은 세포를 지속적으로 복제하는 데 관여하는 유전자는 더 이상 발현하지 않게 되어 성체장줄기세포가 분열하면서 생긴 세포는 상피세포로 분화한다.

01번 문제를 풀이하면 다음과 같습니다.

① 첫 번째 단락에서 "융모는 창자 내부의 표면적을 넓혀 영양분의 효율적인 흡수를 돕는다."라고 제시된 것에서 융모가 많을수록 창자 내부의 표면적이 증가하는 비례 관계를 추론해 볼 수 있다.

②, ④ 소낭에 위치한 성체장줄기세포는 융모를 구성하는 새로운 상피세포를 만들어 올려보내는 역할을 수행한다. 이때 성체장줄기세포의 위치가 소낭에서 융모로 바뀐다는 내용은 지문에 제시되지 않았다.

③ 마지막 단락에서 "판네스세포는 Wnt를 분비하고 그 주변에 있는 성체장줄기세포는 Wnt 수용체를 가진다."라고 제시되었다.

⑤ 첫 번째 단락에서 "(융모를 구성하는) 이 상피세포들은 융모의 말단 부위에서 지속적으로 떨어져 나가고, 이 공간은 융모의 양쪽 아래에서 새롭게 만들어져 밀고 올라오는 세포로 채워진다."라고 제시되었으며, 이러한 새로운 상피세포를 만드는 역할을 담당하는 것이 소낭의 성체장줄기세포이다. 따라서 소낭에서 만들어지는 세포가 융모 쪽으로 이동하는 것이며, 성체장줄기세포는 융모에서 만들어지는 세포가 소낭으로 이동하여 만들어지는 것이 아니라, 기존의 성체장줄기세포가 "지속적으로 자신과 동일한 성체장줄기세포를 복제"함으로써 만들어진다.

[정답] ④

02번 문제를 풀이하면 다음과 같습니다.

우선 성체장줄기세포는 ① 자신과 동일한 새로운 성체장줄기세포를 복제하거나 ② 새로운 상피세포를 분화할 수 있다. ②가 아닌 ①을 향하여 진행되는 메커니즘에 해당하는 선지가 오답 선지가 된다.

마지막 단락에 제시된 성체장줄기세포의 분화 메커니즘을 정리하면 다음과 같다.
성체장줄기세포가 ⓐ 판네스세포에서 거리가 멀어진다.
　　　　　　ⓑ 상대적으로 Wnt 자극을 덜 받게 된다.
　　　　　　ⓒ 낮은 농도의 β-카테닌을 갖게 된다.
　　　　　　ⓓ 성체장줄기세포가 상피세포로 분화한다.

① 판네스세포에 돌연변이가 생겨 Wnt의 분비가 중단되면 성체장줄기세포가 Wnt의 자극을 덜 받게 되므로 ⓑ 단계로 이어진다.

② 판네스세포가 성체장줄기세포와의 물리적 거리가 멀어지는 것은 ⓐ 단계에 해당한다.

③ 세 번째 단락에 따르면 "인산화된 β-카테닌은 분해되어 세포 내의 β-카테닌의 농도를 낮게 유지하는 기능을 한다."라고 제시된다. 따라서 성체장줄기세포에서 β-카테닌의 인산화가 활발하게 일어나면 β-카테닌의 농도가 낮아지게 될 것이므로 ⓒ 단계로 이어진다.

④ 세 번째 단락에 따르면 "GSK3β가 β-카테닌에 인산기를 붙여 주는 인산화 과정이 그 주변 세포 내에서 수행된다."라고 제시된다. 따라서 GSK3β의 활성이 억제된다면 β-카테닌의 인산화가 억제될 것이고 따라서 β-카테닌의 농도는 높아지게 될 것이다. 이는 "GSK3β의 활성이 억제되어 β-카테닌의 인산화가 더 이상 일어나지 않는다."라고 제시된 부분에서도 확인할 수 있다. 따라서 ⓒ 단계로 진입하지 못하게 되므로 ㉠을 방해하게 된다.

⑤ 세 번째 단락에 따르면 "Wnt 수용체에 Wnt가 결합하게 되면 GSK3β의 활성이 억제되어 β-카테닌의 인산화가 더 이상 일어나지 않는다."라고 제시되었다. 따라서 Wnt 수용체에 돌연변이가 생겨 Wnt와 Wnt 수용체가 결합하지 못하게 된다면 GSK3β가 활성화될 것이고 β-카테닌의 인산화도 활성화되어 β-카테닌의 농도가 낮아지게 될 것이므로 ⓒ 단계로 이어진다.

[정답] ④

03번 문제를 풀이하면 다음과 같습니다.

① 성체장줄기세포에서는 융모를 구성하는 상피세포가 만들어지고, 융모의 말단에서는 상피세포가 지속적으로 떨어져 나가므로 성체장줄기세포가 융모를 지속적으로 공급해주어야 한다. 따라서 성체장줄기세포의 수가 감소하면 융모를 구성하는 상피세포의 수가 감소하여 융모의 크기가 감소하거나 융모의 수가 줄어들 것이다. 융모는 창자 내부의 표면적을 넓혀 영양분의 효율적인 흡수를 돕는 기능을 하므로 융모가 많을수록 양분의 흡수가 증가한다고 추론할 수 있으며, 따라서 성체장줄기세포의 수가 감소하면 창자에서 양분의 흡수가 감소할 것이다.

② 두 번째 단락에서 "(Wnt 신호전달이) 지나치게 불활성화될 경우 뼈의 형성을 저해하여 골다공증을 유발한다."라고 제시되었다. 따라서 Wnt 신호전달을 조절하여 골다공증을 치료하는 약물은 Wnt 신호전달을 활성화시키는 역할을 수행할 것이고, 약물에 의해 Wnt 신호전달이 활성화되면 Wnt와 Wnt 수용체의 결합이 약물 복용 이전에 비해 활발하게 발생할 것이다. 세 번째 단락에서 "Wnt 수용체에 Wnt가 결합하게 되면 GSK3β의 활성이 억제되어 β-카테닌의 인산화가 더 이상 일어나지 않는다."라고 제시되었으므로 약물 복용으로 인해 인산화되기 이전 상태의 β-카테닌의 양은 증가할 것이다.

③ 세 번째 단락에서 "APC 단백질이 들어 있는 단백질 복합체 안에서 GSK3β가 β-카테닌에 인산기를 붙여 주는 인산화 과정이 그 주변 세포 내에서 수행된다."라고 제시되었고, "인산화된 β-카테닌은 분해되어 세포 내의 β-카테닌의 농도를 낮게 유지하는 기능을 한다."라고 서술되었다. 따라서 APC 단백질은 인산화된 β-카테닌 단백질의 분해를 촉진하는 기능을 수행하는 것이다.

④ 세 번째 단락에서 "대장암 환자들은 APC 단백질을 만드는 유전자에 돌연변이가 생긴 경우가 많다."고 제시되었고 그 원인은 β-카테닌을 인산화하는 복합체가 형성되지 않아 β-카테닌이 많아지기 때문이라고 서술되었다. 따라서 Wnt를 처리하면 Wnt와 Wnt 수용체의 결합이 더욱 활성화되어 β-카테닌의 농도가 더욱 증가할 것이고, 이에 따라 대장암은 더욱 악화될 것이다.

⑤ 마지막 단락에서 "(성체장줄기세포는) β-카테닌의 농도가 높아져 이 단백질에 의존하는 유전자가 발현됨으로써 자신과 똑같은 세포를 지속적으로 복제하도록 한다."라고 제시되었다. 따라서 β-카테닌의 인산화가 이루어지지 않는다면 오히려 β-카테닌의 농도가 증가할 것이므로 성체장줄기세포의 수가 증가할 것이다.

[정답] ②

연습문제 2

[04~06] 다음 글을 읽고 물음에 답하시오.

현대 생명과학의 핵심적인 키워드들 중 하나는 오믹스(omics)이다. 단일 유전자, 단일 단백질의 기능과 구조 분석에 집중하였던 과거의 생명과학과 달리, 오믹스는 거시적인 관점에서 한 개체, 혹은 하나의 세포가 가지고 있는 유전자 전체의 집합인 '유전체'를 연구하는 유전체학, RNA 전체 즉 '전사체'에 대한 연구인 전사체학, 단백질 전체의 집합인 '단백질체'를 연구하는 단백질체학 등의 연구를 통칭한다.

분자생물학 이론에 따르면 DNA가 가지고 있는 유전자 정보의 일부만이 전사 과정을 통해 RNA로 옮겨진다. 그리고 RNA 중의 일부만이 번역 과정을 통해 단백질로 만들어진다. 어떤 한 생물 개체나 어떠한 세포와 같은 특정 생명 시스템의 유전체는 그 시스템이 수행 가능한 모든 기능에 대한 유전 정보를 총괄하여 가지고 있다. 한 인간이라는 시스템과 그 인간의 간(肝)세포라는 또 다른 시스템의 유전체는 동일한 정보를 가지고 있지만, 인간의 간세포와 생쥐의 간세포의 유전체는 각각 서로 다른 정보를 가지고 있다. 한편 전사체는 유전체 정보의 일부분 즉 유전체 정보들 중 현재 수행 중일 가능성이 큰 기능에 대한 정보를 가지고 있고, 단백질체는 전사체의 일부분 즉 실제로 수행 중인 기능에 대한 정보를 담고 있다. ㉠생명체에서 생화학 반응의 촉매 작용과 같은 필수적인 '일'을 직접 수행하는 물질은 단백질체를 이루는 단백질들이다.

인간에게는 2만 종 이상의 단백질이 있고, 인체의 세포들은 종류에 따라 전체 단백질 중 일부를 서로 다른 조합으로 가지고 있다. 즉 피부 세포, 신경 세포, 근육 세포 등에서 공통으로 발견되는 단백질도 있고, 한 종류의 세포에서만 발견되는 단백질도 있다. 세포는 외부의 자극이나 내재된 프로그램에 의해 한 종류에서 다른 종류의 세포로 변화하는 과정을 겪는데, 이러한 현상을 '분화'라고 한다. 분화를 통해 다른 세포로 변하게 되면 가지고 있는 단백질의 조합도 달라진다. 세포의 분화는 개체 발생 과정에서 주로 관찰되지만, 정상 세포가 암세포로 바뀌는 과정도 분화 과정이라 할 수 있다.

어떤 환자의 암세포와 정상 세포를 대상으로 단백질체학 응용 연구를 수행하는 경우를 생각해 보자. 암세포의 단백질체와 정상 세포의 단백질체를 서로 비교해 보면, 정상 세포에 비하여 암세포에서 양이 변화되어 있는 단백질을 발견할 수 있다. 과학자들은 이러한 단백질을 새로운 암 치료 표적 단백질 후보로 찾아내어 연구를 진행한다. ㉡암세포에서 정상 세포보다 양이 늘어나 있는 단백질은 발암 단백질의 후보가 될 수 있고, 암세포에서 정상 세포보다 양이 줄어든 단백질은 암 억제 단백질의 후보가 될 수 있다.

그렇다면 이렇게 찾아낸 단백질이 2만 종 이상의 단백질 중 어느 것인지 알아내는 과정은 어떻게 진행될까? 단백질은 20종류의 아미노산이 일렬로 연결된 형태를 가지며, 단백질 하나의 아미노산 개수는 평균 500개 정도이다. 서로 다른 단백질은 서로 다른 아미노산 서열을 가지기 때문에 특정 단백질의 아미노산 서열을 알면 그 단백질이 어떤 단백질인지 알아낼 수 있다.

단백질의 아미노산 서열을 알기 위한 실험 방법은 여러 가지가 있는데, 그중의 하나가 펩타이드의 분자량 분석이다. 미지의 단백질에 트립신을 가하여 평균 10개 정도의 아미노산으로 이루어진 조각인 펩타이드로 자른 후 분자량을 측정한다. 트립신은 특정 아미노산을 인지하여 자르므로 어떤 아미노산과 아미노산 사이가 잘릴 것인지 예측할 수 있다. 실제로 단백질체를 분석한 데이터는 펩타이드의 분자량 값과 펩타이드들 간의 상대적인 양을 숫자로 표현한 값으로 나타난다. 모든 인간 단백질의 아미노산 서열, 아미노산의 분자량이 이미 알려져 있으므로, 암세포 단백질체와 정상 세포 단백질체에 트립신을 가하여 얻은 ㉢펩타이드의 분자량 분석을 통해 치료용 표적 후보 단백질을 알아낼 수 있다.

04. 윗글의 내용과 일치하는 것은?

① 신경 세포의 모든 RNA는 단백질로 번역된다.

② 인간 간세포의 유전체 정보는 인간 간세포의 단백질체 정보의 일부이다.

③ 인간 간세포의 단백질체 정보는 생쥐 간세포의 단백질체 정보와 동일하다.

④ 암세포는 피부나 근육의 세포와 달리 정상 세포에서 분화한 것이 아니다.

⑤ 암세포의 단백질체 정보는 정상 세포의 단백질체 정보와 동일하지 않다.

05. 윗글에서 추론한 내용으로 적절하지 <u>않은</u> 것은?

① 세포의 분화 과정 동안 세포의 유전체 정보는 변화하지 않는다.

② 어떤 단백질에 트립신을 첨가한 후에 생성되는 펩타이드들의 아미노산 서열은 동일하다.

③ 인간의 신경 세포와 근육 세포의 기능이 서로 다른 이유는 단백질체 정보가 서로 다르기 때문이다.

④ 어떤 단백질의 아미노산 서열을 알면 트립신 처리 후 그 단백질에서 생성될 펩타이드들의 분자량을 예측할 수 있다.

⑤ 어떤 단백질에서 유래한 특정 펩타이드의 양이 정상 세포에서보다 암세포에서 더 많다면 그 단백질은 발암 단백질의 후보이다.

06. ㉠~㉢에 대한 <보기>의 설명 중 적절한 것만을 있는 대로 고른 것은?

―〈보 기〉―

ㄱ. 최초의 생명체가 DNA나 단백질은 가지고 있지 않고 RNA만 가지고 있었다면, ㉠의 설득력은 약화된다.

ㄴ. 양이 많아지면 덩어리를 이루어 오히려 기능이 비활성화되는 단백질이 있다면, ㉡의 설득력은 약화된다.

ㄷ. 트립신을 첨가한 서로 다른 단백질에서 같은 분자량을 지닌 펩타이드가 생성된다면, ㉢의 설득력은 강화된다.

① ㄱ   ② ㄷ   ③ ㄱ, ㄴ

④ ㄴ, ㄷ   ⑤ ㄱ, ㄴ, ㄷ

가이드에 따라 지문과 문제를 분석하고 정답을 확인해 봅시다.

04번 문제를 풀이하면 다음과 같습니다.

① 두 번째 단락에서 "RNA 중의 일부만이 번역 과정을 통해 단백질로 만들어진다."라고 제시되었으므로 신경 세포의 RNA 중 일부만이 단백질로 번역되었을 것이다.

② 두 번째 단락에서 "전사체는 유전체 정보의 일부분 즉 유전체 정보들 중 현재 수행 중일 가능성이 큰 기능에 대한 정보를 가지고 있고, 단백질체는 전사체의 일부분 즉 실제로 수행 중인 기능에 대한 정보를 담고 있다."라고 제시되었다. 따라서 포함관계는 "**유전체⊃전사체⊃단백질체**"의 관계를 이룬다. 따라서 ②는 포함 관계의 선후를 뒤바꿔 오류를 만드는 LEET 오답 선지 구성 원리에 따른 오답 선지에 해당한다.

③ 두 번째 단락에서 "인간의 간세포와 생쥐의 간세포의 유전체는 각각 서로 다른 정보를 가지고 있다."라고 제시되었고, 단백질체는 유전체의 일부이므로 유전체의 정보가 다르다면 단백질체의 정보도 다를 것이다.

④ 세 번째 단락에서 "정상 세포가 암세포로 바뀌는 과정도 분화 과정이라 할 수 있다."라고 제시된 부분을 통해 암세포도 정상 세포에서 분화한 것임이 확인된다.

⑤ 세 번째 단락에서 "분화를 통해 다른 세포로 변하게 되면 가지고 있는 단백질의 조합도 달라진다."라고 제시되었으므로 해당 세포의 단백질을 생성하는 단백질체의 정보가 달라졌을 것임을 추론할 수 있다.

[정답] ⑤

05번 문제를 풀이하면 다음과 같습니다.

① 두 번째 단락에서 "한 인간이라는 시스템과 그 인간의 간(肝)세포라는 또 다른 시스템의 유전체는 동일한 정보를 가지고 있지만"이라고 서술된 부분에서 세포가 분화한다고 하여도 유전체는 변화하지 않을 것임을 추론할 수 있다.

② 다섯 번째 단락에서 "단백질은 20종류의 아미노산이 일렬로 연결된 형태를 가지며, 단백질 하나의 아미노산 개수는 평균 500개 정도이다."라고 제시되었다. 또한 마지막 단락에서 "미지의 단백질에 트립신을 가하여 평균 10개 정도의 아미노산으로 이루어진 조각인 펩타이드로 자른 후 분자량을 측정한다."라고 제시되었다. 따라서 단백질은 평균적으로 500개 정도의 아미노산으로 이루어져 있으므로, 트립신을 가하면 평균 10개 정도의 아미노산으로 구성된 펩타이드 50개로 쪼개질 것이다. 트립신을 첨가한 후에 생성되는 펩타이드들의 아미노산 서열이 동일하려면 50개가량의 펩타이드의 아미노산 서열이 전부 동일해야 한다. 20종류의 아미노산 중 10개의 아미노산을 뽑아 임의로 배열하였을 때 만들어지는 펩타이드 50여 개가 모두 동일한 아미노산 서열일 확률은 천문학적으로 극소량에 해당하는 확률일 것이므로 ②는 주어진 내용에서 추론되기에 적절하지 않다.

③ 두 번째 단락에서 "단백질체는 전사체의 일부분 즉 실제로 수행 중인 기능에 대한 정보를 담고 있다."라고 제시되었으므로 인간의 신경 세포와 근육 세포의 기능이 다른 이유는 단백질체가 담고 있는 정보가 다르기 때문으로 추론할 수 있다.

④ 어떤 단백질의 아미노산 서열을 알면 트립신을 처리하였을 때 "어떤 아미노산과 아미노산 사이가 잘릴 것인지 예측할 수 있다." 따라서 그 단백질에서 생성될 펩타이드들의 분자량도 충분히 계산하여 예측할 수 있다.

⑤ 네 번째 단락에서 "암세포에서 정상 세포보다 양이 늘어나 있는 단백질은 발암 단백질의 후보가 될 수 있다."라고 제시되었으므로 어떤 단백질에서 유래한 특정 펩타이드의 양이 정상 세포에서보다 암세포에서 더 많다면 그 단백질은 발암 단백질의 후보가 되기에 충분하다.

[정답] ②

06번 문제를 풀이하면 다음과 같습니다.

ㄱ. "㉠생명체에서 생화학 반응의 촉매 작용과 같은 필수적인 '일'을 직접 수행하는 물질은 단백
질체를 이루는 단백질들이다."라는 명제는 "단백질이 생명 현상의 필수적인 '일'을 수행하는
데 필수적"이라는 주장을 함축한다. 따라서 최초의 생명체가 단백질을 가지고 있지 않았다면
㉠의 설득력은 약화된다.

ㄴ. "㉡암세포에서 정상 세포보다 양이 늘어나 있는 단백질은 발암 단백질의 후보가 될 수 있고,
암세포에서 정상 세포보다 양이 줄어든 단백질은 암 억제 단백질의 후보가 될 수 있다."라는
명제는 "어떤 단백질의 양이 증가하면, 그 단백질은 암세포로 분화하는 기능을 수행하는 데
기여한다."라는 주장을 함축한다. 따라서 단백질의 양이 증가할 때, 오히려 기능이 비활성화
되는 단백질이 발견된다면 ㉡의 설득력은 약화된다.

ㄷ. "암세포 단백질체와 정상 세포 단백질체에 트립신을 가하여 얻은 ㉢펩타이드의 분자량 분석
을 통해 치료용 표적 후보 단백질을 알아낼 수 있다."라는 명제는 "암세포 단백질체를 구성
하는 **일부** 펩타이드와 정상 세포 단백질체를 구성하는 **일부** 펩타이드에 차이가 존재한다."는
주장을 함축하는 것이지 "암세포 단백질체를 구성하는 **모든** 펩타이드와 정상 세포 단백질체
를 구성하는 **모든** 펩타이드에 차이가 존재한다."는 주장을 함축하는 것이 아니다. 따라서 트
립신을 첨가한 서로 다른 단백질에서 같은 분자량을 지닌 펩타이드가 생성되었다고 해도 ㉢
의 설득력은 변하지 않는다.

[정답] ③

연습문제 3

[07~09] 다음 글을 읽고 물음에 답하시오.

12 LEET 문15~17

　신체 내에 지방이 저장되는 과정과 분해되는 과정은 많은 연구들을 통해 명확히 알려져 있다. 지방은 지방세포 속에 중성지방의 형태로 축적된다. 이 과정을 살펴보면, 음식물 형태로 섭취된 지방은 소화 과정에서 효소들의 작용에 의해 중성지방으로 전환되어 작은창자에서 흡수되고 혈액에 의해 운반된 후 지방 조직에 저장된다. 이 과정에서 중성지방은 작은창자의 세포 내로 직접 흡수되지 못하기 때문에 췌장에서 분비된 지방 분해 효소인 리파아제에 의해 지방산과 글리세롤로 분해되어 흡수된다. 이렇게 작은창자의 세포에 흡수된 지방산과 글리세롤은 에스테르화라는 화학 반응을 통해 다시 합쳐져서 중성지방이 된다. 이 중성지방은 작은창자의 세포 내에서 혈관으로 방출되어 신체의 여러 부위로 이동한다. 중성지방이 지방세포 근처의 모세혈관에 도달하였을 때, 모세혈관 세포의 세포막에 붙어 있는 리파아제에 의해 다시 지방산과 글리세롤로 분해된 후 지방세포 내로 흡수된다. 이때의 리파아제는 지방 흡수를 위해 지방세포에서 분비되어 옮겨진 것이다. 지방세포는 흡수된 지방산과 글리세롤을 다시 에스테르화하여 중성지방의 형태로 저장한다. 만약 혈액 내에 중성지방의 양이 너무 많아서 기존의 지방세포가 커지는 것만으로는 더 이상 저장할 수 없을 경우, 지방세포의 수가 늘어나서 초과된 양을 저장한다.

　지방세포에 저장된 중성지방은 다시 지방산과 글리세롤로 분해된 후 혈액으로 분비되어 신체 기관에 필요한 에너지를 만드는 데 중요한 에너지원이 된다. 이러한 중성지방의 분해는 카테콜아민이라는 신경 전달 물질에 의한 지방세포 내 호르몬-민감 리파아제의 활성화를 통해 일어나는 카테콜아민-자극 지방 분해와 카테콜아민의 작용 없이 일어나는 기초 지방 분해로 나뉜다. 이 가운데 기초 지방 분해는 특별히 많은 에너지가 필요 없는 평상시에 일어나며, 카테콜아민-자극 지방 분해는 격한 운동을 할 때와 같이 에너지가 많이 필요할 때 일어난다. 일반적으로 기초 지방 분해 과정에 의한 중성지방의 분해 속도는 지방세포의 크기가 클수록 빨라진다.

　따라서 지방세포 내로 중성지방이 저장되는 것을 조절하거나 지방세포 내 중성지방의 분해를 조절하는 것이 체내 지방의 축적을 조절하는 방법이 된다. 이러한 지방 축적의 조절에는 성장 호르몬이나 성 호르몬 같은 내분비 물질이 관여한다. 이 가운데 성장 호르몬은 카테콜아민-자극에 대한 민감도를 증가시켜 지방 분해를 촉진하는 동시에, 지방세포가 분비한 리파아제의 활성을 감소시켜 지방세포 내 중성지방의 저장을 줄이는 것으로 알려져 있다. 이러한 이유로 성장 호르몬의 분비량이 많은 사춘기보다 분비량이 줄어드는 성인기에 지방세포 내 중성지방의 축적이 증가하게 되는 것이다.

　한편 성 호르몬의 혈중 농도는 사춘기에 증가하며 성인기에 일정 수준 이상으로 유지되다가 노년기에 이르러 감소한다. 성 호르몬이 지방의 축적과 분해에 관여하는 기전은 아직 정확히 알려져 있지 않지만, 최근 연구들은 여성의 경우 둔부와 대퇴부의 피부 조직 아래의 피하 지방세포에 지방이 더 많이 축적되는 데 비해 남성의 경우 복부 창자의 내장 지방세포에 더 많이 축적된다는 사실로부터 지방 축적에 대한 성 호르몬의 기능을 설명하려고 한다.

　성별 지방 축적의 차이를 밝히려는 이러한 시도들은 두 가지 부면으로 나누어 이해될 수 있다. 먼저 성별에 따른 지방의 축적 및 분해 양상의 차이이다. 성인의 내장 지방세포의 경우, 카테콜아민-자극 지방 분해 속도는 여성이 남성보다 빠르며, 지방세포에서 분비된 리파아제의 활성은 남성이 여성보다 더 높다. 반면에 성인의 둔부와 대퇴부의 피하 지방세포의 경우, 카테콜아민-자극 지방 분해 속도는 남성이 여성보다 빠르며, 에스테르화되는 중성지방의 양은 여성이 남성보다 더 많다. 다음은 신체 부위에 따른 지방 분해 양상의 차이이다. 여성의 경우는 카테콜아민-자극 지방 분해가 둔부와 대퇴부 피하 지방세포보다 내장 지방세포에서 더 빠르게 일어나는 반면, 남성의 경우는 그 속도가 비슷하다.

　이처럼 성별 및 부위별 지방세포에 따라 중성지방의 저장과 분해 능력이 서로 다르다는 것은 성 호르몬이 지방세포에서 일어나는 중성지방의 저장과 분해 과정의 조절에 매우 복잡한 방법으로 관여하고 있음을 시사한다.

07. 윗글의 내용과 일치하지 <u>않는</u> 것은?

① 카테콜아민은 지방세포 내에서 지방산과 글리세롤의 에스테르화 반응을 일으킬 수 있다.

② 중성지방이 에너지원으로 작용하기 위해서는 지방산과 글리세롤로 분해되어야 한다.

③ 신체 내에 지방세포가 다른 부위보다 더 잘 축적되는 부위는 성별에 따라 다르다.

④ 음식물 형태의 지방은 작은창자에서 흡수되기 위해 효소의 작용이 필요하다.

⑤ 지방세포의 크기와 지방세포에서 일어나는 기초 지방 분해 속도는 비례한다.

08. '리파아제'에 관한 설명으로 적절하지 <u>않은</u> 것은?

① 성장 호르몬은 호르몬-민감 리파아제의 활성을 증가시킨다.

② 지방세포에서 분비된 리파아제는 지방세포에서 지방산 분비를 감소시킨다.

③ 췌장에서 분비된 리파아제의 활성이 억제되면, 체내에 지방 축적이 감소된다.

④ 신체에서 많은 에너지가 요구되면, 지방세포 내 호르몬-민감 리파아제의 활성이 증가한다.

⑤ 모세혈관 세포의 세포막에 붙어 있는 리파아제의 활성이 증가하면, 지방세포 내에서 에스테르화되는 지방산과 글리세롤의 양은 증가한다.

09. <보기>와 같은 실험을 수행한다고 할 때, 윗글의 내용으로 미루어 지방량 증가가 예상되는 것만을 있는 대로 고른 것은?

〈보 기〉

아래와 같은 피험자들을 대상으로 일정 기간 동안 약물을 투여한 후, 투여 전후의 내장지방 또는 대퇴부 피하지방의 양을 비교하였다. (단, 약물 투여 전후의 기초 지방 분해량에는 차이가 없다고 가정하고, 투여 약물이 지방 조직을 제외한 다른 조직에 작용하여 지방 조직에 미치는 영향은 고려하지 않는다.)

	피험자	투여 약물	측정 부위
ㄱ	정상 체중의 32세 남성	여성 성 호르몬	대퇴부 피하
ㄴ	혈중 여성 성 호르몬 농도가 매우 낮은 70세 여성	남성 성 호르몬	내장
ㄷ	성장 호르몬이 분비되지 않는 35세 남성	성장 호르몬	내장
ㄹ	혈중 여성 성 호르몬 농도가 매우 낮은 35세 여성	여성 성 호르몬	내장

① ㄱ, ㄴ   ② ㄱ, ㄴ, ㄷ   ③ ㄱ, ㄷ, ㄹ

④ ㄴ, ㄷ   ⑤ ㄴ, ㄷ, ㄹ

가이드에 따라 지문과 문제를 분석하고 정답을 확인해 봅시다.

07번 문제를 풀이하면 다음과 같습니다.

① 첫 번째 단락에 따르면, '에스테르화 반응'이란 지방산과 글리세롤을 다시 지방으로 합성하는 화학 반응에 해당한다. 즉 지방 분해의 역과정이다. 그런데 카테콜아민은 두 번째 단락에서 제시된 것처럼 카테콜아민-자극 지방 분해를 활성화시키는 신경 전달 물질이므로 카테콜아민이 에스테르화 반응을 일으킬 수 있다는 서술은 타당하지 않다.

② 두 번째 단락에서 "지방세포에 저장된 중성지방은 다시 지방산과 글리세롤로 분해된 후 혈액으로 분비되어 신체 기관에 필요한 에너지를 만드는 데 중요한 에너지원이 된다."라고 서술된 부분을 통해 확인된다.

③ 다섯 번째 단락에서 "성인의 내장 지방세포의 경우, 카테콜아민-자극 지방 분해 속도는 여성이 남성보다 빠르며, 지방세포에서 분비된 리파아제의 활성은 남성이 여성보다 더 높다. 반면에 성인의 둔부와 대퇴부의 피하 지방세포의 경우, 카테콜아민-자극 지방 분해 속도는 남성이 여성보다 빠르며, 에스테르화되는 중성지방의 양은 여성이 남성보다 더 많다."라고 제시된 부분을 통해, 남성은 복부 창자의 내장 지방세포에 지방이 많이 축적되는 반면 여성은 둔부와 대퇴부의 피부조직 아래의 피하 지방세포에 지방이 주로 축적된다는 점을 확인할 수 있다.

④ 첫 번째 단락에서 "음식물 형태로 섭취된 지방은 소화 과정에서 효소들의 작용에 의해 중성지방으로 전환되어 작은창자에서 흡수"된다고 서술된 부분을 통해 확인된다.

⑤ 두 번째 단락에서 "일반적으로 기초 지방 분해 과정에 의한 중성지방의 분해 속도는 지방세포의 크기가 클수록 빨라진다."라고 서술된 부분을 통해 확인된다.

[정답] ①

08번 문제를 풀이하면 다음과 같습니다.

① 세 번째 단락에서 "성장 호르몬은 카테콜아민-자극에 대한 민감도를 증가시켜 지방 분해를 촉진하는 (중략) 것으로 알려져 있다."라고 서술되었다. 그런데 두 번째 단락에서 카테콜아민은 "지방세포 내 호르몬-민감 리파아제의 활성화를 통해" 지방 분해를 촉진한다고 제시되었으므로, 이 두 내용을 순서대로 연결하면 성장 호르몬이 카테콜아민-자극에 대한 민감도를 증가시킴으로써 호르몬-민감 리파아제의 활성을 증가시킨다고 정리될 수 있다.

② 첫 번째 단락에서 "지방세포에서 분비되어 옮겨진" 리파아제에 의해 "지방산과 글리세롤로 분해된 후 지방세포 내로 흡수된다."라고 제시되었다. 따라서 지방세포에서 분비된 리파아제는 지방을 지방산과 글리세롤로 분해하는 기능을 하므로 오히려 지방산 분비를 증가시킬 것이다.

③ 첫 번째 단락에서 "중성지방은 작은창자의 세포 내로 직접 흡수되지 못하기 때문에 췌장에서 분비된 지방 분해 효소인 리파아제에 의해 지방산과 글리세롤로 분해되어 흡수된다."라고 제시되었으므로 췌장에서 분비된 리파아제의 활성이 억제되면 체내에 지방 축적이 감소될 것이다.

④ 두 번째 단락에 따르면 지방이 분해되는 방식에는 두 가지가 있는데, 이 중 에너지가 많이 필요할 때 일어나는 지방 분해는 '카테콜아민-자극 지방 분해'이다. 카테콜아민-자극 지방 분해가 이루어지려면 "지방세포 내 호르몬-민감 리파아제의 활성화"가 요구되므로, 이를 연결하면 많은 에너지가 요구될 때 지방세포 내 호르몬-민감 리파아제의 활성이 증가한다고 정리될 수 있다.

⑤ 첫 번째 단락에서 "중성지방이 지방세포 근처의 모세혈관에 도달하였을 때, 모세혈관 세포의 세포막에 붙어 있는 리파아제에 의해 다시 지방산과 글리세롤로 분해된 후 지방세포 내로 흡수된다."라고 제시되었다. 따라서 모세혈관 세포의 세포막에 붙어 있는 리파아제가 활성화되면 에스테르화되는 지방산과 글리세롤의 양이 증가한다고 추론될 수 있다.

[정답] ②

09번 문제를 풀이하면 다음과 같습니다.

지문에 제시된 성별에 따른 지방 축적 및 분해 양상의 차이는 다음과 같다.

〈성호르몬 차이에 따른 지방의 축적 양상〉

구분	내장	둔부 및 대퇴부
카테콜아민–자극 지방 분해	남성 < 여성	남성 > 여성
리파아제의 활성	남성 > 여성	남성 < 여성

〈지방 축적 부위에 대한 남녀의 차이〉

구분	남성	여성
카테콜아민–자극 지방 분해 속도	둔부 및 대퇴부 피하 = 내장	둔부 및 대퇴부 피하 < 내장
지방이 주로 축적되는 부위	복부 창자의 내장	둔부 및 대퇴부의 피하

ㄱ. 여성 호르몬이 투여되었으므로 대퇴부 피하의 지방 축적이 증가할 것이다.

ㄴ. 남성 호르몬이 투여되었으므로 내장의 지방 축적이 증가할 것이다.

ㄷ. 성장 호르몬은 지방 분해를 촉진하고 지방세포 내 중성지방의 저장을 줄이는 기능을 하므로 성장 호르몬의 투여로 인해 내장의 지방은 감소하였을 것이다.

ㄹ. 여성 호르몬은 내장이 아닌 둔부 및 대퇴부의 피하 부위의 지방 축적을 촉진하는 기능을 수행하므로 내장의 지방 축적에는 변화가 없을 것이다.

[정답] ①

암세포의 대사 과정은 정상 세포와 다른 것으로 알려져 있다. 오토 바르부르크가 발표한 '바르부르크 효과'에 따르면 암세포는 '해당작용'을 주된 에너지 획득 기전으로 수행하고 또 다른 에너지 획득 방법인 '산화적 인산화'는 억제한다.

세포는 영양분으로 섭취한 큰 분자를 작은 분자로 쪼개는 과정을 통해 ATP를 생성하는데 이 과정을 '이화작용'이라고 한다. 또한 ATP와 같은 고에너지 분자의 에너지를 이용하여 세포의 성장과 분열을 위해 작은 분자로부터 단백질, 핵산과 같은 거대 분자를 합성하는 과정을 '동화작용'이라고 한다. 이화작용을 통해 ATP를 생산하기 위해 세포는 영양 물질을 내부로 수송하는데, 가장 대표적인 영양 물질인 포도당은 세포 내부로 이동하여 해당작용과 산화적 인산화를 통해 작은 분자로 분해된다. 이론적으로 포도당 1개가 가지고 있는 에너지가 전부 ATP로 전환될 경우 36개 또는 38개의 ATP가 만들어진다. 이 중 2개의 ATP는 세포질에서 일어나는 해당작용을 통해, 나머지는 미토콘드리아에서 대부분 산화적 인산화를 통해 만들어진다.

해당작용과 산화적 인산화는 수행되는 장소도 다르지만 요구 조건도 다르다. 해당작용에는 산소가 필요하지 않지만, 산화적 인산화에는 필수적이다. 세포 내부에 산소가 부족하면 산화적 인산화는 일어나지 못하고 해당작용만 진행되며, 이 경우에는 해당작용의 최종 산물인 피루브산이 젖산으로 바뀌는 젖산 발효가 일어난다. 심폐 기능에 비해 과격한 운동을 하였을 때 근육 세포에서 생성된 젖산이 근육에 축적된다. 젖산 발효 과정은 해당작용에 필요한 조효소 NAD^+의 재생산을 위해 필수적이다. NAD^+로부터 해당작용의 또 다른 생성물인 조효소 NADH가 생성되기 때문이다. 해당작용에서 포도당 1개가 2개의 피루브산으로 분해될 때 NADH가 2개 만들어지고, NADH 1개당 3개의 ATP를 산화적 인산화를 통해 만들 수 있는데, 젖산 발효를 하는 세포는 NADH를 에너지가 낮은 상태인 NAD^+로 전환하는 손해를 감수한다.

바르부르크 효과는 산소가 있어도 해당작용을 산화적 인산화에 비해 선호하는 암세포 특이적 대사 과정인 '유산소 해당작용'을 뜻한다. 암세포가 더 빨리 분열하는 악성 암세포로 변하면 산화적 인산화에 대한 의존을 줄이고 해당작용에 대한 의존이 증가한다. 약물 처리 등으로 그 반대의 경우가 되면, 해당작용에 대한 의존이 줄고 산화적 인산화에 대한 의존이 증가한다. 유산소 해당작용을 수행하는 암세포는 포도당 1개당 ATP 2개만을 생산하는 효율이 떨어지는 해당작용에 에너지 생산을 대부분 의존하므로 정상 세포에 비해 포도당을 더 많이 세포 내부로 수송하고 젖산을 생산한다.

바르부르크 효과의 원인에 대해 다음 세 가지 설명이 있다. 첫 번째는 암세포의 빠른 성장 때문에 세포의 성장에 필요한 거대 분자를 동화작용을 통해 만들기 위해 해당작용의 중간 생성 물질을 동화작용의 재료로 사용하려고 해당작용에 집중한다는 것이다. 두 번째는 체내에서 암세포의 분열로 암 조직의 부피가 커져서 산소가 그 내부까지 충분히 공급되지 못하기 때문에 암세포가 산소가 없는 환경에 적응하도록 진화했다는 것이다. 세 번째는 미토콘드리아의 기능을 암세포가 억제하여 미토콘드리아에 의해 유발되는 세포 자살 프로그램의 실행을 방해함으로써 스스로의 사멸을 막으려 한다는 이론이다. 바르부르크는 이러한 암세포 특이적 대사과정의 변이를 발암의 원인으로 설명하였다. 그러나 최근의 연구에서는 발암 유전자의 활성화와 암 억제 유전자에 생기는 돌연변이가 주된 발암 원인이고, 바르부르크 효과는 암의 원인이라기보다는 그러한 돌연변이에 의한 결과로 발생하는 것으로 밝혀졌다.

01. 윗글과 일치하는 것은?

① 해당작용의 산물 중 NADH는 미토콘드리아에서 ATP를 추가로 생산하는 데 사용되지 않는다.

② 해당과정 중 소비되는 NADH의 재생산은 해당작용의 지속적 수행에 필수적이다.

③ 심폐기능에 비해 과격한 운동을 하면 근육에서 젖산은 늘어나고 NAD^+는 줄어든다.

④ 동화작용에서 거대 분자를 만들 때 해당작용의 중간 생성물이 사용된다.

⑤ 바르부르크 효과에 의해 암 억제 유전자의 돌연변이가 유발된다.

02. 윗글에서 추론한 것으로 적절하지 않은 것은?

① 미토콘드리아의 기능이 상실되면 NADH로부터 ATP를 만들지 못한다.

② 유산소 해당작용을 수행하는 암세포는 산소가 충분히 존재할 때에도 해당과정의 산물을 NAD^+와 젖산으로 전환시킨다.

③ 포도당 1개가 가지고 있는 에너지가 전부 ATP로 전환될 때 미토콘드리아에서 34개 또는 36개의 ATP가 만들어진다.

④ 포도당 1개가 피루브산 2개로 분해되었고 이때 생성된 조효소의 에너지도 모두 미토콘드리아에서 ATP로 전환되었다면, 이 과정에서 생성된 ATP는 모두 8개이다.

⑤ 암세포의 유산소 해당작용 과정 중 포도당 1개당 생산되는 ATP의 개수는 정상세포의 산소가 있을 때 수행되는 해당작용의 과정 중 포도당 1개당 생산되는 NADH의 개수보다 많다.

03. 윗글과 <보기>를 바탕으로 한 설명으로 가장 적절한 것은?

―〈보 기〉―

암을 진단하기 위해 사용되는 PET(양전자 방출 단층촬영)는 방사성 포도당 유도체를 이용하는 핵의학 검사법이다. 방사성 포도당 유도체는 포도당과 구조적으로 유사하여 암 조직과 같은 포도당의 흡수가 많은 신체 부위에 수송되어 축적되므로 단층촬영을 통해 체내에서 양전자를 방출하는 방사성 포도당 유도체의 분포를 추적할 수 있다.

① 피루브산이 젖산으로 전환되는 양이 증가하면 방사성 포도당 유도체의 축적이 줄어들 것이다.

② 포도당이 피루브산으로 전환되는 양이 감소하면 방사성 포도당 유도체의 축적이 늘어날 것이다.

③ 세포 내부의 산소가 줄어들어도 동일한 양의 ATP를 생성하려면 방사성 포도당 유도체의 축적이 늘어날 것이다.

④ ATP의 생성을 해당작용에 좀 더 의존하도록 대사 과정의 변화가 일어난다면 방사성 포도당 유도체의 축적이 줄어들 것이다.

⑤ ATP의 생성을 산화적 인산화에 좀 더 의존하도록 대사 과정의 변화가 일어난다면 방사성 포도당 유도체의 축적이 늘어날 것이다.

사람의 성염색체에는 X와 Y 염색체가 있다. 여성의 난자는 X 염색체만을 갖지만, 남성의 정자는 X나 Y 염색체 중 하나를 갖는다. 인간의 성은 여성의 난자에 X 염색체의 정자가 수정되는지, 아니면 Y 염색체의 정자가 수정되는지에 따라 결정된다. 전자의 경우는 XX 염색체의 여성으로, 후자의 경우는 XY 염색체의 남성으로 발달할 수 있게 된다.

인간과 같이 두 개의 성을 갖는 동물의 경우, 하나의 성이 성 결정의 기본 모델이 된다. 동물은 종류에 따라 기본 모델이 되는 성이 다르다. 조류의 경우 대개 수컷이 기본 모델이지만, 인간을 포함한 포유류의 경우 암컷이 기본 모델이다. ㉠기본 모델이 아닌 성은 성염색체 유전자의 지령에 의해 조절되는 일련의 단계를 거쳐, 개체 발생 과정 중에 기본 모델로부터 파생된다. 따라서 남성의 형성에는 여성 형성을 위한 기본 프로그램 외에도 Y 염색체에 의해 조절되는 추가적인 과정이 필요하다. Y 염색체의 지령에 의해 생성된 남성 호르몬의 작용이 없다면 태아는 여성이 된다.

정자가 난자와 수정된 초기에는 성 결정 과정이 억제되어 일어나지 않는다. 약 6주가 지나면, 고환 또는 난소가 될 단일성선(單一性腺) 한 쌍, 남성 생식 기관인 부고환·정관·정낭으로 발달할 볼프관, 여성 생식 기관인 난관과 자궁으로 발달할 뮐러관이 모두 생겨난다. 볼프관과 뮐러관은 각기 남성과 여성 생식 기관 일부의 발생에만 관련이 있으며, 두 성을 구분하는 외형적인 기관들은 남성과 여성 태아의 특정 공통 조직으로부터 발달한다. 이러한 공통 조직이 남성의 음경과 음낭이 될지, 아니면 여성의 음핵과 음순이 될지는 태아의 발생 과정에서 추가적인 남성 호르몬 신호를 받느냐 받지 못하느냐에 달려 있다.

임신 7주쯤에 Y 염색체에 있는 성 결정 유전자가 단일성선에 남성의 고환 생성을 명령하는 신호를 보내면서 남성 발달 과정의 첫 단계가 시작된다. 단일성선이 고환으로 발달하고 나면, 이후의 남성 발달 과정은 새로 형성된 고환에서 생산되는 호르몬에 의해 조절된다. 적절한 시기에 맞춰 고환에서 분비되는 호르몬 신호가 없다면 태아는 남성의 몸을 발달시키지 못하며, 심지어 정자를 여성에게 전달하는 데 필요한 음경조차 만들어내지 못한다.

고환이 형성되고 나면 고환은 먼저 항뮐러관형성인자를 분비하여 뮐러관을 없애라는 신호를 보낸다. 이 신호에 반응하여 뮐러관이 제거될 수 있는 때는 발생 중 매우 짧은 시기에 국한되기 때문에 이 신호의 전달 시점은 매우 정교하게 조절된다. 그 다음에 고환은 남성 생식기의 발달을 촉진하기 위해 볼프관에 또 다른 신호를 보낸다. 주로 대표적인 남성 호르몬인 테스토스테론이 이 역할을 담당하는데 이 호르몬이 수용체에 결합하면 볼프관은 부고환·정관·정낭으로 발달한다. 이들은 모두 고환에서 음경으로 정자를 내보내는 데 관여하는 기관이다. 만약 적절한 시기에 고환으로부터 이와 같은 호르몬 신호가 볼프관에 전달되지 않으면 볼프관은 임신 후 14주 이내에 저절로 사라진다. 이외에도 테스토스테론이 효소의 작용에 의하여 변화되어 생긴 호르몬인 디하이드로테스토스테론은 전립선, 요도, 음경, 음낭 등과 같은 남성의 생식 기관을 형성하도록 지시한다. 형성된 음낭은 임신 후기에 고환이 복강에서 아래로 내려오면 이를 감싼다.

여성 태아에서 단일성선을 난소로 만드는 변화는 남성 태아보다 늦은 임신 3~4개월쯤에 시작한다. 이 시기에 남성의 생식 기관을 만드는 데 필요한 볼프관은 호르몬 신호 없이도 퇴화되어 사라진다. 여성 신체의 발달은 남성에서처럼 호르몬 신호에 전적으로 의존하지는 않지만, 여성 호르몬인 에스트로젠이 난소의 적절한 발달과 정상적인 기능 수행에 필수적인 요소로 작용한다고 알려져 있다.

04. 윗글의 내용과 일치하는 것은?

① 포유류는 X 염색체가 없으면 수컷이 된다.

② 사람의 고환과 난소는 각기 다른 기관으로부터 발달한다.

③ 항뮐러관형성인자의 분비는 테스토스테론에 의해 촉진된다.

④ Y 염색체에 있는 성 결정 유전자가 없으면 볼프관은 퇴화된다.

⑤ 뮐러관이 먼저 퇴화되고 난 후 Y 염색체의 성 결정 유전자에 의해 고환이 생성된다.

05. 윗글을 바탕으로 <보기>의 '사람'에 대해 추론한 것으로 가장 적절한 것은?

─〈보 기〉─

'남성 호르몬 불감성 증후군'을 가진 <u>사람</u>은 XY 염색체를 가지고 있어 항뮐러관형성인자와 테스토스테론을 만들 수 있다. 하지만 이 사람은 남성 호르몬인 테스토스테론과 디하이드로 테스토스테론이 결합하는 수용체에 돌연변이가 일어나 남성 호르몬에 반응하지 못하여 음경과 음낭을 만들지 못한다. 그리고 부신에서 생성되는 에스트로젠의 영향을 받아 음핵과 음순이 만들어져 외부 성징은 여성으로 나타난다.

① 몸의 내부에 고환을 가지고 있다.

② 부고환과 정관, 정낭을 가지고 있다.

③ 난소가 생성되어 발달한 후에 배란이 진행된다.

④ Y 염색체의 성 결정 유전자가 발현하지 않는다.

⑤ 뮐러관에서 발달한 여성 내부 생식기관을 가지고 있다.

06. ㉠의 이론을 강화하는 내용으로 볼 수 있는 것은?

① 한 마리의 수컷과 여러 마리의 암컷으로 이루어진 물고기 집단에서 수컷을 제거하면 암컷 중 하나가 테스토스테론을 에스트로젠으로 전환하는 효소인 아로마테이즈 유전자의 발현을 줄여 수컷으로 성을 전환한다.

② 붉은귀거북의 경우 28℃ 이하의 온도에서는 수컷만, 31℃ 이상의 온도에서는 암컷만 태어나고 그 중간 온도에서는 암컷과 수컷이 50:50의 비율로 태어난다.

③ 제초제 아트라진에 노출된 수컷 개구리는 테스토스테론이 에스트로젠으로 전환되어 암컷 개구리로 성을 전환한다.

④ 생쥐의 수컷 성 결정 유전자를 암컷 수정란에 인위적으로 삽입하면 고환과 음경을 가진 수컷 생쥐로 발달한다.

⑤ 피리새 암컷에 테스토스테론을 인위적으로 투여하면 수컷처럼 노래한다.

세포는 현미경으로 관찰하면 작은 물방울처럼 보이지만 세포 내부는 기름 성분으로 이루어진 칸막이에 의해 여러 구획으로 나누어져 있다. 서랍 속의 칸막이가 없으면 물건이 뒤섞여 원하는 것을 찾기 힘들어지듯이 세포 안의 구획이 없으면 세포 안의 구성물, 특히 단백질이 마구 섞이게 되어 세포의 기능에 이상이 생길 수 있다. 그러므로 각각의 단백질은 저마다의 기능에 따라 세포 내 소기관들, 세포질, 세포 외부나 세포막 중 필요한 장소로 수송되어야 한다.

세포 외부로 분비된 단백질은 호르몬처럼 다른 세포에 신호를 전달하는 역할을 하고, 세포막에 고정되어 위치하는 단백질은 외부의 신호를 안테나처럼 받아들이는 수용체 역할을 하거나 물질을 세포 내부로 받아들이는 통로 역할을 수행한다. 반면 세포 내 소기관으로 수송되는 단백질이나 세포질에 존재하는 단백질은 각각 세포 내 소기관 또는 세포질에서 수행되는 생화학 반응을 빠르게 진행하도록 하는 촉매 역할을 주로 수행한다.

단백질은 mRNA의 정보에 의해 리보솜에서 합성된다. 리보솜은 세포 내부를 채우고 있는 세포질에 독립적으로 존재하다가 mRNA와 결합하여 단백질 합성이 개시되면 세포질에 머물면서 계속 단백질 합성을 진행하거나 세포 내부의 소기관인 소포체로 이동하여 소포체 위에 부착하여 단백질 합성을 계속한다. 리보솜이 이렇게 서로 다른 세포 내 두 장소에서 단백질 합성을 수행하는 이유는 합성이 끝난 단백질을 그 기능에 따라 서로 다른 곳으로 보내야 하기 때문이다. 세포질에서 독립적으로 존재하는 리보솜에서 완성된 단백질은 주로 세포질, 세포핵·미토콘드리아와 같은 세포 내 소기관으로 이동하여 기능을 수행한다. 반면 소포체 위의 리보솜에서 합성이 끝난 단백질은 세포 밖으로 분비되든지, 세포막에 위치하든지, 또는 세포 내 소기관들인 소포체나 골지체나 리소솜으로 이동하기도 한다. 소포체·골지체·리소솜은 모두 물리적으로 연결되어 있으므로 소포체 위의 리보솜에서 만들어진 단백질의 이동이 용이하다. 또한 세포막에 고정되어 위치하거나 세포막을 뚫고 분비되는 단백질은 소포체와 골지체를 거쳐 소낭에 싸여 세포막 쪽으로 이동한다.

소포체 위의 리보솜에서 완성된 단백질은 소포체와 근접한 거리에 있는 또 다른 세포 내 소기관인 골지체로 이동하여 골지체에서 추가로 변형된 후 최종 목적지로 향하기도 한다. 이 단백질 합성 후 추가 변형 과정은 아미노산이 연결되어서 만들어진 단백질에 탄수화물이나 지질 분자를 붙이는 과정으로서 아미노산만으로는 이루기 힘든 단백질의 독특한 기능을 부여해준다. 일부 소포체에서 기능하는 효소는 소포체 위의 리보솜에서 단백질 합성을 완료한 후 골지체로 이동하여 변형된 다음 소포체로 되돌아온 단백질이다.

과연 단백질은 어떻게 자기가 있어야 할 세포 내 위치를 찾아갈 수 있을까? 그것을 설명하는 것이 '신호서열 이론'이다. 어떤 단백질은 자기가 배송되어야 할 세포 내 위치를 나타내는 짧은 아미노산 서열로 이루어진 신호서열을 가지고 있다. 예를 들어 KDEL 신호서열은 소포체 위의 리보솜에서 합성된 후 골지체를 거쳐 추가 변형 과정을 거친 다음 소포체로 되돌아오는 단백질이 가지고 있는 신호서열이다. 또한 NLS는 세포질에 독립적으로 존재하는 리보솜에서 합성되어 세포핵으로 들어가는 단백질이 가지고 있는 신호서열이고 NES는 반대로 세포핵 안에 존재하다가 세포질로 나오는 단백질이 가지고 있는 신호서열이다. 그리고 세포질에 독립적으로 존재하는 리보솜에서 만들어진 단백질을 미토콘드리아로 수송하기 위한 신호서열인 MTS도 있다.

이러한 신호서열 이론을 증명하는 여러 실험이 수행되었다. ㉠KDEL 신호서열을 인위적으로 붙여준 단백질은 원래 있어야 할 곳 대신 소포체에 위치하는 것으로 관찰되어 KDEL이 소포체로의 단백질 수송을 결정하는 신호서열이라는 결론이 내려졌다. ㉡소포체에 부착한 리보솜에서 만들어진 어떤 단백질이 특정한 신호서열이 있어서 세포 밖으로 분비되는 것인지, 아니면 그 단백질이 신호서열을 전혀 가지고 있지 않아서 세포 밖으로 분비되는 것인지 확인하는 실험도 수행되었는데 세포의 종류에 따라 각기 다르다는 결론이 내려졌다. ㉢세포 내 특정 장소로 가기 위한 신호서열을 가지고 있지 않은 단백질이 어떻게 특정 장소로 이동하는지를 확인하는 실험을 한 결과 특정 장소로 수송하기 위한 신호서열을 가지고 있는 단백질과의 결합을 통해 신호서열이 지정하는 특정 장소로 이동할 수 있다는 결론을 얻었다.

07. 윗글의 내용과 일치하지 않는 것은?

① 세포막에서 수용체 역할을 하는 단백질은 소포체 위의 리보솜에서 합성된 것이다.

② 세포질 안에서 사용되는 단백질은 세포질에 독립적으로 존재하는 리보솜에서 합성된 것이다.

③ 골지체에서 변형된 후 소포체로 돌아온 단백질은 소포체 위의 리보솜에서 합성된 것이다.

④ 세포핵으로 수송되는 단백질은 세포 밖으로 분비되는 단백질과 다른 곳에 위치한 리보솜에서 합성된 것이다.

⑤ 미토콘드리아로 수송되는 단백질과 세포막에 위치하는 단백질은 같은 곳에 위치한 리보솜에서 합성된 것이다.

08. 윗글을 바탕으로 추론한 것으로 적절하지 않은 것은?

① KDEL 신호서열을 가지고 있는 단백질은 NLS가 없을 것이다.

② KDEL 신호서열을 가지고 있는 소포체로 최종 수송된 단백질은 골지체에서 변형을 거쳤을 것이다.

③ NLS가 없는 세포핵 안에 존재하는 단백질은 NLS가 있는 다른 단백질과 결합하여 세포핵 안으로 수송되었을 것이다.

④ NLS가 있으나 NES가 없는 단백질은 합성 후 세포핵에 위치한 다음 NES가 있는 단백질과 결합하면 다시 세포핵 밖으로 나갈 수 있을 것이다.

⑤ NLS와 NES를 모두 가졌으나 세포 외부에서 발견되는 단백질은 세포질에 독립적으로 존재하는 리보솜에서 합성된 단백질과 결합하여 세포 외부로 이동하였을 것이다.

09. ㉠~㉢에 대한 평가로 적절한 것만을 <보기>에서 있는 대로 고른 것은?

─────〈보 기〉─────

a. KDEL 신호서열이 있는 어떤 단백질의 KDEL 신호서열을 인위적으로 제거하면 소포체로 이동하지 않는다는 실험 결과는 ㉠의 결론을 강화한다.

b. NLS를 가진 어떤 단백질의 NLS를 인위적으로 제거하면 세포 밖으로 분비된다는 실험 결과는 ㉡의 결론을 강화한다.

c. MTS가 없는 어떤 단백질이 MTS가 있는 단백질과 결합하여 미토콘드리아에서 발견된다는 실험 결과는 ㉢의 결론을 강화한다.

① a   ② b   ③ a, c

④ b, c   ⑤ a, b, c

우리 몸의 수많은 세포들은 정자와 난자가 수정하여 형성된 단일 세포인 접합체가 세포 분열을 하여 만들어진 것이다. 포유류의 경우, 접합체의 세포 분열로 형성되는 초기 배반포 단계에서 나중에 태반의 일부가 되는 영양외배엽 세포와 그에 둘러싸인 속세포덩어리가 형성되는데, 이 속세포덩어리는 나중에 태아를 이루는 모든 세포로 분화되는 다능성(多能性)을 지닌다. 그렇다면 속세포덩어리는 어떻게 만들어질까?

접합체는 3회의 세포 분열을 통해 8개의 구형(球形) 세포로 구성된 8-세포가 된 후, 형태를 변화시키는 밀집 과정을 통해 8-세포 상실배아가 된다. 다음으로, 8-세포 상실배아는 세포의 보존 분열과 분화 분열로 16-세포 상실배아가 되는데, 보존 분열은 분열 후 두 세포의 성질이 같은 경우이며, 분화 분열은 분열 후 두 세포의 성질이 서로 다른 경우이다. 8-세포 상실배아의 일부 세포는 보존 분열로 16-세포 상실배아의 표층을 형성하는 세포들이 되고, 나머지 세포는 분화 분열로 16-세포 상실배아의 표층에 1개, 내부에 1개로 갈라져서 분포함으로써, 16-세포 상실배아는 표층 세포와 내부 세포로 구분되는 모습을 처음으로 띠게 된다. 한편 이 두 갈래의 세포 분열은 16-세포 상실배아에서도 일어나서 32-세포 상실배아가 형성된다. 32-세포 상실배아의 표층 세포들은 이후 초기 배반포의 영양외배엽 세포들로 분화되고 내부 세포들은 속세포덩어리 세포들로 분화된다.

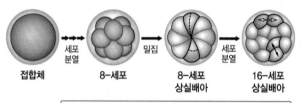

접합체   세포 분열   8-세포   밀집   8-세포 상실배아   세포 분열   16-세포 상실배아

----- 세포 분열 예정선 ⟷ 보존 분열 방향 ← 분화 분열 방향

여기서 문제는 16-세포 상실배아와 32-세포 상실배아의 세포가 어떻게 서로 다른 성질을 가진 세포로 분화되는가이다. 이에 대해 두 개의 가설이 제시되었다. 먼저 '내부-외부 가설'은 하나의 세포가 주변 세포와의 접촉 정도와 외부 환경에의 노출 여부에 따라 서로 다르게 분화된다고 보았다. 곧 상실배아의 내부 세포는 표층 세포보다 주변 세포와의 접촉 정도가 더 크고 바깥 환경과 접촉하지 못하므로 내부 세포와 표층 세포는 서로 다른 세포로 분화된다는 것이다.

그러나 8-세포 상실배아 상태에서 특정 물질들의 분포에 따라 한 세포가 성질이 다른 두 부분으로 구분된다는 것이 발견되면서, '양극성 가설'이 새로 제시되었다. 8-세포 단계에서 세포 내에 고르게 분포했던 어떤 물질들이 밀집 과정에서 바깥이나 안쪽 중 한쪽으로 쏠려 분포하게 되어 결과적으로 8-세포 상실배아의 각 세포는 두 부분으로 구분된다. 이 물질들을 양극성 결정 물질이라고 부르며, 이 물질의 분포에 따라 서로 다른 성질의 세포로 분화된다는 것이 '양극성 가설'이다. 이 가설에 따르면 8-세포 상실배아의 세포가 분화 분열되면서 형성된 16-세포 상실배아의 표층 세포는 원래 가지고 있던 양극성 결정 물질의 분포를 유지하지만, 분열로 만들어진 내부 세포에는 분열 이전에 바깥쪽에 쏠려 분포했던 양극성 결정 물질이 없다. 표층 세포와 내부 세포의 이런 차이 때문에 분화될 세포의 유형이 다르게 된다는 것이다.

과학자들은 상실배아의 표층 세포와 내부 세포의 분화와 관련하여 다능성-유도 물질 OCT4와 영양외배엽 세포 형성 물질 CDX2를 주목하였다. 8-세포 상실배아의 모든 세포에서 OCT4는 고르게 분포하지만, CDX2는 그렇지 않다. 이는 양극성 결정 물질 중 세포의 바깥 부분에만 있는 물질이 CDX2를 세포 바깥쪽에 집중적으로 분포하게 하기 때문이다. 이후 16-세포 상실배아가 되면, 표층 세포에서는 OCT4가 점차 없어지는 반면, 내부 세포에서는 잔류 CDX2가 점차 없어지는데, 이는 표층 세포에서는 CDX2가 OCT4의 발현을 억제하고, 내부 세포에서는 OCT4가 CDX2의 발현을 억제하기 때문이다. 한편 CDX2를 발현시키는 물질의 기능을 억제하는 '히포' 신호 전달 기전 또한 관련 현상으로 연구되었다. 이에 따르면, 16-세포 상실배아의 모든 세포에 존재하는 이 기전은 주변 세포와의 접촉이 커지면 활성화되어 CDX2의 양이 감소한다. 이러한 연구 결과들은 CDX2와 OCT4의 상호 작용이 분화 분열로 만들어진 두 세포가 달라지는 원인임을 말해 준다.

10. 속세포덩어리의 형성과 관련하여 윗글을 통해 알 수 없는 것은?

① 속세포덩어리로 세포가 분화되는 과정

② 속세포덩어리로 분화될 세포의 양극성 존재 여부

③ 속세포덩어리로 분화될 세포가 최초로 형성되는 시기

④ 속세포덩어리가 될 세포의 수를 결정하는 물질의 종류

⑤ 속세포덩어리가 될 세포를 형성하기 위한 세포 분열의 방법

11. 16-세포 상실배아기 동안 일어나는 현상으로 옳은 것은?

① 내부 세포에서 CDX2를 발현시키는 물질의 기능이 활성화된다.

② 보존 분열에 의해 형성된 세포에서 '히포' 신호 전달 기전이 활성화된다.

③ 표층 세포의 바깥쪽 부분에서 CDX2의 발현을 억제하는 OCT4의 영향력이 증가한다.

④ 분화 분열에 의해 형성된 내부 세포에서 CDX2 양에 대한 OCT4 양의 비율이 감소한다.

⑤ 표층 세포와 내부 세포 간에 CDX2의 분포를 결정하는 양극성 결정 물질의 양에 차이가 생긴다.

12. <보기>는 여러 단계의 상실배아에 있는 세포에 조작을 가하여 배양한 결과를 정리한 것이다.
실험 결과가 해당 가설을 지지할 때, ㉠, ㉡, ㉢으로 알맞은 것은?

〈보 기〉

대상 세포	가해진 조작	배양된 세포 유형	가설
32-세포 상실배아의 내부에 있는 세포	인위적인 방법을 사용하여 표층으로 옮겨 배양	㉠	내부-외부 가설
16-세포 상실배아의 내부에 있는 세포	채취하여 단독으로 배양	㉡	내부-외부 가설
8-세포 상실배아에 있는 세포	채취하여 바깥쪽에 쏠려 있는 양극성 결정 물질의 기능을 억제하는 물질을 주입한 후 단독으로 배양	㉢	양극성 가설

	㉠	㉡	㉢
①	영양외배엽	영양외배엽	영양외배엽
②	영양외배엽	영양외배엽	속세포덩어리
③	영양외배엽	속세포덩어리	속세포덩어리
④	속세포덩어리	속세포덩어리	영양외배엽
⑤	속세포덩어리	속세포덩어리	속세포덩어리

정답 및 해설 p.36

해커스 LEET

이재빈

언어이해 심화

개정 2판 2쇄 발행 2024년 3월 18일
개정 2판 1쇄 발행 2023년 1월 16일

지은이	이재빈
펴낸곳	해커스패스
펴낸이	해커스로스쿨 출판팀

주소	서울특별시 강남구 강남대로 428 해커스로스쿨
고객센터	1588-4055
교재 관련 문의	publishing@hackers.com
학원 강의 및 동영상강의	lawschool.Hackers.com

ISBN	979-11-6880-888-1 (13360)
Serial Number	02-02-01

합격을 꿈꾼다면,
해커스로스쿨 lawschool.Hackers.com

해커스로스쿨

• 해커스로스쿨 스타강사 이재빈 교수님의 **본 교재 인강**(교재 내 할인쿠폰 수록)

로스쿨로 향하는 **첫 시작,**

해커스 **LEET**

이재빈

최신개정판

언어이해 심화

정답 및 해설

해커스 LEET

이재빈
언어이해 심화

정답 및 해설

해커스로스쿨

PART 1 패턴별 기출문제

패턴 1 | 논증형 지문

p.38

01	02	03	04	05
③	④	③	②	④
06	07	08	09	10
③	②	②	①	①
11	12			
④	②			

01

정답 ③

분석 및 접근
'합리성'과 '권위'가 양립할 수 없다는 '권위의 역설'의 핵심적인 내용을 이해하였는지 확인하는 문제이다.

해설
① (O) 첫 번째 단락에 따르면 '권위의 역설'은 합리성과 권위가 양립할 수 없다는 개념이며, 그 개념에 대한 일반론적 논증을 전개하고 있다. 따라서 누구도 합리적이면서 동시에 권위를 따를 수는 없다.

② (O) 두 번째 단락에 따르면 권위 개념이 전제하는 실천적 추론의 구조(A)와 합리성 개념이 전제하는 실천적 추론의 구조(B)는 결코 화해할 수 없다고 서술되어 있다. 즉, 권위가 개입하여 이루어진 실천적 추론이라면, 이는 B에 해당하여 반드시 A가 될 수 없으므로 합리적이지 않다. 즉, A와 B의 교집합이 공집합이라는 의미이다.

③ (X) ①과 ② 해설에서 설명한 것처럼, '권위의 역설'에서 권위 개념에 기초한 합리적 행위란 존재할 수 없다. 권위 개념에 기초한 합리적 행위는 '권위의 역설'이 아닌 라즈가 제시한 사례에 등장한다.

④ (O) 합리적인 행위자는 권위에 따라 행동할 수 없다는 점은 ①과 ② 해설에서 설명되었듯이 적절한 내용에 해당한다. 또한 첫 번째 단락에 따르면 합리적인 행위자는 행위 자체에 대한 가치 판단을 근거로 판단을 내린다. 따라서 그 판단이 우연히 권위가 명하는 판단과 일치하는 경우에는 합리적인 행위자가 결과적으로 권위에 일치하는 판단을 내리는 경우도 충분히 가능하다.

⑤ (O) 첫 번째 단락에 따르면 합리적 행위자는 권위가 옳은 행위를 명했을 때, 그 명령 때문에 옳은 행위를 하는 것이 아니라 행위에 대한 가치 판단 때문에 옳은 행위를 하는 것이다. 따라서 ⑤에 제시된 상황에서 명령된 행위를 숙고한 끝에 그것을 하겠다고 판단하는 것은, 명령 때문에 하겠다고 판단한 것이 아니므로 명령자의 권위에 따르는 것이 아니다.

02

정답 ④

분석 및 접근
'배제적 근거'의 개념을 정확하게 이해하였는지를 사례 적용을 통해 확인하는 문제이다. 배제적 근거란 하위의 행위 근거보다 한 단계 위에 존재하면서 그러한 행위 근거들이 행위 여부를 결정하지 않도록 배제하는 상위의 행위 근거를 말한다. 즉, 행위 근거들을 배제하는 행위 근거가 바로 '배제적 근거'이다.

해설
① (O) '약속에 따른 손해'와 '약속에 따른 이익'이라는 하위 행위 근거를 배제하고 '약속'이라는 상위 행위 근거만을 근거로 삼고 행위를 하므로 배제적 근거에 해당한다.

② (O) '법이 도덕적이다.'와 '법이 도덕적이지 않다.'라는 하위 행위 근거를 배제하고 '법에서 금지한다'라는 상위 행위 근거만을 근거로 삼고 행위를 하므로 배제적 근거에 해당한다.

③ (O) '판결이 오심이다.'와 '판결이 오심이 아니다.'라는 하위 행위 근거를 배제하고 '판결에 해당한다.'는 상위 행위 근거만을 근거로 삼고 행위를 하므로 배제적 근거에 해당한다.

④ (X) 옳지 않은 행위라는 양심에 따른 윤리 판단은 행위 자체에 대한 가치 판단이므로 '옳다', '옳지 않다'와 같은 하위 행위 근거들을 배제하는 것을 행위 근거로 삼는 배제적 근거에 해당하지 않는다.

⑤ (O) 상관이 지시한 행위 자체에 대한 가치 판단을 배제하고 그것이 상관이 지시한 행위라는 상위 행위 근거만으로 행위하므로 배제적 근거에 해당한다.

03

정답 ③

분석 및 접근
'권위의 역설'과 이에 대한 라즈의 반박을 수식으로 정리하여 판단한다.
- 권위의 역설: $A \cap B = \varnothing$
- 라즈의 반박: $A \cap B \neq \varnothing$

해설
① (X) '행위 근거의 구조적 차원을 재구성하여'라는 설명은 적절하지만, 권위 개념을 정합성 있게 수정한 것이 아니라 합리성 개념이 전제하는 실천적 추론의 구조(B)를 정합성 있게 수정하였으므로 적절하지 않다.

② (X) 권위에 따른 행위를 유형화하는 방식의 논증은 라즈에 의해서 구사되지 않았으므로 적절하지 않다.

③ (O) 두 번째 단락에 따르면 권위 개념이 전제하는 실천적 추론의 구조(A)를 따르면서 그 행위 수행 과정이 합리적이라고 판단되는 사례가 존재한다면, 그 사례를 포괄하도록 (B)가 재구성되어야 한다. 이 경우 재구성된 (B)와 (A)에 모두 포함되는 교집합이 존재하게 되고, 그 교집합을 구성하는 원소는 세 번째 단락에 제시된 '앤의 투자 거절 사례'에 해당한다. 즉, 라즈는 (A)를 따르면서도 합리적인 사례를 제시함으로써 (A)와 (B)가 양립할 수 없다는 '권위의 역설'의 개념을 반박하

는 것이다. 이에 해당하는 내용은 '실천적 추론 구조를 분석하여 권위에 따른 행위가 합리적일 수 있는 가능성을 확보함'이므로 적절하다.

④ (X) 라즈가 제시한 사례는 앞서 정의한 권위의 개념에 따른 실천적 추론의 구조(A)에 해당하므로 '실천적 추론 구조가 다른 사례'라는 내용은 적절하지 않다. 실천적 추론의 구조(A)에 해당하는 사례에서 권위 개념을 유추 적용한 것이므로 뒤의 설명만을 보고 정답 선택지로 고를 수 있으므로 주의해야 한다. → 매력적 오답

⑤ (X) 권위의 역설에 대한 반례를 제시하였다는 설명은 적절하지만, 권위에 따른 행위가 옳은 행위로 귀결되었음을 입증한 것은 아니다.

04 정답 ②

분석 및 접근
도덕적 고려의 대상이 도덕 행위자와 도덕 피동자로 구분되며, 도덕 피동자의 범위를 획정하는 데 있어, 현상적 의식과 감응력의 개념이 구분되어 사용되고 있다는 점에 유의하여야 한다. 즉, **개념 분할**과 **개념 획정**에 유의하여 독해하여야 깔끔하게 해결할 수 있는 문제이다.

해설

① (O) 첫 번째 단락에 따르면, 도덕 공동체의 구성원은 도덕 행위자와 도덕 피동자로 이루어진다. 이 중 도덕 피동자는 도덕적 행동을 할 수 없는 존재이므로, 주어진 선지의 서술은 적절하다.

② (X) 첫 번째 단락에 따르면, 도덕 피동자는 도덕적 행동을 할 수 있는 능동적 능력은 없으나, 감응력을 가지고 있다. 세 번째 단락에 따르면, '감응력'은 '능동적인 측면'인 반면에 '현상적 의식'은 '수동적인 질적 느낌'에 해당하며, '감응력'을 가진 존재는 '현상적 의식'을 가지고 있다고 제시되었다. 따라서 도덕 피동자는 능동적인 주의력과 수동적인 의식적 상태를 모두 가지고 있다고 볼 수 있다.

③ (O) 네 번째 단락에서 "관계론적 접근은 우리와 더 밀접한 관계를 갖는 인종이나 성별을 우선해서 대우하는 차별주의를 옹호할 수 있다."고 제시되었으므로, 구체적 관계에 따라 관계론적 접근은 동물을 도덕적 고려의 대상에서 배제할 가능성도 있다.

④ (O) 세 번째 단락에서 "식물인간을 흔히 의식이 없는 상태라고 판단하는 것은 식물인간이 어떤 자극에도 반응하지 못한다는 행동주의적 관찰 때문이다. 이런 관찰은 식물인간이 그 자극에 대한 질적 느낌, 곧 현상적 의식을 가지지 않는다고 결론 내린다."는 부분을 통해, 식물인간이 고통을 느끼지 못한다는 판단, 즉 식물인간이 현상적 의식을 가지지 않는다는 판단이 식물인간이 자극에 반응하지 않는다는 관찰에서 비롯된 것임을 확인할 수 있다.

⑤ (O) 마지막 단락에서 제시된, 식물인간을 도덕적 고려 대상으로 삼을 수 있다는 입장은 식물인간을 도덕 행위자(스스로 행위에 책임을 질 수 있는 존재)로 간주하기 때문에 식물인간이 도덕 공동체의 구성원이 될 수 있다고 여기는 것이 아니다.

05 정답 ④

분석 및 접근
현상적 의식과 감응력 사이의 논리적 관계가 지문에서 명확하게 제시되었기 때문에 일종의 **논리 게임 문제**라고 생각하고 해결하여야 한다.

해설
- 현상적 의식이 없으면 감응력이 없다.
  = 감응력이 있으면 현상적 의식이 있다.
- 감응력이 없다고 해서 현상적 의식을 가지지 못하는 것은 아니다.
  = 현상적 의식을 가지고 있다고 해서 감응력을 가지고 있는 것은 아니다.

① (X) 감응력이 없다고 해서 현상적 의식을 가지지 못하는 것은 아니므로, '감응력 마비자'도 현상적 의식을 가지고 있을 수 있다.

② (X) 세 번째 단락에서 "(감응력이 없이 현상적 의식만 가지고 있는 경우에) 외부 자극에 좋고 싫은 적극적인 의미가 없어도 어떠한 감각 정보가 접수된다는 수동적인 질적 느낌을 가질 수 있기 때문이다."라고 제시된 부분을 통해, 감응력이 외부 자극에 대해 좋고 싫은 적극적인 의미를 접수하는 능력이라는 점을 확인할 수 있다. 따라서 감응력은 정보 접수적 측면도 가지고 있다는 점을 추론할 수 있다.

③ (X) 세 번째 단락에서 식물인간에 대한 행동주의적 관찰은 감응력이 없는 것으로 관찰된 식물인간에 대해 현상적 의식도 없는 것으로 결론 내린다고 제시되었다. 따라서 감응력은 행동주의적 기준으로 포착되지만 현상적 의식은 행동주의적 기준으로 포착되지 않는다는 점을 추론할 수 있다.

④ (O) 두 번째 단락에서 "커루더스는 고차원적 의식을 감응력의 기준으로" 간주한다는 점이 제시되었다. 따라서 커루더스는 감응력이 없는 존재를 고차원적 의식이 없다고 생각할 것이다.

⑤ (X) 두 번째 단락에 따르면, 싱어는 감응력을 도덕적 고려의 기준으로 삼으므로, 싱어는 감응력이 없는 대상에게 위해를 가하는 것이 비윤리적이라고 간주하지 않을 것이다.

06 정답 ③

분석 및 접근
철학 제재의 **논증형 지문**에서 빈번히 출제되는 **적절한 비판 찾기 문제**이다. 형식논리학으로 접근하여 해결하는 풀이와, 내용적으로 접근하여 해결하는 풀이가 모두 가능하다.
Tip) 적절한 비판 찾기(형식논리학)
"P → Q"라는 주장에 대한 논리적으로 적절한 비판은 "P → Not Q"라는 형태로 이루어져야 한다.

해설

㉠ 주장의 핵심은 "현상적 의식을 가진다면 도덕적 고려의 대상이 될 수 있다."는 것이므로, ㉠에 대한 가장 적절한 논리적 비판은 "현상적 의식을 가지면서 도덕적 고려의 대상이 될 수 없는 경우를 제시하는 것"이 된다.

① (X) ㉠은 현상적 의식을 가진다면 도덕적 고려의 대상이 될 수 있다는 주장이므로, 현상적 의식과 감응력을 모두 가진 존재만을 도덕적 고려의 대상으로 삼는다는 주장이 야기할 문제점을 지적하는 ①의 비판은 **허수아비 공격의 오류**에 해당한다.

② (X) 도덕 행위자와 도덕 피동자 사이의 도덕적 의무에 대한 내용은 ㉠을 비판하는 것과 무관하다.

③ (O) 주어진 선지는 현상적 의식을 갖는다 하더라도 감응력이 없다면 자신이 어떻게 취급받는지에 대해 신경 쓰지 않는다는 뜻이므로 도덕적 고려를 할 필요가 없다는 내용을 담고 있다. 이는 현상적 의식이 있어도 감응력이 없는 경우를 반박으로서 제시하는 것이므로 논리적으로나 내용적으로나 ㉠에 대한 가장 적절한 비판이 된다.
→ **절대적 정답**

④ (X) 주어진 선지의 내용은 도덕적 고려 대상에 대한 관계론적 접근에 대한 비판에 해당하므로 ㉠을 비판하는 것과 무관하다.

⑤ (X) 주어진 선지의 내용은 ㉠이 도출되기 위해 성립되어야 하는 전제에 해당하므로 ㉠을 비판하는 것이 아니라 오히려 ㉠이 성립되기 위해 요구되는 전제에 해당한다.

07
정답 ②

분석 및 접근
세 개의 이론의 차별화된 입장을 정확히 이해하였는지를 확인하는 문제이다.

해설

① (X) 두 번째 단락에 따르면 동물감정론은 동물의 포식 때문에 생겨나는 야생의 고통을 효용 계산에서 고려해야 하기 때문에 자연히 야생 동물의 포식을 방지해야 한다는 윤리적 의무를 함축하게 된다.

② (O) 다섯 번째 단락에 따르면 동물권리론은 인간은 '도덕 행위자'이므로 도덕적 의무를 지니지만, 동물은 '도덕 수동자'이므로 도덕적 의무를 지니지 않는다고 간주한다. 따라서 동물권리론은 인간은 다른 동물을 잡아먹지 않을 의무가 부여되나, 동물은 다른 동물을 잡아먹지 않을 의무가 부여되지 않는다고 논증한다. 따라서 동물권리론은 인간의 도덕 행위자 여부를 고려하여 인간이 동물에 대한 의무가 있는지를 판단하는 것이다.

③ (X) 포식에 관련한 비판은 동물감정론과 동물권리론이 모두 동물의 동물 포식마저도 방지할 과도한 윤리적 의무를 인간에게 부여한다는 점을 근거로 비판을 전개한다. 따라서 포식에 관련한 비판이 야생 동물의 포식을 방지할 윤리적 의무가 과도하다고 간주한다는 점에서, 야생 동물의 포식을 그르지 않다고 전제하고 있음을 추론할 수 있다. 이는 두 번째 단락에서 '동물의 포식을 막아야 한다는 주장은 자연 질서를 깨뜨리므로 올바르지 않다.'라는 내용을 통해 알 수 있다. 그러나 포식에 관련한 비판이 인간의 육식을 그르다고 판단하는지는 확인할 수 없다. 포식에 관련한 비판은 인간의 육식을 그르다고 전제하게 되면, 동물의 육식도 그르다는 결론에 이른다는 점을 비판하는 것이지, 인간의 육식이 그르다는 윤리적 판단을 동의하는 것이 아니다.
→ 매력적 오답

④ (X) 동물감정론과 동물권리론은 인간에게 동물의 포식을 금지할 도덕적 의무가 있다고 보는 것이지, 동물에게 포식 금지의 의무가 있다고 보는 것이 아니다.

⑤ (X) 동물감정론이 포식을 방지하는 행동을 그르다고 보는 까닭은 포식 동물의 제거로 인한 쾌락과 고통의 총량 변화가 감소할 가능성 때문이지, 생명 공동체의 안정성 파괴 때문이 아니다. 단, 포식에 관련한 비판은 생명 공동체의 안정성 파괴를 근거로 제시하고 있다.

08
정답 ②

분석 및 접근
공리주의와 의무론이 도출하게 되는 논리적 결론을 정확히 추론하고 있는지를 확인하는 문제이다.

해설

ㄱ. (O) 공리주의는 행위가 유발하는 쾌락과 고통의 합산량을 유일한 윤리적 판단의 근거로 간주하므로 포식 동물의 제거로 늘어날 쾌락의

총량이 고통의 총량보다 커지면 포식 동물을 제거해야 할 것이라는 결론에 도달하게 된다.

ㄴ. (X) 네 번째 단락에 따르면 인간의 기술이 발전할 수록 쾌락의 총량을 극대화하고 고통의 총량을 최소화하는 방식으로 동물의 포식에 개입할 수 있게 된다. 따라서 인간의 기술이 발전할수록 포식 행위를 금지해야 할 의무가 있는 대상들의 범위가 점점 증가하게 되고, 동물에 대한 윤리적 대우의 범위가 증가하게 된다. 따라서 인간의 기술 발전 수준에 비례하여 동물에 대한 윤리적 대우의 범위는 증가하게 된다.

ㄷ. (X) 의무론에 따르면 행위의 도덕성은 의무가 적절히 수행되었는지 여부에 의해서만 결정된다. 따라서 피식 동물을 구출할 능력이 있었다고 하더라도 피식 동물을 구출하는 행위가 도덕적 의무에 해당하지 않는다면, 인간은 반드시 그렇게 할 의무가 있는 것이 아니다.

ㄹ. (O) 다섯 번째 단락에 따르면 의무론은 윤리 비결과주의로서 행위의 결과가 아니라 행위 그 자체의 성격에 따라 윤리적 판단이 이루어져야 한다고 간주한다. 따라서 동물을 대하는 인간 행동에 대한 윤리적 판단도 마찬가지로 그 결과가 아닌 행동 그 자체의 성질에 의거해서 이루어져야 한다고 볼 것이다.

09
정답 ①

분석 및 접근
동물권리론이 포식에 관련한 비판에 대해 반박을 하는 논증에 존재하는 논리적 결함을 찾아내는 문제이다. 여섯 번째 단락을 생략하였어도 충분히 성립하는 문제인데, 여섯 번째 단락에서 자세하게 설명해 줌으로써 문제의 난이도가 감소하게 되었다.

해설

① (O) 다섯 번째 단락에 따르면 동물권리론이 포식에 관련한 비판에 대하여 제기한 재반박은 다음과 같다.
- 전제 1: 도덕 수동자는 자신의 행위를 조절할 능력이 없다.
- 전제 2: 도덕 수동자는 도덕적 의무를 지니지 않는다.
- 전제 3: 동물은 도덕 수동자에 해당한다.
- 결론 1: 따라서 동물은 다른 동물을 잡아먹지 않을 도덕적 의무가 없다.
- 결론 2: 따라서 동물이 다른 동물을 잡아먹는 것을 방지할 도덕적 의무도 존재하지 않는다.

결론 1이 결론 2를 도출한다고 추론한 것이 제시된 문제점에 해당한다. 결론 2의 주체가 누구냐에 따라서 도덕적 의무가 존재하는지 여부가 달라지는데, 만약 결론 2의 주체가 도덕 수동자가 아닌 도덕 행위자에 해당한다면, 도덕 수동자의 부도덕한 행위를 방지할 의무를 지니게 된다. 즉, 도덕 수동자가 윤리적 책임이 면책된다고 해서, 도덕 수동자의 비윤리적 행위를 방관할 의무가 도덕 행위자에게 면책되는 것은 아니므로 논리적 결함이 발생하는 것이다.

동물권리론의 논증	논증을 비판하기 위한 여섯 번째 단락의 예시
동물의 포식	어린 아이가 고양이를 괴롭히는 행위
인간이 동물의 포식을 방지할 도덕적 의무	부모가 어린 아이의 괴롭힘을 방지할 도덕적 의무

② (X) 어린 아이는 도덕 수동자에 해당하므로 어린 아이에게 도덕적 책임을 물을 수 없다는 결론을 도출하는 데에는 아무런 논리적 결함이 존재하지 않는다.

③ (X) 여섯 번째 단락에서 제시된 어린 아이는 포식하는 동물에 대한 유비이다. 따라서 동물권리론의 논증에 따르면 어린 아이는 도덕 수동자에 해당한다. 어린 아이는 도덕 수동자이므로 윤리적 의무에서 면책되지만, 어린 아이를 돌보는 부모는 도덕 행위자이므로 윤리적 의무에서 면책되지 않는다는 것이 문제점 에 대해 지문의 글쓴이가 제기한 재반박의 핵심이다.

④ (X) 권리 침해가 얼마나 잔인했느냐는 행위가 낳은 결과에 따른 판단이므로 윤리 결과주의에 해당한다. 동물권리론은 전형적인 의무론으로 윤리 비결과주의에 해당한다. 따라서 관련이 없는 내용이다.

⑤ (X) 피식 동물의 쾌락과 고통을 감수하는 능력을 윤리적 판단의 근거로 삼는 것은 동물감정론이지 동물권리론이 아니다. 따라서 관련이 없는 내용이다.

10
정답 ①

분석 및 접근

인격체와 비인격체의 개념을 자신의 배경지식으로 이해하고 풀이하려고 하면 틀리기 쉬운 문제이다. 지문에서 인격체와 비인격체에 대해 정의한 개념의 외연을 정확히 파악해야 한다. 지문에서 인격체와 비인격체의 개념을 획정한 것을 정리하면 다음과 같다.

- 인격체: 인간, 유인원과 같은 동물
- 비인격체: 물고기와 같은 동물

해설

① (X) 첫 번째 단락에 따르면 자율적 판단 능력을 가지고 있는지 여부에 따라 인격체와 비인격체가 구분되는데, 동물이라도 유인원에 해당하는 경우는 자율적 판단 능력을 갖추고 있으므로 인격체로 분류된다. 따라서 자율성의 존재 여부가 인간과 동물을 구분하는 기준이 된다는 설명은 타당하지 않으며, 자율성의 존재 여부가 인격체와 비인격체를 구분하는 기준이 된다는 내용으로 수정되어야 한다.

② (O) 세 번째 단락에서 '인격체는 비인격체에 비해 대단히 미래지향적이다.'라고 인격체와 비인격체에 대한 개념을 획정하고 있다. 이를 바탕으로 추론하면, '유인원과 같은 동물은 인간과 같은 미래 지향성을 갖지만, 물고기와 같은 동물은 인간에 비해 미래 지향성을 덜 갖는다.'라는 결론을 도출할 수 있다. 따라서 모든 동물이 인간과 같은 정도의 미래 지향성을 갖는 것이 아니라는 결론은 적절하다.

③ (O) 첫 번째 단락에서 제기되는 질문은 '인격체를 죽이는 것이 비인격체를 죽이는 것보다 더 심각한 문제가 되는 이유는 무엇인가?'이며, 이 질문을 정당화하는 논증을 세 가지 이론을 바탕으로 답변하고 있다. 즉, 인격체의 죽음과 비인격체의 죽음이 동등한 가치를 지니지 않다는 것을 전제하고 논증을 전개하는 것이다.

④ (O) 첫 번째 단락에서 '인간이나 유인원과 같은 동물은 자기의식을 지닌 합리적 존재'라고 인간을 인격체로 분리하고 있다. 따라서 자기 존재에 대한 의식은 인격체와 비인격체를 구분하는 중요한 기준임을 추론할 수 있다.

⑤ (O) 유인원과 같은 동물은 인간과 동일한 집합으로 분류되며, 이 집합에 속하는 모든 생명체들을 동등한 인격체로 간주한다는 전제하에서 모든 논증이 전개되고 있다. 또한 다섯 번째 단락에서 '인격체의 살생과 관련한 이러한 논변들은 인간뿐만 아니라 유인원과 같은 동물에도 적용되어야 한다.'라는 내용을 통해 알 수 있다.

11
정답 ④

분석 및 접근

제시된 세 가지 윤리 이론이 도출하게 되는 논리적 결론을 정확히 추론하고 있는지를 확인하는 문제이다.

해설

① (O) 세 번째 단락에 따르면 선호 공리주의는 어떤 행위에 의해 영향을 받는 선호들의 충족이나 좌절을 기준으로 행위에 대한 가치 평가를 내린다. 따라서 어떠한 선호를 가지지 않는 존재를 죽였다고 가정할 때, 애초에 그 존재는 선호가 존재하지 않았으므로 선호가 좌절되지 않았을 뿐만 아니라, 다른 존재에게 아무런 영향을 주지 않았다고 가정하였으므로 다른 존재들의 선호가 좌절되지도 않았다. 따라서 이 경우는 그 누구의 선호도 좌절되지 않았으므로 선호 공리주의에 따르면 나쁘다고 비난될 수 없다.

② (O) 두 번째 단락에 따르면 고전적 공리주의의 관점에서 '간접적 이유'를 근거로 살인 행위를 판단하는 것은 피살자가 아니라 다른 사람이 겪게 될 고통의 증가를 기준으로 살인 행위를 윤리적으로 판단하는 것이다. 따라서 아무도 모르게 고통을 주지 않고 살인을 하는 경우라면 '간접적 이유'를 근거로 한 고전적 공리주의로는 윤리적 비판이 불가능하다.

③ (O) 두 번째 단락에 따르면 고전적 공리주의의 관점에서 '직접적 이유'를 근거로 살인 행위를 판단하는 것은 피살자가 겪게 될 고통의 증가만을 기준으로 살인 행위를 윤리적으로 판단하는 것이다. 따라서 아무런 고통을 느끼지 못하는 존재에 대한 살인 행위를 '직접적 이유'를 근거로 한 고전적 공리주의로는 윤리적 비판이 불가능하다.

④ (X) 네 번째 단락에서 '공리주의는 자율성의 존중 그 자체를 독립적인 가치나 근본적인 도덕 원칙으로 받아들이지는 않지만 자율성의 존중이 대체로 더 좋은 결과를 가져온다는 점에서 통상적으로 그것을 옹호할 가능성이 높다.'고 했으므로 공리주의와 자율성론은 상반되는 입장이 아니라 동일한 입장을 취할 가능성이 더 높다.

⑤ (O) 자율성론은 죽음에 대한 자율적인 판단을 침해하였는지 여부만을 기준으로 살인에 대한 윤리적 판단을 전개하므로, 환자 본인이 죽기를 원하는 경우에 그 환자를 살인한 안락사의 경우는 피살자의 자율성을 침해한 것이 아니므로, 자율성론에 의거하여 안락사는 허용될 수 있다.

12
정답 ②

분석 및 접근

전형적인 법학의 '사례형 문제'에 해당하므로 갑과 을의 행위에서 윤리적 판단의 기준이 되는 구성요건에 해당하는 부분을 정확히 찾는다면 쉽게 해결할 수 있는 문제이다.

해설

갑과 을의 행위에 대해 각 견해의 윤리적 판단의 기준을 정리하면 다음과 같다.

구분	갑	을
고전적 공리주의	나쁘다	알 수 없음 (나쁘다고 판단할 가능성 존재)
선호 공리주의	매우 나쁘다	약간 나쁘다
자율성론	나쁘다	나쁘지 않다

ㄱ. (X) 고전적 공리주의는 피살자의 고통 증가와 피살자로 인해 영향을 받는 사람들의 고통의 증가를 살인에 대한 윤리적 판단의 근거로 삼는다. 이에 비추어 볼 때, 갑의 행위는 고릴라에게는 고통을 주지 않았지만, 다른 고릴라들의 고통을 증가시켰으므로 간접적 근거에 의거하여 나쁘다고 판단된다. 반면, 을의 행위는 피살된 물고기에게 고통을 주었으므로 직접적 근거에 의거하여 나쁘다고 판단될 가능성이 있다. 따라서 ㄱ에서 '을의 행위는 나쁘지 않다고 본다.'는 것은 적절하지 않다. 이에 대해 물고기는 인격체가 아닌 비인격체이기 때문에 고전적 공리주의가 비인격체의 고통은 고려 대상에 넣지 않는다고 자칫 잘못 전제하여 ㄱ이 정답이라고 판단하는 오류를 범할 가능성이 있다. 그러나 지문에서는 인격체의 살상이 비인격체의 살상에 비해 더 나쁜 이유에 대한 답변을 제기하기 위해 고전적 공리주의의 이론을 검토한다. 이때 비인격체의 죽음은 인격체에게 불안과 공포를 느끼게 하는 영향을 끼치지 않으므로 고전적 공리주의의 간접적 근거에 의거하여 인격체의 살상이 비인격체의 살상에 비해 더 나쁜 이유를 논증하고 있다. 즉, 고전적 공리주의가 비인격체의 고통 증가를 윤리적 판단의 고려 대상에서 배제한다는 내용은 지문에서 전혀 제시되지 않았으며, 주어진 내용에서 논리적으로 추론될 수도 없다. → 매력적 오답

ㄴ. (O) 세 번째 단락에 따르면 선호 공리주의는 선호의 충족이나 좌절을 기준으로 행위를 평가하는데, 살인 행위의 경우 미래의 삶을 계속 영위하고자 하는 선호가 존재하였는지 여부가 살인 행위의 정당성을 판단하는 기준이 된다. 〈보기〉에 따르면 갑이 살해한 고릴라는 미래에 대한 다양한 기대를 가지고 있었으나, 을이 살해한 물고기는 눈앞에 당장 놓인 먹이를 먹으려는 욕구만이 존재하였다. 따라서 갑은 미래의 삶을 계속 영위하고자 하는 선호를 가진 존재의 선호를 좌절시켰으므로 나쁘다고 판단되며, 을은 고릴라에 비해서 미래 지향성이 적은 물고기의 미래의 삶에 대한 짧은 선호를 좌절시켰으므로 갑에 비하여 덜 나쁜 행위를 저지른 것이다. 삶에 대한 미래 지향성을 좌절시킨 정도에 따라 계량적으로 윤리적 판단이 이루어지므로 갑의 행위가 을의 행위에 비해 더 나쁘다는 결론이 도출되는 것이다.

ㄷ. (X) 첫 번째 단락에 따르면 자율성을 지니고 있는지 여부는 인격체와 비인격체를 분류하는 기준이 된다. 이러한 분류 기준에 따르면 고릴라는 인격체이므로 자율성을 지니고, 물고기는 비인격체이므로 자율성이 없다. 자율성론에 따르면 행위의 도덕성은 존재의 자율성을 침해하였는지 여부에 의해서만 결정된다. 따라서 자율성을 지닌 존재인 고릴라를 죽인 갑의 행위는 나쁘지만, 자율성이 결여된 존재인 물고기를 죽인 을의 행위는 나쁘지 않다.

p.70

01	02	03	04	05
③	③	②	⑤	④
06	**07**	**08**	**09**	**10**
④	②	③	②	①
11				
⑤				

01

정답 ③

분석 및 접근

지문에 제시된 다양한 이론들의 핵심을 파악하여 사례에 대응되는지를 확인해야 한다.

해설

① (O) 두 번째 단락에서 "본보기 모형에서는 구체적 사례가 그대로 기억된 심적 표상인 본보기들이 사용된다."라고 제시되었으므로, 의사가 구체적 사례를 활용하여 환자를 진단하는 사례는 본보기 모형에 부합한다.

② (O) 두 번째 단락에서 "유사성 기반 접근은 새로운 대상의 범주 판단이 기억에 저장된 심적 표상과 그 대상과의 지각적 유사성에 근거한다고 가정한다."라고 제시되었다. 어린이는 검은 옷을 입은 사람과 도둑의 시각적 유사성을 근거로 판단한 것이므로, 유사성 기반 접근에 부합한다.

③ (X) 두 번째 단락에서 "원형 모형에서는 해당 범주에 속하는 사례들이 갖는 속성들의 평균으로 구성된 추상적 집합체인 단일한 원형이 사용된다."라고 제시되었다. 따라서 원형 모형에 따른 애완동물의 범주 판단은 평균적인 애완동물에 해당하는 특정 동물을 상정하고, 그 동물과 햄스터, 이구아나가 유사한지를 토대로 판단하는 방식으로 이루어질 것이다. 사람이 취미로 키울 수 있다는 속성을 기준으로 애완동물에 대한 범주 판단을 한 사례는 유사성 기반 접근보다는 설명 기반 접근에 더 부합하는 사례이다.

④ (O) 두 번째 단락에서 "전형성이 맥락에 따라 달라지는 현상은 많은 수의 본보기를 사용하는 본보기 모형이 더 잘 설명한다."라고 제시되었다. 즉 범주 판단의 기준으로 삼는 시각적 표상이 고정된 것이 아니라 맥락에 따라 상이하다는 것이다. 아침 식사에 대한 시각적 표상이 맥락에 따라 밥이 되기도 하고, 떡국이 되기도 하는 사례는 이에 부합한다.

⑤ (O) 두 번째 단락에서 "설명 기반 접근은 범주 판단이 (중략) 사례들을 하나의 범주로 묶을 수 있는 기저 본질을 기준으로 삼아 이루어진다."라고 제시되었다. 오리로 판단하기에 털이 붉게 변한 경우보다 물갈퀴 모양이 없어진 경우가 더 어려운 사례는 오리의 기저 본질이 '물에서 자유롭게 헤엄치는 동물'로 표상되기 때문이며, 따라서 주어진 사례는 설명 기반 접근에 부합한다.

분석 및 접근
립스의 가설이 '유사성 판단과 범주 판단은 다르다.'이므로 립스는 실험을 통해 '유사성 판단'과 '범주 판단'이 다르게 나타나는 사례를 보여야 했을 것이다. 따라서 두 실험 집단이 '유사성 판단을 하도록 유도된 집단'과 '범주 판단을 하도록 유도된 집단' 중 하나에 속한다는 점을 고려하면서, 실험의 의도와 결과를 이해해야 한다.

해설
① (O) 립스의 실험은 일상적 범주 판단이 지각적 유사성에만 근거한다는 '유사성 기반 접근'에 대하여 일상적 범주 판단이 지각적 유사성 이외에 기저 본질을 기준으로 삼아 이루어진다고 본 '설명 기반 접근'을 입증하고자 설계된 것이다.

② (O) 새 10점, 곤충 1점으로 하는 척도에서 두 통제 집단이 유사성 판단과 범주 판단에서 모두 평균 9.5점을 부여했으므로 통제 집단은 가상 동물이 새와 유사하며, 새의 구성원인 것으로 판단하도록 설계된 것이다.

③ (X) 가상 동물의 외형이 환경 조건에 의해 변한 경우, 즉 〈글 A〉는 기저 본질이 아닌 외형이 변한 것으로 판단하도록 설계된 것이다. 따라서 〈글 A〉를 모두 읽은 실험 집단은 유사성 판단에서 평균 3.8점, 범주 판단에서 평균 6.5점을 부여함으로써 가상 동물의 외형이 변했음에도 새라는 범주에서 벗어나지 않았다는 판단을 한 것으로 나타났다. 이는 일상적 범주 판단이 지각적 유사성에만 근거하지 않는다는 '설명 기반 접근'의 타당성을 입증하기 위한 립스의 의도에 부합하는 결과가 나타난 것이다.

④ (O) 〈글 B〉를 모두 읽은 실험 집단은 가상 동물이 자연적인 성숙에 따라 다른 외형으로 변한다는 점을 인지하고 있으나, 〈글 B〉의 앞부분만을 읽은 통제 집단은 위 사실을 인지하지 못한다. 즉 실험 집단과 통제 집단은 기저 본질에 대한 지식을 습득하였는지 여부에 차이가 발생하도록 설계된 것이고, 그러한 차이는 범주 판단에 영향을 주어 통제 집단에 비해 실험 집단이 유사성 판단에 더 낮은 점수를 부여하였다. 따라서 〈글 B〉를 읽은 통제 집단과 실험 집단에서 유사성 판단의 결과에 차이가 난다는 것은 기저 본질에 대한 지식이 유사성 판단에 영향을 주었기 때문으로 해석될 수 있다.

⑤ (O) 실험자인 립스는 "유사성 판단과 범주 판단은 일치하지 않는 인지 과정이다."라는 가설을 입증하기 위하여 실험을 설계하였다. 실험 집단에서 유사성 판단과 범주 판단의 결과에 차이가 나타났으므로 이는 립스의 가설을 지지하는 것으로 해석되기에 충분하다. 마지막 단락에서 "범주 판단은 외형의 변화보다 기저 본질의 변화에 더 큰 영향을 받지만 유사성 판단은 기저 본질의 변화보다 외형의 변화에 더 큰 영향을 받는다."라는 결론이 서술된 것을 근거로도 주어진 선지가 타당함을 확인할 수 있다.

분석 및 접근
APC 연구가 한계가 발생하는 지점이 마지막 단락에 집중적으로 서술되어 있는데, 이 부분의 독해가 까다롭기 때문에 관련 선지에 유의하여서 문제를 해결하여야 한다.

해설
① (O) 마지막 단락에서 "일반적으로 연령 집단은 조사 당시 나이, 기간 효과는 조사 연도, 코호트는 출생 연도와 같은 변수들로 측정된다."고 제시되었으며, "셋 중 두 정보로부터 다른 항의 값이 자동 도출"된다고 제시되었다. 조사 시기와 조사 당시 연령이라는 정보가 주어진 경우 셋 중 두 정보가 주어진 것이므로 나머지 하나의 정보인 출생 연도가 자동으로 도출될 것이며, 이에 따라 코호트 집단을 특정할 수 있을 것이다. → 매력적 오답

② (X) 두 번째 단락에서 "그(트루엣)에 따르면 성별, 거주지별, 교육 수준별로 약간의 차이는 있다"고 제시된 부분을 통해 사회경제적 배경이 생애주기 효과의 크기에 영향을 미친다는 점을 확인할 수 있다.

③ (O) 마지막 단락에서 "대부분 추정 모형에 일정한 제약을 가해서 (식별) 문제를 피해 갔다."는 부분을 통해 확인할 수 있다.

④ (O) 마지막 단락에서 "그 밖에도 세 변수 중 하나를 다른 대리변수로 대체하는 방법도 있다."는 부분을 통해 확인할 수 있다.

⑤ (O) 마지막 단락에서 제시된 최종적인 결론은 나이의 정치적 효과에 대한 연구에서 APC의 개별 효과를 각각 구분해 내는 것은 이론적으로 불가능하다는 것이다.

분석 및 접근
APC 효과의 구체적인 내용을 이해하고 있는지 확인하는 문제이다.

해설
ㄱ. (O) 네 번째 단락에 따르면 한국 전후 세대는 권위주의 성향이 다른 코호트에 비해 강하다고 제시되었으며, X세대의 경우 "나이가 들어서도 보수화되는 경향이 상대적으로 완만"하다고 제시되었다. 이를 종합하여 볼 때, 2022년 7월 24일 시점에도 X세대의 권위주의 성향 점수가 한국 전후 세대보다 평균적으로 낮게 나올 것임을 추론할 수 있다.

ㄴ. (O) 두 집단은 조사 당시의 연령이 동일하므로 두 집단의 정치 성향 차이에서 연령 효과는 배제되어야 한다. 또한 네 번째 단락에 따르면 영국 전후 세대는 진보적인 성향을 띠고, 대처 세대는 보수적인 성향을 띠는 코호트 효과가 존재한다고 제시되었다. 그런데 ㄴ 선지의 내용은 오히려 영국 전후 세대보다 대처 세대가 더 진보적인 성향을 띤다는 것이므로 코호트 효과와 상반된 결과가 나타난 것이다. 따라서 이는 APC 효과 중 남은 하나의 효과인 기간 효과, 즉 조사한 시점의 영향으로 인한 차이로 해석될 수밖에 없다.

ㄷ. (O) 일반적으로 나이가 들수록 보수화되는 경향이 나타난다는 생애주기 효과에 따르면, 영국의 대처 세대는 30대일 때보다 50대일 때 더 보수적인 성향이 나타났어야 한다. 또한 코호트 효과에 의하면 영국의 대처 세대는 젊은 시절 형성된 정치적 성향을 그대로 유지하는 경향이 나타났어야 한다. ㄷ 선지의 내용은 생애주기 효과와 코호트 효과로 설명되지 않는 영국의 대처 세대의 정치적 성향 변화를 제시한 것이므로, 이는 APC 효과 중 남은 하나의 효과인 기간 효과, 즉 조사한 시점인 2010년대의 영향으로 인한 차이로 해석될 수밖에 없다. 따라서 2010년대의 진보적 분위기의 영향이라는 기간 효과는 대처 세대뿐만 아니라 다른 코호트에도 영향을 끼쳤으리라고 추론할 수 있다.

05

분석 및 접근

정치학 제재 지문에서 빈번하게 출제되는 **모델링 문제**이다. 주어진 선지에서 각각 어떤 변수가 통제되는 상황을 모델링하고 있는 것인지를 파악한다면, 어렵지 않게 해결할 수 있는 문제이다.

해설

① (X) A(t1)와 A(t2)는 동일한 코호트에 대하여 조사 시기와 생애 연령을 다르게 하여 정치적 성향의 차이를 비교한 것이므로, 코호트를 고정한 채 도출해 낸, 생애주기 효과와 기간 효과의 합성 효과이다.

② (X) 종단면 디자인은 동일 코호트의 시간 흐름에 따른 태도 차이를 측정하기 위한 연구이므로 A(t1)와 B(t1)의 차이에 대한 연구로 적절하지 않다. A(t1)와 B(t1)의 차이에 대한 연구는 동일 시점에서 정치 세대 간의 태도 차이 측정이므로 횡단면 디자인으로 이루어져야 한다.

③ (X) A(t2)와 B(t2)의 차이는 조사 시점이 고정되었으므로 생애주기 효과의 개입이 아니라 기간 효과의 개입이 통제되고 있는 상황이다.

④ (O) B(t1)와 A(t2)의 차이는 다른 시점의 동일 연령대 집단의 태도 차이이므로 시차 연구 디자인을 적용하는 것이 적절하다. B(t1)와 A(t2)에서 생애주기 효과는 통제되고 있으나, 코호트 효과와 기간 효과의 합성 효과가 발생하고 있으므로, 이 둘을 구분하는 것은 불가능하다.

⑤ (X) B(t1)와 B(t2)의 차이는 동일 코호트의 시간 흐름에 따른 태도 차이이므로 시차 연구 디자인이 아닌 종단면 디자인을 적용하는 것이 적절하다.

06

정답 ④

분석 및 접근

단순한 사실 확인 문제로 이해하여 '숨은그림찾기'식 풀이를 하는 것보다는, '에클로자이트'가 대륙 충돌 직전의 시점에 형성된다는 특성 때문에, 다비-수루 벨트가 한반도까지 연결되어 있음을 입증할 수 있는 증거로서 기능한다는 점을 추론하였다면, 굉장히 빠르게 풀 수 있는 문제이다.

해설

① (O) 두 번째 단락에서 "섭입된 해양 지각 내의 현무암질 화성암이 지하 깊은 곳에 도달했을 때 높은 압력에 의해 에클로자이트로 변성되었다."라고 서술된 부분, 그리고 "현무암질 화성암도 높은 압력을 받아 에클로자이트로 변성되었다."라고 서술된 부분에서 확인할 수 있다.

② (O) 마지막 단락에서 "홍성 지역은 산둥 반도와 마찬가지로 높은 산맥 지역은 아니지만 에클로자이트와 함께 맨틀 물질도 발견되어"라고 서술된 부분에서 확인할 수 있다.

③ (O) 두 번째 단락에서 "현무암질 화성암도 높은 압력을 받아 에클로자이트로 변성되었다."라고 서술된 부분에서 확인할 수 있다.

④ (X) 두 번째 단락에서 "두 대륙의 충돌 이전에 그 사이에 존재했던 넓은 해양 밑의 해양 지각이 아시아 대륙 밑으로 밀려 들어가는 섭입이 일어났다."라고 제시된 부분에서 에클로자이트는 대륙 충돌 이전에 해양 지각의 섭입으로 인한 고압 조건에서의 변성 작용에 따라 발생한다는 것을 확인할 수 있다. 만약 에클로자이트가 대륙 충돌이 일어난 후에야 만들어지기 시작한 것이라면 다비-수루 벨트가 한반도까지 이어졌다는 가설을 확인하는 증거가 될 수 없었을 것이다. → **절대적 정답**

⑤ (O) 네 번째 단락에서 "남중국 판과 북중국 판 사이의 다비-수루 벨트에서도 2억 2천만~2억 3천만 년 전(트라이아스기 중기)에 형성된 에

클로자이트가 발견되었다. 이는 남중국 판과 북중국 판이 충돌하였고 충돌 이전에 두 대륙 사이에 해양이 있었음을 의미한다."라고 서술된 부분에서 에클로자이트가 대륙 충돌 전 대륙 사이에 해양이 존재하였음을 보여주는 증거가 된다는 점을 확인할 수 있다.

07

정답 ②

분석 및 접근

판 경계에 대한 추가적인 정보를 바탕으로 지문에 주어진 내용을 확장하여 추론할 것을 요구하는 문제이다.

해설

① (O) 에클로자이트는 대륙 충돌 또는 해양 지각이 섭입되는 과정에서 형성된다고 제시되었으므로, 〈보기〉에 제시된 판 경계의 세 가지 유형 중 수렴 경계에서 형성된다는 점을 추론할 수 있다. 따라서 유지 경계에 속하는 산안드레아스 단층에서는 에클로자이트가 형성되지 않았을 것이다.

② (X) 에클로자이트는 대륙 충돌 또는 해양 지각이 섭입되는 과정에서 형성되는데, 안데스 산맥 지역은 수렴 경계의 섭입형에 속하므로 에클로자이트가 형성될 가능성이 크다.

③ (O) 네 번째 단락에서 남중국 판과 북중국 판 사이의 다비-수루 벨트에서 에클로자이트가 발견되었고, 이는 남중국 판과 북중국 판이 충돌하기 이전에 두 대륙 사이에 해양이 존재하였음을 의미한다고 서술되었다. 히말라야 조산대에서도 해양 지각이 섭입되면서 에클로자이트가 형성되었으므로 동일하게 충돌 이전에 아시아 판과 인도 판 사이에 해양이 존재하였음을 추론할 수 있으며, 따라서 해양 생물 화석이 나타날 것이다.

④ (O) 세 번째 단락에서 "히말라야 충돌대에는 해양 지각, 에클로자이트, 맨틀 물질들이 분포하게 되었다."라고 제시되었으므로, 히말라야 충돌대와 동일한 충돌형 수렴 경계에 속하는 알프스 조산대에서도 맨틀 물질이 나타날 것이라고 추론할 수 있다.

⑤ (O) 두 번째 단락에서 "이때 발생한 강력한 압축력에 의해 아시아 대륙의 충돌 부분이 습곡이 되어 히말라야 산맥이 만들어지기 시작하였으며"라고 제시되었으므로, 히말라야 충돌대와 동일한 충돌형 수렴 경계에 속하는 우랄 조산대에서도 습곡이 나타날 것이라고 추론할 수 있다.

08

정답 ③

분석 및 접근

가설이 사실일 경우에 참일 명제들을 추론해 보는 문제로서, 추론형 지문의 가장 전형적인 문제이다.

해설

① (O) 네 번째 단락에서 "남중국 판과 북중국 판 사이의 다비-수루 벨트에서도 **2억 2천만~2억 3천만 년 전**(트라이아스기 중기)에 형성된 에클로자이트가 발견되었다."라고 제시된 반면, 마지막 단락에서 "홍성 지역에서 발견된 에클로자이트는 연대 측정 결과 **2억 3천만 년 전**에 형성된 것임이 밝혀졌다."라고 제시되었다. 에클로자이트는 두 개의 판이 충돌하기 직전에 형성되는 물질이므로, 홍성 지역에서의 충돌이 다비-수루 지역에서의 충돌보다 더 이른 시점에 일어났다는 점을 추론할 수 있다. 따라서 북중국 판과 남중국 판의 충돌은 한반도 동쪽에서부터 일어났을 것이라는 점이 추론된다.

② (O) 네 번째 단락에서 "지질학적 증거에 따르면 이 두 대륙(북중국 판과 남중국 판)은 4~5억 년 전 곤드와나 초대륙의 일부로서 적도 근처에 위치해 있었는데"라고 제시되었다. 지문의 결론에 따르면 한반도 또한 두 대륙의 판에 속해 있었으므로 한반도는 적도 부근에 존재했던 대륙의 일부였을 것이라는 점이 추론된다.

③ (X) 네 번째 단락에서 "충돌 시 남중국 판의 앞부분이 북중국 판 밑으로 섭입되었다는 사실이 확인되었다."라고 제시되었으므로 한반도 남부 지역이 한반도 북부 지역의 밑으로 섭입되었을 것이다.

④ (O) 네 번째 단락에서 남중국 판과 북중국 판 사이의 다비-수루 벨트에서 에클로자이트가 발견되었고, 이는 남중국 판과 북중국 판이 충돌하기 이전에 두 대륙 사이에 해양이 존재하였음을 의미한다고 서술되었다. 홍성-오대산 충돌대를 중심으로 북부 지역은 북중국 판의 일부이며, 남부 지역은 남중국 판의 일부였으므로 한반도의 북부 지역과 남부 지역 사이에도 해양이 있었을 것이다.

⑤ (O) 네 번째 단락에서 "충돌대의 동쪽 부분인 산둥 반도 지역은, 대부분이 산악인 서쪽의 다비 지역과는 달리 높은 산맥이 나타나지 않는데, 이는 충돌 후 발생한 인장력에 의해 높은 산이 낮아졌기 때문인 것으로 추정된다."라고 서술된 부분을 통해 확인된다.

09   정답 ②

분석 및 접근
기본적인 사실 확인 문제가 아닌 지문에 제시된 과학적 정보를 토대로 결론을 추론해 볼 것을 요구하는 추론형 사실 확인 문제이다.

해설
① (O) 네 번째 단락에서 "우주의 모양과 운명은 모든 것을 서로 멀어지게 하는 우주의 팽창과 중력과의 차이에 따라 결정된다."라고 제시되었다. 암흑 물질은 정상적인 물질 이외에 우주를 이루는 구성 성분으로 서로를 끌어당기는 중력으로 작용하며, 암흑 에너지는 서로를 끊임없이 밀어내는 척력으로 작용하므로, 암흑 에너지와 암흑 물질이 서로 반대되는 힘으로 우주 팽창에 작용한다는 설명은 타당하다.

② (X) 네 번째 단락에서 "우주의 모양과 운명은 모든 것을 서로 멀어지게 하는 우주의 팽창과 중력과의 차이에 따라 결정된다."라고 제시되었다. 이때 우주의 팽창은 평균 밀도와 임계 밀도의 차이에 따라 결정되는데, 임계 밀도는 고정된 값인 반면에 평균 밀도는 유동적인 값이므로, 우주의 모양과 운명은 임계 밀도의 변화가 아니라 평균 밀도의 변화를 측정함으로써 예측할 수 있다고 서술되어야 적절하다.

③ (O) 마지막 단락에서 "미국의 한 연구팀은 암흑 에너지에 의해 지배되는 우주의 변화를 컴퓨터 시뮬레이션으로 예측"하였고, 그 결과는 인력과 척력에 의한 우주의 팽창이 가속화되어 우리 은하단이 거대한 우주 공간의 작은 '섬 우주'로 남게 되리라라는 것이었다. 네 번째 단락에 따르면 우주의 팽창은 평균 밀도와 임계 밀도의 차이에 따라 결정되므로, 우주의 팽창 방향을 예측한 컴퓨터 시뮬레이션의 초기값에는 우주 평균 밀도가 포함되었으리라는 점을 추론해볼 수 있다.

④ (O) 급팽창 이론에 따르면 "우주의 평균 밀도는 임계 밀도 값을 갖게 된다."라고 예측된다. 그런데 실제 관측 결과 "우주의 질량이 우주의 평균 밀도에 관한 이론적인 예측치에 크게 미치지 못한다는 사실이 드러났다."고 제시되었다. 관측값과 이론적 예측치의 격차에 해당되는 부분이 정상적인 물질의 질량으로 설명되지 않으므로, 그 격차에 해당하는 질량이 "눈에 보이지 않는 암흑 물질로 이루어졌다."라는 주장이 제기되었다. 따라서 종합해 보면 급팽창 이론은 암흑 물질 밀도를 추정할 수 있는 근거를 제시하였다고 서술될 수 있다. → **매력적 오답**

⑤ (O) 네 번재 단락에서 "표준 대폭발 이론은 또한 우주의 평균 밀도가 우주의 팽창을 언젠가는 멈추게 할 정도의 중력을 만들어 내는 밀도인 임계 밀도에 가까운 이유도 설명하지 못한다."라고 제시되었는데, 평균 밀도가 임계 밀도와 같아서 가까스로 팽창을 계속하는 우주가 바로 '평탄 우주'이므로 표준 대폭발 이론은 '평탄 우주'를 설명할 수 없다는 점이 추론된다. 반면에 다섯 번째 단락에서 급팽창 이론은 "우주가 엄청난 크기로 급팽창했다면, 우주는 부분적으로 거의 평평하게 보이게 되어 우주의 평균 밀도는 임계 밀도 값을 갖게 된다."라는 설명을 통해 '평탄 우주'를 설명할 수 있다.

10   정답 ①

분석 및 접근
물리학 제재의 지문 특성상 다양한 인과적 계량 정보들이 등장하며, 이를 통한 계량적 추론을 요구하는 문제이다.

해설
ㄱ. (O) 첫 번째 단락에서 "20세기 초 허블은 은하들의 스펙트럼을 분석한 결과, 에너지가 낮은 긴 파장 쪽으로 분광선들이 이동되는 적색 이동 현상을 발견하였다. 이로부터 그는 먼 은하일수록 더 빨리 멀어져 가고 있다는 결론을 얻었다."라고 서술되었다. 에너지가 낮은 파장 쪽으로 분광선들이 이동되는 현상에서 우주가 팽창한다는 사실을 추론하였다는 것은, 멀리 있는 우주에서 더 낮은 에너지가 관측된다는 전제가 추론 과정 중간에 생략된 것이다. 따라서 주어진 사실을 통해 우주가 멀어지면 멀어질수록 관측되는 에너지가 감소한다는 사실을 추론할 수 있으며, 암흑 에너지는 우주 팽창을 가속화하는 힘으로 작용하므로, 암흑 에너지에 의해 우주 배경 복사의 관측 에너지가 감소하고 따라서 관측 온도도 가속적으로 감소할 것이다.

ㄴ. (X) 네 번째 단락에서 "(우주의 평균 밀도가) 임계 밀도보다 크면 어느 시점에 팽창을 멈추고 수축하게 되는 닫힌 우주가 된다."라고 제시되었으므로, 암흑 에너지가 우주 팽창을 가속하는 힘으로 작용한다고 할지라도, 우주 평균 밀도가 임계 밀도를 넘어 가속적으로 증가할 수는 없다.

ㄷ. (X) 암흑 에너지는 우주의 팽창을 가속적으로 증가시키는 힘으로 우주의 밀도에는 영향을 줄 수 있으나, 우주를 구성하는 성분인 정상적인 물질의 총질량을 증가시키는 에너지로 작용한다는 점은 지문에서 전혀 언급된 바가 없다.

11   정답 ⑤

분석 및 접근
과학적 관측이 이론과 이론 사이의 설명 관계에 어떻게 작용하는지를 추론하는 문제로 추론형 지문에서 빈번히 등장하는 형태의 문제이다.

해설
① (X) 우주 배경 복사가 등방적이라는 사실은 표준 대폭발 이론으로 설명할 수 없다.

② (X) 〈보기〉에서 펜지아스와 윌슨은 "잡음이 안테나의 지향 방향과 관계가 없음을 발견하였다."라고 제시되었다. 이는 펜지아스와 윌슨이 발견할 당시에 등방성이 이미 관측적으로 확인되었음을 의미한다.

③ (X) 표준 대폭발 이론을 입증하는 증거로 등장한 우주 배경 복사가 표준 대폭발 이론의 미해결 문제로 바뀌었던 것은, 우주 배경 복사가 등방적이라는 점이 〈보기〉에서 발견되어서이고, 이러한 우주 배경 복사의 등방성이 표준 대폭발 이론에서 설명되지 않는 이유는 '지평선 거리'를 넘어서는 상호 작용이 불가능하기 때문이다. 따라서 표준 대폭발 이론이 아닌 다른 이론에 의해서 등방성이 설명된 것이지, 우주 배경 복사가 지평선 거리를 넘어서 상호 작용하고 있다는 사실이 발견된 것은 아니다. → 매력적 오답

④ (X) 〈보기〉에서 디키는 발견된 전파가 대폭발의 잔열인 극초단파 복사라는 점을 확인하였을 뿐이지, 그것이 대폭발의 잔열이므로 지평선 거리와 무관하게 등방성이 관측된다는 설명을 제시하지는 않았다.

⑤ (O) 〈보기〉에 따르면 극초단파 복사는 등방성 때문에 "전파 신호가 태양이나 은하수에서 방출된 것이 아님"이 추론되었고, 따라서 표준 대폭발 이론이 예측하였던 극초단파 복사임이 알려지게 되었다. 표준 대폭발 이론이 예측하였던 현상이 나타난 것이므로 극초단파 복사는 처음에는 우주 대폭발 이론의 증거로 간주되었을 것이나, [가]에 제시된 것처럼 우주 대폭발 이론은 극초단파 복사의 존재는 설명할 수 있어도, 극초단파 복사의 등방성은 설명할 수 없었으므로 극초단파 복사의 발견으로 인해 우주 대폭발 이론은 곧 불완전한 이론이 되었다.

패턴 3 | 그래프형 지문

p.100

01	02	03	04	05
③	②	②	①	③
06	07	08	09	
①	⑤	①	⑤	

01

정답 ③

분석 및 접근
각 학자들을 '지리적 요인 강조 입장', '제도의 역할 강조 입장', '개별적 접근 강조 입장'으로 분류하여 파악해야 한다.

해설
[지리적 요인 강조 입장: 삭스]
① (O) 첫 번째 단락에 따르면, 빈곤의 원인이 지리적 요인이라고 보는 삭스는 '가난한 나라는 초기 지원과 투자를 위한 자금을 조달할 능력이 없기 때문에 외국의 원조가 필요하다.'라는 결론을 내놓는다. 따라서 적절하다.
[제도의 역할 강조 입장: 이스털리, 애쓰모글루, 로머, 콜리어]
② (O) 제도의 역할을 강조하면서 자유로운 시장의 역할을 중시하는 경제학자로는 이스털리가 있다.
③ (X) 제도의 역할을 강조하는 네 명의 경제학자 중에 정치제도 변화를 경제성장의 전제조건으로 간주하는 경제학자는 애쓰모글루 한 명뿐이므로 적절하지 않다.
④ (O) 제도의 역할을 강조하는 네 명의 경제학자 중에 외국의 개입을 경제성장의 중요한 요소로 간주하는 경제학자는 로머와 콜리어 두 명뿐이고, 이스털리와 애쓰모글루는 공통적으로 외국의 원조에 대해서 회의적인 입장이다. 따라서 적절하다.
[개별적 접근 강조 입장: 배너지와 뒤플로]
⑤ (O) 배너지와 뒤플로는 지리적 요인의 역할을 강조하는 경제학자는 아니지만, 소득 수준이 낮은 영역에 속하는 사람은 시간이 갈수록 소득 수준이 '낮은 균형'으로 수렴하므로 지원이 필요하다고 주장한다. 따라서 적절하다.

02

정답 ②

분석 및 접근
이 지문은 학설 비교형 지문이면서, 동시에 배너지와 뒤플로의 이론을 깊게 파고들어간다는 점에서 이론 제시형 지문의 성격도 가지고 있다. 즉, 복합적인 논문형 지문에 해당한다.

해설
① (X) 애쓰모글루는 정치제도가 변화하여야 경제 성장에 적합한 경제 제도가 채택되어 빈곤에서 벗어날 수 있다고 보는 입장이다. 따라서 애쓰모글루가 제도보다 정책을 중시하는 입장이라고 간주한 것은 적절하지 않다.

② (O) 이스털리는 가난한 사람들이 필요를 느끼지 않는 상태에서 교육이나 의료에 정부가 지원한다고 해서 결과가 달라지지 않는다고 간주하므로 가난한 사람들의 수요를 중시하는 입장에 해당한다. 마찬가지로 배너지와 뒤플로도 처방에 대한 이들, 즉 가난한 이들의 수요는 어떠한지 등을 파악해야 빈곤 퇴치에 도움이 되는 지식을 얻을 수 있다고 보고 있으므로 가난한 사람들의 수요를 중시한다.

③ (X) 배너지와 뒤플로는 구체적인 현실에 대한 올바른 이해에 기초한 정책을 통해서 거대한 문제를 해결하자는 입장이지, 거대한 문제를 우선해서는 안 된다는 입장에 해당하는 것이 아니다. 또한 콜리어도 외국이 군사 개입을 해서라도 거대한 빈곤 문제를 해결해야 된다는 입장이지, 거대한 문제를 우선해서는 안 된다는 입장이 아니다.

④ (X) 삭스는 "초기 지원과 투자로 가난한 사람들이 빈곤의 덫"에서 벗어날 수 있다고 주장하였고, 배너지와 뒤플로는 "나쁜 제도가 존재하는 상황에서도 제도와 정책을 개선할 여지는 많다고 본다."라고 주장하였으므로 "정부가 부패해도 정책이 성과를 낼 수 있다."고 보는 입장에 동의한다. 따라서 ④는 타당하지 않다.

⑤ (X) 배너지와 뒤플로는 빈곤 문제에 대한 일반적인 해답이란 존재하지 않으며, 개별 국가와 특정한 상황을 구체적으로 분석하는 개별적인 접근을 강조하는 입장이다.

03
정답 ②

분석 및 접근
그래프가 제시된 문제이므로 다음의 독해 전략에 따라 그래프를 분석한다.
- 포인트 1. 인포그래픽을 활용하는 독해 전략
  – 네 번째 단락을 처음 읽을 때부터 그래프를 참고해 가면서 읽는 것이 효율적인 독해 방법이다.
- 포인트 2. 수열의 수렴
  – 점화식의 해를 찾아가는 과정을 통해 그래프를 해석한다.

해설
[그래프에 대한 해석]

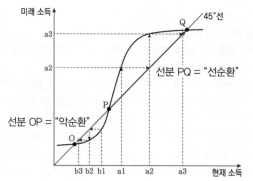

1. 선순환: 곡선 PQ 위에 있는 점은 시간이 흐름에 따라 a1 → a2 → a3로 이동하므로 특별한 조치가 취해지지 않더라도 자연스럽게 소득이 상승하게 되어 점 Q라는 균형점으로 수렴한다.
2. 악순환(빈곤의 덫): 곡선 OP 위에 있는 점은 시간이 흐름에 따라 b1 → b2 → b3로 이동하므로 특별한 조치가 취해지지 않는 이상 자연스럽게 소득이 점점 하락하게 되어 점 O라는 균형점으로 수렴한다. 이는 '빈곤의 덫'에 빠져 있는 상황을 그래프로 수식화한 것이다.
① (O) 배너지와 뒤플로는 "소득 수준이 낮은 영역에 속하는 사람은 시간이 갈수록 소득 수준이 '낮은 균형'으로 수렴한다."고 했다. 주어진 그래프에서 b1은 매 시기가 지남에 따라 b2, b3로의 이동을 반복하며 소득이 지속적으로 하락하다가 점 O에 도달하여야 소득의 하락을 멈추게 될 것이므로 점 O가 지문에서 제시된 '낮은 균형'에 해당한다.

② (X) 삭스에 따르면 외국의 원조와 같은 외부적 힘의 도움이 없이는 가난한 나라는 '빈곤의 덫'을 빠져나올 수 없다. 즉, 삭스는 주어진 그래프에서 선분 PQ에 해당하는 부분이 지워진 세계를 가정하는 것이다. 그런데 그래프에서 소득을 b3에서 b1으로 이동시키는 외부 지원의 경우 시간이 흐름에 따라 다시 b3로 되돌아 오고, 결국 O로 수렴할 것이므로 '빈곤의 덫'을 빠져나오기에 충분한 양의 지원에 해당하지 않는다. 따라서 삭스가 주장한 것처럼 '빈곤의 덫'을 빠져나올 정도로 외부의 지원이 이루어지려면 b3를 곡선 PQ 위에 놓인 점으로 이동시켜야 '빈곤의 덫'에서 빠져나와 경제 성장이 이루어 질 수 있는 것이다. 따라서 삭스가 소득을 b3에서 b1으로 이동하도록 해야 한다고 볼 것이라는 내용은 적절하지 않다.

③ (O) 그래프 상에서 b3는 외부 지원이 없을 경우 매 기수가 흐름에 따라 소득이 낮아지는 방향으로 이동하여 점 O로 수렴하게 되는 상황이다. 삭스의 입장에서 이는 외부의 지원 없이는 '빈곤의 덫'에서 빠져나올 수 없어 생산성의 향상이 가난한 국가의 독자적인 힘만으로는 불가능한 상황으로 해석된다.

④ (O) P 왼쪽의 영역은 외부의 지원을 통한 소득 증가 없이는 '빈곤의 덫'에서 빠져나올 수 없는 상황이다. 그런데 이스털리는 '빈곤의 덫' 같은 것은 존재하지 않는다고 간주하므로 이스털리의 관점에서는 P 왼쪽의 상황은 그의 세계관에서 존재하지 않는다. 이스털리에 따르면 자유로운 시장이 잘 작동하게 되면 경제가 성장할 것이므로 이러한 이스털리에 세계관에 부합하는 부분은 그래프에서 점 P 오른쪽 부분에 해당한다. 따라서 이스털리는 점 P를 원점이라고 간주하고 점 P의 영역이 없는 세계를 상정할 것이라는 내용은 적절하다.

⑤ (O) 그래프 상의 a1 점에 소득 지원이 이루어져 a2로 옮겨지더라도 a1이든 a2든 매 기수를 거쳐 종국에는 동일한 균형인 점 Q에 수렴하게 된다. 이는 지원이 이루어진다고 해도 균형 상태의 소득 수준은 동일하다는 것을 의미하며, 이스털리가 외국의 원조가 성장에 도움이 되지 않는다고 보는 입장에 부합하므로 적절하다.

04
정답 ①

분석 및 접근
제도가능곡선 모델이라는 단일한 이론이 제시된 **이론 제시형 지문**이므로, **이론의 목적성**을 물어보는 문제가 빈번하게 출제된다.

해설
① (O) 두 번째 단락에 따르면 "바람직한 제도에 대한 전통적인 생각은 시장과 정부 가운데 어느 것을 선택해야 할 것인가를 중심으로 이루어"진 반면에, 제도가능곡선 모델은 총비용을 최소화하려는 목적으로 시장 중심 제도와 정부 중심 제도의 정도를 양적으로 조절하여 최적화한다고 제시되었다. 즉 이는 시장과 정부를 양자택일하여 제도가 결정된다는 전통적인 시각에서 탈피하는 새로운 시각을 제도가능곡선 모델이 제시하였다는 의미이다.

② (X) 첫 번째 단락에 따르면, 제도가능곡선 모델은 "동일한 사회에서 다른 제도가 채택"되는 경우도 설명하는 이론이므로, 효율적인 제도에 대한 채택이 사회의 특성에 의해 결정된다고 간주하지 않는 것이다.

③ (X) 마지막 단락에서 "제도가능곡선 모델의 제안자들은 효율적 제도가 선택되지 않는 경우도 많다는 것을 인정한다."는 부분을 통해 확인할 수 있다.

④ (X) 마지막 단락에서 제시되었듯이, 제도가능곡선 모델은 "효율성 시각에서 제도의 선택에 대해 체계적인 설명"을 제시하는 모델로 제도가 채택되는 일반적인 체계에 대한 설명을 제시하는 모델이라고 할 수 있다.

⑤ (X) 두 번째 단락에서 제시되듯이, 제도가능곡선 모델은 사회적 총비용을 최소화하는 제도가 채택된다고 설명한다는 점에서, 사회 전체적으로 가장 이익이 되는 제도가 선택된다고 설명하는 관점이라고 볼 수 있다.

05

정답 ③

분석 및 접근
지문 내 그래프가 등장하는 **그래프형 지문**의 경우 그래프의 구체적인 의미를 해석하는 문제가 반드시 출제된다.

해설

① (O) 민사소송과 정부 규제가 혼합된 제도가 가장 효율적 제도라는 것은 혼합된 제도가 민사소송과 정부 규제 각각만이 존재하는 경우에 비해 사회적 총비용을 더 작게 소요한다는 의미이다.

② (O) 다섯 번째 단락에 따르면, 시민적 자본이란 제도가능곡선의 위치를 결정하는 제약 조건으로 작용한다. 따라서 시민적 자본이 풍부한 경우라면 제도에 따라 사회적 비용을 최소화하는 폭이 훨씬 더 크고 다양할 수 있다. 따라서 시민적 자본이 풍부한 사회에서의 비효율적인 제도 선택이 시민적 자본이 부족한 사회에서의 가장 효율적인 제도 선택에 비해 오히려 더 효율적인 경우도 가능할 것이다.

③ (X) 다섯 번째 단락에 따르면, 국가 개입이 동일한 정도로 증가했을 때, 개입의 효과가 큰 정부를 가진 국가가 그렇지 않은 국가에 비해 곡선상의 더 오른쪽에서 접점이 형성된다. 이는 개인의 자유에 대한 침해 가능성이 낮은 사회는 그렇지 않은 사회보다 곡선상의 더 오른쪽에 위치한 제도가 효율적이라는 의미이다.

④ (O) 교도소 운영을 민간이 맡았을 때 위험이 너무 커지는 사회는 국가 개입 감소로 인한 손해가 매우 큰 사회이며, 이는 곧 국가 개입 증가로 인한 효과가 큰 사회임을 의미하는 것이다. 따라서 곡선의 기울기가 가팔라서 접점이 오른쪽에 형성될 것이다.

⑤ (O) 경제주체들이 스스로 바람직한 행위를 선택할 가능성이 큰 산업의 경우에는 국가 개입 증가로 인한 효과가 매우 작은 산업이라고 볼 수 있다. 따라서 곡선의 기울기가 완만해서 접점이 왼쪽에 형성될 것이다.

06

정답 ①

분석 및 접근
〈보기〉는 국가 개입이 증가하게 된 상황을 나타내고 있으며, 제도가능곡선 모델을 적용해볼 때, 이는 국가 개입을 증가시킴으로써 사회적 총비용을 감소시키기 위한 효율적 선택으로 해석될 것이다.

해설

① (X) 다섯 번째 단락에서 "불평등이 강화되거나 갈등 해결 능력이 약화되는 역사적 변화를 경험하면 이 곡선(제도가능곡선)이 원점에서 멀어지는 방향으로 이동한다."고 제시되었다. 〈보기〉에서 철도회사와 대기업이 발달하면서 갈등 해결 능력이 약화되는 상황이 나타났으므로, 원점에 더 가까워지는 방향으로 이동했다고 추론하기는 어렵다.

② (O) 〈보기〉에서 "소송 당사자들 사이에 불평등이 심하지 않았던 때에는 (문제 해결을) 민사소송이 담당"하였다고 제시된 부분을 통해 확인할 수 있다.

③ (O) 제도가능곡선 모델은 한 사회가 선택하는 제도가 변화한 것은 새로운 제도가 사회적 총비용의 측면에서 더 효율적이기 때문이라고 가정한다. 따라서 19세기 후반 이후 규제국가가 탄생한 상황 역시 사회적 총비용을 감소하는 방향으로 변화가 이루어진 것으로 해석할 것이다.

④ (O) 철도회사와 대기업이 발달하면서 소송 당사자들 사이의 불평등이 강화되고 이에 따라 갈등 해결이 어려워진 상황은 제도가능곡선의 모양이 변화한 것이라고 볼 수 있으며, 변화한 곡선의 모양에 따라 사회적 최적점도 변화하게 되므로 제도가능곡선의 위치도 변화했을 것이다. 이에 따라 사회가 채택하는 제도가 변화하였을 것이며, 그 결과가 미국이 규제국가로 변모한 현상이다.

⑤ (O) 철도회사와 대기업이 발달한 이후에 국가 개입이 가져오는 효과의 정도가 증가하였으므로 제도가능곡선의 모양이 이전보다 더 가팔라진 것으로 해석할 수 있다.

07

정답 ⑤

분석 및 접근
주어진 메커니즘에 대한 이해를 바탕으로 생명 현상의 추론까지 요구하는 문제이기 때문에 기본적인 사실 확인 문제에 비해 까다로울 수 있다.

해설

① (O) 첫 번째 단락에 따르면, 세포 운명은 형태발생물질의 농도 구배에 따라 결정된다. 이에 구형의 수정란은 형태발생물질에 의해 〈그림 1〉에 나타난 것처럼 신체 구조의 전후 좌우가 비대칭인 형태의 성체로 분화하게 된다. 또한 〈그림 1〉에서 좌우는 대칭적이지만 확산에 의해 발생이 진행되므로 좌우가 비대칭한 형태의 성체로 분화할 가능성이 충분하다고 추론할 수 있다. → **매력적 오답**

② (O) 〈그림 2-2〉에는 단순 확산으로 형태발생물질이 전달되는 경우에, 형태발생물질이 합성되어 분비되는 조직으로부터 거리와 형태발생물질의 농도 사이의 관계가 나타나 있다. 이처럼 〈그림 2-2〉를 통해, 합성 장소로부터 거리가 멀면 멀수록, 형태발생물질의 농도가 감소하는 반비례 관계를 확인할 수 있다.

③ (O) 두 번째 단락에서 "한 개체의 세포가 모두 동일한 유전자를 갖고 있음에도 불구하고 서로 다른 세포 운명을 택하게 되는 것은 농도 구배에 대응하여 활성화되는 전사인자의 종류가 다른 것으로 설명할 수 있다."라는 서술을 통해 확인할 수 있다.

④ (O) 네 번째 단락에서 제시된 가설에 따르면, 형태발생물질은 분비 조직 옆에 위치한 수용체에 의해 전달되거나, 소낭을 통해 전달되기 때문에, 비대칭적으로 확산되는 메커니즘을 보일 수 있다.

⑤ (X) 마지막 단락에서 하나의 개체라도 발생 단계에 따라 단순 확산의 형태로 형태발생물질이 전달되기도 하고, 비대칭적 확산의 형태로 형태발생물질이 전달되기도 한다는 점은 제시되었으나, 척추의 존재 유무에 따라 일률적으로 단순 확산의 형태에 의존하느냐 여부가 분류된다는 정보는 전혀 제시되지 않았다.

08

분석 및 접근

형태발생물질의 분비 장소로부터 거리가 멀어질수록 형태발생물질의 농도가 옅어진다는 현상을 통해, 척색으로부터 각 세포의 위치와 반응 역치 사이의 관계를 추론해 내는 것이 문제를 푸는 포인트다.

해설

ㄱ. (O) 형태발생물질은 세포를 어떤 특정 형태로 분화하게 하는 기능을 수행하므로, 세포들의 운명이 결정되기 전에 형태발생물질을 분비하는 조직인 척색을 제거한다면, 바닥판세포를 포함한 다른 어떠한 세포도 형성될 수 없을 것이다.

ㄴ. (X) 척색과 가장 가까운 위치에서 바닥판세포가 분화되고, 가장 멀리 떨어진 위치에서 지붕판세포가 분화되므로, 세포들의 운명이 결정되기 전에 척색을 다른 위치로 이동하면 그 위치와 가장 가까운 곳에서 바닥판세포가 형성될 것이다.

ㄷ. (O) 〈그림 1〉과 〈그림 2〉에서 확인할 수 있듯이 형태발생물질의 분비 장소에서 거리가 멀어질수록 형태발생물질의 농도는 점점 감소한다. 따라서 형태발생물질 Shh가 분비되는 조직인 척색에서 가장 가까운 위치에서 형성되는 세포들은, 가장 높은 농도의 Shh에 반응하여 활성화되는 전사인자를 가져야 함을 추론할 수 있다. 따라서 척색과 보다 가까운 위치에서 형성되는 바닥판세포가 반응하는 Shh 농도의 역치가 사이신경세포가 반응하는 Shh 농도의 역치보다 더 높을 것이라는 점 또한 추론할 수 있다. 이를 적용해 보면, 분화되지 않은 신경관에 있는 세포들에 바닥판세포를 형성하는 Shh의 역치보다 높은 농도의 Shh를 함께 배양하면, 전체적으로 모든 세포의 위치에서 Shh 농도의 값이 상승하므로, 역치가 높은 바닥판세포가 사이신경세포보다 더 많이 형성될 것이라는 결론에 도달한다.

ㄹ. (X) 〈그림 1〉과 〈그림 2〉에서 확인할 수 있듯이 형태발생물질의 분비 장소에서 거리가 멀어질수록 형태발생물질의 농도는 점점 감소한다. 따라서 정상적으로 반응이 이루어지려면, 형태발생물질의 분비장소로부터 거리가 먼 지점에서 형성되는 세포들은 더 옅은 농도의 형태발생물질에 반응할 수 있도록 더 낮은 역치 값을 가져야 한다. 따라서 척색으로부터 거리가 먼 세포일수록 역치가 낮을 것이므로 사이신경세포를 결정짓는 Shh 농도의 역치가 운동신경세포를 결정짓는 Shh 농도의 역치보다 낮아야 할 것이다.

09

분석 및 접근

초파리의 경우 형태발생물질 Wg가 앞쪽으로만 비대칭적으로 전달된다는 점에 유의하여 〈그림 2-1〉을 중심으로 추론을 전개하면 된다.

해설

① (X) Wg 수용체의 비대칭적 분포는 Wg의 비대칭적인 농도 구배를 설명하기 위한 가설로 제시된 것이다. 따라서 Wg 수용체의 비대칭적인 분포로 인해 Wg의 농도 구배가 비대칭적인 것이지, Wg 농도 구배가 비대칭적이어서 Wg 수용체의 분포가 비대칭적인 것이 아니다. 인과관계의 원인과 결과를 뒤바꿔 오답 선지를 만드는 LEET 오답 선지 구성원리에 따른 함정이므로, 속지 않도록 주의하여야 한다.
→ **매력적 오답**

② (X) 초파리의 Wg 확산 과정은 〈그림 2-1〉 그래프의 모습을 따른다. 그래프에 따르면 Wg를 발현하는 세포가 Wg를 합성하는 장소로부터 앞쪽으로 멀어질수록 Wg 농도가 감소하며, 첫 번째 가설에 따르면 이는 Wg 농도가 낮은 곳에서 Wg 수용체의 양이 적기 때문이다. 따라서 Wg를 발현하는 세포로부터 앞쪽으로 멀어질수록 Wg 수용체의 농도는 낮다고 추론될 수 있다.

③ (X) 초파리의 Wg 확산 과정은 〈그림 2-1〉 그래프의 모습을 따른다. 그래프에 따르면 Wg를 발현하는 세포가 Wg를 합성하는 장소로부터 앞쪽으로 멀어질수록 Wg 농도가 감소하며, 두 번째 가설에 따르면 이는 Wg 농도가 낮은 곳에서 Wg가 소낭에 의해 전달되는 양이 적기 때문이다.

④ (X) 두 번째 단락에 따르면, "서로 다른 세포 운명을 택하게 되는 것은 농도 구배에 대응하여 활성화되는 전사인자의 종류가 다른 것으로 설명할 수 있다."고 제시되었고, 전사인자는 DNA로부터 mRNA를 만드는 작용을 한다. 따라서 Wg 합성 장소에서 앞쪽과 뒤쪽으로 같은 거리만큼 떨어진 두 세포의 농도 구배가 다르므로, 활성화되는 전사인자도 다를 것이고, 따라서 만들어지는 mRNA도 다를 것이라는 점을 추론할 수 있다.

⑤ (O) 세 번째 단락에서 초파리의 경우 Wg라는 형태발생물질이 합성되는 장소를 기점으로 앞쪽으로만 비대칭적으로 전달된다고 명시되었다. 이는 첫 번째 가설에 따르면 Wg 수용체가 앞쪽에서만 형성되기 때문일 것이고, 두 번째 가설에 따르면 소낭이 Wg를 흡수하여 운반하는 기능을 앞쪽에서만 수행하기 때문일 것이다. 따라서 Wg 수용체 유전자 혹은 소낭의 Wg 수송을 촉진하는 유전자는 Wg 합성 장소의 앞쪽에서만 발현될 것이라는 점을 추론할 수 있다.

p.132

01	02	03	04	05
①	③	③	②	④
06	**07**	**08**	**09**	
③	③	⑤	④	

01
정답 ①

분석 및 접근

지문에 직접 등장하지 않는 결론을 추론하여 해결하는 **추론형 사실 확인 문제**다.

해설

① (X) 다섯 번째 단락에서 "과학자들은 나이테에 담긴 환경 정보의 종단 연구를 통해 기후 변동의 역사를 고증하고, **미래의 기후 변화를 예측**하는 데 주로 관심을 기울여 왔다."라는 부분을 통해, 나이테 분석이 이미 생성된 나이테를 바탕으로 과거에 대한 정보를 축적하고, 이를 통해 미래의 변동을 예측할 수 있으리라는 점을 확인할 수 있다.

② (O) '성목(이미 어느 정도 자란 나무)'으로 소유지 경계 획정을 하였다면, 그 나무는 경계 획정 시기로부터 현재 시점까지의 연대를 포함한 나이테를 가지고 있을 것이다. 따라서 경계 획정 시기까지 소급한 햇수 이상의 나이테 개수를 가지고 있을 것이다.

③, ④ (O) 다섯 번째 단락에서 "나이테에 담긴 환경 정보에는 비단 강수량이나 수목 질병만이 아니라 중금속이나 방사성 오염 물질, 기타 유해 화학 물질에 대한 노출 여부도 포함되므로 이를 분석하면 특정 유해 물질이 어느 지역에 언제부터 배출되었는지를 확인할 수 있을 것이다."라고 제시되었다. 따라서 나이테에 흔적을 남기는 사건이 특정 연도에 발생하였다는 지식을 알고 있다면, 단일한 나무의 나이테에 대한 분석만으로 수목의 연대를 추정할 수 있을 것이다. 또한, 차로변 가로수의 특정 나이테 층에서 납 성분이 발견된 것을 통해, 특정 시기에 납을 함유한 자동차 연료가 사용되었다는 점도 추정할 수 있을 것이다.

⑤ (O) 수목이 나이테 층뿐만 아니라 심부로도 수분과 양분을 공급받는 종류라면, 유해 화학 물질이 심부를 통해 시기와 상관없이 지속적인 영향을 미칠 수 있을 것이므로, 유해 화학 물질이 영향을 미친 시기를 나이테를 통하여 분석하는 데 오차가 발생할 가능성이 높다.

02
정답 ③

분석 및 접근

나이테를 통한 연대 추산의 원리를 이해하였다면, 어렵지 않게 해결할 수 있다.

해설

① (O) 나이테는 일 년에 한 개씩 축적되므로, 2005년에 베어 낸 400개의 나이테를 가진 수목은 1605년경부터 자라기 시작했을 것이라고 추정된다.

② (O) 대들보로 사용한 목재는 1650년경에 베어졌는데, 가장자리 나이테에서 7개째부터, 다른 수목의 나이테에서 나타난 1643부터 1628년까지의 나이테와 동일한 흔적이 발견되었다고 제시되었다. 그 흔적은 "(가장자리부터) 넓은 나이테 5개, 좁은 나이테 5개, 넓은 나이테 6개 순"이므로, 대들보 목재의 7개째부터 11개째까지는 넓은 나이테, 12개째부터 16개째까지는 좁은 나이테, 17개째부터 22개째까지는 넓은 나이테가 나타났을 것이다. 따라서 대들보 목재의 10번째 나이테는 넓은 나이테가 나타났을 것이라는 추정은 타당하다.

③ (X) ②에서 설명한 것처럼, 대들보 목재의 17개째부터 22개째까지는 넓은 나이테가 나타났을 것이다. 따라서 대들보 목재의 20번째 나이테는 좁은 폭이었을 것이라는 추정은 타당하지 않다.

④, ⑤ (O) [A]에서 "그 목재로 사용된 나무(대들보 목재)는 1650년경에 베어졌고 1318년경부터 자란 것"이라고 결론지어졌으므로, 가장자리에서 15번째 나이테는 1635년경에 생겼을 것이다. 또한 대들보 목재와 기둥 목재의 나이테 패턴 비교 구간은 "1643년부터 거슬러 1628년까지 16년 동안"이므로 이 구간은 1318년경부터 1650년경 사이의 구간에 포함된다.

03
정답 ③

분석 및 접근

과학적 연구 결과를 법적 증거로 승인하는 것에 대한 서로 다른 입장을 비교하는 문제다.

해설

①, ② (O) A는 관련 분야의 일반적 승인을 얻은 과학적 연구 결과는 법적 증거로 인정된다는 입장이다. 지문에 따르면 '나이테를 통한 비교 연대 측정'과 '연륜화학'은 전문가들의 일반적 승인을 얻은 과학적 연구에 해당한다.

③ (X) B는 '전문가의 편견 개입 가능성'의 사유가 있을 경우에는 사안에 대한 관련성이 인정되더라도 과학 기술 전문가의 견해를 사용하지 않는다는 입장이다. 따라서 B를 따르는 법원이 방사능 피해 보상 문제에 대한 연구 결과를 활용하였다면, 그 연구의 수행자는 특정 입장에 기울어지지 않았어야 할 것이다.

④, ⑤ (O) C는 관련성이 인정되고, 일정한 신뢰성 요건을 갖추었다면 과학적 연구 결과는 법적 증거로 인정된다는 입장이다. 따라서 만약 나이테를 통한 수목 연구 결과가 법원에서 유의미하게 활용되었다면, 나이테 분석은 관련성이 인정되었고 일정한 신뢰성 요건을 갖추었을 것이므로, 사이비 과학이 아니라고 추정될 수 있다. 만약 나이테를 통한 수목 연구 결과가 법원에서 유의미하게 활용되지 않았다면, 일정한 신뢰성의 요건을 충족하지 못하였기 때문일 가능성이 있다.

04

분석 및 접근

지문에 주어진 정보들을 종합하여 수성의 내부 구조를 추론해낼 수 있어야 한다.

해설

외곽층 (410km)	㉠	지각
	㉡	상부 맨틀
	㉢	하부 맨틀
핵 (2,030km)	㉣	액체 핵
	㉤	고체 핵

① (O) ㉠은 '외곽층'의 '지각'에 해당하며, 외곽층의 두께를 결정한다. 마지막 단락에서 "(수성) 지형의 높낮이는 9.8km로서 다른 지구형 행성에 비해 작은데, 이는 지각의 평균 두께가 50km인 것을 고려할 때"라고 서술된 부분을 통해, ㉠의 표면이 지구에 비해 높낮이가 작다는 점을 추론할 수 있다.

② (X) 마지막 단락에서 "외곽층의 밀도는 지구의 상부 맨틀보다 높다."라고 제시되었다. 그런데 수성의 맨틀에 무거운 철의 양이 적다는 것이 관찰되었고, 따라서 외곽층의 높은 밀도는 하부 맨틀의 밀도가 매우 높기 때문이라고 과학자들은 추론하게 되었다. 즉, 수성 외곽층 전체의 밀도는 지구의 상부 맨틀의 밀도보다 높지만, 그 높은 밀도의 대부분은 ㉢(하부 맨틀)의 매우 높은 밀도에 의존하고 있는 것이다. 따라서 주어진 선지에서 ㉢을 제외한 ㉠, ㉡의 밀도만으로 지구 상부 맨틀의 밀도보다 높을 것이라는 점은 추론되기 어렵다.

③ (O) 마지막 단락에서 "과학자들은 메신저에서 얻어진 정보를 이용하여 수성의 모델을 제시하였다."라고 서술되었는데, 이를 통해 수정된 부분 중 가장 중요한 내용은 "하부 맨틀에 밀도가 높은 황화철로 이루어진 반지각이 존재하며 그 두께는 지각보다 더 두꺼울 것"이라는 가설이다. 즉, ㉢(하부 맨틀)의 존재는 메신저의 탐사로 인해 새롭게 제기된 부분에 해당한다.

④ (O) 마지막 단락에 따르면, ㉢(하부 맨틀)은 황화철로 이루어졌으며, 두 번째 단락에 따르면 ㉣(액체 핵)은 철–황–규소 화합물로 이루어졌다. 따라서 ㉢과 ㉣ 모두 황 성분을 포함하고 있다.

⑤ (O) 두 번째 단락에 따르면, ㉤(고체 핵)은 철 성분으로 이루어졌을 것으로 추정된다. 따라서 ㉢, ㉣, ㉤ 모두 철 성분을 포함하고 있다.

05

분석 및 접근

가설을 지지하는 증거가 무엇이고, 반증하는 증거가 무엇인지를 구분하는 추론 능력을 평가하는 **추론형 지문**의 문제다.

해설

① (O) 두 번째 단락에서 "지구 자기장이 전도성 액체인 외핵의 대류와 자전 효과로 생성된다는 다이나모 이론에 근거하면, 수성의 자기장은 핵의 일부가 액체 상태임을 암시한다."라고 제시되었으므로 자기장의 존재는 전도가 가능한 액체 상태로 핵이 존재할 것이라는 가설을 지지하는 증거가 된다.

② (O) 두 번째 단락에 따르면, 액체 핵은 전도성을 띠고 고체 핵은 전도성을 띠지 않는다. 따라서 전도성 핵이 존재한다는 사실은 핵에 액체로 이루어진 부분이 존재할 것이라는 가설을 뒷받침한다.

③ (O) 두 번째 단락에서 "수성은 크기가 작아 철로만 이루어진 핵이 액체일 가능성은 희박하다."라고 제시되었다. 이는 수성에 전도성을 띠는 액체 핵이 존재한다는 가설과 수성의 핵이 철로 구성되었다는 사실이 양립하기 어렵다는 점을 암시한다. 위 문제를 해소하기 위해서 제안된 설명은, "철 성분의 고체 핵을 철–황–규소 화합물로 이루어진 액체 핵이 감싸고 있다."라는 추가적인 가설이다. 따라서 철–황–규소 층의 존재는 액체 핵이 존재할 것이라는 가설을 뒷받침한다.

④ (X) 두 번째 단락에 따르면, 매리너 10호가 수성에서 자기장을 감지하였고, 따라서 수성에 자기장을 형성할 수 있는 전도성 물질이 존재하여야 한다는 가설이 도출되었다. 또한 이를 바탕으로, 액체 핵이 존재할 것이라는 결론이 도출되었다. 다이나모 이론에 따르면, 액체 핵은 전도성을 띠지만 고체 핵은 전도성을 띠지 않기 때문이다. 그러나 "핵의 고체화 이후에도 암석 속에 자석처럼 남아 있는 잔류자기일 가능성"은 수성에서 자기장이 관측되는 이유를 수성 내 액체 핵의 존재라는 가설을 경유하지 않고서도 설명할 수 있는 방식이다. 따라서 암석 속 잔류자기의 존재는 수성에 액체 핵이 존재할 것이라는 가설을 반증하는 증거가 된다.

⑤ (O) 다섯 번째 단락에서 "현재까지 알려진 수성의 경도칭동 측정값은 외곽층의 값 C_m을 관성모멘트로 사용한 이론값과 일치하고 있어, 액체 핵의 존재 가설을 강력히 뒷받침하고 있다."라고 제시된 부분을 통해 확인할 수 있다.

06

분석 및 접근

지문에서 제시된 **계량적 인과 정보**를 바탕으로 변수와 변수 사이의 비례/반비례 관계를 연결하여 해결하는 문제에 해당한다.

해설

ㄱ. (O) 네 번째 단락에서 "행성의 전체 크기에서 핵이 차지하는 비율이 클수록 정규관성모멘트가 커진다."라고 제시되었다. 따라서 수성 전체의 정규관성모멘트가 증가하였으므로, 수성의 핵은 더 크게 수정되어야 한다.

ㄴ. (X) 다섯 번째 단락에서 "액체 핵이 존재할 경우 경도칭동의 크기는 수성 전체의 관성모멘트 C가 아닌 외곽층 관성모멘트 C_m에 **반비례**한다."라고 제시되었다. 따라서 외곽층의 관성모멘트(C_m)가 감소하였으므로, 경도칭동은 더 크게 수정되어야 한다.

ㄷ. (O) 마지막 단락에서 수성 외곽층의 밀도가 높은 이유는 밀도가 높은 황화철로 이루어진 반지각의 밀도가 매우 높은 것에 의존한다는 점이 제시되었다. 외곽층의 밀도가 증가하였으므로, 고밀도의 반지각이 외곽층에서 차지하는 비중은 기존 모델보다 더 높게 수정되어야 하고, 따라서 반지각이 더 두껍게 수정되어야 한다.

07

정답 ③

분석 및 접근

기본적인 사실 확인 문제에 해당한다.

해설

① (O) 첫 번째 단락에서 "조류의 경우 파충류와 계통상 먼 것으로 보았으나, 최근의 계통분류학적 연구 결과들은 공룡의 일족으로부터 조류가 진화했다는 파충류 기원설을 지지하고 있다."고 제시된 부분을 통해 확인된다.

② (O) 두 번째 단락에서 **인접 학문의 발전에 힘입어** 분자 정보나 초미세 구조와 같은 새로운 정보들이 추가되면서"라고 서술된 부분을 통해 확인된다.

③ (X) 세 번째 단락에 따르면, 수리분류학자의 계통수 작성법은 개별 형질의 특성을 반영하여 계통수를 작성하는 것이 아니라, 모든 형질들을 수치로 일원화시켜서 '거리 행렬'의 계산 방식을 통해 계통수를 작성하는 방법이다. 개별 형질의 특성을 반영하는 계통수 작성은 분기론자들의 방법에서 잘 드러나는 장점에 해당한다.

④ (O) 네 번째 단락에 따르면, 분기론자들은 계통수 작성법에 모든 형질을 사용하는 것이 아니라 파생형질만을 이용하는데, "어떤 형질이 파생형질인지 확인하기 위해서는 계통진화학적 정보가 필요하다."고 제시되었다. 이를 통해 분기론자들은 이전의 계통진화학적 정보에 의거하여 계통수를 작성하는 것임을 확인할 수 있다.

⑤ (O) 다섯 번째 단락에서 "대량의 자료 분석에서는 그 이용에 한계를 드러내는 단점이 있으나 컴퓨터 계산 능력이 향상되면서 점차 그 유용성이 증대되고 있다."라고 서술된 부분을 통해 확인된다.

08

정답 ⑤

분석 및 접근

모든 형질을 계통수 작성에 이용하는 **수리분류학자**와 **공유파생형질**만을 계통수 작성에 이용하는 **분기론자**의 방법론 차이를 이해함으로써 해결하는 문제다.

해설

ㄱ. (X) '–'가 원시형질이라고 가정되었고 A와 B에게 1, 4, 5번 형질은 원시형질인 '–'로 나타난다. 따라서 원시형질을 유연관계 규명에 고려하지 않는 분기론자의 입장에서는 1, 4, 5번 형질이 A와 B의 유연관계를 규명하는 근거가 될 수 없을 것이라고 판단할 것이다. 따라서 ㄱ의 서술은 분기론자가 동의할 내용에 해당하지 않는다.

ㄴ. (O) 2번 형질이 파생형질로 나타나는 것은 B 분류군뿐이므로, 단 하나의 분류군에서만 나타나는 '자가파생형질'에 해당한다. 따라서 2번 형질은 분류군 B의 자가파생형질이라고 분기론자에 의해서 판단될 것이다.

ㄷ. (O) 3번 형질은 B 분류군과 C 분류군에서 공통적으로 파생형질로 나타나므로, 두 분류군 이상에서 공통으로 나타나는 '공유파생형질'에 해당한다. 분기론자는 공유파생형질만을 계통수 작성에 이용하므로, 3번 형질은 B와 C의 계통수를 묶어 주는 공유파생형질로 분기론자에 의해 판단될 것이다.

ㄹ. (O) 네 번째 단락에서 "가장 단순한 것이 최선이라는 최대 단순성 원리"에 근거해 분기론자들은 계통수를 작성한다고 제시되었으므로, 〈표 1〉이 분기론자에 의해 규명된 계통유연관계라면 '최대 단순성 원리'가 적용되었을 것이다.

09

정답 ④

분석 및 접근

수리분류학자의 계통수 작성법을 직접 적용해 보는 문제에 해당한다.

해설

수리분류학자는 분류군 간의 거리 행렬을 이용하여 계통수를 작성하므로, 주어진 네 개의 분류군 사이의 거리 행렬을 계산하여야 한다. 가령 A와 B는 8개의 형질 중 4개의 형질이 다르므로 둘 사이의 거리 행렬은 4/8, 즉 0.5이다. 나머지 거리 행렬을 계산한 값은 다음과 같다.

- A와 C: 3/8
- A와 D: 2/8
- B와 C: 7/8
- B와 D: 6/8
- C와 D: 3/8

거리 행렬의 값이 가장 작은 것 순으로 묶어 주므로, A와 D가 가장 먼저 유연관계로 묶인다. 이후 A–D와 B, C의 거리를 계산한다. 가령 A–D와 B 사이의 거리 행렬 값은 A와 B 사이 거리 행렬 값과 A와 D 사이 거리 행렬 값의 평균에 해당한다. 이에 따라 계산한 값은 다음과 같다.

- A–D와 B: 5/8
- A–D와 C: 3/8

거리 행렬의 값이 가장 작은 것 순으로 묶어 주므로, A–D 다음에는 C가 묶인다. 그리고 가장 마지막으로 B가 묶인다.

따라서 ④의 계통수 작성이 타당하다. → **절대적 정답**

PART 2 제재별 기출문제

제재 1 | 법철학

p.168

01	02	03	04	05
⑤	⑤	③	④	②
06	**07**	**08**	**09**	**10**
④	①	①	②	①
11	**12**	**13**	**14**	**15**
③	①	③	①	⑤

01
정답 ⑤

분석 및 접근
벤야민과 데리다가 '폭력'을 어떻게 **개념 분할**하여 논의를 전개하고 있는지에 유의하여 지문을 독해하여야 한다.

해설
① (X) 네 번째 단락에서 "그(벤야민)는 법 정립과 법 보존의 이러한 순환 회로를 신화적 폭력이라 명명하면서 그것을 신적 폭력과 구별 짓는다. 신적 폭력은 법을 허물어뜨리는 순수하고 직접적인 폭력이다."라는 부분을 통해, 법정립적 폭력과 법보존적 폭력의 순환 회로가 신화적 폭력이며, 신적 폭력은 이와 별개의 개념으로 규정되고 있음이 확인된다.

② (X) 네 번째 단락에서 "벤야민은 이것(신적 폭력)이 신화적 폭력의 순환 회로를 폭파하고 새로운 질서로 나아가게끔 하는 적극적 동력임을 주장한다."는 부분을 통해 신적 폭력이 법 정립과 법 보존의 순환 회로를 강화하는 역할이 아니라 파괴하는 역할을 한다는 점을 확인할 수 있다.

③ (X) 네 번째 단락에서 "여기서 폭력은 법 제정의 수단으로 복무하지만, 목적한 바가 법으로 정립되는 순간 퇴각하는 것이 아니라 자신의 도구적 성격을 넘어서 힘 자체가 된다."는 부분을 통해 법의 수단으로 복무하는 폭력이 그 목적을 달성한 이후에도 힘을 상실하지 않는다는 점이 확인된다.

④ (X) 마지막 단락에서 "그(데리다)는 법 언어 행위를 통해 적법한 권력과 부정의한 폭력 사이의 경계가 비로소 그어진다고 설명했다."는 부분을 통해 확인할 수 있다.

⑤ (O) 마지막 단락에서 "또한 (데리다에 따르면) 법보존적 폭력은 법정립적 폭력에 이미 내재되어 있다고 보았다."는 부분을 통해 데리다가 법보존적 폭력이 법정립적 폭력에 내포되어 있다고 이해하고 있다는 점을 확인할 수 있다.

02
정답 ⑤

분석 및 접근
㉠자연법론과 ㉡법실증주의는 법철학에서 매우 기초적인 배경지식에 해당하므로, 기본적인 배경지식을 공부해 두어야 수월하고 효율적으로 법철학 지문을 독해할 수 있다.

해설
① (O) 두 번째 단락에서 "고전적인 자연법론은 법 창출과 존속의 근거를 신이나 자연, 혹은 이성과 같은 형이상학적이고 외부적인 실체의 권위로부터 구한다."는 부분을 통해, 자연법론이 법적 권위를 법의 외부에서 구한다는 점이 확인된다.

②, ③ (O) 세 번째 단락에서 "벤야민은 법실증주의가 목적과 수단의 관계에 대한 잘못된 전제를 자연법론과 공유한다고 보았다. **정당화된 수단이 목적의 정당성을 보증한다고 보는 경우**(법실증주의)든 **정당한 목적을 통해 수단이 정당화될 수 있다고 보는 경우**(자연법론)든, 목적과 수단의 상호지지적 관계를 전제로 폭력의 정당성을 판단한다."는 부분을 통해 법실증주의가 수단의 정당화 여부에 따라 법의 폭력성이 정당화 여부가 결정된다는 관점을 취한다는 것이 확인된다. 또한 자연법론과 법실증주의가 목적 혹은 수단이 정당화되면, 다른 한쪽이 정당화된다고 간주한다는 점도 확인할 수 있다.

④ (O) 두 번째 단락에서 "벤야민은 자연법론보다는 법실증주의가 폭력 비판의 가설적 토대로 더 적합하다고 판단했다."는 부분을 통해 확인할 수 있다.

⑤ (X) 세 번째 단락에서 "또한 법이 스스로 저지르는 폭력만을 정당한 '강제력'으로 상정하고 다른 모든 형태의 폭력적인 것들은 '폭력'으로 치부하는 문제에 관해 양편 모두 충분한 관심을 두지 않아 왔음을 지적했다."는 부분을 통해 자연법론과 법실증주의 양자가 모두 법에 의해 승인된 폭력이 법 바깥의 폭력을 차등화하는 문제에 주목하지 않는다는 점을 확인할 수 있다.

03
정답 ③

분석 및 접근
〈보기〉에 제시된 A와 B의 입장이 지문에 제시된 법철학적 논의 중 어느 관점에 대응되는지를 파악할 수 있어야 한다.

해설
①, ② (X) A는 법이 제정되는 과정의 정당성이 확보된다면 법이 제정되고 유지되는 과정에서 폭력이 난입할 여지는 없다고 간주하고 있다. 이는 법의 내재적 폭력성을 간과하고 있는 관점이므로, 벤야민이나 데리다의 관점이 아닌, 법실증주의의 관점에 가깝다고 평가될 수 있다. ①의 서술과 달리 벤야민은 법 정립 과정에 폭력이 개입한다고 간주하였다. ②의 서술과 달리, 데리다는 적법적 권력과 적법하지 않은 폭력 사이의 경계는 처음부터 다른 기원에서 유래하는 것이 아니라 법 언어 행위를 통해 그어진다고 주장하였다.

③ (O) B는 법 보존과 법 정립의 무한한 순환 회로를 '뫼비우스의 띠'에 비유하면서, 이러한 순환 회로를 탈정립할 신적 폭력의 필요성을 요구하고 있다. 이는 네 번째 단락에서 제시된 벤야민의 관점과 일치하는 것이다.

④ (X) B가 신적 폭력과 신화적 폭력의 구분을 전제하였다는 서술은 타당하나, 이는 벤야민과 견해를 달리하는 지점이 아니라 벤야민과 견해를 같이하는 지점이다.

⑤ (X) A와 달리 B는 법 정립 권력을 입법 권력에만 한정 짓지 않고 있다. 이 점에서 A가 아닌 B만이 벤야민과 입장을 같이한다고 평가될 수 있다.

04
정답 ④

분석 및 접근
글쓴이의 최종적인 입장이 글의 후반부에 제시되기 때문에, 글의 전반부에서 근거를 찾아 잘못된 답을 선택하지 않도록 주의하여야 한다.

해설

① (X) 마지막 단락에서 글쓴이는 분석법학의 한계를 인정하면서도 "19세기 분석법학이 추구한 엄밀성"을 긍정적으로 평가하고 있다. 네 번째 단락에 따르면 분석법학은 "법체계가 폐쇄적일 경우에는 이러한 분석이 통용될 수 있겠지만, 개방적일 경우에는 그렇지 못하다."라고 제시되었으므로, 분석법학에는 반드시 폐쇄적 법체계가 요구된다는 한계점이 존재하나, 그러한 한계에도 불구하고 긍정적으로 평가될 만하다는 것이 글쓴이의 입장인 것이다. 따라서 명확하지 않더라도 유연한 법을 갖는 것이 중요하다는 ①의 주장은, 유연하지 않은 폐쇄적인 법을 갖더라도 (분석법학에 따른) 명확한 법의 가치를 높게 평가하는 글쓴이의 입장과 상충된다.

② (X) 자유를 법 이전의 권리가 실정법에 의해 승인된 것으로 간주하는 시각은 지문에서 전혀 확인될 수 없는 내용이다.

③ (X) 마지막 단락에서 "나아가 그러한 엄밀성은 사법 통제의 차원에서도 의의를 지닐 수 있다."라는 부분을 통해 글쓴이가 법을 형식 논리적으로 명확하게 적용하는 것이 법의 지배를 강화하는 데 기여한다는 시각을 갖고 있다는 점이 확인된다. 따라서 ③의 주장은 글쓴이의 입장과 상충된다.

④ (O) 마지막 단락에서 "이른바 결과의 합당성을 고려해야 한다는 이유를 들어 명시적인 규정에 반하는 자의적 판결을 내리려는 시도에 대하여, (분석법학은) 판결은 법률의 문언에 충실해야 한다는 점을 일깨우고 있기 때문이다."라는 부분을 통해 분석적 엄밀성을 추구하는 것이 결과의 합당성을 보장하는 것은 아니라는 전제 조건이 글쓴이에 의해서 인정되고 있다는 점이 확인된다. 즉, 글쓴이는 분석적 엄밀성이 결과의 합당성을 보장하는 것은 아니라 하더라도, 분석적 엄밀성이 법률의 문언에 충실한 판단을 강화한다는 점에서 가치를 갖는다는 입장을 견지하고 있는 것이다.

⑤ (X) 여섯 번째 단락에서 "금지되지 않은 것이 곧 허용된 것이라고 말할 수 있다면, 변덕스러운 법(개방적 법체계)이 언제고 비집고 들어올 수 있다는 것과 같아서, 인간이 누리게 되는 자유의 질은 오히려 현저히 저하될 수밖에 없을 것이다."라고 서술된 부분을 통해, 글쓴이가 법으로부터 자유로운 영역을 인정하는 개방적 법체계의 입장이 오히려 자유를 훼손할 수 있다는 입장을 취하고 있다는 점이 확인된다. 따라서 ⑤의 주장은 글쓴이의 입장과 상충된다.

05
정답 ②

분석 및 접근
'나뭇조각을 서로 붙잡으려는 두 조난자'에 대한 사례를 바탕으로 개방적 법체계에 대한 개념을 이해하는 것이 중요하다. 〈보기〉의 법 조문은 '타인의 생명을 침해하는 행위를 하지 않도록 하는 것'이므로 '금지'에 해당한다.

해설

① (O) 폐쇄적인 법체계에서 금지의 영역이 아닌 것은 곧 적극적 허용의 영역이 된다. 따라서 태아가 사람이 아니라는 전제에 따르면, 태아를 죽게 하는 행위는 적극적 허용의 영역에 속하게 된다. 그러므로 태아를 죽게 하는 행위가 허용되지 않는다는 판단은 개방적인 법체계하에서만 가능해진다.

② (X) 타인의 자살을 돕는 것이 타인의 생명을 침해하는 행위라면, 〈보기〉의 법 조항에서 금지의 영역으로 삼는 행위에 포함된다. 따라서 타인의 자살을 돕는 행위를 금지하는 것은 폐쇄적인 법체계에서도 〈보기〉의 법 조항에 따라 가능하다.

③ (O) 폐쇄적인 법체계에서 금지의 영역에 있는 것은 적극적 허용이 될 수 없다. 그런데 말기 암 환자의 생명 유지 장치를 제거하는 행위를 허용하는 것은, 타인의 생명을 침해하는 행위를 적극적으로 허용하는 것이므로, 폐쇄적인 법체계 내에서는 가능한 일이 아니다. 따라서 개방적인 법체계 내에서만 환자의 생명 유지 장치를 제거하는 행위가 허용될 수 있다.

④ (O) 폐쇄적인 법체계에서 금지는 소극적 허용을 함축한다. 그런데 타인의 생명이 침해되는 것을 보고만 있는 것은 타인을 구해주지 않을 수 있는 것을 의미하며, 이는 '소극적 허용'에 해당한다. 따라서 폐쇄적인 법체계하에서 〈보기〉의 법 조항은 타인의 생명이 침해되는 것을 보고만 있는 행위가 가능하다는 결론이 도출될 것이다. 그러므로 개방적인 법체계하에서만 생명이 침해되어 가고 있는 타인을 구해주지 않는 행위에 대한 처벌이 가능해진다.

⑤ (O) 폐쇄적인 법체계하에서 금지는 적극적 허용의 부정이므로, 타인의 생명을 침해하는 행위는 어떠한 이유에서든 적극적 허용의 대상이 될 수 없다. 따라서 다른 한 사람의 생명을 구하기 위한 행위라고 하더라도, 나머지 한 사람의 생명을 침해하는 행위는 폐쇄적인 법체계하에서 허용될 수 없다. 그러므로 개방적인 법체계하에서만 둘 중 한 명을 구하기 위하여, 나머지 한 명의 생명을 침해하는 행위가 허용될 수 있다.

06
정답 ④

분석 및 접근
분석적 법철학 지문에서 빈번하게 등장하는 **논리 퀴즈** 문제다. [A] 단락에서 주어진 논리적 조건을 바탕으로 도출될 수 있는 논리적 결과를, 추리논증 문제를 풀듯이 해결해주면 된다.

해설

① (O) '명령'은 '적극적 허용'을 함축한다. 따라서 어떤 행위가 명령의 대상이 된다면 반드시 적극적 허용의 대상이 된다. '금지'는 '소극적 허용'을 함축한다. 따라서 어떤 행위가 금지의 대상이 된다면 반드시 소극적 허용의 대상이 된다.

② (O) '금지'는 '적극적 허용'의 부정이다. 따라서 어떠한 행위가 금지의 대상이 된다면 절대로 적극적 허용의 대상이 되지 않는다. 또한 금지의 대상이 되지 않는다면 반드시 적극적 허용의 대상이 된다.

③ (O) '명령'은 '소극적 허용'의 부정이다. 따라서 어떠한 행위가 명령의 대상이 된다면 절대로 소극적 허용의 대상이 되지 않는다. 또한 금지는 소극적 허용을 함축하므로, 소극적 허용이 아닌 것은 금지가 아닌 것을 함축한다. (대우 명제) 따라서 어떠한 행위가 명령의 대상이 된다면, 절대로 금지의 대상이 되지 않는다.

'명령'은 '소극적 허용'의 부정이다. 따라서 어떠한 대상이 명령이 되지 않으면, 반드시 소극적 허용이 된다. 소극적 허용은 금지를 함축하지 않으므로, 어떠한 대상이 명령이 되지 않는다고 해서, 반드시 금지의 대상이 되는 것은 아니다.

④ (X) '명령'은 '소극적 허용'의 부정이다. 따라서 어떠한 행위가 명령의 대상이 된다면 절대로 소극적 허용의 대상이 되지 않는다. 그러나 '명령'의 대상이 아니라면 반드시 소극적 허용의 대상이 된다.

⑤ (O) 소극적 허용과 적극적 허용은 서로 배제하거나 함축하지 않으므로, 소극적 허용의 대상이 아니라고 해서 적극적 허용의 대상이 아닌 것은 아니다. '금지'는 '적극적 허용'의 부정이고, '금지'는 '소극적 허용'을 함축한다. 따라서 적극적 허용의 대상이 아닌 것은, 금지의 대상이므로, 반드시 소극적 허용의 대상이 된다.

07
정답 ①

분석 및 접근
기본적인 사실 확인 문제에 해당한다.

해설

① (O) 세 번째 단락에서 '법의 발견'과 '법의 형성'이 모든 법의 적용이 해석적 시도의 결과라는 공통점을 지니고 있다는 점에서 활동의 본질에는 차이가 없다는 저자의 입장이 드러나고 있다.

② (X) 네 번째 단락에 따르면, 법의 해석이 발생하는 경우는 "법문의 가능한 의미 범위 내에서 이루어지는 경우와, 법의 흠결을 보충하기 위해 불가피하게 그 범위를 넘어서는 경우"로 나뉜다고 서술되었다. 따라서 모든 법의 해석이 법의 흠결을 보충하는 활동에서 비롯한다고 추론하는 것은 논리적으로 타당하지 않다.

③ (X) 네 번째 단락에서 "법의 적용을 위한 해석적 시도란 법문의 가능한 의미 범위 안팎에서 법을 줄이거나 늘림으로써 그것이 특정 사례를 규율하는지 여부를 정하려는 것"이라고 제시된 부분을 통해 '법문의 가능한 의미 범위 바깥에서 사례를 규율하려는 태도'도 해석적 시도로 정당화될 수 있다는 저자의 입장을 확인할 수 있다.

④ (X) 두 번째 단락에서 "법이 명료한 개념들로 쓰인 경우에 벌어지는 가장 단순한 법의 적용조차도 해석의 결과"라는 부분을 통해, 법문이 명료한 개념들로만 쓰인 경우라도 해석이 개입함으로써 법이 적용된다고 보는 저자의 입장을 확인할 수 있다.

⑤ (X) 두 번째 단락에서 "일반적으로 문제 되는 것은 (중략) 재량적 판단을 허용하는 개념 등을 포함하고 있어 그것의 적용이 법문의 가능한 의미 범위 내에서 이루어지고 있는지 여부가 다투어질 경우"라는 부분을 통해, 재량적 판단을 허용하는 개념이 도입됨으로써 오히려 해석적 논란이 발생한다고 보는 저자의 입장을 확인할 수 있다.

08
정답 ①

분석 및 접근
〈보기〉의 견해는 법의 해석을 유추에 불과하다고 평가절하하고 있으므로, 지문의 입장에서 비판될 수 있는 내용을 담고 있다.

해설

① (X) 첫 번째 단락에서 "일반적이고 추상적인 형태의 법을 개별 사례에 적용하려 한다면 이른바 해석을 통해 법의 의미 내용을 구체화하는 작업이 필요하다."라고 서술되었다. 이러한 해석의 작업 중 '법의 발견'은 '당연히 허용되는 것'으로 간주되는 해석 작업이다. 따라서 '법의 발견'에 대하여 추가적인 정당화가 요구된다고 간주하는 관점은 법의 해석에 대한 일체의 선험적 정당성을 부인하는 시각에 해당한다. 그러나 〈보기〉는 "법의 해석이라는 것은 실상 유추에 불과한 것"이라는 시선을 견지한 것이지, "'법의 해석'의 모든 부분에 대해 정당화가 필요하다.'는 관점이 아니다.

② (O) 〈보기〉에서 "진정한 의미에서 법관을 구속하는 선례는 없으며"라는 부분을 통해 〈보기〉가 법관의 임의적인 법 적용을 허용하는 시각을 견지하고 있음이 확인된다.

③ (O) 첫 번째 단락에서 "어떤 새로운 사례가 특정한 법의 규율을 받는지 판단하기 위해서는 선례들, 즉 이미 의심의 여지없이 그 법의 규율을 받는 것으로 인정된 사례들과 비교해 볼 필요가 있는데"라는 부분을 통해, 지문의 저자는 규범이 반영된 것으로 인정된 선례와 개별 사례가 비교되어야 한다는 입장을 견지한다는 점을 확인할 수 있다. 반면에 〈보기〉는 개별 사례와 개별 사례 사이의 비교를 통해 법이 적용된다는 입장을 보이고 있다. 따라서 지문에서 제시된 '규범 대 사례'의 관계를 〈보기〉는 '사례 대 사례'의 관계로 대체하고 있다고 평가될 것이다.

④ (O) 첫 번째 단락에 따르면, 지문의 저자는 규범이 반영된 것으로 명확히 인정된 선례를 기준으로 삼아 개별 사례들이 비교되어야 한다고 본다. 그러나 〈보기〉는 그러한 선례의 존재를 인정하지 않는 입장이므로, 선례와 단순한 참조 사례를 구분하지 않는다고 평가될 것이다.

⑤ (O) 첫 번째 단락에서 "구체적으로 어떤 비교 관점이 중요한지를 결정하는 것도 바로 해석의 몫"이라는 입장이 제시되었다. 따라서 지문의 입장에서 〈보기〉는 참조 사례들 중 어떤 것이 의미 있는지를 결정하는 것도 법적 해석의 몫임을 간과하고 있다고 비판될 것이다.

09
정답 ②

분석 및 접근
다섯 번째 단락과 여섯 번째 단락에 제시된 법의 축소와 확장 개념을 〈보기〉에 제시된 사례에 적용하면, 쉽게 해결할 수 있는 문제다.

해설

① (O) 가벌성의 범위를 기준으로 삼으면, 처벌의 대상에서 '언론 종사자가 아닌 사람들'이라는 조건이 사라진 것이므로, 법의 축소라고 볼 수 있다.

② (X) 공익을 위해 진실한 내용을 적시할 행위를 할 자유가 확대된 것이므로, 시민이 누리는 표현의 자유가 확대된 것이고, 따라서 법의 확장이라고 볼 수 있다.

③ (O) 법규의 적용 범위가 언론에서 일반 시민으로 넓어졌으므로 법의 확장이라고 볼 수 있다.

④ (O) 법의 보호를 받는 대상이 언론에서 일반 시민으로 넓어졌으므로 법의 확장이라고 볼 수 있다.

⑤ (O) 언론의 활동을 제한하여 적용한다는 부가 조건이 삭제되었다는 점에서 본다면 법의 축소라고 볼 수 있다.

분석 및 접근
문헌학적 해석과 법학적 해석의 개념을 정확히 구분하여 이해하여야 해결할 수 있는 문제이다.

해설

① (O) 첫 번째 단락에 따르면, 문헌학적 해석이란 "텍스트 생산자가 주관적으로 의도한 의미를 확정하는 것"이다. 또한 세 번째 단락에 따르면, 문헌학적 해석이란 법학적 해석의 기반이 되는 해석이다. 이를 종합하여 볼 때, 문헌학적 해석이란 법률 제정자의 의사를 확인하는 작업에 해당한다는 점을 추론할 수 있다.

② (X) 문헌학적 해석은 주관적인 의사의 다의적인 해석을 추구하는 것이 아니라, 주관적인 의사의 단일한 해석을 추구한다. 주관적인 의사의 다의적인 해석을 추구하는 것은 법학적 해석이다.

③ (X) 법학적 해석에서 (법률 텍스트의 작성자의) 주관적인 실제 의사는 법학적 해석을 하기 위한 기반이 되는 수단에 해당한다. 주관적인 실제 의사를 확인하기 위한 작업은 문헌학적 해석이다.

④ (X) 법학적 해석은 텍스트를 법체계에 부합하게 해석하는 과정을 의미하는 것이지, 텍스트 배후의 은유적 의미를 찾아내는 과정이 아니다.

⑤ (X) 법학적 해석은 문헌학적 해석을 넘어서서 체계적인 법질서에 이념적으로 부합하는 해석을 내놓는 과정이지, 직관적으로 타당한 의미를 모색하는 작업이 아니다.

분석 및 접근
경험적 입법자의 의사를 확인하는 과정이 문헌학적 해석이고 이념적 입법자의 의사를 확인하는 과정이 법학적 해석이라는 점을 이해하여야 한다.

해설

① (O) 세 번째 단락에서 "결국 법률을 실제로 제정하는 경험적 입법자는 법률 자체 속에서만 사는 이념적 입법자에게 자리를 넘겨주게 된다. 재판은 이를 확인하는 구체적인 과정이라 할 수 있겠는데, 특히 법률에 대한 위헌성 심사가 그러하다."는 부분을 통해 위헌 법률 심사 과정이 이념적 입법자의 의사를 확정하는 작업이라는 점을 확인할 수 있다.

② (O) 법률을 탄생시키는 일회적인 과정에서 '경험적 입법자'의 의사가 아니라, '이념적 입법자'의 의사가 반영되어야 한다는 것이 글의 논지이다.

③ (X) 입법에 관여한 전원이 의견을 같이한 경우라 하더라도, 이는 '경험적 입법자'의 의사에 해당하며 '경험적 입법자'의 의사가 아니라 이를 초월하는 '이념적 입법자'의 의사가 입법자의 의사로 간주되어야 한다.

④ (O) 법학적 해석을 통해 끌어내는 입법자의 의사는 '이념적 입법자'의 의사에 해당하며, 이는 법체계에서 요구하는 의미를 반영한 것이다.

⑤ (O) 법학적 해석은 '경험적 입법자'의 의사가 아니라 '이념적 입법자'의 의사를 반영한 것이므로, '경험적 입법자'가 법을 제정할 당시에 예상치 못한 사정이 발생하더라도 '이념적 입법자'의 의사에 따라 입법자의 의사를 확정할 수 있을 것이다.

분석 및 접근
지문에서 주장하는 '법학적 해석'의 과정이 ⓒ다음의 사례에 어떻게 반영되어 있는지를 구체적으로 이해할 수 있어야 한다.

해설

① (O) 마지막 단락에서 헌법재판소가 입법자의 의사를 확정하여 다의적 해석의 가능성을 배제하는 과정은 '이념적 입법자'의 의사를 확인하는 과정이라고 볼 수 있다. 따라서 이러한 과정을 거쳐 실제 인물이 아닌 그림에 적용할 수 없다는 결론이 도출된 과정은 법원이 체계적으로 해석하여 내릴 수 있는 '법학적 해석'이 될 수 있다고 판단한 것이다.

② (X) 실제 청소년이 등장하는 것이 아닌 그림, 만화 등의 음란물은 일반 형법상의 규정으로 규제할 수 있다는 법률 해석을 헌법재판소가 내놓았으므로 A 씨를 처벌할 가능성이 사라진 것이 아니다.

③ (X) 검찰은 A 씨의 그림이 '청소년이용음란물'에 해당한다고 보았으므로 '청소년이 등장하여'라는 부분을 '신체의 전부 또는 일부 등을 노골적으로 노출하여'와 연결되지 않는다고 해석한 것이다. 반면에 헌법재판소는 A 씨의 그림이 '청소년이용음란물'에 해당하지 않는다고 보았으므로, '청소년이 등장하여'라는 부분이 '신체의 전부 또는 일부 등을 노골적으로 노출하여'와 연결된다고 해석한 것이다.

④ (X) 헌법재판소는 실제 인물인 청소년이 등장하여 신체의 전부 또는 일부를 노출하는 경우에 한하여 사례의 조항이 적용될 수 있다고 해석하였으므로, 성인의 노출은 사례의 조항이 적용되지 않는다고 해석한 것이다.

⑤ (X) 헌법재판소는 '영상 등의 형태로 된 것'의 경우에는 사례의 조항을 적용시킬 수 있으나, 만화에는 사례의 조항을 적용할 수 없다고 판단하였다. 이는 '영상 등의 형태로 된 것'에 만화가 포함되지 않는다고 판단한 것이다.

분석 및 접근
지문이 '주장–반박–재반박'으로 구성되어 있기 때문에 지문에서 최종적으로 동의되는 입장과 그렇지 않은 입장을 잘 구별하여 지문을 독해하여야 혼동하지 않고 해결할 수 있는 문제이다.

해설

① (O) 첫 번째 단락에서 "현대의 민주국가는 (중략) 사법권의 행사에 민주적 통제가 미치도록 판결에 이유를 밝힐 것을 요구한다. 이때 판사는 판결의 핵심적인 근거에 관해 허위나 감춤 없이 자신이 믿는 바와 판단 과정을 분명히 드러내야 한다."는 부분을 통해 민주주의 원리가 판사의 진술 의무를 요구한다는 점을 확인할 수 있다. 또한 두 번째와 세 번째 단락에서 법이 요구하는 판결과 판사의 양심이 요구하는 판결 사이의 괴리, 즉 '법–도덕 딜레마'로 인해 판사가 진술 의무를 회피하게 되는 경우가 발생한다는 점이 제시되어 있다. 따라서 판사의 진술 의무는 민주주의와 법–도덕 딜레마를 서로 연결 짓는다고 볼 수 있다.

② (O) 두 번째 단락에서 판사가 법 외부의 도덕적 양심에 따라 판결에 이를 수 있는 가능성이 제시되었으며, 이에 대해 세 번째 단락에서 "(판사가 판결에 이르는 과정에서 법 외적인 도덕적 요소들을 고려한다고 하더라도) 판사의 진술 의무를 부정하지는 못한다."는 입장이 제시되었다. 이를 종합하여 볼 때, 판사의 진술 의무를 지지하는 견해는 판사의 판결 과정에서 법 외적인 요소들이 고려되는 것을 허용한다는 점을 추론할 수 있다.

③ (X) 마지막 단락에서 "(법–도덕 딜레마 상황에서) 판사의 거짓말은 국민을 자율적 판단 능력을 갖춘 시민으로 존중하지 않음을 의미하며, 사법적 판단 과정의 실상이 드러나는 순간 사법의 권위와 정당성은 실추될 것이다."라는 부분을 통해, 판사가 자신의 도덕적 양심에 따라 판결한 뒤, 그것을 감추는 거짓말 행위가 궁극적으로 법에 충실한 선택이 될 수 없다는 점을 확인할 수 있다.

④ (O) 마지막 단락에 제시된 것처럼, 판사의 진술함이 사법의 정당성을 뒷받침한다는 견해는 "거짓으로 이룰 수 있는 것은 진술함으로도 이룰 수 있다"는 것을 근거로 어떠한 경우에서도 판사의 거짓말은 정당화될 수 없으며 판사의 진술 의무가 이루어져야 한다는 입장을 내세우고 있다.

⑤ (O) 첫 번째 단락에서 "사법권의 행사에 민주적 통제가 미치도록 판결에 이유를 밝힐 것을 요구한다."는 부분을 통해 판사가 판결 이유를 밝혀야 한다는 요구가 민주주의 원리에서 비롯된다는 점을 확인할 수 있다. 또한 첫 번째 단락에서 "(판사의 진술 의무에 대한) 이런 반대론은 시민들이 진실을 다룰 능력이 부족하다고 전제하고 있어 민주주의 원리에 반하므로 동의하기 어렵다."는 부분을 통해 판사의 진술 의무에 대한 찬성론이 민주주의 원리를 근거로 하고 있음을 확인할 수 있다. 판사가 판결 이유를 제시하여야 하지만, 반드시 진술하게 이유를 제시하여야 하는 것은 아니라는 입장도 존재하므로, 양자가 별개라는 점도 타당하다.

14　　　　　　　　　　　　　　　　　정답 ①

분석 및 접근
지문은 '법–도덕 딜레마 상황에서 판사의 거짓말이 정당화될 수 있는가?'라는 질문에 대한 검토로 구성되어 있으며, ㉠은 판사가 거짓말을 하게 되는 상황을 제시한 것이다.

해설

① (O) 판사의 판결이 온전히 법적 체계에 따라 이루어진 것이 아니라 판사의 재량에 따라 이루어진 것임에도 불구하고, 판사가 사법 체계의 정당성 확립을 위해 판결 이유를 진술하게 밝히지 않고 거짓말을 하는 경우에 대한 설명이므로, ①의 설명이 가장 적절하다. → **절대적 정답**

② (X) ㉠은 판사가 기존 판례가 아닌 새로운 해석을 통한 법해석을 해놓은 경우에 해당하는 것은 맞지만, 판사가 공식적으로 그 사실을 밝히는 경우가 아니라 거짓말을 하는 상황을 말하는 것이다.

③ (X) ㉠에서 이루어진 판사의 법해석이 합법적인 해석 권한을 벗어난 것이라고 단언할 근거는 없다.

④ (X) ㉠에서 이루어진 판사의 법해석이 충분히 가능한 법 발견이었다고 단언할 근거는 없으며, 설령 그렇다고 하더라도 ㉠은 판사가 그 과정을 사실대로 밝히는 것이 아니라 은폐하는 경우를 가정한 상황이다.

⑤ (X) ㉠은 판사의 법해석이 법률을 기계적으로 적용한 결과가 아닌 상황에서, 판사가 마치 법해석이 법률을 기계적으로 적용한 결과인 것처럼 거짓말을 함으로써 공식적으로 판시하는 경우를 의미한다.

15　　　　　　　　　　　　　　　　　정답 ⑤

분석 및 접근
〈보기〉에 제시된 추가적인 배경지식을 바탕으로 지문의 내용이 의미하는 바를 보다 구체적으로 해석할 것을 요구하는 문제이다. 지문의 입장이 〈보기〉에 제시된 **'비판론자'**의 입장에 해당한다는 점을 알아차릴 수 있어야 한다. **법철학에 대한 배경지식**이 갖추어져 있다면 매우 쉽게 해결할 수 있는 문제이다.

해설

① (O) 〈보기〉에 따르면, 판사에게 진술 의무를 부여해야 한다는 입장은 이를 통해 판사의 권력 남용을 예방하려고 한다. 이는 지문에서 판사가 판결 이유를 진술하게 밝히는 것이 민주주의의 원리에 부합한다는 입장과 대응된다. 따라서 사법적 판단 과정도 민주적 통제의 대상이 된다고 보는 입장에서는 판사의 진술 의무를 통해 대중이 사법적 판단 과정의 실제를 정확하게 알아야 한다고 볼 것이다.

② (O) 〈보기〉에 제시된 '법현실주의'의 입장은 판사도 한 명의 개인으로서 정치적인 입장을 지니고 있기 때문에, 그러한 정치적인 입장에 따라 판결하는 것이 문제가 되지 않는다는 입장이다. 따라서 '법현실주의'의 관점에 따르면, 정치적 성향이 밝혀진 판사가 특정한 정치적 성향의 판결을 내리는 것은 예상될 수 있으며, 이는 문제가 되는 사항도 아니다.

③ (O) 〈보기〉에 제시된 '법형식주의'의 입장은, 판사는 개인의 정치적 입장이나 도덕적 양심에 따라 판결하는 것이 아니라 오로지 법에 의거하여 판결해야 한다는 입장이므로, 판사의 기본적 역할이자 임무를 도덕의 지배가 아니라 법의 지배를 관철하는 것이라고 여길 것이다.

④ (O) 〈보기〉에 제시된 '비판론자'의 관점은 지문의 관점에 대응된다. 따라서 지문의 네 번째 단락에 제시된 '결과를 먼저 선택한 다음 이를 지지하는 법해석을 찾아내는 판사'의 경우에 대해, 〈보기〉의 비판론자는 '고상한 거짓말'이라고 비판할 것이다.

⑤ (X) 〈보기〉의 '비판론자'는 어떤 경우에도 판사가 거짓으로 판결 이유를 밝히는 것은 허용될 수 없다는 입장이다. 따라서 타당한 결과를 도출하더라도 이를 감추기 위해 거짓을 선택하는 것에 대해 '비판론자'는 결코 수긍하지 않을 것이다.

p.208

01	02	03	04	05
①	⑤	③	④	⑤
06	**07**	**08**	**09**	**10**
④	①	③	③	④
11	**12**	**13**	**14**	**15**
④	②	③	⑤	⑤

01

정답 ①

분석 및 접근

기본적인 사실 확인 문제이다. 진자앙의 주장이 유종원의 주장에 대한 반박이라는 점을 명심하면서 사실관계를 정확하게 파악하여야 한다.

해설

① (X) 첫 번째 단락과 두 번째 단락에서 제시된 진자앙의 주장의 핵심은 "서원경을 사형에 처하되 정문을 세워 주자."라는 것으로, 이는 서원경의 행위가 형에는 어긋나지만 예에는 부합한다고 보았기 때문이다.

②, ③ (O) 다섯 번째 단락에 따르면, 복수는 또 다른 복수를 낳기 때문에 사회적 무질서를 야기한다는 이유로 복수 자체를 전부 문제시했던 진자앙의 주장에 대해, 유종원은 "사무치는 억울함이 있는데도 호소할 곳이 없는 경우"에 해당하는 복수는 예에 부합한다고 반박하고 있다. 따라서 진자앙은 보복 살인의 악순환을 경계하는 입장에 해당하며, 유종원은 호소할 곳이 없는 백성의 처지를 염려하는 입장에 해당한다.

④ (O) 첫 번째 단락과 두 번째 단락에서 유종원은 예와 형의 개념적 정의를 분석함으로써 형에는 어긋나지만 예에는 부합하는 행위란 존재할 수 없음을 논증한다. 이는 서원경의 행위에 대해 형에는 어긋나지만 예에는 부합하는 행위라고 결론을 내렸던 진자앙의 건의 내용이 논리적으로 자체 모순을 갖고 있다는 점을 드러내는 것이다.

⑤ (O) 여섯 번째 단락에서 유종원은 『춘추공양전』을 인용하여 "아버지가 무고하게 죽었다"라는 경우에 한하여 "복수를 잊지 않는 것은 효"라는 결론을 도출한다. 따라서 유종원은 서원경의 복수가 무고하게 죽은 아버지에 대한 복수이므로 효에 부합한다고 간주하였으며 따라서 보복 살인의 죄인이 될 수 없다는 논증을 전개하였다. 앞서 강조하였듯이 과거의 법을 다루는 법제사학 지문에 등장하는 법 관념은 오늘날의 법 관념과 동일하지 않음을 항상 명심하면서 독해하여야 한다.

02

정답 ⑤

분석 및 접근

다섯 번째 단락에서 전개된 논증의 논리적 결함을 정확히 파악했다면, 매우 간단하게 해결할 수 있는 문제이다.

해설

① (O) 두 번째 단락에서 "(예는) 성인의 제도에서 도리를 밝혀 상벌을 정하도록 한 것"이라고 제시되었고, 다섯 번째 단락에서 "(예에 어긋나는 행위는) 성인의 가르침에 심히 위배되는 것"이라고 제시되었으므로 예를 이해하는 데 성인의 제도와 성인의 가르침이 전거가 된다는 ①의 설명은 타당하다.

② (O) 두 번째 단락에서 "의를 좇는 이가 나아갈 곳을 모르게 하고 해를 피하려는 이가 설 곳을 알지 못하도록 해야 하겠습니까"라고 반문하는 것은 의를 좇는 이가 도리를 판단하는 준거를 예가 제시하고 있다는 점을 반문형의 문장 형식으로 제시한 것이므로 ②의 설명에 대응하는 내용이다.

③ (O) 두 번째 단락에서 "해를 피하려는 이가 설 곳을 알지 못하도록 해야 하겠습니까"라고 반문하는 것은 해를 피하려는 이가 예를 준거로 삼는다는 의미이다. 또한 '사실에 터 잡아 시비를 가리도록 한 것은 모두 하나로 통하는 것'이라는 부분에서 예가 사실을 기반으로 시비를 가리는 수단이 된다는 점을 유추할 수 있다.

④ (O) 두 번째 단락에서 '만약 형에서 해악을 저지르지 말라고 하는데 관리 된 이가 사람을 죽였다면 이는 용서할 수 없습니다. 결국 그 근본은 서로 합치하면서 그 작용이 이끌어지는 것이니'라는 부분에서 유추할 수 있다.

⑤ (X) 예와 형의 목적이 사회적 무질서를 방지하기 위한 것이라는 점에서 예와 형은 근본이 동일하므로, 형에 어긋나면서 예에 부합하는 행위란 존재할 수 없다는 것이 유종원이 진자앙의 주장을 반박하는 핵심 논거였다. 따라서 유종원의 논증 구조의 핵심을 파악하였다면, ⑤가 타당하지 않은 서술이라는 점을 빠르게 확인할 수 있다.
→ **절대적 정답**

03

정답 ③

분석 및 접근

유종원의 주장과 서경원의 주장에서 대립되는 지점과 공통된 전제를 구분하면서 지문을 독해하여야 한다.

해설

① (X) 진자앙의 주장에 해당한다.

② (X) 진자앙의 주장에 해당한다.

③ (O) 유종원의 논증을 요약하면 다음과 같다.
전제 1. 형에 어긋나면서 예에 부합하는 행위란 존재할 수 없다.
전제 2. 서경원의 복수 행위는 예에 부합한다.
결론. 따라서 서경원의 복수 행위에 형이 부과될 수 없다.
따라서 유종원의 논증 구조가 결론을 도출하는 과정을 명확히 파악하였다면, ③이 진자앙과 대립하는 유종원의 핵심 주장에 해당한다는 점을 빠르게 확인할 수 있다. → **절대적 정답**

④ (X) 진자앙과 유종원 모두의 주장에 해당한다.

⑤ (X) 진자앙의 주장도 아니며, 유종원의 주장도 아니다.

04

정답 ④

분석 및 접근

'과한법'의 개념을 이해하였는지를 확인하는 기본적인 사실 확인 문제이다.

해설

①, ② (O) 과한법은 과거에 처분이 이루어진 지 시간이 상당히 흐른 이후에, 그로 인한 추가적인 문제제기가 불필요한 갈등을 유발하고, 법적 안정성을 침해하는 것을 방지하려는 취지를 담고 있다.

③ (O) 설령 과거에 이루어진 처분이 법적으로 정당하지 않다고 하더라도, 그 처분이 이루어진 이후에 상당한 시간이 소요되었다면 그 처분의 법적 실효를 인정하는 것이 과한법의 내용이다. 즉 과한법은 정당한 권리자가 부당한 처분으로 인해 손해를 입을 가능성을 감수하고서라도 법적 안정성을 확보하려는 태도를 내포하고 있는 것이다.

④ (X) 과거의 처분이 합법적이지 않더라도 일정한 기간이 지난 후라면 그 처분의 법적인 실효를 인정하는 것이 과한법이다. 따라서 ④의 서술은 과한법과 정반대되는 설명이다. → **절대적 정답**

⑤ (O) 과한법은 새롭게 형성된 이해관계를 기준으로 과거의 행위를 뒤엎는 것이 아니라, 일정하게 이루어진 행위의 기반 위에서 새로운 이해관계를 보호하려는 법적 태도를 담지한다.

05   정답 ⑤

분석 및 접근
성종의 판단이 달라진 부분과 그 근거가 무엇인지를 지문에서 정확히 확인하여야 한다.

해설

① (X) 성종의 판단은 자연법사상과 관련이 없으며, 특히 서원군의 처분의 실효성을 인정하는 방향으로 최종적인 결론을 내렸으므로 오히려 보편타당한 가치보다 실정법의 실효성을 우선시하는 입장에 가깝다.

② (X) 성종이 이추의 소를 인정하지 않고 오히려 이추를 처분한 것으로 보아, 정당한 개인 의사의 실현보다 획일적 규제가 더 우위에 있어야 한다고 판단하였음을 확인할 수 있다.

③ (X) 이추가 소를 제기함으로써 아버지의 뜻을 거스른 것에 대한 처분을 처벌하는 것에서 신문하는 것으로 약화하였으므로, 불가침의 윤리 규범을 확고히 하는 방향으로 전교가 수정되었다고 보기 어렵다.

④ (X) 성종의 판단은 관습에 의거한 것이 아니라 《경국대전》의 성문화된 법규에 따른 것이다.

⑤ (O) 성종은 ㉠전교에서 서원군의 처분을 무효화하고 논밭을 국고에 귀속시키는 조치를 내렸으나, ㉡전교에서는 서원군의 처분을 인정하는 조치를 내렸다. 그에 대한 중요한 근거는 《경국대전》에 5년이 지나면 재판하지 않도록 하는 규정"에 따른 것이다. 따라서 성종의 자의적인 판단에 따라 법적 처분을 내리는 것이 아니라 성문화된 규범에 의거하여 법적 처분을 내리는 조치를 취하고자 하였음을 확인할 수 있다. → **절대적 정답**

06   정답 ④

분석 및 접근
조선왕조실록이 지문으로 제시된 경우에는 쟁점에 대해 수많은 인물들이 어떠한 입장을 취하고 있는지를 반드시 확인해두어야 한다.

해설

① (X) 이극배와 윤호는 모두 순경 옹주가 적법한 유언을 하였는데도 그 내용대로 이루어지지 않았다고 보는 입장이다.

② (X) 윤호는 순경 옹주의 뜻을 따라야 한다고 주장하므로 이추가 승계할 수 있다고 여기는 입장이다. 그러나 유순은 순경 옹주의 뜻이 아닌 서원군의 처분에 따라야 한다고 주장하고 있으므로 이추가 논밭을 승계할 수 없다고 여기는 입장이다.

③ (X) 유순은 이추가 아버지의 허물을 들추어낸 점이 윤리적으로 어긋난 행동이라는 점을 지적하는 것으로 보아 승계 문제와 풍속의 교화라는 이념을 결부시키고 있다. 마찬가지로 홍응도 이추의 행동이 아들 된 도리에 어긋난다고 주장한다는 점에서 승계 문제와 풍속의 교화라는 이념을 함께 고려하고 있다.

④ (O) 홍은은 서원군의 처분을 인정하자는 입장인 반면에 송철산은 서원군의 처분을 무효화하고 논밭을 원소유자의 친척들에게 나누어 주자고 주장하고 있으므로 서원군의 처분을 유효화하는지 여부에 대한 쟁점에서 홍은과 대립한다.

⑤ (X) 송철산은 순경 옹주의 재산에 대하여 이추의 형제들의 권리를 인정하지 않고 있으나, 이극배의 경우에는 서원군의 원뜻을 인정해야 한다는 입장을 취하고 있으므로 순경 옹주의 재산에 대하여 이추의 형제들의 권리를 인정하고 있는 것이다.

07   정답 ①

분석 및 접근
기본적인 사실 확인 문제에 해당한다.

해설

① (O) 첫 번째 단락에서 "당시(12세기)에 이 법서(『로마법대전』)는 '기록된 이성'이라 부를 만큼 절대적인 권위가 인정되었고, 그 가운데 특히 「학설휘찬」 부분이 학자들의 관심을 끌었다."라는 부분을 통해 확인할 수 있다. → **절대적 정답**

② (X) 첫 번째 단락에 따르면, 『로마법대전』은 「학설휘찬」보다 앞서 편찬된 출판물의 관계에 있는 것이 아니라, 「학설휘찬」은 『로마법대전』 중 일부분에 해당한다.

③ (X) 첫 번째 단락에 따르면, 17세기의 학자들은 "로마법 자료에 대해 비판적으로 접근하여 새로운 논의를 이끌어 내려 하였다."라고 제시되었다. 17세기의 학자들이 로마법 연구를 버린 것이 아니다.

④ (X) 로마법 연구에 대한 비판이 금기되었던 시기는 12세기였고, 16세기 이후부터 「학설휘찬」에 대한 맹신에서 벗어났다고 제시되었으므로, 17세기 학자인 라이프니츠의 활동시기에 「학설휘찬」에 대한 비판이 금기시되지는 않았을 것이다.

⑤ (X) 로마법을 시공을 뛰어넘는 보편적인 법전으로 간주한 것은 12세기의 시각이고, 라이프니츠는 이를 비판적으로 이해하였다.

08   정답 ③

분석 및 접근
전형적인 **법학의 케이스 문제**에 해당하며, [가]에서 ㉠어떤 이들의 입장과 ㉡나(파울루스)의 입장의 차이를 이해하는 것이 해결의 포인트다.

해설

① (O) 세 번째 단락에서 제시된 "동일한 부동산에 대한 저당권은 설정한 순서에 따라 우선권이 주어지는 것이 로마법의 원칙"을 근거로 B는 자신이 C보다 먼저 저당권을 설정하였으므로 자신이 선순위자라고 주장하였을 것이다.

② (O) B와 C의 소송에서, C는 자신이 A와의 소송에서 승소하였고 (C>A), A가 B보다 먼저 저당권을 설정하였으므로(A>B), 종합하면 B보다 C가 선순위자라고 주장(C>A>B)하였을 것이다.

③ (X) ㉠은 "C가 (B의 권리보다) 우선한다."는 입장을 취한다. 이는 C가 A에 우선한다는 판결(C>A)이 B에게도 효력을 발휘한다는 입장에 해당한다.

④ (O) ㉡은 C가 A에게 승소한 판결의 효력이 B에게는 미치지 않는다는 입장이다. 따라서 A와 C 사이에 내려진 판결은 A와 C 순위에만 영향을 미치지 A, B, C 모두의 순위에 대한 판결은 아니라고 주장할 것이다.

⑤ (O) ㉠과 ㉡ 모두 A와 C 사이에 내려진 판결의 효력은 인정한다는 공통된 전제하에서 논쟁하고 있다.

09   정답 ③

분석 및 접근
전형적인 **법학의 케이스 문제**에 해당하며, [가]에서 ㉡나(파울루스)의 입장을 ⓐ라이프니츠가 어떠한 논거로 반박하고 있는지를 이해하는 것이 핵심 포인트다.

해설
① (O) 네 번째 단락에서 "(라이프니츠는) B가 C보다 앞설 경우에 C가 A보다 앞선다면, B는 A보다 앞서는 것이 당연하다."라고 간주하였다. 또한 "B가 C보다 후순위가 된다고 가정하는 것은, (중략) 허용될 수 없다."라고 간주하였다. 이를 종합해 보면 라이프니츠는 B>C>A의 순으로 저당권에 대한 우선권을 갖는다고 판단한 것이다.

② (O) 라이프니츠는 A와 C 사이에서 발생한 확정 판결이 A, B, C 순으로 저당권을 설정하였다는 실질적 법률관계에 비해 더 큰 효력을 발휘한다는 입장을 토대로 자신의 논리를 전개하였다.

③ (X) 라이프니츠는 먼저 설정된 순서로 저당권의 우선순위가 정해진다는 로마법의 원칙 자체가 부당하다고 전제한 것이 아니라, 기존에 설정된 저당권의 순위가 존재하는 상황에서 일부 당사자 간의 소송이 발생한 경우, 그 소송의 결과가 다른 당사자에게 영향을 미치는 것이 부당하다는 전제하에서 논증을 전개한 것이다.

④ (O) 세 번째 단락에 따르면, 라이프니츠는 파울루스의 의견에 따를 경우 (1)과 (3)이 충돌한다는 모순이 발생한다는 점을 파악하였고, 이에 대해 (2)를 함께 고려하여 B>C>A 순으로 저당권의 우선순위를 설정함으로써 A가 제1순위이면서 동시에 A가 제1순위가 아니라는 모순을 해결하였다.

⑤ (O) 네 번째 단락에서 "라이프니츠는 이러한 결론이 한 번의 패소로 순위가 두 개나 밀리게 만들지만 부당한 것은 아니라고 말한다."라고 제시된 부분을 통해 확인할 수 있다.

10   정답 ④

분석 및 접근
'-물'이라는 형태소를 **과거의 법개념**으로 해석하는 조항인지, 아니면 **현재의 법개념**으로 해석하는 조항인지에 대한 개별적인 판단을 바탕으로 해결하는 사실 확인 문제다.

해설
① (X) 두 번째 단락에서 "그리하여 정보 그 자체를 압수해야 한다는 인식이 생겨났고, 마침내 출력이나 복사도 압수 방식으로 형사소송법에

규정되었다."라는 부분을 통해, 디지털 정보 그 자체가 압수물로 인정된다는 점이 확인된다.

② (X) 두 번째 단락에서 "최근에 제정된 법률에서는 위 조항에 대한 특칙을 두어 정보 자체를 문서로서 증거조사할 수 있는 근거도 마련되었다."라는 부분을 통해, 전자적 형태의 문자 정보도 정보 자체만을 증거조사의 대상으로 삼을 수 있다는 점이 확인된다.

③ (X) 세 번째 단락에서 "아동 포르노그래피의 유포를 차단하기 위해 신설된 법령에서는 필름 · 비디오물 · 게임물 외에 통신망 내의 음란 영상에 대하여도 '아동 · 청소년 이용 음란물'로 규제한다."는 부분을 통해 아동 · 청소년 이용 음란물은 무체물에 제한된 것이 아니라, 무체물과 유체물을 모두 포함한다는 점을 확인할 수 있다.

④ (O) 세 번째 단락에서 "하지만 곧이어 관련 법령이 정비되어 이(비디오물) 또한 "연속적인 영상이 디지털 매체나 장치에 담긴 저작물"이라 정의하게 되었다."라고 서술된 부분을 통해서, 비디오물이 더 이상 유체물에 고정되지 않게 되었다는 점을 확인할 수 있다.

⑤ (X) 세 번째 단락에서 "이후에 게임 산업이 발전하면서 새로운 법률을 제정하여 게임물에 대한 독자적 정의를 마련할 때, 유체물에 고정되어 있는지를 따지지 않는 영상물로 규정하기 시작하였다."라는 부분을 통해, 게임물에 관한 입법이 유체물인 '매체' 중심에서 무체물인 '콘텐츠' 중심으로 변천되었다는 점을 확인할 수 있다.

11   정답 ④

분석 및 접근
앞뒤 문맥을 통해 ㉠비판이 반박하고자 하는 주장을 정확히 찾아내는 문제다.

해설
마지막 단락에서 "또한 물건이 아닌 재산상 가치인 것을 취득했다고 해도 그 역시 장물은 아니라고 보았는데, 이에 대해서는 ㉠비판이 있다."라고 서술된 부분을 통해 ㉠비판이 반박하고자 하는 주장은 "물건이 아니지만 재산상 가치를 갖는 것은 장물이 아니다."에 해당한다. ④에서 "은행 계정에 기록된 자산 가치"는 '물건이 아니지만 재산상 가치를 갖는 것'에 해당하며, 따라서 이에 대하여 '장물죄의 규정을 적용하지 않는다는 태도'는 ㉠비판이 반박하고자 하는 주장에 대한 사례에 해당한다. → **절대적 정답**

12   정답 ②

분석 및 접근
'-물'이라는 형태소가 유체물에 한정적으로 적용되는 사전적 의미로 해석되는 법조항이 있고, 이 의미가 확장되어 무체물도 포섭하는 법조항이 있다. 〈보기〉에서 추가적으로 주어진 '뇌물'에 대한 법 개념은 전자와 후자 중 어느 쪽에 해당하는지를 판단한다면 어렵지 않게 해결할 수 있는 문제다.

해설
① (X) 〈보기〉에서 '뇌물의 내용'에 대해 '일체의 유형 · 무형의 이익을 포함'하는 것으로 정의된다고 서술되었다. '-물'의 사전적 의미는 '-물'을 유체물에 한정지어 해석하는 것이므로, '뇌물'에서의 '물'은 사전적 의미보다 확대된 개념으로 해석되는 문법 단위이다.

② (O) '뇌-'와 '장-'은 독자적으로 쓰일 수 있는 자립형태소가 아닌 반면 '증거'는 독자적으로 쓰일 수 있는 자립형태소에 해당한다.

③ (X) 세 번째 단락에서 "이후에 게임 산업이 발전하면서 새로운 법률을 제정하여 게임물에 대한 독자적 정의를 마련할 때, 유체물에 고정되어 있는지를 따지지 않는 영상물로 규정하기 시작하였다."라는 부분을 통해, '게임물'에서 '물'이 물건에 한정되지 않는 개념으로 확장되었음을 확인할 수 있다.

④ (X) 마지막 단락에서 "물건이 아닌 재산상 가치인 것을 취득했다고 해도 그 역시 장물은 아니라고 보았는데"라는 부분을 통해, '장물'에서 '물'의 개념은, '뇌물'에서 '물'의 개념과 달리 무체물을 포괄하는 개념으로 아직 확장되지 않았다는 점을 확인할 수 있다.

⑤ (X) 〈보기〉에 따르면, '뇌물'에서 '물'의 의미 변화는 형법 조항이 새롭게 입법된 결과로 인한 것이 아니라 "근래의 판결"에서 기존 법조항을 새롭게 해석한 결과에 의한 것이다.

13   정답 ③

분석 및 접근
중심 소재가 되는 〈내무부훈령 제410호〉가 어떠한 부분에서 문제시 되는지를 중심으로 지문의 내용을 파악한다면, 어렵지 않게 해결할 수 있는 사실 확인 문제다.

해설
① (X) 세 번째 단락에서 "1950년대 부랑인 정책이 일제 단속과 시설 수용에 그쳤던 것과 달리, 이 시기부터 국가는 부랑인을 과포화 상태의 보호시설에 단순히 수용하기보다는 저렴한 노동력으로 개조하여 국토 개발에 활용하고자 했다."라는 부분을 통해 부랑인 정책이 1950년대의 격리 정책에서 1960년대의 갱생 정책으로 변천되었음이 확인된다.

② (X) 네 번째 단락에서 "규정된 보호 기간이 임의로 연장되기도 했다."라고 서술된 부분을 통해 부랑아들이 시설에 수용되는 기간에 대한 한도 규정 자체는 존재하였다는 점을 추론할 수 있다.

③ (O) 네 번째 단락에서 "국영 또는 사설 복지기관들은 국가보조금과 민간 영역의 후원금으로 운영됨으로써 결국 유사 행정기구로 자리매김했다."라는 부분을 통해 확인할 수 있다.

④ (X) 네 번째 단락에서 제기된 "이 같은 정책 시행의 결과로 부랑인은 과연 '개조'되었는가?"라는 질문에 대해, "부랑인 가운데 상당수는 (중략) 중도에 탈출했다."라고 서술하였으므로, 개척단원이 된 부랑인이 개척지에 안착하지 못했다는 점을 확인할 수 있다.

⑤ (X) 두 번째 단락에서 "위 훈령은 복지 제공을 목적으로 한 〈사회복지사업법〉을 근거 법률로 하면서도"라는 부분을 통해 부랑인 정책이 사회복지 제공의 성격도 가지고 있었다는 점이 확인된다.

14   정답 ⑤

분석 및 접근
법적인 측면에서 〈내무부훈령 제410호〉가 문제시되는 논리를 이해함으로써 해결할 수 있는 문제다.

해설
① (O) 두 번째 단락에서 "이를 통한 인신 구속은 국민의 자유와 권리를 필요한 경우 국회에서 제정한 법률로써 제한하도록 규정한 헌법에 위배되는 것이기도 하다."라는 부분을 통해, 최하위 규범인 행정규칙에 속하는 ㉠〈내무부훈령 제410호〉가 최상위의 위계에 놓인 헌법과 상반되는 내용을 포함하고 있다는 점이 확인되며, 이를 통해 ㉠이 상위 규범과 하위 규범 사이의 위계를 교란시켰다는 점이 확인된다.

② (O) 두 번째 단락에서 "위 훈령은 복지 제공을 목적으로 한 〈사회복지사업법〉을 근거 법률로 하면서도 거기서 위임하고 있지 않은 치안유지를 내용으로 한 단속 규범이다."라는 부분을 통해, 근거 법령의 목적 범위를 벗어나는 사항을 규율하고 있다는 점이 확인된다.

③ (O) 두 번째 단락에서 "이(행정부 훈령)를 통한 인신 구속은 국민의 자유와 권리를 필요한 경우 국회에서 제정한 법률로써 제한하도록 규정한 헌법에 위배되는 것"이라는 부분을 통해, 국회의 입법권에 의거하는 인신 구속을 행정부가 자의적으로 강행함으로써, 국회의 입법권이 행정부에 의해 침범되었다는 점을 확인할 수 있다.

④ (O) 두 번째 단락에서 "이(㉠)는 걸인, 껌팔이, 앵벌이를 비롯하여 '기타 건전한 사회 및 도시 질서를 저해하는 자'를 모두 '부랑인'으로 규정했다."라는 부분을 통해, ㉠에서 규정된 '부랑인'의 법적 범위가 과도하게 포괄적이므로 과잉 단속으로 남용될 소지가 있다는 점을 추론할 수 있다.

⑤ (X) 부랑인 단속을 담당하는 하급 행정기관이 훈령을 발한 상급 행정기관의 지침을 위반하게 만들었다는 내용은 지문에 전혀 등장하지 않는다.

15   정답 ⑤

분석 및 접근
〈보기〉와 지문은 국가 권력이 피치자를 규율하고 통제하는 과정에 대해 비판적인 시각을 견지하고 있다는 공통점을 띠고 있다.

해설
① (O) 〈보기〉의 "변형된 국가인종주의는 단일 사회가 스스로의 산물과 대립하며 끊임없이 '자기 정화'를 추구한다."는 부분을 지문의 내용에 적용하면, '스스로의 산물'은 '부랑아'에 해당하며, '자기 정화'는 '부랑아 정책'에 대응될 것이다.

② (O) 〈보기〉에서 "삶을 길들이고 훈련"시키는 과정을 통해 국가 권력은 '순종적인 몸'을 만들어 낸다고 제시된 부분을 지문의 내용에 적용하면, 부랑아 개조 과정이 마찬가지로 삶을 길들이고 훈련시키는 과정이었다고 해석될 수 있다.

③ (O) 〈보기〉에서 국가 권력은 건전 시민과 비건전 시민의 이원화된 위계로 국민을 분할하는 국가인종주의를 구사한다고 서술되었다. 이를 지문의 내용에 적용하면 생산적 주체와 비생산적 주체인 부랑아로 국민을 구획하는 국가인종주의가 부랑아 정책에서 나타났다고 해석될 수 있다.

④ (O) 〈보기〉에서 치안관리가 건전 시민과 비건전 시민으로 구분하는 명분으로 사용되었다고 서술되었다. 이를 지문의 내용에 적용하면 부랑아의 존재도 치안관리라는 명분을 이용하는 데 기여하였다고 해석할 수 있다.

⑤ (X) 부랑아의 갱생을 지향하는 법체계에 배제의 기제가 내재되었다는 것은 부랑아를 갱생함으로써 '순종적인 몸'을 만들어 내는 기술이 실은 부랑아를 건전 사회로부터 배제하고자 하는 '안전장치'의 기술과 동일하였다는 점을 의미한다. 따라서 '순종적인 몸'을 만드는 기술과 '안전장치'가 배척 관계라는 해석은 타당하지 않다.

p.244

01	02	03	04	05
①	⑤	④	⑤	①
06	**07**	**08**	**09**	**10**
①	①	⑤	③	①
11	**12**			
⑤	②			

01

정답 ①

분석 및 접근
헨리 조지가 제안한 토지가치세가 주장하는 바를 명확하게 파악할 것을 요구하는 사실 확인 문제다.

해설

① (O) 두 번째 단락에서 "그(헨리 조지)는 토지 소유자의 임대소득 중에 자신의 노력이나 기여와는 무관한 불로소득이 많다면, 토지가치세를 통해 이를 환수하는 것이 바람직하다고 주장했다."라는 부분을 통해, 헨리 조지가 모든 임대소득을 불로소득으로 간주한 것이 아니라, 임대소득 중 기여와는 무관한 부분만을 불로소득으로 간주했다는 점을 확인할 수 있다. 또한 "토지 개량의 수익을 제외한 나머지는 정부가 환수하여 사회 전체를 위해 사용하자"라고 주장된 부분을 통해, 헨리 조지가 말하는 불로소득이란 '토지 개량의 수익을 제외한 나머지 임대소득'에 해당함을 확인할 수 있다. 따라서 이를 종합하면 ①의 설명은 타당하다.

② (X) 두 번째 단락에서 "그(헨리 조지)는 토지단일세가 다른 세금들을 대체하여 초과 부담을 제거함으로써 경제 활성화에 크게 기여할 것으로 보았다."라는 부분을 통해, 헨리 조지는 토지가치세가 재정에 필요한 조세 수입을 확보하기에 충분하다고 여겼다는 점을 확인할 수 있다.

③ (X) 두 번째 단락에서 "(헨리 조지는) 사용권과 처분권은 개인의 자유로운 의사에 맡기고 수익권 중 토지 개량의 수익을 제외한 나머지는 정부가 환수"하자고 주장하였다는 점이 확인된다.

④ (X) 세 번째 단락에서 "토지가치세는 불로소득에 대한 과세라는 점에서 공정성에 부합하는 세금"이라는 부분을 볼 때, 토지가치세가 공정성의 측면에서 높게 평가되는 이유는 경제적 효율성을 제고하기 때문이 아니라 불로소득에 대해 과세하기 때문이라는 점을 확인할 수 있다.

⑤ (X) 두 번째 단락에서 "토지단일세는 토지를 제외한 나머지 경제 영역에서는 자유 시장을 옹호했던 조지의 신념에 잘 부합하는 발상이었다."라는 부분을 통해 헨리 조지가 모든 경제 영역에서 시장 원리가 도입되어야 한다고 주장한 것이 아니라, 토지를 제외한 모든 경제 영역에서 시장 원리가 도입되어야 한다고 주장했다는 점을 확인할 수 있다.

02

정답 ⑤

분석 및 접근
세금이 초과 부담을 발생시켜 경제적 효율성을 억제하는 메커니즘과, 토지가치세가 다른 세금에 비해 경제적 효율성을 억제하는 정도가 낮게 되는 이유를 이해하여야 해결할 수 있는 문제다.

해설

① (O) 마지막 단락에서 특정 지역에 인구가 유입되게 되면 토지의 가격이 상승하여 토지 소유자는 이득을 누리지만, 그로 인해 발생하는 **부정적 외부 효과**는 지역 주변의 거주자가 부담한다는 점이 제시되었다. 따라서 높은 세율의 토지가치세를 도입하여 해당 부동산 소유자의 이익을 환수함으로써 이러한 외부 효과로 발생한 이익의 사유화를 완화할 수 있을 것이다.

② (O) 세 번째 단락에서 자동차에 대한 과세는 자동차 거래를 감소시켜 자동차세를 통한 세수 증대에 효과적이지 않을 수도 있다는 점이 제시되었다. 따라서 자동차세의 인상으로 인한 거래 감소 효과가 존재하지 않는다면, 거래량에 변동이 없으면서 자동차 한 대당 거두는 세수는 증가하므로, 자동차세를 통한 총 세수도 증가할 것이다.

③ (O) 근로소득세가 누진세인 상황이라면, 고임금 근로자일수록 더 많은 근로소득세를 내는 상황이라는 의미이다. 따라서 토지가치세가 단일세가 되어 근로소득세가 폐지된다면, 더 많은 근로소득세를 내던 고임금 근로자가 더 많은 혜택을 누리게 될 것이다.

④ (O) 두 번째 단락에서 헨리 조지는 '토지 개량의 수익'을 제외한 나머지 부분에 대해 토지가치세를 부여해야 한다고 주장하였다. 이는 '토지 개량'을 통해 토지의 부가가치를 상승시킨 것에 대한 대가는 세금이 부여되지 않아야 한다는 입장으로 해석될 수 있다.

⑤ (X) 네 번째 단락에 따르면, 조세 저항이 발생하는 이유는 토지가치세가 재산권을 침해하는 행위라고 간주되기 때문이지, 토지와 건물을 구분하여 과세할 수 없기 때문이 아니다. 원인과 결과를 잘못 연결하여 제시한 오답 선지에 해당한다.

03

정답 ④

분석 및 접근
경제학 제재 지문의 **모델링 문제**에 해당하며, 세금의 효율성 억제 메커니즘을 다른 사례에 적용해볼 것을 요구한다. **탄력성**의 개념을 이해하여야 명확히 해결할 수 있다.

해설

① (O) 토지가치세는 토지의 공급자에게 부과되는 세금인 반면, X국의 '사치세'는 요트 구매자에게, Y국의 '담배세'는 담배 구매자에게 부과되고 있으므로, 이는 모두 소비자에게 부과되는 세금이다.

② (O) 세금으로 인한 초과 부담은 세금으로 인한 가격 상승이 거래량을 하락시키기 때문에 발생한다. 요트에 부과된 X국의 '사치세'는 요트의 거래량을 감소시켜 초과 부담을 야기하였지만, 담배에 부과된 Y국의 '담배세'는 담배의 거래량에 영향을 주지 못하여 초과 부담을 야기하지 않았다. 마찬가지로 토지의 공급량은 한정되어 있으므로, 토지가치세도 거래량에 영향을 미치지 못한다.

③ (O) X국의 '사치세'로 인해 요트의 수요가 감소하였고, 이로 인해 요트를 공급하던 요트 공장의 근로자가 납세 부담을 지게 되었다. 즉 과세 대상자가 아니었던 요트 공장 근로자에게 납세 부담이 추가된 것

이다. 반면에 Y국의 '담배세'로 인한 담배의 수요 감소가 발생하지 않아, '담배세'로 인한 납세 부담은 본래 의도했던 과세 대상인 담배 소비자에게 온전히 부여되었다.

④ (X) 요트에 대한 소비는 다른 사치품에 대한 소비로 쉽게 전환될 수 있으므로, 요트의 수요 탄력성은 높다. 반면에 요트를 생산하던 공장은 단기간 안에 다른 제품을 생산하도록 공정을 전환할 수 없으므로 요트의 공급 탄력성은 낮다. 따라서 요트에 세금이 부과되어 발생한 부담은 탄력성이 낮은 요트 공장 근로자들이 지게 된 상황이다. 또한 담배는 중독성이 있어 가격이 상승한다고 해도 담배 소비를 쉽게 줄일 수가 없기 때문에, 담배의 수요 탄력성은 낮다. 따라서 담배에 세금이 부과되어 발생한 부담은 탄력성이 낮은 담배 소비자들에게 부과 되었다. 이를 종합하여 보면, 토지가치세의 경우와 마찬가지로 X국과 Y국의 사례에서도 탄력도가 낮은 쪽에서 납세 부담을 지게 된 것이다.

⑤ (O) X국은 부유층의 납세 부담을 늘리려 했던 정책 목표를 달성하지 못했고, Y국은 담배 소비를 줄이려 했던 정책 목표를 달성하지 못했다. 반면에 세 번째 단락에서 "토지가치세 도입에 따른 여타 세금의 축소가 초과 부담을 줄여 경제를 활성화한다는 G7 대상 연구에 따르면, 이러한 세제 개편으로 인한 초과 부담의 감소 정도가 GDP의 14~50%에 이른다."라는 부분을 통해 토지가치세는 경제 활성화 효과를 발생시킨다는 점을 확인할 수 있다.

04
정답 ⑤

분석 및 접근
금융 위기의 발생 원인에 대한 '정부 주범론'과 '규제 실패론'의 설명이 대립하는 지점을 파악하여야 한다.

해설
① (O) 세 번째 단락에 따르면 '정부 주범론'은 시장의 자기 조정 능력을 긍정하고 정부의 잘못된 개입에 의해 이러한 시장의 기능이 왜곡되었다고 주장하고 있다. 구체적으로는 네 번째 단락에서 "'정부 주범론'은 이 법으로 인해 은행들이 상환 능력이 떨어지는 저소득층들에게로까지 주택 자금 대출을 늘려야 했고, 이것이 결국 서브프라임 모기지 사태로 이어졌다고 주장한다."라는 부분을 통해 정상적인 시장 기능이 작동하였다면 은행이 상환 능력이 떨어지는 저소득층들에게 주택 자금을 대출하지 않았을 것이나, '지역재투자법'을 통한 정부의 개입으로 인해 은행들이 시장 기능에 역행하는 선택을 하게 되었다는 점을 비판하고 있다.

② (O) 세 번째 단락에서 "'정부 주범론'은 소득 분배의 불평등 심화 문제를 **포퓰리즘**으로 해결하려던 것이 금융 위기를 낳았다고 주장한다."는 부분을 통해 정부가 '지역재투자법'으로 주택 자금 대출 시장에 개입한 이유를 표를 얻기 위한 정치적 행위로 파악하고 있음을 확인할 수 있다.

③ (O) 마지막 단락에서 "'규제 실패론'은 금융기관들의 무분별한 차입 및 증권화가 이들의 적극적인 로비에 따른 결과임을 강조"한다는 부분을 통해 '규제 실패론'이 로비로 얽힌 금융과 정치권의 유착 관계를 비판하고 있음을 확인할 수 있다.

④ (O) 마지막 단락에서 "저소득층의 부채란 정치권의 온정주의가 아니라 부유층과 금융권이 자신들의 이익을 극대화하는 과정에서 늘어났던 것"이라는 부분을 통해 '규제 실패론'은 가계 부채 증가가 주택 담보 대출을 통해 고소득층이 투자할 수 있는 새로운 투자 상품을 창출하려고 했던 시도에서 비롯된다고 보고 있음을 확인할 수 있다.

⑤ (X) '정부 주범론'은 소득 불평등 문제를 해결하려는 과정에서 금융 위기가 발생했다는 점에 동의한다. 반면에 '규제 실패론'은 소득 불평등으로 인해 금융 위기가 발생한 것이지, 소득 불평등을 해소하려는 '정치권의 온정주의'에 의해서 금융 위기가 발생한 것이 아니라고 반박한다. 따라서 '규제 실패론'은 소득 불평등 문제를 해결하는 과정에서 금융 위기가 발생하였다는 점에 대해 '정부 주범론'과 상반된 입장을 보인다.

05
정답 ①

분석 및 접근
증권화가 서브프라임 모기지 사태에 영향을 미친 메커니즘에 대한 이해가 요구되며, 유동성의 개념에 대한 이해가 필요하다.

해설
① (X) 두 번째 단락에서 "이(비우량 모기지)로부터 파생된 신종 유가증권들이 대형 투자은행 등 **다양한 투자자들에 의해 광범위하게 보유ㆍ유통**되었다는 점에 특히 주목할 필요가 있다."라는 부분을 통해 서브프라임 모기지에 연계된 증권의 투자자가 확대되었다는 점이 추론되며, 따라서 '고수익을 추구하는 일부 투자자에 한정되었을 것이다.'라는 서술은 타당하지 않다.

② (O) 첫 번째 단락의 "증권화는 위기 이전까지만 해도 경제 전반의 리스크를 줄이고 새로운 투자 기회를 제공하며 금융시장의 효율성을 높여주는 금융 혁신으로 높게 평가되었다."라는 부분에서 증권화의 긍정적 측면이 제시되지만, 두 번째 단락에서 "이들은 증권화로 인해 보다 안전해졌다는 과신 속에서 과도한 차입을 통해 투자를 크게 늘렸는데, 서브프라임 모기지 사태를 기점으로 유가증권들의 가격이 폭락함에 따라 금융기관들의 연쇄 도산 사태가 일어났던 것이다."라는 부분을 통해 증권화가 실제로는 전체 금융권의 리스크를 상승시켰음을 확인할 수 있다.

③ (O) 두 번째 단락에서 "이(비우량 모기지)로부터 파생된 신종 유가증권들이 대형 투자은행 등 다양한 투자자들에 의해 광범위하게 보유ㆍ유통되었다는 점에 특히 주목할 필요가 있다."라는 부분을 통해 모기지 채권의 증권화가 많은 투자자들을 유치함으로써 주택시장에 자금이 과도하게 유입되는 원인을 마련하였다는 점을 추론할 수 있다.

④ (O) 첫 번째 단락에서 "이들은 이렇게 만들어진 모기지 유동화 증권을 통해 오랜 기간에 걸쳐 나누어 들어올 현금을 미리 확보할 수 있었고, 원리금을 돌려받지 못할 위험도 광범위한 투자자들에게 전가할 수 있었다."라는 부분을 통해 부동산 시장과 유동화 증권의 현금화 가능성에 대한 낙관적 전망이 지배적이었음이 암시되며, 이는 증권화를 확대하는 요인으로 작용하였을 것이다.

⑤ (O) 두 번째 단락에서 "당시 모기지 대출기관들은 대출채권을 만기 때까지 보유해야 한다는 제약으로부터 벗어남에 따라 대출 기준을 완화했다."라는 부분에서 대출 기준이 완화된 원인을 증권화의 확대로 보는 시각이 제시된다. 이러한 시각이 타당하다면, 증권화에 대한 규제를 강화하여야 할 것이다. 반면에 '정부 주범론'에 따르면 대출 기준이 완화된 원인은 정부 정책 때문이므로, 증권화에 대한 규제를 강화할 필요가 없다. 따라서 대출 기준 완화의 원인이 규명되어야, 증권화에 대한 규제 판단이 마련될 수 있을 것이다.

06

정답 ①

분석 및 접근

'정부 주범론'은 지역재투자법을 서브프라임 모기지 사태의 원인으로 보기에 이를 반박하는 ㉠의 논거는 지역재투자법이 서브프라임 모기지 사태의 원인이 아니었다는 것이 되어야 한다.

해설

① (X) 지역재투자법에 저소득층에 대해 다른 계층보다 집값 대비 대출 한도를 더 높게 설정하도록 유도하는 내용이 있다는 것은 지역재투자법이 저소득층에 대한 대출을 과도하게 늘리도록 유도함으로써 시장 질서를 왜곡하여 서브프라임 모기지 사태를 촉발하였다고 간주하는 '정부 주범론'의 주장을 강화하는 근거가 된다.

② (O) '정부 주범론'은 지역재투자법이 저소득층에 대한 대출을 확대하도록 유도함으로써 서브프라임 모기지 사태가 촉발되었다고 주장한다. 이 주장이 타당하려면 저소득층의 대출 연체율이 다른 소득층에 비하여 유의미하게 높아야 한다. 따라서 ②의 주장처럼 서브프라임 모기지 대출의 연체율이 소득 수준과 관련성이 없었다면, '정부 주범론'의 주장은 약화된다.

③ (O) '정부 주범론'은 저소득층에게 집을 구매하기 위한 목적의 과도한 모기지 대출을 허용한 것을 서브프라임 모기지 사태의 주된 원인으로 간주한다. 따라서 서브프라임 모기지 사태의 주된 원인이 주택 가격의 상승 때문이 아니라 상업용 부동산 가격의 상승 때문이었다면, '정부 주범론'의 주장은 약화된다.

④ (O) 지역재투자법의 적용을 받는 대출들 중 서브프라임 모기지 대출의 비중이 낮았다면, 지역재투자법과 서브프라임 모기지 대출과의 관련성이 낮았다는 의미이며, 따라서 이는 '정부 주범론'의 주장을 약화한다.

⑤ (O) 지역재투자법과 유사한 규제가 없는 나라에서도 금융 위기가 발생하였다는 사실은, 지역재투자법이 금융 위기의 원인이라는 '정부 주범론'의 주장을 약화한다.

07

정답 ①

분석 및 접근

기본적인 사실 확인 문제에 해당한다.

해설

① (X) 마지막 단락에서 "국제 금 본위제는 결코 자동적으로가 아니라 강력한 **최종 대부자**가 유동성과 안정성을 보증해야 작동하는 제도였다. 그런데 전전의 영란은행과 달리 **FRB**는 국제 신용망의 유지가 아니라 국내 물가 안정에만 전념하였다."라는 부분을 통해 미국의 FRB가 국제 신용 체계의 최종 대부자였다는 점을 확인할 수 있다.

② (O) 두 번째 단락과 세 번째 단락에서 대공황의 결과로 주식 시장이 붕괴하고, 이로 인해 심각한 디플레이션이 발생하고, 기업의 투자 심리가 냉각되었으며, 수많은 농민들이 파산하였다는 점이 제시된다. 이를 통해 대공황의 상황에서 실질 부가 감소하고 소비가 급감하였다는 사실이 추론된다.

③ (O) 마지막 단락에서 "FRB는 미국으로 유입된 금을 불태화함으로써 금 본위제의 국제 규칙을 사실상 지키지 않았다."라는 부분에서 미국이 금 유입으로 인한 통화량 증가 압력을 받고 있었고, 이를 의도적으로 억제하였다는 점을 확인할 수 있다.

④ (O) 마지막 단락에서 "채무국들이 무역 흑자를 통해 채무를 상환한다는 것은 거의 불가능했으며, 그 결과 점점 더 많은 금이 미국으로 유입되었다."라는 부분을 통해 확인할 수 있다.

⑤ (O) 두 번째 단락에서 "민간 부문의 주택 건설 역시 성장의 동인이었지만 당장은 추가 투자가 필요치 않은 지점에 도달했다."라는 부분을 통해 확인할 수 있다.

08

정답 ⑤

분석 및 접근

FRB가 대공황에 적절하게 대응하지 못하였다고 비판되는 지점을 대공황 이전과 이후로 나누어 정확히 이해할 수 있어야 한다.

해설

① (X) 세 번째 단락에서 "FRB가 할인율 인상을 통해 은행 여신 이자율을 높였음에도 불구하고"라는 부분을 통해 FRB가 할인율 인상 정책을 실시하였다는 사실을 확인할 수 있다. "호황기에 할인율 인상으로 통화량을 줄여야 하는 통화 정책에는 거의 문외한이었다."라는 부분만을 통해 ①이 타당하다고 판단하는 오류를 범하지 않도록 주의해야 한다. → 매력적 오답

② (X) 주가 폭락으로 인해 자산 가치가 폭락한 기업에 대해 FRB가 신용을 제공해야 한다는 주장은 지문에서 확인될 수 없다.

③ (X) 지문의 글쓴이는 FRB가 할인율을 인상한 것은 긍정적으로 평가하나, 할인율 인상을 통해 은행 여신 이자율을 높였음에도 주식에 대한 과잉 투자가 억제되지 않았다고 상황을 해석한다.

④ (X) 두 번째 단락에서 "평범한 농민들까지도 은행 대출을 받아 주식 투기의 열풍 속으로 뛰어들었다."라는 점을 통해 주식 매입 자금에 대한 과도한 대출이 대공황의 원인으로 지적되고 있다는 점은 확인되지만, FRB가 그것을 규제하여야 했다는 주장은 지문에서 확인될 수 없다.

⑤ (O) 세 번째 단락에서 "주식 시장이 붕괴했을 때 FRB의 적절한 개입이 필요했으나, FRB는 즉시 통화 팽창 정책을 쓰는 대신 오히려 통화 공급을 줄이는 정책을 택"하였다는 점을 대공황이 완화되지 못한 원인으로 제시하고 있다. 따라서 주식 시장이 붕괴했을 때 여전히 금융 긴축 정책에 매달린 것이 FRB의 통화 정책에 문제가 있었다고 비판된 가장 주요한 원인으로 해석될 수 있다.

09

정답 ③

분석 및 접근

주어진 지문은 대공황의 원인을 다양하게 제시하고 있으므로, 각 원인들과 선지들이 대응되는 관계를 확인하여야 한다.

해설

① (O) 두 번째 단락에서 "소득과 부의 불균등이 심화되면서 소비 지출 수요가 줄어들고 있었다."라는 부분을 통해, 지문의 글쓴이가 주식 시장에는 거품이 형성되는 반면에 실물 시장에는 소득 불균등으로 인해 소비가 감소하고 있었던 점을 대공황의 원인으로 제시하고 있다는 점이 확인된다. 따라서 소비 감소의 원인 중 소득 불균등으로 인한 소비 감소의 비중이 미미하였다는 사실은 글쓴이의 주장을 약화한다.

② (O) 세 번째 단락에서 "그 결과 실질 이자율이 상승하면서 기업의 투자 심리는 형편없이 냉각되었다."라는 부분을 통해 지문의 글쓴이가 주식 시장 붕괴 상황에서 FRB의 잘못된 통화정책으로 인해 기업의 투자 심리가 냉각되었다고 주장한다는 점을 확인할 수 있다. 따라서 투자 심리가 실제로 위축된 시점은 대공황 발생 시점이 아니라 대공황 발생 이후 시점이었다는 사실은 글쓴이의 주장을 약화한다.

③ (X) 세 번째 단락에 따르면, FRB는 주가 폭락 이전에 할인율을 인상 하여 통화량을 줄이는 정책을 사용했고, 주가 폭락 이후에도 통화 공 급을 줄이는 정책을 사용하였다. 따라서 긴축 정책의 강도가 주가 폭 락 이전과 이후 서로 달랐다는 사실만으로는 대공황이 확대된 원인 을 주가 폭락 이후의 통화 긴축 정책 때문으로 보는 글쓴이의 주장 을 약화할 수 없다. 긴축 정책의 강도가 주가 폭락 이전에 비해 주가 폭락 이후에 더 강해졌다는 사실이 추가되어야 글쓴이의 주장을 약 화할 수 있다.

④ (O) 두 번째 단락에서 "1928년에 이미 미국인 6명 중 1명이 차를 소유 했는데, 이는 불균등한 소득 분배를 고려할 때 거의 모든 가구가 차를 구입했다고 할 수 있는 정도였다."라는 부분에서 자동차와 같은 내구 재 소비가 포화 상태였다는 점이 서술된다. 그러나 내구재 소비의 비 중이 전체 소비에서 차지하는 비중이 크지 않았다면, 그러한 사례는 대공황 이전에 소비가 위축되고 있었다는 증거가 될 수 없다.

⑤ (O) 마지막 단락에 따르면, 최종 대부자인 미국이 통화의 유동성과 안 정성을 보증하지 않았기 때문에 국제 신용 체계가 불안정해졌다고 주 장된다. 이는 국제 신용 체계가 대공황을 계기로 붕괴하게 된 원인을 미국의 책임으로 돌리는 것이므로, 이러한 불안정이 어느 한 나라의 책임이 될 수 없다는 주장은 글쓴이의 주장을 약화한다.

10
정답 ①

분석 및 접근
기본적인 사실 확인 문제에 해당한다.

해설
① (X) 네 번째 단락에서 단일 통화 사용의 편익의 내용에 대해서는 제 시가 되었으나, 그 편익을 계산하는 구체적인 방식에 대해서는 제시 된 바가 없다.

② (O) 세 번째 단락에서 "금융시장이 통합되어 있으면 지역 내 국가들 사이에 경상수지 불균형이 발생했을 때 자본 이동이 쉽게 일어날 수 있을 것이며 이에 따라 조정의 압력이 줄어들게 되므로"라는 부분에 서, 금융시장이 통합되어 환율 변동이 배제되었을 때 경상수지의 조 정 방식이 제시되었다.

③ (O) 네 번째 단락에서 "단일 통화 사용의 편익은 화폐의 유용성이 증대 된다는 데 있다."라는 부분을 통해 시장이 통합되어 단일 통화가 사용 되면 화폐의 유용성이 증대되는 양자의 관계가 제시되었다.

④ (O) 네 번째 단락에서 "이 비용(단일 화폐 사용에 따른 비용)은 가격 과 임금이 경직될수록, 전체 통화지역 중 일부 지역들 사이에 서로 다 른 효과를 일으키는 비대칭적 충격이 클수록 증가한다."라는 부분에 서 확인할 수 있다.

⑤ (O) 네 번째 단락에서 "물론 여기서 **노동 이동 등의 조건**이 충족되면 비대칭적 충격을 완화하기 위한 독립적 통화정책의 필요성은 감소한 다."라는 부분을 통해 독립적 통화정책이 필요한 이유인 '대내 균형 달 성'이 '노동 이동 등의 조건'이 충족되면 독립적 통화정책 없이 가능 할 것으로 제시되었다.

11
정답 ⑤

분석 및 접근
다섯 번째 단락에서 제시된 ⊙유로 지역의 경제 위기의 상황을 원 인과 결과, 중심국과 주변국으로 나누어 이해하여야 답을 선택하는 데 있어 혼동하지 않을 것이다.

해설
①,④ (O) 다섯 번째 단락에서 "**주변국**은 더 이상 호황을 지탱하지 못하 고 경제 상황이 악화되면서 **실업**과 **경상수지 적자**를 경험하게 되었 다."라고 제시되었다. 실업은 노동에 대한 초과 공급이 발생한 상황이 므로, 임금을 인하하면 노동에 대한 수요가 증가하여 해소될 수 있다. 또한 세 번째 단락에 따르면, 경상수지 적자는 핵심국으로부터 주변 국으로 자본이 유입될 때 해소될 수 있다.

②,③ (O) 마지막 단락에서 "은행 채무를 국가가 떠맡으면서 GDP 대비 공공 부채의 비율이 증가하였고"라는 부분을 통해, ⊙의 상황을 해소 하려면 주변국의 공공 부채 비율이 감소되어야 한다는 점을 추론할 수 있다. 이를 위한 구체적인 방법은 세 번째 단락에서 "초국가적 재정 시 스템을 공유하는 국가들은 일부 국가의 경제적 어려움에 재정 지출로 대응할 수 있다."라는 부분을 통해 확인할 수 있다. 즉, 유로 지역 전체 에 초국가적 재정 시스템이 구축된다면, 주변국들이 과도한 공공 부 채 비율로 겪는 어려움을 해소할 수 있을 것이다.

⑤ (X) 유로 지역의 주변국에서 실업이 발생하는 상황은 네 번째 단락에 제시된 것처럼 "노동 이동 등의 조건이 충족되면" 해소될 수 있다. 즉, 단일 통화권 내에서 주변국의 과잉 노동 공급이 핵심국으로 전이된다 면 독립적 통화정책 없이도 문제는 해소될 수 있다. 그러나 ⑤에서는 **유로 지역 주변국**으로부터 핵심국으로의 노동 이동 활성화가 아니라 **유로 지역 외부**로부터 핵심국으로의 노동 이동 활성화를 방안으로 제 시하였으므로, 타당하지 않다.

12
정답 ②

분석 및 접근
경제학 제재 지문에서 빈번히 등장하는 **모델링 문제**다. 자유로운 노 동 이동이 최적통화지역의 충분조건이 된다는 점만 명심하면 어렵 지 않게 해결할 수 있다.

해설
① (O) A에서는 실업, B에서는 인플레이션이 발생하였으므로 비대칭적 충격이 발생한 상황이다. 그러나 네 번째 단락에 따르면, 두 국가 사 이에 자유로운 노동 이동이 가능하다면 독립적 통화정책 없이도 비 대칭적 충격을 완화할 수 있다. 따라서 A와 B는 비대칭적 충격이 발 생하였음에도 불구하고 노동 이동이 가능하므로 최적통화지역의 조 건을 충족시킨다.

② (X) A와 C는 서로 유사한 충격이 발생하였으므로 최적통화지역이 되 기에 유리한 조건이다. 그러므로 A와 C가 자유로운 노동 이동까지 가 능하다면, A와 C는 최적통화지역의 조건을 완벽하게 충족시킬 것이 다. 따라서 A와 C 사이의 노동 이동 여부와 무관하게 최적통화지역의 조건이 충족되지 않는다는 ②의 서술은 타당하지 않다.

③ (O) A는 실업, D는 인플레이션이 발생하였으므로 비대칭적 충격이 발 생하였고 노동 이동도 불가능하므로 최적통화지역의 조건을 충족하 지 못한다.

④ (O) B와 D는 모두 인플레이션이 발생하였으므로 긴축 통화정책을 통해 충격을 해소할 수 있다. 따라서 B와 D는 독립적 통화정책의 포기에 따른 비용이 없으므로 최적통화지역의 조건을 충족한다.

⑤ (O) C와 D는 현재 단일 통화를 사용하고 있는 상황이나, C에서는 실업, D에서는 인플레이션이 발생하였으므로 비대칭적 충격이 발생한 상황이다. 실업이 발생한 C는 확대 통화정책을, 인플레이션이 발생한 D는 긴축 통화정책이 요구되는데, C와 D가 단일한 통화를 사용하고 있기 때문에 독립적 통화정책의 사용이 불가능하다. 따라서 C와 D는 최적통화지역의 조건을 충족하지 못한다고 평가된다.

제재 4 | 물리학

p.274

01	02	03	04	05
③	②	③	①	③

06	07	08	09	
③	③	⑤	③	

01
정답 ③

분석 및 접근
물리학 제재에 빈번히 등장하는 **계량적 인과 정보**를 바탕으로 새로운 정보를 추론해 낼 수 있어야 한다.

해설
① (O) 첫 번째 단락에서 "주파수는 파장과 반비례 관계에 있다."라는 부분을 통해 전파의 파장이 길수록 주파수가 낮다는 사실을 확인할 수 있다.

② (O) 두 번째 단락에서 "모바일 무선 통신에서 **가시광선**이나 X선보다 주파수가 낮은 전파를 쓰는 이유는 정보의 원거리 전달에 용이하기 때문이다."라는 부분을 통해 가시광선보다 주파수가 낮은 전파가 모바일 무선 통신에서 사용된다는 사실을 확인할 수 있다. 또한 모바일 무선 통신에 극초단파 대역의 전파가 사용된다고 했으므로, 이를 종합하면 극초단파가 가시광선보다 주파수가 낮다는 결론을 도출할 수 있다.

③ (X) 두 번째 단락에서 "주파수가 높은 전자기파일수록 직진성이 강해져"라는 부분을 통해 직진성이 약한 전파는 주파수가 낮은 전파라는 점이 추론된다. 또한 세 번째 단락에서 "극초단파를 사용하는 이유는 단시간에 더 많은 정보의 전송이 가능하기 때문"이라는 부분을 통해 주파수가 높을수록 정보 전송량이 많아진다는 점이 추론된다. 종합하면, 직진성이 약한 전파일수록 단위 시간당 정보 전송량은 많아지는 것이 아니라 적어질 것이다.

④ (O) 마지막 단락에서 "전파의 효율적 수신을 위한 안테나의 유효 길이는 수신하는 전파 파장의 $\frac{1}{2}$~$\frac{1}{4}$ 정도"라고 제시되었다. 이는 **안테나의 유효 길이는 전파 파장과 비례함**을 의미한다. 또한 파장과 주파수는 반비례 관계에 있으므로, 800MHz 대 전파의 파장은 2.3GHz 대 전파의 약 3배일 것이다. 따라서 800MHz 대 전파의 안테나 유효 길이는 2.3GHz 대 전파의 안테나 유효 길이의 약 3배일 것이다.

⑤ (O) 두 번째 단락에서 "주파수가 낮은 전파는 회절성과 투과성이 뛰어나"라고 제시되었으므로, 1.8GHz 대 전파는 800~900MHz 대 전파에 비해 회절성과 투과성이 약할 것이다.

02
정답 ②

분석 및 접근
전파의 주파수가 전파의 사용 용도와 어떠한 관계를 갖는지를 물어보는, **사실 확인 문제**에 해당한다.

ㄱ. (X) 두 번째 단락에서 "3GHz 이상 대역의 전파는 **직진성이 매우 강해져** 인공위성이나 우주 통신 등과 같이 중간에 장애물이 없는 특별한 경우에 사용"된다고 서술된 부분 때문에, ㄱ이 타당하다고 착각하기 쉽다. 그러나 같은 단락에서 "0.3MHz 이하의 파장은 매우 먼 거리까지 전달될 수 있으므로 항공기의 유도 등"에 사용된다는 부분을 통해, 원거리 전송 능력이 큰 전파는 0.3MHz 이하의 대역임을 확인할 수 있다. 3GHz 이상 대역의 전파가 우주 통신에 이용되는 이유는 직진성이 매우 강해서이지, 원거리 전송 능력이 크기 때문이 아니다.

ㄴ. (X) 세 번째 단락에서 "극초단파의 원거리 정보 전송 능력의 취약성을 극복하기 위해 (중략) 무선 기지국들을 가능한 한 많이 설치하고"라는 부분을 통해 주파수가 높은 극초단파는 많은 기지국을 필요로 한다는 점을 추론할 수 있다. 따라서 모바일 무선 통신에서 낮은 주파수를 사용할수록 더 적은 기지국이 필요할 것이다.

ㄷ. (O) 두 번째 단락에서 지상파 아날로그 TV 방송에는 0.3~800MHz 대역의 주파수가 사용된다는 점이 제시되었다. 또한 세 번째 단락에서 "극초단파를 사용하는 지상파 디지털 TV 방송"이라는 부분을 통해 지상파 디지털 TV 방송에는 극초단파가 사용된다는 점이 제시되었다. 이를 종합하면 지상파 디지털 TV 방송이 지상파 아날로그 TV 방송보다 더 높은 주파수 대역을 사용한다는 점이 추론된다.

03
정답 ③

분석 및 접근
주파수의 사용 대역을 효율성과 공공성이라는 개념과 연관 지어 사고할 것을 요구하는 문제다.

해설

① (O) 세 번째 단락에서 모바일 무선 통신에서 극초단파가 사용되는 이유가 더 많은 정보의 전송이 가능하기 때문이라고 제시되었다. 따라서 황금 주파수 대역이 기존보다 주파수가 높은 대역으로 변화한 것은 정보의 전송량과 관련이 있을 것이라는 점을 추론할 수 있다.

② (O) 마지막 단락에서 안테나의 유효 길이는 수신하는 전파 파장의 길이와 비례한다는 점이 제시되었다. 따라서 파장이 짧은 전파를 사용할수록 안테나의 유효 길이가 짧을 것이고, 통신 기기의 크기가 더 작아질 수 있을 것이다. 이를 적용해보면, 소형화된 통신 기기에 대한 소비자의 욕구가 커질수록 황금 주파수는 파장이 더욱 짧은 대역, 즉 주파수가 더욱 높은 대역으로 이동해야 할 것이다.

③ (X) 두 번째 단락에서 "0.3MHz 이하의 초장파, 장파 등은 매우 먼 거리까지 전달될 수 있으므로 해상 통신, 표지 통신, 선박이나 항공기의 유도 등과 같은 **공공적 용도**에 주로 사용된다."라고 서술되었다. 따라서 경제적 효율성의 가치보다 공공성이 더 중요한 대역에 해당하므로, 시장 기반 방식보다는 정부 주도 방식으로 관리될 필요가 있을 것이다.

④ (O) 1.8GHz 대와 2.1GHz 대의 전파는 극초단파 대역의 범주에 포함되며, 두 번째 단락에서 "스마트폰 시대에 들어서면서 극초단파 대역의 효율적인 주파수 관리의 중요성이 더욱 커지고 있다."라고 제시되었으므로, ④의 주장은 타당하다.

⑤ (O) 두 번째 단락에서 "0.3~800MHz 대역의 주파수는 단파 방송, 국제 방송, FM 라디오, 지상파 아날로그 TV 방송 등에 사용된다."고 제시되었으므로 최신 통신 기술의 관점에서 보았을 때 시장 수요가 적은 영역이다. 이러한 대역을 경제적 효율성만으로 평가할 수 없을 것이므로, 공공성을 고려하여 정부의 주도하에 관리되는 것이 바람직하다고 추론할 수 있다.

04
정답 ①

분석 및 접근
일반 냉장고와 자기 냉장고의 공통점과 차이점을 파악하는 문제다. 내부의 열을 외부로 배출하는 메커니즘은 동일하지만, 그 메커니즘을 발생시키는 물리학적 원리가 다르다는 점을 이해하여야 한다.

해설

① (X) 첫 번째 단락에서 "㉠일반 냉장고는 가스 냉매가 압축될 때 열을 방출하고 팽창될 때 열을 흡수하는 열역학적 순환 과정을 이용하여 냉장고 내부의 열을 외부로 방출시킨다."라고 제시되었다. 또한 마지막 단락에서 "자기 냉장고에서 1회의 순환 과정에서 빠져 나가는 열량은 외부 자기장을 가하기 전과 후의 **엔트로피 변화**와 밀접한 관련이 있다."라고 제시되었다. 이를 비교하면, ㉠일반 냉장고에서 '작용물질의 부피 변화'에 대응되는 요소는 ㉡자기 냉장고에서 '작용물질의 엔트로피 변화'이다.

② (O) 일반 냉장고에서 압력은 가스 냉매의 부피를 변화시키는 역할을 하고, 자기 냉장고에서 자기장은 작용물질의 엔트로피를 변화시키는 역할을 한다. 따라서 ㉠일반 냉장고에서 '압력의 변화'에 대응되는 요소는 ㉡자기 냉장고에서 '자기장의 변화'이다.

③ (O) 일반 냉장고에서는 가스 냉매가 열을 외부로 방출하는 역할을 수행하고, 자기 냉장고에서는 자기 물질이 열을 외부로 방출하는 역할을 수행하므로, ㉠일반 냉장고에서 냉매가 하는 역할이 ㉡자기 냉장고에서는 자기 물질에 의해 수행된다고 볼 수 있다.

④ (O) 첫 번째 단락에서 "㉠일반 냉장고는 가스 냉매가 압축될 때 열을 방출하고 팽창될 때 열을 흡수하는 **열역학적 순환 과정**을 이용하여 냉장고 내부의 열을 외부로 방출시킨다."라고 제시되었다. 또한 세 번째 단락에서 "㉡자기 냉장고는 이 효과를 이용한 **열역학적 순환 과정**을 통해 냉장고 내부의 열을 외부로 방출한다."고 제시되었다.

⑤ (O) 지문의 내용을 종합하여 볼 때, ㉠일반 냉장고와 ㉡자기 냉장고는 모두 냉장고 내부의 열을 냉장고 외부로 방출하는 방식으로 냉각 기능을 수행하므로, 열펌프의 기능이 있다고 서술될 수 있다.

05
정답 ③

분석 및 접근
자기 냉장고의 메커니즘에서 각 단계가 지니는 기능적 특성을 이해하여야 한다.

해설

① (O) 두 번째 단락에서 "물질의 자화는 외부에서 가하는 자기장의 세기 및 자기 물질에 들어 있는 단위 부피당 자기 쌍극자의 수에 비례한다."고 제시되었다. 세 번째 단락에 따르면, '**과정 I**에서는, 자기장이 가해져 쌍극자들이 자기장의 방향으로 정렬'되므로, 자화가 증가한다고 추론할 수 있다.

② (O) 세 번째 단락에서 "**과정 II**에서는, 외부 자기장을 그대로 유지한 상태로 작용물질과 외부와의 열 출입을 허용하면 이 작용물질은 열을 방출하고 차가워진다."는 부분을 통해 확인된다.

③ (X) 세 번째 단락에서 "이 순환 과정은 열 출입이 없는 두 과정과 자기장이 일정한 두 과정으로 구성된다. 여기서 열 출입이 없는 열역학적 과정에서는 엔트로피 변화가 없다."고 제시되었다. **과정 III**은 외부와의 열 출입을 차단한 상태에서 진행되므로, 엔트로피 변화가 없을 것이다.

④ (O) 세 번째 단락에서 "**과정IV에서는**, 작용물질과 외부와의 열 출입을 허용하면 이 작용물질은 **열을 흡수**하고 온도가 상승하여 초기 온도 T로 복귀하면서 1회의 순환이 마무리된다."고 제시되었다. 또한 "이러한 순환 과정에서 작용물질이 열을 흡수할 때는 작용물질을 냉장고 내부와 접촉"시킨다고 하였으므로 열을 흡수하는 단계인 과정IV에서 작용물질은 냉장고 내부와 접촉될 것이다.

⑤ (O) 마지막 단락에서 "효율이 좋은 자기 냉장고를 만들기 위해서는 특정 온도에서 외부에서 가하는 자기장의 변화에 따른 엔트로피 변화량이 큰 자기 물질을 작용물질로 사용해야 한다. 자기 냉장고에서 1회의 순환 과정에서 빠져 나가는 열량은 외부 자기장을 가하기 전과 후의 엔트로피 변화와 밀접한 관련이 있다."고 하였으므로, 냉장고에서 방출되는 열량은 엔트로피 변화량에 의존하고, 엔트로피 변화량은 자기장의 변화량에 의존한다는 사실을 추론할 수 있다. 따라서 자기장의 변화 폭이 클수록 냉장고가 방출하는 열량도 클 것이다.

06
정답 ③

분석 및 접근
마지막 단락에서 **냉장고의 효율**에 관여하는 **계량적 인과 정보**가 제시되었으므로, 이를 바탕으로 문제를 해결해야 한다.

해설
마지막 단락에서 "엔트로피는 물질의 자기 상태가 변하는 임계온도에서 가장 큰 폭으로 변한다. 그러므로 작용물질이 상전이하는 임계온도가 냉장고의 작동 온도 근처에 있을 때 그것의 자기 냉각 효과가 크다."라고 제시되었다. 따라서 임계온도가 실온 범위에 해당하는 C와 D가 가능한 후보가 된다.
또한, 마지막 단락에서 "효율이 좋은 자기 냉장고를 만들기 위해서는 특정 온도에서 외부에서 가하는 자기장의 변화에 따른 엔트로피 변화량이 큰 자기 물질을 작용물질로 사용해야 한다."고 제시되었으므로 걸어 준 자기장(T) 대비 엔트로피 감소량이 더 클수록 작용물질에 적합하다. 따라서 C가 가장 적합하다. → **절대적 정답**

07
정답 ③

분석 및 접근
기본적인 사실 확인 문제이며, 독해 과정에서 **계량적 인과 정보**에 밑줄을 그어 놓았다면 더욱 효율적인 풀이가 가능하다.

해설
① (O) 두 번째 단락에 따르면, "(레이저) 간섭계가 놓인 면을 중력파가 통과하며 (중략) 빛이 지나는 두 경로의 길이 차가 시간에 따라 변화"하게 되고 이로 인해 광검출기에서 측정되는 빛의 세기 변화를 측정함으로써 중력파는 측정된다. 따라서 중력파는 레이저 간섭계의 경로 길이 변화로 감지된다고 말할 수 있다.

② (O) 두 번째 단락에 따르면, 간섭계 내부의 빛의 경로 길이에 따라 광검출기에서 측정되는 빛의 세기가 변화한다. 또한 세 번째 단락에 따르면, 공진기는 간섭계 내부에서 빛의 경로 길이를 증가시키는 기능을 수행한다고 제시되었다. 이를 종합하여 보면, 공진기는 간섭계 내부에서 빛의 세기를 증가시키는 역할을 한다는 것을 추론할 수 있다.

③ (X) 네 번째 단락에 따르면, 빛의 세기가 증가할수록 산탄 잡음에 의한 신호대잡음비는 증가한다. 따라서 레이저 출력이 클수록 산탄 잡음에 의한 신호대잡음비는 **증가**할 것이다.

④ (O) 마지막 단락에서 "빛의 입자적 성질은 간섭신호에 '복사압 잡음'이라고 불리는 또다른 잡음을 일으키는데, 광자가 거울에 충돌하며 '복사압'이라는 힘을 작용하여 거울이 미세하게 움직이기 때문이다."라는 부분을 통해 확인할 수 있다.

⑤ (O) 마지막 단락에서 "복사압 잡음에 의한 신호대잡음비는 진동수가 작을수록 급격히 감소"한다고 제시되었다. 따라서 복사압 잡음에 의한 신호대잡음비는 진동수가 클수록 증가할 것이다.

08
정답 ⑤

분석 및 접근
물리학 제재 지문에서는 **계량적 인과 정보**를 활용한 **계량적 추론 문제**가 반드시 출제된다.

해설
ㄱ. (X) 두 번째 단락에 따르면, 광검출기에서 측정되는 빛의 세기 **변화량**을 통해 중력파를 검출한다. 따라서 광검출기에서 측정되는 빛의 세기가 일정하다면 중력파를 검출할 수 없을 것이다.

ㄴ. (O) 마지막 단락에 따르면, 출력 재활용 거울의 반사율을 감소시키면, 광자가 거울에 충돌하는 정도가 감소하여 거울의 요동이 작아질 것이고, 이에 따라 간섭신호에서 복사압 잡음이 감소할 것이다.

ㄷ. (O) 세 번째 단락에서 "중력파는 공간을 일정한 비율로 변형시키므로 간섭계의 경로 길이를 되도록 크게 하는 것이 길이의 변화량을 크게 할 수 있어 유리"하다고 제시되었다. 따라서 공진기를 구성하는 두 거울 사이의 거리를 늘리면 중력파에 의한 경로 길이 변화량이 증가할 것이다.

09
정답 ③

분석 및 접근
점선 그래프는 실선 그래프에 비해 원점에 가까우므로 점선 그래프의 신호대잡음비가 실선 그래프의 신호대잡음비보다 크다는 의미이다. 따라서 주어진 물리량 중 신호대잡음비를 증가시키는 물리량을 고르면 된다.

해설
ㄱ. (O) 마지막 단락에 따르면, 거울의 질량이 증가하면 복사압 잡음에 의한 신호대잡음비가 **증가**한다.

ㄴ. (O) 네 번째 단락에 따르면, 광자의 개수가 증가하면 산탄 잡음에 의한 신호대잡음비가 증가한다. 따라서 레이저의 출력을 증가시키면 신호대잡음비가 **증가**할 것이다.

ㄷ. (X) 출력 재활용 거울의 투과율을 증가시키면, 출력 재활용 거울과 광자가 충돌하는 정도가 감소할 것이며, 이에 따라 거울의 요동이 감소할 것이다. 거울의 요동이 감소하면 복사압 잡음에 의한 신호대잡음비는 **감소**한다.

p.302

01	02	03	04	05
①	④	⑤	⑤	④

06	07	08	09
③	③	⑤	③

01

정답 ①

분석 및 접근

데이터과학 제재 지문의 특성상 알고리즘을 설명하는 성격을 띠는 글이기 때문에, 각 단계가 지니는 의미가 무엇인지를 파악하는 것이 가장 중요하다.

해설

① (O) 두 번째 단락에서 "이벤트 로그는 사용자에게 도움이 되는 정보를 직접 제공할 수 없는 원데이터이므로, 그것을 우리가 사용할 수 있는 정보로 변환해 주어야 한다."는 부분을 통해 확인된다.

②, ③ (X) 세 번째 단락에서 "**프로세스 발견**이란 프로세스 분석가가 알고리즘을 통해 **이벤트 로그로부터 프로세스 모델을 도출하는 것**을 말하는데, 이때 분석가는 **별다른 업무 지식 없이도** 작업을 수행할 수 있다."는 부분을 통해, 이벤트 로그로부터 프로세스 모델을 도출하는 '프로세스 발견'은 전문가가 아니더라도 수행할 수 있다는 점이 확인된다. 또한 프로세스 발견이 이벤트 로그로부터 내재된 업무 관련 규정을 도출하는 과정이 아니라, 프로세스 모델을 도출하는 과정이라는 점도 확인할 수 있다.

④ (X) 세 번째 단락에 따르면, 클러스터링은 프로세스 모델을 여러 개의 세부 프로세스 모델로 구분하는 기법이 아니라, 이벤트 로그를 여러 개로 나누는 기법이라는 점을 확인할 수 있다.

⑤ (X) 다섯 번째 단락에서 "이벤트 로그 분석에서 얻은 부가적 정보를 추가하여 발견된 프로세스 모델을 '확장'하는 것"이란 부분을 통해, 기존의 프로세스 모델에 활동과 경로를 추가하는 것은 '프로세스 수정'이 아니라 '프로세스 확장'에 해당한다는 점을 확인할 수 있다.

02

정답 ④

분석 및 접근

지문에 제시된 개별 단계들은 '프로세스 마이닝'의 하위 항목이다. 따라서 선지에서 제시된 서술 항목에 해당하는 하위 항목이 존재한다면, '프로세스 마이닝'에 대한 추론으로 적절한 것이라고 판정할 수 있다.

해설

① (O) 네 번째 단락에서 '적합성 검증'을 통해 "기존의 프로세스 모델이 적절함에도 불구하고 업무 담당자가 이를 준수하지 않는 경우"를 확인할 수 있다는 점이 제시되었다. 따라서 ①은 프로세스 마이닝의 적합성 검증에 대한 설명이다.

② (O) 첫 번째 단락에서 "프로세스 모델이 효율적으로 작동하고 있는지를 **확인**, 분석, 수정·보완, 개선하는 작업이 필요한데, 프로세스 마이닝은 그중 한 기법이다."라는 부분을 통해, 프로세스 마이닝으로 기존 프로세스 모델이 어떻게 수행되는지를 확인할 수 있다는 점이 추론된다.

③ (O) 세 번째 단락에 따르면, 도출된 프로세스 모델이 단순하지 않고 복잡하다면, "퍼지 마이닝이나 클러스터링 기법을 활용"함으로써 "프로세스 모델을 단순화"할 수 있다고 제시되었으므로, 단순한 업무가 아닌 비정형적인 업무 처리 과정도 퍼지 마이닝이나 클러스터링 기법을 통해 단순화하여 분석할 수 있을 것이다.

④ (X) 첫 번째 단락에서 "프로세스 마이닝은, 시뮬레이션처럼 실제 이벤트 로그 수집 이전에 정립한 프로세스 모델 중심 분석기법과, 데이터 마이닝처럼 프로세스를 고려하지 않는 데이터 중심 분석기법을 연결하는 역할을 한다."고 제시된 부분을 통해, 예상된 이벤트 로그에 적용할 프로세스 모델 중심 분석기법과 프로세스 마이닝이 동등한 개념이 아니라는 것을 확인할 수 있다. 또한, 두 번째 단락에서 "프로세스 마이닝은 정보시스템을 통해 **확보한 이벤트 로그**에서 프로세스에 관련된 가치 있는 정보를 추출하는 것이다."라는 부분을 통해, 프로세스 마이닝은 예상된 이벤트 로그가 아니라 실제 이벤트 로그를 대상으로 수행된다는 점을 확인할 수 있다.

⑤ (O) 다섯 번째 단락에서 "프로세스 향상에는 두 유형이 있다. (중략) 다른 하나는 업무 수행 시간 및 담당자 등 이벤트 로그 분석에서 얻은 부가적 정보를 추가하여 **발견된 프로세스 모델을 '확장'**하는 것이다."라는 부분을 통해, ⑤는 프로세스 향상 중 프로세스 모델 확장에 해당하는 설명임을 확인할 수 있다.

03

정답 ⑤

분석 및 접근

프로세스 마이닝을 구체적인 사례에 적용하는 문제다. 〈보기〉에 제시된 문제 상황 중에 지문에서 제시된 내용을 근거로 해결할 수 있는 문제와 그렇지 못한 문제를 구분하는 것이 포인트다.

해설

① (X) 두 번째 단락에 따르면, '필수적 속성'은 "사례 ID, 활동명, 발생 시점"에 해당한다. 해결하려는 문제가 '외래 환자의 과도한 대기 시간'이므로 '필수적 속성' 외에도 '외래 환자 유무', '대기 시간' 등의 추가 속성이 필요할 것이므로 '필수적 속성'만 이벤트 로그에 있어도 된다는 추론은 타당하지 않다.

② (X) 네 번째 단락에 따르면, '적합성 검증'을 수행하였을 때는 두 가지 가능성이 있다. 첫 번째 가능성은 '기존의 프로세스 모델이 적절함에도 불구하고 그 프로세스 모델에 따라 실행되지 않은 경우'이고, 두 번째 가능성은 '이벤트 로그의 분석 결과물이 더 적절하여 프로세스 모델이 수정되어야 하는 경우'이다. 〈보기〉에 주어진 정보만으로는 프로세스 마이닝을 실시한 결과 첫 번째 가능성과 두 번째 가능성 중 어느 상황에 부합한지를 알 수 없으므로, 첫 번째 가능성일 경우에만 해당하는 '의료진에 대한 제재 조치나 지침 재교육이 필수적'이라는 결론을 추론하기에는 불충분하다.

③ (X) 지문에서 '이벤트 속성의 임곗값'에 대한 정보가 언급된 부분은 존재하지 않는다. 세 번째 단락에서 "(퍼지 마이닝의 과정에서) 프로세스 모델에 나타난 활동과 경로에 대한 임곗값을 설정하여 모델의 복잡도를 조절할 수 있다."고 제시된 부분에서 임곗값이 언급되기는 하나, 이는 프로세스 모델의 활동과 경로에 대한 임곗값이지 이벤트 속성에 대한 임곗값이 아니다.

④ (X) 〈보기〉에서 프로세스 마이닝을 적용함에 따라 발생하는 문제 중 '정보 보호 및 프라이버시 이슈'의 해결 방안에 대해서는 지문에 제시된 바가 없다. 따라서 "사례 ID를 제외하고 이벤트 로그를 작성해야 한다."라는 결론을 도출할 근거가 충분하지 않다. 오히려 지문에 따르면 '사례 ID'는 이벤트 로그의 필수적 속성에 해당한다.

⑤ (O) 다섯 번째 단락에서 "업무 수행 시간"과 같은 정보를 바탕으로 프로세스 모델을 '확장'할 수 있다는 점이 언급되며 "(프로세스) 확장의 예로는 이벤트 로그로부터 도출된 프로세스 모델에 프로세스 내 병목지점과 재작업 흐름을 시각화하는 것을 들 수 있다."고 제시되었다. 외래 환자의 과도한 대기 시간이 발생하는 문제는 특정 시간대에 환자가 몰리는 현상이라는 점에서 '병목 현상'에 해당하고, 따라서 병목지점에 대한 재작업을 실행하는 '프로세스 확장'이 그에 대한 해결책이 될 수 있을 것이다.

04   정답 ⑤

분석 및 접근
VOD 전송 방법별 특징을 정확하게 파악하여야 하는 기본적인 사실 확인 문제다.

해설

① (X) 두 번째 단락에 따르면, RVOD는 "동시 접속 사용자의 수에 비례하여 서버가 전송해야 하는 전체 데이터의 양이 증가"한다고 제시되었으므로, 콘텐츠 전송에 필요한 대역의 총합은 동시 접속 사용자의 수가 증가함에 비례하여 증가할 것이다.

② (X) 시간 분할 NVOD는 콘텐츠의 길이를 N개의 채널을 통해 분할 수신한다면, 각 채널은 콘텐츠 길이의 1/N에 해당하는 동일한 길이로 분할된다. 따라서 해당 채널에서 재생이 완료된 이후에 수신 채널이 변경될 것이다. 또한 다섯 번째 단락에서 "(데이터 분할 NVOD의 경우) 단, 채널의 대역이 콘텐츠의 재생에 필요한 것보다 2배 이상 커야만 이미 받은 분량이 재생되는 동안 이어질 블록의 수신이 보장되고 연속 재생이 가능하다."라고 하였으므로, 데이터 분할 NVOD는 조건부로 재생 중에 수신 채널 변경이 가능하다는 점을 확인할 수 있다. 따라서 ②에서 "재생 중에 수신 채널 변경이 필요하다."라는 서술은 시간 분할 NVOD에는 적용되지 않으며, 데이터 분할 NVOD에도 조건부로 가능한 서술이다. → 매력적 오답

③ (X) 시간 분할 NVOD는 동일한 크기의 데이터 블록으로 분할하여 반복 전송한다. 크기가 다른 데이터 블록이 분할되어 반복 전송되는 것은 데이터 분할 NVOD의 특징이다.

④ (X) 다섯 번째 단락에 따르면, 데이터 분할 NVOD는 "첫 번째 블록을 적당한 크기로 만들어, 이어지는 블록의 크기가 순차적으로 2배씩 증가하면서도 블록 수가 이용 가능한 채널 수만큼 되도록 전체 콘텐츠를 나누는" 방식이므로 사용 채널 수가 많을수록 데이터 블록의 크기는 줄어들 것이다. 또한 여섯 번째 단락에서 "앞선 예에서 120분 분량을 2배속인 6개의 채널을 통해 서비스하면 대기 시간은 1분 이내가 된다."는 부분을 통해서도 사용 채널의 개수와 데이터 블록의 크기가 관련된다는 점을 확인할 수 있다.

⑤ (O) 데이터 분할 NVOD는 N번째 블록에 비해 N+1번째 블록의 크기가 2배가 되도록 전체 데이터를 분할하는 방식이다. 따라서 N번째 블록에 비해 N+1번째 블록의 전송 시간이 2배가 될 것이므로, ⑤는 타당한 추론이다.

05   정답 ④

분석 및 접근
전체 데이터를 동등한 크기로 분할하는 시간 분할 NVOD와 앞선 블록에 비해 다음 블록의 크기가 두 배가 되도록 분할하는 데이터 분할 NVOD 방식의 차이를 수학적으로 이해하는 것이 핵심 포인트다.

해설

① (O) 세 번째 단락에 따르면, NVOD 방식은 "일정 시간 동안에 들어온 서비스 요청을 묶어 한 채널에 다수의 수신자가 동시에 접속되는 형태를 통해 서비스하는 방식"이다. 따라서 대기 시간이 발생하는 이유는 서비스 요청이 채널에 배정받는 데까지 시간이 소요되기 때문이다. 따라서 NVOD 방식에서 한 콘텐츠당 사용되는 채널의 수가 증가하면 사용자의 대기 시간이 줄어들 것이라는 점을 추론할 수 있다.

② (O) NVOD 방식은 다수의 수신자가 한 채널에 묶이는 방식이므로 수신자 개인의 개별적인 요청을 수행하기가 어렵다. '일시 정지'와 같은 개별 사용자의 편의성을 높이는 방식은 RVOD 방식에서 가능하다.

③ (O) N명의 동시 접속 사용자와 N개의 채널이 있다고 가정하자. 시간 분할 NVOD는 전체 데이터를 N등분하여 1/N을 N번에 걸쳐 N개의 채널을 통해 보내므로 총 N의 데이터 수신이 요구된다. 반면에 RVOD는 N명의 사람 각각에게 전체 데이터를 N번 보내므로 총 N의 데이터 수신이 요구된다. 따라서 채널에 비해 동시 접속 사용자의 수가 많아야, 동시 접속 사용자를 묶어서 집단에게 하나의 데이터를 수신하는 시간 분할 NVOD를 사용할 때, RVOD에 비해 전체 데이터 수신량이 감소하게 될 것이라는 점을 추론할 수 있다. 또한 마지막 단락에서 "극단적으로 한 명의 사용자가 있을 경우라도 위의 예(데이터 분할 NVOD 방식의 예)에서는 6개의 채널에 필요한 대역폭을 점유해야 하므로 네트워크 자원의 낭비가 심하다."라는 부분을 통해 시간 분할 NVOD가 6개의 채널로 분할된 경우에 대하여 간접적으로 추론해 볼 수도 있다.

④ (X) 여섯 번째 단락에서 "(데이터 분할 NVOD 방식으로) 120분 분량을 2배속인 6개의 채널을 통해 서비스하면 대기 시간은 1분 이내가 된다. 따라서 시간 분할 방법에 비해 **동일한 대역폭을 점유**하면서도 대기 시간을 90% 이상 감소시킬 수 있으며"라는 부분을 통해 주어진 사례와 동일한 대역폭을 점유하면서 시간 분할 NVOD 방식을 사용한 사례가 대기 시간이 10분인(10분에서 90% 이상 감소한 것이 1분 이내이므로) 경우라는 점을 추론할 수 있다. 네 번째 단락에서 "(시간 분할 NVOD 방식을 사용하여) 120분 길이의 영화를 12개의 채널을 통하여 10분 간격으로 전송하면 대기 시간은 10분 이내가 된다."라고 제시되었다. 따라서 동일한 대역폭을 사용하여 동일한 크기의 콘텐츠 하나를 전송하는데, 데이터 분할 NVOD는 6개의 채널이, 시간 분할 NVOD는 12개의 채널이 소요되므로 ④의 서술이 타당하다고 잘못 판단하기가 쉽다. 그러나 지문에서 주어진 사례는 특정 값에 부합하는 단 하나의 케이스일 뿐이지, 주어진 비율 관계가 일반적으로 데이터 분할 NVOD와 시간 분할 NVOD의 사이에서 나타날 것이라고 추론하기는 어렵다.

⑤ (O) 여섯 번째 단락에서 "(데이터 분할 NVOD 방식에서) 콘텐츠의 절반에 해당하는 데이터를 저장할 수 있는 공간이 수신 측에 반드시 필요하다."라는 부분을 통해 확인할 수 있다.

06   정답 ③

분석 및 접근
개별 VOD 전송 방식의 이용적 특성을 지문에서 파악하여 구체적인 사례에 적용하는 문제다.

우선 서비스 요청자 수가 적을 경우에 NVOD 방식은 비효율적이며, RVOD 방식이 보다 효율적이므로 서비스 요청자 수가 적은 '심야'에는 RVOD 방식을 결정하는 것이 타당하다. 또한, '아침, 낮'의 허용 대기 시간이 '저녁, 밤'의 허용 대기 시간에 비해 길다는 점을 고려하면, 허용 대기 시간을 더욱 짧게 할 수 있는 데이터 분할 NVOD 방식이 '저녁, 밤'에 적합하고 시간 분할 NVOD 방식이 '아침, 낮'에 적합하다는 점을 추론할 수 있다.

따라서 '아침, 낮'에 시간 분할 NVOD, '저녁, 밤'에 데이터 분할 NVOD, '심야'에 RVOD를 결정하는 것을 선지로 제시한 ③이 타당하다.

→ **절대적 정답**

07 정답 ③

공간 영역과 주파수 영역에 대한 이해를 바탕으로 두 가지 워터마킹 방식의 특성을 비교할 수 있어야 한다.

① (X) 첫 번째 단락에 따르면, '비가시성'이 유지되어야 저작권을 보호하는 워터마킹의 기능이 온전히 수행될 수 있다고 하였으므로, 비가시성이 낮다면 저작권을 보호하기 어려울 것이다.

② (X) 세 번째 단락에서 "공간 영역의 사진 데이터는 푸리에 변환 등 수학적 변환식에 의해 **손실 없이** 주파수 영역으로 변환"된다고 제시된 부분을 통해, 주파수 영역에서 공간 영역으로 변환할 때 데이터 손실이 일어나지 않는다는 점이 확인된다.

③ (O) 네 번째 단락에서 "특정 대역에 삽입된 식별자 데이터는 **공간 영역**에서 **잡음**의 형태로 나타나므로 사진 전반에 걸쳐 원본 사진이 흐려지거나 변형되는 등의 단점이 발생한다."라는 부분을 통해 공간 영역에서 삽입된 워터마크가 잡음으로 나타난다는 점이 확인된다. 또한 마지막 단락에서 "따라서 워터마크 삽입으로 인한 잡음의 양은 대역과 상관없이 동일하더라도 고주파 대역에서는 원본의 왜곡이 눈에 잘 띄지 않는다."는 부분을 통해 대역으로 정의되는 **주파수 영역**에서도 워터마크 삽입으로 인한 잡음이 나타난다는 점이 확인된다.

④ (X) 첫 번째 단락에서 워터마크의 조건으로 "워터마크를 삽입하더라도 원래의 데이터 저장 형식이 바뀌지 않아야 한다."는 것이 제시되었다. 주파수 영역 방식의 워터마킹도 워터마킹의 하위 항목이므로, 위 조건을 충족시킬 것이고, 따라서 ④는 타당하지 않다.

⑤ (X) 네 번째 단락에서 "하지만 공간과 주파수 영역 사이에 변환이 필요하므로 워터마크 삽입을 위한 연산량이 대폭 증가하게 되며"라는 부분을 통해 주파수 영역에의 워터마크 삽입에 필요한 연산량이 더 크다는 사실을 확인할 수 있다.

08 정답 ⑤

'A가 증가(감소)할 때 B가 증가(감소)한다.'는 형식의 **계량적 인과 정보**를 잘 체크해 두었다가 활용한다면, 어렵지 않게 해결할 수 있는 문제다. 데이터과학 제재 지문에서는 계량적 인과 정보가 빈번하게 등장하고 문제 해결에서 중요한 요소로 작용한다는 점을 반드시 명심해야 한다.

① (O) 세 번째 단락에 따르면, '공간 주파수의 2차원적인 분포'가 '공간 주파수 스펙트럼'이고, '공간 주파수'는 '단위 거리당 밝기가 변화하는 정도'이다. 따라서 화소의 밝기 값이 변경되면, '공간 주파수'가 변화할 것이고, '공간 주파수 스펙트럼'도 변화할 것이다.

② (O) 세 번째 단락에서 "인접한 화소 사이에 밝기 변화가 급격하게 일어날 때 공간 주파수는 최대가 된다."는 부분을 통해 확인할 수 있다.

③ (O) 마지막 단락에서 "따라서 워터마크 삽입으로 인한 잡음의 양은 대역과 상관없이 동일하더라도 고주파 대역에서는 원본의 왜곡이 눈에 잘 띄지 않는다."는 부분을 통해 확인할 수 있다.

④ (O) '화소의 밝기 값'은 공간 영역의 정보이고 '공간 주파수 스펙트럼'은 주파수 영역의 정보이다. 세 번째 단락에서 "공간 영역의 사진 데이터는 푸리에 변환 등 수학적 변환식에 의해 손실 없이 주파수 영역으로 변환되고 그 역과정도 성립한다."고 하였으므로 ④는 타당하다.

⑤ (X) 세 번째 단락에서 "디지털 사진에서 특정 방향으로 명암 변화가 자주 일어날수록 그 방향의 공간 주파수가 높게 측정"된다고 제시되었다. 수평 방향의 단색 줄무늬가 조밀하다는 것은, 수평 방향으로 명암의 차이가 거의 없다는 것이며, 따라서 수평 방향의 공간 주파수가 낮게 측정될 것이다.

09 정답 ③

그림에서 A, B, C 영역은 명암 차이가 존재하고, 이에 따라 주파수의 차이가 나타날 것이므로, 주파수 대역에 따른 특징에 대한 정보가 집중된 마지막 단락을 중심으로 문제를 해결하는 것이 핵심 포인트다.

① (X) 마지막 단락에서 "따라서 워터마크 삽입으로 인한 잡음의 양은 대역과 상관없이 동일"하다고 제시되었다. 따라서 A와 B의 주파수 대역 차이가 존재한다고 하더라도, 잡음의 양이 동일할 것이므로 워터마크의 비가시성에서 차이를 보일 것이라고 추론하기 어렵다.

② (X) 마지막 단락에서 "따라서 워터마크 삽입으로 인한 잡음의 양은 대역과 상관없이 동일하더라도 고주파 대역에서는 원본의 왜곡이 눈에 잘 띄지 않는다."라고 제시되었다. C는 명암 차이가 거의 없으므로 저주파 대역이라고 추론되며, 따라서 잡음의 양이 그림의 다른 영역과 동일하더라도, 왜곡이 눈에 잘 드러날 것이므로, 비가시성이 높아지지 않을 것이다.

③ (O) 네 번째 단락에서 "특정 주파수 대역에 삽입된 식별자는 그 주파수를 포함하고 있는 공간 영역의 모든 화소에 분산되므로 사진 전체에 퍼져 저장된다."고 제시되었다. 저주파 대역에 워터마크가 삽입된다면, 사진 전체의 저주파 대역에 퍼져서 저장될 것이고, 따라서 주파수가 낮은 대역에 속하는 C가 제거된다고 하더라도 다른 영역에서 워터마크의 추출이 가능할 것이다.

④ (X) A는 C에 비해 제한된 공간 내에서 명암 차이가 크며, C는 명암 차이가 거의 없으므로 저주파 대역이라고 추론된다. 따라서 중간 주파수 대역에 워터마크를 삽입한다면, C보다는 A의 (주파수 영역으로 치환된) 화소 밝기 값에 식별자 데이터가 많이 저장될 것이다.

⑤ (X) 마지막 단락에서 "그러나 대부분의 영상 손실 압축 기술이 고주파 성분을 제거하여 전체적인 데이터의 저장 크기를 줄이는 방법을 사용하므로 고주파 대역에 삽입된 워터마크는 압축에 취약해진다."고 하였으므로, 고주파 대역에 워터마크를 삽입 후 손실 압축을 하면 워터마크가 손실되어 그림의 어느 곳을 택하더라도 추출이 어려울 것이다.

p.326

01	02	03	04	05
④	⑤	③	④	①
06	**07**	**08**	**09**	**10**
④	⑤	⑤	③	④
11	**12**			
⑤	②			

01
정답 ④

분석 및 접근
화학 반응이 발생하는 회로에 대한 이해를 바탕으로 선지의 설명들이 지칭하는 물질이 무엇인지를 정확하게 파악하여야 한다.

해설
① (X) 세 번째 단락에서 "NADH 1개당 3개의 ATP를 산화적 인산화를 통해 만들 수 있다."라고 제시되었고, 산화적 인산화는 미토콘드리아에서 일어나는 화학 반응이므로 NADH가 미토콘드리아에서 ATP를 추가적으로 생산하는 데 사용된다는 사실을 확인할 수 있다.

② (X) 세 번째 단락에서 "해당작용에서 포도당 1개가 2개의 피루브산으로 분해될 때 NADH가 2개 만들어지고"라고 제시되었으므로, NADH는 해당과정 중 소비되는 물질이 아니라 **생산**되는 물질이라는 점을 확인할 수 있다.

③ (X) 세 번째 단락에서 "젖산 발효를 하는 세포는 NADH를 에너지가 낮은 상태인 NAD^+로 전환하는 손해를 감수한다."라고 제시되었다. 심폐 기능에 비해 과격한 운동을 할 때 근육에서 젖산 발효가 이루어지므로, NAD^+는 줄어드는 것이 아니라 오히려 증가할 것이다.

④ (O) 두 번째 단락에서 '동화작용'이란 "ATP와 같은 고에너지 분자의 에너지를 이용하여 (중략) 거대 분자를 합성하는 과정"이라고 제시되었다. ATP는 해당과정의 중간 생성물 중 하나이므로, 동화작용에서 해당작용의 중간 생성물이 사용된다는 서술은 타당하다.

⑤ (X) 마지막 단락에서 "바르부르크 효과는 암의 원인이라기보다는 그러한 돌연변이에 의한 결과로 발생하는 것으로 밝혀졌다."라고 제시되었으므로, 바르부르크 효과에 의해 암 억제 유전자의 돌연변이가 유발되는 것이 아니라, 암 억제 유전자의 돌연변이가 유발됨으로 인해 바르부르크 효과가 발생한다고 서술되는 것이 타당하다. 원인과 결과를 뒤바꾸어 서술하여 오답 선지를 만들어 내는 LEET 오답 선지의 구성 원리에 속지 않도록 주의하자.

02
정답 ⑤

분석 및 접근
주어진 지문의 내용을 바탕으로 NADH, NAD^+, ATP와 같은 화학 물질이 합성되는 양을 구체적으로 계산할 수 있어야 해결되는 문제다.

해설
① (O) 세 번째 단락에서 "NADH 1개당 3개의 ATP를 산화적 인산화를 통해 만들 수 있는데"라고 제시되었다. 산화적 인산화는 미토콘드리아에서 발생하는 과정이므로, 미토콘드리아의 기능이 상실되면 NADH로 ATP를 만들지 못한다는 점이 추론된다.

② (O) 네 번째 단락에서 "바르부르크 효과는 산소가 있어도 해당작용을 산화적 인산화에 비해 선호하는 암세포 특이적 대사 과정인 '유산소 해당작용'을 뜻한다."라고 제시되었다. 즉 암세포는 산소가 충분히 존재함에도 산화적 인산화가 아닌 해당작용에만 의존하여 ATP를 생산한다는 것이다. 따라서 이러한 암세포는 NADH를 산화적 인산화를 통해 ATP로 만드는 것이 아니라, 마치 젖산 발효를 하는 세포처럼 "NADH를 에너지가 낮은 상태인 NAD^+로 전환하는 손해를 감수"할 것이다.

③ (O) 두 번째 단락에서 "포도당 1개가 가지고 있는 에너지가 전부 ATP로 전환될 경우 36개 또는 38개의 ATP가 만들어진다."라고 제시되었다. 또한 "이 중 2개의 ATP는 세포질에서 일어나는 해당작용을 통해, 나머지는 미토콘드리아에서 대부분 산화적 인산화를 통해 만들어진다."라고 제시되었다. 전체 과정에서 36개 또는 38개의 ATP가 만들어지는데, 이 중 세포질에서 만들어지는 것이 2개의 ATP라면 미토콘드리아에서 만들어지는 ATP는 34개 또는 36개일 것이라는 점을 계산을 통해 추론할 수 있다.

④ (O) 세 번째 단락에서 "포도당 1개가 2개의 피루브산으로 분해될 때 NADH가 2개 만들어지고, NADH 1개당 3개의 ATP를 산화적 인산화를 통해 만들 수 있는데"라고 제시되었다. 이를 계산해보면 포도당 1개가 2개의 피루브산으로 분해될 때, 산화적 인산화를 통해 6개의 ATP가 만들어진 것이다. 또한 세포질에서 발생하는 해당작용의 과정에서 이미 2개의 ATP가 만들어졌을 것이므로, 종합해보면 총 8개의 ATP가 만들어졌음이 계산된다.

⑤ (X) 암세포의 유산소 해당과정 중 포도당 1개당 생산되는 ATP의 개수는 2개이다. 정상세포의 산소가 있을 때 수행되는 해당작용의 과정 중 포도당 1개당 생산되는 NADH의 개수는 2개이다. 따라서 암세포의 유산소 해당작용의 과정 중 포도당 1개당 생산되는 ATP의 개수와 정상세포의 산소가 있을 때 수행되는 해당작용의 과정 중 포도당 1개당 생산되는 NADH의 개수는 동일하다.

03
정답 ③

분석 및 접근
방사성 포도당 유도체의 축적이 암 진단에 사용된다는 점을 이용하여 인과 관계를 해석하면 문제를 빠르게 해결할 수 있다.

해설
① (X) 피루브산이 젖산으로 전환되는 양이 증가하였다는 것은, 세포가 해당과정에 의존하는 비중이 증가하였다는 의미이고, 해당과정에 의존하는 비중이 높을수록 에너지 대사 과정이 비효율적으로 이루어지므로 더 많은 포도당을 필요로 하게 되고, 따라서 방사성 포도당 유도체의 축적이 증가할 것이다.

② (X) 포도당이 피루브산으로 전환되는 양이 감소하였다는 것은, 에너지 대사 과정에서 포도당에 대한 수요가 감소하였다는 의미이고, 따라서 방사성 포도당 유도체의 축적이 감소할 것이다.

③ (O) 세포 내부의 산소가 줄어들어도 동일한 양의 ATP를 생성하려면, 산소 없이도 화학 반응이 이루어질 수 있는 해당과정에 의존하는 비중이 높은 에너지 대사가 이루어져야 한다. 해당과정에 의존하는 비중이 높은 에너지 대사 과정은 비효율적이므로 더 많은 양의 포도당을 필요로 하게 될 것이고, 따라서 방사성 포도당 유도체의 축적이 늘어날 것이다.

④ (X) ATP의 생성을 해당과정에 좀 더 의존하도록 대사 변화가 일어난다는 것은, 에너지 대사 과정이 비효율적으로 진행된다는 것이므로 더 많은 포도당을 필요로 하게 될 것이고, 따라서 방사성 포도당 유도체의 축적이 늘어날 것이다.

⑤ (X) ATP의 생성을 산화적 인산화에 좀 더 의존하도록 대사 변화가 일어난다는 것은, 에너지 대사 과정이 보다 효율적으로 진행된다는 것이므로 더 적은 양의 포도당을 필요로 하게 될 것이고, 따라서 방사성 포도당 유도체의 축적이 줄어들 것이다.

04 정답 ④

분석 및 접근
기본적인 사실 확인 문제에 해당하며, 특정 생명 현상에 영향을 미치는 요인이 무엇인지를 정확하게 파악하는 것이 중요하다.

해설

① (X) 두 번째 단락에 따르면, 포유류의 경우 암컷이 기본 모델이며 Y 염색체가 주어진 경우 수컷이 된다. 또한 여성은 XX 염색체, 남성은 XY 염색체로 수정된다고 제시되었다. 따라서 X 염색체가 없다고 수컷이 되는 것이 아니라, Y 염색체가 없을 때 암컷이 되는 것이다.

② (X) 세 번째 단락에 따르면, 고환과 난소는 모두 '단일성선'으로부터 형성된다.

③ (X) 다섯 번째 단락에 따르면, "고환은 먼저 항뮐러관형성인자를 분비하여 뮐러관을 없애라는 신호"를 보내며, 그 다음 단계에서 "볼프관에 또 다른 신호"를 보낸다. 이때 첫 번째 단계가 아니라, 그 다음 단계에서 테스토스테론이 역할을 담당한다고 제시되었다. 따라서 항뮐러관형성인자의 분비는 테스토스테론과 관련이 없다.

④ (O) 네 번째 단락에 따르면, "Y 염색체에 있는 성 결정 유전자가 단일성선에 남성의 고환 생성을 명령하는 신호"를 보냄으로써 고환이 형성된다. 또한 다섯 번째 단락에서 "적절한 시기에 고환으로부터 이와 같은 호르몬 신호가 볼프관에 전달되지 않으면 볼프관은 임신 후 14주 이내에 저절로 사라진다."라고 제시되었으므로, Y 염색체에 있는 성 결정 유전자가 없으면 고환이 형성되지 않을 것이고, 따라서 볼프관이 퇴화할 것이라는 점이 추론된다.

⑤ (X) 다섯 번째 단락에서 "고환이 형성되고 나면 고환은 먼저 항뮐러관형성인자를 분비하여 뮐러관을 없애라는 신호를 보낸다."라는 부분을 통해, 고환이 먼저 생성되고 이후에 뮐러관이 퇴화된다는 점이 확인된다.

05 정답 ①

분석 및 접근
생명과학 제재 지문에서 빈번히 출제되는 **메커니즘의 오작동 문제**다. 실험이나 질병을 통해서, 제시된 메커니즘의 특정 연결 고리가 부재한 상황을 제시한 후, 그로 인해 달라질 결과를 추론해 보도록 유도한다.

해설

① (O) 〈보기〉의 사람은 항뮐러관형성인자와 테스토스테론을 만들 수 있다. 다섯 번째 단락에 따르면, 항뮐러관형성인자와 테스토스테론은 모두 고환이 형성된 후에 고환에서 분비된다. 따라서 〈보기〉의 사람은 고환을 가지고 있을 것이라고 추론된다.

② (X) 〈보기〉의 사람은 테스토스테론이 결합하는 수용체에 돌연변이가 일어나, 테스토스테론에 반응하지 못한다. 다섯 번째 단락에 따르면, 테스토스테론이 수용체에 결합하여야 볼프관이 부고환, 정관, 정낭으로 발달하므로, 〈보기〉의 사람은 부고환, 정관, 정낭을 가지고 있지 못할 것이다.

③ (X) 마지막 단락에서 "여성 호르몬인 에스트로젠이 난소의 적절한 발달과 정상적인 기능 수행에 필수적인 요소로 작용한다."고 제시되었다. 〈보기〉의 사람은 외부 성징만 여성으로 나타날 뿐, 여성 호르몬을 분비하지 못하므로, 난소가 생성되지도 않을 것이고 난소가 배란의 기능을 수행하지도 못할 것이다.

④ (X) 네 번째 단락에 따르면, Y 염색체에 있는 성 결정 유전자가 단일성선에 고환 생성을 명령하는 신호를 보내면서 고환이 형성된다. ①에서 보았듯이, 〈보기〉의 사람은 고환을 가지고 있으므로, Y 염색체의 성 결정 유전자가 발현되었을 것이다.

⑤ (X) 세 번째 단락에 따르면, 남성 호르몬의 신호를 받느냐 받지 못하느냐에 따라서, 볼프관과 뮐러관이 아닌, 특정 공통 조직이 남성의 음경과 음낭이 되기도 하고, 여성의 음핵과 음순이 되기도 한다. 〈보기〉의 사람은 남성 호르몬에 반응하지 못하여 특정 공통 조직이 음핵과 음순이 된 것이지, 뮐러관에서 발달한 여성 내부 생식기관을 가지고 있는 것이 아니다.

06 정답 ④

분석 및 접근
㉠에 제한된 강화약화 문제이므로, 지문에 대한 추가 검토 없이 매우 빠르게 해결할 수 있는 문제다.

해설

①, ③ (X) 이미 성체가 된 생명체가 암컷에서 수컷으로 성을 전환하는 사례는 '개체 발달 과정' 중에 발생하는 생명 현상에 대한 주장인 ㉠과 아무런 관련이 없다.

② (X) 태어나는 생명체의 성비와 온도 사이의 관계에 대한 정보는 ㉠과 아무런 관련이 없다.

④ (O) ㉠은 '기본 모델이 아닌 성(포유류의 경우 수컷)은 개체 발달 과정 중에 기본 모델(포유류의 경우 암컷)로부터 파생된다.'는 내용이다. ④에서 생쥐의 수컷 성 결정 유전자를 암컷의 수정란에 삽입한 결과, 암컷 수정란이 수컷 생쥐로 발달하였다는 것은 ㉠의 설명에 부합하는 사례이다. 따라서 ④는 ㉠의 주장을 강화하는 사례이다. → **절대적 정답**

⑤ (X) 남성 호르몬이 투여된 암컷이 수컷처럼 행동하는 사례는, 이미 성체가 된 생명체에서 일어나는 생명 현상이고, 성이 전환된 것도 아니므로, ㉠과 아무런 관련이 없다.

07 정답 ⑤

분석 및 접근
단백질의 합성 장소와 합성된 단백질의 역할 사이의 관계에 대한 정보를 바탕으로 출제된 일종의 **논리 게임** 문제이다.

단백질의 합성 장소	합성된 단백질의 역할
세포질 내 리보솜	- 세포질, 세포핵, 미토콘드리아로 이동
소포체 위 리보솜	- 세포 밖 분비 - 세포막 위치 - 소포체, 골지체, 리소솜으로 이동

① (O) 두 번째 단락에서 "세포막에 고정되어 위치하는 단백질은 외부의 신호를 안테나처럼 받아들이는 수용체 역할"을 한다고 제시되었다. 세포막에 위치하는 단백질은 소포체 위 리보솜에서 합성된 것이므로 주어진 선지는 타당하다.

② (O) 두 번째 단락에서 "세포질에 존재하는 단백질은 각각 세포 내 소기관 또는 세포질에서 수행되는 생화학 반응을 빠르게 진행하도록 하는 촉매 역할을 주로 수행한다."라고 제시되었다. 세포질 안에서 사용되는 단백질은 세포질에 존재하는 단백질이고, 이는 세포질 내 독립적으로 존재하는 리보솜에서 합성된다고 제시되었다.

③ (O) 네 번째 단락에서 "소포체 위의 리보솜에서 완성된 단백질은 소포체와 근접한 거리에 있는 또 다른 세포 내 소기관인 골지체로 이동하여 골지체에서 추가로 변형된 후 최종 목적지로 향하기도 한다."라는 부분을 통해 확인할 수 있다.

④ (O) 세 번째 단락에 따르면, 세포핵으로 수송되는 단백질은 세포질 내 리보솜에서 합성된 것이고, 세포 밖으로 분비되는 단백질은 소포체 위 리보솜에서 합성된 것이다.

⑤ (X) 세 번째 단락에 따르면, 미토콘드리아로 수송되는 단백질은 세포질 내 리보솜에서 합성된 것이고, 세포막에 위치하는 단백질은 소포체 위 리보솜에서 합성된 것이다.

08 정답 ⑤

분석 및 접근
단백질의 합성 장소와 합성된 단백질의 역할 사이의 관계에 대해 주어진 정보를 바탕으로 신호서열 이론에서 생략된 결론을 추론해 볼 것을 요구하는 **추론형 문제**이다.

해설
① (O) KDEL 신호서열을 가진 단백질은 소포체 위 리보솜에서 합성된 단백질이고, NLS 신호서열을 가진 단백질은 세포질에 존재하는 리보솜에서 합성된 단백질이므로, KDEL 신호서열을 가진 단백질은 NLS가 없을 것이다.

② (O) KDEL 신호서열을 가진 단백질은 골지체를 거쳐 추가 변형을 거친 후 소포체로 되돌아온다고 제시되었으므로 타당한 설명이다.

③ (O) 지문에서 세포핵 안으로 최종적으로 위치하기 위한 신호서열은 NLS만이 제시되었으므로, NLS가 없는 단백질이 세포핵 안에 최종적으로 위치하였다면, NLS가 있는 단백질에 결합하여 함께 수송되었을 것이라고 추론할 수 있다.

④ (O) NLS가 있고 NES가 없는 단백질은 세포질에서 세포핵으로 이동할 것이고, 그 후에 NES가 있는 단백질과 결합한다면 다시 세포핵에서 세포질로 이동할 것이다.

⑤ (X) 세포질 내에 독립적으로 존재하는 리보솜에서 합성된 단백질은 세포질, 세포핵, 미토콘드리아와 같은 세포 내 소기관으로 수송된다고 제시되었으므로, 어떤 단백질이 세포질 내에 독립적으로 존재하는 리보솜에서 합성된 단백질과 결합한 결과로 인해 세포 외부로 이동할 수는 없을 것이다. 따라서 어떤 단백질이 세포 외부에서 발견되었을 때, 그 이동 원인이 세포질 내 리보솜에서 합성된 단백질과 결합하였기 때문이라고 추론하는 것은 적절하지 않다.

09 정답 ③

분석 및 접근
신호서열 이론을 입증하기 위해 제시된 실험에 대한 **강화약화 문제**이다. LEET 언어이해에서도 강화약화 문제가 출제되는 경우가 있으므로 주의하여야 한다.

해설
a. (O) ㉠의 결론은 KDEL 신호서열이 있는 단백질은 소포체에 위치한다는 것이므로, KDEL 신호서열이 제거된 단백질이 소포체에 위치하지 않는다는 a의 실험 결과는 ㉠의 결론을 **강화**한다.

b. (X) ㉡의 결론은 소포체 위 리보솜에서 합성된 단백질이 세포 밖으로 분비되는 기전이 세포의 종류에 따라 다르다는 결론이다. NLS가 제거된 단백질이 세포 밖으로 분비된다는 b의 실험 결과는 오히려 모든 세포에서 신호서열을 전혀 가지고 있지 않은 단백질이 세포 밖으로 분비된다는 결론을 강화하므로, 이와 상반된 입장인 ㉡의 결론을 **약화**한다.

c. (O) MTS는 단백질을 미토콘드리아로 수송하는 신호서열이므로 MTS가 없는 단백질이 MTS가 있는 단백질과 결합한 형태로 미토콘드리아에서 발견되었다는 c의 실험 결과는 ㉢의 결론을 **강화**한다.

10 정답 ④

분석 및 접근
LEET의 사실 확인 유형의 일반적인 형태보다 한 단계 더 쉬운 난도의 사실 확인 유형에 해당한다.

해설
① (O) 두 번째 단락에서 속세포덩어리가 '접합체→8-세포→8-세포 상실배아→16-세포 상실배아'의 과정을 거쳐 분화된다는 점이 제시된다.

② (O) 네 번째 단락에서 "내부 세포에는 분열 이전에 바깥쪽에 쏠려 분포했던 양극성 결정 물질이 없다."라는 부분을 통해, 양극성 가설에 따르면 속세포덩어리로 분화될 세포는 양극성이 존재하지 않는다는 사실을 확인할 수 있다.

③ (O) 두 번째 단락에서 "16-세포 상실배아는 표층 세포와 내부 세포로 구분되는 모습을 처음으로 띠게 된다."라는 부분을 통해, 영양외배엽으로 분화될 표층 세포와 속세포덩어리로 분화될 내부 세포들은 16-세포 상실배아 시기에 처음으로 형성된다는 점을 확인할 수 있다.

④ (X) 속세포덩어리가 될 세포의 수를 결정하는 물질의 종류는 제시문을 통해 확인할 수 없다. '내부-외부 가설'은 특정 물질의 관여를 통해 분화 과정을 설명하지 않으며, '양극성 가설'은 다능성-유도 물질과 양극성 세포 물질을 통해 세포 분화 과정을 설명하지만, 이러한 물질들은 속세포덩어리가 될 세포의 수에 관여하지 않는다. 따라서 ④는 제시문을 통해 확인될 수 없다.

⑤ (O) ③에서 속세포덩어리가 될 세포가 16-세포 상실배아 시기에 형성된다는 점이 확인되었으므로, 16-세포 상실배아를 형성하기 위한 세포 분열의 방법을 확인하면 된다. 이는 두 번째 단락에서 "8-세포 상실배아의 일부 세포는 **보존 분열**로 16-세포 상실배아의 표층을 형성하는 세포들이 되고, 나머지 세포는 **분화 분열**로 16-세포 상실배아의 표층에 1개, 내부에 1개로 갈라져서 분포함으로써, 16-세포 상실배아는 표층 세포와 내부 세포로 구분되는 모습을 처음으로 띠게 된다."라는 부분을 통해 확인할 수 있다.

11
정답 ⑤

분석 및 접근
생명과학 제재 지문에서는 특정 물질이나 호르몬의 작용으로 **메커니즘이 작동하는 과정**에 대한 설명이 빈번하게 제시되며, 그 과정에 대한 사실 확인 문제가 고난도로 출제된다. 각 단계를 활성화하는 요인들이 무엇인지를 정확히 체크하여 해결해야 한다.

해설
① (X) 마지막 단락에서 "내부 세포에서는 OCT4가 **CDX2의 발현을 억제**하기 때문이다."라는 부분을 통해 확인할 수 있다.

② (X) 마지막 단락에서 "'히포' 신호 전달 기전 또한 관련 현상으로 연구되었다. 이에 따르면, 16-세포 상실배아의 모든 세포에 존재하는 이 기전은 **주변 세포와의 접촉이 커지면 활성화**되어 CDX2의 양이 감소한다."라고 제시되었다. 또한 두 번째 단락에 따르면, 16-세포 상실배아가 형성되는 과정에서 **보존 분열**로 표층 세포가 형성되고, 나머지 세포는 분화 분열로 표층에 1개, 내부에 1개로 갈라져 분포하여 형성된다고 제시되었다. 따라서 '히포' 신호 전달 기전의 활성화 여부는 주변 세포와의 접촉이 커진다는 조건이 충족된 세포에서 형성되는 것이지, 보존 분열로 형성된 세포에서 활성화되는 것이 아니라는 점이 확인된다. 또한 '내부-외부 가설'의 내용에 따르면, 내부 세포가 표층 세포에 비해 주변 세포와의 접촉이 활발할 가능성이 높으므로, 오히려 보존 분열로 형성된 표층 세포는 '히포' 신호 전달 기전이 활성화될 가능성이 낮다는 점을 추론할 수 있다. → **매력적 오답**

③ (X) 마지막 단락에서 "표층 세포에서는 CDX2가 OCT4의 발현을 억제하고, 내부 세포에서는 OCT4가 CDX2의 발현을 억제하기 때문이다."라는 부분을 통해 CDX2의 발현을 억제하는 OCT4의 영향력이 증가하는 장소는 표층 세포가 아니라 내부 세포라는 점을 확인할 수 있다.

④ (X) 마지막 단락에서 "내부 세포에서는 잔류 CDX2가 점차 없어지는데"라는 부분을 통해, CDX2 양에 대한 OCT4 양의 비율이 감소하는 것이 아니라 오히려 증가한다는 점을 확인할 수 있다.

⑤ (O) 네 번째 단락에서 "이 가설(양극화 가설)에 따르면 (중략) 16-세포 상실배아의 표층 세포는 원래 가지고 있던 양극성 결정 물질의 분포를 유지하지만, 분열로 만들어진 내부 세포에는 분열 이전에 바깥쪽에 쏠려 분포했던 양극성 결정 물질이 없다."는 부분을 통해, 표층 세포와 내부 세포 간에 양극성 물질의 양에 차이가 생긴다는 점이 확인된다. 또한 마지막 단락에서 "양극성 결정 물질 중 세포의 바깥 부분에만 있는 물질이 CDX2를 세포 바깥쪽에 집중적으로 분포하게 하기 때문이다."라는 부분을 통해, 바깥쪽에서만 존재하는 양극성 결정 물질이 CDX2의 분포를 결정한다는 점이 확인된다.

12
정답 ②

분석 및 접근
생명과학 제재에서는 과학 실험을 통해 가설을 검증하는 문제가 빈번히 출제된다. 주어진 가설이 타당하다면 어떠한 결과가 나타날지를 추론하는 것이 핵심이다.

해설
㉠ '내부-외부 가설'의 핵심은 내부에 위치하여 주변 세포와 주로 접촉하는 세포는 속세포덩어리로 분화하고, 바깥쪽에 위치하여 외부 환경과 주로 접촉하는 세포는 영양외배엽으로 분화한다는 것이다. 주어진 실험에서는 인위적으로 내부에 있는 세포를 표층으로 옮겨 배양하였으므로, 조작이 가해진 세포는 외부 환경과 주로 접촉하여 속세포덩어리가 아닌 **영양외배엽**으로 분화할 것이다.

㉡ 16-세포 상실배아의 내부에 있는 세포를 채취하여 단독으로 배양하면, 이 세포는 더 이상 다른 세포에 의해 둘러 쌓인 환경에 놓인 것이 아니라, 외부 환경에 직접적으로 노출된 환경에 놓이게 된다. 따라서 외부 환경과의 접촉 정도가 높은 세포가 영양외배엽으로 분화한다는 '내부-외부 가설'에 따르면, 조작이 가해진 세포는 **영양외배엽**으로 분화할 것이다.

㉢ '양극성 가설'에 따르면, 바깥쪽에 집중적으로 분포하는 양극성 결정 물질이 CDX2를 세포 바깥쪽에 집중적으로 분포하게 하며, 이러한 CDX2의 분포 차이에 따라 표층 세포와 내부 세포가 다르게 분화한다. 따라서 바깥쪽에 쏠려 있는 양극성 결정 물질의 기능을 억제하는 물질을 주입하는 조작을 가한다면, 바깥쪽에도 내부와 마찬가지로 CDX2의 분포가 억제될 것이므로, **속세포덩어리**로 분화할 것이다.

따라서 ㉠영양외배엽, ㉡영양외배엽, ㉢속세포덩어리를 선지로 제시하는 ②가 타당하다. → **절대적 정답**

해커스로스쿨 lawschool.Hackers.com

LEET(법학적성시험) 인강